高等院校科技法系列教材

电 信 法

娄耀雄 主 编
续俊旗 肖毅敏 副主编

对外经济贸易大学出版社
中国·北京

图书在版编目（CIP）数据

电信法／娄耀雄主编．—北京：对外经济贸易大学出版社，2010

ISBN 978-7-81134-630-5

Ⅰ．①电…　Ⅱ．①娄…　Ⅲ．①电信-法律-中国
Ⅳ．①D922.296

中国版本图书馆 CIP 数据核字（2010）第 017691 号

电　信　法

娄耀雄　**主编**

责任编辑：毛飞琴

对 外 经 济 贸 易 大 学 出 版 社
北京市朝阳区惠新东街 10 号　　邮政编码：100029
邮购电话：010-64492338　　发行部电话：010-64492342
网址：http://www.uibep.com　　E-mail：uibep@126.com

北京市山华苑印刷有限责任公司印装　　新华书店北京发行所发行
成品尺寸：185mm×260mm　　25.25 印张　　583 千字
2010 年 2 月北京第 1 版　　2010 年 2 月第 1 次印刷

ISBN 978-7-81134-630-5
印数：0 001-4 000 册　　定价：39.00 元

主编简介：

娄耀雄，北京邮电大学人文学院副教授、互联网治理与法律研究中心执行主任，中国科技法学会理事。毕业于北京大学法学院，法学博士。美国芝加哥肯特法学院访问学者。研究方向为信息法和电信法。获得国家中长期科技发展规划（2006～2020年）战略研究荣誉奖，北京高校第五届青年教师教学比赛一等奖，北京市（2007）教育创新标兵。

序　言

进入 21 世纪，我国在电信业务零售端，即用户和运营商的电信服务合同层面，维持着寡头竞争的市场，有三四家运营商可供用户选择。然而，在电信法律关系的上游，国有电信企业经历了许多年的聚合分离，并未将这个行业带入一个真正的市场。在重要电信资源分配层面、互联互通、普遍服务、资格准入等层面，电信业仍是计划经济：绝大部分电信资源的分配靠政府指定，尤其是稀缺电信资源未通过竞争性方式分配；司法救济还未引入互联互通纠纷；普遍服务仍采用指定和交叉补贴方式；无论基础还是增值业务的入门许可仍是严格的审批式，监管机构保留着极大自由裁量权。

与此交相黯淡的是，我国的《电信法》30 年呼之未出。由于缺乏电信法制环境，电信监管机构的部门规章不能构建可预期的市场前景和稳定的法律关系。虽然我国自从入世以来，电信业逐步向外资开放，但至今在国内电信市场，尤其是基础电信市场，很难见到外资的身影，唱主角的仍然是分分合合的国有企业。

在电信法律服务领域，我国还没有严格意义的电信律师。入世 9 年来，我国电信法律服务的需求并未如预期蓬勃发展，为运营商提供法律服务的“电信律师”处理的都是普通公司业务，如一般合同纠纷、公司重组、上市等，较少涉及电信法的实质内容。这是因为电信计划体制下，电信资源调配不是通过市场，而是通过行政手段。没有真正意义的电信市场，就没有专业电信法律服务的需求，自然不需要电信律师。

在缺乏市场环境和法律服务需求的背景下，电信法学研究显得幼稚和飘渺。从最近 4～5 年的电信法论文检索结果看，国内电信法论文不仅为数很少，而且无论从研究范式，还是语言风格，都不像是法学作品，它们较少进行价值分析和法律关系的阐释，对制度合理性的论述照搬经济研究中的数学推理和逻辑分析。规制经济学的研究方法、内容、语境统治着电信法学研究，似乎电信法要做的惟一工作就是将规制经济学的研究成果确立为法律。

由于电信法学研究滞后，优秀的电信法教材难以诞生。至今我国还没有可供法学专业教学使用的电信法教材，即使翻译的也没有。在我国已有的有关电信法的著作中，有的作为经济学或管理学丛书，从规制经济学或管理学视角介绍电信管制制度，缺少法学的视角和语境；有的流于介绍外国电信法发展史和法律制度，缺乏法学体系的构建；有的从实务操作角度出发，阐述如何处理电信热点问题，缺乏法学理论分析；有的虽然冠以电信法学著作，但是仅将利用电信手段或出现在电信企业中的传统法律问题作为研究内容，比如电信诈骗、电信服务合同纠纷，或者赘述网络法、信息法、电子商务法中已经作为热点研究对象的网络侵权、数据保护、信息安全等内容，较少涉及电信法的内核——互联互通、接入权、普遍服务、入门许可、电信资源分配、无线电管制。

电信法学教材的水平，既可以衡量一国电信法学研究的繁荣程度，也可以判断电信法学教育的专业深度。英美电信法学教材相当丰富，不仅内容详实、叙述风格多样、作者也来自法律共同体的各个层面，有大学教授、立法者、管制机构官员、律师和电信企业专职法律顾问，而且相当一部分教材首次出版的年代久远，并随着电信技术和管制理论的发展不断修订再版。这与英美电信法学研究繁荣、电信市场对法律高度依赖、电信法学专业教育成熟有直接关系。我国电信法学教材的匮乏，不仅反映了电信法学术研究的苍白，也反映出电信法学教育的缺失。以 2009 年为例，当年全国法学专业研究生招生机构中，仅有北京邮电大学一所学校将电信法作为民商法专业硕士生方向，作为博士生研究方向招生的高校迄今还没有。

在这种背景下，我们编写了国内首部面向法学专业学生的电信法教材，希望对我国电信法专业人才的培养有所贡献。本书没有效法英美电信法教材中大量介绍电信管制史的做法，因为我国电信管制时间不长，更重要的是，英美乃判例法国家，在法典之外，大量规则出自判例，讲判例就离不开形成判例的大背景——管制历史。

本书力图将重点放在电信法律关系的阐释上，详细介绍各主体的权利、义务和责任。电信法的调整对象是管制机构、运营商与用户三者之间的关系，其基本架构源于规制经济学的研究成果，但其中蕴含了大量法律问题有待发掘，这反映在：管制机构与运营商之间的不对称管制、电信标准、价格管制、电信建设、普遍服务等方面；运营商之间的平等竞争、互联互通、接入权、设施共享等方面；电信企业与电信用户之间的电信服务合同、消费者权益保护、信息安全保障等方面；管制机构与电信用户之间的信息内容管制等方面。

本书试图摒弃规制经济学的研究范式和叙述语境，回归法学的进路，对技术背景和制度的经济学起因仅作简要介绍。由于大量电信法律制度，源于经济学研究成果，并随技术发展而调整，其与电信技术和规制经济学的内在联系既是割不断的又是法学语境的必要依赖。电信管制的合理性论证和制度细节大都经过了经济学的建模和定量分析，法学的作用是将研究成果定格为制度，这成了电信法的起因。因而，电信法抹不去主要关注效率和效益的经济学烙印。然而，法学的特色在于对多元价值的关注和对需求多样性的平衡。电信法作为一个独立法学系统，还应关注公平、正义等其他价值，并注重与其他法学系统的联系，包括对其他法学部门概念、规则、原则的借鉴和重新解释。作为电信制度的经济学渊源，规制经济学对电信法的影响挥之不去；但是，电信法学应当以法学范式和进路发掘出法学问题、拓展研究领域、创建研究方法，从而在法学语境下，理清法律关系、关注各主体多元化利益需求、完善利益平衡下的规则体系、建构规范的内在价值。

以法学的研究方法推进电信法学研究，就不能局限于对经济学研究成果作出制度回应和正当性解释。发掘法学问题是推进电信法学研究的第一步，也是最重要的一步。

以电信通路权为例：为保证电信建设效率需要设立电信通路权，赋予电信建设者穿越或使用他人土地或房屋的权利。法学面对的不仅是在不动产物权和电信通路权之间的利益平衡，还应深入探讨电信通路权的法律属性：其属于地役权，还是租赁权？如果属于地役权，其是否具备从属性，需役地又在哪里？穿越“供役地”的电信管线如果可以绕道或者架空，是否说明其不属于定着物？其与“供役地”本身使用的电信管线的法律差异在哪里？

再以不对称管制为例：监管机构根据特定区分标准，对不同电信运营商区别对待的所有管制手段都可以归为不对称管制，其目的是扶持新兴电信运营企业，防止主导运营商滥用优势资源妨碍竞争。比如，曾在天津试点过的中国移动用户可以携带码号转入其他运营商，而后者的用户无法携带码号转入中国移动。这项被经济学论证为有效促进竞争的管制措施潜伏着多个法律问题：区别对待是否涉及反向歧视？法人是否有权要求平等对待？法人平等权是否为一项宪法权利？如果说，可以对不同法人区别对待，那么谁有权制定这样的规则，是管制机构、政府还是立法机构？

最后以电信网络使用权为例：现有的电话资费模式以用户的通话时间和距离为计费标准，其法理依据是电信网络的租赁物权。随着电信技术的发展，电信网络传输能力大幅提升，传输距离和时间对电信成本的影响可以忽略不计。这种技术变革催生的大量法律问题有待电信法回答：同一电信网络同时传输几乎无限路电话而互不干扰的技术背景，是否意味着，同一电信网络可以同时设定无限多使用权？是否可以断言：电信网络基于实物占有和有形控制的物权特征已经消失，而具有了基于使用许可的准物权特征？如果这种断言为真，是否应当修正用户与网络所有者之间的租赁合同关系，变更为使用权许可关系？是否应当确立基于使用许可法律关系的用户接入权，在其缴纳了接入费后，可以不限次数、不计时长和距离地使用电信网络（包月制）？从法理上讲，电信技术变革带来的福祉是应当分享于全社会，还是由运营商——技术变革的直接推动者独享？

“如果做不到完全摆脱规制经济学，也要尽量远离它。如果不把研究的客体定位于法律关系，就会混淆电信法和规制经济学、电信管理学的学科差异。”这不仅是在写作过程中，我对各位作者的一再叮嘱，也是在总稿时取舍内容的标准。全书共十四章，具体分工如下：

第一章　电信法总论（娄耀雄，北京邮电大学人文学院副教授。案例一和案例二分别由冯玮、李思思同学撰写。）

第二章　电信市场准入法律制度（李海英，工业和信息化部电信研究院政策与经济研究所法制监管研究部副主任，高级工程师）

第三章　电信接入（马志刚，工业和信息化部电信研究院通信政策与经济研究所副研究员、工程师）

第四章　互联互通（马志刚）

第五章　电信资费监管制度（韦柳融，工业和信息化部电信研究院通信政策与经济研究所）

第六章　电信普遍服务（王融，工业和信息化部电信研究院通信政策与经济研究所）

第七章　电信服务合同和用户权益保护（颜悦南，南京邮电大学人文与社会科学学院，副教授）

第八章　电信建设法律制度（肖毅敏，北京邮电大学人文学院副教授）

第九章　电信标准和电信设备进网（毕春丽、续俊旗，工业和信息化部电信研究院知识产权中心）

第十章 信息安全法律制度（时飞，北京邮电大学人文学院教师）

第十一章 电信资源管理制度（滕锐，华中科技大学法学院教师）

第十二章 电信竞争法律制度（谢永江，北京邮电大学人文学院副教授）

第十三章 监管机构（续俊旗，法学博士，工业和信息化部电信研究院知识产权中心主任，高级工程师）

第十四章 国际电信组织与规则（肖毅敏）

最后，感谢我的导师北京大学法学院罗玉中教授和同窗华中科技大学法学院易继明院长给予的帮助，感谢北京邮电大学人文学院李欲晓院长和北京律师协会电信法委员会陈际红主任提供的机会，感谢我的硕士研究生向海龙、郭伟、李思思、冯玮、刘锋、边奕冰等同学收集资料和校对文稿，感谢毛飞琴编辑的辛勤工作。

为法学专业的学生编著电信法教材，在国内还是第一次，我期待着并恐惧着：期待着，此后电信法学研究的繁荣和更优秀的电信法教材的诞生；恐惧着，本书力图摒弃的尚未摒弃，努力追求的尚未获得。不过，既然问题已经提出来了，抛砖引玉者本应释然。

娄耀雄

2010 年 1 月 1 日

目　录

第一章

电信法总论

本章导言

本章从信息的概念入手，引出信息法及其下位概念——电信法，介绍了电信法在整个法律体系中的定位、电信法的内涵和外延、各种电信法律关系的基本内容。本章是全书内容的基础和概览。

电信法是信息法的一个分支，专门用以规范通过电磁信号传输信息过程中产生的各种法律关系。电信法律关系涉及电信行业的全部法律关系，包括电信服务者与用户之间的合同关系、电信服务者之间的竞争关系、政府与电信服务者之间的行政管制关系、政府与用户之间的有关信息内容管制的行政关系。电信法学主要研究有关有线和移动电话的一系列法律关系，较少涉及广播法和有线电视法规范的“由信息接受者选择信息内容、信息源或信息路径”的信息传播行为；另外网络法研究的互联网问题和信息传播法研究的有关信息内容侵权、管制也不是本书重点。

第一节 信息和电信

一、信息

（一）信息的概念和特点

信息是为传达一定的意义，按照约定的规则排列的信号的集合。信息论创始人香农在《通信的数学理论》中指出：“凡是在一种情况下能减少不确定性的任何事物都叫做信息。”信息的本质是“物质的属性”，而不是物质本身，其表征着物质的特征：或者是对过去已发生事实的规律的解释，或者是对未来将要发生事实的预言。信息由大量具有逻辑联系的信号组成，其中的逻辑联系是发信方和收信方事先达成的共识。因此，信息是按照约定的逻辑排列在一起的信号的集合，而不是杂乱信号的堆积。

与看得见、摸得着的物体不同，信息具有如下一些特点：

(1) 时效性。信息仅在一段时间内有价值，信息价值通常与时俱减，比如新闻，只有新鲜的才有价值。

（2）多次使用价值不减。信息不像有体物，随着使用次数的增加，物质消耗日甚，最终被消耗完毕，没有了使用价值。而信息可以被不断利用，而不会因为之前的“消耗”而降低使用价值。比如，教科书上传授的知识，每一年都在不断地被重复使用着。

（3）价值不确定性。信息的价值高度依赖于使用人，天气预报对出海的渔民比对SOHO一族有价值得多，数学公式对数学家的价值和对艺术家的价值也不同。

（4）边际效用递增。传统社会的边际效用递减，富人增加100元不显富，穷人增加100元就明显增加了财富。所以传统社会财富整体效用递减，因此应转移富人的财富给穷人，以增加整体社会价值。信息社会正好相反，边际效用递增，给智力低下的人一条信息，该信息给其创造的价值很可能为零，给智力高的人一条同样的信息，可能就会产生巨大的价值。在信息社会，信息量即财富量，信息社会的自然趋势是贫富分化，即富者越富，贫者越贫。

（5）非占有控制性及易扩散性。信息不像有体物可以靠控制实施占有，信息很难做到独占，即只是自己知道。由于信息的流转几乎是没有成本的，其扩散速度和范围难以预料：互联网、电话、广播、电视等通信手段将信息的扩散性发挥到了极致。因此，传统民法以对物的实体控制（占有）为基础构建的物权法体系并不适用于信息法，信息法的基础不是控制对信息的占有——知道信息，而是对信息使用权建立垄断。从这个角度讲，信息权利的核心是如何划定垄断的边界：共有和专有。

（二）信息空间和信息经济

信息及其传播设备构成一个独立于真实空间的虚拟空间——信息空间。① 当人类将行为地点从现实空间搬移到信息空间后，现实空间的诸多活动自然平移到了信息空间，故建构在物理时空中的语言、习惯、礼仪等文化特征不得不随之改变，行为规范也需要作相应改变。另一方面，信息空间容易使得现实空间培植的信号出现失真，在现实空间用以区分个体的性别、职位、穿着、学历等符号特征无法在信息空间发挥指示作用，人们在现实空间培养的根据言谈举止、衣着穿戴判断对方信用的能力也无用武之力，信息空间诈骗防不胜防。

信息空间引进了游戏身份的新的可能性、消除了性别提示，使交际无性别之差，动摇了业已存在的各种等级关系，并根据以前与它们不相干的标准重新确立了交际等级关系。最为重要的是，它们分散了主体，使它在时空上脱离了原位。② 美国历史学家马克·波斯特预言：一个后现代的社会正在产生，由于信息空间中信息流动的双向互动，

---

① ［英］马克斯·H·布瓦索，信息空间——认识组织、制度和文化的一种框架．王寅通，译．上海：上海译文出版社，2000：90－92. 在“波普尔的第三个世界”一节，描述了具体对象的世界（世界1）、抽象对象的世界（世界3）和人类意识（世界2）。世界2居于世界1和世界3之间居中进行调和。“E空间（即信息空间。本文作者注）——现在将它作为我们的等同于波普尔的世界2的系统——从具体的世界1接受沉浸在其中的数据输入”、“一个个人的E空间混合了认识论的产物——个体发展的结果——和那些作为文化传统的输入物。后者进入由编码和抽象唱主角的E空间，并通过刚才描绘过的反馈圈相当大地影响个人随后的数据处理。”

② 王逢振，等．编译．网络幽灵．天津．天津社会科学院出版社，2000：89－90.

这种后现代社会不仅表现出身份构建方式的变化，还体现出多元主义和去中心化的特征。[①] 因此，在以身份关系转换为特征的信息空间，新的规范亟待确立。

信息经济是以现代信息技术等高技术为物质基础，以信息产业为主导，是基于信息、知识、智力的一种新型经济。[②] 信息经济产生于20世纪90年代初期，以计算机网络和电信业的普及为标志，以数字化和网络化为特征，包括半导体芯片、计算机软硬件、音像制品、电信业（有线、无线、卫星、微波通信）、网络产业、信息咨询业等。[③] 有些学者或者经济组织将20世纪90年代后期的发达国家的经济形态定义为知识经济。[④] 知识经济最突出的表现形式就是信息成为了一种生产力要素，其直接创造了或提高了生产力。信息创造效益的方式包括[⑤]：

（1）信息渗透到生产组织中，智能化的工具和科学的分工使劳动力分配更合理。非创造性劳动交给非创造性人群或机器完成，创造性人才只进行创造性的工作。信息在生产中的应用使得劳动力重新分配，某些生产方式或服务方式被淘汰，如图书馆原来的抽屉式图书检索已由计算机检索取代。劳动对象在信息应用的过程中逐渐被拓宽，如网络电视、可视电话、手机媒体等新媒体创造了新的信息传播方式，拓展了受众对象，因而创造出效益。

（2）将生产场所由现实空间变成虚拟空间，以减少生产和交易成本，例如电子邮件省去了开箱、投寄、运输，减少了生产成本；又如网上购物、婚姻中介，减少了跑断腿的询价等交易前过程，节约了交易成本。

（3）信息与劳动者结合，提高决策的准确性。减少决策失误和成本，比如高考报志愿，对未来社会需要的了解、各高校相关专业优劣的甄别，对于填报适合的专业至关重要。

综上所述，信息空间是随着信息技术的发展，在现实空间里面建立起来的一个虚拟空间，其既依赖于现实空间，又独立于现实空间。一方面，信息生产、传播、存储、消费（使用）所凭借的物理设备本身就是现实空间的一部分；另一方面，人类不仅将现实空间的行为搬到了信息空间（如网络游戏、网上同学会），而且还在信息空间内创造了新的行为方式（如人肉搜索、陌生人之间建立的网上家庭），创造了新的社会关系。社会关系的改变、创建和消灭，需要规则的约束。当现实空间的社会关系平移至信息空间后，法律问题随之产生，尤其是出现了信息空间特有的新型社会关系，信息法必须予以应对。

从信息法的整体构架看，电信法属于信息法的一部分，其研究的对象是信息法中涉及信息传输过程的法律关系。信息生产过程中的法律关系不是电信法的内容，其归入知识产权法的范畴。另外，并非所有信息传输中的法律关系都是电信法的研究范畴，电信法只研究通过电磁信号传输信息过程中所产生的法律关系，其他媒介，比如报纸、信函

---

① ［美］马克·波斯特．第二媒介时代．范静哗，译．南京：南京大学出版社，2000：34－35，63－79.

② 乌家培．信息经济与知识经济．北京：经济科学出版社，1999：2.

③ 黄淳，何伟．信息经济学．北京：经济科学出版社，1998：1－15.

④ 世界经合组织将知识经济定义为以知识和信息的生产、传播、应用为基础的经济，见1996年世界经合组织（OECD）发表的题为《以知识为基础的经济》（The Knowledge-Basic Economy）的报告。

⑤ 娄耀雄．论网络创造效益的方式及其法律问题．法律科学，2002（1）．

传输信息而产生的法律关系并不属于电信法研究范畴，而应归入媒体法和邮政法。然而，由于电信技术的飞速发展，即时、交互式的信息传递除了面对面对话外，已经离不开电磁信号。电信是信息传输的最主要和最重要的方式。电信法越来越表现出分立于信息法而成为一个独立部门法的趋势。

二、电信

（一）电信技术

信息交流是文明社会的重要行为方式，而电信是当今社会信息交流最主要的方式，信息的生产、存储、发送、利用离不开电信技术的支持。信息传递有多种方式：烽烟、鸽子送信、图书、面谈、手语、邮递等都是人类曾经使用过的或正在使用的方式。而电信则是其中之一种，也是迄今为止最快捷、最安全、最普及、最适于远距离信息传递的一种方式。电信已经成为克服时间和距离障碍的重要的信息传播方式。在克服距离障碍方面，电信已经成为无可代替的最广泛使用的现代通信工具，如有线电话和无线电话、传真、无线电广播、电视、互联网络；在克服时间障碍方面，电信传播方式也已经到了与书籍、报纸、期刊分庭抗礼的程度，如录音带、录像带、CD、VCD、DVD、MD、CD-ROM、MP3、计算机软盘、硬盘等。

从电信技术角度看，电信通讯包括三个过程：编码、传播和解码。发信方将需要发送的信息电磁化，然后通过预设的电信通道，包括有线和无线方式，将代表该信息的电磁化信号发至收信方，收信方再将该电磁信号转换成可阅读或可视听的信息。

（1）编码。将待传递的信息按照可逆的、确定的编码规则映射，记录于可传递或可保存的载体上。

（2）传递。对于跨越距离的传递，将记载信息的载体进行物理上的传递，由发信者处将其送到收信者处；对于跨越时间的传递，将记载信息的载体储藏起来，在未来的某个时间交予收信者。

（3）解码。收信者对收到的载体上的信息进行解码，得到被传递的信息。

无论是传统的还是现代的信息传播方式，都包含了上述三个过程，高级的信息传播方式比简单的传播方式在编码技术和解码技术上更加先进，得到的载体信号更适合远距离传播、信息安全性更强。

（二）电信法中的电信概念

在电信法中，电信有广义和狭义之分。广义的电信指以电磁方式传递或接收信号的通讯方式，包括广播、电视、电话、互联网等各种使用电磁方式的通讯手段，而不论传播路径是由发信者选择（如电话），还是由收信者选择（如广播）；不论传输路径是单向的（如传呼），还是双向的（如电话）；不论传输介质是双绞线、五类线，还是光纤；不论传输内容是语音（如电话），还是数据（如计算机）。

广义的电信，并不要求只能“由发信者选择路径”，信息路径可以由发信者选择（如电话、电子邮件），也可以由收信者选择（如广播、电视），故电信的外延包括通过无线电向不特定公众传输、由接收者选择接收的信息传递方式。各国电信法所采纳的

“电信”定义通常为广义的电信，比如我国《电信条例》第2条对电信的定义①，以及美国1996年电信法有关规定。美国1996年电信法中“电信（Telecommunications）”，“是指在使用人（User）指定的两点或多点之间传输由使用人（User）选定的信息，发送和接受的信息在形式上或内容没有改变。”② 这里的使用人（User）既包括发信者也包括收信者。可以看出，美国电信法中，电信具有三个特征③：其一，发送路径为使用人（发信者或收信者）指定的两点或多点之间；其二，发送的信息内容由使用人（发信者或收信者）选定；其三，发送和接受的信息在形式上或内容没有改变。在“电信”做广义解释的语境中，“电信服务”自然也有了广义的外延。美国1996年电信法将“电信服务（Telecommunications Service）”定义为：“无论使用何种设备，直接向公众，或者如同直接向公众一样可以被有效获得地向某用户群体，有偿提供电信。”④，其包含三个特征⑤：其一，有偿；其二，向公众提供；其三，无论使用何种设备。

狭义的电信，特指“由发信者选择路径和信息内容的电磁传输”，因此排除了由收信者选择传播路径的情形，如广播、电视⑥。狭义的电信通常为电信法学理所接受，即一般意义上的电信法课程和教材是不包括广播法、有线电视法内容的。按照狭义“电信”的内涵，电子邮件属于电信范畴，但互联网不属于电信，因为互联网的路径不是由发信者选定，而是由收信者选择，其类似于广播，是向不特定的人发送并由接收者选择接受的。本教材采用狭义电信的定义，不包括广播电视法、网络法内容。

需要特别说明的是，虽然电信服务和信息服务都属于电信法律规范的内容，但通常的电信法理论课程和教材仅包括前者，而排除后者⑦。因为电信法所涵盖的“信息服务”和“电信服务”是两个独立的范畴⑧，二者的区别在于，电信服务是指提供电信网络硬件的物理接入服务；而信息服务，按照美国1996年电信法的解释，是有关信息本身的生产、获取、存储、改变（存储形式和代码方式）、处理、检索、使用的服务。本教材不包括有关信息服务的内容，这部分内容属于信息传播法研究客体。

第二节　电信产业及其自然垄断性

一、电信产业及其特点

提供电信服务的整个商业链条构成了电信产业，其包括电信设备制造商、信道提供

---

① 我国《电信条例》第2条“本条例所称电信，是指利用有线、无线的电磁系统或者光电系统，传送、发射或者接收语音、文字、数据、图像以及其他任何形式信息的活动。”

② 47USC sec 3（a）（2）（48）“TELECOMMUNICATIONS- The term ‘telecommunications’ means the transmission, between or among points specified by the user, of information of the user's choosing, without change in the form or content of the information as sent and received.”

③ Sharon K. Black. Telecommunications Law in the Internet Age. Morgan Kaufmann Publishers, 2002. P62.

④ 47USC sec 3（a）（2）（51）“TELECOMMUNICATIONS SERVICE-The term ‘telecommunications service’ means the offering of telecommunications for a fee directly to the public, or to such classes of users as to be effectively available directly to the public, regardless of the facilities used.”

⑤ Sharon K. Black. Telecommunications Law in the Internet Age. Morgan Kaufmann Publishers, 2002. P62.

⑥ Charles H. Kennedy. An Introduction to U. S. Telecommunications Law. Introduction XVii.

⑦ Charles H. Kennedy. An Introduction to U. S. Telecommunications Law. P139.

⑧ Charles H. Kennedy. An Introduction to U. S. Telecommunications Law. P118.

商和内容提供商等诸多部门。“电信产业（Telecommunications Industry）”，按照美国1996年电信法的定义[①]，“是指使用被规制的或者不被规制的设备或服务的通讯产业，包括广播、电信、有线电视、计算机、数据传输、软件、编程、短信息服务以及电子产业。”

与传统工业产业相比，电信产业具有以下特点：

（一）外部性

与信息价值随知悉人数增加而减少（如商业秘密、国家秘密）相反，信息传播工具的使用价值随使用人数的增加而增加，这就是信息传播工具的外部性，这也是信息传播工具兼容性需求的原因。比如，语言作为面对面的信息交流工具，使用的人越多，越有价值；计算机操作系统（如Windows）作为计算机之间沟通信息的工具，使用它的计算机越多，其价值就越大。作为交流工具，使用的人数越多，单个工具的使用价值就越大，信息工具的整体价值大于单项总和。这就直接诱发了使用大众信息传播工具的从众心理（如在特定群体中飞信、MSN、黑莓的使用群体分布差异）。同样，作为特殊的信息传播工具，电信的普及率与其价值呈正相关，比如，电话普及率的提高增加了每一部电话的使用价值，使用电话的人数越多，电话就越有价值。

（二）自然垄断性

这是电信产业最重要的特征，整个电信法的制度设计都与该特性有着直接或间接的联系。由于网络建设的沉淀资本巨大、市政道路开挖规划限制、无线电频率和卫星轨道资源的稀缺等原因，基础电信业务天然地适于垄断或寡头经营。为避免垄断的弊端，早期电信管制的理念是保持基础电信业的垄断并对其实施严格管制，以模拟市场竞争的效果。比如，在电信管制的初期，管制者设计入门许可制度时，考虑到电信的自然垄断性，认为设定较高的行业行为能力限制是其提供高质量、低价格服务的前提，如果不规定较高的入门条件，对于投资巨大的基础电信业务，电信运营商无法保证持续稳定的经营。另外，提高入门条件还是限制自然垄断领域过度竞争的必然要求，在铺设电缆等基础网络设施建设领域，由于沉淀成本巨大，并且投资回报周期较长，如果不用严格的入门资格来限制竞争者的行为能力，势必造成社会总成本的浪费。因此，电信产业的自然垄断性导致了基础电信业发展初期的准入限制，当时的管制者认为这样才可以降低电信服务费用、保证电信业适度规模下的服务质量。

（三）边际成本递减性

虽然电信基础设施投资巨大，但其边际成本趋于零，举例来说，在一个已经开通了100万路电话的网络中，如果再增加一个电话，则增加的成本可以忽略不计；这其实是规模化服务产业的共同特征，比如铁路、发电、公交系统、学校等，在一个已经建成的服务网络中，再增加一个消费者的边际成本趋于零。

---

① 47USC sec 714（k）（3）“TELECOMMUNICATIONS INDUSTRY-The term ‘telecommunications industry’ means communications businesses using regulated or unregulated facilities or services and includes broadcasting, telecommunications, cable, computer, data transmission, software, programming, advanced messaging, and electronics businesses.”

随着波分复用、多路调制技术的发展，一路光纤上可以同时传输200万个双向话路。鉴于单一运营商日常大部分带宽都是冗余的[①]，并且“距离死亡”使得长途和本地的区分不再重要[②]，电信管网使用权租赁不适用基于占有的一般有形物租赁理论。对于一般有形物，使用权和占有是一一对应的，一个占有仅能建立一个使用权，即一个人使用，其他人就不能用或严重影响使用质量，故在这种物权模式下的使用费（租金）与占有时间成正比。而对于电信网络，电信技术发展带来的超额带宽冗余使得一个人是否占用网络与其他人使用网络的质量几乎没有任何关系。电信网络使用权与电信网络的占有不是一一对应，在一个占有上可以建立成千上万个使用权，且对使用物质量相互不影响。这一点类似于知识产权制度中，在一个所有权下可以建立无数个使用权。因此，在这种特殊的物权模式下，电信网络使用权收费制度不应按照租赁物权制度设计，而应按照权利物权（准物权）的许可制度模式设计；其收费不应该设计成与占用信道的时间和距离相关的租赁费，而是使用权许可费，即仅需一次性缴纳接入权许可费，一旦获得了接入权，可以不限时间、距离地使用信道。在电信技术已经进入“距离死亡”时代后，仍按照时间和距离来收费是电信企业攫取超额利润的借口。

（四）标准化、规范化

电信的标准化表现在技术和服务两个层面。在技术层面，使用电信技术有效传播信息的前提是编码和解码的严格对应，也就是说，收信方对于收到的电磁代码必须运用与发信方相逆的算法破译，才能获得电磁码中携带的有用信息。就像两个通过语言交流的人必须使用同一种语言一样，电信传输必须统一通信标准，即发信者使用的信息编码必须能让收信者读懂。在电信传播方式被大量使用的环境中，编码和解码过程的严格相逆对应性要求建立强制性的电信技术规范，即建立行业标准，从而获得传播规程的统一、协议的一致、终端设备的兼容。在服务层面，规模经济要求建立服务标准，从而获得服务的标准化。服务的标准化既包括对服务质量的统一要求，又包括对服务入门以及服务过程各环节统一标准的规范化管理。

电信的普及造就了规模化，规模化就意味着受众的多样和产业过程的复杂。作为被社会多数人群经常使用的信息传播工具，电信过程只有规范化才可以明确电信运营商、电信使用人、电信管理者之间的权利义务关系，实现电信传播的有序和高效。电信服务规范包括两类，一是对电信行业的行政管理规范，如规定行业准入、价格管制、信息安全、同业竞争的行政法规、部门规章；二是规定电信服务部门和使用人之间权利义务关系的民事规范。

电信法律规范既包括行业技术标准，用以规范信息的生产、传播、接受和使用，又包括有关电信服务的民事和行政法律规范。电信法律关系涉及该行业的全部法律关系，

---

① 阚凯力．谈电信传输的“距离死亡”//对电信业的思考与挑战．北京：北京邮电大学出版社，2005：57.

② ［美］罗伯特·W·克兰德尔．竞争与混沌——1996年电信法出台以来的美国电信业．匡斌，译．第六章“距离的死亡与长途运营商的终结”，北京：北京邮电大学出版社，2006：67.

包括电信服务者与用户之间的合同关系、电信服务者之间的竞争关系、政府与电信服务者之间的行政管制关系、政府与用户之间的有关信息内容管制的行政关系。

二、电信产业的自然垄断

（一）电信自然垄断

“自然垄断主要指依赖独特的资源优势，在规模经济和范围经济显著的条件下使得由一家企业或极少数企业经营比多家企业经营这类产品或服务的效率更高的现象。”[①] 如铁路，自来水，煤气，电信等依赖基础设施网络的行业。电信产业的自然垄断，源于网络资源的集中以及频率、卫星轨道资源的稀缺。对于固话业务，网络铺设需要挖沟、埋管、穿缆、建基站等大规模固定资产投资，沉淀成本巨大；而且考虑到为避免社会资源浪费以及市容规划的完整和可持续，城市道路管网不宜经常开挖、重复投资，这些都使得网络资源的集中运营在所难免。对于无线通讯和卫星通讯，由于频率带宽和卫星轨道的稀缺，同样存在入门数量有限、无法充分竞争的自然垄断问题。

电信产业中并不是所有的行业都是自然垄断的。从根本上说，只有网络、码号、路权和无线电频率本身是自然垄断的，故仅资源经营性业务不适合竞争。而建立在资源之上的服务，是可以竞争的。美国1996年电信法，之所以被视为全面开放电信市场的标志，就是由于其将电信资源的自然垄断性对整个行业的竞争限制减到了最小。因此，我们应当将电信产业拆分成不适合竞争的业务（自然垄断）和可以竞争的业务。前者叫基础电信业务，后者叫增值电信业务。尽量多地剥离出增值电信业务，将基础电信业务的范围缩小到最小，是促进电信竞争的有效方法。因为对于增值电信业务，不需要过多地管制，可以通过市场获得帕累托最优[②]；而对于基础电信业务，由于天然不适于竞争，只能通过管制最大限度地模拟竞争的效果。

（二）“自然垄断”概念的发展

随着电信技术的发展，“自然垄断”概念的外延也在发生着变化。早期的电信业被认为整体是自然垄断的，天然地不适合竞争。信息传输的小规模需求和信息传输技术的落后，再加上电信产业的巨大投资和统一规划，造成了大多数国家的电信业由政府垄断经营的局面。在政府垄断模式中，政府本身就是电信运营商，其建立并运营电信网络，并赚取垄断利润。

信息技术的提高和信息需求的增加都使得电信业自然垄断的特征逐渐淡化，由此推进了规制的放松[③]，电信市场的开放成为趋势。随着波分复用、多路调制技术的发展，网络资源完全可以由多个服务商分享，技术的发展可以实现同一网络同时为多家服务商提供传输服务。一家服务商垄断使用一个网络不仅不利于服务竞争，还会造成社会资源

---

① 杨培芳．网络协同经济学——第三只手的凸现．北京：经济科学出版社，2000：138.

② 帕累托最优（Pareto Optimality），也称帕累托效率（Pareto Efficiency），指资源分配的一种状态，在这种状态下，如果不使任何人境况变坏，则不可能再使某些人的处境变好；在经济学上一般指通过充分竞争获得的最佳状态。

③ ［法］让·雅克·拉丰，让·泰勒尔．电信竞争．胡汉辉，等．译．北京：人民邮电出版社，2001：5.

总量的浪费。网络和服务的拆分使得网络的自然垄断特征不会延及服务的有效竞争，除专门经营网络资源外，几乎所有电信服务都可以形成有效竞争的市场。因而，将整个电信业看作自然垄断的观念已经过时。从世界范围的电信立法来看，发达国家很早就采取了拆分管制、分业经营、为网络运营商设定不对称管制的办法，以将网络自然垄断性对服务竞争的影响缩小到最小。由于网络不可剥离的自然垄断性，网络自身需要垄断或寡头经营，其垄断者或寡头经营者经特许获得入门资格[①]（即使这种特许，在强制接入和接入费管制条件下，也变得没有必要。美国 1996 年电信法体现了这种对本地网运营商入门管制的理念转变），并被课以法定不对称义务，比如，强制无歧视接入、接入条件透明、接入价格管制、执行接入裁决等不对称义务。对于可以从网络上分离出的电信服务，作为一般营业范围，任何组织都可以自由经营，法律只为其设定义务（如互联互通、普遍服务、信息安全等），而不设入门许可；或者仅设定如我国《行政许可法》第 12 条第 1 款第 1 项的普通许可，而非特许。

在“自然垄断”的概念发展后，最大程度地剥离自然垄断性成为了在增值电信业务领域开展竞争的关键，目前的自然垄断概念的外延已经很小，仅涉及与网络、频率、卫星轨道、码号等稀缺资源密切关联的电信业务，可以剥离自然垄断性的电信业务——增值业务应当交给市场，进行公平竞争，监管的重点是反垄断；无法剥离的自然垄断业务——基础业务，应当采取寡头特许经营，监管机构严格监管。为了强制基础运营商开放网络资源供增值运营商使用，国家需要确立基础运营商的接入义务和以成本为基础的网间结算办法。美国 1996 年电信法 251（c）3 规定：“任何在位本地交换网运营商有义务向任何提出请求接入的电信服务运营商在任何技术可行点上、以非捆绑为基础提供非歧视性网络元素接入……”。基础运营商从增值运营商处收取的接入费超过建网费和维护费部分，构成网络运营商的利润，这是市场手段调节网络运营商数量的价格杠杆。如果将接入费定得过高，将把增值运营商阻挡在网络之外，无法形成增值服务的有效竞争；如果接入费定得过低，基础运营商就不愿意投资网络建设或开发新技术，网络供给和网络质量就不足。

“自然垄断”概念外延缩小的直接效果，就是监管机构可以通过调控接入费来控制基础运营领域的竞争程度。在确立了网络运营商的接入义务和以成本为基础的网间结算办法后，以特许方式通过行政手段限制网络运营商入门数量就没有必要了。美国 1996 年电信法未对网络运营商入门进行数量限制，通过租赁、转售等方式使用他人网络提供电信服务的增值服务商远远超过自建网络提供服务的网络运营商。现在美国联邦通讯委员会（FCC）担心的已经不是撤销入门特许后，网络运营商过多导致的网络资源的无序竞争、社会资源浪费，而是没有人愿意充当网络运营商，以及现有网络运营商没有热情投入新技术和资金进行网络建设的问题。[②]

① 如根据我国《行政许可法》第 12 条第 1 款第 2 项设定的行政许可。

② 接入费过低使得在位本地网交换运营商没有动力进行网络建设和新技术投入，这是人们认为 1996 年美国电信法失败的重要原因。参考：[美] 罗伯特·W·克兰德尔. 竞争与混沌——1996 年电信法出台以来的美国电信业. 匡斌，译. 北京：北京邮电大学出版社，2006：4.

第三节 电信管制

如果市场充分竞争则无管制的必要，只要反垄断即可。但自然垄断行业不可能也不适宜充分竞争。既然自然垄断行业不能依靠市场力量配置资源，垄断的弊端在所难免，即市场集中、价格昂贵、效率低下，因此政府对自然垄断行业的管制应运而生。管制的目的是通过设计恰当的激励制度，消除垄断弊端，最大程度上模拟充分竞争的效果。管制是多方面的，既体现在行业入门，比如许可证管理、将具有市场支配地位的企业拆分等；又体现在对垄断企业的运营管制，比如价格审查机制、财务信息上报制度。

（一）电信管制的起因

自然垄断行业不适于通过竞争获得最佳经济效果，电信业作为自然垄断行业之一，也有着特殊的需要管制的原因，以下分述之：

1. 信息不对称

按照古典经济学理论，产品或服务的价格反映了资源对于消费者喜好的稀缺性，“当供给和需求的力量可以自由发挥作用时，价格衡量稀缺的程度。价格……传递关键性的经济信息。”① 然而，该结论的前提是对于完全竞争的市场。完全竞争模型作了两个假设：一是个体理性原则（包括利己原则和效率原则），即理性的个体决策是从自己的立场出发并追求效益最大化；二是完全信息原则，即假定个体决策时具备作出最优决策的全部信息。

然而，完全竞争的假设条件并不总是成立的，在个体不具备完全信息情况下，其如何进行选择？这其实是一个理性问题，“决策者的选择是否合乎‘理性原则’不再是一个不必回答的问题，……而是一个需要加以分析的问题了。”② 在电信市场上，信息从业者之间、信息从业者和服务对象之间、政府管理者和信息从业者之间都存在信息不对称现象，“实际上，规治的核心或者说规制的难点正是政府的信息不对称，即政府知道的有关垄断企业的信息远远少于企业所知道的相应信息。”③

比如对于互联互通中的网间结算价格，主导电信业者开放互联是以收取网络租金为条件的，而公平合理的网间结算费用是接入者能够实现互联的前提。在主导电信运营商的网间成本不透明条件下，由信息不对称造成的主导服务者的寻租利润必然限制了接入者的数量。在这种情况下，为保证市场竞争的存在，必须保护接入者利益，因而政府有必要专门制定特殊政策监管网间结算的真实成本，从而对网间结算进行政府定价，以保护互联互通的实现。

2. 市场的盲目性

对于自然垄断性行业，充分放任市场很容易形成垄断。对趋于垄断地位的从业者的强制拆分、对先进通信技术的强制许可、建立行业技术规范等措施都是政府为了避免市

① ［美］斯蒂格利茨．经济学：上册．姚开建，等．译．北京：中国人民大学出版社，1997：71.
② 黄淳，何伟．信息经济学．北京：经济科学出版社，1998：31.
③ 张昕竹，等．网络产业：规制与竞争理论．北京：社会科学文献出版社，2000：4.

场的盲目性而对市场进行的管制方法。比如在建立行业标准问题上，信息行业的飞速发展，新的信息产品层出不穷，由于信息产品外部性的特点，如果政府不强制性推广新产品或新技术标准，只是依靠市场的优胜劣汰的自然规律选择标准，就会使得各信息产品制造商自建标准，在相当长一段时间内信息产品之间互不兼容，造成社会总成本的无谓消耗。

比如，对于小灵通问题，由于其技术落后，日本等国家已经淘汰，我国在小灵通推广之初也已经有学者预测其必死①，但是，由于种种原因，管制部门并没有禁止该技术的推广，而是允许其与2.5G移动通信技术自由竞争。正是由于管制部门的这种放任政策，自1997年开通到2009年初，小灵通各项投入达1 000亿元，用户数量最高时超过1亿。然而，该技术的频段与代表无线通讯新技术的3G频段重合，阻碍了3G发展。2009年2月，工业和信息化部下发了《关于1900－1920MHz频段无线接入系统相关事宜的通知》，要求所有频段在1900到1920MHz内的无线接入系统（小灵通正在这个频段）必须在2011年底前完成清频退网工作，确保不对1880－1900MHz频段的TD-SCDMA系统产生干扰。小灵通在3年内退网势必给用户和运营商造成巨大的经济损失，其根本原因就是当时管制部门对于落后技术的不管制政策。市场的盲目性注定把先进技术和落后技术都交给市场，通过消费者的选择来淘汰落后技术，是不可行的。

3. 市场配置资源的失效与生产无效率

在通常情况下，市场可以完成资源的最优配置。然而，对于具有自然垄断性的电信业，由于其“沉淀资本”巨大和收益周期漫长，并且完全放开该市场又会影响线路之间的兼容性。因此，作为基本电信资源的通信线路不能通过市场达到最优配置，必须在国家的宏观调控下特许基础电信设施的建设权。

另外，对于电信市场中的基础电信服务，市场不会考虑各个竞争主体的总体协调性，完全交由市场调节的电信业会出现所谓的市场势力和生产无效率②，前者指具有市场势力的主体不是价格的接受者而成了其制定者，其操纵价格，使之远远高于边际成本，在其获得垄断利润的同时，带来市场的“配置非效率”；后者指由于该优势的存在，市场势力主体没有改进技术、提高生产效率的内在动力。因此，管制对于消除市场配置失效和生产无效率至关重要。

比如，基础运营商对同一种电信业务的定价策略是：城市高于农村、商业高于居民、长途高于市话，利用不同用户之间的交叉补贴来打败竞争对手。典型的交叉补贴的例证是美国电话电报公司（AT&T），其1964年的垄断业务（长途服务）的收益率为10%，而其竞争业务（电报专线）的收益率为1.4%，其电传交换服务的收益率为2.9%，在20世纪70年代末，AT&T长途业务收入的26%用于补贴本地业务。③ 可以看出其对垄断业务的收费畸高，而对竞争性业务的收费畸低。与其竞争电报专线业务的公

---

① 阚凯力．“小灵通”何去何从//阚凯力观点：对电信业的思考与挑战．北京：北京邮电大学出版社，2005：162.

② 张维迎．信息、管制与中国电信业的改革//张昕竹．中国规制与竞争：理论和政策．北京：社会科学文献出版社：200－238.

③ 欧阳武．美国的电信管制及其发展．北京：中国友谊出版公司，2000：126.

司不能得到从垄断性业务中才能获得的补贴，从而处于不利的竞争地位。由于交叉补贴使得面向单一群体服务的电信公司缺少补贴而不能平等地参与竞争：垄断经营者不仅用垄断业务高收费补贴普遍服务支出，还用其补贴竞争性业务的低价格亏损，以获得竞争优势；而其竞争对手，由于并不提供垄断服务，无从获得垄断利润，无法跟进竞争性业务的低价格，最终被赶出竞争业务市场。为避免市场配置的失效，管理当局必须严格限制交叉补贴，促进不同电信业务提供者的平等竞争。于是，美国联邦通信委员会（FCC）采用完全成本分配法来计算成本，即将所有成本分摊到不同业务中，以防止不同业务间的交叉补贴。

4. 市场无法实现公共利益

电信作为涉及社会公共利益的稀缺资源，其分配、利用不能完全交由市场完成。对于一般市场中的个体，靠着“看不见的手”可以达到在个体追求自身利益的同时促进社会整体利益的效果。然而，由于电信市场用户的分层严重，电信运营商往往愿意服务高端客户赚取高额利润，无利可图的低端市场会被其抛弃，“看不见的手”往往无法达到满足社会底层电信基本需求的效果。为促进整个电信市场的公共利益，各国电信法都作出了价格管制、普遍服务等规定，以满足社会上大多数人的电信需求。

以电信法中建立的普遍服务制度为例，在通信作为基本人权的社会，为高成本地区（如边远地区和落后地区）、弱势群体（学校、图书馆、残疾人）提供电信服务，无法依赖利润的驱动，只有依靠由监管部门监督实施的普遍服务义务来实现。在电信管制史上曾出现过多种普遍服务制度，有交叉补贴、接入费补贴、普遍服务基金等。建立这项义务的目的是：保证任何人在任何时间、任何地点都可以方便地享受到电信服务，以及电信服务标准的统一和无歧视、普通家庭经济能力可以承受的资费价格。

由于上述种种原因，电信业一直是各国依法管制的重点行业，从入门到行业运营；从政府和企业的监管关系到企业间的竞争关系，再到企业与用户的关系；从维护信息安全到公民通信自由权的保护等诸方面都应置于政府管制之下。

（二）对两类不同电信业务的管制差异

电信法中的大量制度设计都与电信基础资源的自然垄断有关。维护基础电信业务的自然垄断是电信管制初期的基本理念，即一方面保证基础电信的垄断经营或有限的寡头竞争；另一方面，为模拟充分竞争的市场效果，对基础垄断运营商或寡头运营商施行极为严格的管制，比如苛刻的准入条件、严格的财务信息上报制等等。基础电信业务和增值电信业务，在是否具有自然垄断性上具有本质不同，对稀缺资源依赖的仅是基础电信业务，即只有基础电信业务才是“自然垄断”的，故基础电信业务和增值电信业务的管制程度和管制内容自然也不同。

1. 对基础运营商的管制

基础电信业务的“自然垄断”起源于电信资源稀缺性导致的竞争的不经济，它既是电信管制的起点，又是确定管制边界的重要因素。基础电信业务的管制目的是通过建立激励机制来模拟竞争效果，政府将从全方位管制企业的入门和运营，并根据管制效果调整管制力度。由于受到稀缺资源的限制，基础电信业务的入门数量只能为一家或寡头，属于真正意义上的自然垄断，管制的重点是稀缺资源使用权的出让（如频谱使用权拍卖）、资格准入的行政许可、企业经营过程中的信息上报（如财务报表上报）、重要企业行为（如收购、分拆、企业联合）、重要合同条款（如资费）。

对基础运营商的另一个管制内容就是要求其满足增值运营商使用其所有的重要电信资源的需要。由于基础运营商也在使用这些稀缺资源自营同样业务，基础运营商通常不会充分满足增值运营商的接入和互联互通请求，从而保证自己经营同样业务的资源优势。比如：

（1）收取高额网间互联费，如北美和欧洲，长途运营商的总成本的50%以上用于向本地运营商支付互联费用；

（2）增加网间阻塞，降低通话质量；

（3）拒绝提供足够容量或网络元素；

（4）关键地点拒绝共享；

（5）拒绝分拆捆绑业务。

在这种背景下，通过政府管制，保障增值运营商可以以合理的价格和与基础运营商自用时相同的质量使用电信稀缺资源，成为了电信法约束基础运营商的重点内容。

2. 对增值运营商的管制

增值电信业务虽然依赖于基础电信网络、频率和卫星轨道，但入门数量不受基础资源有限性的制约，理论上竞争者数量可以满足最优市场效果要求的最小入门数量。电信管制的最优方案应当是尽量剥离可以依赖竞争获得最佳市场效果的增值电信业务，电信管制的重点在于直接涉及线路、频率、卫星轨道等稀缺资源的基础电信业务。对于增值电信业务，和其他充分竞争行业一样，管制主要出于公共利益考虑，管制方式主要是维护信息安全、建立技术和服务标准。管制的目的不在于入门资格限制，而是入门后的市场秩序控制。

（三）管制和竞争

电信市场存在着规制与竞争的双重需求，需要建立规制与竞争的平衡。“如果竞争无所不在，那么就没有任何谈论规制的必要，而只需建立和健全相应的反垄断制度。但问题是无论怎么引入竞争，可能最终仍然会有某些部门存在自然垄断，比如，永远不会存在同时建立两个彼此平行的输电网或铁路运输网的必要，这主要与其经济技术特征密切相关。”[①] 规制与竞争的冲突由如下一对矛盾引起：其一，电信网络资源的自然垄断性和无线电频率资源的稀缺性引起的从公共利益出发，要求计划性地分配和监管电信网络及传输过程的需求；其二，以降低信息传输成本为目的的电信服务者在市场经济下的竞争需求。

在市场经济环境下，电信服务业也应当按照市场规律开放和竞争。然而，信息流转市场很难形成一个完全竞争的市场[②]，不像大多数行业可以靠着“无形的手”由市场自发地调控，电信业本身固有的自然垄断性需要政府适度的管制。“问题恰恰出在信息流

① 张昕竹，等．网络产业：规制与竞争理论．北京：社会科学文献出版社，2000：3.

② ［美］卡尔·夏皮罗，等．信息规则：网络经济的策略指导．张帆，译．北京：中国人民大学出版社，2000：20.

通服务作为一个独立劳动形态的产业部门存在的问题上，也正是在这个领域，传统经济学都难以作出令人满意的解释。"① 对于已经变成社会基本交流方式，并且具有自然垄断性的电信业，适度管制不仅可以促进增值业务领域的竞争，而且可以降低竞争成本，并且能保证该市场的有序和社会效益。

自然垄断并非绝对排斥市场竞争②，而是需要引入管制以规范竞争、保证竞争的有序和社会效益。在平衡了市场竞争需求和国家干预的必要性之后，按照经济法的基本原则，管制原则可以确定为：国家干预适度原则、平衡协调原则、维护公平竞争原则、保护社会公平原则。③

在电信市场中，建立管制与竞争的平衡就是要确定管制边界。管制边界是指国家对于电信市场的管理区域，"划分边界，可以从水平和垂直两方面进行。水平方面考虑的是……与受管制的产品或服务有替代关系的产品与服务的管与不管的问题。垂直方面考虑的是……与受管制的产品或服务有连续关系的产品或服务的管与不管的问题。"④ 政府确定的电信管制边界是随着技术的发展水平和用户的使用范围变化的。美国 1934 年的电信法将管制的边界确定为价格管制、准入管制、垄断管制和互联互通管制。而 1996 年电信法取消了垄断管制，引入了本地市场的竞争，电信业分业管制的框架被打破，促进全面竞争成为管制的目的。我国直到 1994 年，电信业一直处于计划经济体制下的严格管制，全国只有电信总局一家在代表政府经营电信业务。1994 年中国联通诞生，从形式上打破了电信垄断，开始进入电信竞争时代。2000 年 9 月，为适应加入 WTO 的需要，我国在《电信条例》中明确放开电信市场，包括外资市场，其后的《外资投资电信企业管理规定》和国际承诺虽然都对外资的持股上限和准入时间进行了限制，但开放电信市场已是大势所趋。

确立管制边界的过程就是平衡竞争程度和规模效益的过程。如果放松管制，会出现市场配置的失效，使得社会总成本损失，最终仍然会由用户负担；如果管制过紧，过于弱化的竞争会使得主导电信运营商可以从消费者身上攫取到垄断利润，并会降低提供服务的质量。因此，确立管制和竞争的平衡，才可能使得竞争在一定限度的管制下变得有序并取得效益的最大化。

第四节 电 信 法

一、电信法律关系

电信技术在带来深刻社会变革的同时，它的应用也产生了独特的社会关系。这种在电信传播过程中形成的有关电信服务、电信管制、电信竞争的法律关系即电信法律关系。

根据主体进行分类，电信法律关系涉及电信管制者、电信运营商、电信服务消费者

---

① 杨培芳. 网络协同经济学——第三只手的凸现. 北京：经济科学出版社，2000：129.

② 周其仁. 数网竞争：中国电信业的开放和改革. 上海：三联书店，2001：27.

③ 刘文华，肖乾刚. 经济法律通论. 北京：高等教育出版社，2000：108－110.

④ 欧阳武. 美国的电信监及其发展. 北京：中国友谊出版公司，2000：99.

三方，包括：电信运营商与电信服务消费者之间的合同关系；电信运营商之间的竞争关系；电信管制者与电信运营商之间的有关管制电信服务的行政关系；电信管制者与电信服务消费者之间的有关信息内容的行政关系。

根据电信工具进行分类，电信法包括应用广播电台、电视台、电话、互联网等技术手段提供信息服务过程中形成的法律关系。由于狭义的电信特指“由发信者选择路径（或信息接收者）以及信息内容的电磁传输”，因此排除了传播路径由接收者选择而非发送者选择的广播、电视。① 狭义的电信法律关系仅指基于电话（固话、移动、卫星通信）和互联网②作为电信工具提供信息服务过程中的法律关系，而不包括广播电台和电视台。

当前我国电信法律关系的主要内容如下：

（1）电信消费者和电信运营商之间有关电信服务的法律关系。规范这种法律关系适用的规范有：电信法、合同法、消费者权益保护法、有关电信服务的国家标准等。

（2）电信运营商在电信管网建设中与不动产产权人之间有关不动产使用权的法律关系。规范这种法律关系适用的规范有：物权法、电信法、合同法、相关不动产管理法等。

（3）电信运营商与电信行政管理机关之间就诸如入门资格或普遍服务等具体行政行为形成的行政法律关系。规范这种法律关系适用的规范有：《电信条例》和其他电信行政法规、部门规章等。

（4）电信运营商之间就互联互通、业务共享产生的法律关系，以及围绕竞争产生的法律关系。规范这种法律关系适用的规范有：反垄断法、反不正当竞争法、电信法、电信行业的部门规章、合同法、有关电信技术的国家标准等。

（5）电信消费者与电信行政管理机关之间就网络安全、信息安全等具体行政行为形成的行政法律关系。规范这种法律关系适用的规范有：电信条例和其他电信行政法规、部门规章等。

（6）广义的电信法律关系还包括有关广播、电视、网络、信息生产、加工、使用的法律关系，以及在电信运营商重组、兼并、上市过程中产生的法律关系。但是，前者属于广播电视法、网络法、信息传播法规范的内容，后者并不涉及电信法的本质，其只是公司法或证券法在主营业务为电信的特殊公司中具体运用时形成的法律关系。

在上述电信法律关系中，电信法律关系的核心内容表现在两方面：电信行政管理机关就普遍服务、设备进网等具体行政行为与特定运营商之间形成的行政法律关系，以及电信运营商之间因互联互通、业务共享引起的民事法律关系。

二、电信法

（一）电信法的概念

电信法是调整信息通过电磁信号传输过程中的各种法律关系的法律规范。电信法学

---

① Charles H. Kennedy. An Introduction to U. S. Telecommunications Law. Introduction Xvii.

② 互联网用于电子邮件的信息服务可归入狭义电信法范畴，因为收件人由发件人指定。互联网作为网页浏览的信息服务不属于狭义电信法范畴，因为这种信息传播类似于广播，是向不特定人发送的由收信人选择性接受的信息传播方式。

以电信法律关系为研究对象，主要研究有关有线和移动电话的一系列法律关系，较少涉及广播法和有线电视法规范的“由信息接受者选择信息内容、信息源或信息路径”的信息传播行为；另外，网络法研究的互联网问题和信息传播法研究的有关信息内容侵权、信息内容管制也不是电信法学的重点研究内容。

电信法学属于信息法学的一个分支，其研究客体为通过电磁信号传输信息过程中的法律关系。由于电信法学较多涉及政府对行业的管制规范，较多使用行政手段，故也可以纳入经济法学范畴。电信传播必须利用通讯科技手段，对电信行为的规范会涉及较多的科技规范，故科技法学也将电信法学纳入其中。可以看出，电信法学属于多部门交叉型应用法学。

电信法是规范电信法律关系的所有法律规范的总和，包括各个层级的法律、法规、部门和地方规章。在整个法律体系中，电信法的法律渊源包括：

（1）宪法，比如，《宪法》第 40 条规定公民的通信自由和通信秘密受法律保护。

（2）法律，比如，《刑法》第 252 条规定了侵犯通信自由罪，第 124 条第 1 款规定了破坏广播电视设施、公用电信设施罪。

（3）行政法规，比如，《电信条例》、《外商投资电信企业管理规定》。

（4）部门规章，比如，原信息产业部（现为工业和信息化部）的《公用电信网间互联管理规定》、《电信建设管理办法》。

（5）地方性法规和规章，比如，《辽宁省电信管理条例》。

有关电信法涉及的法律关系，重点是围绕电话形成的电信服务、电信竞争、电信管制关系。从电信法律关系的主体看，电信法规范电信运营商、电信服务消费者、电信管制者之间的关系。其中，电信运营商向电信服务消费者提供电信服务是普通民事主体间的民事法律关系，属于合同法、消费者权益保护法调整范围，不是电信法律关系重点研究的对象。电信管制者对电信服务消费者制作、传播特定信息内容进行管制的行政行为属于行政法、信息传播法调整范围，也不是电信法律关系的重点。

电信法律关系的重点在于电信运营商之间的竞争关系，以及电信管制者与电信运营商之间的管制电信行为的行政关系。上述两种法律关系之所以成为电信法律关系的重点，在于形成电信法律关系独特性的自然垄断：基础电信业务由于天然的自然垄断，应当进行严格管制下的垄断经营或寡头经营；而增值电信业务不具有自然垄断性，不需要严格管制，依赖市场力量可以获得竞争的效果，但增值业务的提供依赖于租用基础电信网络或趸购非捆绑基础电信服务。因此，如何保证基础运营商以合理的价格和不低于自用的质量，向增值服务商出租基础网络或趸售基础电信业务，是保证增值业务商长期与提供同类业务的基础运营商竞争的关键，这既是反垄断法管辖的范围（比如，拆分垄断电信运营商或限制其行为能力，以获得市场均势），也是电信法关注的重点。

对于上述法律关系，电信法进行行业管制的目的，或者说电信法的立法目的在于：通过管制使用户可以花较低的资费享受高质量的电信服务、最大限度地保护竞争、鼓励电信新技术研发和投入、保障信息安全、实现普遍服务。

美国1934年、1996年电信法列出的立法目的为：

（1）通过管制尽可能实现快速、高效、全境、遍及世界的，具有合理收费和足够设施的，无歧视的有线和无线电信服务；

（2）国防目的；

（3）提高生命和财产安全；

（4）为保证电信消费者获得较低的资费和较高的服务质量，促进竞争、减小管制；

（5）鼓励电信新技术的快速发展。

我国《电信条例》列出的立法目的为：

（1）规范电信市场秩序，维护电信用户和电信业务经营者的合法权益；

（2）保障电信网络和信息的安全；

（3）促进电信业的健康发展。

（二）电信法概述

由电信运营商、电信服务消费者和电信管制者三个主体构成的电信法律关系的架构是稳定的：监管者和运营商之间以管制为基础的行政法律关系、运营商之间的受到政府管制的竞争法律关系、运营商和消费者之间的合同法律关系构成电信法的基础法律关系。电信法的研究内容限定在这三者之间的权利、义务和责任。

然而，具体的电信法规则又是变化的，这种变化主要是随着电信技术的发展而产生的。任何技术，只要引发了新的社会关系或者改变了原有的社会关系，就需要对已有法律进行调整。比如三网融合的出现、移动业务替代固话、数据业务替代语音，技术的发展模糊了原有的电信分类标准，使得原来根据业务区别管制的模式有所动摇。如果原来的法律体系不能靠扩大原有法律概念的内涵或者法律解释来涵盖新产生的或者被改变的法律关系，就需要修改法律或者制定新法。以法律工具主义观点看，电信法是一种通过规范的方法进行行政管制的手段，以便在自然垄断行业最大限度地模拟竞争的效果。从这个意义上说，电信法又必须是变化的。电信技术的飞跃、规制经济学的新研究成果的出现，都有可能引起管制边界和管制手段的变化。电信管制与时俱进的同时，与之配套的法律规范必须适时与之呼应。

有一些法律关系，虽然电信法也涉及，但不是研究重点，因为其已经由其他专门法学领域进行了规范，比如属于经济法范畴的竞争关系、价格管制；属于物权法和建筑法研究范畴的电信建设；属于合同法范畴的电信服务合同；属于消费者权利保护法范畴的电信服务中的消费者权利保护；属于信息传播法和网络法内容的信息内容管制和信息安全。

三、电信法的主要内容

电信法的主要研究内容包括：接入和互联互通；普遍服务；入门许可；频率、码号、卫星轨道等稀缺电信资源分配；管制措施和不对称管制。以下详述：

（一）接入和互联互通

接入和互联互通是电信法的核心内容，只有规范好了电信运营商之间，尤其是基础运营商和增值运营商之间的接入与互联互通的法律关系，才能保证电信网络之间方便地互联，以及运营于其上的增值电信服务获得有效竞争的市场效果。

由于网络基础资源具有自然垄断性，只能垄断或寡头经营；增值运营商可以通过向基础运营商租用网络元素的方式提供增值服务。然而，向自己的竞争对手开放网络资源无异于帮助自己的对手与自己争夺电信市场。因而，掌控基础电信资源的主导运营商一般都会采用一些隐蔽的方法故意阻碍互联，妨碍竞争。因此，为保证电信服务市场有足够的运营商进行竞争，各国电信法都规定了掌控基础网络资源的主导运营商必须有条件地向不具有电信网络资源的中小运营商开放网络资源。《WTO 基础电信协议》附件也规定了网间互联的规则。有关接入和网间互联的法律规范，包括设定基础电信业务经营者的互联义务、互连费用的分摊与结算、互联协议公开与上报、互联时限与互联监管、互联后的网络管理，以及互联的行政救济措施。

保证接入和网间互联的前提是设定接入权。接入权是各国电信法规定的一种重要电信权利，是保障非主导运营商在不具备电信网络资源的条件下提供电信服务的基础权利，其指电信运营商具有的与一个或多个基础电信运营商所控制的电信网络资源的物理和逻辑连接的权利。接入的目的是使接入企业的用户能够与另一企业的用户进行沟通，或能够接受由其他企业提供的电信服务。保证接入权实现的关键是确定接入价格，只有接入价格合理，才可以保障增值电信运营商不至于支付过高的成本与提供相同电信业务的基础运营商开展竞争，增值电信提供商才可以获得公平的市场地位。如何定量计算网间结算价格不是电信法研究的内容，其属于规制经济学的研究范畴。

（二）普遍服务

保证弱势群体的基本通信权利是电信法律关系中体现社会正义的重要内容。普遍服务是指，为保证公民参与社会交往和言论自由的基本权利，用普通人可以承受的价格向全体人民提供电信服务。普遍服务的对象是：（1）农村、海岛、荒漠等人口稀少地区；（2）教育、慈善机构、公共医疗等社会福利机构；（3）低收入等弱势群体；（4）火警、匪警、急救等经济救助电话。美国 1996 年《电信法》将普遍服务定义成一个随着电信和信息技术与服务演变的概念，包含以下要素：对教育、公共健康和公共安全至关重要；被绝大多数居民用户使用；由电信运营商在公众网上提供服务；符合公共利益、便利且是必需的。按照这一定义，其特征包含：可接入性（在任何地点都可以享受全面覆盖的电话服务）、平等性（价格、服务和质量无歧视）和可购性（服务价格可消费得起）。

由于提供普遍服务是不经济的，通过自发的市场无法实现，国家必须建立普遍服务义务，并对普遍服务的具体实施人提供补偿。从经济学视角看，“普遍服务义务是收入在个人之间或地区之间重新分配的重要工具。换句话说，就是商业和城市用户补贴住宅或农村用户，长途业务、增值业务和无线业务补贴固定的本地业务。”① 由于扭曲了价格信号、造成了市场的无效率和整个社会福利的损失，有些学者反对这种强制性的财富再分配政策。还有的学者在考察了公平和效率后，认为应当实施该政策。② 另外还有学者认为普遍服务的目的在于确保公民最基本的通讯权利，是一种基本人权，其政治性要

① [法] 让·雅克·拉丰，让·泰勒尔．电信竞争．胡汉辉，等，译．北京：人民邮电出版社，2001：14.
② 石文华．电信普遍服务在中国必要性研究．北京邮电大学博士论文（2004）.

高于经济性。

普遍服务的法律关系主要涉及如何分配普遍服务义务、如何补偿普遍服务成本、如何选择普遍服务运营商。该制度的重点是设计公开、透明、高效率的补贴机制，使得边远和落后地区、残疾人以可承受的价格、方便地获得服务质量有保证的电信服务。自从普遍服务提出以来，各国建立了各种普遍服务制度，包括交叉补贴、接入亏损补偿、普遍服务基金等。目前被认为最透明和高效的就是普遍服务基金制度。在这种制度下，通过招标选出普遍服务运营商，其提供普遍服务的损失靠普遍服务基金补偿①，而普遍服务基金的征收对象为符合特定条件的全体电信业务经营者。美国的普遍服务基金建立于1983年，根据美国1996年电信法规定，所有跨州（长途）电信运营商具有缴纳普遍服务基金的义务，但从事国际电信服务、有线电缆租赁、开放式视频系统、卫星广播和信息服务的公司可以豁免该义务。

（三）稀缺电信资源分配和市场准入许可

电信网络资源的自然垄断性，以及无线电频率、电信网码号、信道路权②等资源的稀缺性，要求对从业者进行总量控制，这是行业初期采用特许入门的经济学基础。传统电信准入特许理论认为，网络、频率、码号、路权等电信资源的稀缺性对从业者数量构成限制，比如，考虑到频率资源稀缺，只能允许少数使用频率资源提供服务的运营商入门，否则就会造成无线电干扰。如果在多个市场主体间平均分配电信稀缺资源，从技术角度看，会影响通讯质量和信息安全；从经济学角度看，无法获得规模经济，由于市场不会考虑竞争主体之间的总体协调性，会出现所谓的市场势力和生产无效率。故应当将有限的电信资源分配给能够发挥资源最大效益的垄断或寡头经营者，并对其价格进行政府控制。因此，资源稀缺决定了入门特许，由此控制从业者数量，比如德国旧《电信法》第8条规定，管理者可以以频率有限作为拒绝颁发许可证的理由。③ 我国《电信条例》、《电信业务经营许可证管理办法》、《外商投资电信企业管理规定》为电信企业经营基础电信业务和增值电信业务设定了严格的审批制度，电信行政管理机关在考虑国家安全、电信网络安全、电信资源可持续利用、环境保护和电信市场的竞争状况等因素后，作出是否颁发经营资质的决定。④

特许制度留给主管机关极大的自由裁量权，比如其可以自主判断申请企业是否“符合国务院工业和信息化主管部门规定的审慎的和特定行业的要求”、“有从事基础电信业务的良好业绩和运营经验”。⑤ 我国多年来电信主体间的兼并重组并未形成电信市

① 基金来源为：政府提供、电信运营商按获得收入的比例缴纳、频率或许可证拍卖所得、用户按接入线数分担等。参考：[加] 因特温，等．编著．电信规制手册．管云翔，译．北京：北京邮电大学出版社，2004：278.

② 主要指惟一地理通道，包括管道（孔）、杆路、线缆引入口及槽道等通信设施。《公用电信网间互联管理规定》第9条、第10条有相关规定，以及《关于推进电信基础设施共建共享的紧急通知》（工信部联通【2008】235号）第3条第（二）、（三）款列明了：铁塔、杆路、其他基站设施（包括基站的铁塔等支撑设施、天面、机房、室内分布系统、基站专用的传输线路、电源等其他配套设施）和传输线路（包括管道、杆路、光缆）。

③ 德国旧《电信法》1996年生效，2004年被新电信法取代。德国旧《电信法》第8条规定：“……许可证申请在下述情况下应予以否决：1. 管理机构没有任何可用频率提供给准备使用无线链路的申请者……”。

④ 《电信条例》第12条。

⑤ 《外商投资电信企业管理规定》第4~10条．

场充分竞争的格局，其关键原因就在于市场准入门槛过严，大量有竞争实力的企业被限制在特许之外，市场缺乏足够竞争的数量。

随着电信技术的发展，尤其是互联网的发展，话音和数据业务的边界逐渐模糊，传统电信准入的特许理论受到挑战。现代电信准入理论认为，限制稀缺资源使用权与限制企业从事基础电信业务的行为权利是两个不同层面的问题。稀缺资源使用权是一种权益，企业获得该权益进而有“能力”从事电信服务，与该企业获得行政许可从而有“权利”从事电信服务，是两个性质不同的问题。可做类比的是，在房地产公司的入门许可中，没有拿到土地的房地产公司也被允许注册成立，其是否有土地“能够”开展房地产业务，与其是否被核准登记“有权”开展房地产业务不同，故不能借口土地稀缺而限制房地产公司总量。同样，电信稀缺资源使用权也是私权利，与提供特定电信服务的行政许可是两回事。因此，应当区分“电信稀缺资源使用权的分配特许”和“从事特定电信业务的登记许可”，并且为二者分别设计许可制度。这也是发达国家电信法在处理这两个问题上的一种潮流：对于前者，应采用竞争性特许以限制使用人总量，如同国家出让土地等其他稀缺资源一样，通过招标、拍卖等竞争性方式特许电信稀缺资源使用权；对于后者，不设行政许可，而将经营任何电信业务作为一般经营范围，企业自注册之日即有从事该行为的权利，如果企业没有获得电信稀缺资源使用权，虽然其有权经营该电信业务，但从技术上看，其缺乏行为能力而无法实现其行为权利。

欧盟通过授权指令 2002/20/EC 废除了电信行业准入的行政许可，而采用资源特许制和经营电信业务通知制，即企业要想获得频率、码号等稀缺资源，需要国家特许，而企业经营电信业务，无论基础电信业务还是增值电信业务，只需要通知电信行政主管部门即可，不需获得政府部门颁发的许可证。根据欧盟授权指令，获得电信稀缺资源使用权需经有数量限制的特许，并满足附件 B（无线电频率）或 C（码号）的条件，这些条件包括资源指定用途、缴纳使用费、号码可携带、提供查号服务和电话簿等义务。指令将该特许称为“单独许可”（Grant Rights）。如果不涉及电信稀缺资源使用权，企业不需经过行政许可，任何电信业务都属于企业自由经营范围，经营之前只需通知电信管制机构即可。指令将这种自由经营权称为“一般授权（General Authorization）”。① 有的学者将其称为“许可证制度的取消”或“从许可证制度到普遍授权”。② 美国 1996 年电信法也取消了准入许可，除涉及稀缺资源外，不限制数量，以促进全面竞争。该法律规定，各州必须保障电信运营商的自由经营权，任何州或地方法律、规章，或者其他法律

---

① 欧盟 2002/20/EU 第 3 条第 2 款：“Article 3 - 2. The provision of electronic communications networks or the provision of electronic communications services may, without prejudice to the specific obligations referred to in Article 6 (2)（接入和普遍服务义务，作者注）or rights of use referred to in Article 5（无线电频率和码号义务，作者注）, only be subject to a general authorization. The undertaking concerned may be required to submit a notification but may not be required to obtain an explicit decision or any other administrative act by the national regulatory authority before exercising the rights stemming from the authorization. Upon notification, when required, an undertaking may begin activity, where necessary subject to the provisions on rights of use in Articles 5, 6 and 7.”

② ［英］Ian Lloyd，等．通信法．曾剑秋，译．北京：北京邮电大学出版社，2006：54.

不得禁止任何实体提供任何州内或跨州的电信服务，或者对其具有禁止性影响；在该法生效后15个月内以及每隔3年，联邦通讯委员会应当清理构成电信市场入门障碍的任何法律和规定。当然，入门后企业应当履行法定义务，不过，这些义务并不构成入门限制或条件。

（四）管制措施及不对称管制

由于基础网络业务具有自然垄断特点，只能垄断或由寡头经营，为避免出现低效率、高价格、科技投入不足等缺乏竞争的后果，需要对行业运营进行管制。由于管制是政府在信息不对称状态下对市场主体和市场行为实施的，管制的基础手段是建立信息上报制度和激励性规制措施。前者的目的是使监管机构获得足够多的企业信息，弱化管制中的信息不对称，从而使管制更加有效，比如建立互联费用的监管、互联规程的上报制度；后者是在接受监管中信息不对称的事实前提下，通过激励制度设计，即使监管机构没有获知充足的企业信息，也可以实现自然垄断领域中模拟竞争的结果，比如，在普遍服务中，通过设计招标制度选择普遍服务提供者，即便监管机构不了解该企业提供普遍服务的真实成本，也可以激励该企业将成本降至最低。

各国通行的管制措施，除了设定接入和互联义务外，还有号码可携带、设备入网许可等措施。比如，美国1996电信法规定的管制措施包括，接入义务、互联义务、使用符合电信标准的设备的义务和本地网运营商的转售（Resale）、号码可携带（Number Portability）、平等拨号（Dialing Parity）、路权接入（Access to Rights-of-Way）、分账（Reciprocal Compensation）的义务。

不对称管制，是指电信监管机构根据特定的区分标准对不同电信运营商，采取不同管制方式。其目的是扶持新兴电信运营企业，防止主导运营商滥用网络优势妨碍竞争，从而获得有效竞争的市场效果。上述区分标准通常选择市场占有率、年收入额、特定业务的收入额、网络资源占有率等参数。凡是管制机构旨在通过区别对待的方法规制市场主体，都可归结为不对称管制。因而，所有电信规制中的区别对待都属于电信不对称管制，其表现形式多种多样，比如：信息上报义务或者其他监管程度的区别对待（如主导运营商上报资费的频率高于普通运营商）、码号可携带义务的区别对待、承担普遍服务义务的区别对待（如强制特定运营商铺设经济不理性地区的基础电信设施）、资费授权定价的区别对待（如允许特定运营商资费低于政府定价一定比例）、特许经营范围的区别对待（如我国只允许特定运营商经营小灵通业务）等。

不对称管制表现在立法上，就是为不同的市场主体设定的权利义务不对等，其规范结构有两种：其一，通过设定区分市场主体的标准，进而设定不同的权利义务。如我国《公用电信网间互联管理规定》第5条定义了区分标准，即“主导的电信业务经营者，是指控制必要的基础电信设施，并且所经营的固定本地电话业务占本地网范围内同类业务市场50%以上的市场份额，能够对其他电信业务经营者进入电信业务市场构成实质性影响的经营者。”第7条对区分出的主体设定了不对称互联义务，即“主导的电信业务经营者应当根据本规定制定包括网间互联的程序、时限、互联点的数量、用于网间互联的交换机局址、非捆绑网络元素提供或出租的目录及费用等内容的互联规程。”其二，直接对特定主体设定“不平等”义务。如美国

1996年电信法第三章专门规制了地区贝尔公司的多项不对称义务。该法第271～275条为地区贝尔经营长途业务和电子出版、家庭电子安保、通讯设备制造等业务附加了较苛刻的条件，而对其他公司无此要求。原因在于地区贝尔具有本地网资源，为防止其利用本地网资源妨碍竞争，设定了上述“不平等”义务。又如该法第五章专门对电话公司经营视频服务设立了不对称管制义务，有线电视运营商进入通讯领域和通讯运营商进入有线电视领域的许可条件不同，对前者的限制较少，对后者限制较多，原因在于通讯运营商的竞争实力远大于有线电视运营商，故当该法开启混业经营大门时，立法者不得不考虑“锄强扶弱”。

案例分析

案例一

福州陈氏兄弟IP电话案①

一、案件事实和判决结果

1997年，福州马尾公安分局以“私营IP电话，涉嫌非法经营罪”为由扣押了福州陈锥、陈彦兄弟二人用于经营IP电话的有关器材，限制了他们的人身自由，直至二人交了5万元暂扣款后获释。为此陈氏兄弟以“滥用职权侵犯人身权、财产权”为由以马尾公安分局为被告提起行政诉讼。

在一审判决中，法院以不属行政诉讼审查范围为由，裁定驳回原告起诉。于是，陈氏兄弟以原审裁定错误，其行为不构成犯罪，马尾分局的立案缺乏事实依据为由向福州市中级人民法院提起上诉，二审法院认定IP电话不属于电信专营的范围，撤销了一审的裁定并将本案发回原法院重审。重审后，一审法院仍然坚持驳回了陈氏兄弟的起诉。

二、案件背景介绍

1997年3月，福州市马尾区的市民陈锥从网上下载了网络电话软件net2－phone，安装在自己组装的586兼容机上，并通过调制解调器将其与住宅电话连接，设置成一部网络电话。同年9月，陈锥利用该因特网电话为其弟弟陈彦经营的电器商场促销，消费者可以试用该电话与外国亲友联系，取得了不错的效果。于是，兄弟二人在10月申请了一部公用电话，将其设置成因特网电话，通过电信163对外经营长途电话业务，以明显的价格优势吸引到了不少用户。不久，福州电信局发现了上述情况，认为该行为严重侵害了其利益，遂向马尾公安分局举报。

三、案件反映的法律问题及解析

在本案中，陈氏兄弟的行为是否属于特殊行业的非法经营行为，是否触犯到《刑

---

① 案例来源：新浪科技时代：http：//tech. sina. com. cn/news/internet/1999－7－30/3153. shtml，最后访问日期2009年7月20日；北大法律信息网：http：//www. chinalawinfo. com/flzk/flzk10. htm，《评析“福州IP电话案”》，最后访问日期2009年7月20日。

法》第225条规定的非法经营罪?[①] 国际长途电话业务属于行政法规规定的专营业务，而陈氏兄弟也的确通过特殊途径经营了国际长途电话业务，从中获得了一定的利益。但上述事实只能证明陈氏兄弟存在非法经营犯罪的“可能性”，而非“确定性”。要弄清上述问题，可以从以下几点进行分析：

1. 马尾公安分局对陈氏兄弟实施限制措施时，是基于他们违反了行政法规还是基于他们涉嫌违反了刑法?

这关系到一审和二审法院作出的是程序裁定还是实体判决，以及马尾公安分局对陈氏兄弟实施的行为是刑事侦查行为还是具体行政行为。马尾分局对该案是依照《刑事诉讼法》所规定的公安机关行使刑事侦查职能的程序和手续办理的，但是马尾分局在对陈氏兄弟办理取保候审时，以保证金的名义让陈氏兄弟分别缴纳了2万和3万元人民币，却开具了与行政诉讼法中的“扣押财产”很相似的“非法经营暂扣单”的单据，具有了具体行政行为的性质。这就导致两审法院无法就马尾分局的行为属于刑事还是行政行为达成一致，陈氏兄弟的案件一审再审。

2. IP电话业务是否属于电信专营范畴?

由于IP电话在1997年时还是一项新兴技术，我国当时的各项基本法和专项立法中都没有关于其的具体规定。在三次审理中，IP电话业务的性质发生了几次改变：一审法院裁定的作出是基于承认马尾分局对原告的行为涉嫌违反《刑法》第225条的非法经营罪的规定而进行的认定；二审审理时，专家证人解释了IP电话原理、传统电信业务等纯技术性问题，因此，福州市中级法院认定IP电话是一种新兴的计算机信息服务业务，不属于电信专营的范围，因而陈氏兄弟经营IP电话不存在非法经营。在IP电话的属性没有明确界定前提下，民间经营IP电话的行为不宜认定为非法经营[②]；重审虽然维持了与一审相同的结果，但是对于IP电话的性质有了较为清晰的认定，IP电话不属于邮电部门统一经营的长途通信和国际通信业务，而属于不需要取得许可的向社会放开经营的电信业务。陈氏兄弟的行为属于未经审核批准，未领取营业执照，擅自从事“计算机信息服务业”和“公众多媒体通信业务”，但并不构成非法经营罪。未领取营业执照就进行经营的，无论何种业务，都属于违反工商管理秩序的违法行为，但并不一定触犯非法经营罪，该罪仅适用于需要取得许可才可经营的业务而没有取得许可就经营的，或者经营了国家禁止经营的业务的情形。

3. 陈氏兄弟的行为是否会严重扰乱电信市场秩序、构成新类型犯罪?

IP电话与传统电话之间有何区别?这种新型的服务形式究竟会对传统长话业务产生多大的冲击?庭审中几位专家证人的证言概括起来主要是：IP电话是因特网的一个基本功能，它的原理和传统电话是截然不同的，传统电话的语音信息是通过电话线传输的，而IP电话的传输则要通过因特网予以实现。IP电话对传统电信的冲击，是先进科技带来的冲击，它能够使人们在更低的成本、更舒适的环境和更便利的手段、更低廉的

① 根据《刑法》第225条的规定，未经许可经营法律、行政法规规定的专营、专卖物品或者其他限制买卖的物品，扰乱市场秩序，情节严重的构成该类犯罪。

② 陈泽宪．非法经营罪若干问题研究．检察日报．2000－02－12.

费用下满足同样的需求，不仅不应当被打压，反而应当鼓励，也就是说陈氏兄弟的行为应当受到法律的保护，不应构成新类型犯罪。

4. 原信息产业部1998年发布的关于针对私营IP电话的文件法律效力如何？

原信息产业部曾于1998年9月发布针对私营IP电话的文件，认定其违法。福州中级人民法院认定陈氏兄弟的行为不构成非法经营罪，但当时的信息产业部已经认定其行为违法。但是应注意的是，在陈氏兄弟开始经营IP电话的1997年，IP电话并没有被我国法律或行政法规清楚界定为必须由国家电信部门统一经营的长途通信和国际通信业务，原信息产业部在1998年9月发布的针对私营IP电话的文件，仅仅是下发给相关邮电部门的行政通知，没有追溯一年前行为合法与否的效力。①

5. 网络电话经营权归谁所有？②

网络电话由于其特殊的实现形式，其发展应该受到政府的管控，实施经营许可证制度，但是其经营权的归属却值得商榷。“福州IP电话案”揭示了当时的电信业立法滞后于技术发展，国家对网络电话以及基于互联网的其他技术的经营管理，应该尽早作出较高层次的立法规范。经营主体应该实现多样化，民间经营行为不应不正当地被限制和消灭，也就是说，网络电话的经营权可以由国家企业与民间企业共同享有。目前电信的垄断集中在国有电信运营企业，民营企业进入该领域的关键是开发市场需求的技术或进行模式创新。③ 2005年国务院颁布的《关于鼓励支持和引导个体私营经济等非公有制经济发展的若干意见》（简称“非公三十六条”），正是放开电信经营权的一个体现。其实，当年的IP电话案不过是不断发展的先进信息技术和我国落后的电信行业专项立法已经或者正在发生重大冲突的一个例子。技术发展和法律滞后的矛盾，正是我国电信法亟待解决的问题。

案例二

就发送垃圾短信起诉中国移动的案件④

一、案情

2007年11月26日和2008年1月12日，河北冀华律师事务所李惠芬律师先后收到两条内容相似的短信，其中一条为“您好！城市留言台有您一条未读的语音留言，请拨9610088888，马上收听。”李女士以为是朋友留言，就按短信提示进行了回复，结果并无朋友留言，只听到一段人工录音和歌曲。2008年2月，李女士打印话费单发现以上两次回复被扣费10.63元。李女士针对虚假欺诈类短信起诉中国移动河北分公司，请求法院判令被告：双倍返还非法收取的费用共计21.26元，并不得向其发送含有广告宣传、虚假、违法等内容的垃圾短信；同时，被告在提供有偿服务时，应采取有效措施切

① 周其仁. 数网竞争：中国电信业的开放和改革//中国电信重组评论之十三. 生活·读书·新知三联书店，2001.

② 网络文摘. 1999年2月26日，详见 http://www.people.com.cn/digest/199902/26/no_990226016002_1.

③ 夏智敏. 民营企业进入电信垄断业务的策略研究. 北京大学2006年硕士论文.

④ 案件来源为：http://news.sohu.com/20080423/n256471840.shtml，未检索到判决结果。

实保障其知情权；未经授权，不得从其所属手机账户内直接扣款给第三方。同样河北冀华律师事务所律师赵士武，在未经其许可情况下，多次收到某公司购物促销活动。因此，他将促销广告公司和中国移动河北分公司列为共同被告，诉至法院。

二、案件背景

上述案例是由垃圾短信引发的。随着网络和手机使用的快速推广，垃圾短信引发的问题愈演愈烈，迫切需要对其深入研究。垃圾短信可以分为两大类，一类内容违法；另一类内容不违法，但对用户造成了骚扰。

按照《电信条例》第67条规定，发布内容违法的短信构成犯罪的，依法追究刑事责任；尚不构成犯罪的，由公安机关、国家安全机关依照有关法律、行政法规的规定予以处罚。对于内容不违法但骚扰用户的短信，我国目前没有相关规定对其进行规制，随着互联网、手机使用的快速推广，对这个空白的弥补极为重要和必要。从法律制度上解决我国的垃圾短信问题应从三个方面考虑，一方面我们可以对《刑法》、《合同法》、《著作权法》、《广告法》等法律进行针对性修改或相应的司法解释；二是制定专门禁止垃圾短信的法律规范；三是制定《个人信息保护法》，明确商家的保密义务和泄露时应承担的责任，合法收集个人信息的商家必须采取合理措施对这些信息加以保护、明确盗取个人信息资料者应承担的责任、明确个人信息非法传播者应该承担的责任、明确规定信息服务提供商的义务和责任。①

三、案件反映的法律问题和解释

1. 垃圾短信发送者、接收者及运营商的法律关系如何？

垃圾短信发送者、接收者及运营商的法律关系如下：

（1）运营商与发送者。短信服务经营者与运营商签订短信服务业务经营合同，从事短信服务业务，二者是电信服务合同关系。

（2）运营商与接收者。运营商与接收者（即手机用户）是电信服务合同关系，但目前的电信服务合同中并没有关于要求电信运营商承担避免垃圾短信的义务条款。

（3）发送者与接收者。根据发送者自身性质不同，发送者与接受者二者关系有两种情形，一是发送者与接收者都只是手机用户，各自与运营商是电信服务合同关系；二是发送者是短信服务经营者，与运营商是短信服务业务经营合同关系，接收者是手机用户，与运营商是电信服务合同关系。

2. 运营商是否具有对信息内容的审查权、管理权？

如果没有法律或者行政机关的授权，电信运营商没有审查用户信息内容的权利。我国《电信条例》第63条规定，使用电信网络传输信息的内容及其后果由电信用户负责。因此，电信基础业务经营者仅承担提供物理连接、保证信息安全的义务，对信息内容不负责任。从这个意义上讲，电信基础业务经营者可以看作管道商，其提供电信接入和电信终端的物理连接。

对信息内容的审查权在国家电信管理机关。我国《电信条例》第3条授权其具有对电信行为的行政管理职权。《电信条例》第57条对用户利用电信设备传输信息的内

---

① 黄武双．个人信息保护与垃圾短信的遏制．检察风云．2008（10）．

容进行了限制。因此，对信息内容的审查权在电信管理机关。

然而，该机关通过《信息产业部关于规范短信息服务有关问题的通知》第 6 条“信息服务业务经营者在采集、开发、处理、发布短信息时，应对短信息的内容进行审查，短信息中不得含有国家明令禁止的内容”将此权利授权给了电信运营商。因此，电信运营商具有对用户信息内容的审查权，但审查权的边界仅限于国家明令禁止的信息内容。

对于经审查属于违法的信息内容，运营商有权拒绝服务。《国家工商行政管理总局、信息产业部关于禁止发布含有不良内容声讯、短信息等电信信息服务广告的通知》规定，广告经营者、广告发布者在设计、制作、代理、发布声讯、短信息等电信信息服务广告时，应该查验证明文件，核实广告内容，对含有不良内容的广告不得设计、制作、代理、发布。

3. 运营商是否具有对垃圾短信发送者的行政处罚权?

公民、法人或者其他组织违反行政管理秩序的行为，应当给予行政处罚的，依照法律、法规或者规章规定，由行政机关根据《行政处罚法》规定的程序实施处罚。行政处罚法规定，“法律、法规授权的具有管理公共事务职能的组织可以在法定授权范围内实施行政处罚。”由此可见，行政机关或授权组织具有行政处罚权。运营商不是行政机关，也无任何法律法规的授权，不具有行政处罚权，其“对含有不良内容的广告不得设计、制作、代理、发布”，说明其具有拒绝服务的权利，但无处罚违法者的权利。

虽然运营商不具有对垃圾短信发送者的行政处罚权，但其具有依据电信服务合同的违约处罚权。根据《工业和信息化部关于垃圾短信息整治专项行动阶段性工作情况通报及下一阶段工作要求的通知》（工信电管［2008］7 号），各省、自治区、直辖市通信管理局在该整治行动中，在合同约定方面，组织本地基础电信企业对相关合同进行了全面清理和修订，增加要求合作单位必须事先经用户确认、限定发送内容等约定及违约处罚条款，也就是说运营商可与电信服务经营者在合同中对垃圾短信进行约定，但这一约定是属于合同法范围内的违约处罚。

4. 运营商是否可以接受电信监管机构的授权，具有对垃圾短信内容进行管理的权力?

行政授权是指行政主体在法律法规的许可下，按法律规定的程序和形式将行政职能的全部或部分转让给其他组织，被授权组织以自己的名义行使被授予的行政职权，独立承担法律后果。电信监管机构是否可以将对垃圾短信内容的行政管理权授予运营商，由运营商具体实施对邮件内容的管理权呢?

行政被授权人应当是“组织”，而非商业实体，商业实体以利润为价值目标，不具有管理公共事务的资格、能力和行为动机，不适于充当公共事务管理人角色。如果运营商可以接受行政授权，享有对垃圾短信的行政管理权，在市场与权力的双刃剑下，其自身角色难以定位，一方面，与垃圾邮件发送者沆瀣一气可以获得更高利润，另一方面，拒绝向用户发送垃圾短信其也不会获得任何奖励。在这种利益反差作用下，其执法权不可能立足于公共利益。因此，运营商的主体身份决定了其无资格接受电信监管机构的授权，对垃圾短信内容进行行政管理。

5. 对邮件内容的合法性有争议时，运营商是否具有裁决权？

行政裁决是指行政机关或法定授权的组织，依照法律授权，对平等主体之间发生的与行政管理活动密切相关的特定的民事争议进行审查，并作出裁决的具体行政行为。行政裁决的主体是法律法规授权的行政机关，是经法律法规授权的特定行政机关。只有对特定行政管理事项有管理职权的行政机关，经法律法规明确授权，才能对其管理职权范围内的民事纠纷进行裁决，成为行政裁决的主体。运营商是盈利性企业法人，不是行政机关或法定授权组织，不具有对争议事项的裁决权。

思考题

1. 信息法和电信法有何关系？
2. 什么是电信法律关系？
3. 什么是自然垄断？电信行业的自然垄断是如何形成的？
4. 整个电信产业都是自然垄断的吗？如何区分基础电信业务和增值电信业务？为什么要尽量将增值电信业务从基础电信业务中剥离出来？
5. 从规范客体来说，电信法与下列法有何区别：广播法和有线电视法、网络法、信息传播法？
6. 电信法学的主要研究内容涉及哪些方面？
7. 论述电信技术的发展对自然垄断概念和管制理念的影响。

第二章

电信市场准入法律制度

本章导言

本章从电信市场准入的概念入手，介绍了电信市场准入法律制度的基本问题、电信市场准入的体制、准入条件及外资的电信市场准入等。

电信市场准入是电信管制的第一步，也是电信法中最重要的制度之一。一个国家采用怎样的电信市场准入体制，对外资开放电信市场到什么程度都可以表明一国电信管制的基本原则和态度。从全球的趋势来看，电信市场准入有放松的趋势，但是其促进效率与公平的目标仍不会改变。

第一节　电信市场准入概述

一、电信市场准入的概念

（一）电信市场准入

市场准入来自英文“Market Access”或“Market Entry”，是政府为了克服市场失灵，实现某种政策目标，依据一定的规则，允许市场主体进入某个市场领域的直接控制或干预，是以社会资源总的合理配置为目的限制企业的供给行为。电信市场准入是指政府对企业、资本等进入电信市场的直接控制或干预，是电信市场进行市场结构控制的最主要手段之一。

电信行业具有鲜明的规模收益性、固定资本投资的巨额性和沉淀性等基本特征，电信行业的产品和服务具有部分公共产品的特征，构成了产业较高的进入、退出壁垒。由此带来的是投资者的进入困难，不能提供足够的产品和服务；或者在竞争的情况下，由于市场需求数量限制导致某一经营者竞争失败，致使其退出困难，有较高的经营风险并导致严重的资源浪费。控制进入电信行业的企业数量，可以避免不必要的重复投资和恶性竞争，保证电信服务的有效供给。因此，需要对电信市场的进入和退出进行管制，市场准入是电信业最重要的制度之一。

但是，从现实的经济条件看，电信业等自然垄断产业的高进入、退出壁垒已经受到强有力的挑战。经过多年的经济发展，很多企业积累了大量的资金，而且资本市场的发达和成熟，使得大规模筹集资金能够更为便利地实现。而科学技术的高度发达，更使得新技术、新产品的开发速度加快，并大大降低所需设备的成本和价格。这就是说，几乎任何一项产业的进入和退出壁垒都不构成绝对的进入、退出障碍，电信行业也是如此。因此，近年来，对电信市场准入的放松管制已经成为趋势。

（二）电信市场准入法律制度

市场准入制度是商品经济发展到一定历史阶段的产物，是国家对市场进行干预的基本制度，它作为政府管理市场的首要环节，既是政府管理市场的起点，又是一系列现代市场经济条件下的一项基础性的且极为重要的经济法律制度。市场准入法律制度具体通过政府有关部门对市场主体的登记、发放许可证或执照等方式来体现。[①] 李昌麒认为：市场准入制度是有关国家和政府准许公民和法人进入市场，从事商品生产经营活动的条件和程序规则的各种制度和规范的总称。[②]

电信市场准入法律制度是政府对进入电信市场的企业或资本进行直接控制或干预的法律规范的总称，是对进入电信市场的主体和资本进行资格确认、审核和批准的法律制度。具体包括关于电信市场准入体制的法律制度、关于电信市场准入条件的法律制度与电信市场开放的法律制度等。

电信市场准入体制是指电信市场准入采用许可制、登记或备案制等。其中，电信业务分类是电信市场准入的前提。

目前国际上电信业务分类方法主要分为两种：一是基于有无电信设施将电信业务分为第一类电信业务和第二类电信业务。所谓第一类电信业务，是指利用自有的电信传输设施、交换设施及其他辅助设施向社会公众提供电信服务的业务，或者将电信传输等设施出租供他人使用的业务。所谓第二类电信业务，是指租用电信传输等设施提供电信服务的业务。典型的国家和地区如韩国、新加坡、中国台湾等；二是按照业务性质，分为基础电信业务和增值电信业务。所谓基础电信业务，是指提供公共网络基础设施、公共数据传送和基本话音通信服务的业务。所谓增值电信业务，是指运营商凭借公用电信网的资源和其他通信设备而开发的附加通信业务，其实现的价值使原有网络的经济效益或功能价值增高，如提供者增加信息的形式或内容，或者是通过对用户信息的存储和检索为用户提供附加值服务。将电信业务分为基础电信业务和增值电信业务的典型是世界贸易组织，即 WTO，各国对电信服务贸易的承诺表就是依据该分类进行相关承诺的。

电信市场准入的许可制是一种较为严格的准入方式，主管部门需审查申请者是否符合取得许可证的条件，再决定是否批准其经营电信业务。许可证分为两大类，个别许可证针对某一运营企业个体发放，对每一个运营企业的经营要求可以不同，它有利于在一些重要领域，如基础电信业务、主导运营商等方面对运营企业制定专门的规则；类别许可证针对某一业务发放，所有运营企业都使用相同的条件和要求，适用于开放程度高，管制要求较为宽松的业务。我国是实行电信业务经营许可制的典型国家。登记或备案制

① 赵小林．市场准入制度的法律经济学分析．法制与社会，2008（11）.

② 李昌麒．经济法学．北京：中国政法大学出版社，2002：149.

是指拟经营电信业务的企业依照法定程序报送主管部门备案，对符合法定条件的，电信主管部门应当予以登记的法律制度。通常在对部分放开经营的业务采取比较宽松的态度的情况下，会采用备案制。

电信业务的分类和市场准入体制也是随着技术的发展而变化的。例如在日本，2001年修订的《电信事业法》在第二章电信业务中对市场准入作了规定。对第一类电信业务实行许可制，规定了许可标准和不予许可的情况等，对第二类电信业务实行登记制，规定了第二类电信业务的登记、登记的完成、拒绝登记、改变登记、登记的废除、登记记录的注销等情况。2003年，日本取消了对第一类和第二类电信运营商的分类；废除了许可制度，而只实行登记和通知制度。

电信市场准入的条件包括进入电信市场主体资格及取得主体资格的程序性条件。进入电信市场的主体资格是对电信业务经营者所需满足条件的规定，包括电信业务经营者的资本性质和股权结构、场地、人员、资源和技术条件等。取得主体资格的程序条件是对进入电信市场的程序的规定，包括审批或备案程序、需要提交的资料信息、审批或备案的期限等。例如，2002年欧盟电信管制框架生效之前，法国1996年《电信管制法》规定申请建立和经营公共电信网络的许可，应提交审批计划书（任务书），包括：网络限制、特性、覆盖区域及开通时间表；网络的永久性、质量及可用性条件，以及接入方式等详细信息。

电信市场开放的法律制度这里主要是指从资本的角度，外资或其他性质资本进入电信市场的相关法律规定。在我国，由于基础电信企业主要为国有企业，因此对民营资本等其他资本的开放问题也属于电信市场准入法律制度的重要内容。而在其他国家，主要是指国外资本进入本国电信市场的相关规定。1998年WTO基础电信协议生效之后，电信市场开放成为世界各国电信市场的主要发展趋势之一，但对外资进入电信市场各国都有相应的法律规定。其中，WTO承诺是各国电信业外资准入的基础，此外，各国电信法等立法中也对外资进入电信市场的条件和允许进入的业务领域等进行了规定。例如，1934年美国电信法中310条（b）款规定，无线电广播电台、公共通信无线电台、航空途中无线电台、航空固定无线电台的许可证均不得发给下述人或公司或由他们持有——

（1）任何外国人或任何外国人的代表；

（2）根据任何外国政府法律所组织的任何公司；

（3）任何高级职员或董事是外国人的公司，或该公司1/5以上的有记录的资本股份系外国人或他们的代表、外国政府或其代表或按照外国法律组织的任何公司所有或投票权属于他们的；

（4）被其他任何公司直接或间接控制的公司，而该其他公司有任何高级职员或1/4的董事是外国人者，或1/4以上的有记录的资本股票系外国人或他们的代表，或外国政府或其代表，或根据外国法律组成的公司所有或投票权属于他们者。

二、电信市场准入制度的法理基础

政府对电信行业实施准入监管，制定规范电信市场准入的相关法律制度，主要是为了达到效率和公平的管制目标。

（一）资源的稀缺性——效率

效率是指投入与产出或者成本与收益之间的关系。科斯的交易成本理论表明交易活动是稀缺的，稀缺就需要配置，配置就需要考虑效率。效率原理在法律安排中的作用主要体现在：国家决定是否运用法律手段干预经济生活的依据应当是效率。①

电信资源有稀缺资源和非稀缺资源之分，稀缺资源是指受条件限制，目前在技术上无法突破，数量有限的资源，如码号、频率和路权等。非稀缺资源是指尽管数量上是有限的，但可以依靠现有的技术不断突破，如网络、域名等。其中，频率、码号和路权等稀缺资源是电信活动不可或缺的组成部分，具有不可再生性。

如果电信市场中不存在市场准入制度，任何人进入市场都不需要任何成本，就可能会出现资源不足，无序竞争的局面，投资者看到这种情形，也会撤资或转移投资。由于电信资源具有稀缺性，只有制定电信市场准入的法律制度，从根本上规范市场主体的资格和资质，才能有效防范市场的无序和不正当竞争，保证无线电频谱、码号、路权等稀缺资源的公平分配和有效使用。因此，即使近年来，电信市场准入出现了放松的趋势，但是对于资源的分配，仍主要采用许可制。例如，欧盟 2002 年管制指令，对电子通信网络和服务的提供仅要求进行一般授权，但是在无线频率、码号资源、路权的分配方面仍需取得单独许可证。

（二）消费者权益保护——公平

由于市场自身存在盲目性、滞后性等缺点，在追求效率的同时，还应注重电信市场的稳健和健康发展，加强对消费者权益的保护，这也需要电信市场准入制度发挥作用。

首先，要通过电信市场准入达到普遍服务的目标。电信普遍服务是指任何人在任何地点都能以承担得起的价格享受电信业务，而且业务质量和资费标准一视同仁。它传达了普遍、平等、可支付三个方面的基本含义。电信普遍服务蕴含着保障基本人权、促进社会公平、平衡区域发展的丰富内容。因此，电信市场准入要为完成普遍服务的目标而作出相应的制度安排。一些国家在私有化过程中或者完成私有化后，通过在许可证条件中规定运营商的普遍服务义务来达成普遍服务的目标。

其次，要通过电信市场准入制度保护消费者的合法权益。一些国家的许可证条件中通常包含了消费者保护的相关要求，例如价格管制、计费行为、消费者申诉机制、争端解决机制、应急服务、话务员服务等。

三、电信市场准入法律制度规范的客体

电信市场准入法律制度规范的客体为电信市场准入的法律关系，包括两大类，一类是纵向的，政府与拟进入电信市场的市场主体之间的关系；一类是横向的，与电信市场准入有关的不同政府部门之间的关系，以及电信市场的不同主体在市场进入过程中的竞争关系。

（一）政府与市场主体之间的关系

政府与市场主体之间的关系，即电信监管机构以及与电信市场准入相关的政府部门

---

① 赵小林．市场准入制度的法律经济学分析．法制与社会，2008（11）．

与拟进入电信市场的其他主体之间的管理与被管理的关系，是不平等主体之间的关系。在电信监管机构为行政机关的国家，这一法律关系为行政法律关系。其中，法律关系的一方为国家行政机关，是否批准市场主体进入电信市场，由电信监管机构单方的意思表示而发生，市场主体在申请进入电信市场过程中的权利和义务均由法律、法规事先规定，行政机关和其他当事人都不能自由选择。

（二）不同政府部门之间及不同市场主体之间的关系

横向的法律关系包括不同政府部门之间在批准市场主体进入电信市场时的协同关系，也包括不同市场主体在进入电信市场时的竞争关系。

不同政府部门之间的协同关系指电信监管机构与工商行政管理部门之间的关系，外资市场准入中电信监管机构与外资主管部门的关系等。他们在电信市场准入过程中，与电信监管机构相互配合，作出是否批准市场主体进入电信市场的决定。

不同市场主体的竞争关系主要是指在市场准入中存在数量限制的情况下，或者在电信资源有限的情况下，不同市场主体存在竞争关系。例如，在利用招标或拍卖的手段分配频率的过程中，各市场主体是否能够取得频率和进入某一电信市场的资格，取决于他们能否在招标或拍卖的竞争中取得胜利。

四、电信市场准入法律的特征

电信市场准入法律制度具有以下特征：

（一）具有多部门法特征

电信市场准入法律制度涉及多个法律部门，如行政法、经济法、国际法等。

电信市场准入的体制包括许可体制和登记备案制等。在我国，《行政许可法》是电信业务经营许可发放的主要法律依据，而且国内行政法学者在行政许可和政府规制的研究中都涉足特殊市场准入领域，其中包含电信领域。

电信市场主体市场准入的研究也体现着国家对自由市场的干预，这是经济法的研究范畴，市场准入是经济法中市场主体规制法律制度的一个重要组成部分。

电信市场准入包括外国资本的准入问题，在WTO电信市场开放的框架下，电信市场的开放是电信服务贸易发展的目标之一，这属于国际经济法的研究范围。

（二）立法具有技术性

电信业具有很强的技术性，电信业尤其是基础电信业属于资本密集型的高科技产业，需要全程全网、联合作业，需要技术标准统一、网络接口一致和兼容，而且固定通信、移动通信、卫星通信等，有赖于相应的技术资源和自然资源，如电信码号、无线电频率、卫星轨道位置等。在一定技术条件下，这些资源都是有限或稀缺的。

相应地，电信市场准入的立法也具有一定的技术性，要了解并尊重电信市场和发展的技术特性，符合技术发展趋势。

（三）立法具有分散性

从各国电信市场准入的立法情况看，关于市场准入一般都没有统一的立法，相关内容散见于不同的法律文件中。例如，在我国，电信市场准入的法律规定包含在WTO规则、我国加入WTO的服务贸易承诺、关于非公有制资本进入电信业的相关规定、《电信条例》、《外商投资电信企业管理规定》、《电信业务经营许可管理办法》、《电信业务分类目录》等法律法规中。

（四）国际规则与国内立法并存

由于外国资本进入电信业的规则是电信市场准入的重要组成部分，因此电信市场准入法律制度具有国际规则与国内立法并存的特征。这里国际规则包括 WTO 规则、自由贸易区谈判等多边和双边规则、各国的国际承诺等。电信市场准入的国际规则主要研究一国电信服务进入另一国市场的各种壁垒。国内立法包括各国关于电信服务贸易的相关法律、电信市场准入的相关规定等。一些国际规则需要转化为国内立法，以便作为电信市场准入的依据。

五、电信市场准入法律的基本原则

电信市场准入法律制度，是为给电信市场的进入设定规则，其基本原则为：

（一）促进电信市场有效竞争原则

电信市场准入为电信市场进入设定规则，从理论上看，其本质以限制竞争为目的。一方面是为避免造成资源浪费，另一方面限制过度竞争对行业可能产生的破坏。但是，随着电信行业的发展，目前，电信市场已不再是纯粹的自然垄断行业，竞争成分明显增多。电信市场的准入政策已经不再仅仅是传统意义上的限制竞争，实现规模经济和范围经济。相反，带有了很强的促进竞争的涵义。例如，美国 1996 年电信法的修改，就是为了促进竞争，开放本地电信市场，扶持小企业，帮助小企业顺利进入电信市场，并帮助它们免受大型企业的排挤等。

（二）主体资格法定原则

电信市场准入的法律制度对进入电信市场的主体类型、主体需要满足的条件、标准都进行明确的规定。例如，澳大利亚 1997 年《电信法》规定，运营许可的申请者必须是公司、合格的合伙企业或公共实体。申请表格的内容包括：申请者的法律地位；申请者的相关信息，包括组织结构、资本构成（外资）、与生产、提供设施的公司、合伙企业或公共实体的关系、对新技术与技术发展的现有研究与研究建议；申请者拥有的网络类型或将拥有的网络类型；将提供的服务类型等。

六、电信市场准入法律制度的发展趋势

随着电信技术与市场的发展，各国对电信市场准入的管制趋于放松，电信市场准入的法律制度随之进行调整。其发展趋势主要包括：

（一）电信市场准入的管制趋于放松

从世界各国和地区的电信业务许可管理情况看，在电信服务及产业日趋国际化的趋势下，许多国家对于基础电信业务的管制及许可证发放都呈现出逐渐放宽的趋势。除对于需使用电信稀缺资源的业务给予较高管制外，增值电信业务则大多加以放宽。

传统上，许多国家使用个别许可证来进行电信市场的准入授权，个别许可证针对特定运营商发放，许可证中规定了提供服务的详细条款、条件，许可证通常通过竞争性选择程序发放，例如拍卖、招标等。近年来，随着电信市场竞争的加剧及电信管制的放

松，一些发达国家和地区在准入制度上也进行了改革，采用了一般授权或类别许可证等宽松的许可方式，在上述方式下，服务提供商通常仅需要向管制机构进行通报或登记（甚至可能连通报或登记都不需要），并在遵守所规定的一般条件的前提下，就可以开展业务，无须像个别许可一样必须先获得管制机构的批准。例如，在欧盟，从 2003 年开始，各成员国开始对通信网络与服务的提供适用一般授权制度，个别许可制度仅适用于频率、码号这些稀缺资源的分配。

（二）推出统一许可证

一张许可证可允许运营商提供多种基础设施与业务，这种许可方式已经在一些国家得到采用，包括中国香港地区、印度、肯尼亚、尼日利亚等。例如，尼日利亚 2006 年推出的统一业务许可证中包含了固定电话、移动、国际关口和国内长途业务。另外，所有获得统一许可证的被许可人都可以提供互联网接入服务、增值服务和付费电话业务等。中国香港地区在 2008 年 5 月也推出了统一许可证，拥有该许可证的基于设施的运营商可以提供固定、移动和（或）融合业务。从 2003 年开始，印度推出了统一接入许可证（UAL），允许运营商以任何技术提供有线、无线接入服务，另外还可提供 IP 电话、互联网服务和宽带服务。

（三）放松对外资准入的限制

随着电信市场的私有化和自由化，放松对外商投资比例的限制是必然趋势，印度在 2005 年将外国直接投资的上限从 49% 提高到 74%，加拿大在 2008 年也开始讨论是否完全取消对于外商投资的限制，欧盟国家基本上已经取消了对于外商投资的限制。

第二节　电信市场准入体制

电信市场准入体制是指电信监管机构对电信市场准入采用何种规制方式，主要包括许可制、登记与备案制等。电信业务分类是电信市场准入的前提。

一、电信业务分类

目前国际上电信业务分类方法主要有两种：

（一）基于有无电信设施，将电信业务分为第一类电信业务和第二类电信业务

所谓第一类电信业务，是指利用自有的电信传输设施、交换设施及其他辅助设施向社会公众提供电信服务的业务，或者将电信传输等设施出租供他人使用的业务。所谓第二类电信业务，是指租用电信传输等设施提供电信服务的业务。

将电信业务分为第一类电信业务和第二类电信业务的典型国家或地区包括新加坡、澳大利亚、韩国及中国台湾地区等。

新加坡《电信法》将电信运营商分为基于设施的运营商（FBO，Facilities-Based Operators）和基于业务的运营商（SBO，Services-Based Operator）。基于设施的运营商是指：进行任何电信系统的运营以给其他人提供下述所有或任一服务的运营商，这些服务包括：电信交换容量；电信交换业务；电信传输容量；电信传输服务。基于业务的运营商是指从一个 FBO 租赁任何电信系统（包括电信网络元素，如传输容量、交换业务、

管道和光纤）来给第三方提供电信业务，或转售一个 FBO 的电信业务的运营商。

澳大利亚《电信法》将“电信运营商”（Carrier）及“服务提供者”（Carriage Service Provider）作了区分。电信运营商是指提供公共传输服务的网络拥有者，网络指超过 500 米的线路连接，或者指定的无线电连接，比如移动服务基站或以卫星为基础的设施。服务提供者则不需要拥有网络设施。

韩国在 2002 年对《电信事业法》做了修订，修订后的《电信事业法》将电信事业分为基本通信事业、特定通信事业和增值通信事业三类。基本通信事业是指，需要设置通信线路设备的通信事业；特定通信事业和增值通信事业则是指，利用在信息通信部指定的区域内设置的通信设备提供通信服务，或利用基本通信事业许可的主体的通信线路设备提供通信服务。

我国台湾地区《电信法》（2007）第 11 条明确规定：电信事业分为第一类电信事业和第二类电信事业。第一类电信事业指设置电信机线设备、提供电信服务之事业。电信机线设备指连接发信端与受信端之网络传输设备、与网络传输设备形成一体而设置之交换设备以及二者之附属设备。第二类电信事业指第一类电信事业以外之电信事业。

（二）按照业务性质，将电信业务分为基础电信业务和增值电信业务

所谓基础电信业务，是指提供公共网络基础设施、公共数据传送和基本话音通信服务的业务。所谓增值电信业务，是指运营商凭借公用电信网的资源和其他通信设备而开发的附加通信业务，其实现的价值使原有的网络的经济效益或功能价值增高，如提供者增加信息的形式或内容，或者是通过对用户信息的存储和检索为用户提供附加值服务。

增值电信业务广义上分为两大类，一是以增值网方式出现的业务。增值网可凭借从公用网租用的传输设备，使用本部门的交换机、计算机和其他专用设备组成专用网，以适应本部门的需要。例如租用高速信息网组成的传真存储转发网、会议电视网、专用分组信息网、虚拟专用网等。二是以增值业务方式出现的业务，是指原有通信网基本业务（电话、电报业务）以外开发的业务，如数据检索、数据处理、电子数据互换、电子信息、电子查号和电子文件传输等业务。

将电信业务分为基础电信业务和增值电信业务的典型是世界贸易组织，各国对电信服务贸易的承诺表就是依据该分类进行承诺的。

表 2-1 《服务贸易总协定》服务部门分类（GNS/W/120）中的电信服务

部门和分部门
2. 通讯服务
C. 电信服务
基础电信服务
a. 语音电话服务
b. 分组交换数据传输服务
c. 电路交换数据传输服务

续表

部门和分部门
d. 电传服务
e. 电报服务
f. 传真服务
g. 私有线路租赁服务
增值电信服务
h. 电子邮件服务
i. 语音邮件服务
j. 在线信息和数据检索服务
k. 电子数据交换服务
l. 增值传真服务，包括储存和发送、储存与调用
m. 编码和规程转换服务
n. 在线信息和/或数据处理（包括交易处理）
o. 其他

2003 年 4 月，我国重新调整了《电信条例》所附的《电信业务分类目录》，将电信业务分为基础电信业务和增值电信业务。

二、许可制、登记与备案制

电信市场准入是采用许可制还是登记与备案制，主要取决于管制机构对不同电信业务的管制原则。总体上看，对于管制较为严格的业务采用许可制，反之采用登记与备案制。

（一）电信市场准入许可

根据我国的《行政许可法》，行政许可是指行政机关根据公民、法人或者其他组织的申请，经依法审查，准予其从事特定活动的行为。对“有限自然资源开发利用、公共资源配置以及直接关系公共利益的特定行业的市场准入等需要赋予特定权利的事项”，需要由政府依法定的条件和程序确定并将权利授予特定主体。电信业涉及无线电频率等公共资源的配置，也直接关系到公共利益，因此，电信市场准入需要经过行政许可。

行政许可是配置资源的重要制度，具有以下三个方面的基本作用：（1）配置稀缺资源，解决市场囿于其自身的局限无法解决的“公共物品的悲剧”问题；（2）相对公平地配置稀缺资源，从而保障市场的公平竞争和市场主体的合法权益；（3）对于获得许可的个人，其权利受到法律保护，任何人不得侵犯。[①]

① 王智斌．行政特许的私法分析．西南政法大学博士学位论文，2007 年．

电信市场准入许可大致可以包含三大类，第一类是无线电频率许可，无线电频率属于稀缺资源，也是公共物品，我国《物权法》第50条规定，“无线电频谱资源属于国家所有”。将公共物品进行排他性地配置，应采用较为严格的许可方式。因此，即使在对电信业务采用统一许可的国家或地区，如一些欧盟国家，对无线电频率仍采用单独许可的方式。2002年欧盟管制框架实施之后，电子通信网络和服务的提供仅需要一般授权，而无线频率、码号资源、路权的分配则需要单独许可证。

第二类是电信设备入网许可。电信设备是关系于公共安全、公共利益的设备、设施，我国对接入公用电信网的电信终端设备、无线电通信设备和涉及网间互联的电信设备实行进网许可制度。实行进网许可制度的电信设备必须获得工业和信息化部颁发的进网许可证；未获得进网许可证的，不得接入公用电信网使用和在国内销售。各国多通过本国的电信法对电信设备入网进行立法规定。如俄罗斯2003年《通信法》、德国1996年《电信法》、澳大利亚1997年《电信法》和韩国《电信基本法》及《电波法》都对电信设备（包括无线设备）进网作出了规定。从各国家和地区电信法上的规定来看，世界各国和各地区对接入公众电信网的电信设备普遍实行管制，主要包括政府许可管理、第三方认证和自我认证等三种方式。其中，政府许可是政府为保证网络的健康发展，依据技术标准、产业政策、业务发展要求、宏观调控等综合因素采取的行政许可行为。产品制造商向国家电信监管提交审批申请，监管机构可以自己对设备进行测试，也可以由其指定或授权的实验室来测试。最后由国家电信监管机构来判定产品是否被许可，并发放合格证书。目前中国香港地区、中国台湾地区、俄罗斯、墨西哥、泰国和印度等国家和地区仍采取这种方式。

第三类即电信业务许可，也是我们通常所说的电信市场准入许可的最主要方式。基于电信业务分类，决定电信市场准入的方式。根据许可所适用的业务类别，可以分为个别许可、类别许可和统一授权，在下文中将会专门介绍。在我国，基础电信业务和增值电信业务均采用电信业务经营许可制。

从国外的情况看，日本2001年修订的《电信事业法》对第一类电信事业采用许可制，在第二章《电信业务》对电信业务的许可进行了规定，包括第一类事业的许可及许可标准问题、不予许可的情况、获得许可后开始提供服务的义务、电信运营商名称的改变等规定、电信业务分类改变、电信服务活动的委托、电信业务的转让和接管，法人的合并和分立、法人继承问题、业务的中止和停顿、法人的解散、业务许可的废止，改变许可的废止等内容。

韩国对电信业务分别实行许可、登记和申告制度。韩国2002年《通信基本法》和《电气通信事业法》规定，电信业务分为关键通信业务、特定通信业务和增值通信业务三种，其中关键通信业务采用许可制度。

澳大利亚1997年《电信法》规定，凡经营电信业务的电信运营商（Carrier）都必须要有许可证，但为了简化许可证管理，澳大利亚在其许可证发放管理规定中针对不同电信运营商分别设立其应履行的义务，如建立和维护设施的权利和豁免权等，义务方面则仅要求运营商必须就消费者权益保护部分提出承诺。

德国1996年电信法关于电信市场准入的法律规定，包括：（1）申请人条件、许可证种类。(2) 提供国际电信业务或在其业务提供的范围内使用会对其他国家的无线业务产生有害干扰的无线设备的许可证持有者，必须是经ITU（国际电信联盟）许可的运营者。(3) 许可证的授予以书面形式申请，必须说明获得许可的经营活动的范围，而且在6个星期内裁决不予许可的情况。(4) 许可证期限的规定。(5) 许可证持有者的变更。(6) 需要使用频率时，有许可证数目的限制。(7) 许可证授予通过拍卖或竞标程序。(8) 为公众提供语音通信业务的许可证持有者，提供实用数据保护。(9) 为公众提供语音通信业务的许可证持有者有义务提供紧急呼救设备。(10) 公司结构分离和财务分离的要求。(11) 许可证的撤销和许可证的费用。

（二）电信市场准入登记与备案

登记与备案的目的在于建立一种法律秩序，也是履行法定手续的形式。在我国《行政许可法》中，将确定主体资格的登记也纳入《行政许可法》的调整范围，如公司设立的注册登记、社会团体的注册等。这里我们只是从电信市场准入的程序角度讨论电信市场准入的许可和登记与备案的关系。电信市场准入的登记与备案方式主要适用于市场准入较为宽松的业务。与许可相比，其程序上更为简单。

电信业务的登记与备案，要对登记或报备电信业务的提供者进行审查，对符合要求的予以登记。日本2001年修订的《电信事业法》规定，第二类电信事业采用“登记制”或“报备制”，其涉及：一般第二类电信业务的通知、一般第二类电信业务的转让等；特殊第二类电信业务的登记、登记的完成、拒绝登记、改变登记、登记的废除、登记记录的注销等。根据总务省的有关规定，日本自2003年取消电信事业许可制度，而统一采用登记制度，安装网络的运营商需要先取得总务省的登记证明，其他运营商仅需要向总务省进行通报即可。韩国2002年《通信基本法》和《电气通信事业法》规定，对于特定通信业务和增值通信业务分别采用登记制度。

三、个别许可、类别许可与统一授权

电信市场准入制度的发展，有一个从严格到逐步放松的过程。过去，很多国家使用个别许可证来进行准入授权，个别许可证针对单个特定运营商发放，许可证中规定了提供服务的详细条款、条件，许可证通常通过竞争性选择程序发放，例如拍卖、招标等。而近年来，随着电信市场竞争的加剧及电信管制的放松，一些发达国家和地区在准入制度上也进行了改革，采用了统一授权或类别许可证等宽松的许可方式。这样，服务提供商通常仅需要向管制机构进行通报或登记（甚至可能连通报或登记都不需要），并在遵守法律规定的一般条件的前提下，就可以开展电信业务，无须像个别许可一样必须先获得管制机构的批准。例如，在欧盟，从2003年开始，各成员国开始对通信网络与服务的提供适用统一授权制度，个别许可制度仅适用于频率、码号这些稀缺资源的分配。

（一）个别许可

从管制的目的来看，个别许可的发放主要是为了确保无线电频率及码号资源等稀缺资源的有效利用，保证用户利益的最大化以及促进市场竞争。其发放基于客观、非歧视、选择标准透明化等原则，而且由于资源的有限性，个别许可证的数量有一定的限制。

在2002年欧盟管制框架形成前，进入一个特定的电信市场，必须首先获得许可证。任何企业开展电信业务的先决条件都是获得一张某电信业务的许可证。许可证制度由欧盟97/13/EC指令①规定。

该指令的第三部分是关于个别许可的规定。一般而言，发放个别许可证的目的包括：允许得到许可证的企业获得无线电频率或码号；给予得到许可证的企业特定的权利进入公共或者私有的土地；获得许可证的企业必须承担义务和符合一些要求，强制其提供公开的、可利用的电信业务以及/或者公共电信网络。并且，该指令第7条第1段规定，为了与欧盟竞争规则保持一致，具有明显市场影响力的企业，必须承担某些特定的义务。个别许可证持有者可以提供公开的、可利用的话音业务，建设和运营公共电信网，以及使用其他网络和无线电频率。第9条规定了批准个别许可证的程序，包括个别许可证在怎样的情况下会被撤销、修改或暂停等，即一旦企业不遵守许可证附带的各项规定，个别许可证将被撤销、修改或暂停。

97/13/EG指令的目的是促进许可证制度的自由化，如果可能，提供电信业务根本不需要许可，市场准入的障碍应该尽可能地小。然而，各成员国可以对个别许可证的发放进行更宽泛的规定。

（二）统一授权

最典型采用统一授权的是欧盟。2002年，欧盟通过了电子通信领域的管制框架，授权指令②是与市场准入最相关的。授权指令创建了一个统一授权的法律框架。电子通信网络和服务的提供仅要求一般授权，废除了不必要的手续，也不需要向国家管制机构（NRA）提供进入市场的不必要信息。授权指令的第3条第2款和第3款规定，“统一授权”是指“成员国建立的，保证电子通信网络或服务提供的法律框架，为了与该指令保持一致，提出适用于所有的或某特定类型的电子通信网络或服务的某些义务”。授权指令规定：个别许可证被限制在无线频率和码号资源的分配方面，并尽量不被使用。在统一授权的体制下，成员国除了要求企业在开始电子通信网络和服务前提交通知外，不需要做其他要求。

统一授权的附加条件主要包括：普遍服务指令规定的普遍服务基金的缴纳；授权指令规定的行政管理费用、符合国家面向终端用户的码号配置计划，包括符合普遍服务指令的条件、必须承担的普遍服务义务以及重大灾难期间，确保紧急服务、当局之间的通信并向广大公众广播的条款等。

统一授权的许可方式已经在一些国家和地区得到采用，包括中国香港地区、印度、肯尼亚、尼日利亚等。例如，尼日利亚2006年推出的统一业务许可证中包含了固定电话、移动、国际关口和国内长途业务。中国香港地区在2008年5月也推出了统一运营

---

① 欧盟议会及理事会97/13/EC指令，1997年4月10日电信领域的一般性授权和单独许可证的共同框架，OJ L 117，7.5.1997，pp. 15－27.

② 2002/20/EC指令，即欧洲议会和与理事会2002年3月7日关于电子通信网络和服务的授权指令（授权指令），OJ L 108，24.4.2002，pp. 21－32.

商许可证，拥有该许可证的基于设施的运营商可以提供固定、移动和（或）融合业务。从2003年开始，印度推出了统一接入许可证（UAL），允许运营商以任何技术提供有线、无线接入服务，另外还可提供IP电话、互联网服务和宽带服务。

（三）类别许可

类别许可是针对某一类业务发放，所有运营者都使用相同的条件和要求，适用于开放程度较高，管制要求较为宽松的业务。许可证中会规定运营者的经营种类、范围等内容，另外有些国家的许可证还附带有规定运营者权利和业务等条款。

例如，新加坡规定，所有电信运营商都需获得新加坡政府电信监管机构的许可。许可方式分为两类：个别许可（Individual License）与类别许可（Class License）。基于设施的运营商（FBOs）适用于个别许可，基于业务的运营商（SBOs）适用于个别许可与类别许可。类别许可，是指一项许可系统，许可的条款与条件予以公告，任何提供该许可项下电信服务的人，在使用有关注册文件格式向监管机构注册之后，将被推定已经阅读并接受该等许可项下条款与条件的约束，被视为已经获得了许可。

马来西亚新推出的许可体系中仅包含了四类许可证，即，网络设施提供商许可证（NSP）；网络服务提供商许可证（NSP）；应用服务提供商许可证（ASP）和内容应用服务许可证（CSP）。例如，内容应用服务许可证允许许可证持有人提供包括电视、无线电广播和互联网在内的内容服务。

四、许可费用

许可费用包括两个方面，即获得许可证的费用和许可证管理费用。获得许可证的费用通常基于竞价过程或者事先确定，属于一次性费用，可以分期付款并且规定违反付款义务的罚款金额。许可证管理费用为定期费用（通常是按年收取），常常被用于补偿监管的管理费用，费用不应该超过可以证明的行政管理成本，必须对整个行业的费用进行公正评估。许可证管理费用的收取通常又根据不同的业务分为两种方式，一种是按营业额的一定比例收取，一种是按企业的资本额的大小分别收取固定的费用。

多数国家都规定电信业务申请者应缴纳业务许可费，收费按业务、提供业务的地域范围、运营商收入等，采用不同的计算标准。美国按照业务种类不同，收取的业务申请及变更的费用也不同，从最低35美元到最高21万美元不等，大部分在1 000美元以下。

新加坡的许可费包括初始费用与年度费用，FBOs许可费中的年度费用，一般按照电信运营商在一个财政年度内年度经审计的总营业额的一定比率（一般为1%）收取，但存在最低下限金额要求。而从事某些业务的SBOs，无须承担任何许可费用，有的SBOs需要缴纳较低的固定金额的许可费。FBOs许可的期限需视具体业务而定，一般为10~20年，而SBOs许可的期限一般为3年。

欧盟“授权指令”（Directive 2002/20/EC）第30条规定：为了弥补国家监管机构在管理授权系统以及发放授权活动中的开支，可向电子通信业务提供者收取行政管理费用。这种费用仅限于弥补实际从事这些活动的管理成本。第32条规定，除行政管理费用外，可向无线电频率和号码收取使用费，以确保这些资源的优化利用。这种收费可用来弥补国家监管机构通过行政管理费仍不能弥补的开支，但不能阻碍业务的创新发展和市场竞争。

第三节　电信市场准入的条件

无论市场准入的体制为许可制还是备案制，进入电信市场都需要遵守一定的条件和程序，但许可制与备案制所需要的条件有明显的差别，适用许可制的电信业务，其条件和程序要严格得多。各国基本是在《电信法》中对电信市场准入的条件和程序进行规定的。

一、电信市场准入的实质条件

电信市场准入的实质条件，主要是指进入电信市场的主体资格及在电信市场准入时应考虑的其他因素。主体资格条件主要包括对电信业务经营者所需满足条件的规定，包括电信业务经营者的资本性质和股权结构、场地、人员、资源和技术条件等要求。此外，各国根据电信市场准入的管制目标不同，也确定了在市场准入时应考虑的其他相关因素。

（一）关于电信市场主体资格的条件

电信服务尤其是基础电信服务关系到公共安全和消费者利益，因此，对进入电信市场的主体资格应进行较为严格的审核和规定。

1. 电信业务经营者的自身条件

由于电信行业传统上是对外资投资进行限制的行业，因此，在电信市场准入的实质条件中，电信业务经营者自身的性质，如是否为本国法律规定的公司，是否为本国公司，股东的性质等条件都至关重要。

新加坡电信市场开放较早，其电信法对外国人在电信运营商中所持有的股权比例未设定任何限制，但要求电信运营商须为按照新加坡公司法（Singapore Companies Act, Chapter 50）的规定注册的公司。并且为了保证 FBO 能够履行其在许可证项下的承诺以及任何其他新加坡信息通信发展局（IDA）所要求条款与条件的执行，FBOs 须提供履约保函，而且监管机构要求履约保函应当是以监管机构为受益人的银行保函。

澳大利亚电信法规定，运营许可的申请者必须是公司、合格的合伙企业或公共实体。申请时应说明，申请者的法律地位；申请者的相关信息，包括组织结构、资本构成（外资）以及与生产、提供设施的公司、合伙企业或公共实体的关系等。

在我国，对于基础电信业务经营者，《电信条例》第 10 条及《电信业务经营许可管理办法》第 5 条等规定了其应具备的条件，主要包括：注册资本：在省、自治区、直辖市范围内经营的，其注册资本最低限额为 1 亿元人民币；在全国或跨省、自治区、直辖市范围内经营的，其注册资本最低限额为 10 亿元人民币；国有股权比例：公司中国有股权或者股份不少于 51%。

对于增值电信业务经营者，《电信条例》第 13 条及《电信业务经营许可管理办法》第 6 条规定了其需要具备的条件：注册资本：在省、自治区、直辖市范围内经营的，其注册资本最低限额为100万元人民币；在全国或跨省、自治区、直辖市范围内经营的，其注册资本最低限额为1 000万元人民币。

2. 所拥有的资源情况

电信服务的提供需要拥有相应的资源，如无线电频率、码号资源、相应的网络基础设施等。

澳大利亚电信法规定，运营许可的申请者要说明其拥有的网络类型或将拥有的网络类型以及将提供的服务类型等。

法国1996年《电信法》规定，审查许可证申请时，要包括对无线电频率的使用、使用的费用以及频率管理与监控的成本；独立号码或者号码段的配置，号码规划管理的费用等。

我国《电信条例》和《电信业务经营许可管理办法》规定，从事基础电信业务和增值电信业务，应：有与从事经营活动相适应的资金和专业人员；有从事经营活动的场地及相应的资源；有为用户提供长期服务的信誉或者能力；最近3年内未发生过重大违法行为等。

3. 技术条件

电信行业是需要较高技术水平的行业，申请经营电信业务，需要有一定的技术实力。

新加坡在评估FBOs许可申请时，监管机构要考虑申请者对在新加坡开发与投资通信基础设施所作的承诺；申请者提供其建议的服务和/或基础设施的能力等。

澳大利亚对运营许可的申请者要求有对新技术与技术发展的现有研究与研究建议。

法国1996年《电信法》规定，其许可应考虑以下条件：（1）服务特性、特点与覆盖区域以及网络扩展计划；（2）网络的运营时间、质量与可用性，网络的接驳条件；（3）与传送信息有关的服务的保密条件与中立性；（4）网络与服务的标准及规范；（5）是否符合环境保护规定的要求，是否符合城镇与乡村发展规划的要求（包括需要占用基础设施或者设施共享的情况）等。

我国《电信条例》和《电信业务经营许可管理办法》规定，从事基础电信业务和增值电信业务要有可行性研究报告和组网技术方案。

4. 其他

新加坡规定，FBO申请者要做关于服务质量标准的承诺。

（二）电信市场准入的其他考虑因素

除了在电信法中规定明确的电信市场准入条件外，各国在电信法中对市场准入的原则和其他考虑因素也进行了规定，这些因素往往能决定市场准入的数量限制、市场格局等方面。

法国在1996年《电信法》中规定，许可证申请在以下情形下将被拒绝：（1）基于公共秩序方面的考虑；（2）基于国防与公共安全方面的考虑；（3）由于可供使用频率的有限性而导致技术方面的限制；（4）申请人不具备适宜的技术力量与财务能力，足以支持其持续地履行义务；（5）申请人因为重大责任而受到过法律处罚。

我国《电信条例》第12条规定，国务院信息产业主管部门审查经营基础电信业务的申请时，应当考虑国家安全、电信网络安全、电信资源可持续利用、环境保护和电信市场的竞争状况等因素。

二、电信市场准入的程序条件

电信市场准入的程序条件是对进入电信市场的程序的规定，包括审批或备案程序、需要提交的资料信息、审批或备案的期限等。一般来讲，各国电信法中都会对这些程序进行明确的规定。

（一）许可证发放方式

采用电信业务经营许可制的国家，其电信业务经营许可的发放共有几种方式，即拍卖、招标和申请审批等。拍卖和招标方式是通过公平竞争取得电信业务经营许可证的主要方式。拍卖主要是指以公开竞价的形式，根据满足基本要求的申请者提出为获取该许可证而支付的金额高低来确定许可证的发放。在拍卖中，出价的高低是决定性因素。招标分为公开招标和邀请招标，公开招标是指招标人以招标公告的方式邀请不特定的法人或者其他组织投标。邀请招标，是指招标人以投标邀请书的方式邀请特定的法人或者其他组织投标。

申请审批是指国家主管部门向社会公布要发放一定数量的许可证，有兴趣者向主管部门提交符合格式和内容要求的申请书，主管部门组织评审委员会，根据一定的程序对评审书中所列举的申请者条件按照一定的标准进行评比，最后将许可证发放给条件最好的申请者。

国际上，第三代移动通信的许可证，各国基本上是采用拍卖或招标的方式发放的。在欧洲，大部分国家采用了拍卖或者招标方式发放 3G 许可证，直接通过分配频率的方式确定了 3G 网络建设经营的运营主体。在欧洲的 3G 许可证发放过程中，英、法、德等国的许可证拍卖过程竞争过于激烈，最后的价格也高得惊人。北美通过频率发放的方式确定运营商，加拿大发放的 3G 扩展频段的 PCS 频率使用许可证，并没有对运营商采取的技术进行限制，也就是说运营商可以采用自选的包括 3G 技术在内的各种移动通信技术来提供业务。在亚洲，日本是通过评审方式免费颁发 3G 许可证的国家，而韩国、新加坡等采用的是拍卖的方式。

我国《电信条例》第 12 条第（二）款规定，颁发《基础电信业务经营许可证》，应当按照国家有关规定采用招标方式。但事实上，目前的基础运营商均由于历史延续而取得基础电信业务经营许可证，还没有一家公司是通过招标的方式取得。

（二）申请材料

新加坡规定，申请 FBOs 许可应当提交下述材料或信息：

（1）发展展望。概述其发展计划及其如何对新加坡上述发展规划作出贡献。

（2）组织结构/财务能力与实力。在此方面申请者需要提供以下信息：① 申请者的组织机构，并说明：申请者是否存在任何子公司或关联公司、合营企业及信托；申请者是私募公司，还是上市公司；若申请者为上市公司，则应当详述公开上市的细节。② 清晰表明申请者终极所有权的股权结构（包括直接或者间接持有或控制的股权）。③ 董事会成员的组成以及管理层结构。④ 申请者主要发起人的详情。⑤ 申请者应当提交下列文件：公司按照新加坡公司法注册的组织文件，包括经公证的公司组织备忘录与章程的影印件；经授权、已发售的且已经收缴的股本金以及表明数量的股本证明书；银行存款证明和/或表示申请者信用的证明。⑥ 申请者最近3个财政年度经过审计的详细财务报告（如损益账目、资产负责表、现金流量说明书及审计报告）。⑦ 申请者最近期间的经营状况。⑧ 申请者自申请年度开始以下3个年度的预算。⑨ 申请者自申请年度开始以下三个年度债项、负债及或有债务一览表。⑩ 申请者运营电信业务前5年的商务计划、财务计划与融资计划。

（3）提供电信业务的竞争策略。申请者应当详细描述拟开展的业务，包括时限、在新加坡电信市场拟实施的竞争策略，以及电信业务的运营是如何对新加坡电信发展展望作出贡献的。申请者应当提交下列文件：① 主要股东经营业绩的证明；② 详细说明其如何运用与发挥主要股东的有关经营经验与技术特长，以及如何构筑起战略或竞争方面的优势。

（4）技术规划与性能。申请者应当提供下列信息：① 网络配置。支持所提供电信服务的网络的总体组织、结构、组成与基本描述，包括网络管理、容量、路由规划、传输规划、信令计划。② 网络设施。国际局、关口、本地/中继/汇接的交换设施、市政管线、电缆管道、无线基站与其他需要安装的设备以及拟使用频率资源的有关细节。③ 网络覆盖、容量与更新。在运营前5年，拟开发电信业务计划的地理覆盖情况以及网络容量的扩展计划；其后5年，对网络设施更新所作出的承诺。④ 网络的互联互通。与FBOs网络（包括现有电信运营商所经营的宽带网络、寻呼及蜂窝电话网络、公众数据网络及资讯查询系统）实现互联互通的技术设想（包括信令、传输、同步要求，互联互通配置，以及互联点的接口要求等）。⑤ 网络运营质量与网络安全。网络质量的最低运营指标，以及确保网络安全的实施计划。⑥ 网络技术。旨在提供基本、宽带与增殖业务的交换系统、传输系统及本地接入系统所采用的技术。

（5）所提供产品与服务的范围及选择。

（6）具有竞争性的资费价格情况。

（7）对客户服务系统的承诺。

（8）可供使用的自然资源的限制情况。

（9）监管机构所要求提供的其他信息。

（三）申请审查的期限

新加坡规定，在申请者提交了全部所要求提交的文件以及申请者已经澄清了监管机构所有疑问的情况下，FBOs许可、SBOs个别许可与SBOs种类许可申请的审批，分别需要8周、4周与2周的时间。

在我国，《电信业务经营许可管理办法》第10条规定，工业和信息化部应当对申请经营基础电信业务的申请材料进行审查。申请材料齐全、符合法定形式的，应当向申请人出具受理申请通知书。申请材料不齐全或者不符合法定形式的，应当当场或者在5日内一次告知申请人需要补正的全部内容。工业和信息化部受理申请之后，应当组织专家对申请材料进行评审，形成评审意见。工业和信息化部应当自受理申请之日起180日内完成审查工作。予以批准的，颁发《基础电信业务经营许可证》。不予批准的，应当书面通知申请人并说明理由。第 11 条规定，电信管理机构应当对申请经营增值电信业务的申请材料进行审查。申请材料齐全、符合法定形式的，应当向申请人出具受理申请通知书。申请材料不齐全或者不符合法定形式的，应当当场或者在 5 日内一次告知申请人需要补正的全部内容。电信管理机构应当自收到申请之日起 60 日内完成审查工作，作出予以批准或者不予批准的决定。予以批准的，颁发《跨地区增值电信业务经营许可证》或者省、自治区、直辖市范围内的《增值电信业务经营许可证》。不予批准的，应当书面通知申请人并说明理由。

三、市场准入条件中的若干问题探讨

（一）关于数量限制

电信市场准入的一个主要问题是：是否有必要限制进入电信市场的竞争者数量。事实上，这一问题在欧美等发达国家不成问题，因为，除了受频率等稀缺资源的约束，它们通常不对电信市场准入进行限制，而是由市场竞争来决定市场结构和竞争者的数量。

WTO 服务贸易总协定（GATS）第 16 条第 2 款规定，作出市场准入承诺的部门，除非在其减让表中另有列明，否则一成员不得在其一地区或在其全部领土内维持或采取如下的措施：

（1）无论以数量配额、垄断、专营服务提供者的形式，还是以经济需求测试要求的形式，限制服务提供者的数量；

（2）以数量配额或经济需求测试要求的形式限制服务交易或资产总值；

（3）以配额或经济需求测试要求的形式，限制服务业务总数或以指定数量单位表示的服务产出总量；①

（4）以数量配额或经济需求测试要求的形式，限制特定服务部门或服务提供者可雇用的、提供具体服务所必需且直接有关的自然人总数；

（5）限制或要求服务提供者通过特定类型法律实体或合营企业提供服务的措施；

（6）以限制外国股权最高百分比或限制单个或总体外国投资总额的方式限制外国资本的参与。

这表明，除了各 WTO 成员国在承诺中所列明的限制措施，不能在市场准入时限制服务提供者的数量、类型与外资比例。

在我国服务贸易具体承诺减让表中，“市场准入限制”包括股权限制、地域限制等，但没有规定数量限制，即外资参与中国电信业将不会有执照申请和许可制度方面的数量限制。

（二）关于注册资本金

注册资本金，从法律意义上说，是指公司成立时载于公司章程并在公司登记机关注册登记的、全体股东认缴的出资总额。从注册资本金的作用看，首先，注册资本金是公司信用的基础，一般说来，注册资本金越高，则信用越高。其次，注册资本金也是公司进行以营利为目的的生产经营活动的必要条件，是公司实现其权利和义务的保障。再

---

① 第 2 款（c）项不涵盖一成员限制服务提供投入的措施。

者，公司注册资本也与公司的经营范围有一定程度的正相关关系，如果投资额与资本额之间的关系过分悬殊，公司的生产经营会难以为继。并且，注册资本金的设立也是为了保证交易安全和效率。

电信市场准入时的注册资本金要求，是保护电信市场相关参与方特别是电信用户权益的重要手段，一定的注册资本金要求是用户获得稳定、长期、可信赖的电信服务的条件。从电信市场准入的实质条件可以看出，虽然一些国家对注册资本金并没有要求，但还是有部分国家把注册资本金、履约保证金等形式作为市场准入的条件。

2008 年，我国修改了《外商投资电信企业管理规定》，降低了注册资本的要求，其第 5 条规定，外商投资电信企业的注册资本应当符合下列规定：（1）经营全国的或者跨省、自治区、直辖市范围的基础电信业务的，其注册资本最低限额为 10 亿元人民币；经营增值电信业务的，其注册资本最低限额为 1 000 万元人民币；（2）经营省、自治区、直辖市范围内的基础电信业务的，其注册资本最低限额为 1 亿元人民币；经营增值电信业务的，其注册资本最低限额为 100 万元人民币。

2009 年，工业和信息化部修改了《电信业务经营许可管理办法》，也将注册资本进行了相应的下调，其第 5 条规定，申请经营基础电信业务的，在省、自治区、直辖市范围内经营的，注册资本最低限额为 1 亿元人民币；在全国或者跨省、自治区、直辖市范围经营的，注册资本最低限额为 10 亿元人民币。第 6 条规定，申请经营增值电信业务的，在省、自治区、直辖市范围内经营的，注册资本最低限额为 100 万元人民币；在全国或者跨省、自治区、直辖市范围经营的，注册资本最低限额为 1 000 万元人民币。

其他对注册资本或具有注册资本性质的资本要求进行规定的国家和地区，主要是中国台湾地区、印度和新加坡等。

中国台湾地区对第一类电信事业有注册资金的要求，而第二类电信事业没有注册资金最低限额要求，只是要求第二类电信事业许可执照中注明经营者的资本额，而没有具体数额的限制性规定。同时，中国台湾地区 2007 年“电信法”第 14 条规定，申请经营第一类电信事业，经评审核可或得标者，由交通部发给筹设同意书。交通部发给筹设同意书前，需要命令申请者依规定缴交履行保证金；申请者未依规定筹设或未依核可之计划完成筹设者，交通部不予退还履行保证金之部分或全部，并得废止其筹设同意。

在印度的许可证条款中，印度政府对被许可企业的注册资本金也有一定的要求，其注册资本金主要包括，对申请日的已缴资本金和资本净值两方面的要求。此外，印度还对被许可企业有一定的财务担保要求。在签订许可证协议之前，必须提交来自指定银行或授权公共金融机构的财务担保（FBG）。

在新加坡，有关法律对 FBO（基于设施的运营商）有履约保证金要求：即 FBO 许可证持有人按照它们在申请书中的计划，铺设网络和提供服务，为了保证履约，每个许可证持有人将要给监管机构提供总额等于其总投资预算的 5% 的履约保证金。

第四节 外资的电信市场准入

由于电信业具有天然的垄断属性，大部分国家电信行业的发展经历了由垄断到竞争，由封闭到开放的过程。在世界贸易组织的69个成员国和地区达成1998年《基础电信协议》前后，很多国家（或地区）相继开放了本国电信市场。虽然由于各国政治、经济发展的不平衡，电信市场开放的具体策略和政策不尽相同，但电信市场的开放是电信产业发展的大势所趋。

一、WTO服务贸易总协定关于电信市场准入的规定

WTO中关于电信市场准入的规定由两大部分组成，一是服务贸易总协定（GATS）及其电信服务的附件，包括关于市场准入的原则性规定，涉及原则、市场准入的条件、例外，以及专门针对电信服务的规定，其中最重要的是规定了公共电信传输网络和服务的进入和使用的条款；二是“《服务贸易总协定》第四议定书”——《基础电信协议》及各国服务贸易具体承诺减让表和GATS第2条豁免清单的内容，还包括管制原则的参考文件。

（一）GATS关于市场准入的相关规定

首先，GATS通过服务贸易定义的方式，规定了服务贸易的四种模式：即跨境服务、境外消费、商业存在和自然人流动。这其中，跨境服务和商业存在与电信业最为相关，跨境服务包括互联网的相关服务、呼叫中心外包服务等等；而商业存在主要是指外资在其他WTO成员国境内直接设立经营实体经营电信业务的情况。

电信市场准入的原则与WTO的基本原则相一致，主要为非歧视原则，促进公平竞争原则和贸易自由化原则等。非歧视原则包括电信市场准入中的最惠国待遇原则和国民待遇原则。促进公平竞争原则是指各成员国之间相互开放电信服务市场，逐步为外国的服务和服务提供者创造市场准入和公平竞争的机会。贸易自由化原则是指WTO要建立开放的电信服务贸易体制，贸易自由化、电信市场开放是市场准入最终实现的目标。

GATS还对市场准入的条件进行了规定，明确每一成员对任何其他成员的服务和服务提供者给予的待遇，不得低于其在具体承诺减让表中同意和列明的条款、限制和条件。并且，除非在其减让表中另有列明，不得限制服务提供者的数量、限制或要求服务提供者通过特定类型法律实体或合营企业提供服务的措施；以及以限制外国股权最高百分比或限制单个或总体外国投资总额的方式限制外国资本的参与。[①] 这表明，各国只能在其电信服务贸易承诺减让表中列明各项限制措施，除此之外，不得再另加限制条件。

GATS规定了服务贸易市场准入的例外，包括一般例外和安全例外[②]，但这些例外应用的情况比较严格，目前WTO成员国也基本没有应用例外来限制电信市场准入的。

GATS《关于电信服务的附件》是基于“电信服务部门的特殊性，特别是其作为经济活动的独特部门和作为其他经济活动的基本传输手段而起到的双重作用”，是在公用电信网络的进入和使用等方面提出的要求，即每一成员应保证任何其他成员的任何服务提供者可按照合理和非歧视的条款和条件进入和使用其公共电信传输网络和服务，以提

---

① GATS第16条。

② 具体见GATS第14条。

供其减让表中包括的服务。

（二）《基础电信协议》的主要内容

1997年2月15日，占全球电信市场91%份额的69个WTO成员达成了《基础电信协议》（Agreement on Basic Tele-Communications），各成员分别作出了实现电信业自由化的承诺，向外国投资者不同程度地开放电信市场。该协议于1998年2月15日生效。《基础电信协议》即"《服务贸易总协定》第四议定书"，本身非常简短，只规定了生效时间等程序性事项，其后所附的世界贸易组织成员关于电信服务的具体承诺减让表和《服务贸易总协定》第2条国民待遇豁免清单，是该协议的主要内容。

GATS将市场准入与国民待遇的规定列为"具体承诺"，各成员国要对此进行专门谈判，而不是与最惠国待遇一样，列为一般义务，具体承诺是一种特定义务，是有条件承担的。这就是说，电信服务市场准入并不是成员方的普遍义务，而是具体承诺的义务，即通过各成员方之间的双边或多边谈判达成协议后，各成员方据此制定出具体的市场准入承诺表，该表的内容才是该成员方应承担的开放本国电信服务市场的义务。包括发达国家成员在内的许多成员，为保护本国（地区）电信业的发展，对开放本国（地区）电信市场都附加了一定的条件，保留了各种市场准入限制措施，如电信服务的类别、服务提供者的数量、商业存在的法律形式、外商直接或间接投资的比例、投资地域、商业存在中董事等高级管理人员的国籍等。

《服务贸易总协定》及《基础电信协议》构成了WTO关于电信市场准入规定的最主要部分。各WTO的成员方都需要遵守GATS及本国承诺的相关规定，开放电信市场，如果违反这些规定，则有可能被其他成员方诉诸争端解决机制。

二、国外外资电信市场准入的法律制度

发达国家与发展中国家由于电信业的发展阶段不同，外资电信市场准入的法律与政策也有很大的不同。发达国家在对外开放前，国内已经形成多层次的市场竞争体系，国内的立法、监管体系和市场体制已较为健全。对外开放一方面是为了促进国内竞争，另一方面也是为了促使其他国家开放本国市场，满足本国企业海外扩张的需要。而发展中国家在对外开放之前，大多数市场处于垄断阶段，市场发展缓慢，因此，基于促进基础设施建设的目的而开放电信市场。

（一）对外商投资电信企业人员资质的法律规定

美国的WTO承诺中规定，对于无线业务的直接投资，不可以授予以下机构或由以下机构承担：a）外国政府或他们的代表；b）非美国公民或他们的代表；c）不是根据美国法律成立的公司；d）美国公司，但超过20%的股本被外国政府或他们的代表、非美国公民或他们的代表、不是根据美国法律成立的公司所拥有或可以支配。

日本在其WTO承诺中要求NTT公司和KDD公司的董事会成员和审计人员需有日本国籍。

（二）对外资投资主导运营商的规定

日本在WTO承诺中保留着对NTT公司的外资限制，并要求NTT公司和KDD公司的董事会成员和审计人员需有日本国籍。日本关于外资的管制主要是针对NTT公司，

通过《NTT法》对主导运营商NTT的外资股权进行规定。1984年制定《NTT法》完全禁止外国人持NTT股，因此在1985年~1992年期间，NTT公司中无外国人股权。1985年NTT民营化后，按规定，NTT的股票只有政府、地方公共团体、日本国民和日本法人（该法人的外资比例必须在50%以下）才可持有，外国人不可持有NTT股票。1991年由于国内外电信经营环境发生了重大变化，日本政府参考了欧美对外资限制的实例，加之已有允许第一类运营商（NTT、KDD除外）的外资比例在1/3以下的规定，故1992年8月决定：NTT、KDD可有外资股份进入，但规定外资股比限制在1/5以下。此后，1998年取消了对第一类电信运营商的外资限制（NTT除外），在2001年版的《NTT法》中又修改了上述规定：NTT外国资本限制从1/5以下改为1/3以下。这个规定一直延续到现在。

澳大利亚规定，1997年5月1日立法允许出卖1/3 Telstra公司的政府财产。外国资产被限制在这1/3的35%以内，即大约是总额的11.7%可由外国投资的个人或联合购买。

韩国规定KT公司的最大股东必须是韩国政府或韩国法人，同时同一人拥有的KT的股份不能超过3%，2000年12月31日前KT中所有的外资股不能超过20%，从2001年开始不能超过33%。

（三）安全审查机制

各国都非常重视电信市场对外开放的安全问题，在安全的审查和监管上有比较完善的手段。一些国家利用外商投资的安全审查机制（典型的如美国、印度和澳大利亚），对电信业的外资进入进行审查。

在美国，建立了由财政部长担任主席的外国投资委员会，其由财政部、国务院、国防部、商务部、总检察官办公室、白宫管理和预算办公室、贸易代表办公室和总统经济顾问委员会等部门组成。外国投资委员会由财政部掌管，它有责任实施调查。严格的规定为意图进入美国市场的外资设置了很多壁垒。2004年11月，FCC颁布了一个外资所有权指引[①]，指引中对于外资股份的性质、股权的计算等问题给出了详细的说明。并且，FCC也指出外资在申请材料准备方面的不足，声称即便是最为全面的申请材料，仍不能满足FCC的要求，经常被要求补充材料。其规定的严格从中可见一斑。

印度对安全控制也有详细的规定。其中涉及到关键职位的任命、公司财务信息、国内通信流量的境外传输、监测等。例如，要求公司董事会的大多数董事，包括董事会主席、常务董事和首席执行官都应该是印度居民。这些职位的任命应该与重要的印度投资者进行协商，而且首席财务官也必须是印度居民，并定期披露外商持股比例。

澳大利亚政府在电信行业与外资进入安全相关的问题上有很多规定，比如，外资无论以新进入者的身份还是投资现有的业务，都要通过财政部下设的外国投资审议委员会事先批准。澳大利亚政府还规定了严格的基础设施保护政策体系，其中包括安全信息分享网络管理、商业连续性、信息系统缺陷和攻击、关键站点保护等方面。政府关键基础

① 参见：FCC：Foreign ownership guidelines for FCC common carrier and aeronautical radio licenses. http：//www.fcc.gov/ib/Foreign_Ownership_Guidelines_Erratum.pdf.

设施的保护活动由通信司和信息技术局负责。同时，为满足政府安全监听、行政和执法工作的需要，政府还特别要求，所有运营商应提供合法监听；在新产品、新服务上市前需证明能够进行监听；满足对用户电信数据的保密要求等。

三、我国外资电信市场准入的法律制度

我国 2001 年 12 月 11 日正式成为 WTO 的成员国，电信市场也拉开了对外开放的序幕。目前我国已经逐步形成了以入世承诺为主要依据，以《外商投资电信企业管理规定》为核心，以相关的政策文件为补充的比较完善的外资准入政策体系。主要包括：中华人民共和国服务贸易具体承诺减让表第 2 条最惠国豁免清单、《电信条例》、《外商投资电信企业管理规定》、《电信业务分类目录》、《电信业务经营许可管理办法》等。

WTO 承诺是我国电信市场对外开放的主要依据，在对外资开放方面，区分基础电信业务和增值电信业务，分地域、按比例逐步对外开放。

《外商投资电信企业管理规定》是我国电信市场对外开放的核心法律文件。其中规定了外商投资我国电信市场的主要形式、中外方主要投资者的资质要求、设立外商投资电信企业的主要程序等。根据我国法律规定，外资应以中外合资经营企业的方式投资于中国电信业，并遵守相应的程序规定。其中，主要资质要求如下：

注册资本要求：经营全国的或者跨省、自治区、直辖市范围内的基础业务的，其注册资本最低限额为 10 亿人民币；经营增值电信业务的，其注册资本最低限额为 1 000 万人民币；经营省、自治区、直辖市范围内的基础业务的，其注册资本最低限额为 1 亿人民币；经营增值电信业务的，其注册资本最低限额为 100 万人民币。

对外方主要投资者要求：经营基础电信业务的外商投资电信企业的外方主要投资者，要具有企业法人资格，在注册的国家或者地区取得基础电信业务经营许可证，有与从事经营活动相适应的资金和专业技术人员，有从事基础电信业务的良好业绩和运营经验。

经营增值电信业务的外商投资电信企业的外方主要投资者应具有经营增值电信业务的良好业绩和运营经验。

根据上述法律规定，符合条件的中外方主要投资者要成立外商投资电信企业，需由中方主要投资者向电信主管部门提出申请，经过审批后，再向商务部申请成立中外合资企业，经工商登记后方可成立。

目前，由于我国电信市场经过重组，仅有三家运营商，且均为国有企业，在这样的市场竞争格局下，基础电信市场还没有一家中外合资电信企业，外资只通过股权投资的方式进入到基础企业中，包括沃达丰向中国移动投资，韩国 SK、西班牙电讯向中国联通的投资，而且持股比例较小。

增值业务方面，到 2003 年 12 月，增值业务开放的过渡期结束，外资可以在我国设立持股比例不超过 50% 的合资公司。但到目前为止，只成立了十几家跨省经营的外商投资电信企业，其中包括世界著名跨国公司 MSN 等在中国成立的合资公司。

案例分析

欧盟诉成员国电信市场准入的案例①

一、案情

2007年2月，欧洲委员会通知德国将提起一项诉讼，诉德国的一项法律允许德国电信在高速互联网方面阻碍竞争，不向竞争者开放网络，授予德国电信以事实上的垄断地位。欧盟认为，德国政府与德国电信公司达成的这项安排损害了市场上现有竞争者的利益，加大了新竞争者进入德国市场的难度，从而违反了欧盟有关成员国开放电信市场的规定。德国这项法律企图抑制竞争并破坏欧盟自2002年起确定的电信管制框架。而德国经济部认为，新法在加强竞争与公司投资意愿两者中找到了平衡点，这一法律与欧盟管制规则相一致。根据法律程序，德国政府对欧洲委员会提出的法律通知仅有15天的时间进行答复。2007年6月，欧委会确认已经向欧洲法院递交了关于德国新电信法的诉讼。

2009年3月，德国电信宣布向竞争者开放其VDSL网络，并开始提供VDSL的批发业务。这是在德国发布豁免德国电信开放宽带网络的法律之后的一战略变化。

二、案件背景

2007年，德国铺设新一代电信光纤网VDSL（高速数字用户环路），它是ADSL的升级版，带宽达到ADSL的8倍。该网络建成后，将能够支持高清电视、语音电话以及网站服务器软件等的高速网络传输。但铺设VDSL的投资也是巨大的，预计总投资将超过30亿欧元。为此，德国经济和技术部专门修改了《电信法》相关规定，免除了德国电信向其竞争对手开放电信网络的义务，目的在于保障德国电信尽快收回投资。

德国经济和技术部部长认为这是为德国电信提供的宽限期。不过，对这一解释欧盟却不能认同，多次警告德国政府必须重新明确德国电信开放网络的义务，否则将诉诸欧洲法庭。但德国政府并没有听从欧盟的警告，辩称根据欧盟法律，德国有权对新技术的应用进行保护。欧盟坚持认为，德国政府在德国电信中拥有32%的股份，政府利用行政法规维护德国电信的垄断权可能有经济利益的考虑。在多次警告未果后，欧盟最终将德国政府告上法庭。

三、案例反映的法律问题及解释

1. 案件反映的电信市场准入问题

主导运营商向竞争者开放网络，是竞争法关注的问题，也是市场准入法涉及的范围。WTO《服务贸易总协定》关于电信服务的附件规定了“公共电信传输网络和服务的进入和使用”，即“每一成员应保证任何其他成员的任何服务提供者可按照合理和非歧视的条款和条件进入和使用其公共电信传输网络和服务”。

① 案例来源：http：//www. telegeography. com/cu/article. php？ article id = 18524.

欧盟认为，德国的这项法律规定从竞争法上讲，损害了现有竞争者的利益；从市场准入角度看，又对新进入者进入电信市场造成障碍。

2. 欧盟与成员国之间在电信市场准入方面的权力

欧盟2002年建立了电信市场的管制框架，要求成员国在一定期限内将其转化为国内法，否则将会面临欧委员的诉讼。根据欧盟法律规定，欧盟法院有权对成员国所通过的法律措施进行审查，无论是成员国或欧共体的机构，当他们所通过的法律措施与基本宪章是否相符合产生争议时，都不可逃避司法审查。

因此，当德国政府出台电信业的相关法律规定时，如果欧盟认为其违反了欧盟管制框架所确定的开放市场的要求，有权向欧洲法院对其提起诉讼。

3. 促进电信市场竞争是电信市场准入法律制度的一项基本原则

由原有运营商向竞争者开放网络，是促进新进入者进入及加强电信市场竞争的有效手段。例如1996年美国实施新电信法，在固定本地市场推行网元非绑定（UNE）政策，本地竞争加剧；2001年，英国实施用户环路非绑定（LLU）政策，扶植新的本地竞争者进入市场。

在本案中，欧盟认为德国政府新出台的法律规定，允许德国电信不向其竞争者开放其高速互联网，不利于新进入者和市场竞争。

思考题

1. 什么是电信市场准入？

2. 电信市场准入的法律制度都包括哪些方面？

3. 国际上对电信业务主要有哪些分类？我国是否应该按有无电信设施进行业务分类？

4. 电信市场准入一般包含哪些条件？

5. 我国电信市场是否应进一步对外资开放？

第三章

电信接入

本章导言

电信接入是电信业务经营者之间依据电信法的强制性规定而互相提供、互为享有的一种特殊的电信服务类型，依据这种服务，一方提供自己网络的开放联接和接续服务，另一方享受这种联接和接续服务并向对方支付一定的对价（互联费用）。考查电信法律制度的发展历史，电信接入服务是电信业务经营者之间互相提供并获取的基础性电信网络服务，在这一服务的基础上，根据各国“非对称管理”措施的强度，提供互联互通的电信业务经营者同时被要求向其他电信业务经营者提供更多、更丰富的关联性电信接入服务。由于各国国情不同、“非对称管制”措施的强度不同，在电信立法中予以明文的关联性电信接入服务的种类和范围也不同。

第一节　概　　述

所谓“接入”，是指一个服务提供者（接入提供者）根据具体的条件，以排他或非排他的方式，将其网络设施或者网络服务提供给另一个服务提供者（接入申请者），以使接入申请者能够提供相关的电子通信服务。根据欧洲议会和欧洲理事会的定义，接入包括但不限于：（1）网络元素及其附属设施的接入，涉及以固定或非固定方式实现的设备联接，特别包括本地环路的接入和基于本地环路提供电信业务所必须的设施与服务的接入；（2）物理基础设施的接入，包括建筑物、管道和杆线的接入；（3）有关软件系统的接入，包括运营支撑系统、码号编译或者具有相同或相似功能系统的接入；（4）固定与移动网络的接入，包括漫游、数字电视业务系统的接入；（5）虚拟网络业务的接入等。[①]

互联互通和接入既有联系又有区别。从联系的角度来看，互联互通是基础电信业务经营者在其公用电信网络之间实施的一种特定类型的接入；而接入则指所有服务提供商

① 参见欧洲议会和欧洲理事会：《电子通信网络及其附属设施接入与互联互通指令》（Directive 2002/19/EC）第2条。

在其网络、设施、业务及用户之间相互建立起来的联接和通信方式，有些国家或地区将“本地环路的非捆绑接入”视为一种特殊的互联互通，例如中国香港地区电信管理局（OFTA）将“本地环路的非捆绑接入”称为“第二类互联互通”，并于1995年开放本地电话业务时，建立了监管“第二类互联互通”的法律规则。[①]

从区别的角度来看，第一，互联互通和接入目的的侧重点不同。互联互通的主要目的在于建立不同网络之间的有效通信链接，以使用户能够跨网实现相互之间的无障碍通信，其防止垄断、促进竞争的目的为次；而接入尤其是非捆绑网络元素接入的目的在于打破本地固定通信基础设施的垄断经营，提高本地固定电信业务的竞争层次，促进本地固定电信业务的相互竞争。

第二，互联互通和接入发生的网络部位不同。互联互通一般发生于网络的骨干层、核心层等顶层，而接入一般发生于网络的应用层、业务层等底层。

第三，互联互通和接入的范围不同。互联互通主要适用于不同电信业务经营者之间的公用通信网络，即不同网络之间的物理和逻辑联接（Physical and Logical Linking），而接入是一个涵盖了所有形式网络与服务接入的通用性术语，适用于所有通信网络及其附属设施、网络业务和网络用户，包括虚拟网络运营商、互联网服务提供者（ISP）、互联网信息服务提供者（ICP）等增值电信业务经营者接入基础电信业务经营者的网络、设施、业务及用户等全部范畴。

第四，适用于互联互通和接入的法律监管制度不同。适用于互联互通和接入的法律监管制度均以电信监管理论中的非对称管制理论[②]为基础，但是，适用于互联互通的法律监管制度主要由占据绝对市场支配地位（SMP，Significant Market Power）的电信业务经营者承担法定互联互通义务的互联互通专门法律规范所组成，而适用于接入的法律监管制度主要由具有一定市场影响力（MI，Market Influence）或者“市场支配地位”（MP，Market Power）的电信业务经营者承担非捆绑接入义务的电信市场竞争法律规范所组成。

第五，适用于互联互通和接入法律监管制度的严厉程度不同。非捆绑接入义务属于“网络开放”（Network Opening）制度的重要组成部分，非捆绑接入义务的履行有可能导致接入申请方控制本地环路及其他网络元素的全部使用权，从而取代接入提供方在本地环路拥有的电信业务及其用户；而互联互通义务非属于“网络开放”（Network Opening）制度，互联互通义务的履行也不至于导致互联互通申请方控制互联互通提供方的全部或部分网络，更不至于导致互联互通申请方取代互联互通提供方在特定网络所拥有的电信业务及其用户。

第二节 接入制度

为了实现电信接入，世界各国电信立法均规定了一系列的法律制度，作为保障电信接入的制度性基础。这些法律制度一般包括互联互通、网络开放、网络通行权等内容。

---

① 白永忠．电信业热点法律问题透析．北京：法律出版社，2003：304－305.

② 王俊豪．政府管制经济学导论——基本理论及其在政府管制实践中的应用．北京：商务印书馆，2001：70.

一、网络通行权（Network Gateway Right）制度

所谓“通行权”，系指通过土地、建筑、高速公路、民航机场、输油管道、输电线路、电话设施等公用基础设施的权利。所谓“电信通行权”，系指通过土地、水面、水底、滩涂、草原、森林等自然环境，通过埋设电信管线、架设电信杆路、搭设电信线路、设置电信塔台以及搭载电信信号等方式，从事电信基础设施建设或提供电信服务的权利。

网络通行权是电信接入的重要制度基础，其目的或是为了实施电信网间的直接互联或转接互联，或是为了实施网络元素或本地环路的非捆绑接入。依据“网络通行权”，应其他电信业务经营者提出的接入请求，拥有管道、杆路、线路、塔台等电信基础设施的电信业务经营者应当向其他电信业务经营者提供其电信基础设施的穿越、穿行服务，以便其他电信业务经营者能够顺利获得网间互联互通服务或者网络接入服务。例如，网络互联的传输线路必须经由提供网络互联一方的网络设施的，提供网络互联一方应当提供其网络设施供接受网络互联一方使用，且不得附加任何不合理的条件；网络直接相联的传输线路必须经由第三方网络运营单位的网络设施的，第三方网络运营单位应当提供其网络设施供接受网络互联一方使用，且不得附加任何不合理的条件。①

网络通行权还涉及到电信业务经营者与其他公共基础设施的建设使用单位之间的法律关系。“公共基础设施”包括铁路、公路、机场、桥梁、油气管道、自来水管道、电力线路等所有以远程运输为目的而建造的空中、地面或者地下公共基础设施。由于不同基础公共设施之间、先建与后建基础公共设施之间存在着相互协调的问题，所以极易发生权利间的冲突，造成基础公共设施的损坏和低效益。基于此，各国电信法均规定，作为基础公共设施的组成部分之一，电信通路在建设过程中，可以通过广场、机场、公路等其他公共基础设施的地上或地下从事网络管线、杆线、杆路和塔台等网络设施的建设；可以使用铁路、桥梁、供水、供热、供气、供电等其他已建公共基础设施的空余接入空间接入其正在建设的网络管线、杆线、杆路和塔台等网络设施。对此，其他已建公共基础设施所有权人、使用权人、合法占有人或管理权人无正当理由不得拒绝。但是，电信业务经营者在使用前应当征得其他已建公共基础设施所有权人、使用权人、合法占有人或管理权人的同意，并支付合理的费用。②

二、网络开放（Network Opening）制度

调查显示，多年来影响非主导电信业务经营者业务发展速度和市场占有份额的关键因素主要有四点，一是主导电信业务经营者本地环路非捆绑接入和共址（Collocation）服务的定价过高；二是相关立法未强制要求主导电信业务经营者提供“共享式”本地

① 参见《公用电信网间互联管理规定》（2001 年 4 月信息产业部令第 9 号）第 10 条。

② 例如，1934 年美国《电信法》第 251 条“网间互联互通（Interconnection）”规定，本地交换运营商应当按照法定费用、期限和条件向长途电话业务或其他电话交换业务提供商提供其电杆、管道及信道路由等的通行服务。参见：1934 年美国《电信法》第 224 条“电线塔台搭载（The Pole Attachment）”。

环路非捆绑接入服务；三是相关立法未强制要求主导电信业务经营者提供数字用户环线(DSL)[①] 业务的转售业务；四是主导电信业务经营者经电信监管机构批准的数字用户环线（DSL）零售业务的定价过低。[②]

为了保证本地电信用户能够选用主导电信业务经营者以外其他电信业务经营者提供的电信业务，推动本地电信业务市场从语音业务竞争向宽带业务直至电信全业务竞争方向的发展，从而全面增强本地电信市场竞争的深度和广度，各国电信法纷纷引用“非对称管制”理论，建立“网络开放”的制度，对本地环路市场实施较为严厉的政府监管措施。依据网络开放原理，开放自己的网络、保证所有电信网间互联互通是法定主导电信业务经营者的一项强制性义务，法定主导电信业务经营者应促成其自己的电信网与其他公司的公共电信网之间的互联互通；法定主导电信业务经营者应允许其他电信业务经营者接入自己的部分或全部电信网络，接入方式可通过供所有用户使用的一般网络接入方式进行联接，亦可通过特殊网络接入方式进行联接。

“网络开放”制度始于1996年德国《电信法》。依据1996年7月德国《电信法》，主导电信业务经营者应当基于非歧视性原则，向其他电信业务经营者开放其网络资源并提供平等的接入条件，以便其内部使用或对外经营电信业务。法律对接入方式没有强制要求，电信业务经营者可以选择采取网络一般接入方式或者网络特殊接入方式，但是却规定开放自己的网络、保证所有电信网间相互接入是法定主导电信业务经营者的一项强制性义务。德国法既规定了“通过实现网络的开放性而建立电信业务国内竞争市场”，也规定了“实现网络开放性的强制性标准”；这一标准就是“公开网络提供接口以及公开网络业务特征欧洲标准”；在该标准生效之前，法律可以强制法定主导电信业务经营者举证证明自己已经遵守了法律关于网络开放性的全部要求。对于因网络接入协议的签订而可能导致损害其他电信业务经营者的竞争机会，或者任何有争议的接入，或者任何一方提出申请，而另一方拒绝签订协议的接入案件，均应当由电信管理机构通过举办听证会的形式予以解决。

电信管理机构有权对主导电信业务经营者开放网络资源并向其他电信业务经营者提供平等接入条件的情况进行监督和检查，主导电信业务经营者违反上述法定接入义务的，电信管理机构有权对其采取强制措施或加以制止；电信管理机构有确切证据证明主导电信业务经营者滥用其市场支配地位的，有权宣布其接入协议全部或部分无效。对于主导电信业务经营者滥用市场支配地位的举证责任，德国法适用举证责任倒置原则，即规定电信业务经营者自己负举证责任，也就是说，法定主导电信业务经营者必须举证证明自己行为的合法性，即：（1）这一行为发生在相关的电信市场；（2）这一行为发生在为提供电信业务而进行接入的过程中；（3）其自己使用该项业务或者提供该项业务

---

① 数字用户环线（DSL，也译作“数字用户线”）业务是指，对传统铜双绞线的本地环路进行数字化改造，使得本地环路向光纤化、无线化、宽带化、数字化方向发展，并能够承载、落地电力、有线电视、多媒体视频信息等多种数字数据业务。常见的数字用户环线（DSL）业务包括ADSL（Asymmetric Digital Subscriber Line）业务、SDSL（Symmetric Digital Subscriber Line）业务、HDSL（High-Speed Symmetric Digital Subscriber Line）业务、VDSL（Very-High-Speed Symmetric Digital Subscriber Line）业务等类型。

② 白永忠．电信业热点法律问题透析．北京：法律出版社，2003：311.

的条件，比其自己为其他接入申请方（非主导电信业务经营者）所提供的该项业务的条件要苛刻或二者相等；（4）之所以会出现这种不利条件，乃是由于客观上不得已，或者具有法律上的强制限制。

第三节　接入原则

为了保证接入的非歧视性和透明性，各国电信立法规定了平等接入原则、码号携带原则，作为电信接入的基本原则。例如，1934 年美国《电信法》第 251 条“网间互联互通（Interconnection）”规定，本地交换运营商在其提供有线电话业务（Wireline Service）的范围内，应当按照法定平等接入（The Same Equal Access）、非歧视性网间互联的要求和义务（Nondiscriminatory interconnection restrictions and obligations），为长途电信业务经营者（Interexchange Carriers）和信息服务提供商提供电信交换接入、信息接入和电信交换业务。

一、平等接入原则（Equal Access Principle）

（一）平等接入原则的概念

“平等接入原则”又称“平等拨接原则”（Dialing Parity Principle），包括“网络接入的平等机会”、“网络接入的公平方式”等内涵，主要指主导电信业务经营者向非主导电信业务经营者提供互联互通服务时，双方必须同时协商采取一定的技术手段，以使非主导电信业务经营者的用户无需使用任何接入码（Access Code），就可自动、平等地接通其所选择的其他电信业务经营者所提供的电信业务，从而确保非主导电信业务经营者用户的自主选择权不受任何不合理的非歧视性待遇，也确保非主导电信业务经营者的市场竞争能力不致因此而受到任何影响。①

（二）平等接入的种类

1. 向对方网内用户电信网码号提供的平等接入业务

公用电信网络已经实现互联的，提供网络联接一方应当以合理的条件向接受网络联

---

① 例如，依据 1996 年德国《电信法》，电信业务经营者应当在其网络内保证每个电信用户具有选择长途电信公司的自由，这种选择可通过用户永久性选择来完成，也可以由电信业务经营者在电信用户每次特定呼叫前为其选定某个前缀码来实现。

依据 1934 年美国《电信法》，所谓“拨号对称业务”，是指某人不隶属于本地交换运营商，但却能够通过如下方式提供电信服务，即可以使用户不借助任何接入码，就能够将其电信信号自动传送给其从两个或两个以上电信服务提供商（包括该本地交换运营商）中指定的一个。本地交换运营商应向长途电话业务或其他电话交换业务提供商提供拨号对称业务，应允许所有该类服务提供商非歧视性地、不受任何不合理拨号拖延地（With No Unreasonable Dialing Delays）接入其所提供的电话号码、话务员业务（Operators Services）、查号（Directory Assistance）业务及电话号码簿（Directory listing）等业务；对长途业务而言，平等接入业务是指可使用户无需使用任何接入码便可在本地网内自动发起长途呼叫，接通其所选择的任何局间长途交换运营商（Interexchange Carrier）。参见：1934 年美国《电信法》第 3 条“定义性条款”、第 251 条“网间互联互通（Interconnection）”。

我国台湾地区“电信法”（1956 年 10 月 23 日制定、2002 年 7 月 1 日修正）亦规定，为保障消费者之权益及促进市场之有效公平竞争，第一类电信事业应提供平等接取服务。所谓平等接取服务，指第一类电信事业提供其用户选接其他电信事业之长途网络及国际网络之服务。

接一方的网内用户提供下列接入号码的平等接入服务：（1）本地接入号码（含短号码）；（2）信息查询、政府公务、社会服务等所使用的接入号码；（3）智能业务接入号码服务；（4）其他接入号码服务。①

2. 向对方网内用户提供的紧急特种呼叫业务

公用电信网络运营单位应当向火警、匪警、医疗急救、交通事故报警等紧急特种服务提供其本地网的免费接入服务；公用电信网络已经实现互联的，提供网络联接的一方应当向接受网络互联一方的本地网提供紧急特种服务的免费接入服务，并保证接受网络互联一方的网内用户可以平等接入紧急特种服务。公用电信网络运营单位应当保证紧急特种服务在其本地网内的链接畅通和传输质量；公用电信网络已经实现互联的，提供网络联接的一方应当保证紧急特种服务自其本地网至接受网络互联一方本地网之间的链接畅通和传输质量，请求网络联接的一方应当保证紧急特种服务在其本地网内的链接畅通和传输质量。

3. 向对方网内用户提供的电信网码号查询业务

公用电信网络已经实现互联的，提供网络联接一方应当向接受网络互联一方的网内用户提供本网及对方网网内可查询电话号码的查询业务。②

（三）平等接入的实现方法

实现网络互联的双方应当依据网内用户拨号选定或事先预定的长途或国际网络，在发端为其提供其他网络运营单位长途或国际业务的平等接入服务；网内用户没有选定或预定的，网络运营单位可以依据与其他网络运营单位签订的路由组织协议，代为选定路由。

1. “呼叫选择”（Dialing Selection）

“呼叫选择”又称“运营商选择”（Carrier Selection）或“呼叫选择运营商”（Call-by-Call Carrier Selection），是指主导电信业务经营者和非主导电信业务经营者协商，向非主导电信业务经营者的用户提供代表其他电信业务经营者身份的 1 ~ 2 位呼叫前缀码，用户呼叫时只需比主导电信业务经营者用户额外多拨这几位前缀码，主导电信业务经营者便可将用户的呼叫联接至其所选择的其他电信业务经营者的网络内或者使用其他电信业务经营者提供的电信业务；用户未拨叫该前缀码时，则由主导电信业务经营者将用户呼叫送往电信监管机构确定的“默认电信业务经营者”（Acquiescent Carrier）的网络内、使用“默认电信业务经营者”提供的电信业务。

---

① 例如，依据1934年美国《电信法》，贝尔电信公司应当“为其他电信业务经营者电信交换业务用户的电信码号提供非歧视性接入服务”。参见：1934 年美国《电信法》第 271 条：“贝尔电信公司准入 LATA 间业务”；另参见我国《公用电信网间互联管理规定》（2001 年 4 月信息产业部令第 9 号）第 14 条。

② 依据 1934 年美国《电信法》，“贝尔电信公司应当向其他电信业务经营者的用户提供电话号码查询业务（Directory Assistance Services）、话务员转接呼叫业务（Operator Call Completion Services）的非歧视性接入服务；应当为用户列出其他电信业务经营者电话交换业务的电话号码查询簿（White Pages Directory Iistings）”。参见：1934 年美国《电信法》第 271 条：“贝尔电信公司准入 LATA 间业务”；另参见我国《公用电信网间互联管理规定》（2001 年 4 月信息产业部令第 9 号）第 13 条第 1 款。

2. “预置选择”（Pre-Set Selection）

“预置选择”又称“运营商预置”（Carrier Pre-Selection），是指由主导电信业务经营者和非主导电信业务经营者协商，向非主导电信业务经营者的用户提供一种可以预先选择其他电信业务经营者的方法，[①] 并由非主导电信业务经营者的用户对于其他电信业务经营者作出预先选择，在其发起呼叫时无需拨打任何接入前缀码，即被视为选定了此前已经预选的电信业务经营者；用户未作出选择时，则推定用户依旧选择原先向其提供电信服务的电信业务经营者，或者按照已经被用户自主选择的比例，将未作出自主选择用户的呼叫分配至其他电信业务经营者。[②]

（四）平等接入的提供义务主体

由于本地固定电信业务经营者拥有本地固定电信网络，并控制着本地环路、电信网码号的编制权和分配权等本地接入资源，因此，其往往被各国电信法定义为主导的电信业务经营者，并且根据各国电信法的规定，其在向其他非主导电信业务经营者提供互联互通服务的同时，必须向其他电信业务经营者及其网内用户提供平等接入业务[③]；但是，由于技术或经济不可行而被豁免提供此项业务的除外。

（五）平等接入的资费

平等接入业务是电信业务经营者相互之间实现业务互通的一种方式，因提供平等接入业务而产生的资费，按照电信业务经营者在互联互通服务中所普遍采用的“成本基础法”（Cost-Oriented Approach），在电信业务经营者之间进行分摊和结算。

二、码号携带原则（Number Portability Principle）

（一）码号携带原则的概念

所谓“码号携带原则”，是指电信用户在其终止与电信业务经营者之间的电信服务合同、选择与其他电信业务经营者缔结电信服务合同时，原电信业务经营者（移出电信业务经营者）与新被选择的电信业务经营者（移入电信业务经营者）应当协商采取某种技术措施，以使该用户的电话号码不因其所选择的电信业务经营者的变化而发生变化。

码号携带原则的核心要旨在于，当电信用户作为被叫时，其号码不因所选电信业务

---

① 例如向用户提供一种预先编程的电话终端机——拨号器，用户拨号时无需按键输入电信业务经营者接入码，而由该拨号器将其呼叫信息直接送出。也有学者认为这种方法是在“呼叫选择”和“选择预置”之前，由电信业务经营者采取的一种“过渡性平等接入业务”。参见：白永忠．电信业热点法律问题透析．北京：法律出版社，2003：300－301.

② 例如，我国台湾地区“交通部电信总局”发布实施的“行动通信业务管理规则”（2002年）和“固定通信业务管理规则”（2002年）规定，经营者应提供其用户以下列方式选接任一长途或国际网络业务经营者所提供之长途或国际网络通信服务：（1）指定选接，指经营者依用户之指定，于其市内网络预先设定用户选接之长途或国际网络，当用户拨接长途或国际网络通信时，其市内网络自动连接该长途或国际网络供用户通信。（2）拨号选接，指当用户拨接长途或国际网络通信时，经营者之市内网络依用户所拨长途或国际通信之网络识别码判别，自动连接该长途或国际网络供用户通信。如用户不行使指定选接之权利时，得由经营者代为指定。用户指定选接之长途或国际通信网路无法接通时，未经用户之同意，经营者不得经由其他长途或国际网络提供转接服务。

③ 例如，依据美国《电信法》，“贝尔电信公司应当向请求设备接人和网间互联的电信业务经营者为实施本地拨号平等（Local Dialing Parity）所必需的电信业务和信息业务提供非歧视性接入服务”。参见：1934年美国《电信法》第271条：“贝尔电信公司准入LATA间业务”。

经营者或其地理位置的改变而改变；当电信用户作为主叫时，被叫用户显示的主叫号码依然是该用户原来固有的电话号码。①

（二）码号携带的实现方式

1. “呼叫前转方式”

所谓“呼叫前转方式”，是指在用户移入发生前、移出发生后，由移出电信业务经营者修改其交换设备和信令网中有关该用户的相关数据信息，并向移入电信业务经营者提供该数据信息的平等接入服务；移入发生后，采用交换设备访问交换设备的方式，呼叫信息经由移入电信业务经营者的电信网络指向移出电信业务经营者的交换设备和信令网，并由该交换设备和信令网翻译为相关的路由信息或寻址信息，从而完成呼叫的建立，但并不改变电信用户的电话号码。②

2. “智能网方式”

所谓“智能网方式”，是指电信业务经营者自建或共建用户信息公共数据库，③ 集中存储号码携带以后用户的各种数据信息；拨接发生时，采用交换设备或者信令设备（信令中继功能 SRF）访问数据库的方式，呼叫信息经由用户信息公共数据库被翻译为相关的路由信息或寻址信息，从而完成呼叫的建立，但并不改变电信用户的电话号码。④

（三）码号携带的提供义务人

码号携带业务实质上是电信业务经营者相互之间提供的一种特种类型的互联互通服务，需要移出和移入电信业务经营者相互密切配合才能实现，因此，移出和移入电信业务经营者都是这一业务的提供义务人。但是，对于主导电信业务经营者而言，其向其他电信业务经营者提供电信网码号接入服务的条件，不得低于其向电信终端用户提供的码号携带业务的条件。

（四）码号携带的资费

码号携带业务是电信业务经营者相互之间实现业务互通的一种方式，因提供码号携

---

① 例如，依据美国《电信法》，所谓“码号可携带性”，是指电信业务用户既可以在不同的电信业务经营者之间进行信号转接，又可以在同一地点保留已有的电信码号，而不会损害其通信的质量、真实性以及方便性。本地交换运营商应按照 FCC（Federal Communication Commission，联邦通信委员会）的要求，在技术可行的基础上提供码号可携带性。参见：《1934 年美国电信法》第 251 条“网间互联互通（Interconnection）”。

② 例如，依据 1934 年美国《电信法》，“在 FCC 依法实施码号可携带性之前，贝尔电信公司应当通过远程呼叫转接（Remote Call Forwarding）、内部直拨中继（Direct Inward Dialing Trunks）或其他业务安排实施过渡性电信码号可携带性，且应当尽可能少地损害电信功能、质量、可用性及便利性。”参见：1934 年美国《电信法》第 271 条：“贝尔电信公司准入 LATA 间业务”。

③ 例如，依据我国台湾地区“固定通信业务管理规则”，所谓数据库查询方式，指市内通信之发信网络、长途通信之长途网络、国际通信之国际网络及与未设置携码用户数据库之非固定通信网路直接互联通信之固定通信网路，在建立通信链路前，先自携码用户数据库取得路由信息。

④ 例如，依据我国台湾地区“第三代行动通信业务管理规则”，经营者相互间或经营者与第二代经营者间，应以平等互惠之方式相互提供号码可携服务，并不得有差别待遇。电信总局得指定号码可携服务，应以智能网络或最新技术之方式实施。同时，依据其“固定通信业务管理规则”，经营者应于开始提供号码可携服务前，建置完成双重之携码用户数据库设备及携码用户资料交换所需相关设备；该类设备应具备相应交换之方式与接口，以完成携码用户资料交换之功能。经营者应于 2003 年 1 月 1 日起，完成以数据库查询方式提供通信服务至受信携码用户。移入经营者、移出经营者应及时更新其携码用户数据库，及完成其他必要之路由信息设定。

带业务而产生的资费，按照电信业务经营者在互联互通服务中所普遍采用的“成本基础法”(Cost-Oriented Approach)，在电信业务经营者之间进行分摊和结算。各国和地区电信法均规定，电信业务经营者向移出移入用户收取的码号携带费用不得超过法定最低标准，或者不得因其提供码号携带业务而向移出移入用户收取任何费用，以防止电信业务经营者以不合理的码号携带资费条件“锁定”本网电信用户，妨碍码号携带业务的正常开展。①

第四节　接入类型

一、非捆绑网络元素接入

(一) 网络元素 (Network Elements/Network Components) 的概念

所谓“网络元素”，是指电信业务经营者提供电信业务所使用的交换机、电缆、光纤、光缆、用户线路等物理设备设施以及这些设备设施所具有的带宽、光通信波长、电信网码号、数据库、信令、计费等所有性能、功能及容量。在我国，电信管道（孔）、杆路、涵洞、线缆引入口及槽道、电缆井、铁塔、天线、建筑物、构筑物等通信设施及其附属设施通常被视为网络元素。

(二) 非捆绑网络元素 (Unbundled Network Elements)

所谓“非捆绑网络元素”，是指主导电信业务经营者应当向其他电信业务经营者提供其所选择的特定网络元素，而非向其他电信业务经营者指定或限定其所应当购买或租赁的网络元素，以满足其他电信业务经营者的组网需求或者电信功能需求。

根据世界各国有关互联规程的规定，非捆绑网络元素通常包括如下目录内容：

(1) 网络接入线路 (Network Access Line)，包括本地环路及其相关设施。

(2) 网络接口设备 (Network Interface Device)，是指用于将非主导电信业务经营者交换设施内侧线路 (Inside Wiring) 联接至主导电信业务经营者本地环路交换设备的相邻交叉连接设备。

(3) 交换容量 (Switching Capacity)，包括本地交换容量 (local switching capacity) 和中继交换容量 (Tandem Switching Capacity)。本地交换容量又包括线路侧设施 (Line-side Facilities)、中继侧设施 (Trunk-side Facilities) 以及交换设施所具有的基本交换功能、电话号码簿功能、专路呼叫功能 (Custom Calling)、本地信令服务功能等全部性能、功能及能力。中继交换容量又包括中继联接设施、联接中继至中继的基本交换功能以及呼叫记录、呼叫路由服务、信令转换功能等联接端局至中继

① 例如，依据我国台湾地区“第三代行动通信业务管理规则”，经营者为提供号码可携服务及提供通信服务至受信携码使用者时，所需之建置及维护成本应自行负担之。依据其《固定通信业务管理规则》，移出经营者不得向携码用户及移入经营者收取号码可携服务移转作业所生成本；但移出经营者因配合携码用户移转所生之必要作业成本，得要求移入经营者分担。经营者为提供号码可携服务及提供通信服务至受信携码用户所需之建置及维护成本，应自行负担之；但发信端网络、长途通信之长途网络或国际通信之国际网络经营者为提供通信服务至受信携码用户所生之额外通信成本或携码用户数据库查询成本，应自行负担之。

的中继交换功能①。

（4）局间传输设施（Interoffice Transmission Facilities），包括专线传输设施（Dedicated Transport）和共享传输设施（Shared Transport）。

（5）信令网（Signaling Networks）及与呼叫建立有关的数据库（Call-Related Database）②。

（6）基于电信支撑网的运营支撑系统功能（Operation Support System Functions）。

（7）其他非捆绑网络元素。③

（三）非捆绑网络元素接入（Unbundled Access to the Network Elements）

所谓“非捆绑网络元素接入”，又称“非绑定网络元素接入”，是指主导电信业务经营者应当向其他电信业务经营者提供其全部或部分网络元素的出租、出售服务，而不是不合理地限制其他电信业务经营者接入或使用其全部或部分网络元素，或者要求其他电信业务经营者在接入或使用其全部或部分网络元素的同时必须购买或使用其自己或其指定的第三方电信业务经营者的其他设施或服务作为条件，或者向其他电信业务经营者提供的网络元素出租、出售服务比向其自己的关联公司、附属机构或其他任何第三方电信业务经营者所提供的网络元素出租、出售服务在条件、资费、期限、质量、运行维护服务等方面更加优惠，以便其他电信业务经营者能够利用这些网络元素进行有效组网、避免重复建设并提高自己网络的运行效率。④

二、本地环路非捆绑接入

（一）本地环路的概念

所谓“本地环路”（Local Loop），是指从电信终端用户住所的网络终接点（NTP，Network Terminating Point）至电信业务经营者本地机房交换机或类似设施之间的物理链路。狭义上的本地环路，是指固定电信网络中从电信终端用户住所的网络终接点至电信

---

① 参见《专用网与公用网联网的暂行规定》（1996 年邮电部发布）第 11 条第 1 款；《电信条例》第 38 条。

② 例如，在美国，“贝尔电信公司应当为传输和完成呼叫所必需的数据库（Databases）及集群信号（Associated Signaling）提供非歧视性接入服务”。参见：1934 年美国《电信法》第 271 条：“贝尔电信公司准入 LATA 间业务”。

③ 白永忠．电信业热点法律问题透析．北京：法律出版社，2003：418－421.

④ 例如，在美国，负有义务的本地交换运营商应当向提出接入请求的任何电信业务经营者在技术可行的任何一点上以非歧视性方式提供网络元素的非捆绑式接入，其价格和条件应当是公正、合理和非歧视性的，且符合双方所签协议的内容以及法律所规定的有关要求；应当为提出网间互联请求的电信业务经营者的网络元素（Network Elements）提供非捆绑网络元素（Unbundled Network Elements）接入业务，以使请求方能够正常提供电信业务。参见：1934 年美国《电信法》第 251 条“网间互联互通（Interconnection）”。

贝尔电信公司向其他电信业务经营者所提供的或要约提供的设备接入或网间互联，应当具有非歧视性和非捆绑网络元素接入功能。贝尔电信公司应当以公平合理的资费提供其所拥有或所控制的通信线杆、管道、管线或路由的非歧视性接入服务。参见：1934 年美国《电信法》第 271 条“贝尔电信公司准入 LATA 间业务”。

FCC 有权决定非捆绑网络元素的构成和范围。在决定负有义务的本地交换运营商应当提供哪些非捆绑网络元素时，FCC 应当考虑，接入该类网络元素在网络属性方面是否合适且必要，拒绝提供该类网络元素的接入服务是否会削弱要约方电信业务经营者提供电信业务的能力。参见：1934 年美国《电信法》第 251 条“网间互联互通（Interconnection）”。

业务经营者主配线架（MDF, Main Distribution Frame）或类似设施之间的物理链路。[①]

本地环路常见的形式是铜双绞线（Pairs of Copper Wires）。近年来随着宽带市场的发展，本地接入网络（LAN, Local Access Network）越来越多地采用光纤（Fiber Optical Cables）、无线电（WLL, Wireless Local Loop）、电力线（PLN, Power Line Network）、有线电视网络（Cable TV Network）等技术作为本地环路的接入形式。

（二）本地环路非捆绑接入

1. 本地环路非捆绑接入的概念

所谓本地环路非捆绑接入（LLU, Local Loop Unbundled Access），是指拥有本地固定电信网络的主导电信业务经营者，应当许可其他电信业务经营者根据市场经营的需要接入或使用其全部或部分本地环路，而不是不合理地限制其他电信业务经营者接入或使用其全部或部分本地环路，或者要求其他电信业务经营者在接入或使用其全部或部分本地环路的同时必须购买或使用其自己或其指定的第三方电信业务经营者的其他设施或服务作为条件，或者向其他电信业务经营者提供的本地环路接入服务比向其自己的关联公司、附属机构或其他任何第三方电信业务经营者所提供的本地环路接入服务在条件、资费、期限、质量、运行维护服务等方面更加优惠，以便电信终端用户能够自由、不受歧视地选用其他电信业务经营者提供的电信业务。[②]

2. 本地环路非捆绑接入的方式

（1）本地环路完全非捆绑接入

所谓“本地环路完全非捆绑接入”（Full Unbundling Access of Local Loop），是指主导电信业务经营者应当以非歧视性的价格和条件为基础，许可其他电信业务经营者接入或使用其本地环路中的铜双绞线，并在本地环路营业区域内开展、提供与主导电信业务经营者具有竞争关系的电信业务。

在本地环路完全非捆绑接入条件下，主导电信业务经营者和非主导电信业务经营者之间的法律关系一方面是租赁关系，主导电信业务经营者许可非主导电信业务经营者租赁、接入并使用其本地环路中的铜双绞线部分，从而使得非主导电信业务经营者全部或部分地控制了本地环路及其联接的本地用户，并与主导电信业务经营者在本地环路范围内展开电信零售业务的竞争；主导电信业务经营者可能会部分地控制本地环路及其联接的部分本地用户，也可能全部失去本地环路中原属自己的本地用户，自己原来在本地环

① 参见欧洲议会、欧洲理事会：《电子通信网络及其附属设施接入与互联互通指令》（Directive 2002/19/EC）第2条。此处的“主配线架”，是指电信业务经营者设立的距离最终用户最远的铜线配线架，与是否接近电信业务经营者交换机、远端集中器（Remote Concentrator）、光导网络单元（ONU, Optical Network Unit）无关。

② 例如，在美国，贝尔电信公司向其他电信业务经营者所提供的或要约提供的设备接入或网间互联，应当具有非歧视性和非捆绑网络元素接入功能。贝尔电信公司应当：（1）以公平合理的资费提供其所拥有或所控制的通信线杆、管道、管线或路由的非歧视性接入服务；（2）应当自其电话交换中心向用户住宅终端提供本地环路传输服务（Local Loop Transmission），且该本地环路传输服务不得捆绑于其本地电话交换业务或其他业务；（3）应当为其他电信业务经营者的有线转接中继局（Wireline Switch of Trunk Side）提供本地电话传输业务（Local Transport），且该本地电话传输业务不得捆绑于贝尔电话公司其他转接服务或其他业务；（4）应当提供本地电话转接服务，且该本地电话转接服务不得捆绑于贝尔电话公司的本地电话传输、本地环路传输或其他服务。参见：1934年美国《电信法》第271条“贝尔电信公司准入LATA间业务”。

路范围内依法承担的普遍服务义务亦转由已经控制本地环路及其联接的本地用户的其他电信业务经营者来承担。

本地环路完全非捆绑接入是一种极其严厉的非对称管制措施，很少通过主导电信业务经营者或者电信监管机构制定并发布互联规程、互联规则（Interconnection Rules）或网络开放性规则（Network Opening Requirements）的方式予以体现，而是由电信监管机构依据法律有关规定以专门法、特别法的形式予以表现。

（2）铜双绞线的共享

所谓"铜双绞线的共享"（Shared Use of the Copper Line），是指主导电信业务经营者应当以非歧视性的价格和条件为基础，许可其他电信业务经营者接入或使用其本地环路中的高频段（High Frequency Spectrum）线路部分，并在本地环路营业区域内开展、提供与主导电信业务经营者具有竞争关系的宽带接入业务等高速数字用户环线（HDSL）业务；本地环路中除高频段线路以外的其他线路，依然由主导电信业务经营者控制、运行、管理并用以向相同的用户提供传统的电信业务。

铜双绞线共享的具体方式，由主导电信业务经营者利用其电信交换设备前端的分工器（Slipper），将本地环路分离为两个或两个以上互不相同的独立信道，并按照带宽将其分配给不同的电信业务经营者共享使用，其中高频段信道被分配给非主导电信业务经营者接入并使用，用以承载、提供宽带接入业务等高速数字用户环线业务；中高频段（Middle-High Frequency Spectrum）、中波频段（Middle Frequency Spectrum）、低频段（Low Frequency Spectrum）等高频段信道以外的信道继续留由主导电信业务经营者运行、使用，用以向本地环路内相同用户提供语音业务等传统电信业务；本地环路依旧接入公用电话交换网（PSTN）并成为其底层末端的重要组成部分。

相比本地环路完全非捆绑接入，尤其是当主导电信业务经营者无意提供宽带接入业务等高速数字用户环线业务时，铜双绞线共享是主导电信业务经营者较为乐于接受的一种接入方式。因此，有关铜双绞线共享的内容往往能够散见于主导电信业务经营者或者电信监管机构制定并发布的互联规程、互联规则或网络开放性规则中。

（3）高速数据流接入

所谓"高速数据流接入"（High Speed Bit Stream Access），是指主导电信业务经营者在电信用户的终端设备上安装高速接入设备，通过本地环路中的高频段信道建立起与用户之间的高速数据联接链路，并将该高速数据联接链路出租给其他电信业务经营者，以便其他电信业务经营者向本地用户提供高速数据业务。

与铜双绞线共享一样，高速数据流接入并不需要本地环路的物理链接，更不需要铜双绞线的非捆绑接入，只是要求对本地环路原有电路进行分频后建立多个不同频段的信道，然后在较高频段的信道内建立高速数据联接链路。但是，高速数据流接入需要主导电信业务经营者同时提供传输通道（Transmission Medium）和传输设施（Transmission Facilities），传输通道包括铜双绞线（Copper Cables）、同轴电缆（Coaxial Cable）和光缆（Optical Fiber Cables）等，传输设施包括高速调制解调器（High Speed Modem）、基于铜双绞线的数字用户环线传输设备（xDSL）、基于光缆的异步转移传输设备（ATM）等。

利用高速数据流接入所建立起来的延伸电路（Back-Hauled Circuits），主导电信业务经营者可以超越互联点（POI）位于自己网络侧本地交换机的法定最低要求，在其固定电话网络中的更高级别建立用于与非主导电信业务经营者互联互通的互联点（POI），例如，在异步转移传输层（ATM）、IP传输层建立起用于与其他电信业务经营者互联互通的互联点（POI），从而极大地提高网间通信效率和质量。

由于高速数据流接入并不需要本地环路的物理链接，因此，其也是主导电信业务经营者乐于接受的接入方式，有关高速数据流接入的内容往往被间接地规定于主导电信业务经营者或者电信监管机构制定并发布的互联规程、互联规则或网络开放性规则中。

三、互联网络接入（Internet Access）

自20世纪90年代互联网在全世界大规模应用以来，由于互联网的分层分级体系结构，也由于互联网“端到端透明传输原则”和“一点接入、全网服务”的特征，互联网络的接入成为所有电信接入类型当中最为普遍也最为复杂的一种类型。正是依托互联网络的接入，互联网被构造成今天这样一个延伸范围广泛、用户规模庞大、承载业务繁多的复杂系统。

在我国，通过虚拟或者专线方式组建自营局域网、驻地网、城域网、广域网、企业计算机网、专业计算机网或者其他计算机网，向本地用户提供公用电话网（PSTN）、帧中继（FR）、数字数据网（DDN）、同步数字网（SDH）、异步传输网（ATM）、综合业务数字网（ISDN）、非对称数字用户环路（ADSL）、混合光纤同轴网（HFC）、无线微波、无线移动数据网（WAP）、无线局域网（WLAN）、单向卫星接入（DirecPC技术）、双向卫星接入（IPSat、Comtier技术）等多种接入方式的互联网服务提供商（ISP），应当均属于“互联网接入服务提供者”。

据工业和信息化部统计显示，截至2008年第三季度，我国互联网长途电路达到8 935 811个2M，比2007年末增长了近一倍（94%），全国光缆线路长度比2007年末新增61.8万公里，达到639.5万公里。互联网宽带接入端口数达到10 372.1万个，其中xDSL端口数8 672.7万个，比2007年末增长了22%。2008年我国电信网的通信能力快速提升，带动了我国宽带互联网的发展[①]。

（一）电子政务系统

所谓电子政务系统，是指主要由国家机关、履行政府行政管理职能的其他组织或机构建设、拥有、使用或管理，且主要或专门承载、运行内部办公、监测控制、指挥调度、对外服务等政府事务的网络与信息系统。

“十五”计划期间，我国总投入达2 500亿元，于2003年全面启动了“两网一站四库十二金”（两网指电子政务内外网，一站指政府门户网站，四库指人口、法人单位、空间地理和自然资源、宏观经济四个国家基础数据库，十二金指金税、金关、金财、金盾等12个国家重点业务系统）的电子政务系统建设工程。2003年7月，国家信息化领导小组第三次会议和随后召开的电视电话会议提出，用3至5年的时间初步建设以“三

① CNNIC《2009年1月中国互联网络发展状况统计报告》。

网一库”（即政府机关内部办公业务网、中央和地方政府及部门办公业务资源网、以互联网为依托的政府公众信息网和政府系统共建共享的电子信息资料库）为基本架构的电子政务系统框架。2003 年 2 月，我国已建成了全国性的电子政务应用示范工程，国务院组成部门中已有 10 个部门建成了政务专网，全国主要大中城市建成了电子政务省域网或城域网。时至今日，各级政府职能部门的网络基础设施建设已经初具规模，不同政府部门的局域网已经基本搭建完成，有些地区已经形成了广域网、省域网、城域网的基本雏形；全国所有大中城市政府基本开通电子政务在线服务平台，电信网络抵达的边远地区乡镇也已基本搭建了电子政务服务平台。我国已基本构建了经济调节、市场监管、社会管理、公共服务等领域的统一电子政务网络。

（二）重要信息系统

所谓重要信息系统，是指由铁路、银行、海关、税务、民航、电力、证券、保险等国家重要行业主管单位、监督管理部门或企业建设、拥有、使用或管理，以实现数据异地或本地同步存储、处理、传输、接收等操作为目的，且主要或专门承载、运行内部办公、业务操作与处理、对外服务与经营等行业或企业事务的网络与信息系统。

在美国，“重要信息系统”被称之为“关键基础设施”，包括电信、电力、天然气石油储备和运输、银行与金融、交通、水供给、应急通信服务（包括医疗、警务、消防、急救）以及政府部门所使用的计算机信息系统；对于关键基础设施的威胁主要包括物理威胁和计算机威胁两类。①

2002 年 11 月 20 日美国国会通过了《国土安全法》（The Homeland Security Act），其中第二章“信息分析与基础设施安全保障”中的第二部分（Subtitle B）“关键基础设施信息”、第三部分（Subtitle C）“信息安全”，构成了这部法律的重要组成部分《2002 年美国关键基础设施信息法》（CIIA）。依据《2002 年美国关键基础设施信息法》（CIIA），所谓“关键基础设施”（Critical Infrastructures），是指一旦中断运行或受到破坏，将对国家安全和经济安全构成严重影响的金融、电信、交通、能源、应急救援（Emergency Services）和政府核心事务（Government Essential Services）等行业或业务信息系统的关键部位。根据该法提案人——美国参议员班尼特先生（Mr. Bennett）在 2001 年 9 月 25 日举行的国会听证会上的发言，在美国，约占 85% 的关键基础设施、电信系统、能源系统、金融系统以及交通系统由私营企业拥有并运行。一旦基础设施成为被攻击目标，私营企业理应处于最前线。所以，对于国家安全的概念、国家安全的义务人和责任人等问题，我们应当重新定义。过去，国防安全仅仅是一个地理学上的概念，以军事指挥和控制框架（The Command-Control Structure）作为最有效的防御手段；现在，国防安全应当从传统的军事指挥和控制框架转为主要依靠横跨私人利益和政府利益的众多企业来解决。美国经济是一个相互间高度依赖的系统，既包括了物理的组成部分，也包括了网络的组成部分。对这些系统所面临攻击和威胁的预防、检测、响应、减轻和恢复，要求我们必须实现信息的高度共享和互换。所以，必须通过立法，消除私营企业在信息共享方面面临的各种不必要的障碍。因为在许多情况下，将敏感信息公之于

① 参考：1996 年《美国关于关键基础设施保护的政府令》。

众将会对商业贸易产生严重的消极影响，所以，如果不加保护，私营企业不愿意与政府共享这些信息，是可以理解的。

在我国，“重要信息系统”应当属于2003年2月21日原信息产业部发布的《关于重新调整〈电信业务分类目录〉的通告》中所指的“数据与交易/事务处理应用平台”；“重要信息系统提供的业务”应当属于“第一类增值电信业务”的“在线数据与交易处理业务”，即利用各种与通信网络相连的数据与交易/事务处理应用平台，通过通信网络为用户提供在线数据处理和交易/事务处理的业务。在线数据和交易处理业务包括交易处理业务、电子数据交换业务（EDI）和网络/电子设备数据处理业务；交易处理业务包括办理各种银行业务、股票买卖、票务买卖、拍卖商品买卖、费用支付等。

我国重要信息系统大多依托互联网骨干网络，采用城市信息交换中心、城市信息交换中心节点延伸、自建直通直联路由或者第三方转接互联方式组建的全国性或国际性专用计算机信息系统。除铁路和电力信息系统主要是生产调度指挥系统之外，其余均在本系统网络内开设、运行着相当规模的业务受理、操作和交易网点，面向全国提供各种形式的专业服务。其中中国银联股份有限公司建设、运行、维护并管理的“中国银联网络”最具代表性，目前已经形成覆盖城市、延伸农村的规模化银联卡受理网络，不仅将各个商业银行的行内业务操作系统连接了起来，并向全国延伸设置了规模庞大的银行卡业务受理网络，而且也将海关、税务、民航、证券、保险等重要信息系统的各种远程业务处理系统连接起来，为其提供网上支付和结算服务。据中国人民银行《2009年第一季度支付体系运行总体情况》显示，截至2009年第一季度末，加入银联网络的成员机构共有241家银行。

（三）其他互联网接入网络

目前，我国除10大互联网骨干网络运营单位面向用户直接提供拨号接入、窄带接入、宽带接入、无线移动接入等互联网接入服务以外，还有众多互联网接入服务提供商面向用户也提供各种形式的互联网接入服务。与我国互联网宽带接入业务发展相适应，截至2008年底，我国基础电信企业互联网宽带接入端口净增2 388.8万个，达到10 928.1万个。

截至2008年底，全国逾90%的高校、35%的中等职业学校、38 000多所中小学基本建成校园网；全国已有27个省份已经实现“乡乡能上网”；宽带网民数量达到2.7亿人，占网民总数的90.6%（截止2009年6月已有3.2亿网民使用了宽带访问互联网，占比高达94.3%）。所有这些都意味着，接入互联网骨干网络的互联网接入服务提供商也在同步增加。[①]

第五节 接入业务

依据各国电信立法，基于“非对称管制”理论和电信法律制度的强制性规定，以电信接入为基础，电信业务经营者应当提供电信转售业务、电信虚拟业务、互联网接入业务等“电信接入业务”或者“电信接入衍生业务”。

---

① 余晓辉. 我国互联网的基本情况及进一步推动我国互联网发展的建议，2009-07-27.

一、电信转售业务

（一）电信转售业务的概念

电信转售业务，是指某些经营实体从具有电信网络和电信设施的基础电信业务经营者处购买基础电信业务或租用基础电信设施，包装成自有的品牌并重新定价后，再转售或转租给其他电信业务经营者或电信用户，以获取利润的经营行为。

（二）电信转售业务的类型

电信转售业务源自20世纪90年代兴起的通话时长转售活动，即通话时间转售商从基础电信业务经营者处以折扣价格批发大量的通话时长，经包装或不经包装后再转售给电信用户，从中获取差价利润。目前在我国，随着电信业务市场的发展，电信转租转售业务和电信经纪业务也取得了长足的发展，某些不具有电信业务经营权的企业从具有电信业务经营权的电信业务经营者处租赁或者购买部分电信设施或者电信业务，然后以自己名义向电信用户进行转租和转售；部分零售商从电信业务经营者处批发大量的电信业务，然后在市场上进行分销或者零售。在电信业务经营需要特许的国家（如我国），不具有电信业务经营权的转售人以自己的名义转售，属于非法经营。

1. 移动业务转售

转售业务经营者分批或者一次性向基础电信业务经营者购买移动号码，将其包装成自有品牌，面向用户提供服务。例如，目前，大量未取得增值电信业务经营许可证的组织通过私设转接平台，建立起自己的短信中心，然后与具有电信业务经营许可证的基础电信业务经营者签署合作协议，将自己的短信中心转接到基础电信业务经营者的移动网、固定网或者互联网中，由基础电信业务经营者对其短信中心分配电信网码号，然后由其发展自己的短信用户和短信业务（主要为移动通信用户、固定电话用户或者互联网用户），由移动运营商、固定运营商或者互联网服务提供者通过其移动网、固定网和互联网来传递其制作、复制、发送、接收的文字、数据、图像等信息，双方按照约定的比例或数额分成短信用户所支付的短信服务费用。

2. 国际国内长途和IP业务转售

转售业务经营者自建平台或者部分网络设施，通过专线接入基础电信业务经营者的网络，以自有品牌面向用户提供国内长途和IP业务的服务。例如，某公司是一家没有电信业务经营许可证的公司，但是却建有自己的局域网。该公司和某基础电信业务经营者签署了“委托代理协议”，约定将自己的局域网中继接入该基础电信业务经营者的本地网；该公司收取网内用户的初装费、基本月租费和网内通话费，该基础电信业务经营者收取用户的中继费和跨网通话费；双方以各自收取的费用为限，对各自的经营活动承担独立的民事责任。

再如，目前一些未取得电信业务经营许可证的电信业务经营者私设转接平台，发展国际通信专线业务，并以各种条件为诱，争取到了相当数量的国际专线用户；然后通过与境内拥有国际电信业务经营权的电信业务经营者签署合作协议，将自己的转接平台搭建在该电信业务经营者的电信网络之上，由该电信业务经营者中继后为其寻找独立的国际通信专线，通过国际通信出入口或者不通过国际通信出入口（例如通过小型卫星转发器 VSAT），将非法电信业务经营者的国际专线用户的通信信号传输到国外某个指定的交换局端，然后再由国外电信业务经营者将该类信号直接输送到国外的某个用户。

3. 带宽转售

转售业务经营者以批发价租用基础电信业务经营者的带宽资源，再将其以零售价转租给用户。例如，由于境外卫星业务经营者在我境内没有提供卫星转发器资源出租、出售业务的经营许可证，遂以一定比例的零售总额（如3%）作为对价，邀请我国境内卫星公司从境外卫星业务经营者处批发卫星转发器带宽，并在我国境内以零售价向其他用户进行转售。

（三）电信转售业务与电信代理业务的区别

电信代理业务，是指受基础电信业务经营者委托，以该经营者的品牌、按其规定的价格销售该经营者提供的基础电信业务；代理经营者不是独立的电信业务经营主体，其代理行为的法律责任由被代理的基础电信业务经营者依法承担。

电信转售业务和电信代理业务的区别主要为：第一，二者赖以存在的法律基础不同。电信转售业务源于法律关于互联互通服务的强制性规定，一般情况下是作为互联互通服务的附随业务或者衍生业务而存在[①]，因此，电信转售业务是基于法律的强制性规定、由主导电信业务经营者承担的一种互联互通服务的附随义务或衍生义务；而电信代理则基于代理人和被代理人（电信业务经营者）之间的意思自治，并非由互联互通义务所派生，因此，是一种基于当事人意思自治的民事法律行为和市场经营行为。

第二，二者所产生的法律关系不同。电信转售业务中双方按照合同的约定各自独立经营，其权利和义务由合同约定，而且各自独立承担民事责任，因此，具备联营的法律要件，属于民法所规定的“契约型联营”；[②] 而电信代理业务中代理人在代理权限内以被代理人的名义实施民事法律行为，被代理人对代理人和代理行为承担民事责任。也就是说，电信转售业务经营者是独立经营主体，在实施行政许可的国家需要获得行政特许，具有自己的业务品牌，可自行申请电信网码号等资源，可自行决定其服务内容和市场价格；而电信代理业务经营者不是独立经营主体，即使在特许制国家也不需要获得行政许可，必须以基础电信业务经营者的名义和品牌开展业务，必须使用基础电信业务经营者的号码资源，经营中不能改变其提供的服务内容和市场价格。

（四）电信转售的义务主体和资费

在互联互通的主义务下，向非主导电信业务经营者以批发价转售电信业务是主导电信业务经营者的从义务。主导电信业务经营者应当将其以零售价提供于用户的所有电信业务，以批发价向其他电信业务经营者进行转售；主导电信业务经营者不得禁止该类电

---

① 例如，依据美国电信法，本地交换运营商不得禁止其他电信运营商转售其电信业务或对其转售行为附加不合理或歧视性的条件或限制。参见：1934 年美国《电信法》第 251 条“网间互联互通（Interconnection）”。

② 参见《中华人民共和国民法通则》第 53 条。

信业务的转售，也不得对该类电信业务的转售附加任何不合理、歧视性的条件或限制。① 一般情况下，批发价按照电信业务经营者在互联互通服务中所普遍采用的“成本基础法”予以确定。

（五）电信转售业务的经营方式

电信转售业务有收入分成和赚取差价两种经营模式。收入分成，是指电信转售业务经营者从基础电信业务经营者处购得电信业务并向电信用户销售这些电信业务，所得业务收入双方按照一定的比例进行分成；赚取差价，是指电信转售业务经营者以批发价向基础电信业务经营者购得电信业务，再以零售价提供给电信用户，赚取批发价和零售价之间的差价。②

二、虚拟电信业务

（一）虚拟电信业务的概念

所谓“虚拟电信业务”，是指虚拟电信业务经营者（VNO，Virtual Network Operator）没有属于自己的电信网络及其他电信资源，通过租用其他基础电信业务经营者的电信网络或电信资源，并对其进行深度创新、加工和包装以后，以自己的名义、自己的品牌投放于电信市场的电信业务。③

（二）虚拟电信业务的特点

与传统电信业务相比，虚拟电信业务经营者（VNO）可以更加便利地获取用户信息，更加自主地制定业务资费，更加灵活地进行市场需求分析并据此调整其业务结构。就其对电信用户形成的消费感受而言，几乎与传统电信业务没有区别，因为二者都是电信业务经营者，具有独立品牌的电信服务，且二者都以电信业务经营者自己的名义面向

---

① 例如，在美国，本地交换运营商有义务以批发价转售其向非电信用户所提供的零售电信业务。但是，各州委员会（State Commission）可以禁止长途电话业务或其他电话交换业务提供商将其以批发价从本地交换运营商处获得的、只可向某类用户零售的电信业务销售或要约销售给其他种类的用户。州委员会有权在零售价的基础上确定转售业务批发价格，但须扣除本地电信交换运营商的销售及其他额外成本。参见：1934 年美国《电信法》第 251 条“网间互联互通（Interconnection）”。

贝尔电信公司有权提供可供转售的电信业务和信息业务，有权以批发价转售其向非电信用户所提供的零售电信业务，但是不得禁止其他电信运营商转售其电信业务或对其转售行为附加不合理或歧视性的条件或限制。参见：1934 年美国《电信法》第 271 条“贝尔电信公司准入 LATA 间业务”。

② 《电信条例》规定，“转售的基础电信业务”比照“增值电信业务管理”。但是迄今为止，电信监管机构尚未发布实施有关电信转售业务的详细管理办法和市场准入规则，因此，电信转售业务在我国是否已开放准入，尚处于不明状态。

③ 例如，原英国电信管理局（OFTEL）认为，移动虚拟电信业务经营者，（MVNO）是指向用户提供移动入网和通话服务但没有被指配无线电频率的电信业务经营者。

爱尔兰电信监管机构（The Office of the Director of Telecommunications Regulation）认为，移动虚拟电信业务经营者（MVNO）是指经营至少由 GSM 移动交换中心（MSC）、归属位置寄存器（HLR）、身份认证中心（AC）或具有类似功能设施所组成的物理网络设施，拥有自己惟一的网络号码或者远端号码系列，销售自己品牌的 SIM 卡，但没有移动无线接入网络的电信业务经营者。

香港电信管理局（OFTA）认为，移动虚拟电信业务经营者（MVNO）是指通过互联或接入至持有 PMRS 许可证、PCS 许可证或者移动业务经营许可证且具有无线电频率使用权的电信业务经营者的无线电通信基础设施，向用户提供公用无线电通信服务的电信业务经营者。转引自：白永忠．电信业热点法律问题透析．北京：法律出版社，2003：509－511.

最终用户提供独立的电信服务及其售后服务、计费服务等辅助业务。

虚拟电信业务与基础电信业务、增值电信业务的区别在于，虚拟电信业务经营者（VNO）自身不拥有骨干和核心网络资源，需要通过租用基础电信业务或增值电信业务经营者的基础电信设施，建立自己的虚拟网络来从事电信运营服务。虚拟电信业务和电信代理业务的区别在于，虚拟电信业务经营者（VNO）将自其他电信业务经营者处租售的电信业务标注为自己的品牌，并以自己的名义提供于电信终端用户。虚拟电信业务和电信转售业务的区别在于，虚拟电信业务经营者（VNO）须对其自其他电信业务经营者处租售的电信业务进行深度创新、加工和包装，并形成自己独立的服务品牌，面向电信终端用户提供独立的电信服务及其售后服务、计费服务等辅助业务。

目前随着电信技术的发展，通过智能网络（Intelligent Network）技术，虚拟电信业务经营者（VNO）可以比传统电信业务经营者提供更多、更优的电信业务，固定电信业务经营者（Fixed Operators）、独立服务提供商（Independent Service Providers）以及具有较强知名品牌的大型企业在开发和经营虚拟电信业务方面都具有很大的优势，例如，固定电信业务经营者可以开发固定与移动通信业务相捆绑的集成电信业务，向电信终端用户提供“一份账单”、“同一客户服务”、“同一号码”等“一站式服务”。

（三）移动虚拟电信业务的类型

1. 纯粹移动虚拟电信业务

所谓“纯粹移动虚拟电信业务”，是指移动虚拟电信业务经营者（MVNO）没有获得政府指配的无线电频率，但是拥有属于自己的移动网络电话号码（MNC，Mobile Network Code）、归属位置寄存器（HLR）、用户身份认证中心（AC）、移动交换中心（MSC）、移动计费系统（Bill System）、移动数据通信网关（Gateway）等移动基础网络设施，能够以自己的名义自主定价且可自主销售标识自己品牌的 SIM 卡的移动电信业务。

除没有获得政府指配的无线电频率外，纯粹移动虚拟电信业务在业务特征上与传统移动通信业务几无差别。纯粹移动虚拟电信业务经营者既可以选择依托多家移动电信业务经营者，又可以凭借其所控制的移动网络电话号码（MNC）自主变换与移动电信业务经营者之间的依托关系，所以，可以最大限度地独立于其所依托的移动电信业务经营者，这样可以避免因依托关系单一而影响用户规模和业务发展。但是，由于纯粹移动虚拟电信业务经营者控制并经营与传统移动电信业务经营者几乎完全相同的移动通信网络基础设施，尤其双向控制并运营与固定电信业务经营者之间的通信路由，因此，其建设资本和运营成本相对较高。

2. 高级移动虚拟电信业务（ESP）

所谓“高级移动虚拟电信业务”，是指移动虚拟电信业务经营者（MVNO）自己拥有部分移动通信网络基础设施，从移动电信业务经营者处租用部分移动通信网络基础设施并与其所依托的移动电信业务经营者共享共用移动网络电话号码（MNC），组成自主经营的移动虚拟网络，以自己的名义自主定价、自主销售标识自己品牌的 SIM 卡并自主提供售后服务、计费服务等移动辅助业务的移动电信业务。

与纯粹移动虚拟电信业务相比，高级移动虚拟电信业务经营者并不完全拥有业务经营所必需的全部移动通信网络基础设施，其经营移动通信业务所必需的移动网络电话号码（MNC）、归属位置寄存器（HLR）等移动基础网络设施，需要从传统移动电信业务经营者处租赁并与传统移动电信业务经营者共享共用，因此，其与传统移动电信业务经营者之间的业务依附程度较高。但是，如果高级移动虚拟电信业务经营者拥有的移动网络基础设施能够获得传统移动电信业务经营者提供的间接接入（Indirect Access）服务，其就具备了细化、创新、加工自主品牌电信业务的能力，为其业务发展奠定良好的基础。

3. 普通移动虚拟电信业务（CSP）

所谓“普通移动虚拟电信业务”，是指移动虚拟电信业务经营者（MVNO）自己不拥有或拥有很少移动通信网络基础设施，从移动电信业务经营者处租用大部或全部移动通信网络基础设施组成移动虚拟网络，与其所依托的移动电信业务经营者共享共用移动网络电话号码（MNC）、归属位置寄存器（HLR），并由其所依托的移动电信业务经营者向其转交通话数据记录（CDR，Call Data Record）来核定用户通话费用，以自己的名义自主定价、自主销售标识自己品牌的SIM卡，但不能自主提供售后服务、计费服务等移动辅助业务的移动电信业务。

与纯粹移动虚拟电信业务、高级移动虚拟业务相比，普通移动虚拟电信业务经营者的市场准入资格条件限制最低、业务经营成本最低。但是，由于其无法控制呼入与呼出的通信路由，也就无法通过路由优化节约成本，在移动通信单向收费体制下，也无法通过接续通话而获得网间结算收入；由于大部分移动通信基础设施源于租赁并须与传统移动电信业务经营者共享共用，因此，普通移动虚拟电信业务经营者对传统移动电信业务经营者的依赖程度最高，其细化、创新、加工自主经营品牌电信业务以及控制业务功能的能力也就最低。①

（四）虚拟电信业务的业务资费

虚拟电信业务经营者（VNO）的业务成本主要集中于网络容量租赁费用，并且与最终用户的数量成正比关系。虚拟电信业务经营者（VNO）无需电信基础设施投资，也无需支付电信基础设施的维护费用，因此，其业务成本要比传统电信业务经营者的业务成本低廉；但是，虚拟电信业务经营者（VNO）需要向传统电信业务经营者支付高额的网络容量租赁费用，因此，其可变成本（Variable Costs）要高于传统电信业务经营者。

虚拟电信业务资费有两种定价方法。一种定价方法是按照互联互通服务中普遍采用的“成本基础法”（Cost-Oriented Approach）予以确定，即虚拟电信业务资费 = 成本 + 合理投资回报。这种方法与传统移动电信业务经营者的历史成本具有相当的关联度，因此，乐于为虚拟电信业务经营者（VNO）所接受；另一种定价方法是基于零售价格的折扣定价方法，即虚拟电信业务资费 = 零售价格 +（零售价格 − 批发价格）× X%。由于传统移动电信业务经营者采取的成本削减措施可能会同时惠及虚拟电信业务经营者（VNO），因此，其往往倾向于向虚拟电信业务经营者（VNO）推荐采用这种“零售价格打折”的定价方法。

---

① 白永忠. 电信业热点问题透析. 北京：法律出版社，2003：511 – 515.

（五）虚拟电信业务的义务主体

主导电信业务经营者、传统电信业务经营者应当向虚拟电信业务经营者（VNO）开放其电信网络，允许虚拟电信业务经营者（VNO）以租赁电信基础设施、组建自营虚拟网络的方式向电信用户提供虚拟电信业务，这构成了主导电信业务经营者、传统电信业务经营者在互联互通主义务下的从属义务。但是迄今为止，世界上鲜有电信监管机构发布或实施有关虚拟电信业务的详细管理办法和市场准入规则。而离开电信监管机构的强制干预，仅依靠虚拟电信业务经营者（VNO）和传统电信业务经营者之间商务谈判来解决这一问题是不现实的，因为多数情况下传统电信业务经营者并不愿意将自己的网络基础设施提供于自己的竞争对手，并用于与自己在相同或相似业务领域展开商业竞争。

三、互联网接入业务

在我国，互联网接入服务的用户主要包括互联网信息服务提供者（ICP）和普通上网用户两种类型。2003 年 2 月 21 日原信息产业部发布的《关于重新调整〈电信业务分类目录〉的通告》将网络接入服务分为"无线接入和用户驻地网接入服务"、"国内因特网虚拟专用网业务"、"因特网接入服务"三类，其中"无线接入和用户驻地网接入服务"属于"第二类基础电信业务"，"国内因特网虚拟专用网业务"属于"第一类增值电信业务"，"互联网接入服务"属于"第二类增值电信业务"。

所谓"无线接入和用户驻地网接入服务"，是指以无线或有线方式提供的、与网络业务节点接口（SNI）或用户网络接口（UNI）相联接的接入业务；"国内因特网虚拟专用网业务"是指利用自有或租用公用互联网网络资源，采用 TCP/IP 协议，为国内用户定制因特网闭合用户群网络的服务；"因特网接入服务"是指利用接入服务器和相应的软硬件资源建立业务节点，并利用公用电信基础设施将业务节点与互联网骨干网络相联接，为用户提供接入互联网的服务，用户可以利用公用电话网或其他接入手段联接到其业务节点，并通过该业务节点接入互联网。

互联网信息服务是基于互联网接入而产生的一种重要的互联网服务。在我国，互联网信息服务包括2003 年 2 月 21 日原信息产业部发布的《关于重新调整〈电信业务分类目录〉的通告》中的"存储转发类业务（含语音信箱、电子邮件）"、"信息服务业务"（含在线信息和数据检索）两类"第二类增值电信业务"。所谓"存储转发类业务"，是指"利用存储转发机制为用户提供信息发送的业务"；所谓"信息服务业务"，是指"通过信息采集、开发、处理和信息平台的建设，通过固定网、移动网或因特网等公众通信网络直接向终端用户提供语音信息服务（声讯服务）或在线信息和数据检索等信息服务的业务。信息服务的类型主要包括内容服务、娱乐/游戏、商业信息和定位信息等服务"。①

在我国，互联网信息服务包括"经营性互联网信息服务"、"非经营性互联网信息服务"两类。"经营性互联网信息服务"，是指通过互联网向上网用户有偿提供信息或

---

① 转引自：原信息产业部：《关于重新调整〈电信业务分类目录〉的通告》（2003 年2 月21 日）。

者网页制作等服务的活动，包括利用互联网站向用户有偿提供特定信息内容、网上广告、制作网页以及其他网上应用服务等。经营性互联网信息服务是以营利为目的的商业活动。“非经营性互联网信息服务”，是指通过互联网向上网用户无偿提供具有公开性、共享性信息的服务活动。目前主要包括各级政府部门的网站；新闻机构的电子版报刊；企业、事业单位、教育科研机构等的各类公益性网站和对本单位产品或业务进行自我宣传的网站等。这些网站不向上网用户收取费用，也不利用互联网站直接进行以营利为目的的商业活动。

第六节 接入的实现

一、网络设施租赁

在电信接入服务中，接受接入一方需要租赁或购买提供接入一方或者提供网络转接一方的网络基础设施的，应向提供接入一方或者提供转接一方提出租赁或购买网络基础设施的请求，提供接入一方或者提供转接一方无正当理由不得拒绝，应当在接到请求后与接受接入一方签订协议，为其提供网络基础设施的出租、出售业务及其他相关服务。①

电信业务经营者在毗邻其他已建网络设施附近从事网络管线、杆线、杆路等网络设施建设时，其他已建网络设施具有多余的接入空间和通行空间的，其不得在该区域从事重复建设，敷设或设置与已建网络设施具有相同或相近功能的网络设施；双方应当经协商一致后签订网络设施出租、出售协议，约定租用或购买其他已建网络设施多余接入空间和通行空间的条件、费用和期限；无法协商一致的，由电信监管机构或其委托的机构依法作出裁决。

二、设备设施共享

在电信接入服务中，提供接入一方、提供转接一方和接受接入一方可以共用或分设网络接入节点两侧的网络设备；网络接入节点两侧的网络设备由各方共用的，网络接入中继电路可以分群设置。②

电信业务经营者在从事网络管线、杆线、杆路等网络设施建设时，因网络通行瓶颈限制无法在合理期间内竣工，也没有其他技术可以替代的，可以向该区域内其他电信业

---

① 参见《计算机信息网络国际联网管理暂行规定实施办法》（1997年）第11条第2款；我国台湾地区“固定通信业务管理规则”（2002年）。

② 例如，在美国，应提供电信普遍服务的合格电信业务经营者之请求，负有义务的本地电信交换运营商应当将其公共交换网络基础设施（Public Switched Network Infrastructure）、服务技术、服务信息、电信设备以及电信功能提供给任何合格电信业务经营者，以使其能够在其被指定为合格电信业务经营者的服务区域内提供电信服务或信息接入服务；负有义务的本地电信交换运营商应当向提供电信普遍服务的合格电信业务经营者提供其从事合法经营范围内电信业务、信息接入服务所必需的公共电信交换网络基础设施、电信设备、电信技术以及其他服务信息的共享服务。“合格的电信业务经营者”，是指未形成规模经济，在指定服务区域内向所有用户非歧视性提供电话交换业务、电信交换接入和普遍服务范围内其他业务的电信业务经营者。参见：1934年美国《电信法》第259条“基础设备之共享”。

务经营者或电信网络所有权人、使用权人、合法占有人或管理权人提出共建、共用或共享请求，其他电信业务经营者或电信网络的所有权人、使用权人、合法占有人或管理权人无正当理由不得拒绝；但是，共建、共用或共享应当征得其他电信业务经营者或电信网络所有权人、使用权人、合法占有人或管理权人的同意，向其支付合理的费用，并且不得影响其他网络设施的正常使用。①

三、设备设施的并置和共址

（一）设备设施的并置和共址的概念

所谓“设备设施的并置和共址”（Facilities Collocation），是指主导电信业务经营者应当向其他电信业务经营者提供相关物理场所或其他条件，以便其他电信业务经营者能够在主导电信业务经营者营业场所放置其用于互联互通、本地环路非捆绑接入、网络元素非捆绑接入的设施设备。

（二）设备设施的并置和共址的方式

设备设施的并置和共址包括物理并置共址（Physical Collocation）、虚拟并置共址（Virtual Collocation）和远端/毗邻并置共址（Distant or Adjacent Collocation）等三种方式。

1. 物理并置共址

物理并置共址，是指主导电信业务经营者向其他电信业务经营者提供相关物理场所，以便其他电信业务经营者能够在主导电信业务经营者营业场所放置其用于互联互通、本地环路非捆绑接入、网络元素非捆绑接入的设施设备，并按照合理的条件进入该物理场所，以安装、维护、修理该类设备设施。

例如在我国，公用电信网提供网络互联一方、提供网络互联转接一方应当向接受网络互联一方提供网间互联互通或非捆绑网络元素接入所必需的网络设备物理或虚拟共置服务，但是接受网络互联一方应当支付合理的费用。在美国，负有提供接入义务的本地交换运营商应当以公平、合理和非歧视性的价格和条件提供网间互联互通或非捆绑网络元素接入所必需的、其所在地所有设备的物理并置共址。

2. 虚拟并置共址

虚拟并置共址，是指主导电信业务经营者向其他电信业务经营者提供相关条件，以便其他电信业务经营者能够在主导电信业务经营者营业场所内选择、购买或租赁其用于互联互通、本地环路非捆绑接入、网络元素非捆绑接入的设施设备。

例如在我国，公用电信网提供网络互联一方、提供网络互联转接一方和接受网络互联一方可以共用或分设网络互联节点两侧的网络设备；网络互联节点两侧的网络设备由各方共用的，网络互联中继电路可以分群设置。② 在美国，负有接入义务的本地交换运

---

① 参见《国务院批转邮电部关于加强通信行业管理和认真整顿通信秩序请示的通知》（国务院 1990 年 9 月“国发［1990］54 号文”）；另参见《关于推进电信基础设施共建共享的紧急通知》（2008 年）。

② 参见《公用电信网间互联管理规定》（2001 年）第 17 条第 2 款：“互联点两侧的电信设备可以由各电信网共用，也可以由各电信网分设。当互联点两侧的电信设备由各电信网共用时，如果各电信网网间结算标准不一致，双方又不易采用技术手段进行计费核查的，互联中继电路可以分群设置。”

营商若举证证明，由于技术原因或场地限制而使得自己无法提供该类设备的物理并置共址，则可以提供该类设备的虚拟并置共址。

3. 远端/毗邻并置共址

远端/毗邻并置共址，是指非主导电信业务经营者从主导电信业务经营者处选择、购买或租赁其用于互联互通、本地环路非捆绑接入、网络元素非捆绑接入的设施设备，并选择自己的机房作为放置这些设备设施的相关物理场所，实现两种设备设施的并置、共址，从而最终实现两网间远端或毗邻互联、本地环路远端或毗邻非捆绑接入或者网络元素远端或毗邻非捆绑接入。

四、互联网数据中心（IDC）

互联网数据中心（IDC）是伴随着互联网不断发展的需求而发展起来的，它可以为入驻企业、商户或网站提供服务器群托管，为互联网内容提供商提供批发带宽，是各种模式电子商务赖以安全运作的基础设施，也是支持企业及其商业联盟实施价值链管理的基础平台。

2003 年发布的《关于重新调整〈电信业务分类目录〉的通告》将互联网数据中心（IDC）服务归类为“第一类增值电信业务”。所谓互联网数据中心（IDC），是指利用自有的机房设施，为用户服务器等互联网设备提供放置、代理维护、系统配置、代理管理等服务；或者利用自有的机房和网络设施，为用户提供数据库系统、服务器等网络设备的出租或其存储空间的出租以及通信线路、出口带宽的代理租赁等服务的互联网服务提供商（ISP）。

案例分析

四川泰龙公司代理从事“最后一公里”驻地网接入案①

一、案情

2001 年底，成都联通想进军成都的固话市场，但是既要建设城域网，又要发展终端用户，所需投资十分巨大，为了节约建设成本，联通将终端的用户驻地网建设交给泰龙公司，由泰龙公司为它在最后一公里（规划红线内的小区等）建设驻地网并代为发展固话用户，泰龙公司的回报是可以分享月租费、初装费和通信费用。这种合作模式减少了本地网新进入者通信运营商的投资，同时却迅速扩大了它们的用户争夺能力。于是很快，铁通、网通也加入了与泰龙的合作队伍。泰龙模式发展出的这样一种市场合作安排，可以大大加快本地网市场上非主导运营商的成长，而更重要的是，泰龙模式在它所建设的所有小区驻地网里，都能对小区用户提供自由挑选运营商的选择权。

① 案例来源：郭玉闪．泰龙模式的政策命运．http：www. gotoread. com/mag/12757/sarticle_ 22393. html.

为了实现对联通、铁通、网通以及中国电信的平等接入，泰龙公司建设了中心机房，引入了程控交换机，同时还拥有自己的城域网通道；另外，在业务收入上，多采取话费分成的方式。成都电信是成都市的主导运营商，泰龙模式的成功推广迅速增强了与之竞争的几家非主导运营商的实力，于是，成都电信坚持认为泰龙公司拥有程控交换机、城域网通道、话音市场的网络元素以及话费分成，违反了《电信条例》关于基础语音业务的规定，而泰龙公司并不是公共网运营商，不应该拥有这些元素。2003 年，泰龙公司和成都电信争端一开始，泰龙公司就被成都市政府勒令"停止一切涉及固定电话网建设等超范围经营的业务活动"，后来成都市政府发文虽然缓和了语气，但是在城域网通道、程控交换机上依然没有多少回旋余地。

二、案件背景

在我国，自 2000 年 12 月铁通成立，固话市场引入竞争机制之后，原有的独家经营驻地网线路建设的平静局面被打破，几家固话运营商围绕着驻地网线路建设、经营、管理权展开了白热化的争夺。全国各地在驻地网建设上形成了一种严重的无政府状态，或重复建设，或运营商与开发商联合建设，或开发商建设向运营商出租，或开发商向运营商出售楼房通信管线的建设和独家使用权从中谋利等。电信市场的发展已经使得电信转租转售业务和电信经纪业务浮出了水面，某些不具有电信业务经营权的企业从具有电信业务经营权的电信业务经营者处租赁或者购买部分电信设施或者电信业务，然后以自己名义向电信用户进行转租和转售；部分零售商从电信业务经营者处批发大量的电信业务，然后在市场上进行分销或者零售。这些现象被媒体称为"电信经营模式"的变革。然而，由于我国在电信业务经营资质上设定了特许制，不具有电信业务资质的主体以自己的名义经营电信业务属于非法经营。概言之，可归结为如下几种类型：

1. "卫星资源代理模式"

目前，亚洲、亚太、泛美等境外卫星业务经营者通过在境内寻找境内卫星公司作为其代理商，由境内卫星公司代理境外卫星业务经营者在境内经营涉外卫星转发器出租、出售业务的情况相当普遍，由于法无明文规定，境内境外经营者双方所签署的代理协议普遍约定代理费提取比例为出租出售所得总额的3%，已经成为我国卫星运营行业内的行业惯例。据悉，目前市场中由境内经营者作为代理人承担境外经营者卫星资源代理业务所占比例最多，因此，可以称之为"卫星资源代理模式"。

2. "最后一公里驻地网代理模式"

泰龙公司是一家没有电信业务经营许可证的公司，但是却建有自己的局域网。泰龙公司和某基础电信业务经营者签署了"委托代理协议"，约定将自己的局域网中继接入该基础电信业务经营者的本地网；泰龙公司收取网内用户的初装费、基本月租费和网内通话费，该基础电信业务经营者收取用户的中继费和跨网通话费；双方以各自收取的费用为限，对各自的经营活动承担独立的民事责任。这种经营形式是电信服务市场中近几年出现的新现象，可以称之为"最后一公里驻地网模式"。

3. "短信模式"

目前，大量未取得增值电信业务经营许可证的组织通过私设转接平台，建立起自己的短信中心，然后与具有电信业务经营许可证的基础电信运营商签署合作协议，将自己的短信中心转接到基础电信业务经营者的移动网、固定网或者互联网之中去，由基础电信业务经营者对其短信中心分配电信网码号，然后由其发展自己的短信用户和短信业务（主要为移动通信用户、固定电话用户或者互联网用户），由移动运营商、固定运营商或者互联网服务提供者通过其移动网、固定网和互联网来传递短信用户制作、复制、发送、接收的文字、数据、图像等信息，双方则按照约定的比例或数额分成短信用户所支付的短信服务费用。这种服务方式可以称之为“短信模式”。

4. “国际专线租赁模式”（VSAT 模式）

目前市场上出现的另外一类服务形式就是，一些未取得电信业务经营许可证的电信业务经营者私设转接平台，发展国际通信专线业务，并以各种条件为诱争取到了相当数量的国际专线用户；然后通过与境内拥有国际电信业务经营权的电信业务经营者签署合作协议，将自己的转接平台搭建在该电信业务经营者的电信网络之上，由该电信业务经营者中继后为其组织独立的国际通信专线，通过国际通信出入口或者不通过国际通信出入口（例如通过小型卫星转发器 VSAT），将非法电信业务经营者国际专线用户的通信信号运输到国外某个指定的交换局端，然后再由国外电信业务经营者将该类信号直接输送到国外的某个用户。由于这种业务以国际专线通信为形式和目的，因此可以称之为“国际专线租赁模式”；又由于这种业务大多通过国内或国际小型卫星转发器 VSAT 进行边境走私活动，因此又可以称之为“VSAT 模式”。

三、案件反映的法律问题和解释

1. 目前我国电信业务市场是否对民营资本开放？

2005 年 7 月，原信息产业部下发《关于加强对电信管道和驻地网建设管理等有关问题的通知》，关于驻地网建设管理部分规定：“民用建筑的开发方、投资方以外的主体投资建设的公共电信配套设施，该设施的所有人和合法占有人利用该设施提供网络接入服务时，应获得相关电信业务经营许可证，并为电信业务经营者提供平等的接入和使用条件。”这事实上同意了泰龙公司这样的驻地网接入服务商的存在，但其必须获得经营许可证。2005 年 8 月，国务院下发了《关于非公有资本进入文化产业的若干决定》，规定，非公有资本可以建设和经营有线电视接入网，非公有资本可以控股从事有线电视接入网社区部分业务的企业。

2. 泰龙模式是否有助于我国的“三网融合”？

自 2005 年以来，泰龙公司开始在驻地网部分引入全光纤社区（即 FTTH，Fiber to the Home，光纤到户）的概念，FTTH 依然保留了公共接入平台的特点，只是不再使用程控交换机，在小区公共部分安装一个局端设备与各个运营商的城域网接通，同时在小区内废除原来的铜线入户，将光纤直接接入楼栋、楼道甚至用户家里。此时，除了能实现对多家通信运营商的平等接入外，因为驻地网全部使用光纤，光纤的高宽带和高速传输特点，使得泰龙还可以同时为有线电视提供接入服务，也因此可以为小区用户提供从话音到数据到影视的所有业务，从而利用用户驻地网实现三网融合。发展泰龙模式，有助于我国形成“三网融合”的局面。

3. *为什么瓶颈地段通路权制度是接入制度的重要内容?*

随着道路、隧道和桥梁的延伸,电信管线的延伸成为必要。在我国,电信管线进驻城市商业区、工业区以及住宅区等人口密集区域的权利,由于法律对此无明文规定,遂成为各类经济实体争辩的焦点。现实中比较多的做法是,道路、隧道和桥梁附近延伸电信管线的权利由建筑工程的发包方行使,进驻城市商业区、工业区和住宅区敷设通信线路的权利由建筑工程的开发商来行使;待其延伸敷设完成之后再将其租赁给电信业务经营者,或者利用已经完成的管线由其自己经营部分电信服务的传输业务。

这样就产生了一个比较现实的法律问题。我国《电信条例》第7条规定,“国家对电信业务经营按照电信业务分类,实行许可制度。经营电信业务,必须依照本条例的规定取得国务院信息产业主管部门或者省、自治区、直辖市电信管理机构颁发的电信业务经营许可证。未取得电信业务经营许可证,任何组织或者个人不得从事电信业务经营活动。”根据我国电信主管部门制定的电信业务分类目录,网络元素出租、出售业务,网络接入及网络托管业务以及转售的基础电信业务均属于应当实行“许可制度”的电信业务,任何未获得经营许可便进行电信网络建设、出租、出售以及运营的行为均属于非法经营行为。所以,依据我国现行的法律规定,建筑工程发包方或者开发商欲进行电信管线的敷设及经营,必须获得我国电信主管部门颁发的电信业务经营许可证,在其获得该行政许可之前,不得进行该类建设活动或者经营活动。

依据《电信条例》,只有获得电信业务经营许可证的电信业务经营者才能进行电信管线的敷设及经营活动。可是,在建筑工程发包方或者开发商未适格化以前,在道路、隧道、桥梁、商业区、工业区和住宅区建设电信管线的商业机会属于建筑工程发包方或者开发商所有,电信业务经营者虽然适格,但其并不实际控制建筑工程的实施,因此其实际并不具有建设电信管线的商业机会。这便是法律和现实的矛盾。这种矛盾造成了这样一种状况:在道路、隧道、桥梁、商业区、工业区和住宅区建设电信管线的问题上,形成了电信业务经营者与建筑工程发包方或者开发商等各类经济实体共同竞争的无序局面,而竞争的结果则可能是形成独家垄断经营,或者形成无证非法经营,或者形成垄断价格同盟或者排他性协议,一言以蔽之,法律的规定被束之高阁。

在我国,通过道路、隧道、桥梁、商业区、工业区和住宅区等瓶颈地段建设电信管线的通路权到底属于哪一方市场主体必须通过立法解决。通过瓶颈地段建设电信管线,除为社会公众的通信接入提供服务外,还负担着全社会信息化的功能;而瓶颈地段由于其进行电信建设布局空间的有限性,决定了所有的同业竞争者不可能都有机会通过该瓶颈地段进行电信建设,在只能允许一家或者两家电信业务经营者通行其电信管线的天然限制下,法律必须作出这样的选择,要么要求所有的电信业务经营者共建共享,即共同投资、共同通行且共同受益;要么规定电信业务经营者的强制性出租出让义务,要求作为所有权人的一方电信业务经营者在其他电信业务经营者需要时,有义务将其所有的处于瓶颈地段的电信管线以合理的价格出租或者出售给要约方电信业务经营者;要么规定瓶颈地段的电信通路权属于电信稀缺资源,由独立第三方(例如泰龙公司)企业所有,由其按照公平、公正和公开的原则在所有的电信业务经营者之间进行竞争性分配(如拍卖或招标)。获得电信通路权的电信业务经营者,在其电信管线敷设完成之后,在其他电信业务经营者需要通行时，有义务将其所有的处于瓶颈地段的电信管线以合理的价格出租或者出售给要约方电信业务经营者。而无论采取哪一种方式，由于该类问题的复杂性，法律还要预先规定电信业务经营者、建筑工程发包方或者开发商、物业管理者以及其他电信业务经营者等之间的争议解决机制。

思考题

1. 什么是接入？接入和互联互通的区别是什么？
2. 接入有哪些法律制度保障？
3. 接入有哪些原则？
4. 简述接入有哪些类型？
5. 简述接入有哪些业务？
6. 简述接入有哪些实现方式？

第四章

互联互通

本章导言

电信网路的强制性互联互通制度是基本的电信法律制度，实现电信网间互联互通是电信业务经营者之间互负的法定义务。在这种法律制度下，一方申请接受互联互通，另一方依申请提供互联互通，从而形成以强制性合同为基础的民事行政混合型法律关系，互联互通作为电信业务经营者之间相互提供的一种特殊类型的电信服务，构成了这种法律关系的基本客体。因此，互联互通法律制度是电信法解决用户与电信业务经营者集体以及电信业务经营者集体内部之间法律关系的独有的基本法律制度。电信网络互联互通与电信市场竞争具有直接的因果关系，对于电信网间互联互通的行政管理构成了各国电信业政府监管机关的重要行政职责之一。互联互通法律制度成为政府推动电信市场自由经营、打破传统垄断、维护社会整体利益和用户权益的重要手段。

第一节　概　　述

一、互联互通的概念

所谓互联互通，根据欧洲议会和欧洲理事会的定义，是指同一或不同电信业务经营者使用的公共电信网络进行物理或逻辑上的联接，使得一家电信业务经营者的用户能够与本电信业务经营者的其他用户或者另一家电信业务经营者的用户进行通信，或者获得另一家电信业务经营者提供的业务，该业务可由已经实现互联互通的各方电信业务经营者提供，也可由已经接入公共电信网络的其他电信业务经营者提供。互联互通是公用电信网络运营商之间采用的特定的接入类型。①

① 参见：欧洲议会和欧洲理事会：《电子通信网络及其附属设施接入与互联互通指令》（Directive 2002/19/EC）第2条；《公用电信网间互联管理规定》（原信息产业部令第9号，2001年5月10日）第5条第（一）项。

可见，互联互通由如下几个法律要件构成：

第一，互联互通是电信业务经营者之间建立起来的不同网络之间的通信联接。电信业务经营者可以是同一个电信业务经营者，也可以是不同的电信业务经营者；网间可以是同一个电信业务经营者的不同网络之间，也可以是不同电信业务经营者的不同网络之间。

第二，互联互通是电信业务经营者之间建立起来的有效的网间通信联接。这种通信联接在技术上必须是有效的，以使用户在任何地理位置的任何一点都能够无缝、透明、非歧视、可持续地将其终端设备联接到其所希望联接的任何电信网络，从而与被联接电信网络内的用户建立通信关系。

第三，互联互通的目的是为了确保用户的通信自由、实现用户的各种通信权利。电信业务经营者由于其拥有某个电信市场的全部或部分网络，导致其在该市场具有独占的排他性垄断地位或者市场支配地位，以致其他电信业务经营者若欲进入该市场与其进行业务竞争，就必须通过已有网络的中继资源接入该网络之中去，从而建立网间的有效通信链接，以使一个电信业务经营者的用户能够与另一个电信业务经营者的用户之间实现相互通信或者能够使用另一个电信业务经营者提供的各种网络业务。

第四，互联互通包括了设备、网络和业务等三个层次上的相互联接和相互通用。互联互通不仅包括网络互联条件下的业务互通问题，而且包括设备互联条件下的业务互通问题，无论采取商业上的租用、借用、买用还是典用，实现网络、设备以及业务三者之间的无缝隙、无消隐互联互通才是内容范围完整的互联互通。

二、互联互通的背景

电信技术的进步和融合为互联互通提供了必不可少的技术条件，从而构成互联互通的前提和基础。人类自从发明纸开始，以有纸化方式从事通信传递活动的历史前后大约经历了 1800 年之久；至 19 世纪前半叶，随着电磁模拟技术的发展，人类进入现代实时通信时代，电信技术在商业领域获得极大推广和应用，从而将电信业塑造为一个巨大的产业，以至于在一国国民经济中占据基础性地位。这时，在产业内部不仅形成了不同的电信网络和电信业务经营者，而且已经产生了能够支撑不同网络之间进行互跨经营的成熟的互联互通技术。

网络技术发展至今，电信、计算机、广播和有线电视传输所采用的网络在构造、技术以及容量方面已完全趋同。进入 20 世纪 90 年代末期，网络技术领域出现业务数字化、技术宽带化、设施光纤化、传输分组化的发展趋势，电路交换及其组网技术逐渐被 IP 交换和数字技术所代替，有线电视、电信网络、互联网络间的互跨经营技术日益成熟，不同权属关系、不同技术特征的不同网络可以传输电信、计算机信息、广播、有线电视信号等相同的业务，电信、计算机信息、电视与广播等业务之间实现互通经营的技术条件更趋完备。

打破垄断、实现开放式自由竞争的市场体制是互联互通的法律基础。电信业从其诞生至今的 100 多年发展历史中，由于其在国民经济中所占的基础性地位，几乎所有国家在大部分时间均实行政府垄断公营，或者仅特许少数几家电信公司专营，以至于形成了电信业垄断经营的传统。自20世纪80年代始，电信技术的进步、电信业务的创新以及电信市场规模的不断扩大，彻底动摇了电信业属于自然垄断行业的传统观念，世界大多国家的电信体制均经历了一场深刻的变革。

在这场变革中，各国电信业陆续从政企合一、邮电合营体制中开始自我分离，引入多元化投资主体，实行不同程度的股份制改造，纷纷成立独立经营的商业实体从事电信业的经营与管理，电信业由自然垄断的公共物品提供部门逐渐转为竞争性民营部门。以美英为代表的西方发达国家率先开放其国内电信市场，英国率先实现国营电信公司的私有化，随后美国电话电报公司（AT&T）宣告解体，由此掀开世界各国电信业政企分开、国有电信运营企业股份化和民营化改制、放松或解除竞争管制、引入新的竞争者等电信业开放局面，电信业开始由垄断迈入新的竞争。直至19世纪中期，随着各国在世界贸易组织（WTO）框架下对于电信等服务贸易领域开放性谈判的进展，电信业开放经营浪潮自国内延伸至国际，至今依然在持续蔓延之中。

三、互联互通的种类

互联互通的种类包括固定电话网间互联互通、固定电话网与移动电话网间互联互通、移动电话网与移动电话网间互联互通、互联网骨干网络间互联互通、互联网服务提供者（ISP）与公用电话网间互联互通、公用电话网与专用通信网间互联互通等类别。

（一）固定电话网间互联互通

所谓固定电话网，是指以电路交换、分组交换、综合业务数字交换等为基础，以电话铜线和双绞线为基础的电话交换网（PSTN）、以光缆为基础的数字数据网（DDN）、以光纤为基础的帧中继网（FR）和异步传输网（ATM）等所组成，主要承载语音业务，后来发展为可承载大规模并发数据包业务的有线传输网络。所谓固定电话网之间的互联互通，是指两个或两个以上固定电话网，在物理上选择某一个位置作为互联点（POI）直接相联，或者选择第三方电信业务经营者的网络设施实现转接互联，以建立网间有效通信链接的互联互通方式。

（二）固定电话网与移动电话网间互联互通

所谓移动电话网，是指工作于一定的无线电频率波段，由移动场地、移动基站、基站控制器、移动交换中心、传输线路等部分组成，以模拟载波移动通信网、集群移动通信网、蜂窝移动通信网等为代表，可使移动用户之间相互实现通信的无线网络。所谓固定电话网与移动电话网间互联互通，是指在固定电话网和移动电话网相邻的两端网络接口上选择某一个位置作为互联点（POI）直接相联，或者选择第三方电信业务经营者的网络设施实现转接互联，以建立网间有效通信链接的互联互通方式。

（三）移动电话网与移动电话网间互联互通

所谓移动电话网与移动电话网间互联互通，是指在两个或两个以上移动电话网相邻的两端网络接口上选择某一个位置作为互联点（POI）直接相联，或者选择第三方电信业务经营者的网络设施实现转接互联，以建立网间有效通信链接的互联互通方式。

（四）互联网骨干网络间互联互通

所谓互联网骨干网络，是指以分组交换技术为基础、以 TCP/IP 协议为主要通信协议，基于远程终端计算器系统、计算器分层通信网络（ARPR）发展而来，主要由电话交换网（PSTN）、数字数据网（DDN）、帧中继网（FR）、异步传输网（ATM）等分组交换数据网（X. 25 网络）所组成，后来发展为包括广播电视同步数字网（SDH）、第三代蜂窝移动通信网等在内，经国家有关主管部门批准与国际公共通信网络实现互联互通，可承载大规模并发数据包业务的有线、无线传输网络。所谓互联网骨干网络间互联互通，是指采取对等双边、等级双边、第三方交换中心或者合作协议的方式，在两个或两个以上互联网骨干网络相邻的两端网络接口上选择某一个位置作为互联点（POI）实现网络互联，以建立网间有效通信链接的互联互通方式。

（五）互联网服务提供者（ISP）与公用电话网间互联互通

所谓互联网服务提供者（ISP），是指在某一地区或者某一地理位置拥有一种网络（通常指局域网、驻地网、城域网、校园网、企业计算机网、专业计算机网等互联网络接入网），利用该网络可以向本地区、本地理位置范围内的最终用户提供联接其终端计算机设备至公共互联网（或互联网骨干网络）的接续服务，以使最终用户能够获取公共互联网上各项服务或者面向公共互联网提供各项服务的互联网服务提供者（ISP）。所谓互联网服务提供者（ISP）与公用电话网间互联互通，是指在互联网服务提供者（ISP）拥有的网络和公用电话网相邻的两端网络接口上选择某一个位置作为互联点（POI），由互联网服务提供者（ISP）租用电信业务经营者公用电话网中的通信线路作为接入专线，实现互联网服务提供者（ISP）网络与公用电话网之间的联接，以建立网间有效通信链接的互联互通方式。

（六）公用电话网与专用通信网间互联互通

所谓专用通信网，是指在某一地区或某一地理位置范围内，由电信业务经营者之外的其他企事业单位或行业主管部门建设、运行、维护并管理，为其内部组织管理、安全生产、调度指挥等提供专门通信服务的非经营性通信网络。所谓公用电话网与专用通信网间互联互通，是指在公用电话网和专用通信网相邻的两端网络接口上选择某一个位置作为互联点（POI），由专用通信网的运行管理单位租用电信业务经营者公用电话网中的通信线路作为接入专线，实现专用通信网与公用电话网之间的联接，以建立网间有效通信链接的互联互通方式。①

互联互通通常是电信业务经营者相互之间实施的一种特定类型的接入，在绝大多数国家不包括公用电话网和专用电话网之间的互联互通。但是在我国，自 1989 年原邮电部成立通信司行使行业管理职能以来，公用电话网和专用电话网之间的互联互通一直是电信监管机构重点监管的领域，并制定了调整公用电话网和专用电话网之间互联互通关系的一系列互联规程文件，例如《关于大型工矿企业通信网与公用网联网资费标准等问题的通知》、《关于调整公网与专网关系充分发挥专用通信网作用的通知》等互联规则，以及《专用网与公用网联网的暂行规定》（1996 年 7 月 24 日原邮电部发布）、《关于调整大型工矿企业专用电信网与中国电信通信网关系及有关费用的通知》（信部电

① 白永忠. 电信业热点法律问题透析. 北京：法律出版社，2003：374.

[1999] 733号）等规范性文件。

第二节　互联规程

所谓互联规程，是指主导电信业务经营者依据法律的要求按照非歧视和透明化的原则制定、经电信监管机构审核批准后实施，或者由电信监管机构直接制定、发布并实施的，用以规范或约束主导电信业务经营者提供的互联互通服务，由技术性规范和准行政立法规范构成的混合型规范文件。

一、互联规程的法律特征

互联规程具有如下法律特征：

第一，互联规程是一种技术性规范，一般包括非捆绑网络元素、本地环路非捆绑接入、互联点（POI）、互联互通方式、设备设施的并置和共址、网络接口与标准等技术性内容。

第二，互联规程是一种法律规范，一般包括互联互通程序、互联互通时限、互联互通双方的权利和义务等法律内容。

第三，互联规程是一种基于“非对称管制原则”而确立的义务性规范，即规定了主导电信业务经营者必须或应当向非主导电信业务经营者提供互联规程中指定的互联互通服务的各项义务。

第四，互联规程是一种可由法律关系参加方自己制定的任意性规范，即这种法律规范既可由立法机关或者电信监管机构（行政机关）制定，也可由作为互联互通法律关系参加者一方的主导电信业务经营者制定，在后一种情况下，它属于当事人自己确定自己权利义务内容、“自己为自己立法”[①] 的任意性法律规范。

第五，主导电信业务经营者自己制定的互联规程是一种须经行政审批后才能生效的确定性规范，即其内容不仅包括了明确的行为规则内容，而且一经电信监管机构审查批准，便具有确定的法律约束力和法律执行力，非经电信监管机构同意或批准，该规则内容不得轻易变更或不予执行。[②]

第六，互联规程是一种具有多重属性的准行政立法规范，即指这种法律规范具有义务性规范、任意性规范和确定性规范的三重属性，作为义务性规范和确定性规范，它具有行政立法规范的特征；作为任意性规范，它又有别于行政立法规范，行政立法规范的制定主体一般为行政机关，而互联规程的制定主体在有些情况下是主导电信业务经营者，因此，它应当属于一种“准行政立法规范”。

第七，违反互联规程将直接导致电信监管机构依法启动互联互通强制性行政仲裁程序并依法作出互联互通强制性行政决定。

---

① 这一概念出自康德的道德金律，即“必须认定，他们据以使自己适应普遍立法的那个单纯形式，就可以使他们自为地成为实践法则”，意即你必须这样去做，以便使你的行为成为人们普遍的立法准则。参见：康德．实践理性批判．韩水法，译．北京：北京商务印书馆，2005.

② 参见1934年美国《电信法》第252条“互联互通协议的谈判、仲裁和批准程序”。

二、互联规程的订立原则

（一）"非对称管制原则"

所谓"非对称管制原则"，就是指电信监管机构对于处于不同市场条件、拥有不同市场地位的电信业务经营者制定并适用不同的政府监管措施，其中对于占据市场支配地位（SMP，Significant Market Power）或者具有一定市场影响力（MI，Market Influence）或"市场支配地位"（MP，Market Power）的电信业务经营者[①]适用较为严厉的政府监管措施，而对处于市场竞争劣势、不占据市场支配地位或者不具有市场影响力或"市场支配地位"的电信业务经营者则制定并适用较为宽松的政府监管措施。

非对称管制原则与对称管制原则相对而言，源于西方经济学中的自然垄断理论，旨在扶持新兴电信运营企业，适当限制传统垄断电信业务经营者不合理使用其已经形成的网络优势，特别是由于长期的电信垄断经营而形成的主导电信业务经营者在本地固定电信业务市场中拥有的竞争优势，以防止主导电信业务经营者滥用其网络优势或者竞争优势。电信监管领域的非对称管制措施常常涉及市场份额限制、以成本为基础的电信资费标准、强制性互联互通义务、延迟授予全业务经营许可证等方面，其中责令主导电信业务经营者编制适用于本网互联互通服务的互联规程，属于其强制性互联互通义务的延伸。

（二）开放透明性原则

所谓"开放透明性原则"，是指主导电信业务经营者应当将其制定的互联规程向电信监管机构予以备案或取得电信监管机构的批准，并且对外公布其所制定的互联规程，以便电信监管机构、非主导电信业务经营者、其他同业经营者以及电信用户能够了解主导电信业务经营者的互联互通费用及条件，抑制电信市场中可能出现的不公平竞争行为，促进电信市场形成良好的电信互联互通标准和惯例。[②]

互联规程的保密可能导致主导电信业务经营者采取歧视性措施，对不同的互联互通申请方提供不同时限、不同资费、不同条件、不同方式和不同质量的互联互通服务，例如，向其关联公司提供条件更为优惠的互联互通服务。因此，出于非对称管制的需要，各国电信法律均规定，主导电信业务经营者有义务向电信监管机构、非主导电信业务经营者、其他同业经营者以及电信用户公开其编制的互联规程。[③]

---

① 电信业务经营者单独或与其他电信业务经营者联合占据某一市场的主导地位，其经济实力和市场地位使其可以在该市场任意作为而不受其他竞争对手、同业经营者和终端用户约束，则其应被视为"占据市场支配地位"的电信业务经营者；电信业务经营者在某一"特定市场"（主导市场）占据市场支配地位，且其经济实力和市场地位使其可以将其市场支配地位延伸至与该"主导市场"具有紧密联系的某一"相邻市场"（Closely Related Market），从而加强了其市场支配地位，则其在"相邻市场"亦应被视为"占据市场支配地位"的电信业务经营者。参见：欧洲议会和欧洲理事会：《关于电子通信网及业务的共同管制框架》（COMMISSION DIRECTIVE 2002/77/EC）第14条。

② 参见1934年美国《电信法》第252条"互联互通协议的谈判、仲裁和批准程序"。

③ 实践中，各国电信监管机构要求主导电信业务经营者予以公开的互联互通文件具有多种称谓，并非统称之为"互联规程"，例如，有的称之为"互联互通参考要约文件"（Reference Interconnection Offers），有的称之为"互联互通条件公告"（Interconnection Conditions Report）；有的电信监管机构要求主导电信业务经营者径直向社会予以公开其编制的互联规程，有的电信监管机构则要求主导电信业务经营者将其互联规程先予以备案，然后由电信监管机构面向社会予以公开。通常情况下，各国电信监管机构、主导电信业务经营者采用互联网的形式将互联规程面向社会予以公开。参见：白永忠．电信业热点法律问题透析．北京：法律出版社，2003：383.

（三）非歧视性原则

所谓“非歧视性原则”，是指主导电信业务经营者应当基于平等待遇原则，向提出互联互通请求的所有电信业务经营者提供相同时限、相同资费、相同条件、相同方式和相同质量的互联互通服务，以防止主导电信业务经营者采取扭曲市场竞争的措施实施不公平的互联互通行为，妨害电信竞争市场的公开性、公平性和公正性。

非歧视原则在电信法中具有两个具体的表现形式，一是“主导电信业务经营者为其他电信业务经营者提供的互联互通，在质量上不得低于其为自己或为任何附属公司、关联公司或其他任何第三方电信业务经营者所提供的同类网间互联互通业务，在价格和条件上应当是公正、合理和非歧视性的，且符合双方所签协议的内容以及法律所规定的有关要求”；[①] 一是主导电信业务经营者在某一互联点（POI）提供的互联互通，其质量水平应当不低于其在该互联点（POI）或者与该互联点（POI）相同或实质类似的其他互联点（POI）已经提供的同类网间互联互通服务，在价格和条件上应当是公正、合理和非歧视性的，且符合双方所签协议的内容以及法律所规定的有关要求。

三、互联规程的主要内容

依据各国互联互通的实践情况，互联协议和互联规程通常包括互联互通程序、互联互通时限、互联点（POI）、互联互通方式、本地环路非捆绑接入、非捆绑网络元素接入、设备设施的并置和共址、互联互通双方的权利和义务等方面的内容。

（一）互联互通程序

所谓“互联互通程序”，是指有关互联互通申请、互联点（POI）的选择、互联互通技术方案、互联互通协商与谈判、互联互通工程进度安排、互联互通时限、互联互通争议的处理、互联互通报告制度等方面的规程或者约定。我国有关规章已经对互联互通程序进行了明文规定，互联规程和互联协议应当依据该规定进行细化处理。

（二）互联互通时限

所谓“互联互通时限”，是指有关互联互通协商与谈判、互联互通协议缔结、互联互通工程进度等方面的最后期限要求。我国有关规章已经对互联互通时限进行了明文规定，互联规程和互联协议应当依据该规定进行细化处理。

（三）互联点（POI）

所谓互联点（POI），是指网络实现互联互通时所选择的物理接口点或者逻辑接口点；电信业务经营者为完成网间互联互通而设置的交换机、网间接口局（GW，Gateway）等专用设施设备，通常被看作特殊类型的互联点（POI）。各国电信法通常只规定互联规程在界定互联点（POI）时应予遵循的技术可行性原则，而对于互联点（POI）的地理位置、种类、数量等事项不作详细规定，由互联规程和互联协议进行细化规定。

（四）互联互通方式

各国电信法通常只对互联互通的方式进行原则性规定，而对于互联互通所采取的具

---

① 转引自 1934 年美国《电信法》第 251 条“网间互联互通（Interconnection）”。

体方式及其技术实现方案不作详细规定，由互联规程和互联协议进行细化规定。

1. 公用电信网络互联互通方式

在我国，公用电信网络应当按照营业范围组建本地网，并实行统一编号。公用电信网络互联实行对等开放、平等接入的原则。公用电信网络互联应当保证全程全网的传输质量、接续质量和网络的安全与可靠。

（1）直接相联。所谓直接相联（又称“直联”），是指通过建立直通路由的方式，将接受互联互通服务的公用电信网络直接联接至提供互联互通服务公用电信网络内的某一互联点（POI）。

（2）转接互联。所谓转接互联，是指经由第三方网络运营单位的网络设施，将接受互联互通服务的公用电信网络间接联接至提供互联互通服务公用电信网络内的某一互联点（POI）。

2. 公用电信网络与专用电信网络之间的互联互通方式

在我国，所谓“专用电信网”，是指网络运营单位建于一个或一个以上相邻地市行政区域、内部具有两个或两个以上相联的交换节点、为其内部提供调度业务的区域性专用电话网络。

按照互联点（POI）的数量，公用电信网络与专用电信网络之间的互联互通方式可以分为单点汇接和多点汇接两种方式。按照网间接续的自动化程度，公用电信网络与专用电信网络之间的互联互通方式可以分为人工接续、半自动接续、全自动接续、混合接续等四种方式。

3. 互联网骨干网络互联互通方式

自从1994年互联网商用化及个人化浪潮以来，我国互联网络基础设施建设以及国际国内互联网业务均呈现突飞猛进的发展势头。截至目前，我国已有原中国公用计算机互联网（CHINANET）等10条互联网骨干网络获准建立并与互联网国际出入口相联。互联网骨干网络之间的互联互通通常采取对等双边、等级双边、第三方交换中心或者合作协议等四种方式。

（1）对等双边。所谓“对等双边”，是指通过直接电路互联方式或者在互联网交换中心通过后背联接互联方式，在两个互联网骨干网络之间平等地交换路由信息并据此实现业务流量互通，双方之间实行不结算或对等结算的特定互联网互通方式。“后背联接”是指互联网交换中心两个成员间为实现双边互联在交换中心所建立的联接。

（2）等级双边。“等级双边”又称“穿透互通”，是指两个不同级别的互联网服务提供者（ISP）之间相互签订等级制双边互联协议，高级别互联网向低级别互联网提供自己所知的互联网路由可达信息，低级别互联网通过高级别互联网获得互联网通达信息，不但可以访问高级别互联网、而且可以透过高级别互联网访问其他互联网络的特定互联网互通方式。互联网自产生并发展以来，自然形成了分级互联结构，顶层是全球互联网骨干网（如AT&T、Sprint、MCI-Uunet、Cable&wireless、GTE等），第二层是全国性的互联网骨干网络，第三层是地区性的互联网络服务提供者（ISP），第四层是为个人或中小企业提供服务的互联网服务提供者（ISP），第五层是互联网终端用户。[①]

（3）第三方交换中心。互联网交换中心（IX（Internet Exchange）或 NAP（Network Access Point））是指利用自设的 ATM、以太网等第二层交换网络以及机架、空调、电源等相关物理设施，为不同互联网骨干网络提供交换网络、路由仲裁等公共双边或多边对等互联的组织实体。

在互联网交换中心出现之前，网络互联必须建立直联电路；当多个网络需要建立多边对等互联时，必须建立多个双边直联电路，形成网状互联结构，这样做缺乏灵活性和可扩展性。互联网交换中心采用星状互联结构，一个网络只需建立一条与交换中心相联的电路，就可以和其他多个网络实现多边对等互联。

（4）合作协议。所谓合作协议，是指除按有关法律法规规定采取对等双边、等级双边、第三方交换中心等三种方式之外，互联网骨干网络之间通过平等协商确立的其他互联网互通方式。

4. 互联网络国际联网方式

（1）国际出入口信道。所谓“互联网国际出入口信道”，就是指联接我国境内互联网骨干网络通达至国际互联网的国际通信信道出入口、国际通信业务出入口和边境地区国际通信出入口。在我国，互联网络或其他计算机信息网络必须经由依法设立并运行的互联网国际出入口信道实现国际联网。

（2）互联网骨干网络。在我国，互联网接入网络应当通过互联网骨干网络实现国际联网，不得以其他方式实现国际联网。所谓“互联网接入网络”，是指在某一地区拥有由计算机主机和在线信息终端组成的驻地网络、局域网络或者城域网络以及相应的联网装备，并向本地区用户提供网络接入端口和各种网络资源服务的计算机信息网络。

（3）互联网接入网络。在我国，各种专用计算机信息网络、企业计算机信息网络、通过专线实现国际联网的其他计算机信息网络、互联网公共服务场所或用户终端需要进行国际联网的，应当通过接入网络实现国际联网，不得以其他方式进行国际联网。

用户终端可以通过专线或公用电信网络进入接入网络。专线接入是指通过公用数字数据网（DDN）、公用分组交换网（PAC）、公用帧中继宽带业务网（FRN）等基础电信网络提供的专线方式或直接采用局域网通信线路接入互联网；“公用电信网络接入”又称“拨号接入”，是指通过普通电话交换网（PSTN）、窄带综合业务数字网（N-ISDN）和分组交换数据网络（X. 25 网络）提供的拨号方式访问互联网的接入方式。

（五）互联互通的质量

电信网间虽已实现互联互通，但这并不意味着网间通信业务质量就有了保障。如果没有互联互通质量监管，主导电信业务经营者就有可能以交叉的互联互通质量，影响甚至左右非主导电信业务经营者的网间通信质量，直接或间接降低非主导电信业务经营者的市场竞争力。各国电信法仅规定了互联互通质量的非歧视性原则、透明性原则等保障原则；至于互联互通质量的指标体系和保障措施，则由主导电信业务经营者或者电信监

---

① 参见：中国互联网协会，中国互联网络信息中心．中国互联网发展报告．北京：人民邮电出版社，2003：134.

管机构制定的互联规程予以详细规定。

1. 影响互联互通质量的行为

我国自从1998年实行电信改革以来，随着电信竞争的不断加剧，各电信运营公司为了竞争用户总量和业务总量，增加市场占有份额，采取各种各样的物理行为或技术手段，以拒绝或妨碍向其他电信运营公司提供互联互通服务，影响网间通信质量，导致网间通信中断，直接或间接降低非主导电信业务经营者的市场竞争力。

根据《最高人民法院关于审理破坏公用电信设施刑事案件具体应用法律若干问题的解释》（法释［2004］21号），破坏互联互通的物理行为主要包括截断通信线路、损毁通信设备等形式，技术手段主要包括删除、修改、增加电信网计算机信息系统中存储、处理或者传输的数据和应用程序等形式，二者均可归类为系统破坏行为。

2. 互联互通质量的评价指标

（1）传统语音业务互联互通质量的评价指标。各国电信监管实践一般将传输损失、量化噪音、接续时延、忙时呼损、忙时接通率、串话干扰、话音颤动等作为语音市场互联互通的质量评价指标。根据我国有关法律法规的规定，我国传统语音业务互联互通质量的评价指标体系主要包括发端网络的呼损、受端网络的来话接通率、发（受）端网络的呼叫建立时延、发（受）端网络的断话等异常现象、网间互联中继电路的负荷、通信中断、紧急特种通信的受影响程度等7个评价指标。

（2）互联网骨干网络互联互通质量的评价指标。传输损失是互联网骨干网络互联互通质量的重要评价指标。根据我国有关法律法规的规定，我国互联网骨干网络互联互通质量的评价指标体系主要包括转发时延、转发丢失率、网络或业务中断等三个评价指标。

四、互联规程的监管

互联规程监管是各国电信监管机构实施电信监管措施的重要内容之一。[①] 根据我国电信监管机构发布实施的有关互联规则、互联规程以及这些年以来我国的电信监管实践，我国电信监管机构对于互联互通主要实施如下政府监管措施：

（一）定期公开发布互联互通质量情况通报

电信监管机构定期发布网间通信质量的情况通报，对全国范围内网间通信质量予以监督。通报内容包括由于网间通信质量问题对互联单位的处罚情况、网间通信障碍用户申诉情况、网间通信障碍互联单位申告情况等。

（二）制定并发布适用于互联互通质量监管的专门互联规则

例如，2005年8月1日原信息产业部发布实施了专门适用于公用电信网间互联互通质量监管的《公用电信网间通信质量监督管理办法》（信部电［2005］329号），

① 例如，加拿大无线电广播电视电信委员会（CRTC）有权制定并实施互联互通规则，保证通信市场的公平竞争；法国电信监管局（ART）主要负责促进技术创新和竞争能力，维护公平有效的电信市场竞争秩序，制定公共电信网络的接入条件和互联条件，受理、协调、处理电信网络互联互通等电信纠纷，依法作出仲裁决定，处罚电信网络互联互通等方面发生的违法案件。

2008年4月11日工业与信息化部发布实施了专门适用于互联网骨干网间互联互通质量监管的《互联网骨干网网间通信质量监督管理暂行办法》。此外，2004年12月30日《最高人民法院关于审理破坏公用电信设施刑事案件具体应用法律若干问题的解释》将妨害网间互联互通的违法行为指向《刑法》第124条“破坏公用电信设施罪”，从而建立起互联互通政府监管制度中的刑事责任制度。

（三）依法作出《网间通信障碍责任判定书》

电信监管机构可以定期分析省内用户申诉受理电话及其他用户申诉渠道涉及网间通信质量问题的数据信息，组织互联单位排查网间通信障碍；要求互联单位对网间通信质量定期测试，并提交能科学判别网间通信障碍的障碍路段是在本网还是在他网的测试记录。在此基础之上，电信监管机构应当在法定时限以内作出《网间通信障碍责任判定书》。

（四）监督互联单位制定并实施网间通信保障应急预案

互联单位应当制定网间通信保障应急预案，并定期组织应急处理演练。网间通信故障的影响范围未超出互联互通的两网，可能或已经造成两网单点或局部事故灾难的，互联单位应当立即启动网间通信保障应急预案，采取妥善措施进行应急响应和处置。

（五）非现场检查：要求报送网间通信质量相关数据

电信监管机构可要求各互联单位定期报送网间通信质量相关数据；如互联双方报送数据不一致，电信监管机构可采用必要的技术手段或指定第三方机构进行测试、判定，要求相关互联单位限期改正。

（六）现场检查：实施网间通信质量检查与处罚

对于违反有关互联规则、从事妨害网间互联互通质量的行为，或者对于网间通信质量达不到法定最低标准的互联互通活动，电信监管机构依据有关法律法规予以行政处理①，直至提请司法机关追究刑事责任。②

第三节 互联资费

互联资费，是指接受网络互联一方因为接受或享用了提供网络互联一方所提供的互联互通服务或其各种衍生服务，而向提供网络互联一方给付的服务费用。

在电信网间互联互通服务中，由于电信网间互联的高度复杂性、网络元素的高度相关性，为了保证有效地提供电信服务，需要互联的双方对于互联服务的构成和种类、互联互通的方式、互联互通的技术方案和技术标准以及互联互通的资费和条件进行合理地设计并作出妥善的安排，以便各方在享受网络互联所带来的巨大业务收益的同时，能够

① 例如，依据英国2003年《通信法》，在电信业务市场中占有40%以上用户市场份额的电信业务经营者，为具有电信市场垄断地位的电信业务经营者；具有市场垄断地位的电信业务经营者不得滥用其市场垄断地位，制定不合理、不公正的电信资费，拒绝为其他电信业务经营者提供电信网间互联互通服务，否则，英国通信监管局（OFCOM）或者英国贸易工业部公平贸易局有权对其予以相应的行政处罚。

② 参见《最高人民法院关于审理破坏公用电信设施刑事案件具体应用法律若干问题的解释》。

合理、公平、有序地分摊网络互联所带来的巨大联合成本。因此，互联资费政策在整个互联互通法律制度中具有非常重要的地位和意义。但是，设计一个合理、有效的互联资费定价体系是一项非常具有挑战性的任务，迄今为止，各国电信监管机构依然在积极探索相对合理的互联资费定价体系。

一、互联资费的分类和构成

（一）互联资费的分类

按照互联资费的支付方式不同，互联资费可以分为按次付互联资费、按月付互联资费、按量付互联资费三种。

1. 按次付互联资费

所谓“按次付互联资费”（One-off Interconnection Charges），即指按照接受互联一方电信业务经营者互联次数、每次按照互联时长复式计取互联资费，并由接受互联一方电信业务经营者在约定的时间将其交纳于提供互联一方电信业务经营者的互联资费形式。按次付互联资费是因建立某项具体的互联互通关系而由接受互联一方向提供互联一方电信业务经营者所支付的互联资费，例如，在平等拨接业务中，因实施“预置选择”（Carriers Pre-Selection）而发生的网络寻址信息的修改费用等。

2. 按月付互联资费

所谓“按月付互联资费”又称“互联月租费”（Monthly Rental Interconnection Charges），即指以月度为界约定互联资费的数额，并由接受互联一方电信业务经营者在约定的时间将其交纳于提供互联一方电信业务经营者的互联资费形式。按月付互联资费具有合同法上租金或租赁费的特征，例如，互联端口费（Interconnection Port Charges）、链路费（Interconnection Links Charges）等，都可以约定采用按月付费的形式。

3. 按量付互联资费

所谓“按量付互联资费”（Interconnection Charges On Usage Quantity），即指按照接受互联一方电信业务经营者的跨网通信业务量或者按照其使用提供互联一方电信业务经营者的网络元素数量或容量计取网间互联资费，并由接受互联一方电信业务经营者在约定的时间将其交纳于提供互联一方电信业务经营者的互联资费形式。从量计取的计算单位，可以是通话次数、通话时长，也可以是带宽占用量、数据流量等。

按次付互联资费、按月付互联资费、按量付互联资费是互联资费的不同表现形式，电信业务经营者可以选择适用其中的一种，也可以选择三种都适用，但是，按月付互联资费、按量付互联资费并不能代替按次付互联资费，而是将按次付互联资费按照较长的期限予以分摊，并以约定的月度、量度为计算单位来计取。

（二）互联资费的构成

根据各国实践，互联资费一般由物理联接费、接续服务费、电路租赁费、接入亏损补偿费、辅助服务费等五类所构成。

1. 物理联接费

所谓“物理联接费”（Physical Connection Charges），是指为建立网间互联并提供互联互通服务，电信业务经营者因增添电信设备、传输线路及其附属设施而发生的各项直接费用，包括设计费、购置费、安装费、施工费及其他建设费用，以及为保证上述电信设备、传输线路及其附属设施的正常运行而发生的维护费、运营费、扩容费等后续费用。

物理联接费由互联建设费用和互联运维费用两个部分所组成。在有些国家，互联建设费用中的互联设计费、网络变更费又被合称为“互联起始费”（Interconnection Start-up Costs）[①]，而互联建设费中的购置费、安装费、施工费及其他建设费用以及互联运维费又被合称为“互联链路费”（Interconnection Links Costs）。无论按照那种分类，物理联接费通常情况下是一次性费用，无需重复计取。

2. 电路租赁费

所谓“电路租赁费”（Circuit Rents），是指接受互联一方电信业务经营者，因其租用提供互联一方电信业务经营者的电信管道（孔）、杆路、涵洞、线缆引入口及槽道、线缆井、铁塔、天线、传输链路、机房空间等基础电信设施，而向提供互联一方电信业务经营者支付的租金费用。电路租赁费一般由一次性线路初装费、线路迁移费、电路月租费等三部分组成。

3. 接续服务费

所谓“接续服务费”（Interconnection Usage Charges）又称通话结算费（Call Clearance Charges）、“互联结算费”（Interconnection Clearance Charges）或“交互补偿费”（Reciprocal Compensation Charges），是指已经实现网间互联互通的两个电信业务经营者，一方对于自其本网发起的呼叫，因另一方为其提供了通话传输和接续服务，而向另一方所支付的费用。接续服务费通常按照通话时长计取。影响接续服务费的主要因素包括互联点（POI）数量、信息传输量、传输路由以及网间结算方式，例如，接续服务费通常和互联点（POI）数量成正比关系，即互联点（POI）越多，接续服务费越高，相反，互联点（POI）越少，接续服务费越低。

4. 接入亏损补偿费

所谓“接入亏损补偿费”（Access Deficit Compensation Expenses），是指提供互联互通服务的主导电信业务经营者，因向其他电信业务经营者提供互联互通服务及其衍生业务，致使其用户规模、业务量减少并产生收益下降；或者由于同时必须以低于成本价甚或免费的方式承担电信普遍服务、紧急特种服务等法定社会公益电信服务，致使其业务收入发生局部亏损，而将这些收益下降或局部亏损计入互联资费之中，并要求接受互联的电信业务经营者按照一定的比例和方式与其共同分担这些收益下降或者局部亏损。接入亏损补偿费中的“接入亏损”，通常包括因互联互通服务引起电信市场竞争，又因电信市场竞争引起业务收益下降的部分（即因互联互通引起的业务收益下降），以及因以低于成本价或免费的方式承担电信普遍服务、紧急特种服务等法定社会公益电信服务而

① 大多数主导电信业务经营者的电信网络基础设施基本建成于垄断经营时期。在电信业市场开放经营时期，为了能够支持向其他电信业务经营者提供互联互通服务，主导电信业务经营者需要对其电信网络基础设施中的交换机、传输设施及相关软件进行相应的修改，因此而发生的费用，称之为“互联起始费”（Interconnection Start-up Costs）。

引起的局部收益亏损部分（即因社会公益电信服务引起的局部收益亏损）等两个部分。

5. 辅助服务费

所谓“辅助服务费”（Auxiliary Service Expenses），是指提供互联一方因同时提供紧急特种呼叫的接入服务、电话号码跨网查询业务、话务员跨网转接业务、号码和路由寻址信息的翻译服务、主叫号码来电显示服务等辅助性、从属性、派生性互联业务，而向接受互联一方计取的互联费用。

（三）互联资费的结构体系

所谓“互联资费的结构体系”，是指为了实施互联资费监管，电信监管机构根据电信法的规定制定的，适用于本国电信市场互联资费结算和分摊的互联资费基本构成类型。互联资费的五种构成类型并非必须同时存在，接受互联一方电信业务经营者向提供互联一方电信业务经营者并非同时支付这五种互联资费。事实上，大多数国家或地区规定互联资费的结构体系仅由这五种互联资费中的一种或两种组成。

在互联资费的构成类型中，物理联接费、接续服务费二者之间常常构成互为因果、相互关联的整体，如果一项发生了变化，另一项将随之发生变化。例如，对于接受互联的一方电信业务经营者而言，互联点（POI）越少，越节省物理联接费，但是这样会增加互联点（POI）的覆盖范围，相应会导致增加接续服务费；互联点（POI）越多，单点覆盖的业务范围越少，越节省接续服务费，但是这样会增加所使用的互联线路等电信基础设施，因而相应会导致增加物理联接费。除此之外，电路租赁费、接入亏损补偿费和辅助服务费则相对比较独立。接受互联一方电信业务经营者应当根据网络规模、业务发展情况等进行详细的技术分析，在互联资费的五种构成类型中选择一种最优的组合方式，建立一套适合于自己的最佳互联资费结构体系。

二、互联资费的定价方法

（一）物理联接费的定价方法

物理联接费一般均以建设成本和运维成本为基础，由实现互联互通的双方电信业务经营者相互之间按照平等互利、等价有偿的原则协商予以确定。

（二）电路租赁费的定价方法

在互联互通法律关系中，接受互联一方电信业务经营者可以选择自建互联电路或者租赁提供互联一方电信业务经营者的电路作为互联电路，因此，电路租赁费可以发生也可以不发生；如果发生，则应当以互联建设成本为基础，由双方按照等价有偿的原则协商予以解决。①

（三）接续服务费的定价方法

接续服务费的定价方法通常包含“资费折扣方法”、“成本核算方法”、“互不结算方法”、“收入共享方法”和“有效元素定价方法”等5种。不同国家的电信监管机构往往采取不同的接续服务费定价方法或者实行两种以上定价方法的组合适用方法。由于

① 参见原信息产业部《公用电信网间互联管理规定》（2001年）第20条；1934年美国《电信法》第222条“通信记录电信公司之间的竞争”。

不同的接续服务费定价方法所适用的成本核算方法和定价方法不同，因此，适用不同的定价方法制定出来的接续服务费标准相互之间往往存在较大差异。

1. 资费折扣方法

所谓“资费折扣方法”（Interconnection Charges Based on Retail Prices），是指提供互联一方电信业务经营者以一定的折扣率乘以其向最终用户提供相同服务所计取的电信资费，据此得出接续服务费的批发价，并按照批发价与提出互联一方电信业务经营者进行网间接续服务费结算和分摊的定价方法。①

资费折扣方法通常适用于电信业实行开放经营的初期。按照资费折扣原则，提出互联一方电信业务经营者在本质上属于提供互联一方电信业务经营者的“大客户”。资费折扣方法下的定价和计费方法简单易行，但是由于资费标准的制定非以互联互通所消耗的成本为基础，批发价的计算完全依赖于提供互联一方电信业务经营者的市场零售价，因此，据此制定的资费标准往往偏高，不利于新进入的电信业务经营者参与市场竞争。②

2. 成本核算方法

所谓“成本核算方法”（Interconnection Charges Based on Actual Access Costs），是指以互联互通双方互为提供电信接续服务过程中所发生的实际成本为基础，制定接续服务费的具体资费标准的定价方法。③

（1）成本核算方法的类型

成本核算方法又可细分为“历史成本方法”、“平均成本方法”、“预期成本方法”、“边际成本方法”、“代理成本方法”等多种类型。

①“历史成本方法”。所谓“历史成本方法”（Method of Historic Costs），又称“历史会计成本方法”（Method of Historical Accounting Costs），是指以电信业务经营者有关会计记录为基础，计算其接续服务资费标准的定价方法。历史成本方法据以核算和定价的“历史成本”，应当是电信业务经营者业已发生并记载在其会计账簿之中的真实成本，通常由真实发生的直接成本和业务间交叉分摊的间接成本两个部分所组成。历史成本应当能够真实反映电信业务经营者的历史购买价格（Historical Purchase Price）、合法的折旧率（Regulatory Depreciation Rates）以及因网络系统配置和运行支撑程序而发生

---

① 在我国，在本地网范围内，固定用户呼叫其他电信业务经营者网内的固定用户，按当地本地网营业区内和营业区间的计费时间单位和通话费标准进行结算；若双方的通话费标准不同，则以当地较高的通话费标准进行结算。同一接入码在两个不同业务间混合使用时，应当按照成本较高的业务计算二者的结算价格。参见：原信息产业部《公用电信网间互联管理规定》（2001 年）第 22 条第 2 款。

② 资费折扣方法最具争议的问题莫过于如何确定折扣率。折扣率过高，提供互联一方电信业务经营者就会丧失开发、建造电信网络基础设施的主动性和积极性；折扣率过低，就会抑制接受互联一方电信业务经营者参与市场竞争的积极主动性。参见：白永忠．电信业热点法律问题透析．北京：法律出版社，2003：435.

③ 例如，依据 1996 年美国《电信法》，州委员会在就设施或设备互联互通或者网络元素接入费用的公正性、合理性进行裁决时，应当以提供网间互联互通或网络元素的成本为基础，而不应当考虑双方的市盈率（Rate-of-Return）或者其他收益增减因素（Rate-Based Proceeding）；应当以非歧视性原则为基础，使双方在实现互联互通后的营利趋于合理化。仲裁裁决中确定的网间互联费用及网络接入费用应当考虑到非歧视性原则，使双方互联互通后的利润盈余合理化，并且以提供网间互联和网络接入的成本为基础（不应参照回报率或其他费率基础）。参见：1934 年美国《电信法》第 252 条“互联互通协议的谈判、仲裁和批准程序”。

的全部成本费用。

②“平均成本方法”。所谓“平均成本方法”（Method of Average Costs），是指以一定时期内某个电信业务经营者或者整个电信行业同一电信业务的总成本除以总收入，计算出平均每单位电信业务所分摊的成本数额，经加权以后便可得出接续服务费的具体资费标准的定价方法。

按照选定的时间周期不同，平均成本方法据以计算和定价的“平均成本”又可以区分为“长期平均成本”、“短期平均成本”和“中期平均成本”；按照选定的主体范围不同，“平均成本”又可区分为“企业平均成本”、“行业平均成本”和“社会平均成本”。当选择采用“长期平均成本方法”和“行业平均成本方法”相结合的定价方法时，“平均成本方法”又被称之为“完全分配成本方法”（Method of Fully Distributive Costs），是“平均成本方法”在实践中的一种具体应用，在国际上曾经得到了广泛的应用，美国在1996年以前的10多年中曾经使用平均成本方法中的“完全分配成本方法”。完全分配成本方法的核心思想是将电信业务经营者的全部成本合理地分配给不同的电信业务，构成每种电信业务的完全平均分摊成本，据此计算出每一种电信业务的单位成本，作为接续服务费的定价依据，再加上一定比例的利润后，形成接续服务费的最终市场价。平均成本法的适用通常意味着实现互联互通前所建电信网络基础设施的全部成本被分摊到接续服务费当中，由实现互联互通的电信业务经营者相互全面分摊电信网络基础设施的建设成本。

③“预期成本方法”。所谓“预期成本方法”（Method of Advance Costs），又称“预期经济成本方法”（Method of Forward-Looking Economic Costs）或“预期递增成本方法”（Method of Forward-Looking Incremental Costs），是指以提供互联一方电信业务经营者选用最佳技术（Best-in-Use Technology）提供电信服务时所发生的实际成本为基础，经加权以后计算出其将来实施技术升级改造以后可能发生的未来预期成本，并以此为据制定接续服务资费标准的定价方法。

预期成本方法的核心思想在于以当前最适用、技术最先进、价格最合理的电信网络基础设施为基础，采用面向未来的方法衡量出一个增量，这个增量应该能够满足较长时间内市场需求增长对网络容量增长的要求，借此估算提供互联一方电信业务经营者未来扩大一个增量所需的投资成本（前瞻性成本）。预期成本方法通常还使用一定的加成方式来补偿提供互联一方电信业务经营者的机会成本，目前各国主要采用拉姆士定价方法[①]回收提供互联一方电信业务经营者的共同成本和联合成本。预期成本方法又可分为“长期平均递增成本法”（Method of Long Run Average Incremental Costs）、“全业务长期递增成本法”（Method of Total Service Long Run Incremental Costs）和“全要素长期递增成本法”（Method of Total Elements Long Run Incremental Cost）等三种具体类型，其中“长期平均递增成本法”核算出来的接续服务费标准，不仅在预期成本方法中，而且在接续服务费所有定价方法中核算出来的接续服务费标准最低。目前，各发达国家主要采用后两种方法，二者的区别在于一个按照电信业务来定价，另一个按照网络元素来定价。

① 陶小马，黄治国．公用事业定价理论模式比较研究．价格理论与实践．2002（217）．

预期成本方法是一种较为公允合理的定价方法，采用这种方法既能够推进主导电信业务经营者进行电信技术的改造和升级，又能够确保非主导电信业务经营者以合理的接续服务费获得主导电信业务经营者提供的互联互通服务。预期成本方法主要基于现有技术而非现有账面资产价值来定价，因此能够发出积极的价格信号，使得接续服务费更趋于反映完全市场竞争条件下的预期经济成本，并且赋予提供互联一方电信业务经营者投资改建扩建电信网络基础设施的经济动力，从而降低了接续服务费的远期资费标准并且进而降低了整个电信市场的资费标准，能够优化电信市场结构、增加电信市场效率、提高电信市场的整体福利水平。

目前，预期成本法是所有定价方法中最受电信监管机构推崇、使用最为广泛的一种定价方法，美国、印度等国家甚至以电信立法的形式确立了这种定价方法的主导地位。美国在1996年以后开始启用“全元素长期增量成本方法”作为其指定接续服务费的主要定价方法，由于1996年美国《电信法》要求解除网络元素的绑定、单独计算网络元素的单位成本，所以美国主要采取“全元素长期递增成本法”来计算单个网络元素的价格①；此后，欧盟各国也开始相继启用“全元素长期增量成本方法”，日本在美英专家的帮助下也建立了长期增量成本模型。但是在个别情况下，例如，在零售价格远低于成本价格或者互联互通费用的情况下，按照预期成本方法核算出来的接续服务费可能会高于电信业务的市场零售价格，此时不会有任何电信业务经营者愿意按照预期成本方法定价并支付接续服务费，因此，导致预期成本方法不再适用。

④“边际成本方法”。所谓“边际成本方法”（Method of Marginal Costs），是指以一定时期内某个电信业务经营者或整个电信行业内同一电信业务的业务收入总额为基准，计算出每增加一个单位的业务收入数额所引起的单位业务成本数额，经加权以后进而计算出接续服务费的具体资费标准的定价方法。

1996年美国《电信法》保留了电信业务经营者对于边际成本方法的协议选择权，规定：“网间互联双方有权协议确定传输和完成呼叫的边际成本，并保留与该边际成本有关的记录作为确定网间互联费用的依据”；“FCC或各州委员会无权确定传输或完成呼叫的特定边际成本，不得进行网间结算价格的管理，也不得要求电信业务经营者保存与呼叫边际成本有关的任何记录。”

从规范的角度来看，边际成本方法是最优的定价方式。一般来说，边际成本是递增的，即成本随着产出的增加而增加；而边际效益却是递减的，即收益会随着产出的增加而减少。但是，对于电信行业这样的边际成本递减型产业情况却恰好相反，电信成本会随着产出量的增大而递减，电信收益会随着产出量的增大而递增。但是，仅采用边际成本方法，接受互联一方电信业务经营者将获得全部边际剩余，提供互联一方电信业务经

① 依据1996年美国《电信法》，为使负有义务本地交换电信业务经营者能够履行其法定义务，以成本为基础的计价原则应当考虑电信业务经营者以其自己设备完成对呼自其他电信业务经营者设备的呼叫的传输（自主叫上线到被叫落地）所耗用的成本，且应当以完成转接来访呼叫的边际成本（Additional Costs）的合理估价为基础来确定该项成本。州委员会仲裁裁决或附加条件应当能够为每一电信业务经营者通过其自营网络设备传输或结束呼自其他电信业务经营者网络设备的呼叫所耗用的成本作出相互补偿的安排，并且应当以该呼叫结束所发生边际成本的合理概算为基础来确定这项成本，除此之外，其仲裁裁决或附加条件对双方相互成本补偿的公正性和合理性将不予考虑。

营者将面临亏损，因此将不再继续提供互联互通服务。因此，边际成本方法通常需要和其他定价方法相互组合起来予以适用。实践中按边际成本定价时，根据固定成本和边际成本将接续服务费分为两部分，一部分反映电信网络基础设施的固定投资成本，另一部分反映单位业务量的实际可变成本（即每提供一个产品或服务的边际成本）。

⑤“代理成本方法”。所谓“代理成本方法”（Method of Deputy Costs），是指当缺乏成本数据信息时，参照适用其他电信业务经营者相同或相近电信业务接续服务费的定价方法。

（2）成本核算原则的利弊

成本核算原则是目前各国电信业务经营者相互采取的主流定价方法，实行电信业开放经营的大多数市场经济国家都实行成本核算原则，《WTO 电信基本服务协议》和《APEC 互联原则》也推荐各国主导电信业务经营者应当选择基于成本的接续服务费定价模型和结算体系。在完全竞争的市场，价格趋向于反映成本，因此，采用成本核算原则更为公平合理，也更能推动市场的竞争性。但是，与电信业务经营者相比，电信监管机构面临着不对称的成本信息，准确测量电信业务经营者的真实成本且一定周期内还需重复更新是一件非常困难的任务，在某些不成熟的市场经济国家，甚至连电信业务经营者自己对于其每项业务的真实成本也不甚清楚；电信接续成本的测算涉及广泛的人力物力，随着技术发展需要对成本信息进行不断更新，消费需求的变化同样会影响到单位成本，使得电信业务经营者需要经常进行周期性、重复性的成本测算工作；测算出来的成本数据也需要电信业务经营者相互进行大量的谈判工作才能相互予以认可，因此也造成了巨大的交易成本。

3. 互不结算方法

所谓“互不结算方法”又称“主叫方收入全部保留方法”（Method of Send-Keep-All/method of bill-and-keep），是指每个网络只从自己的用户身上回收成本，互联各方无需因为对方向自己提供了网络接续服务而向对方支付接续服务费用；除一方为满足另一方特殊互联要求而发生的特殊互联费用以外，互联各方只需负担互联点（POI）己方一侧的全部成本和费用。就公用电信网而言，互不结算方法的思想实质是把接续服务费设定为零，主叫端网内的营业收入全部归主叫端电信业务经营者所有，被叫方电信业务经营者不允许从主叫方电信业务经营者回收任何成本。①

互不结算方法又可分为“中心局不结算”（Central Office Bill-and-Keep，COBAK）和“从自己客户回收接入费，但互联递增成本平均分摊”（Bill access to subscribers, Incremental interconnection costs split）两种类型。根据“中心局不结算”理论，互联成本被区分为本地环路及其交换设施成本和联通中心局因提供互联而产生的成本两个部分，前者由互联各方电信业务经营者各自承担，后者则由主叫方电信业务经营者来承

① 1996 年美国《电信法》保留了电信业务经营者对于“互不结算方法”的选择权，规定“网间互联双方有权协议以互相抵销对应义务来弥补各自的成本支出，包括互相作出放弃成本补偿的协议（例如“互不结算”协议（Bill-and-Keep Arrangements））”。参见：1934 年美国《电信法》第 252 条“互联互通协议的谈判、仲裁和批准程序”。

担；根据“从自己客户回收接入费，但互联递增成本平均分摊”理论，互联互通后各自网内成本由各自电信业务经营者自己承担，由于互联引起的递增成本则由实现互联互通的电信业务经营者平均分担。①

互不结算方法主要适用于互联双方状况相近、互联双方因互联而产生的成本相当或相近、过网来去业务量大致相等或者互联成本甚微等情形，尤其适合于互联双方从对等中获得收益相当的情况，多为相同等级的互联网骨干网络、互联网接入网络之间实现对等互联互通时所采用。但是，随着互联网骨干网络数量规模的不断扩张，大型互联网骨干网络将越来越多的互联网骨干网络运营单位视为自己的“大客户”对待，双方采取的互联互通形式也多为双边直通形式，因此，互不结算方法的适用范围越来越多地受到限制。

互不结算方法由于不能够使用拉姆士定价方法回收理应属于互联双方电信业务经营者的共同成本和联合成本，电信业务经营者必然要采用其他方式进行回收，这将对价格结构产生扭曲，造成市场效率的损失；此外，接续服务费的赦免将会降低电信业务经营者的边际成本，因此可能降低单位电信业务按分钟计算的零售价格，由于电信业务经营者必须从其自己网内用户身上回收这些损失，最终可能导致电信业务月租费的上升。

4.“收入共享方法”

所谓“收入共享方法”（Method of Sharing Incomes），是指接受互联一方电信业务经营者，因其获得了提供互联一方电信业务经营者所提供的互联互通服务，因而实现了业务收益的递增，由接受互联一方电信业务经营者按照电信监管机构规定的比例或者双方约定的比例，将其收益递增部分支付于提供互联一方电信业务经营者，作为接续服务费的一种定价方法。收入共享方法在实施过程中又可以区分为两种，一种是互联双方无需向对方支付其他费用，另一种是除共享收入之外，一方还须向另一方支付传输线路费用、互联接口费用等互联互通直接成本。

收入共享方法豁免了电信监管机构核定互联成本的任务，在资费背离成本或者资费不平衡时更加容易被理解和接受，较适用于成本无法测算时的网间结算。但是，收入共享方法非以成本为基础、缺乏透明度，在完全竞争性市场条件下不尽合理，不利于激励电信业务经营者降低成本、提高效率。

5.“有效元素定价方法”

所谓“有效元素定价方法”（Efficient Component Pricing Rule），是指将成本核算方法中的长期平均递增成本法和边际成本法结合起来的一种定价方法。依据“有效元素定价方法”，接续服务费等于互联互通单位净增加成本（Net Incremental Costs of Interconnection）加上机会成本（Opportunity Costs）或者边际成本（Marginal Costs）之和。边际成本往往指提供互联一方电信业务经营者因向接受互联一方电信业务经营者提供互联互通服务而承担的单位递增成本。有效元素定价方法在学术界曾经引起过较大反响，但是尚未被各国电信监管机构广为接受。

（四）接入亏损补偿费的定价方法

当今世界各国对于接入亏损补偿费一般都实行“互不结算”的原则（Method of

① Mark Armstrong. The theory of Access Pricing and Interconnection. February 2001.

Send-Keep-All/Method of Bill-and-Keep)。

依据"非对称管制"原理，因互联互通引起的业务收益下降不得计入互联资费之中，应由提供互联互通服务的主导电信业务经营者自己承担；因社会公益电信服务引起的局部收益亏损，在电信业垄断经营时期通常情况下由主导电信业务经营者内部以交叉补贴的方式予以解决，例如以长途通话费补贴本地市话通话费，但是到了电信业开放竞争时期，提供互联的一方主导电信业务经营者通常要求将其计入互联资费之中，由接受互联的电信业务经营者按照一定的比例和方式与其一起共同分摊。

这种情况的出现会导致互联谈判具有很大的不确定性，有关分摊比例和分摊方式的谈判不仅会延长互联互通的谈判时间，而且分摊方案的博弈往往会放大接受互联电信业务经营者的分摊份额，从而影响整个互联资费结构的合理性。为了保证互联资费结构的合理性、公允性和透明性，防止主导电信业务经营者过高地计算其他电信业务经营者分摊的局部收益亏损份额，各国电信监管机构禁止主导电信业务经营者将因社会公益电信服务引起的局部收益亏损计入互联资费之中，要求由接受互联的电信业务经营者按照一定的比例和方式与其一起共同分摊；而是通过建立"普遍服务基金"（Universal Service Contribution Funds）或者"接入亏损补偿基金"（Access Deficit Contribution Funds）的方式，由所有的电信业务经营者按照通信业务收入的一定比例计缴计收。

（五）辅助服务费的定价方法

在世界各国，辅助服务费一般遵循普通电信业务资费的定价方法，即由实现网间互联互通的电信业务经营者之间相互协商，在成本定价方法[①]、价格上限原则[②]和价格上限下限原则[③]中任意选取一种合适的定价方法，并由接受互联一方电信业务经营者按照双方约定的方式和期限支付于提供互联的一方电信业务经营者。

（六）我国互联资费定价方法存在的问题

我国电信业垄断经营时期形成的成本核算体制并不健全，现阶段主要以资费为基础并兼顾有关情况进行互联资费的定价管理。这种定价方法非以成本为基础，因此，既缺乏合理性、科学性、客观性和真实性，又不能充分调动电信业务经营者提供互联互通服务的积极主动性。

今后，我国互联资费的定价方法可能倾向于适用成本测算方法，电信网间结算的双方将以成本为基础制定结算价格，而非以资费或利润为标准制定结算价格；电信业务经营者所提供的电信网间互联互通服务，其价格和条件应当以公正性、合理性和非歧视性为原则，并且以提供网间互联和设备接入的原始成本或边际成本为基础；电信业务经营者应当保留与传输电信业务所耗原始成本或边际成本有关的所有记录，以作为确定电信网间互联资费的依据。

---

① 参见 1996 年德国《电信法》第 24 条、第 27 条。

② 参见我国台湾地区"电信法"（2002 年）第 26 条。

③ 参见 1934 年美国《电信法》第 224 条"电线塔台搭载（The Pole Attachment）"。

三、互联资费的分摊方式

所谓"互联资费的分摊方式"，是指为了履行双方在互联协议中确定的权利义务，互联的双方电信业务经营者相互之间分摊并结算依据一定的定价方法制定的互联资费时所采用的比例、份额、方式或方法。

（一）物理联接费的分摊方式

1. 电信业垄断经营时期物理联接费的分摊方式

在电信业垄断经营时期，接受互联一方电信业务经营者由于实现互联互通而发生的物理联接费，一般由其自行承担；提供互联一方电信业务经营者由于实现互联互通而发生的物理联接费，按照一定的补偿比率，部分由提供互联一方电信业务经营者自行承担，部分由接受互联一方电信业务经营者予以补偿。

2. 电信业开放经营时期物理联接费的分摊方式

在电信业开放经营时期，互联互通双方由于实现互联互通而发生的物理联接费，一般由其各方自行承担，接受互联一方电信业务经营者无须补偿或者按照较低的补偿比率补偿提供互联一方电信业务经营者因其提供互联互通而发生的物理联接费。

在互联谈判过程中，为了扩大成本范围或者寻求获得超额补偿，提供互联一方电信业务经营者常常要求接受互联一方电信业务经营者全部承担自己一侧因提供互联互通而发生的物理联接费。这时，接受互联一方电信业务经营者依法具有自行建设互联线路或者租赁其他电信业务经营者互联线路的选择权，自行建设互联线路的权利应当包括进入提供互联一方电信业务经营者机房或其他设施内部进行工程施工作业的权利。

3. 我国现阶段适用的物理联接费分摊方式

依据我国有关电信法规或互联规程的规定，实现互联互通的双方电信业务经营者分别承担各自至互联点（POI）己方一侧的互联链路费用。

由于互联点（POI）通常远离接受互联一方电信业务经营者的网络中心局，位于提供互联一方电信业务经营者交换设施接入端口或者接近其接入端口的位置，因此，这种分摊方式会加重接受互联一方电信业务经营者的互联成本，但同时可使接受互联一方电信业务经营者在设置、运行和管理互联线路方面拥有较大的自主权。

（二）接续服务费的分摊方式

1. 单向计取规则

接续服务费通常采取单向计取的规则，即由主叫用户的电信业务经营者向被叫用户的电信业务经营者支付；实现网间互联互通的电信业务经营者之间不得收取或者支付反向接续服务费（Reverse Interconnection Usage Charges），主叫用户的电信业务经营者不得向被叫用户的电信业务经营者计取任何形式的接续服务费，被叫用户的电信业务经营者亦不得向主叫用户的电信业务经营者支付任何形式的接续服务费。[①]

---

① 例如，美国固话网络的零售价格体系采取单向收费，部分移动业务也采取单向收费，即主叫方付费；但是移动业务的收费模式在不同的地区差异很大，有的采取双向收费的模式，并非全部采取主叫方付费。

2. 接入收费规则

所谓“接入收费规则（Access Charge Rules）”又称“主叫网络支付原理”（Call-Provider-Network Pay Principle），是指与单向计取原则相联系，当一个呼叫需要两个或两个以上电信网络之间联合产生时，主叫方电信业务经营者应当向为本次呼叫提供始发、传输或者终止接续的电信业务经营者支付一定的接续服务费。[①] 例如，在我国，移动电话网用户拨打固定电话网用户的电话号码时，移动电信业务经营者须向固定电信业务经营者每分钟支付 0.06 元接续服务费。[②]

3. 互惠补偿规则

所谓“互惠补偿规则”（Reciprocal Compensation Rules），是指两个或两个以上本地环路实现非捆绑接入时，应当按照等价有偿的原则相互签署互惠补偿协议，对电信业务经营者通过其自营网络设备传输或结束呼自其他电信业务经营者网络设备的呼叫时所耗用的成本作出相互补偿的安排。[③]

在互联网骨干网络互联互通中，互联的双方通常通过互联点（POI）相互出售或购买业务，并通过结算来平衡收入。双边结算最简单的方式就是测量通过互联点（POI）双向流入双方网内的数据流量，并对所有数据流量采用统一的接续服务费率，双方以测得的流量和费率为基础相互进行结算，通常由接收方向发送方支付接续服务费。我国互联网骨干网络互联互通也实行互惠补偿规则。

4. “互不结算规则”

在世界各国，“互不结算规则”同时适用于某些特定类型的互联互通中。

按照国际惯例，互联网间对等互联一般情况下互不结算。例如，在美国，互联网接入服务提供者（ISP）提供的“互联网电话业务”（IP 电话），当其自本网发起呼叫并经本地电信业务经营者的本地环路始发、传输、落地并终接时，本地电信业务经营者一般不收取接续服务费；在我国，中国公用计算机互联网（CHINANET）以外的其他 9 大互联网骨干网络之间、中国公用计算机互联网与中国教育和科研计算机网（CERNET）之间实现互联互通，相互之间不收取接续服务费。[④]

在我国，移动电话网与移动电话网之间实行“互不结算规则”；固定电话网用户拨打移动电话网用户的电话号码时，固定电信业务经营者无需向移动电信业务经营者支付接续服务费。

（三）电路租赁费的分摊方式

电路租赁费的分摊方式，通常由接受互联一方电信业务经营者按照一定标准向提供互联一方电信业务经营者支付一定数额的电路租赁费。

---

① 例如，在美国，长话公司（IXC）要求市话公司（LEC）提供本网主叫的始发和终止接续，或者商业移动无线电业务经营者（Commercial Mobile Radio Services Providers）要求市话公司（LEC）提供本网长途主叫的始发和终止接续时，提出接续请求的一方应当向提供接续服务的一方支付一定的接续服务费用。

② 参见原信息产业部：《公用电信网间互联结算及中继费用分摊办法》（2003 年 7 月 8 日发布实施）附件《电信网间互联结算表》。

③ 参见 1934 年美国《电信法》第 252 条“互联互通协议的谈判、仲裁和批准程序”。

④ 参见原信息产业部：《互联网骨干网互联结算办法》（信部电［2004］47 号）第 4 条、第 5 条。

（四）接入亏损补偿费的分摊方式

接入亏损补偿费的分摊方式，一般采取"互不结算规则"，互联的双方之间互不支付接入亏损补偿费。

（五）辅助服务费的分摊方式

辅助服务费的分摊方式，通常由接受互联一方电信业务经营者按照一定标准向提供互联一方电信业务经营者支付一定数额的辅助服务费。

四、互联资费的定价和结算

（一）互联资费的定价

1. 市场调节价

市场调节价，是指由经营者自主制定、通过竞争形成的价格。在我国，物理联接费、电路租赁费实行市场调节价；互联网骨干网络之间实行双边对等互联时，其接续服务费实行市场调节价。而在西方发达国家，几乎所有的互联资费均实行市场调节价，当因互联资费标准发生争议时，由电信监管机构按照互联协议强制性行政仲裁程序进行价格仲裁。

2. 政府定价

政府定价，是政府主管部门按照定价权限和范围直接制定价格的行为。我国电信立法规定政府依然拥有对"垄断和竞争不充分的少数基础电信业务"的政府定价权和政府指导价制定权。依据这一定价权规定，我国对于专用电信网与公用电信网互联互通发生的物理联接费、接续服务费、电路租赁费等互联费用实行政府定价，对公用电信网间的接续服务费实行严格的政府定价管理制度。

3. 政府指导价

政府指导价，是指由政府价格主管部门或者其他有关部门按照定价权限和范围规定基准价及其浮动幅度，指导市场经营者制定的价格。在我国，卫星移动通信网与其他电信网的接续服务费、国际及港澳台的去话呼叫和接续服务费实行政府指导价；互联网骨干网络之间互联，以相互之间的数据交换速率为基准，按照《互联网交换中心结算费率表》确定的政府指导价浮动幅度，按照"结算费用（元/月）= 1 000（元/Mbps 月）×结算速率（Mbps）"的结算标准确定结算基准价，相互进行结算，非经营性互联单位结算费用实行减半。①

（二）互联资费的结算

1. 互联网骨干网络互联资费的结算

我国互联网骨干网络互联互通中，其他 9 大互联网骨干网络与中国公用计算机互联网（CHINANET）之间采取双边协商、互惠补偿的结算模式，由国家级互联网交换中心采集各网络流入、流出交换中心的数据流量（Mbps），按特定方法计算出平均值作为统计结果，再将统计结果按照结算费率表转换成结算费用，由各网络按月结算给中国公用计算机互联网（CHINANET）的运营企业（在北京结算给中国联通，在上海、广州结

① 参见原信息产业部：《互联网骨干网互联结算办法》（信部电［2004］47 号）。

算给中国电信）。

互联双方中的任何一方对于互联资费结算有争议的，可以依据互联协议行政强制仲裁程序申请电信监管机构予以行政调解或者强制仲裁。

2. 公用电信网间互联资费的结算

公用电信网间互联资费的结算，互联双方（计费方与核对方）以互联点两侧关口局交换设备的原始计费数据作为结算依据，并据此形成结算账单；互联双方在约定的时间交换上一个结算周期的结算账单，一方不能提供的以另一方的结算账单（或数据）为准确认结算金额，双方都不能提供的以最近一期已确认的结算金额为准协商确认当期结算金额；双方计费数据无差异时，由互联双方协商确认结算金额，有差异时，以双方计费数据的算数平均值或者以双方上一期数据为准确定预结算金额；预结算金额确定后，双方进行计费数据的核对工作，确认最终结算金额；互联双方根据预结算金额和最终结算金额的差额，按多退少补的原则确定调账方案；结算付费方在约定的时间内将已确认的结算金额、预结算金额或预结算后的调整金额支付给结算收费方。

互联双方中的任何一方对于互联资费结算有争议的，可以依据互联协议行政强制仲裁程序申请电信监管机构予以行政调解或者仲裁。①

第四节 互联协议及其争议解决机制

所谓互联协议，是指电信业务经营者依据法律的要求按照非歧视和透明化的原则签订，经电信监管机构审核批准或向电信监管机构履行行政备案程序后执行，具体约定电信业务经营者之间互联互通权利和义务的合同。

一、概述

（一）互联协议的法律特征

互联协议具有如下法律特征：第一，互联协议是一种技术性规范，一般包括非捆绑网络元素、本地环路非捆绑接入、互联点（POI）、互联互通方式、设备设施的并置和共址、网络接口与标准等技术性内容；第二，互联协议是一种合同规范，一般包括互联互通程序、互联互通时限、互联互通双方的权利和义务等法律内容；第三，互联协议是电信业务经营者作为平等民事主体、按照“权利义务相一致”的原则相互签订的合同规范；第四，互联协议是一种须经行政审批或行政备案后才能生效的合同规范；第五，互联协议缔约失败或者发生违约，将直接导致电信监管机构依法启动互联互通强制性行政仲裁程序并依法作出互联互通强制性行政决定。

（二）互联协议和互联规程的联系和区别

互联协议和互联规程既有联系又有区别。其相互之间的联系或相同点在于：第一，二者都是一种技术性规范，都包含了非捆绑网络元素、本地环路非捆绑接入、互联点（POI）、互联互通方式、设备设施的并置和共址、网络接口与标准等技术性

① 参见原信息产业部：《公用电信网间互联结算及中继费用分摊办法》（2003年）第24条。

内容；第二，二者均包含了互联互通程序、互联互通时限、互联互通双方的权利和义务等法律规范内容；第三，违反互联协议和互联规程所产生的法律后果相同，即都将导致电信监管机构依法启动互联互通强制性行政仲裁程序并依法作出互联互通强制性行政决定。

互联协议和互联规程之间的区别在于，第一，二者所遵循的法律原则有所不同，互联协议须以权利义务一致性原则为基础，而互联规程须以“非对称管制原则”为基础；第二，二者的法律属性不同，互联协议是一种平等民事主体之间相互订立的合同规范，[①] 而互联规程是一种具有义务性规范、任意性规范和确定性规范等三重属性的法律规范（准行政立法规范）；第三，二者订立的主体不同，互联协议是由作为平等民事主体的电信业务经营者双方所订立，而互联规程是由电信监管机构或者主导电信业务经营者单方所订立；第四，二者的生效条件不同，互联协议以电信监管机构的行政审批或者行政备案作为生效要件，而互联规程则仅以电信监管机构的行政审批作为生效要件。

二、互联协议的订立原则

（一）权利义务一致性原则

所谓“权利义务一致性原则”，是指“在任何情况下，权利和义务都是相辅相成的。对于个体自身而言，当一个人主张或者行使某一权利时，意味着负有一定的义务；对于他人而言，某一个体的权利须伴随着义务”。[②] 这一原则适用于互联协议，是指互联互通的双方基于平等民事主体身份，就互联互通服务及其对价条件进行协商谈判并订立法律契约，一方提供互联互通服务并依约承担互联信息披露、互联质量保证等附随义务，另一方则给付互联互通费用并依约承担相关信息告知、配合进行网间运行维护并处理网间通信障碍等相关义务。

（二）开放透明原则

所谓“开放透明原则”，是指主导电信业务经营者依据电信法的有关要求，应当向社会公众公开发布其已缔结的互联互通协议或者互联互通协议缔约前即已起草的互联互通协议要约文件（Interconnection Agreement Offer）或承诺文件（Interconnection Agreement Promise）。[③]

互联互通协议的开放透明原则，可以保证互联互通协议的公开和透明，防止主导电信业务经营者在协议中为不同的非主导电信业务经营者设定不同期限、不同条件的互联互通服务条款，避免互联互通服务中的歧视性待遇；有助于非主导电信业务经营者尽早获得相应的互联互通条款信息，为其横向比较互联互通的期限、资费和条件提供了可能和机会，可以节省双方互联互通谈判的时间。

---

① 参见 1934 年美国《电信法》第 251 条“网间互联互通（Interconnection）”。

② 郑贤君．权利义务相一致原理的宪法释义——以社会基本权为例．首都师范大学学报：社会科学版，2007(5).

③ 参见 1934 年美国《电信法》第 251 条“网间互联互通（Interconnection）”、第 252 条“互联互通协议的谈判、仲裁和批准程序”。

（三）非歧视性原则

所谓“非歧视性原则”，是指主导电信业务经营者应当基于平等待遇原则，与提出互联互通请求的所有电信业务经营者签署的互联互通协议在时限、资费、条件、方式和质量等方面大体相同或相近，以防止主导电信业务经营者采取扭曲市场竞争的措施实施不公平的互联互通行为，妨害电信竞争市场的公开性、公平性和公正性。

三、互联协议的内容和效力

互联互通协议是规定电信业务经营者双方民事权利和民事义务的法律文件，其中部分权利义务内容属于约定的权利义务内容，可由电信业务经营者之间通过平等协商予以确定；部分权利义务内容属于法定的权利义务内容，已由电信法或互联规程予以列明。在互联互通协议中，约定的权利义务内容应当依据法定的权利义务内容进行确定，不得与法定的权利义务相抵触。

（一）合同前义务

主导电信业务经营者在缔约前依法负有强制缔约义务。非主导电信业务经营者一经提出互联请求，主导电信业务经营者有义务予以实质响应，积极与非主导电信业务经营者展开互联谈判，并在透明化、非歧视性的基础上与非主导电信业务经营者签订互联互通协议；主导电信业务经营者无正当理由不得拒绝非主导电信业务经营者提出的互联互通请求。

（二）合同义务

1. 互联信息的提供义务

一般情况下，接受网络联接的一方应当向提供网络联接的一方提供与网络互联有关的如下信息：（1）网络功能规划；（2）网络设施配置规划。在电信监管机构为解决互联互通争议而举行的行政裁决程序中，接受网络联接的一方还应当向电信监管机构提供与互联资费有关的成本信息。

提供网络联接的一方应当向接受网络互联一方提供与网络互联有关的如下网络元素信息：（1）路由组织、信令方式、同步方式等网络功能；（2）用于互联的交换机局址；（3）光端机、交换机等设备配置情况；（4）与互联有关的管道（孔）、杆路、线缆引入口及槽道、光缆（纤）、带宽、电路等网络设施容量情况及使用情况。

实现网络互联的互联网骨干网络所有人应当履行下列义务：（1）向其他网络提供路由信息服务，保证跨网流量正确交换；（2）为本网用户访问其他网络以及其他网络用户访问本网提供业务数据与信息的传送服务。

双方应当对对方提供的信息保密，并不得利用该信息从事与互联无关的活动。

2. 互联电路的运行维护义务

一般情况下，接受网络互联一方应当承担如下义务：（1）进行网内运行维护，确保网内通信质量；（2）配合检测网间中继设备和修复网间机线障碍；（3）配合进行网间运行维护并处理网间通信障碍。

提供网络互联的一方应当承担如下义务：（1）定期检测网间中继设备，确保网间通信流畅；（2）及时修复网间机线障碍；（3）进行网间运行维护并处理网间通信障碍。

3. 网络变更的告知义务

实现网络互联的一方需要变更网络互联节点、实施网内扩容改造或者调整网内路由组织、中继电路、信令方式、局数据、软件版本等，可能影响另一方网内用户正常通信的，应当事先告知另一方，经与另一方协商一致并采取相应的替代措施或安全措施后，方可启动相关工程。未经事先告知并协商一致，实现网络互联的一方不得擅自变更网络互联节点实施网内扩容改造或者调整网内路由组织、中继电路、信令方式、局数据、软件版本等。

4. 互联服务的质量担保义务

提供网络联接的一方应当保证，网络互联的网间质量不得低于为其他第三方提供的网络互联的网间同类业务的质量。提供网络互联一方不得从事下列妨害网络互联的行为：(1) 未经法定许可或授权，擅自中断网间互联；(2) 以任何方式降低网间通信质量或者导致网间通信严重不畅。

5. 互联网服务提供者（ISP）的义务

互联网骨干网络运营单位应当承担如下义务：(1) 对本网和接入网络进行安全管理；(2) 向接入网络运营单位提供国际联网技术培训和管理教育服务；(3) 向接入网络运营单位提供公平、优质、安全的服务；(4) 按照国家有关规定向接入网络运营单位收取联网接入费用。

互联网接入网络运营单位应当承担如下义务：(1) 接受互联网络运营单位和上级接入网络运营单位的安全管理；(2) 对下级接入网络运营单位和用户进行安全管理；(3) 向下级接入网络运营单位和用户提供技术咨询、技术培训和管理教育服务；(4) 向下级接入网络运营单位和用户提供公平、优质、安全的服务；(5) 按照国家有关规定向下级接入网络运营单位和用户收取联网接入费用。

6. 互联网骨干网络提供者的特殊义务

通过国家级交换中心实现网络互联的成员网络应当履行下列义务：(1) 在国家级交换中心放置一台或一台以上路由器，并以100Mbit/s速率以上的接口联接至国家级交换中心的以太网交换机；(2) 采用边界路由协议BGP-4作为在国家级交换中心实现网间互联的外部路由协议；(3) 与国家级交换中心的两台路由服务器（RS）建立外部路由对等关系，减少路由对等会话的个数，并采取措施保证交换中心内部路由的一致性；(4) 在其边界路由器中实施一定的路由阻尼措施，防止互联对方网络中的路由动荡影响到本网；(5) 在多边对等互通中向路由服务器（RS）广告本网以及本网下一级转接互通接受方网络中所有的网络地址；(6) 在国家级交换中心向外广告的网络地址具有良好的聚合性，网络地址前缀不得超过24位；(7) 在国家级交换中心向外广告的网络路由信息具有良好的稳定性，防止路由动荡影响到其他成员网络。

通过国家级交换中心实现网络互联的，成员网络不得具有下列行为：(1) 对从路由服务器收集到的其他对等方的正常网络路由实施过滤；(2) 在对等互通中将对等方未通告前缀的流量强行指向对方；(3) 在对等互通中将从任何互联节点收集到的对等方的网络路由信息向另一对等方予以广告；(4) 在对等互通中将从自己上一级转接互通提供方（包括国际转接互通提供方和任一互联节点的国内转接互通提供方）收集到的网络路由信息向其对等方予以广告；（5）将在国家级交换中心从对等方或转接互通提供方收集到的网络路由信息，在另一互联节点向其对等方或其上一级转接互通提供方予以广告。

通过双边互通方式实现网络互联的，骨干网络不得具有下列行为：（1）在双边对等互通中，将从另一对等方或自己的转接互通提供方（发生在另一互联节点）收集到的网络路由信息向其对方予以广告；（2）在双边对等互通中，将从对方收集到的网络路由信息在其他互联节点向其对等方或转接互通提供方予以广告；（3）在双边转接互通中，转接互通接受方将从其对等方或另一转接互通提供方（发生在另一互联节点）收集到的网络路由信息向其对方予以广告；（4）在双边转接互通中，转接互通接受方将从对方收集到的网络路由信息在其他互联节点向其对等方或转接互通提供方予以广告。

（三）互联协议的审批和生效

互联协议应当呈送电信监管机构予以审批之后，才能正式生效。对于给予非协议任何一方电信业务经营者以歧视性待遇，或者其内容与公众利益、便利和需求原则不相一致，或者与电信业务经营者法定互联互通义务或法定互联互通技术标准不一致的互联协议，电信监管机构将不予批准。[①] 电信监管机构批准或不予批准的决定应当采用书面形式。

四、互联谈判

一方电信业务经营者向另一方电信业务经营者提出互联请求的同时，便启动了互联谈判程序；互联谈判程序受法律保护，非因法定理由，任何一方不得终止或停止这一程序。互联谈判程序中，双方的意思自治应当得到充分的尊重；但是，为了保证互联互通的实现不受影响或者互联谈判的顺利进行，电信监管机构可以实施如下干预措施：

（一）互联谈判的指导性文件

电信监管机构可以事先制定互联互通合同标准条款、互联互通最佳实务守则（Best Practices）、互联互通基准费用（Benchmark Interconnection Charges）等互联谈判指导性文件，用以指导电信业务经营者展开具体的互联互通谈判。

（二）互联谈判的时限

电信监管机构可以为互联谈判的启动、互联合同规范文本的制定等互联谈判各个阶段设定时限要求，处于互联谈判程序当中的电信业务经营者应当在电信监管机构设定的互联谈判时限以内完成互联谈判，并由互联谈判程序进入互联缔约程序。

（三）强制性默认互联规程

互联谈判的双方由于对互联谈判指导性文件的理解歧义，或者由于其他方面的原因，致使谈判不能顺利进行或者陷入僵局时，电信监管机构可以启动“强制性默认互联规程”（Commanding Default Interconnection Rules）的生效程序，要求谈判的双方电信业务经营者签字确认电信监管机构预先制定的“强制性默认互联规程”，按照“强制性默认互联规程”确定的互联原则和互联方式先实现互联互通，直至双方签订正式的互联协议以后，“强制性默认互联规程”即予终止，双方按照正式的互联协议进行网间互联互通。

---

① 参见1934年美国《电信法》第252条：“互联互通协议的谈判、仲裁和批准程序”。

“强制性默认互联规程”不是长期的互联互通安排，其本质是授予互联互通请求方一种临时救济措施。“强制性默认互联规程”属于互联规程中的“日落条款”，通常有期限或者终止条件限制，一旦到期或者规定的条件得到满足，比如双方达成互联协议且经电信监管机构批准正式生效以后，“强制性默认互联规程”就自行终止。[①]

五、互联协调

经互联谈判双方达不成一致的互联协议，任何一方均可向电信监管机构提出申请，请求电信监管机构予以协调。互联协调不是互联谈判的必经程序，只有当互联谈判遇到障碍、谈判的双方无法协商解决且经一方提出协调申请以后，电信监管机构才能正式启动这一程序。

（一）互联协调申请

互联协调申请可由参与互联谈判的任何一方当事人提出。互联协调申请应当采用书面形式。[②]

（二）互联协调的范围

一般情况下，互联谈判的双方可就其互联谈判中遇到的任何问题申请电信监管机构予以协调。[③] 在我国，互联协调的范围一般包括因互联技术方案而产生的争议、因与互联有关的网络功能及通信设施的提供而产生的争议、因互联时限而产生的争议、因电信业务的提供而产生的争议、因网间通信质量而产生的争议、因与互联有关的费用而产生的争议、应当处理的其他电信网间互联争议等事项。[④]

（三）互联协调的程序

1. 当事人陈述

电信监管机构在启动互联协调程序以后，应当听取争议双方的陈述，确定主要分歧，开展必要的调查研究，提出初步协调意见；如争议双方接受初步协调意见，则结束协调工作。

2. 作出协调意见书

电信监管机构在协调的每个阶段，均应当出具《电信网间互联争议协调意见书》。如争议一方或双方均不接受初步协调意见的，在征求争议双方的相关主管部门意见或有关专家意见后，提出最后协调意见，结束协调工作。

六、互联互通强制性行政仲裁程序

由于涉及到复杂的技术问题，采用行政裁断比采用司法诉讼或仲裁能够更有效地解决互联互通争议。依据各国电信立法，互联互通行政仲裁程序是互联互通司法裁判的必

---

① 白永忠．电信业热点法律问题透析．北京：法律出版社，2003：389－390.

② 参见《电信网间互联争议处理办法》第7条。

③ 例如，在美国，谈判的任何一方在谈判进行的任何过程可以就谈判中的任何问题请求州委员会（State commission）参与，并就谈判中产生的分歧进行调解。参见：1934年美国《电信法》第252条“互联互通协议的谈判、仲裁和批准程序”。

④ 参见《电信网间互联争议处理办法》第2条。

经程序。

目前，各国主要依靠互联互通强制性行政仲裁机制来解决互联互通争议，电信业务经营者之间就签订互联协议未能达成一致意见，或者签订互联协议后一方电信业务经营者未能按照互联协议向另一方电信业务经营者提供网间互联互通服务时，由互联协议中的守约方向电信监管机关提出协调解决的申请，电信监管机关经审查发现守约方电信业务经营者所提供的情况属实的，可以依法作出互联互通强制性行政仲裁决定，强制双方实现互联互通。

（一）行政仲裁的提起

协调不能使争议双方达成协议的，谈判的任何一方均可请求电信监管机构进行强制性仲裁。请求仲裁的一方应当同时将未决争议、目前谈判的进展情况以及双方争议的其他问题等相关材料提交于电信监管机构。请求仲裁的一方还应当将其仲裁申请书的副本同时提交于另一方。答辩方应当在法定期限内对仲裁申请书作出答辩，连同其认为有说服力的资料及其他信息一同提交于电信监管机构。

（二）专家论证意见

协调不能使争议双方达成协议的，电信监管机关可以根据不同类型的互联争议，随机邀请电信技术、经济、法律方面的专家进行公开论证。论证会由电信监管机构主持，由电信主管部门的代表、争议双方当事人以及电信技术、经济、法律方面的专家参加。

论证会可以先听取争议双方的陈述和电信监管机构对争议的协调处理意见，然后由专家发表论证意见或建议，并提出网间互联争议解决方案。在论证期间，对需要进一步由有关方面说明的情况或需要现场调查的项目，由电信监管机构组织调查研究，并请专家再次论证和提出网间互联争议解决方案。

（三）强制性行政仲裁决定

如果任何一方拒绝提交有关资料或无正当理由不准时答复电信监管机构的合理要求，电信监管机构可以依据其自其他途径所获得的有效资料进行行政裁决。电信监管机构也可根据所邀专家的公开论证结论和提出的网间互联争议解决方案，在法定期限内依法作出强制性行政仲裁决定。

互联谈判一方拒绝继续谈判、拒绝协助电信监管机构进行互联协调或者拒绝履行《电信网间互联争议协调意见书》的，视为无谈判诚意，电信监管机构可以作出谈判已告失败的决定，并在法定期限内依法作出《互联互通强制性行政仲裁决定》。《互联互通强制性行政仲裁决定》一般应当包括网间互联、业务或网络元素接入的结算费用，以及协议各方实施网间互联、各项服务以及网络接入的时间表。

但是，实践中有些国家也采取了“非必经程序的自主选择模式”，由电信监管机关自主选择对于互联互通争议是否适用行政强制裁决的前置程序。例如，2004 年德国《电信法》第 124 条“仲裁”规定，“如果合适，管制机构可以去解决电信争议，建议当事双方在仲裁程序开始之前达成一个和解协议”；2003 年英国《通信法》第 186 条“OFCOM 的争议处理活动”规定，当 OFCOM 认为由其解决争议并不合适、尚有其他途径可以解决争议而且可使争议得到及时妥善的解决时，OFCOM 可以对互联互通争议不予受理，告知争议双方通过合适的其他途径去解决其互联互通争议。

（四）强制性行政仲裁决定的效力

《互联互通强制性行政仲裁决定》是具有行政公定力、公信力和强制执行力的具体行政行为，一经电信监管机构依法作出，即视同与电信监管机构制定或批准生效的互联规程、互联协议具有同等的法律强制执行力，争议双方应当在决定规定的时限内自觉履行。争议一方或双方对行政决定不服，可以依法申请行政复议或者提起行政诉讼。行政复议或行政诉讼期间，行政决定不停止执行。

案例分析

人为破坏互联互通案[1]

一、案情

2004年4月12日，重庆涪陵长寿永泰花园铁通1 800对交接箱被掀翻，从交接箱引出的1根600对主干电缆和1根300对、2根200对、2根100对分支电缆被砍断；创业街铁通1 800对交接箱引出的300对主干电缆被砍断；凤城车站铁通600对主干电缆被砍断；永泰建筑公司铁通300对通信电缆被砍断；骑鞍街铁通20对通信电缆被钉子钉穿。第二天，重庆市长寿区凤中市场铁通1 200对交接箱内200对主干电缆和300对配线电缆被砍断；长寿路38号1 800对交接箱内所有进出电缆被砍断。这两次破坏行为共造成重庆市长寿区近3 000铁通用户通信中断，占重庆市长寿区铁通用户总数的75%；造成铁通重庆分公司直接经济损失10多万元[2]。

重庆市通信管理局收到铁通重庆分公司的报告以后，及时对这起事故进行了调查处理，对当事人和当事企业进行了通报批评和相应罚款，并向全市基础电信企业下发了通报。

二、案件背景

在电信竞争不断深入、网间互联互通业务不断发展的同时，我国各电信运营公司妨碍网间互联互通的现象日渐严重，各地不断出现以暴力手段故意砍断其他电信公司电缆的物理性破坏行为，以及故意篡改或删除网间局数据的功能性破坏行为，导致网间通信中断，损害广大用户正当通信权益，影响用户日常工作和生活，破坏社会稳定局面；妨害国家党政公务通信甚至应急抢险通信，影响社会正常运行秩序；激发业间恶性竞争，阻碍行业进步和发展，造成国家和人民严重经济损失。

三、案件反映的法律问题和解释

1. 妨害互联互通的行为是否构成犯罪？如果构成犯罪，那么触犯的是《刑法》第124条规定的“破坏公用电信设施罪”还是第286条规定的“破坏计算机信息系统罪”？

破坏电信网间互联互通的行为严重扰乱了国家的通信秩序，引发恶性竞争，给国家

① 案例来源：马志刚．电信互联互通与滥用市场支配地位之比较．通信世界，2004（42）．

② 参考《蒋耀平副部长就互联互通刑事责任司法解释问题与最高人民法院沈德咏副院长的谈话纲要》。

和人民造成严重经济损失。据不完全统计，从1998年电信改革至2004年8月，全国共发生约540起恶意破坏电信网间互联互通的典型事件，影响近1亿用户，造成通信话费直接损失近10亿元，造成设备闲置等间接经济损失20多亿元。

破坏互联互通的行为包括物理破坏行为和功能破坏行为两种。依据《刑法》第286条，只有当造成“不能正常使用”、“造成严重后果”，才能构成“破坏计算机信息系统罪”；但是，有些删除、修改、增加的操作行为并不一定构成犯罪，间歇性中断这样的后果可能并不符合“造成严重后果”的刑事责任要件。因此，如果要将该行为认定为犯罪，需要重新解释刑法，对其犯罪要件进行修改。2004年颁布的《最高人民法院关于审理破坏公用电信设施刑事案件具体应用法律若干问题的解释》，取消了“造成严重后果”的犯罪要件。该解释规定，“采用截断通信线路、损毁通信设备或者删除、修改、增加电信网计算机信息系统中存储、处理或者传输的数据和应用程序等手段，故意破坏正在使用的公用电信设施”的，属于《刑法》第124条“破坏公用电信设施罪”中规定的犯罪构成客观方面内容，按照《刑法》第124条“破坏公用电信设施罪”予以定罪量刑。

2. 对于擅自接入、使用他人电信设施的行为，以及对于擅自接入、使用自己电信设施的他人的电信设施进行破坏的行为，是否可以定罪量刑？

现实中，在得不到正常的互联互通服务时，电信业务经营者往往会不经请求就擅自接入、使用他人电信设施；或者发现其他电信业务经营者未经其同意，擅自侵占其在用的公用电信设施时，就采取措施截断后者的通信线路。对于这种行为是否构成犯罪，大家存有疑义。首先，这两类行为的主体都不符合犯罪的主观方面要求；其次，这确实是一个竞争引起的问题，因为我国尚没有建立起电信设施强制性出租出售制度、共建共用制度。2004年《最高人民法院关于审理破坏公用电信设施刑事案件具体应用法律若干问题的解释》也没有关于这两类行为的刑事责任解释。所以，目前尚不能将这两种行为认定为犯罪。

3. “破坏公用电信设施罪”是否存在过失犯？

《刑法》124条第2款规定了过失犯罪属于犯罪的一种重要形态，“破坏公用电信设施罪”的犯罪形态理应存在过失犯。但是，由于电信网络系统的正常割接、扩容、软件升级等原因造成的破坏公用电信设施的情况，就“过失”与“非过失”进行判断的时候，标准很难把握，因此，是否有必要动用刑罚来处罚过失行为，需要慎重考虑。2004年《最高人民法院关于审理破坏公用电信设施刑事案件具体应用法律若干问题的解释》也没有规定这类犯罪具有过失犯的情形。所以，目前“破坏公用电信设施罪”没有过失犯。

4. “破坏公用电信设施罪”是否存在法人犯罪？

由竞争引起的破坏公用电信设施的行为，往往是法人（电信运营商）指使自然人进行的。现实中这类犯罪属于法人犯罪，自然人只不过是法人的代表而已。但是，《刑法》124条的立法原意是自然人犯罪，不存在法人犯罪的问题；在这类犯罪的背后假如推定存在法人犯罪的嫌疑，按照法理，也不属于真正意义上的法人犯罪（即法人犯罪必须由刑法明文规定），而是属于自然人之间的共同犯罪。所以，2004年《最高人民法院关于审理破坏公用电信设施刑事案件具体应用法律若干问题的解释》，只解释了共同犯罪，没有解释法人犯罪，其规定“指使、组织、教唆他人实施本解释规定的故意犯罪行为的，按照共犯定罪处罚。”因此，该罪不存在法人犯罪的情形。

思考题

1. 什么是互联互通？互联互通有哪些种类？

2. 什么是互联规程？互联规程的订立应当遵循哪些原则？

3. 什么是互联资费？我国对于互联资费有哪几种定价方式？

4. 互联互通行政裁决是否为互联互通司法诉讼的前置程序？各国法律规定如何？

5. 互联互通行政裁决是否为终局裁决？对互联互通行政裁决不服是否可以向司法机关提起诉讼？各国法律如何规定？

第五章

电信资费监管制度

本章导言

在电信竞争不充分的地方，具有市场势力的企业一般会把价格定在高于充分竞争的水平之上，从而损害消费者利益，因此，资费监管通常会作为电信监管机构的法定职责；而获得许可经营电信业务的企业，则需要遵守相应的电信资费监管义务。

在传统的电信监管中，电信资费监管一直是电信监管的核心。这是因为作为电信服务价格的电信资费，是通信企业和社会广大用户之间商品交换的经济关系的直接体现。它直接影响用户和受管制的电信企业的福利和行为，直接关系到整个国家国民经济发展的历史进程。电信监管的优劣，能够通过它直接得到反映。尽管随着电信竞争不断的深入，电信资费监管不断放松，但是电信资费监管仍然是电信监管中一个重要的内容。

本章从电信资费的基本概念出发，介绍电信资费监管的原理和发展、电信资费监管的相关法律制度，以及与电信资费监管相关的一些法律问题。

第一节　概　述

一、电信资费的定义

我国《价格法》规定，价格分为商品价格和服务价格。商品价格是指各类有形产品和无形资产的价格。服务价格是指各类有偿服务的收费。一般来说，在货物贸易中称为商品“价格”，在服务贸易中商品价格均称为“费”，如运输费、保险费等。

电信资费，即电信服务的价格，是用户享受电信企业为其提供通信服务时，应按规定费率缴纳的费用标准。电信资费与一般有形商品价格的性质是一样的，和购买任何其他商品按标定价格付款相比没有太大差异。之所以称之为“资费”而非价格，是由于通信企业所提供的产品主要是实现信息传递的通信服务，针对服务性产品一般习惯上称价格为“资费”。所以通信业务资费标准简称资费，其实质就是邮电通信企业提供邮电通信服务的价格，是以邮电通信价值为基础的邮电通信服务交换价值的货币表现。[①]

二、电信资费的特征

电信行业的技术经济特征导致电信资费具有以下几个特点：

（1）不应按边际成本定价。[②] 电信行业是高固定成本行业，其边际成本远低于平均成本，如果按边际成本定价，其收入将无法弥补已投入的固定成本。

（2）随着电信业务量的增加，电信资费存在下降的可能性。由于电信行业具有明显的规模经济性，当用户消费的电信业务量增加时，分摊到每单位电信业务上的固定成本将减少，这致使电信资费存在更多的下降空间。当然，这种下降不是无限制的，其前提是电信业务量的增加并没有导致固定成本的增加。

（3）服务价值与消费者有关。不同用户的需求存在业务种类和使用量上的不同，其获得的效益也存在区别。

（4）应用价格手段平衡不同时间的产量。电信企业的生产过程即消费过程，由于用户的电信消费在时间上不是一个均衡过程，因此要求电信企业应运用价格手段促进生产趋于均衡。

（5）用价格鼓励消费。当电信企业的生产能力对市场需求具有较强的满足能力时，常运用价格手段鼓励客户消费。

（6）交叉补贴天然存在。由于电信企业提供电信业务的成本大多是共同成本，因此不同业务之间常常产生交叉补贴，政府往往对之实行管制。[③]

三、电信资费的结构与分类

（一）电信资费分类

随着电信技术的发展，电信企业提供的电信业务的种类越来越多，电信资费也越来越复杂。从不同的角度出发，电信资费可以有多种分类方式。

1. 按业务种类分类

电信资费按电信业务的种类可以大致分为话音业务资费和数据业务资费两大类。更进一步，话音业务资费又可以分为固定话音业务资费、移动话音业务资费、IP 话音业务资费和卫星电话话音业务资费等。固定话音业务资费一般包括本地电话业务资费、国内长途电话业务资费和国际长途电话资费，而移动话音业务资费则一般包括本地电话业务资费、长途电话业务资费和漫游业务资费等。

数据业务发展迅速，除了人们比较熟悉的互联网宽带和窄带接入业务外，新的业务种类不断增加，其资费种类也日益复杂。

---

① 原信息产业部经济调节与通信清算司．电信资费管理——发展与改革．北京：人民邮电出版社，2006：19.

② 经济学中一般认为边际成本定价是最有效率的定价，是社会福利最大化的定价。参见：W·吉帕·维斯库斯，约翰·M·弗农，小约瑟夫·E·哈林顿．反垄断与管制经济学．1版．北京：机械工业出版社，2004：43.

③ 侯广吉．电信资费形成机制的研究．北京邮电大学博士研究生论文，2006：2008.

2. 按电信资费管理方式分类

按政府对电信企业资费的管制方式分，电信资费可以分为市场调节价、政府指导价和政府定价三种形式。这三种资费类型是我国《价格法》的划分，国外虽然没有此种明确的称谓，但其管制实践也体现了这三种资费类型。从政府管理方式的变化来看，市场调节价和政府指导价将成为电信资费管理的主流模式，而政府定价将逐步减少直至取消。

市场调节价，是指经营者自主制定，通过市场竞争形成的资费。比如当前我国将短信、个性化彩铃、宽带接入、移动增值服务等业务的价格划为市场调节价的范围。2002年我国原信息产业部和国家发展计划委员会联合出台的《关于部分电信业务实行市场调节价的通知》(信部联清［2002］286号)将9类共34项收费项目列为市场调节价项目，体现了政府推进电信资费定价方式改革、充分发挥市场调节机制，逐步实现电信资费市场化的决心。

政府指导价，是指政府部门规定基准价及浮动幅度，指导经营者制定的资费，例如政府制定的价格上限即属于政府指导价。2005年我国原信息产业部和国家发展改革委联合发布《关于调整部分电信业务资费管理方式的通知》(信部联清［2005］408号)，将4项较为重要的电信业务资费——国内长途电话通话费、国际长途电话及台港澳地区电话通话费、移动电话国内漫游通话费和固定电话本地网营业区间通话费实行资费上限管理。资费上限管理将成为我国政府在社会主义市场经济条件下，发挥市场机制作用，同时又体现政府管理意图的一项重要手段。

政府定价，是指政府部门按照定价权限和范围制定的资费。随着电信资费市场化的步伐，目前我国仍然实行政府定价的电信资费已经不多，仅剩移动电话基本月租费和本业务区通话费、固定电话基本月租费和本地网营业区内通话费、出租电路资费等少数几项收费项目仍实行政府定价。

3. 按用户群分类

按用户群分类，电信资费可以分为面向个人消费者的个人客户资费、面向家庭消费者的家庭客户资费以及面向集团或单位消费者的集团客户资费。面向不同客户的资费模式和资费水平都有可能存在区别。

4. 按电信资费针对的业务数量分类

按针对的业务数量分类，电信资费可分为单一业务资费和捆绑业务资费。捆绑业务资费，是指电信企业将一系列相关的业务一并定价。由于电信业务的成本多是共同成本，电信用户向同一家企业购买多种捆绑业务可以降低该企业提供业务的成本，因而电信用户可以争取到比单一业务资费更低的资费折扣。电信用户向同一家企业购买捆绑业务，也可以减少面对多个企业、支付多个账单的麻烦。此外，从经济学的角度而言，捆绑业务资费还可以实现用户区隔、增加企业利润。当然，电信企业也可能通过捆绑业务资费实现排斥竞争对手，增加垄断利润的目的，因此对于具有市场支配力的企业的捆绑业务定价，政府需要进行相应的监管。

（二）电信资费结构

通常所说的电信资费结构包含两重意思：一是单项业务资费结构，即某一项电信业务收费都包含了哪些不同的组成部分以及每一部分在该项业务资费中的收费水平。例如，目前的固定电话业务资费结构通常包含月租费和通话费两部分，而一项移动电话业务资费方案通常包含三部分——月基本使用费、免费通话时长和超出免费通话时长后的通话单价。二是总体业务资费结构，即指在所有业务资费构成中，每种业务的资费水平及相对的比价关系。

由于电信业务之间具有许多“共同成本”，而不同用户的需求存在业务种类和使用量上的不同，因此确定电信资费结构实际上就是确定如何向不同的用户收取不同的费用，以便让他们分摊所有的成本，包括共同成本。

一般来说，单项业务资费结构可以分为线性资费和非线性资费两种：

1. 线性资费

线性资费包括定额资费和从量资费两种。

定额资费，是指在一定时间内，不考虑用户消费量的大小，只按照某一固定标准向用户收取统一的价格。定额资费在电信业中体现为包月制或包年制，比如宽带包月制，用户每个月缴纳固定的费用享受一定速率的宽带上网服务，不考虑宽带上网时长或下载流量的大小。定额资费定价简单，资费透明，很受用户欢迎，但其缺点是可能形成用户的过度消费，产生浪费现象。

从量资费即资费标准不按照用户使用业务的单位数量变化而变化，用户支付的总费用等于这个不变单价乘以用户的使用单位量。比如长途资费和水、电费多采用此种资费方式。该资费直接体现业务的平均成本。

2. 非线性资费

线性资费形式简单，计费容易，但从经济效率的角度考虑却不尽合理。比如线性从量资费不管用户使用业务的单位数量多少，都按统一的费率进行计费，但事实上由于电信行业具有巨大的固定成本，用户使用电信业务的数量越大，其单位平均成本就越低，因此，简单的线性从量资费对于使用量较大的用户而言是不公平的。为了弥补这一缺陷，经济学家和电信企业开发出许多非线性资费模式，具体包括二部制资费、多重二部制资费、三部制资费和多重三部制资费等资费模式。

二部制资费如常见的“月租费+通话费”模式，亦即电信企业向用户收取的资费中，既包括一部分与使用业务的单位数量无关的基本费（如月租费），又包括一部分按通话不变单价乘以使用业务单位数量计算的可变费用（如通话费）。目前我国固定本地电话就采取的是这种资费模式，企业每月向用户收取15~25元不等的固定月租费，用户拨打市内电话则另行按分钟计费。无论用户是否拨打电话，固定月租费每月都需要按时缴纳。

多重二部制资费是电信企业就相同的业务同时向用户提供多个二部制资费方案。这些二部制资费方案的基本费和业务单价不同，一般而言是基本费越高，业务单价越低。用户可根据自己的电信业务使用的单位数量的不同，选择其中一个二部制资费方案。通常使用量大的用户选择基本费高、业务单价低的二部制资费方案，这样其总支出较低。例如，一款“月租费15元，市话费每分钟0.15元；月租费20元，市话费每分钟0.10元”的固定电话资费方案即为多重二部制资费方案。

三部制资费，是在二部制资费的基础上衍生出来的一种资费模式。最常见的三部制资费就是目前移动本地电话业务常用的“月基本使用费＋免费通话时长＋超出免费通话时长部分的通话单价”模式。三部制资费，是指在一定的消费量范围内，用户只需缴纳一定的固定费用，如果用户使用量不足基本消费限量，基本费用的不足余额不再退回；如果使用量超出该消费量限量，则超出部分按规定的单价从量计费。例如，中国移动全球通的一款移动资费方案：“月58元含250分钟本地主叫，超出部分本地主叫每分钟0.25元”，即为三部制资费方案。

多重三部制资费与多重二部制资费相似，也是电信企业就相同的业务同时向用户提供多个三部制资费方案。一般而言，多个三部制资费方案中，基本费越高，免费消费量越大，超额后的单价也可能越低。用户可根据自己的电信业务使用的单位数量的不同选择其中一个三部制资费方案。通常使用量大的用户选择基本费高、免费通话时长长、业务单价低的三部制资费方案其总支出较低。例如，北京移动近期推出的“88系列套餐”即为一个多重三部制的资费方案，其基本计划如下：

	58套餐	88套餐	128套餐	188套餐	288套餐
月基本使用费（元/月）	58	88	128	188	288
免费本地主叫通话时长（分钟）	250	450	750	1 400	2 650
超出部分本地主叫收费（元/分钟）	0.25	0.20	0.17	0.14	0.11

非线性资费虽然更具经济效率，但其资费形式也更复杂，不同的非线性资费之间难以进行比较。一旦设计失误，过多的非线性资费就会造成消费者无从选择的局面，因此容易引起消费者的质疑。

从目前的定价实践来看，固定电话业务多采取二部制资费和定额资费形式，移动电话业务多采取三部制资费形式，宽带电话业务则多采取定额资费形式。IP电话的出现使电话业务成本大幅降低，话音业务正逐渐转为数据业务的补充，为顺应这一趋势，同时为了简化资费形式，定额资费将逐渐成为话音业务的主要定价形式。

四、电信资费监管的原因

政府进行电信资费监管的主要原因是基于电信产业的规模经济属性及电信产业的公共产品属性。一方面出于对自然垄断产业的规模经济、范围经济特性造成的成本优势和产业的稳定供给的考虑，政府对企业的入门进行管制；另一方面为消除独家垄断局面下对用户的不利影响以及自然垄断造成的资源配置效率的损失，政府有必要对价格进行管制。

经济学基本理论分析表明，当产品价格等于边际成本时，才能实现社会资源的最优配置。但作为网络型产业，电信业具有成本递减、边际成本低于平均成本的特性，这给资费管制政策的制定造成了两难困境：如果按边际成本定价，则电信企业可能会面临亏损而需要政府给予补贴，而且该补贴量将非常大，更关键的是由于补贴来自财政，因此能否获得政府的预算批准是一个关键问题。如按平均成本定价，政府对企业成本监督的信息不对称导致企业可能产生虚报账目的动机，导致企业几乎没有降低成本的激励，这反过来会损害资源配置效率。这促使电信监管机构必须不断寻找更优的资费监管方式。

此外，电信运营企业出于利润最大化的考虑，不会自愿提供普遍服务，即向经济不发达区域铺设网络和提供服务，但电信服务又具有公共产品的特性，它直接关系到社会不同群体间信息传递的公平性，因此即使在经济上向这些地区服务并不划算，但出于公平原因，政府通常会要求企业向这些群体提供电信服务，而且在价格上给予严格监管。

但对于企业而言，资费水平必须保证企业能够获得相应的收入来弥补生产经营过程中支付的成本和费用，以维持企业的持续经营和提供服务；资费水平必须保证企业能取得一定的经营利润，才能保证企业有条件不断地投入开发和采用新技术、新业务，提高服务水平。此外，在市场配置资源的条件下，只有能够获取一定投资收益的资费水平，才能引导社会资源不断地流入通信行业，从而促进通信行业整体水平的提高。对于一定的产量和成本水平，电信资费的高低可以看作用户和受管制电信企业之间的转移支付，它决定了两者之间的福利分配格局。因此，电信资费监管的主要目标，就是要制定一个公正的价格，从而既考虑到福利分配的影响，又考虑到资源配置的影响（史普博，1999）。

五、电信资费监管的目标

电信资费监管的目的是使企业能够正常运营，在维护用户利益的同时，力求企业能够保持长远发展。一般来说要达到以下几个目标：

第一，实现社会资源有效配置。网络型企业可能会滥用市场势力，比如制定垄断价格，对顾客有差别地提供服务等。但强制按边际成本定价就意味着要亏损，所以这类产业不能采用使资源配置达到帕雷托最优的边际定价法；反过来，如果将定价权下放给企业，那么企业很可能制定垄断价格，由而损害社会资源的配置。所以，政府可通过限制垄断价格，实行价格监管来实现资源的有效配置（Allocative Efficiency）。

第二，提高企业内部经营效率。在垄断型市场结构下，企业很少有竞争压力，企业提高内部效率的积极性也不高。因此，有必要促使企业提高内部效率。比如在现有技术条件下，优化投入组合，提高生产效率；或者加强创新或引进先进技术，确保动态经营效率；再如为避免收入再分配，防止企业进行垄断定价或差别定价，可对不同客户进行无歧视的差别对待。

第三，保障企业财务的稳定化。如果企业不能从长远的观点出发进行适当的投资，不仅会导致供给能力不足，而且也不能实现企业的成长。因此，监管当局必须考虑如何让企业能够筹措一定的内部资金（剩余利润和折旧）和外部资金来确保资本成本（股息、利息），以便其能够实现适当的投资。

在电信竞争时期，电信资费监管还需要实现优化市场竞争格局的目标。首先，在引入竞争阶段，新进入的电信企业由于需要进行大量的网络投资，其提供电信业务的成本常常高于在位电信企业；其次，在实际竞争过程中，由于电信行业的规模经济性和范围经济性，新进入电信企业的客户数量和业务规模都较小，其提供电信业务的成本也常常高于规模较大的在位电信企业。因此，必须对占据市场支配地位的在位电信企业的资费进行严格监管，防止其通过掠夺性定价或歧视性定价将新进入电信企业驱逐出市场，以维护电信竞争的持续性和有效性。

六、电信资费监管的发展

（一）电信垄断经营时期

20世纪70年代以前，电信业在全球范围内主要由政府独家垄断经营，政府管制资费的最重要目的就是保证大众能享受基本电信服务，其定价从根本上说是考虑两个方面的因素：一是企业的成本，其目的是确保电信业务能力的增长；二是用户的承受能力，其目的是满足大众用户对价格的要求，并防止垄断利润的产生。在具体实施过程中，各国对两方面因素考虑的侧重点不同，形成了不同的价格监管方式。

总的来说，在垄断的市场条件下政府有两种监管方式：一是由政府直接确定电信资费结构及标准，实行政府定价和对主要电信资费的严格监管；二是政府确定资费水平，一般采用公正报酬率的控制办法，使企业在合理成本的基础上，具有一定的盈利水平。

在这一时期，资费结构上允许企业实行内部的交叉补贴。交叉补贴一直是电信垄断时期普遍服务筹集资金的主要方式，其做法是主导运营商在公司使用来自高盈利项目（一般是国际和国内长途电话、商业用户以及发达地区）上的超额利润弥补普遍服务项目（住宅电话、农村电话、边远贫困地区）和竞争性低价格项目上的亏损。实行交叉补贴的前提是政府允许电信企业不以成本为基础定价，允许企业对国际电话、国内长途电话、办公电话等业务实行高资费政策，以补贴低资费的住宅电话、农村电话、边远贫困地区的电话。这一方法对于控制基本电信业务的低资费是有利的，但妨碍了竞争，并且一定程度上影响了企业的成本核算和整体经济效率的提高。

（二）由垄断经营向市场竞争过渡时期

20世纪70年代以后，随着电信市场引入竞争机制，尤其是大量激励性管制政策的采用，各国侧重于通过对企业的激励来降低管制成本、提高经济效率，典型的政策是价格上限。英国首先开始实行价格上限管制。英国政府对英国电话公司（BT）实行私有化改造后，长市话的交叉补贴问题显现出来，BT以资费和成本背离为由，对资费进行了重大的调整。但实际只是降低了和Mercury通信公司存在竞争业务的资费，提高了垄断经营业务的资费。

英国政府经过反复论证，决定通过零售价格管制模型RPI-X控制电信业务的整体资费。RPI即零售物价指数；X是政府确定的在一定时期内生产效率增长率，政府对它进行周期性调整（调整周期一般为4～5年）。最高限价管制模型RPI-X是将零售价格指数与生产效率挂钩，用于控制电信服务资费整体涨幅情况，即每年电信服务资费的整体涨幅不能超过RPI-X。这样，在允许Mercury等新兴运营商在资费上享有一定灵活性的同时，通过管制BT公司的综合业务定价，使其与英国的商品零售指数挂钩，限制了BT公司电信服务的价格。

另外，在这一时期，许多国家为防止处于垄断地位的运营商利用其在某项业务上的垄断优势和自己的优势地位，采用交叉补贴的办法进行不正当竞争，管制部门采用收费再平衡的办法对现有电信资费进行结构性调整。

（三）电信市场进入充分竞争时期

目前在充分竞争的市场上，一些国家仅对基本电信业务在市场中占主导地位的企业实行价格上限管制，即对主导电信企业实行不对称的资费管制。运营企业可根据市场情况对资费进行调整，有些业务资费调整仅需报政府管制部门备案即可。只要市场没有发生恶性竞争或企业没有投诉，政府一般不对市场进行干预。总的来说，这一时期的资费结构与资费标准主要依据市场需求进行灵活调整。

（四）电信资费监管面临的新问题

随着市场竞争的加剧，电信企业针对不同细分市场推出了一系列资费套餐和选择性资费标准，一方面大幅度降低了资费水平，另一方面极大地满足了用户的个性化需求，但过多的套餐标准在另一方面已经影响到了用户对移动电话资费的理解，认为移动电话资费标准多，透明度差。因此，无论是政府还是企业都必须关注到用户的这种反映，进一步推动移动电话资费套餐的适当简化，改善用户对移动电话价格的感知，提高用户对价格的满意程度。

电话资费市场化定价后，并不意味着电信监管部门不再干预电信资费，而应该转变管理方式，由制定价格转变为真正意义上的监管，对于企业低于成本的竞争进行监控。或许有的人认为：在市场达到完全竞争后，政府应该完全放松管制，所有问题均依靠市场力量进行调节。但从国际潮流看却不尽如此，如 2006 年初，欧盟开始对欧洲地区的移动电话国际漫游费开展调查并进行了干预，希望过高的国际漫游资费能够降低，进一步保护用户的利益，促进国际漫游业务的发展和欧洲统一市场的形成。因此，政府的电信行业监管在日常状况下最好是放松管制，但在部分业务领域还需要加强政府干预。

最后，在全业务运营环境下，如何综合考虑固定电话、无线市话和移动电话三者的资费关系，如何权衡由于资费引起的竞争关系和防止不正当竞争等，都将对现行资费监管体系提出挑战。客观看，目前监管法律和政策不允许交叉补贴和捆绑销售，但实际上并没有出台配套的政策加以限制和制止，未来随着移动电话竞争者的增多和市场竞争的加剧，通过交叉补贴和捆绑销售而进行的资费不正当竞争很有可能会越来越多，进而将会对整体移动电话的资费监管带来冲击，因此政府资费监管的重点还应该涉及到不正当价格竞争问题。

第二节 电信资费监管的基本制度

为防止具有市场势力的企业在电信市场上制定不合理的高价、损害消费者利益，或者从事不正当的价格竞争行为、损害竞争，各国的电信法一般对电信监管机构给予授权，允许其监管电信企业的资费。同时，各国电信法要求电信企业也需在价格上遵守一定的监管义务。为贯彻这些权利和义务，各国根据本国特点，发展出一定的电信资费监管制度，下面就这些制度中普遍内容进行介绍。

一、电信法赋予监管机构的权利和义务

电信法赋予电信监管机构的资费监管权利一般包括：

（一）确定电信资费管理方式的权利

随着电信业务种类的增多，电信资费越来越复杂，根据成本效益原则，电信监管机构可以根据电信资费的重要程度不同、电信企业所处的竞争地位不同来选择需要监管的电信资费项目，以及进行监管的方式。一般来说，电信法会赋予电信监管机构确定对不同的电信资费如何进行监管的权利。例如：

我国《电信条例》第24条规定："实行政府定价、政府指导价和市场调节价的电信资费分类管理目录，由国务院信息产业主管部门经征求国务院价格主管部门意见制定并公布施行。"根据这一条款，我国的电信监管机构可以确定对一项电信资费实行何种管理，即决定是进行政府定价、确定政府指导价还是实行市场定价。不同的管理方式，政府对价格的干预程度不同，企业所拥有的定价权也不同。

美国1934年《电信法》也有类似规定，其第二章第205条规定："无论何时，在FCC进行全面听证之后，FCC有权对某一或某些运营商的收费或收费的分类进行严格的管制，FCC有权决定或规定公正合理的收费，或者制定应遵守的最高或最低收费，规定相应的收费分类等。"①

在这方面，欧盟给予其监管机构的权限相对要小一些。正如欧盟《普遍服务指令》（DIRECTIVE 2002/22/EC）所指出的，欧盟成员国只能在确定相关市场（Relevant Market），并对相关市场进行竞争分析，确定在该相关市场上竞争不充足、存在拥有显著市场力（Significant Market Power）的电信企业时，才能对拥有显著市场力的该电信企业在该相关市场上的电信业务资费实行价格管制。价格管制手段可包括事前运营商选择（Pre-Selection）、控制相关业务的批发价格（Wholesale Tariff）和零售价格控制（Controls on the Retail Price），零售价格控制是其中最严厉的手段，只能在其他手段都无效的前提下使用。②

（二）要求电信企业提供与资费相关的业务信息的权利

作为电信业务的提供者，电信企业拥有关于电信业务资费的全部信息，包括企业制定的各种资费方案（含资费条款）、制定资费所需的电信业务成本等。而电信监管机构常常缺乏此类信息，从而在监管上处于信息的劣势，使得监管成本增加或监管失效。为保证监管的顺利进行，必须解决电信监管机构与被监管企业之间的信息不对称问题。为此，电信法一般赋予监管机构获取相关信息的权利。

例如我国《电信条例》第26条第（二）款规定："电信业务经营者应当根据国务院信息产业主管部门和省、自治区、直辖市电信管理机构的要求，提供准确、完备的业务成本数据及其他有关资料。"美国1934年《电信法》赋予FCC的权利则更大——FCC有权对电信法所辖的电信公司所拥有或使用的全部或部分资产进行评估，可规定电信法所辖公司全部或部分账目、记录和备忘录的记录形式，并有权随时取得并检查所

---

① 参见 COMMUNICATIONS ACT OF 1934. SEC. 205. 47 U. S. C. 205. (a).

② 参见欧盟 Universal Service Directive（DIRECTIVE 2002/22/EC），26.

有现存和将来由运营公司保存或按照要求所保存的账目、记录及备忘录；此外，FCC还有权要求电信公司提交相应的年度报告，以回答FCC需要了解的问题，报告内容通常包括公司的股票数量、资产状况、运行费用、成本和盈利、人员工资以及有关资费等①。欧盟为保证其资费监管的顺利进行，则允许监管机构在被监管企业中实行相应的成本会计制度，同时由监管机构聘请第三方每年对被监管企业的成本进行审计。②

（三）拥有对电信企业新出台的资费进行审批或备案的权利

对电信资费进行审批或备案主要是为了更好地贯彻电信监管机构对电信资费的管理。审批制是指，企业的资费方案向监管机构报告，由监管机构决定是否允许企业实行该资费方案。只有监管机构允许了，企业才能向市场推出这种资费方案。备案制是指，企业的资费方案只需告知监管机构，即可在市场上销售，政府对这些资费方案不进行事前干预。审批制和备案制体现了监管机构对不同电信资费、不同电信企业资费监管程度的不同。在我国，电信监管机构对政府定价和政府指导价的电信业务资费实行审批制，对政府指导价幅度内和市场调节价的电信业务资费实行备案制。③

美国1934年《电信法》第203条规定，所有电信业务经营者都应在合理的时间内，向FCC提交资费表。其1985年的新管制框架曾规定："具有统治力的运营商在资费上限范围内做任何调整都需要向FCC报批，推出新业务，资费表也要经过FCC批准后才能进行。其他运营商资费可以在上限范围内自由调整，推出新业务的资费表只需提前一天向FCC提交。"这些非对称措施直到1996年才被取消。④

在1995年以前，韩国的信息通信部也对所有电信运营商提供的所有电信业务资费进行审批。但现在，只有KT公司的固定本地业务资费和SK公司的移动电话资费需要经过政府的正式批准，而其他公司的电信资费只需在出台或变化前告知政府即可。⑤

（四）对电信企业的违法或违规定价行为予以调查和处罚的权利

由于被监管企业不服从监管机构的管制，或者实行了损害竞争的违法定价行为，则监管机构可以对其进行调查并进行相应的处罚。处罚的手段包括责令整改、没收违法所得、罚款等，严重者其相关人员甚至会遭到监禁（例如美国1934年《电信法》就规定蓄意伪造、修改、损坏账目者将被视为有罪，并将被判处1 000 ~ 5 000美元的罚款或者1 ~ 3年的监禁，或者同时被判处罚款与监禁。⑥）。当然，不同的国家处罚程度不同。相对而言，由于我国的《电信条例》由国务院颁布，其性质为法规，比法律低一个级别，因此其对于被监管企业的违法行为的处罚相对较轻。

当然在实行上述监管时，电信监管机构也要遵守相应的义务，主要包括电信监管机

---

① 参见美国COMMUNICATIONS ACT OF 1934，SEC. 213、SEC. 215、SEC. 219、SEC. 220.

② 参见欧盟Universal Service Directive（DIRECTIVE 2002/22/EC），27.

③ 参见《国家计委、信息产业部关于印发〈电信资费审批备案程序规定（试行）〉的通知》（计价格［2002］1489号）》。

④ 林敏．电信：结束不对称管制 营造公平竞争环境．通信信息报，2002.

⑤ 张汉林，蔡春林，等，译．韩国规制改革——经济合作与发展组织考察报告．上海：上海财经大学出版社，2007：435.

⑥ 参见美国1934《电信法》SEC. 220（5）.

构应该按照电信法中规定的程序执行其监管权限，在制定电信资费时应该以听证会等方式听取电信企业、消费者和其他利益相关者的意见等。

二、电信法要求电信企业承担的监管义务和赋予的权利

纵观世界各国电信法，要求电信企业在电信资费方面承担的义务一般包括：

（一）要求电信企业服从监管机构依法进行的监管

这些监管包括上述所提的监管机构对不同电信业务资费制定的监管方式、向监管机构报告业务成本和新的资费表、接受监管机构的检查和处罚等。

（二）电信企业应向社会公开其电信资费

这一义务是为了保证电信资费的透明性，保证消费者对电信资费的知情权，保证消费者能对不同运营企业的电信资费进行比较从而促进电信企业之间的竞争。

为了更好地保证消费者的权益，我国不仅在《电信条例》的第31条第（一）款明确规定："……电信业务经营者提供服务的种类、范围、资费标准和时限，应当向社会公布，……。"而且依据《价格法》、《电信条例》和原国家计委颁布的《关于商品和服务实行明码标价的规定》，进一步制定了《电信服务明码标价规定》，详细地规定了电信企业向社会明示电信业务价格的行为规范。美国1934年《电信法》第203条也规定："除了接续公司（Connecting Carrier）外，每个公共电信运营商应在FCC规定的合理时间内向FCC提交、印刷并公布资费表，以便接受公众检查。这些资费表应包括FCC要求的一些其他信息，须按FCC规定的形式印刷，并在规定的地点公布以接受公众检查，此外还须注明生效日期。"

（三）电信企业不得依据自己的显著市场力，制定过高价格来损害消费者利益

由于规模经济和范围经济的存在，电信市场中很容易形成具有显著市场力的电信企业，这些企业具有对价格的控制权。为了获得超额利润，这些企业很容易将价格制定在高于正常成本之上，损害消费者的利益，这是产生电信监管的主要原因之一。因此，防止电信企业制定垄断高价是所有电信法的内在要求之一。但是，不同的电信法对如何防止垄断高价进行了不同的表述。

我国的《电信条例》并没有明确地提及要防止企业制定垄断高价，它通过"电信资费标准实行以成本为基础的定价原则，同时考虑国民经济与社会发展要求、电信业的发展和电信用户的承受能力等因素"的原则性要求以及对部分电信业务实行政府定价或政府指导价的方式来保证企业的价格是合理。美国1934年《电信法》将防止电信企业制定垄断高价的权利授予FCC，"FCC有权决定或规定公正合理的收费"（第205条）。而欧盟《普遍服务指令》（DIRECTIVE 2002/22/EC）第17款（Article 17）第2条则明确规定，电信企业不得制定过高的价格。

（四）禁止电信企业从事旨在阻止企业进入或者排挤竞争对手的定价行为。

这些定价行为包括歧视性定价、掠夺性定价、不合理的捆绑定价等。由于这些行为通常也是反垄断法或者反不正当竞争法规定禁止的内容，同时不同国家对这些行为的反

竞争效果认识不同①，因此不同国家电信法禁止的行为种类不同。

例如，美国1934年《电信法》明确规定，任何运营公司直接或间接以任何方式或设备制造不公平、不合理的歧视，或给予任何特定的个人、团体或地区不适当或不合理的优惠或利益，或使特定的个人、团体或地区接受不当的或无理的偏见或不利，均属非法行为。

欧盟《2002普遍服务指令》认为，"拥有市场势力的运营商可能采取一些旨在阻碍市场进入或扭曲市场竞争的行为，例如收取过高的价格、实行掠夺性定价、对零售业务进行强制性捆绑以及对某些客户实行过分的优惠等"，对于采取了这些行为的运营商，欧盟成员国可视情况对其实行价格管制。

我国《电信条例》第42条明确规定："电信业务经营者在电信业务经营活动中，不得有下列行为：（一）以任何方式限制电信用户选择其他电信业务经营者依法开办的电信服务；（二）对其经营的不同业务进行不合理的交叉补贴；（三）以排挤竞争对手为目的，低于成本提供电信业务或者服务，进行不正当竞争。"上述行为（三）即为通常所说的"掠夺性定价"。由于缺乏进一步的司法解释或执行细则，目前尚未明确何种行为属于行为（一）和（二），不过从学界的讨论来看，一般认为不合理的捆绑定价行为可以归属为行为（一）或行为（二）。

三、事前电信资费监管

按照实行监管的时间顺序的不同，电信资费监管方式可分为事前监管（Ex Ante Regulation）和事后监管（Ex Post Regulation）两种方式。顾名思义，事前监管意指监管机构在电信企业行为发生前采取监管措施，旨在阻止被监管企业可能发生的社会不希望的行为或结果。政府直接的价格管制、价格审批或备案都属于事前监管。一般来说，政府认为受监管的电信企业具有足够的市场势力能制定高价获取垄断利润，且市场缺乏竞争能够阻止企业的这种行为，或者企业能够制定低于成本的价格以驱逐新进入的企业时，政府就有可能对电信企业的价格进行直接管制。

总结电信监管实践，主流的电信资费管制模式有两种：公平回报率管制和资费上限管制。从发展历程来看，首先出现的是公平回报率管制模式，其后才出现了资费上限管制模式。

（一）公平回报率管制模式

公平回报率管制最早在美国实行，在电信垄断经营时期，公平回报率管制是电信资费监管采取的主要手段。尽管公平回报率管制目前在电信监管中逐渐淡出，但在其他公共事业管制中仍然占据重要的地位。美国很多州的电力价格仍然采取的是这一管制模式。我国大多数网络型产业如电力、航空、石油等实际上采取的也是这种资费监管

① 20世纪70年代以来，芝加哥学派的崛起，极大地影响了反垄断和监管实践，导致了反垄断实践中合理推断原则的出现。合理推断原则是指，市场上某些限制竞争行为不是必然违法的，尽管这些行为具有限制竞争的后果和目的，但同时它们又可能具有改进经济效率、推动竞争的一面。对这些行为，需要认真分析，综合比较判定其可能造成的后果和动机，最终才能判定其是否违法，而不是事先认定其违法。

模式。

公平回报率管制是通过对企业的投资回报率进行直接控制而间接管制价格。在公平回报率管制下，受管制企业的产品或服务的价格一般是通过计算产品或服务的平均生产成本，再在此基础上加一定投资回报率来确定的。

进行此种管制的出发点是，网络型产业一般需要大量的投资，实行公平回报率价格管制，可使企业的投资能够得到“公平合理”的回报，从而吸引足够的投资来对网络基础设施进行维护和升级。监管机构认为，只要投资回报率控制得当，就不会产生过高的垄断利润，不会对社会分配效率产生较大的扭曲。因此，这种价格管制方式更侧重于维护企业的发展潜力。

在实际监管中，监管机构先根据企业报表审查企业的经营成本，企业的经营成本一般包括企业的运营成本、资产折旧和税金等；然后再根据社会投资收益情况计算出一个可接受的投资回报率上限，乘以企业的合理运营资本，计算出企业可获取的利润，经营成本和利润之和即为企业的总收入；最后根据总收入和企业提供产品的数量计算出每单位产品的价格上限。不难看出，实施公平回报率管制不仅需要估算企业的经营成本，而且需要确定运营资本，其值的大小以及包括的范围和估算方法直接关系到企业的收益水平和用户利益。监管过程实际上就是电信监管机构和被监管企业对经营成本、运营资本、投资回报率等重要参数进行讨价还价的过程。

公平回报率管制的步骤一般是，由受管制企业首先向监管机构提出提高价格或投资回报率的申请，监管机构经过研究分析并经过价格听证等程序，确认有关因素对价格和收益水平的影响，对企业提出的价格或投资回报率进行调整，确定企业的许可投资回报率和其产品或服务的价格水平，企业在某一特定管制周期内必须遵守。

实施公平回报率管制的基本目的是既保证企业有足够的激励继续提供服务又使得用户能够以合理的价格获得满意的服务。在这种方法下，企业的收益水平比较稳定，通常不随市场需求的变动而改变，供求波动的风险主要由用户承担。

实施公平回报率管制可能使企业过分地选择资本密集型技术，而不是在最低社会成本下实现它的产出。也就是说，在企业选择的任何产出水平上，一个追求最大利润的、受管制的企业所选择的资本——劳动比率要大于一个不受管制的企业所选择的资本——劳动比率。如果监管机构确定的许可投资回报率大于非电信企业的投资回报率，企业将有动机尽可能多地进行电信投资。受管制的企业虽然不能变更监管机构决定的许可投资回报率，但是却存在着在许可投资回报率之下为了获得更多的收益额而故意增大运营成本的倾向。这就是阿弗奇——约翰逊效应，又被称为 A-J 效应。它在多方面对普遍存在的投资回报率管制以及传统的管制理论提出了挑战。

除上述问题外，由于监管机构面临着如何将企业的公共成本按一定比例，在不同的电信业务和用户群之间分摊的问题，公平回报率管制还面临一些技术性障碍。

首先，对企业经营成本的质疑。监管机构和用户可能认为电信企业某些经营成本是不必要的，或者认为其支付的劳工工资过高等，这些需要监管机构认真审查，在听证会上需要企业进行解释。但事实上，这种审查大多数还是会采取企业上报的成本。

其次，价格歧视或价格结构问题。对不同类别的用户制定不同的价格产生了价格歧视问题，对不同产品或服务制定相应的相对价格产生了价格结构问题。价格歧视对不同类别用户的利益会产生不同的影响，每个类别的用户都会致力于取得有利于自己的定价结果。如何解决这个问题，涉及到商业用户、居民用户乃至城市居民用户和农村居民用户之间的利益格局。监管机构尤其要避免因价格歧视和价格结构引起的各消费阶层之间和各种产品之间的交叉补贴，防止出现严重偏离有效定价的价格歧视和价格结构。

最后，许可投资回报率是各利益集团博弈的结果，难免具有任意性。许可投资回报率的制定和修改通常要举行价格听证会，在听证会上，受管制的企业、用户和其他有关的当事人均有机会争取他们的切身利益，并可能影响监管机构的决策。受管制企业往往向监管机构提供详细的财务资料，以证明按照现行的价格或投资回报率水平无法提供满意的服务。经过反复论证，监管机构通过估算成本、需求状况和许可投资回报率之后确定他们认为合理的许可投资回报率和价格水平。

（二）价格上限管制模式

由于公平回报率管制存在上述问题，20 世纪 80 年代初，为找到一个能够科学地控制垄断企业价格的办法，英国政府委托伯明翰大学商学院教授斯蒂芬·李特查尔德（Stephen Little Child）设计一个价格管制模型。李特查尔德教授经研究认为，竞争是反对垄断、保护消费者利益的最好手段，而控制价格本身不是一种理想的办法，因为不断降低价格会抑制竞争者进入市场。因此，价格管制的主要目标应该是把价格和利润保持在一个既不失公平，又对企业有提高效率的刺激的水平上。他还认为，价格管制还需要区别各种利润来源：高效率的绩效、垄断力量或纯粹的好运。[①] 李特查尔德教授创新性地提出将管制价格和社会零售物价指数、生产效率相联系的价格管制模型，就是世界著名的价格上限管制模型。其后，美国、德国、澳大利亚、日本等发达国家先后采取了这种电信资费管制模式。中国也于 2005 年开始对四项重要的电信资费[②]实行价格上限管制，但与国外稍有不同的是，中国是对单业务资费而不是一篮子业务的平均资费实行价格上限管制，而且暂时还没有采取通用的价格上限管制模型。[③]

与公平回报率管制关注回报率不同的是，价格上限管制直接关注业务的价格（一般是业务篮的平均价格）。价格上限管制的具体做法是在监管机构和受管制企业之间以类似于契约的形式签订价格调整合同，将价格的变动与零售价格指数和生产效率挂钩，并据此规定价格的上限，原则上价格调整只能在这个上限以下自由变动。根据价格上限管制模型，受管制企业提供的产品或服务在某个年度的价格上限取决于上一年度的零售

① Little Child S. C. Regulation of British Telecommunications Profitability. London: HMSO, p1983.

② 2005 年我国原信息产业部和国家发展改革委联合发布《关于调整部分电信业务资费管理方式的通知》（信部联清［2005］408 号），将四项较为重要的电信业务资费——国内长途电话通话费、国际长途电话及台港澳地区电话通话费、移动电话国内漫游通话费和固定电话本地网营业区间通话费实行资费上限管理。

③ 即将价格的变动与零售价格指数和生产效率挂钩。

物价指数和监管机构决定的此期间的生产效率提高的百分比。①

刘戒骄博士指出，与公平回报率管制相比，价格上限管制具有以下明显的优势②：

第一，价格上限管制能够更有效地激励受管制企业提高生产效率。价格上限管制在管制的对象上实现了由利润水平到价格水平的转换，使得风险与收益在受管制企业和用户之间的分配格局发生了改变，提高成本引起的风险与降低成本带来的利益不再由用户而是由受管制企业来承担和享受。在公平回报率管制下，用户只能通过企业降低成本来获得利益，但是企业不仅没有降低成本的动力，反而有促使成本不断上涨的要求，因为企业只有通过提高许可投资回报率水平或扩大投资基数才能取得更多的利润；而在价格上限管制下，企业利润受到最高限价的制约，它们只有通过降低成本将生产效率提高到合同规定的水平以上才能取得更多的利润。因此，相比较而言，价格上限管制对受管制企业提高生产效率能够提供更大的激励。

第二，价格上限管制可以避免公平回报率管制下需要审查企业成本的复杂程序，既简便易行又可以显著降低企业和行政两方面的支出。王俊豪（1999）从以下几个方面分析了价格上限管制的优点：（1）它不需要详细评估企业的固定资产、生产能力、技术革新、供求关系等变化情况；（2）它不需要每年，而是以3~5年作为一个价格调整周期。这种较长的价格调整周期具有合理性，如果调整周期过长，企业的价格就会受许多不确定因素的影响，如果调整周期过短，就使得价格管制缺乏严肃性，使企业缺乏对政府管制的可信性；（3）它不直接控制企业利润。企业在给定的最高限价下，有利润最大化的自由，企业可以采取优化生产要素组合、技术创新等手段来降低成本，取得更多的利润。

然而，价格上限管制也存在问题。首先，价格上限管制没有考虑受管制企业的策略性行为。动态地看，一个管制期间企业生产效率的提高会降低企业在下一个管制期间面临的价格上限，这相当于将企业上一个管制期间努力获得的利润完全没收。即使受管制企业在第一个管制期间努力改进生产效率，但由于利润没收的效应，在以后的管制期间它会不那么努力以便获得下一期更高的价格上限，从而推迟达到最优价格。此外，还可能存在棘轮效应，即在本期受管制企业实现了较高的利润，那么下一期它就有可能面临着进一步降低价格的压力。只要企业相信利润在未来可能会被没收，它就不会努力地增加其利润，因而其提高效率的动机就可能不那么强烈了。

其次，虽然价格上限管制中生产效率提高的百分比（参数X）是由监管机构决定的，但在实践上不可能不考虑受管制企业的意见，受管制企业总是倾向于更低的生产率提高幅度。最终的生产效率提高幅度将是在讨价还价后的结果，使受管制产业的价格总水平维持在实际可能维持的水平以上。

再次，价格上限管制一般是对一个业务篮的平均价格进行管制，虽然这种做法避免

---

① 价格上限管制的公式为：$P_t = (1 + RPI_{t-1} - X) P_{t-1}$或者简化为$\frac{P_t - P_{t-1}}{P_{t-1}} = RPI_{t-1} - X$，式中，$P_t$和$P_{t-1}$分别表示受管制企业提供的产品或服务在第t和t-1年的价格，RPI_{t-1}为根据零售物价指数计算的上一年的零售物价上涨率，X为由管制机构确定的一定期间内生产效率提高的百分比。

② 刘戒骄．垄断产业改革——基于网络视角的分析．北京：经济管理出版社，2005：268.

了业务成本的分摊，但是也增加了设计业务篮的难度。业务篮必须设置恰当，才能保证受管制企业不会通过抬高同一业务篮中垄断业务的价格而降低竞争业务的价格来获利。

最后，由于价格上限管制具有激励企业降低业务成本的效果，有可能导致企业通过降低服务质量来实现这一目的。在历史上英国的价格上限管制曾一度受挫，就是因为这一原因，后来英国通过颁布服务质量标准较好地解决了这一问题。因此进行价格上限管制还需要辅之以服务监管等手段。

四、事后电信资费监管

事后电信资费监管，是指针对电信企业已发生的滥用市场势力或者不正当的价格竞争行为进行监管，它主要通过禁止、罚款、强制赔偿等方式对已发生的被证明为违法的行为进行纠正。随着电信市场竞争的加剧，电信监管机构已逐渐放松对电信资费的事前管制，转为关注和处理滥用市场势力或者不正当的价格竞争行为。但是，对于这些行为如何认定、如何处理，各国的电信监管机构仍处于探索的阶段。此外，由于竞争性监管机构对这些行为也有管辖权，在进行此类监管时，电信监管机构还需处理与竞争性监管机构之间的关系。

从电信监管的实践来看，主要的滥用市场势力或者不正当的价格竞争行为包括掠夺性定价、捆绑销售、歧视性定价等。

（一）掠夺性定价

掠夺性定价是指，一个具有显著市场势力的企业通过牺牲短期利润、制定低价格来排除竞争对手，在竞争对手被驱逐出市场之后，该企业再通过制定垄断价格来获得垄断利润的行为。经济合作与发展组织（OECD）《竞争法框架》对掠夺性定价的定义是："掠夺性定价是具有支配地位的企业在足够长的时间内制定非常低的价格，以至于竞争者被迫退出市场，而其他企业的进入被阻止。"一般认为，虽然低价格在短期内能改善消费者福利，但是长期来看，由于竞争对手被排除，价格将提高到竞争水平之上，消费者的福利情况是不断恶化的，因此这种行为必须禁止。但是在监管实践中要区分由于企业效率提高或者合法竞争性反应所导致的价格降低与非法的掠夺性行为所导致的低价，是一件极其困难的事情。特别是在电信行业里，由于具有显著市场势力的企业通常具有更多的规模经济和范围经济，其效率更高，业务成本相对其竞争对手可能更低，企业可能制定低于竞争对手的价格，因此识别掠夺性定价会更加困难。

根据掠夺性定价理论，掠夺性定价的成功实施机制应该包括两个基本要素：一是企业损失短期利润；二是企业在长期能够通过行使市场势力提高价格从而获取利润，以弥补前一阶段的损失。在监管实践中，确定企业损失短期利润的标准是：在价格掠夺阶段，掠夺者的利润为负，或者价格低于成本。这里的问题是，采用何种成本作为依据。阿律达和特纳提议由于边际成本数据难以获得，应该用平均可变成本数据作为判别依据。[1] 尽管各法院的相关案件判决并不一致，但法院越来越把这一成本作为判断是否违

---

① P. Areeda and D. F. Turner. Predatory Pricing and Related Practices under Section 2 of the Sherman Act. Harvard Law, Review. 1975.

法的主要标准（Massimo Motta，2006）。[①] 如果要达到第二个基本要素则要求企业具有市场势力，企业只有具有市场势力，才能在将竞争对手驱逐出市场后，将价格水平提高到竞争水平之上。乔斯科和克莱沃里克 1979 年提出了判断掠夺性定价的两阶段检验规则。第一阶段，分析市场结构以判断企业是否具有市场势力，是否具有能够弥补掠夺期间损失的能力。第二阶段，分析具有市场势力的企业的价格和成本之间的关系，如果价格高于平均总成本，则价格行为是合法的。如果价格低于平均变动成本，则认为是不合法的，对此原告应负有举证的义务。如果价格低于平均可变成本，则该行为应被认为是非法的，被告负有举证的义务。[②] 这是目前反垄断实践中对掠夺性定价常用的检验原则。

此外，一般认为下列行为不应视为掠夺性定价行为：（1）企业的短期价格促销行为，例如电信运营商为吸引新用户而在九十月份在校园内做的短期促销行为；（2）季节性或经济波动带来的企业低价格行为；（3）企业之间的价格战行为，如寡头市场或垄断竞争市场中企业的竞相降价行为。[③]

（二）捆绑销售行为

随着电信业务的丰富，捆绑越来越成为企业重要的销售手段。在电信业企业进行捆绑销售的原因很多，包括：

（1）消费者需要同时购买很多电信业务如移动电话业务、固定电话业务和宽带业务等，为了方便同时争取更多的折扣，消费者愿意到一家企业获取“一站式”服务。

（2）企业可以通过捆绑销售节约一些共同成本，例如营销成本等，从而可以增加收入。

（3）一些电信业务之间可能存在替代性（如话音和短信），也可能存在互补性（如话音和音乐），对单一业务定价时，必须考虑对其他业务的影响。捆绑销售，可以综合地考虑这些影响进行定价，提高企业的定价效率。

（4）不同的用户对不同的产品支付意愿不同，捆绑定价可以综合用户的支付意愿，实现价格歧视，从而增加企业利润。如下表 5－1 所示，假设市场上只有两位用户——用户 1 和用户 2，当产品单独定价时，为了获取最大的利润，企业将给产品 A 定价 125，给产品 B 定价 70，从而用户 1 购买产品 A 和 B，用户 2 只购买产品 B，企业获得的收入是 265。但是当产品 A 和 B 捆绑定价时，企业可以给这一捆绑产品组合定价为 140，则用户 1 和 2 都会购买产品组合，这样企业将获得 280 的更多收入。在捆绑定价的情况下，消费者和社会福利有可能增加，也有可能减少，在表 5－1 的例子中，消费者福利增加了 55。但是，如果用户 1 对 A 产品的支付意愿只有 100 时，企业仍然将 A 和 B 产品捆绑进行销售并定价 140 时，消费者福利将减少 20，但企业利润增加了 20。

① Massimo Motta. 竞争政策——理论与实践. 沈国华，译. 上海：上海财经大学出版社，2006：385.

② P. L. Joskow, A. K. Klevorick. A Framework for Analyzing Predatory Pricing Policy. Yale Law Journal, December 1979.

③ 康要家. 反垄断经济学理论与政策. 北京：中国社会科学出版社，2008：175－176.

表 5-1 不同用户对不同产品支付意愿

	A 产品	B 产品	A+B 产品	捆绑情况下用户福利（企业收入）增加
用户 1 的支付意愿	125	70	195	55
用户 2 的支付意愿	60	80	140	0
企业收入	125	140	280	15

（5）企业将垄断性产品和竞争性产品捆绑起来销售，迫使同时需要两种产品的用户购买自己的产品，而不是购买自己的垄断性产品和竞争对手的竞争性产品，从而实现锁定用户、排斥竞争对手的目的。

从上述分析可以看出，并不是所有的捆绑销售行为都具有不良的目的和后果，因此，对捆绑销售行为一般也实行合理推定原则，即需要综合分析该行为的各方面效果后，比较其利大或弊大之后，再判断该行为是否违法。

一般来说，判断捆绑销售行为是否违法，可以按照以下三个步骤进行：第一，判断企业是否在捆绑销售的产品市场上形成了市场势力。第二，判断是否存在强制性捆绑销售，亦即消费者必须购买捆绑产品而不能分开购买产品，这也就是通常所说的搭售。一般来说，强制性捆绑销售限制了用户的选择权，不管是否存在排斥竞争的行为，都应判断为违法。第三，判断捆绑销售行为对竞争的影响，如果存在明显的反竞争性，又没有明显的效率原因，应视为违法行为。但从实践来看，捆绑销售行为常常可能两者同时具有，如何对其进行判断目前是电信资费监管中的一个难题。

（三）歧视性定价

经济学中较为准确的价格歧视定义是指两个或多个商品以不同的价格/边际成本比率进行销售（施蒂格勒，1987）。在经济学中，不同时间、地点、质量的商品是不同的商品，因此，纯粹价格歧视的范围是非常有限的。经济学将价格歧视划分为一级价格歧视、二级价格歧视和三级价格歧视。一级价格歧视，是指制定等于每一个消费者的最大支付意愿的完全个性化的价格，在这种情况下，消费者剩余虽然为零，但企业的利润达到了最大化，同时社会福利（消费者剩余和企业的利润之和）达到了最大。二级价格歧视是通过消费者的自我选择机制和信息甄别机制来实现的。例如通过前面所说的非线性定价，由于消费者的购买量不同，其支付的价格也发生变化。三级价格歧视则是企业利用观察到的与消费者相关的一些信息（比如年龄、职业、性别、地点等）来进行价格歧视。一般来说，一级和二级价格歧视大都能增加社会总体福利，因此电信资费监管中关注的价格歧视多为三级价格歧视，它的福利含义是不明的。如果三级价格歧视能够带来更多的产出或者促进更多的消费，则三级价格歧视通常会促进社会总体福利的改进。

在电信监管中经常反对的歧视性定价多为发生在批发环节的价格垂直挤压。此时，企业 A（多为在位企业）同时提供批发业务和零售业务，而企业 B（多为新进入企业）只提供零售业务，但它需要购买批发业务作为其的投入品。企业 A 会提高给企业 B 的批发价格，该价格高于企业 A 给其关联企业或者其他企业的价格，从而使得企业 B 的成本增加，减少其利润使其无利可图甚至亏本，以达到排斥该竞争对手的目的。价格垂直挤压通常是在位电信企业阻止竞争对手进入的主要手段。由于历史原因，在位企业通常拥有完善的基础设施，为更快更有效地促进电信竞争，电信监管机构通常要求在位企业开放自己的网络，允许竞争性企业通过租赁在位企业的网络元素或者购买在位企业的批发服务来降低其进入电信市场的门槛。通过提高网络元素或者批发业务的价格，在位企业有效地抑制了竞争性企业的发展，达到了维持垄断地位的目的。

网内外差别定价是电信监管中具有争议的歧视性定价行为。支持网内外差别定价者认为网内和网间通话成本不一致，网间通话因具有网间结算成本，其通话成本高于网内通话，因此实行网内外差别定价实际上反映了不同通话的成本差别。此外，实行网内外差别定价，企业可以通过较低的网内通话价格，增加用户的消费。反对网内外差别定价者认为，在网络规模大小不一的情况下，实行网内外差别定价实质是变相阻碍互联互通、阻碍网间通话，大网可以利用该政策阻碍通往小网的话务量，而用户为了在更多的通话情况下享受便宜的资费，会更倾向于选择大网，从而实现排斥小网的目的。目前我国的政策对网内外差别定价是不支持的。2008 年我国工业和信息化部联合国家发展改革委颁发了《关于取消短消息业务网内网间差别定价有关问题的通知》，禁止短信业务实行网内外差别定价。当然也有很多国家如英国、美国等，其政策并不明确禁止这一行为。

传统上一直认为只有在企业拥有一定的市场势力后，这一企业的歧视性定价行为才是应该关注的。但实际上即使是竞争性企业也会进行价格歧视，也有可能产生恶劣的竞争后果。例如，竞争性企业针对竞争对手用户实行的价格优惠等。

判断一项歧视性定价行为是否违法，可以按照以下三个步骤进行：（1）分析价格歧视的类型，如果是第一和第二类价格歧视，原则上不予关注。如果是第三类价格歧视，则要进行进一步的分析。（2）分析企业进行价格歧视的目的，可以通过实施价格歧视的用户范围、对用户进行区分的特征等来帮助判断企业是否在排斥竞争对手。如果答案是肯定的，则要对该行为进行进一步的分析。（3）分析企业进行价格歧视所造成的结果，是否对消费者造成恶劣的影响，是否在实质上减少了竞争等等。如果答案也是确定的，则可以断定该行为是违法的。

案例分析

一、案情

2003 年，某地两企业（企业 A 和 B）为争夺用户，分别出台资费方案。其中企业 A 推出的资费方案仅针对企业 B 刚刚开通放号的地区适用，在同一城区的其他用户无法选用。为此，约 300 名企业 A 的用户聚集在企业 A 营业厅，要求企业 A 不得进行此种价格歧视，应做到同城同价。期间，个别用户甚至与企业员工发生冲突，造成了恶劣的影响。①

① 参考：原信息产业部经济调节与通信清算司．电信资费管理——发展与改革．北京：人民邮电出版社，2006：195 - 197.

二、案例点评

此案例反映了企业A在当地电信市场的不正当竞争行为，以及由此引发的社会问题。企业A在同一城区实行不同资费方案，且对具有同等交易条件的其他用户限制了其选用同等资费的权利，说明企业具有价格歧视行为，违反了《价格法》第14条规定，即经营者不得有提供相同商品或服务时，对具有同等交易条件的其他经营者或用户实行价格歧视等不正当价格行为。此外，企业A只针对企业B刚刚开通放号的地区推出该资费方案，明显以排挤竞争对手为目的，进行不正当竞争。此外，由于企业A的价格歧视行为，造成众多用户集体上访，引发用户和企业之间的冲突，在社会上造成恶劣影响，这说明该行为严重侵犯了消费者的权益、损害了消费者福利。因此对企业A的行为应予以处理。

三、案件处理结果

当地物价部门和工商管理部门对企业A下发了行政处罚通知书。当地通信管理局针对此事件对企业A进行了通报。另外，原信息产业部在查清事实的基础上，也责成相关集团公司严肃处理，并对违规企业进行了全国通报。

思考题

1. 为什么要进行电信资费监管？电信资费监管的方式有哪些？
2. 电信资费监管的发展趋势如何？
3. 电信法一般赋予电信监管机构哪些权利，赋予电信企业哪些义务？
4. 事前电信资费监管有哪些方式？
5. 事后电信资费监管主要管理什么，如何管理？

第六章

电信普遍服务

本章导言

电信普遍服务是各国电信监管机构强制实施的一项电信管制政策，旨在促进并维持社会公众能够获取经济上可以承受的电信服务。虽然各国电信法对普遍服务的表述不尽相同，但大都遵循了普遍性、可接入性、可获得性等基本原则。

从经济学角度看，实施电信普遍服务主要是基于经济效益和社会公共福利两方面的原因。而从法学角度看，普遍服务法律制度所赋予公民的通信权具有一定的人权基础，越来越多的国际组织和国家承认通信权利是公民的一项基本权利。

在实践中，普遍服务政策执行面临的具体问题则是融资与补偿。在电信产业发展的早期阶段，多数国家基于垄断经营制度基础，普遍服务的融资与补偿是一个相互捆绑的一揽子机制，即电信企业内部的交叉补贴方式或者电信企业之间的接入补贴方式。而在各国相继打破电信产业的垄断经营制度，引入市场竞争后，普遍服务基金制度便符合了市场竞争的基本规律，得到了更多的认可。

第一节 概 述

一、电信普遍服务的起源

（一）“普遍服务”的第一次提出

在电信行业，“普遍服务”（Universal Service）第一次被提出是出于商业目的。1907年，美国电话电报公司（AT&T）总裁西奥尔多·威尔（Theodore Vail）在其公司年报中提出了“一个网络，一种政策和普遍服务”的口号（One network, one policy and Universal Service），他主张在全国范围内，应该由一家电话公司垄断经营电话网络，这样才能使得电话消费者得到良好、方便、快捷的电话服务。

西奥尔多.威尔提出这一口号是与当时的市场竞争状况密不可分。1893年，AT&T公司所拥有的贝尔电话专利已经到期，美国各地陆续成立了许多新电信公司，到1900

年左右，全美电信公司的数量已经超过6 000多家。[①] 这些公司间的竞争十分激烈，并且彼此之间互不联通，给用户通话造成了极大的不便，解决通话难成为用户的强烈呼声。因此在这一背景下，西奥尔多．威尔的主张为AT&T公司更大程度上维持垄断开辟了道路，但在另一方面"一个网络，一种政策和普遍服务"在一定程度上也迎合了用户的需求，并得到了政府的支持。尽管受到以独立电话公司为代表的利益集团的强烈反对，但是美国在1921年还是通过了《威利斯—格雷厄姆法》（Willis-Craham Act），从法律上豁免电话公司的反托拉斯法行为，允许AT&T公司兼并一大批独立的电话公司，其结果是AT&T公司在当时的市场环境和技术经济条件下取得了巨大的成功。除了一些同样合法垄断的独立地方电话公司提供大约20%的本地业务外，AT&T公司垄断了几乎全部的电信业务，并逐渐形成了以AT&T公司为核心的全国范围的电话网络系统。

因此，结合当时的历史背景，威尔所谓的"普遍服务"，与现代意义上的普遍服务概念是完全不同的，他强调的是实现网间互联，而并非是向每一个人提供电话服务。

（二）现代意义上的"普遍服务"的出现

美国1934年《电信法》虽然没有提到"普遍服务"一词，但我们认为这部法律第一次确定了现代意义上普遍服务的基本原则。该法第一章（总则）第1条即开宗明义地规定了立法宗旨："尽可能使全体美国人民在全国及全世界范围内得到迅速、高效、价格合理、设备充分的有线和无线电通信服务"，这一宗旨涵盖了现代电信普遍服务的以下基本原则：

第一，非歧视性（Non-Discrimination）。普遍服务的对象是全体美国人民，并且通信服务的价格、质量等方面不因地理位置、种族、宗教信仰等方面的差别而有所差异。

第二，可承受性（Affordability）。对于大多数消费者而言，通信服务的价格应当是合理的，可以承受的。

第三，可获得性（Availability）。即全体美国人民都能够迅速和高效地获得全国范围甚至世界范围的通信服务。

二、电信普遍服务的概念

（一）电信普遍服务

本章所阐述的普遍服务是现代意义上的普遍服务，是电信监管中一个相对独立的政策体系，也是各国现代电信立法的重要组成部分。进入20世纪80年代以后，随着电信业放松规制、引入竞争，世界各国和相关国际组织纷纷通过立法或其他方式定义了电信普遍服务。

美国1996年《电信法》第254条要求美国电信监管机构FCC在《电信法》生效后1个月内定义普遍服务和制定实施时间表。《电信法》第254条要求FCC在确定普遍服务的定义时，需要考虑以下因素：① 是教育、公众健康和公共安全所必须的；② 已经通过市场选择被相当数量的居民消费者所使用；③ 已被电信运营商安排在公众电信网

---

① Milton L. Mueller, Jr. Universal Service: Competition, Interconnection, and Monopoly in the Making of the American Telephone System. the MIT Press, 1997.

络里；④ 符合公众利益、便利和必要之原则。随着电信市场的变化和通信技术的发展，联邦一州普遍服务委员会在任何时候都可以建议 FCC 修改普遍服务的定义，因此，在美国，普遍服务是一个动态的概念。

法国 1996 年《电信法》定义的普遍服务是：在领土范围内，以用户用得起的价格提供高质量的电话服务。

加拿大 1993 年《电信法案》定义的普遍服务是：使所有加拿大地区，包括农村和城市的公民都能接入可靠的、用得起的、高质量的电信服务。

澳大利亚 1997 年《电信法》定义的普遍服务是：保证在公平的基础上，让澳大利亚全体国民都能合理地得到标准电信服务、付费公用电话服务，以及规定的传输服务。

从以上各国电信立法中，可以看到电信普遍服务的定义基本上都包含了三个要素，即可获得性，非歧视性和可承受性。

目前，人们一般将国际经合组织（OECD）给出的解释作为电信普遍服务的定义：任何人在任何地点都能以承担得起的价格享受电信业务，而且业务质量和资费标准一视同仁。

（二）电信普遍接入

普遍接入和普遍服务在概念上是密切相关的。实际上，普遍接入的概念是广大发展中国家在根据本国经济、人口、社会、地理环境等具体情况执行普遍服务政策过程中慢慢形成的。目前在大多数发展中国家，普遍接入的实施重点是促进安装付费公用电话，或在农村、低收入郊区设置公众接入点，旨在提供基本的或初期的接入公众网。1998 年 ITU 世界电信发展报告指出：对许多发展中国家而言，为每个家庭装电话在技术和经济上都不太现实，而在合理的距离内安装公共电话，使得更多的人获得电话接入服务，则是切实可行的目标。为此，ITU 还提出了三种指标来衡量发展中国家普遍服务的程度，一是人口指标，即在常驻人口中每 X 人中有一部电话，例如在加纳，定义为居民超过 500 人的地方有一部电话；二是距离指标，即 X 公里范围内有一部电话，例如在布基纳法索，定义为每 20 公里范围内有一部电话；三是时间指标，即在 X 分钟路程内有一部电话，例如在南非，定义为每两小时步行路程有一部电话。

因此也可以理解为，普遍接入是普遍服务的一个初级阶段。普遍接入是普遍服务的基础和前提。但另一方面，普遍接入也可作为一种相对独立的普遍服务目标。

（三）电信普遍服务的范围

电信普遍服务的范围，是指一国通过电信立法或其他政策文件明确，以合理的价格和无差别的质量向全体人民提供的电信业务种类的总和。

例如，根据美国 1996 年《电信法》第 254 条的要求：FCC 于 1997 年 5 月 8 日发表了政府公告，公布了当时获得普遍服务项目支持的业务范围，包括：

（1）在语音级上接入公共交换网，并可进行电话通信；

（2）双音频多频信令或类似功能；

（3）专用回路服务；

（4）接入急救服务；

（5）接入接线员服务；

（6）接入长途服务；

（7）号码簿服务。

欧盟 2002 年《普遍服务指令》明确将以下 6 类业务纳入普遍服务的范围：

（1）接入公共电话网络；

（2）公用电话业务；

（3）电话黄页服务；

（4）紧急服务；

（5）公用付费电话；

（6）为残疾人和有特殊需要的人提供的服务。

法国在 1996 年《电信法》中提出，普遍服务的范围包括传送语音电话呼叫业务、以纸张印刷和电子版出版形式提供信息和查号辅助业务、全国范围提供公用电话业务以及免费提供紧急呼叫业务等。

综合各国有关电信普遍服务范围的规定，我们可以看到其基本具有两方面特征：

一是有限性。诸如电信、邮政、铁路、航空这些网络产业，往往能够产生各种各类、丰富多彩的产品服务，例如邮政网络既可以提供普通寄递业务，也可以提供特快专递业务，然而资源的有限和匮乏决定了普遍服务的范围应有明确界限，任何一国都不可能将网络上所有产品服务都作为普遍服务，而是以业务是否能满足基本需求来确定是否将其纳入普遍服务范畴。

二是动态性。由于电信普遍服务与电信技术的发展，以及一国的经济条件和社会发展水平密切相关，因此普遍服务的范围也具有动态性。例如：近年来，随着移动电话的迅速发展以及计算机技术和互联网的普及，许多国家的电信普遍服务目标已经从提供传统的固定电话基本业务向提供互联网和宽带接入等高级业务演进。

第二节　电信普遍服务的理论基础

电信普遍服务是电信管制机构实行的一项重要监管政策，旨在促进并维持社会公众获取经济上可以承受的电信业务。从经济学的角度看，普遍服务政策的背后隐含了许多经济学基础理论，这些理论更深入地解释了普遍服务政策的产生及其发展的规律。另一方面，从法学角度看，普遍服务政策的存在有着基本的法理基础，以立法形式体现的普遍服务政策包含了复杂的法律关系。因此，了解政策背后的经济与法律理论，有助于我们更深刻地理解普遍服务政策的本质和特征。下面将对几种主要普遍服务理论的内容作简要介绍。

一、经济理论

（一）网络外部性理论

网络外部性理论认为：适用普遍服务原则的产业具有网络经济特征，即由多个节点和连接构成，一种或几种产品或服务借助连接在节点间传递。网络是维系产业的基础，初始投资成本极高，生产规模越大，单位分担的网络固定成本就越少。网络的外部性也可以用梅特卡夫定理（Metcalfe's Law）来解释，即网络价值等于接点数的平方。当一个网络中存在 n 个使用者时，第 n+1 个用户将给现有的用户增加 2n 个新的连接，从而给其他所有用户提供直接的网络外部性价值。

换句话说，在价格确定的情形下，以收抵支甚至获取净收益的前提就是规模达到乃至超过“阀值”。因节点远近所形成固定成本高低以及服务半径内用户数量多寡会导致产品服务供给的区域差别，显然，以追求利润最大化为目的的经营者缺乏在地偏人稀等高成本地区主动投资的意愿，在这些区域提供网络服务显然不经济。因此，为了保证所有公民的通信权利，从公共利益出发，政府必须干预电信普遍服务领域，提供电信普遍服务政策支持，以达到社会福利最大化的目的。

（二）财富再分配理论

经济学家拉丰（Laffont）认为，电信普遍服务是对确实需要电信接入的消费者进行的财富再分配。① 一般来讲，需要电信接入的消费者包括低收入居民、残疾人、老年人、农村和偏远地区的消费者，他们的支付能力较弱，显然需要社会的保护。对普遍服务进行补贴，则意味着财富的重新分配。电信普遍服务的财富再分配功能通过两种形式的补贴来实现：其一，对特殊人群使用特定电信业务进行补贴，如对低收入用户、残疾人群的电话初装费或使用本地电话进行专项补贴；其二，通过在特定电信业务上的统一低定价对农村和偏远地区（高成本地区）的电信消费者进行补贴。

（三）再分配质疑论

经济学家米勒（Milton Mueller）一直以来对电信普遍服务政策持否定态度。米勒认为，电信普遍服务政策未必能够促进全社会信息化的发展，虽然有证据表明人均财富增长与电话普及率之间具有正相关关系，但其中可能的因果关系是：在经济增长到一定程度后，经济的进一步发展需要通信网络的支撑，而不是说通信网络发展必然导致经济增长。② 米勒指出，电信普遍服务政策可使电话的普及率提高数个百分点，但电信普遍服务政策只能起到极为有限的作用，而这一政策的拥护者往往有意夸大这种作用。事实上，通信技术与设备迅速普及，靠的并不是电信普遍服务的规制政策，而是投资者的商业行为、电信竞争和对未来利润的高预期。

例如，美国联邦通信委员会（FCC）自 1965 年起对本地住宅电话实行补贴，许多人认为美国 1970 年后电话普及率的迅速提高归功于这项政策，但米勒的实证研究表明，电话普及率的提高同样发生在实行补贴之前，并且在 FCC 逐步取消这项补贴之后，电话普及率仍在继续提高。米勒特别强调，作为财富再分配手段的普遍服务总会与政治利益相关联，总有部分人以普遍服务为借口而达到某种政治目的，再分配从来都是一个利用政府权力使财富重新洗牌的政治斗争过程，难免会出现各种利益集团联盟并与政府讨价还价的现象；退一步，即便是财富的再分配具有合理性，也应严格限制其范围。哈米特（Harmeet，1994）也指出，任何大规模的普遍服务项目都带有本地电话公司、长途

① 让·拉丰，让·梯若尔. 电信竞争［M］. 胡汉辉，等，译. 北京：人民邮电出版，2001：207.

② Milton L. Mueller, Jr. Universal Service: Competition, Interconnection, and Monopoly in the Making of the American Telephone System. the MIT Press, 1997.

电话公司和教育者等利益集团维护其利益的痕迹，并且，这种依靠政治上讨价还价的电信普遍服务政策还具有较大的退出障碍，在一项电信普遍服务政策应该退出时，总会有既得利益者以种种借口阻碍其正常退出。

以上各种理论沿着不同的路径对电信普遍服务的相关问题进行了探索。网络外部性理论解释了政府实施普遍服务政策的原因，对于具备网络效应的电信行业，作为公共利益代表的政府有责任推动电信普遍服务的实施。实际上，网络外部性理论也是支撑强制普遍服务的重要基础。而财务再分配理论在承认仅靠市场无法实现公民通讯权利的前提下，从收入分配的角度对普遍服务政策存在的合理性进行了论证。

在以上理论的指导下，世界上多数国家都承认了政府对电信普遍服务的义务和责任，并利用各种手段推动电信普遍服务的实施。然而在实践中，政府对于电信市场的干预并不像公众期望的那样有效，因此，部分经济学家开始重新考虑其背后的问题。再分配质疑理论即是在这种背景下诞生的。再分配质疑理论试图证明各种利益集团对电信普遍服务政策和规制程序的影响，但从目前来看，该理论还只是停留在规范性分析阶段，尚缺乏实证性研究的支撑，但是，对电信普遍服务政策提出质疑和反思可以提醒电信监管机构在实践中应以更加理性和客观的态度看待电信普遍服务和制定电信普遍服务政策。

二、法律理论

（一）通信权的内容

权利是法律关系主体依法享有的某种权能或利益①，享有权利的人有权作出一定的行为或要求他人作出相应的行为。在存在普遍服务相关立法的国家，保障普遍服务的法律赋予了公民通信权利。这说明法律承认并保护公民使用通信服务的自由，国家有义务为公民获取和享有通信权利提供条件。

值得注意的是，在不少文献中，将普遍服务制度中的通信权利等同于宪法所规定的公民的“通信自由和秘密的权利”。我们认为，二者为不同类型的公民权利。

公民通信权的内容是公民具有获得通信服务的资格，并有权以平等的、无歧视的方式获得该服务。而宪法中规定的“通信自由和秘密权利”是指公民可以自由地与任何个人或组织利用书信、电话、电报、电子邮件等各种通信方式，互通信息，并且通信内容受到法律保护，未经允许，不得为第三人知悉。公民必须首先获得通信的权利，才谈得上通信自由和秘密。因此，公民通信权利是公民通信自由和秘密权利存在的基础。

（二）通信权的人权基础

公民的通信权具有人权基础。根据人权代际理论，人权包含第一代（或称第一个层次）的公民权利与政治权利（自由权），第二代的经济、社会和文化权利（社会权），以及第三代的社会连带权利（发展权），即每个人都应有权分享发展利益和均获发展机会。② 普遍服务制度倡导任何人在任何地点都能以承担得起的价格享受电信业务，并特

① 沈宗灵．法学基础理论．北京：北京大学出版社，1988：412.

② 刘楠来．人权的普遍性和特殊性．北京：社会科学文献出版社，1996：152－155，

别关注偏远地区人群、低收入人群、老年人和残疾人对于通信服务的可获得性。我们认为，通信权利涵盖了两个层次的人权内容，一是经济、社会和文化权利（社会权），二是社会连带权利（发展权）。在当代社会，一切社会活动都更加显著地依赖于信息，通信成为了整个社会生产和生活不可或缺的重要条件，是个人经济，社会、文化生活的重要组成部分，越来越多的国际组织和国家承认通信权利是公民的一项基本权利。国际电信联盟（ITU）的领导人多次强调，通信应成为一项基本人权。① 作为一国的公民，不管是居住在农村还是城市，都应该有这种与人沟通、交流信息的权利，不管其有没有支付能力，国家都应该保障这种权利的实现。

作为“普遍服务”概念的发源地和电话普及率最高的国家，美国的普遍服务体现了其“人权平等”的民主精神。美国1996年《电信法》第254条普遍服务、第255条残疾人接入电信业务的内容中将对低收入阶层、老人、残疾人和农村居民提供电话服务作为重点，以“保证美利坚合众国的所有人能够得到合理的、确实的并且有效率的基本电信服务”。澳大利亚《电信法》明确规定了为残疾人提供服务的特殊设备标准：为盲人提供有凸起圆点的按钮、为听力微弱者提供助听器等器具。欧盟同样规定，成员国在适当时候必须为残疾最终用户采取特定措施，以保证其接入公众电话业务并能付得起费用。② 在中国，随着“村通工程”告竣，普遍服务将向更广的范围拓展，在城镇范围内，低收入阶层、残疾人等弱势群体将获得电信普遍服务的覆盖，这不仅是收入再分配的需要，也是保障基本人权的体现。

此外，电信普遍服务制度不仅保障了公民基本人权的实现，也将对更高层次人权的实现起到助推作用。通过远程教育、远程医疗、电话报警，电信普遍服务可以促进教育、健康、安全等基本人权的实现。电信业务的普及可以降低交易成本、推动落后地区经济的发展，从而间接促进生存权的实现。

通信权的人权属性决定了普遍服务制度的基本特征。人权本身具有平等性、无歧视性的基本特性，而普遍服务制度的三要素则包括平等性、无差别性和可承受性，这说明普遍服务制度符合人权的基本要求。

通信权的人权基础也回答了谁是普遍服务的义务主体这一问题。国家是人权的义务主体已经具有广泛的共识，国家有责任保护一国公民的基本人权，促进和保障公民的发展权。③ 这也是世界上大多数国家将普遍服务作为电信立法重要内容的原因，国家立法建立普遍服务制度，体现了国家对普遍服务这一公共政策的法律承诺。

三、普遍服务制度基本法律关系分析

很多国家通过电信立法确立了普遍服务制度，构建了完善的普遍服务法律关系。电

① 1996年，一项以普遍接入和信息服务为目的的联合国跨机构项目——“通信的权利”正式启动，项目的倡导者国际电信联盟（ITU）秘书长帕卡·塔加尼博士（Dr. Pekka Tar-janne）指出：《世界人权宣言》规定了世界各地的人们应该享有的权利与自由，这是迄今为止世界组织对人们共有的人性的基本要素所作的最佳定义，对于所有享有这些权利的人来说，他们能够使用基本通信和信息服务是必要的。

② 参见电子通信网络与服务的普遍服务与用户权利指令（2002/22/EC）。

③ 闫海．普遍服务的法理与制度——发展权视域下的重构．制度研究，2006.

信普遍服务法律关系，是指由电信法律规范所调整的电信普遍服务主体之间发生的，以主体所享有和承担的普遍服务权利与义务为主要内容的社会关系。由于普遍服务是一套系统的、内容复杂的制度体系，在有限的篇章里我们无法对每一项具体制度中存在的法律关系逐一分析，以下仅从其基本制度层面，对法律关系的主体、客体、内容进行分析。

（一）电信普遍服务法律关系的主体

法律关系主体即法律关系的当事人和参与人，通常包括公民（自然人）、法人、非法人组织以及国家。电信普遍服务法律关系的主体是指在电信普遍服务法律关系中依法享有权利和承担义务的组织或个人，简称电信普遍服务主体。

电信普遍服务主体包括三类：一是电信监管机构（或其他负责监督普遍服务实施的政府机构①），其代表国家，在指导监督普遍服务实施过程中享用特定权力、承担相应义务。二是电信运营企业。随着信息通信技术的进步和电信市场的发展，承担普遍服务义务的电信企业主体也在不断发生变化，在电信产业垄断经营时期，主要由享有垄断地位的电信运营企业承担普遍服务义务。在引入竞争，打破垄断之后，有些国家，承担普遍服务的义务主体，从垄断企业发展为具有显著市场地位的运营企业，或者是年收入在一定数额之上的企业，这些义务主体都按一定的比例承担不同程度的普遍服务义务，无论该企业是否具有显著市场力量，也无论该企业是基础电信运营商，还是增值服务提供商。三是公民或境内全体居民。这主要取决于各国电信法在表述普遍服务权利的享有主体时所采用的不同用语。多数国家在表述时一般采用“公民”或“国民”的概念，这说明该国普遍服务对象是具有该国国籍的人。“公民”或“居民”只是普遍服务法律关系中的一般主体，在实践中，多数国家的普遍服务对象是少数特定群体，包括经济发展水平落后而用不起电话的公民，偏远、人口稀少地区，网络建设不经济地区的公民，以及无力支付电话费用的病弱伤残人员。

（二）电信普遍服务法律关系的客体

法律关系的客体，是指法律关系主体之间权利和义务所指向的对象。一般认为，法律关系的客体包括：物、精神财富、特定行为（包括作为和不作为）。法律关系客体是将法律关系主体之间的权利和义务联系在一起的中介，没有法律关系的客体作为中介，就不可能形成法律关系。笼统地说，电信普遍服务法律关系的客体即普遍服务本身，它是国家、电信运营企业、普通公民所享有权利、承担义务的对象。按照上述法律关系客体的分类，普遍服务属于特定的行为，即国家、电信运营企业负有义务提供普遍服务这种行为，而普通公民享有获得这种行为结果利益的特定权利。

由于电信技术的不断进步和电信产业的快速发展，作为法律关系客体的普遍服务本身也在发生不断变化。在初期，多数国家的普遍服务仅是提供电话接入服务；到现在，一些发达国家已经将互联网接入服务纳入普遍服务范畴。

（三）电信普遍服务法律关系的内容

法律关系的内容即法律关系主体之间的权利和义务。电信普遍服务法律关系的内容

① 为表述方便，下文将统一使用电信监管机构概念。

是指电信普遍服务主体依照电信法律规范所享有的权利和承担的义务的总和。在电信普遍服务法律关系中，电信普遍服务主体的权利与义务相互依存，一方权利的实现有赖于另一方义务的履行。电信普遍服务的法律规范为电信监管机构、电信运营企业、普通公民这三个普遍服务主体创设了丰富的权利与义务，以下我们选取电信普遍服务的基本权利与义务作以简单介绍。

电信监管机构的权力是由法律授予的管理普遍服务的职权。[①] 电信监管机构具有如下权力：指定特定的电信运营商承担普遍服务义务，监督普遍服务的实施，对特定的电信运营商征收普遍服务基金，要求其提交实施普遍服务的真实成本信息等。电信监管机构的义务主要包括：（1）研究并向立法机构提出普遍服务的政策；（2）依法管理普遍服务资金；（3）对普遍服务实施情况进行监测、评估等。实际上，如果一国通过立法将通信权利确认为公民的基本权利，国家则是普遍服务的真正义务主体。但是国家需要依靠一定的经济实体具体提供服务。在全部电信资源国有时期，国家将有限的市场经营权、电信资源让渡给电信企业，电信企业获得并享受了本应属于社会公众的资源，其获得这些排他权利的条件则包括承担普遍服务义务。在电信资源私有化时代，国家通过补贴的形式为普遍服务提供者补偿损失，而普遍服务的内容、补贴款项的征收、普遍服务提供者的选定、补偿数额的确定和补偿款的支付由具体的普遍服务规范确定。

电信运营企业的基本权利包括：获得牌照、频谱、码号资源等申请权，在实施普遍服务义务过程中具有互联互通的权利，获得普遍服务成本补偿的权利。电信企业根据其业务经营范围和经济实力的不同，承担的义务不一，有关普遍服务的基本义务有：向用户提供高效、优质的电信服务，按照法律规定交纳普遍服务基金，按照法律规定或监管机构的要求，承担具体的普遍服务义务等。

普通公民享有的基本权利是在本国境内，在任何地点都可以以其可负担的价格使用电信业务，其基本义务是按照电信业务合同约定，及时、足额地向电信运营企业交纳电信服务费用。在普遍服务中受到特殊照顾的群体，例如偏远地区的居民、低收入人群、残疾人及老年人等的基本权利将受到进一步的保护。

总之，电信普遍服务法律关系的主体、客体、内容是电信普遍服务法律关系的三要素，三者相互联系、不可缺少，共同构成一个完整的电信普遍服务法律关系。其中，电信普遍服务内容，即各电信普遍服务主体所享有的权利和承担的义务，是电信普遍服务法律关系的重点，决定着电信普遍服务法律关系的性质。

第三节　电信普遍服务的融资方式

现实中实施普遍服务所面临的第一个问题是如何融资。虽然各国基于各自的国情，制定了不同的普遍服务政策，但普遍服务的发展脱离不了电信技术、电信市场的发展，其体现出与市场发展相一致的基本规律。

---

① 我们往往将权利（Right）与权力（Power）区分开来，一般认为：人民享有权利，政府行使权力。但在一些英美法学家著作中，这两个词往往是通用的。

在电信产业发展的早期阶段，世界上大多数国家对于电信行业都实行国家垄断经营制度[①]，在此制度基础之上，普遍服务的融资与补偿是一个相互捆绑的一揽子机制，即电信企业内部的交叉补贴方式或者电信企业之间的接入补贴。而在各国相继打破电信产业的垄断经营制度，引入市场竞争后，内部交叉补贴以及接入补贴则失去了存在的制度基础，面临严峻的"撇奶油"问题[②]，因此各国必须寻求普遍服务的新机制，普遍服务基金制度就是在这样的背景下提出并不断完善的。普遍服务基金制度逐步将普遍服务的融资与补偿划分为两个相对独立的程序，在资金的运作上实现了更加公平、透明的目标，符合市场竞争的基本规律，得到了更多的认可。

一、垄断时期的普遍服务融资方式

（一）交叉补贴（Cross Subsidies）

交叉补贴，是指在主导运营商提供的业务内部或业务之间实行补贴。电信服务部门在垄断经营的情况下，普遍服务大多以利润高的服务向亏损性服务交叉补贴的方式维持，因此，电信服务的价格不是以成本为定价基础。最典型的补贴方法有：长途电话用户对本地电话用户的补贴，城市用户对农村用户的补贴，商业用户对居民用户的补贴。

以长途电话用户对本地电话用户的补贴为例，本地电话网络成本中有很大比例是在用户回路上。这部分线路投资大，利用率低，如果全部由本地用户承担的话，本地电话价格就会很高。长途电话线路可以沿着业务量较大的路由建设，线路利用率高，成本低。美国在电信服务垄断经营时期，美国电话电报公司（AT&T）是普遍服务的承担者。FCC 规定，AT&T 可以采用一部分长途电话收入交叉补贴本地电话，用以维持本地电话的低收费，从而使本地电话维持在多数用户能够承受的水平，以实现普遍服务的目标。但是，从另一方面看，交叉补贴又可能是一种不公平竞争行为，垄断者可以利用交叉补贴机制转移利润，排挤竞争性市场的对手。例如，主导运营商可以将垄断性国际或长途收入补贴以低于成本价格销售的互联网接入服务，从而将与其竞争的互联网服务商逐出市场。

从经济效率而言，这种运营商内部的不公开、非透明的交叉补贴方式是效率最低的普遍服务机制之一。它压制了那些对高成本业务的业务需求，例如国际长途、互联网和增值业务。这样不仅会降低运营商的收入，而且会减少总体经济活动。交叉补贴还有可能会引起新的不公平现象的产生，例如在发展中国家，大量农村劳动力涌入城市，这类人群收入相对较低，但对长途电话业务却有着较高的需求，而交叉补贴机制恰恰使这类人群成为提供补贴的人，这违背了普遍服务政策的初衷。

虽然交叉补贴在电信产业垄断时期，是实施普遍服务最主要的一种的方式，但是由于以上问题，越来越多的国家开始放弃交叉补贴机制。

---

① 美国有所例外，美国电信行业的发展初期是基于私营经营，尽管由于持有专利、监管政策等原因，美国电信市场也曾经历垄断经营时期，但也是以私营经营为基础的。

② 即企业出于利润最大化考虑，只愿意在网络成本低，边际收益高的城市地区运营电信业务，而对于投入高、收益低的偏远、农村地区则没有动力开展业务。

（二）接入补贴（Access Subsidies）

接入补贴，是指由其他电信运营商向主导运营商付费以补贴其接入亏损。因为在通常情况下，主导运营商提供的本地电话业务是以低于成本的价格进行销售的，向指定的运营商收取接入亏损补偿就是为了向因此产生的本地接入亏损提供补偿。

1984 年初，美国电话电报公司正式解体，成立了新 AT&T 公司和地方贝尔公司。以前由 AT&T 公司依靠交叉补贴保持本地电话低价格的销售模式被美国法律禁止。如何保持本地电话的低价格？如何不因为长途电话市场的开放而升高价格？针对这些问题，FCC 设计出了接入收费制度，包括 AT&T 公司和其他长途电话公司接入本地电话网要向本地电话公司支付额外费用，即附加额外的网间接入费。通过接入收费，以维护本地电话的低价格，从而保障普遍服务制度的稳定性。①

接入亏损补贴是交叉补贴机制的一种变化形式，它被作为交叉补贴机制的一种补充被引入。交叉补贴是运营商在其内部自主实施的，而接入补贴则涉及到多家运营商，普遍服务的义务主体从单一主体扩展到多个主体。按照规定，所有提供补贴的业务，如长途电话业务，都必须向本地电话接入业务提供补贴。

一般情况下，接入亏损补贴并不是向特定的运营商集中收取一笔补贴费用，二是采取类似于网间互联收费的方式，因此接入亏损补贴也被称作接入收费（Access Charges）。收取的费用可以以接入时间、接入主线路或其他指标为基础计算。

和交叉补贴机制一样，接入补贴也不可避免地具有效率低下且妨碍竞争的弊端。它将可能导致以下情形的出现：一是提供补贴的业务的价格上涨，相应地，这部分业务的市场需求将受到一定程度的抑制。二是出现经济效率降低的现象。例如美国是依据互联业务收取接入亏损补贴，因此，竞争对手更愿意绕过公共交换电信网络向客户提供呼叫终接服务。这种绕过公共交换电信网络的行为从经济学的角度来看并不可行，但是从竞争对手的角度来看，因为无需支付利用公共交换电信网络提供终接服务的接入补偿费用，他们便能够以更加低廉的成本提供呼叫终接服务。接入亏损补贴可能导致网络设施的非经济性重复建设，并且使得主导运营商无法获得接入补偿。最重要的是，由于技术进步和市场发展，接入亏损补贴越来越不符合新变化的要求。例如由于 IP 电话的出现，将难以计算应当支付接入亏损补偿的通话时间，向竞争对手收取亏损补贴也将越来越困难。

二、竞争时期的普遍服务融资方式

在电信垄断时期，多数国家的电信普遍服务是通过垄断电信企业内部的交叉补贴机制实现的。虽然这种补贴机制在发展普遍服务的过程中发挥了巨大的作用，但其种种弊端也随着实践的证明而暴露无遗。在引入竞争之后，这种方法面临严峻的“撇奶油”问题，因此必须寻求普遍服务的新机制。② 为了继续推动电信业务的普及，各国政府开始改变其传统的普遍服务实施机制。在世界各国的改革实践中，普遍服务基金机制被逐

---

① 焦琦．关于电信普遍服务制度．重庆邮电学院学报：社会科学版，2002（3）．

② J.-J. 拉丰，张昕竹．发展中国家普遍服务义务的经济分析．当代财经，2004（1）．

渐认可。它化“暗补”为“明补”，相对于交叉补贴，这种方式更为公平、公正和透明。

特别是在全球经济一体化的今天，电信市场的竞争日趋激烈，电信垄断经营时期依靠国家的优惠政策和业务间交叉补贴的普遍服务筹资方式已经不符合 WTO 的基本原则。WTO 规制参考文件对电信业务普及和补贴方面的问题都作出了规定：任何成员都有权定义其意图维持的普遍服务义务。就其本身而言，这些义务不应当具有妨碍竞争的性质；这些义务应当通过透明、非歧视并且竞争中立的方式进行监管，同时，由此造成的负担不应当超出相关成员定义的普遍服务所要求的程度。在 WTO 和市场经济的浪潮下，越来越多的国家开始引入普遍服务基金制度。

（一）普遍服务基金的概念

“普遍服务基金”是指资金来源于不同渠道并且对其进行独立管理，专门用于资助实施电信业务普及计划的专项资金。尽管电信普遍服务基金的提供可能采取不同的形式，然而好的基金运作通常有一些共同的特点：

（1）基金管理独立于电信运营商；

（2）透明的融资方式；

（3）市场中立——不偏向主导运营商和新的市场进入者中的任何一方；

（4）基金通常被用于向特定的受益人提供帮助（例如高成本地区、没有电话业务的农村地区、低收入群体以及教育医疗行业）；

（5）补贴金额应当相对较小，应当仅对不具有经济可行性的业务部分提供补贴。私营电信运营商应当为除此之外的业务项目提供资金①。

在电信业务普及项目的实施中采取竞争性投标的方式，即补贴最少的竞标人应当被授予补贴，并被授予建设和运营网络以及扩展业务的权利。

美国于 1983 年建立普遍服务基金。当时由于 AT&T 公司受到美国司法部反托拉斯局和电信运营商 MCI 的起诉，并被肢解为长途和本地交换两大部分，通过 AT&T 公司的内部交叉补贴实现普遍服务已不可能。因此，美国提出建立普遍服务基金机制对普遍服务义务进行补偿。根据美国 1996 年《电信法》第 254 条（d）的规定，每一个提供州际电信业务的电信企业，都应在公正、非歧视的基础上，为 FCC 为维护和发展电信普遍服务而建立的机制（电信普遍服务基金）作出贡献。只有当某个电信公司承担的电信普遍服务义务额度不够某个底限，FCC 才可以豁免其电信普遍服务义务。FCC 确定电信普遍服务者的原则是：在确保电信普遍服务贡献总额的基础上，保证电信普遍服务贡献机制既不影响电信公司的经营决策，也不使电信普遍服务贡献者遭受损失，力求创造公平竞争的环境。按照 FCC 的规定，普遍服务基金的运用应遵循以下规则：促进普遍服务的所有补贴应该是显式的；普遍服务基金的来源应该是广泛的；普遍服务补贴的目标是专一的；普遍服务应当以相对中性的方式实现；普遍服务基金的存在和运作应当减少对其他电信服务部门的扭曲；应当为受到补贴的消费者尽可能高效地提供服务。

① Hank Intven，等．电信规制手册。管云翔，译．梁雄健，审校．北京：北京邮电大学出版社，2001：277.

（二）普遍服务基金的来源

不同于交叉补贴和接入补贴的单一资金来源，普遍服务基金的资金来源十分广泛，包括：

（1）由政府税收收入直接提供资金，如智利。用政府通用基金资助普遍服务的方法是透明的，也是一种简单明了的做法，而且它对电信市场竞争的扭曲程度也相对较小。但是，这种方式并不是非常稳定，时常难以筹集到足够资金，在政治上也难以得到持久而充分的支持。

（2）由电信运营商提供资金。常见的方式是根据电信公司的总收益或其他指标确定其评估贡献额。此种方式的关键是需要决定哪些运营者应该承担贡献额，以及贡献额的大小。要避免出现重复交纳贡献额以及贡献额占运营收益比例过大的情况，否则，会产生对市场竞争的扭曲效应。一套科学合理的贡献额确立及交纳机制应当建立在非歧视、避免不适当负担、技术和竞争中立的基础之上。相反，如果政策偏向于某些特定的公司、某项特定的技术或业务，则会对公平竞争产生负面影响，甚至还会为新公司制造市场进入障碍。例如，在美国，过去只有长途电话业务运营商才是普遍服务基金的缴纳者，但是现在联邦法案扩大了基金的征缴范围，涵盖了长话业务、本地业务、无线业务以及网络付费电话业务等业务的提供者。

（3）电信私营化、频率拍卖和经营许可证、专营权收费获取的收入。管制者可以从私有化、许可证发放及频率拍卖中划拨部分收益，存入普遍服务信托账户，然后应用其利息资助普遍服务项目。以这种方式为普遍服务提供资助同样可以保证透明、简单明了和避免不适当负担，但其最大障碍是如何才能获得足够的普遍服务资助资金。

（4）国际发展机构所提供的资金。如世界银行组织和货币基金组织提供的援助。

在以上几种来源中，多数国家将向电信运营商征收资金作为普遍服务基金征收的主要来源。

（三）衡量普遍服务基金收集机制的标准

各国监管机构在衡量各种基金收集机制时，应当参考以下标准：

1. 效率标准

所有资金收集机制都或多或少会造成一定程度的经济效率损失，监管机构的目标是寻求一种经济效率损失最少的方式收集电信普遍服务基金。根据 Ramsey 定价原则①，需求弹性较低的业务的价格需要设定在超过边际成本较多的水平，同时将需求弹性较高的业务价格设定在超过边际成本较少的水平，这意味着需求弹性相对较低的业务应当比需求弹性较高的业务支付更多的电信普遍服务费用。但在实践中，出于管理和公平因素的考虑，多数监管机构并不按照 Ramsey 定价原则收费，而是对大量业务项目收取统一的电信普遍服务费用。因为监管机构考虑到如果对不同的业务，设计不同的普遍服务征收比率，可能会造成某些运营商钻制度的空子，通过将其业务定性为低税或免税项目以

① 边际成本定价将无法使得垄断运营商的所有成本得到补偿，因此运营商必须提高价格，直到可以收支平衡。在运营商提供多种业务的情况下，为实现这一结果，存在多种价格组合的可能性。最早研究该问题的是一位英国研究人员，他从经济学出发对这一问题的回答，被称为“Ramsey 定价法则”。

规避高税收，而采用向广泛的业务项目收取统一费用的机制，可以减少此种类型的效率损失。但在另一方面，向广泛的业务项目收取统一费用的做法需要监管机构定期对业务范围进行评估，以确定需要缴纳费用的电信业务的边界，否则会疏漏那些本应该承担普遍服务的电信业务。

对于普遍服务基金的征收效率还可以从征收的管理成本来考虑。这些成本包括：政府执行法律、行使管理职责的成本，电信运营企业为遵从法律而付出的成本以及为实现基金缴纳额最小化而进行合法的逃避行为所产生的成本。这些成本主要取决于征收机制，特别是程序上设计的合理性。合理的基金征收机制，应当使每一个负有普遍服务义务的运营商能够通过明确的计算方式确定其所支付的金额，尽量避免争议的产生。

最后，根据 WTO 基础电信协议的有关规定，电信普遍服务基金的收集和管理，必须适用透明、公平、竞争中立等基本规则，且不造成除履行特定期间法律或政策定义的普遍服务所必需的义务之外的额外负担。

2. 公平标准

普遍服务征收机制只能做到相对的公平，而不是绝对的公平。考虑普遍服务基金的收取机制是否符合公平标准，需要从整体效用出发。其中，测定各运营商的支付能力就是相对公平的一种做法。通常年度收入会成为常用的测定支付能力的指标。一旦某一支付能力的测定方法被采用，比如说根据收入来测定，横向公平就要求有同样收入的运营企业缴纳同样数额的普遍服务资金，而不管其收入来源是什么。如果对某些收入来源不征税或者征较轻的税（与其他收入来源相比），那么具有不同收入来源而收入水平相同的企业将缴纳不同数额的税。

经济效率原则和公平原则时常会出现相互冲突的情形。而以社会公共福利为目的的普遍服务制度更多时候会以公平为首要原则。许多国家的监管机构未采用经济效率较高的、在电话业务接入费基础上收费的电信普遍服务基金收集方案，正是出于公平方面的考虑。因为此种收费方案将导致所有用户的本地电话接入费用上升，包括低收入用户在内。

3. 可持续性标准

由于地理条件的天然差异和社会经济发展不平衡性的长期存在，以及技术经济发展导致普遍服务目标的不断升级，电信普遍服务成为一项长期的艰巨的任务，需要源源不断注入新的普遍服务资金，以维持既有的普遍服务项目、资助新的普遍服务项目乃至实现新的普遍服务目标。因此，能否形成相对稳定的资金来源，是衡量基金收集机制是否成功的重要标准。

理论上，规制者可以将从私有化、频率拍卖、许可证收费、号码收费等一次性事件中获得的收益部分或全部存入普遍服务信托账户，专用于普遍服务项目，这种方式具有公开透明、计算简单、负担不重等优点。以频率拍卖所得为例，1994 至 1996 年，美国政府仅通过拍卖个人通讯（PCS）三个频率就获得超过 170 亿美元的收入。本世纪初，英、德两国政府拍卖 3G 频率使用权的收入分别约为 354 亿美元和 463.2 亿美元。但这些拍卖所得并未能全部纳入电信普遍服务基金。因此，普遍服务基金从一次性事件中的获益量不大且无长期保障，基于此类收益建立电信普遍服务基金并非长久之计。[1]

从长远角度考虑，由于长途业务的持续萎缩和非话业务的成长，基于长途等特定业务收费或基于通话分钟数收费的做法已经无法维持可持续的资金来源。同时，由于距离远近对于长途电话业务收费影响的降低和IP技术在通信领域的大规模应用，本地和长途电话业务的界线正在日趋模糊，再加上移动电话业务大幅度替代原有的固网语音业务，因此，明智的做法是选择一个固定的措施（例如收入），而不是依赖于技术和特定业务的计算标准（例如长途电话通话时间）来征收普遍服务基金。

（四）普遍服务基金的收缴

1. 缴纳主体

向哪些企业征收普遍服务基金以及征收多少，不仅直接关系到企业的经济利益，也关系到整个电信市场的有效竞争。如果忽略技术发展趋势，企业经济规模等因素，对所有的电信市场主体征收资金，会对技术发展和市场竞争起到负面的作用。

例如对于VOIP提供商，美国在一开始并没有对其施加缴纳基金的义务，这主要是因为这一类公司在当时还处于资本的原始积累或业务的开发、培育初期，并没有形成一定的市场实力，但在后期，这些公司发展壮大到一定规模，美国普遍服务政策就将其纳入义务主体。2005年7月，美国提出《21世纪普遍服务法案》，该法案提议，美国将改革1996年《电信法》中只针对州际长途收入业务收取普遍服务基金的规定，让所有电信运营商，包括互联网提供商、移动运营商和VOIP提供商等，无论是否有资格接受普遍服务基金的资助，都必须缴纳普遍服务基金，从而使普遍服务基金的征收主体进一步扩大。

从目前来看，在竞争环境下，多数国家将主导运营商作为普遍服务基金的缴纳主体。例如英国管制者将普遍服务义务加于英国电信（BT，British Telecommunication）和肯士顿通信（KC，Kingston Communications）两家电信运营商。德国规定在德国电信的全国服务区域内，提供普遍服务是德国电信的义务；占主导地位的许可证持有者（其市场销售至少有4%的利润）将来也需要承担普遍服务义务。澳大利亚的普遍服务义务由主导运营商Telstra公司承担，该公司必须保证所有在澳大利亚的居民，不管其居住地或经营地，都能够公平享受到合理的标准电话服务，其他两家公司Optus和Vodafone要向Telstra提供普遍服务费，以此来分摊普遍服务义务成本。

2. 缴纳基准

从国外实践看，衡量运营商缴纳普遍服务基金的基准有以下几类：话务量占有率、各业务收入、用户数、运营商总收入。这些基准有各自的优点和缺点。

采取以话务量占有率为计算基准，其优点是机器统计准确度高，同时也考虑到了设备的占有比率，但是其缺点也是明显的。在新技术不断发展的今天，话务量已经不断萎缩，而数据业务方兴未艾，采取以话务量占有率为计算基准，与实际脱离太远，也不利于降低固定成本。例如加拿大曾经按照长途话务量作为普遍服务基金征收基准，加拿大联邦电信监管机构——加拿大广播电视电信委员会（CRTC）规定：每个运营商应依照

① 匡斌．公共经济视角下的电信普遍服务研究．北京邮电大学博士论文．

其相应的长途电信流量时间支付普遍服务费用。包括主导运营商和新的市场进入者在内的所有长途电话业务商都被要求支付普遍服务费用。CRTC 认为长途电信市场的新进入者将减少垂直整合的主导运营商的长途电话收入，因此新的市场进入者将导致能够用于补贴主导运营商本地接入业务的总金额的减少。

采取以用户量为计算基准，一方面便于统计，另一方面用户发展也体现了企业对国家电信发展的贡献，但是考虑到各运营商的用户构成并不相同，对于以低收入用户为主的运营商而言，此计算基准则有失公平，也与普遍服务的原则有冲突。

如果分别按各项业务的收入计算，可以配合相关的产业政策，但是这种方式计算起来较为复杂，也不能避免企业在内部进行各项收入的转移。

也有人曾提出按照电信码号作为基准收费，这种计算方式简单明了，监管部门也掌握着一手资料，但是将电信码号收费与普遍服务联系起来较为牵强。

目前大多数国家所选择的方式是：按照运营商的总收入为基准来确定缴纳数额。这一方式虽然难以体现对新技术、新业务的鼓励导向，但是便于统计，也易于操作和宏观调控。如果以总收入为基准，只需要确定缴纳比例，就可以计算出运营商应当缴纳的资金数额。

这一比例的确定，同样需要权衡各方面的因素。如果比例太高，会对企业造成一定负担，影响电信产业的投资与竞争行为；如果比例太低，资金规模太小，又无法满足普遍服务的需要。因此各国会根据各自的实际情况，制定较为合适的比例。从世界银行提供的部分国家普遍服务成本占电信运营商总收入的比例（1995~2004 年）平均值看，美国这一比例约为 3.5%，而英国在 0.2%~0.3% 之间。[①]

第四节 电信普遍服务的补偿机制

一、电信普遍服务的补偿机制的形式

补偿机制是普遍服务的关键环节。从根本上讲，实现电信普遍服务就是要建立起一种合理的补偿机制。实际上，无论选择什么样的普遍服务政策，其实质都是某些利益主体对另外一些利益主体的补偿，目的就是要使那些高成本地区的企业得到补偿后，能够继续提供服务和发展，而那些低收入的用户得到补偿后可以享用电信服务。一般来说，根据普遍服务补偿的资金来源和去向，我们可以将补偿形式分为三类：

（一）价格补偿

价格补偿机制一般需要以电信垄断，或较强的市场支配地位为基础，通过对某些盈利性业务实行高资费，补偿另外一些业务的亏损。比如以国际业务、长途业务、城市业务的盈利补贴国内业务、市话业务、农村业务的亏损。在引入电信竞争前，这种补偿方式具有容易控制、方便实施的特点。

在引入电信竞争以后，通过盈利性业务的高资费来补贴某些业务低资费的可能性已经大为削弱。尽管如此，依然可以通过其他的价格政策，如实行城乡统一定价进行补

---

① 吴洪，张晓铁．电信普遍服务研究．北京：人民邮电出版社，2004.

偿。一般来讲，由于在农村提供电信服务的成本较高，农村电话使用者应该支付较高的价格，而应用统一定价，则使得农村用户获得了一定利益。

价格补偿从本质上来说是一种收入再分配。它将盈利业务和地区的超额收入部分补偿到低收入业务和地区，从而在某种程度上实现社会公平。但是从经济学角度来看，要想使得经济运作富有效率，某些差异性结果是必须的，而某些旨在促进公平的做法却可能会导致经济效率的损失。

（二）收入补偿

收入补偿机制是直接对低收入者进行补偿，而不是对提供普遍服务的运营商进行补偿，比如政府通过提供现金的方式，保证低收入群体有能力享用电信服务。直接向低收入者进行补偿，也能够对缓解“数字鸿沟”问题有所帮助。例如国外的“入网工程”（Link-up），通过利用普遍服务基金，对消费者接入电信网络的成本进行补偿。还有“生命线工程”（Life Line），主要对低收入群体进行消费补偿。这种收入补偿方式具有较高的透明度，并且目标明确，但仍然存在一定的问题。比如政府不能确定对低收入群体进行补贴的数额，同时，该种方法依然不能对电信运营商进行普遍服务形成很好的内在激励。在这种收入补偿的情况下，运营商依然可以制定较高的业务资费，而政府又是这笔费用的最终买单者。

另一方面，收入补偿机制直接给低收入补贴对象提供现金，让其根据自身需要自由选择电信服务或其他产品，进而更好地改善自身生活处境，达到更好的收入再分配效果。在接入水平比较高的国家或地区，用户可以方便地使用电话，此时，强制为用户提供电话接入在改善资源配置方面的作用已经不明显。相反，当资金分配机制比较透明时，采用小范围的收入补偿，比如向残疾低保用户提供一定的收入补贴，使其能够消费得起基本电信服务就显得比较重要。

（三）成本补偿

成本补偿机制是应用最广泛的补偿方式。在市场机制下，运营商没有动机为高成本或低收入用户群体提供基本电信服务，而政府出于均衡发展考虑，往往会要求电信运营商向这些地区或用户提供普遍服务。然而向这些地区提供普遍服务将存在亏损问题，因此，就涉及到亏损区域的经济补偿问题，目前最为常用的补偿方式就是成本补偿。

成本补偿的核心思想是，如果运营商不提供普遍服务，将不会发生成本和收入；如果运营商提供普遍服务，就会发生成本和收入。因此，运营商由于提供普遍服务所招致的净亏损额度等于普遍服务成本减去普遍服务收入。该机制的确立有利于破除垄断势力，保护公平竞争，使补偿机制更加公开透明。

在实施成本补偿时，关键问题是如何测算提供普遍服务产生的成本。根据国际经验，一般做法是建立成本模型，计算电信企业的前瞻性成本，在此基础上确定一个补偿标准，即补贴额等于前瞻性成本减去政府确定的基准成本。

总之，只要经济可行，普遍服务补偿既可以采用收入补偿方式，也可以采用成本补偿方式。而从发展趋势看，成本补偿成为了一种主流方式。在垄断经营时期，电信普遍服务成本补偿主要是通过电信企业内部的交叉补贴或者电信企业之间的接入补贴完成，这是一种不透明、不规范的解决方式，其融资和补偿是相互捆绑、不可分割的。随着电信竞争的引入，电信普遍服务基金机制被提出，这使得融资与补偿成为相对独立的程序。

二、普遍服务的补偿范围和对象

从国内外实践来看，普遍服务补偿范围和对象一般包括：

（一）高成本地区

高成本地区指的是建设电信网络、开展电信业务需要付出比一般地区更高的网络建设成本、运营维护成本的地区，如农村地区、偏远山区等。此时，普遍服务的补偿对象是在高成本地区提供电信服务的运营商。对于高成本地区，应尽量用一个可量化的、可操作的指标（或者指标体系）进行界定。

（二）低收入用户

在此情形下，普遍服务基金的补偿对象有两类：一是用普遍服务基金直接向低收入用户提供补助，因为这些用户凭自身收入无法使用基本电信服务；二是向为这些低收入用户提供普遍服务的电信运营商提供补偿，因为运营商从这些用户身上所获得的收入难以补偿其提供服务的成本。低收入用户包括残疾人、低收入人群或因其他特殊情形需要补助的对象。

在实践中，往往高成本地区与低收入用户群是相互重合的，在那些偏远山区和农村地区，往往既是网络成本高的地区，也是用户收入较低的地区。

为了减少认定低收入消费者的成本，美国的做法是：对于享受低收入者医疗补贴、食品补贴、联邦公共住房补贴、临时性性安全补贴和低收入家庭能源补贴等补贴项目之一者，就能得到对低收入消费者的普遍服务资助。对低收入消费者的资助可分为生命线资助和安装费补贴。生命线资助是指降低低收入消费者的电话月租费，免收低收入消费者家庭 5.25 美元的用户线路费。安装费补贴是指低收入家庭可享受大约 30 美元的安装费补贴。

（三）公共电信服务

包括非盈利公用电话和向公共机构提供互联网接入。在许多国家，普遍服务提供者必须履行公共电话义务，以保证每个用户的电话都能够接入到电信网中，但是由于一些地区没有足够的通话量，造成成本难以收回的情形，因此，需要向在这些地区提供非盈利公用电话服务的运营商进行补贴。例如：美国 1996 年《电信法》第 254 条（h）规定：“电信公司应该向农村公共或非赢利性的医疗卫生机构提供电信服务以及与这些服务相关的指导，而且，其服务价格应该低于向城镇地区提供类似电信服务的价格。为此，联邦政府每年以 4 亿美元的预算来资助农村医疗卫生机构的电信普遍服务。”

三、电信普遍服务的成本

理想的成本计算应建立在公平合理的基础之上并以成本为核心。[①] 人们普遍认识到，计算普遍服务成本，不单单要考虑运营商为执行普遍服务项目所付出的网络成本，

① 姜爱林，陈海秋. 论电信普遍服务的实施模式与效益体现. 重庆邮电大学学报：社会科学版，2007（1）.

还要考虑其执行普遍服务所获得的收益。这些收益不仅包括业务收入，也包括无形收益。普遍服务的净成本的数学公式为：普遍服务净成本 = 成本 - 业务收入 - 无形收益。其中成本包括两个组成部分：建设网络的成本和维持服务运营的成本。具体而言就是高成本地区的用户接入、低收入用户接入和一些免费业务的提供所产生的成本。

业务收入指月租费、接入费、呼出和呼入等各项业务收入的总和。

无形收益包括以下几类潜在收益：

（1）品牌和广告效应。网络的扩张和业务的延伸，提高了公司的声誉，产生了先入为主的品牌和广告效应，让所有消费者都知道在服务区域的任何地方，他们都能够向提供普遍服务的运营商定购电话业务，从而为该运营商提供了市场营销方面的利益。例如，对于运营商而言，其分布广泛的公共电话亭还有助于强化公众对其品牌的识别。

（2）收入效应。普遍服务供应商不仅提供基础性服务，还提供各种与之互补的更高级的服务（从呼叫转移、呼叫等待到窄带及宽带业务），这些互补性服务带来的额外收入数量取决于所服务区域的发达程度和竞争状况。

（3）成本节约效应。提供普遍服务可以避免因为电话业务中断或其他原因失去声誉而导致业务丧失，减少规划成本。同时，如果运营商为一个地区的每 10 人或者相邻地区提供服务，将带来不菲的范围回报，范围回报的程度与服务区域的大小和是否为相邻地区提供服务相关。

正是出于对无形收益的考虑，部分监管机构甚至做出了不对那些执行普遍服务项目的运营商进行成本补偿的决定。例如：1997 年 2 月和 1999 年 7 月，当时的英国监管机构 OFTEL 对电信运营商 BT 提供普遍服务的年度净成本和利益的估算结果表明，普遍服务供应商隐性利益的总和超过或约等于净成本的总和。OFTEL 采用的普遍服务利益评估指标包括：生命周期效应、服务普及效应、公司声誉（品牌效应）和公用电话的市场价值。鉴于上述估算结果，OFTEL 认为：没有必要通过设立普遍服务基金让其他运营商分担普遍服务义务的成本，普遍服务义务并不构成指定普遍服务供应商 BT 的不合理负担。相反，按照监管机构的估计，1997 年普遍服务给英国电信带来的收益高达 1.02 亿～1.05 亿英镑。[①]

四、普遍服务的成本测算方法

为了确定是否需要为普遍服务项目提供补贴，以及提供多少补贴，需要对提供普遍服务的成本进行核算。例如，欧盟委员会要求每个成员国对普遍服务的净成本的大小及其对于市场竞争的影响进行评估。如果净成本对普遍服务提供商参与竞争带来负担的话，该国就需要成立普遍服务基金对提供商给予补贴。

电信成本的测算异常复杂，专业性强。这主要是由于电信技术经济的复杂性导致电信成本结构复杂，各类电信业务共享网络设施使成本分割更加困难，同时，技术的快速发展使得电信成本也处于动态变化中。其在下列问题当中都可能存在争议：哪些地理区域应当被视为净成本地区；应当适用哪种技术作为评估基准，以实现最高效率提供指定

① ［英］IAN Lloyd，Dvaid Mellor. 通信法. 曾剑秋，译. 北京：北京邮电大学出版社，2006.

业务的目的；是否应当以及如何考虑折旧；如何计算资本成本；如何考虑运营商作为普遍服务提供者而取得的利益，以及如何判断哪些网络和接入成本在事实上是可以避免的。总之，对于这些问题，大多没有统一的答案。尽管我们无法精确估算出普遍服务成本，但可以做到对总体成本进行大致的估算。

目前，无论是监管机构实施的成本测算、企业自行测算报批还是中立第三方进行测算，所依据的方法都主要有以下两种：一是应用特定的财务模型来估计补贴的费用，二是通过竞标程序由市场来最终确定所需的补贴数额。在评估费用方面应用较为广泛的模型之一是成本代理模型。

（一）成本代理模型

成本代理模型以工程模型为基础，通过网络优化测算电信业务成本，对业务成本进行前瞻性的预测。具体做法是先用工程方式测算本地网络元素的实际成本，再用经济的方法对网络结构的价格、技术等因素进行假设，以对实际发生的成本作出调整。成本代理模型符合经济成本原则，并具有公正、公开和透明的特点。

与基于会计的成本分析方法相比，在成本代理模型下，监管机构可以在一定程度上消除信息不对称的影响。因为应用会计成本分析方法，需要运营商提供完善的电信成本核算体系，并能够保证企业财务数据的准确可靠，在此基础上核算企业发生的普遍服务成本，还应考虑企业内部非效率因素产生的成本支出。而成本代理模型是基于前瞻性成本的思想进行成本计算的工程经济学模型，代表了监管成本测算方法的方向。

在确定普遍服务成本方面，成本代理模型起到了积极作用。由于非对称信息的存在增加了规制的困难，通过构造一个精确的技术模型并输入完善的需求数据，可以在一定程度上消除信息不对称的影响，从而可以得到对普遍服务义务的真实成本、交叉补贴带来的进入威胁等方面的合理判断。

但是，尽管成本代理模型提高了规制者的信息质量，但它不可能从根本上消除非对称信息，规制仍然存在信息障碍。并且由于成本代理模型更多由监管机构牵头实施，不可避免会出现脱离现实的情况。此外，不同的代理模型得出的成本结果差异较大，开发和维护会耗费一定资源。

因此，采用成本代理模型确定普遍服务的数额，既有优点，也有缺点。优点是：(1) 使用前瞻性成本而非历史成本，消除了普遍服务补贴的成本附加特性，剔除了普遍服务成本中的非效率因素，对高成本地区的本地电话运营商降低成本提供了一定的激励。(2) 可帮助基金管理机构进行基金预算，并确定能够向项目提供的最高补贴数额。(3) 与单一的竞投标方式相比，可避免后者容易出现的串通投标或其他妨碍竞标程序的行为。缺点是：(1) 在计算前瞻性成本时，不同的代理模型得出的估算差异较大，对普遍服务真实成本的评估容易失真。(2) 补贴依然由规制者而非市场力量来确定，同时也增加了规制成本。

（二）由竞标程序确立补贴数额

即便是最成功的电信监管机构或普遍服务基金管理机构，通常也不能像电信运营商那样，获得有关实施电信业务普及项目的真实成本和利益方面的充分信息。在克服信息不对称问题上，竞标程序无疑是一种更好的规制工具。

经济学家拉丰和梯若尔认为，优化规制的最大障碍在于规制者和被规制厂商之间的信息不对称，虽然基于计算机技术发展起来的成本代理模型在一定程度上可以缓解信息不对称，但是在普遍服务的成本估计中，使用代理成本模型仍然存在一定程度的信息不对称，这最终促使以市场为基础的竞标程序运用于电信普遍服务。竞标程序意味着管制机构甚至无需确定满足普遍服务接入所需要的实际净成本，而仅仅需要确定必须向普遍服务提供者提供的补贴数额，这大大减少了规制成本。

应用竞标程序的实践表明，如果能够对不同的普遍服务项目进行组合竞标，将会激励运营商将具有成本协同效应的地理区域组合起来竞标，从而有效发挥电信普遍服务项目实施的成本协同效应，管制机构将会获得更多的规模经济。

为最大程度地获得竞标程序带来的优势，实施竞标程序时应当注意以下几个事项：:第一，尽量采用组合拍卖机制，即将具有成本协同性的区域组合在一起；第二，要考虑电信普遍服务为电信运营商带来的无形利益——运营商声誉、市场效应和品牌效应的提高，确定拍卖电信普遍服务补贴额标底时应扣除经过客观评估过的无形利益；第三，应通过透明的拍卖程序、多轮拍卖机制以及拍卖前对成本补贴合理精确的估算来规避投标人的合谋行为；第四，通过拍卖机制遴选出的电信运营商，在赢标后不存在竞争压力和容易产生机会主义行为，因此，应设计事后监督机制对电信运营商实施普遍服务项目进度予以监督。

五、普遍服务基金的分配方式

普遍服务基金机制已经成为实现普遍服务目标的主要解决方案。普遍服务基金的分配也因此成为普遍服务成本补偿的重要方式。目前，普遍服务基金的分配方式主要有以下两类：

（一）以行政指派方式分配资助额

1. 向运营商分配

普遍服务管理者可以向任何有能力实施普遍服务的运营者或电信业务公司分配资助额。在这之前，管理者同样也需要制定出明晰的、可预知的、竞争中立的分配规则。一般来说，管理者在决定向某个运营者分配资助额时需考虑诸多因素，包括呼叫量、呼叫选路、所服务区域中低收入或农村住宅用户数。从全球发展来分析，越来越多的国家采取预期成本方式估算对实施普遍服务的运营者的补偿额。

2. 补贴终端用户

此外，还有一种分配方式（如在芬兰）是直接向终端用户提供普遍服务基金补贴。管理者需要决定如何使用资助额，如一些普遍服务资助计划可能仅允许受补贴的用户使用资助额支付部分或全部的初装费、月租费、本地或长途呼叫费，或所有呼叫费。再次，管理者决定向目标用户分配基金补贴的方式。如普遍服务基金可以通过运营者向用户提供资费折扣、免部分话费、预付卡等方式间接地分配给受补贴用户，也可以通过免费凭证、免税、政府支票或政府发放的呼叫卡等方式直接向用户提供补贴。当然，上述为普遍服务提供资助的方式，无论是通过运营者间接补贴，还是直接向用户提供资助，均须制定有效而透明的分配机制。

（二）以竞争方式分配普遍服务基金

普遍服务基金是公共支出的一种特殊形式，原则上应当以公开、透明、竞争中立的方式予以分配。特许投标方式将电信普遍服务基金作为政府采购项目，采取公开招标、公开采购、公开信息的方式确定普遍服务义务的承担者，并在采购合同中附加数量和质量上的要求，就可以鼓励运营商公开竞争电信普遍服务基金，按照“谁提供服务，谁获得资助”的原则提供普遍服务。

一套完整的竞争程序应当包含以下步骤：确定普遍服务基金竞标者的适格条件，确定投标方式，设计竞标程序，按照公开、透明的标准遴选出中标的运营商。

使用特许投标或拍卖等方式，不仅可以减少传统规制方式信息不对称的弊端，克服行政性指令的随意性，还可以从根本上消除交叉补贴。由于普遍服务的潜在收益，最终的普遍服务项目成交价可能比政府预期的补贴更少甚至在部分地区实现零补贴。竞争还可以减少规制成本，精简规制机构，构造充分有效的竞争格局，确保电信普遍服务特许投标阶段的充分竞争。

案例分析

中国电信普遍服务实践——村村通工程

中国是一个发展中国家，国土面积为960万平方公里，仅次于俄罗斯和加拿大。共有31个省（直辖市、自治区）和将近70万个行政村。农村家庭为2.1亿户，农村人口总数为7.57亿，占总人口数的58.2%。因此，广大农村地区是中国普遍服务工作的重点。中国现阶段的普遍服务目标是实现行政村以及自然村电话通信的从无到有，具体是通过“村通工程”来实现的。

1. 背景

1998年邮电分营、政企分开之前，中国的电信普遍服务一直由原垄断企业中国电信承担，资金主要来源为长途话费收入和初装费。1998年后，随着中国电信的拆分和竞争的加剧，长途利润摊薄，初装费被取消，原中国电信开始逐步放慢在普遍服务上的投资，普遍服务进程有所放慢。

2004年，原信息产业部出台了新的“村通工程”实施方案，由6家基础电信业务运营商承担村通任务，并在2005年年底前使村通率达到95%。

2. 实现方式

将全国31个省（区、市）按省进行分片，信息产业主管部门与几家在全国范围经营基础电信业务的国有电信企业进行协商，由各企业分片承担部分省份的村通工程。具体方法如下：

综合考虑各相关企业的业务收入等经济指标，兼顾各企业现有网络的地域特点，将各省按比例分配到企业。具体的分配方法是：以各企业2002年底业务收入份额和利润份额的算术平均，作为承担村通任务的比例，依此算出每个企业在全国所有目标村中应承担的目标村数量。承担村通工程的各企业之间，本着自愿的原则，可以相互协商对所承担的省份或行政村进行任务交换、任务转让等。相关变化情况须报信息产业主管部门备案。

3. 资费标准

农村通信资费标准不得高于目前现行资费标准；无论采取何种技术，有人值守公用电话均不得高于固定公用电话资费标准。

4. 技术手段

在村通工程中，各相关企业应首先选用目前获准的业务经营许可范围内的技术手段。如确需用现行许可范围外的接入方式，应报信息产业主管部门批准。

5. 成果

截至2009年6月15日，共计为全国1 228个20户以上自然村新开通电话，20户以上自然村通电话比例达到92.5%；为1 734个行政村新开通互联网，40个乡镇新开通宽带，行政村通互联网和乡镇通宽带的比例分别达到90.9%和95.6%。同时，全国已有6 526个乡镇开展了“信息下乡”活动，共建成乡镇信息服务站7 121个、行政村信息服务点44 314个，在互联网上建成乡级涉农信息库2 770个、村级信息栏目28 773个。①

6. 评价

“村村通”工程使得我国在较短的时间内在电信普遍服务领域取得了巨大的成就。通电话的目标已由未通电话村的行政村向自然村扩展，电信普遍服务正从传统的话音接入阶段向互联网接入和农村信息化建设的高级阶段迈进。但是，从本质来看，“村村通”工程的补贴方式依旧是交叉补贴，普遍服务义务的履行也依旧是行政指令性方式，仍然无法规避不透明、不公平的弊端，“村村通”工程只能作为一个临时过渡解决方案，从长远来看，建立普遍服务基金机制仍然是必然趋势。

思考题

1. 电信普遍服务的基本原则是什么？
2. 普遍服务法律制度赋予公民的“通信权利”与宪法规定的公民“通信自由和秘密的权利”有何区别与联系？
3. 电信普遍服务法律关系的客体指什么？
4. 电信垄断经营时期普遍服务主要的融资模式有哪些？它们有哪些缺陷？
5. 普遍服务基金的分配方式主要有什么？各自有什么特点？

① 资料来源：http://telecom.chinabyte.com/149/8993649.shtml.

第七章

电信服务合同和用户权益保护

本章导言

本章从电信服务的概念及特点入手，分析了电信服务的法律特性、电信服务合同的法律界定、电信服务合同的订立、电信服务合同格式条款及其规制，并对电信消费者权益的保护的相关法律问题进行了探讨。

电信服务，是指电信业务的经营者向电信用户提供电信业务的过程。电信服务合同是电信业务经营者为了重复使用而事先拟定的，设立、变更、终止电信业务经营者与电信用户之间的权利义务关系的，在订立合同时不能与电信用户协商的合同。电信消费者权益是指电信消费者在接受电信服务过程中所享有的权利和应得到的利益。保护电信消费者权益具有非常现实的重要意义，它是保证我国电信业持续健康快速发展的重要因素，也是消费者对电信质量与服务的更高的要求。随着电信业的迅猛发展，电信服务业呈现出加速发展的势头，由此引发的电信服务纠纷也逐年增多。因此，要采取强化国家和省级电信监管机构，加强电信业的行业自治，建立保护消费者权益机制，消费者的自我救济等对策，来防范电信服务纠纷的发生。

第一节　电信服务

电信业是以信息科学和信息技术为主要依托的新兴产业，其实质是信息的生产、传播、加工和利用，它包括电信服务、电信基础设施和电信设备制造三个主要组成部分。电信业改变了人们的交流方式，缩短了人与人之间沟通的距离，促进了国民经济的发展，影响到了社会生活的方方面面。随着电信业的迅猛发展，电信服务业呈现出加速发展的势头，由此引发的电信服务纠纷也逐年增多。因此，对电信服务合同及其常见纠纷引发的法律问题进行研究，是电信业发展过程中面临的一个重要课题。

一、电信服务的概念、特点及其分类

电信服务，是指电信业务的经营者向电信用户提供电信业务的过程。如果将电信服务看作是一种特殊的商品，那么它是一种包含了物质产品和附加服务在内的整合商品。

电信服务与其他行业的不同在于，电信业务只有在用户使用过程中才会产生经济效益，只有用户使用电信业务（如打电话、上网）后电信企业才能向用户收费，也就是说电信产品卖出去以后的售后服务对电信企业才最有价。电信服务涉及消费者、电信产品（设备）制造商、电信运营商等多个主体，具有以下特点：

（1）电信服务是无形的、非实体的。实体产品是有形的、可感知的、实实在在的物体，而电信服务表现为一种行为、绩效或努力，其是一系列行为和（或）实物要素的组合和完成过程。消费者在购买电信服务之前，是看不见也摸不着的，电信服务具有不可感知性，只有在购买之后和消费过程中，才能感受到。[①]

（2）电信服务是一种网络服务。电信服务属于电信技术，而庞大的无线、有线、互联网络是支撑和提供电信服务的基础。电信服务还是一种联合作业、全过程的服务。它需要不同人员调动不同的资源共同来完成，从用户终端到电信线缆，从接入设备到系统设备，从本地网到长途网，电信的网络化特征决定电信服务是全程服务，必须保障互联互通，否则消费者得到的就是一种质量有缺陷的服务。

（3）电信消费者参与电信服务过程。电信服务的过程只有作用于用户，才能使用户得到传送资讯需要的满足。用户对电信服务的理解、期望和支援直接影响到电信服务质量，而当用户数超出电信服务体系容纳能力的时候，电信服务就不能充分满足用户需求。因而如何与用户沟通也成为电信服务的重要内容。由于电信服务是即时提供的，电信的生产和消费同时发生，具有不可分离性。因此，客户必然参与电信服务的生产过程，只有参与服务的生产过程才能接受服务。

（4）电信服务强调时间要素的重要性。电信服务具有生产和消费同时进行的特点，电信服务对用户需求回应的及时性要求远大于实体产品。在成功的电信服务中，用户需求不仅要得到准确的回应，而且要得到及时的回应，否则就会延长用户等候的时间，可能引起用户的不满，甚至质疑电信服务的质量。

（5）电信服务是不可逆转的行为。电信服务不同于有形的商品，不可以储存，更不可以转让。由于电信服务是即时提供的，每一次服务都有其特定的时间和地点，特别是由于其时间特性，每一次电信服务都不可能完全一致，不能预制也不好补救，因此电信服务是一种行为或过程，不可以逆转。

（6）电信服务无法储存。电信服务的无形性和生产消费的不可分割性决定了电信服务无法储存。由于电信服务的这一特点，决定了电信服务的短期成本和生产能力均是确定的，对需求短期波动呈现出刚性。需求不足会造成生产能力的浪费，而需求过多又会导致部分需求无法满足或电信服务质量下降。

按照国际上通行的分类方法，电信服务可分为基础电信服务（以下称基础电信业务）和增值电信服务（以下称增值电信业务）两大类。

基础电信业务（Basic Telecommunications），是指提供公共网络基础设施、公共数据传送和基本话音通信服务。随着互联网、移动通信及卫星传输技术发展的日新月异，基础电信服务范围急剧扩大，新型服务层出不穷，信息传递更为迅速准确。基础电信业务

① 中国邮电电信总局．电信服务营销200例．北京：人民邮电出版社，1998：164.

的突出特点不仅在于一对一的用户服务，而且能保持传输信息的原样性和真实性。按地域划分，基础电信业务可分为本地通信、国内长途通信和国际长途通信；按通信性质划分，基础电信业务可分为话音业务、数据业务、专线业务；按通信方式划分，基础电信业务又可分为固定通信、移动通信、卫星通信等。

增值电信业务（Value-Added Telecommunications），是指利用公共网络基础设施提供的电信与信息服务，它是近几年来发展起来的新型电信服务。增值电信业务的飞速发展与计算机技术和互联网的全球普及密切相关，是在基础电信提供的公共网络基础上增加的信息服务和其他专业服务。增值电信业务的突出特点在于，其服务的方式多数情况下是点对面的服务，而且是通过对信息的形式或内容进行加工或加以存储，以备电信消费者使用。因此，增值电信业务一般情况下都是非即时性服务，这与基础电信业务的发送与接收的同步性是截然不同的。增值电信业务可分成四大类：一是以网络为基础的增值服务，包括语音数字转换传送、电视会议和网络传呼中心；二是以网络为中心的增值服务，包括网络规划、设计及管理咨询和网络安全服务等；三是应用平台托管服务，包括信息存储、网络和应用平台托管以及移动商务；四是特定应用开放，包括应用开发和外包服务。

二、电信服务的法律特性

电信消费属于电信企业提供的服务类合同，一般来说，消费者在申请电信服务的意思表示得到电信企业（经销商）的接受、交付相应的使用费、获得相应的凭证以后，双方的契约就已经达成，并进入履行阶段。这种契约关系一旦确定，电信企业就应该为消费者提供约定的服务。[①]

由于电信服务和电信消费的特殊性，使得电信服务与一般的民事法律行为比较，具有如下法律特征：

1. 电信服务的标的是信息服务

电信服务的标的不是有形的实物产品，而是信息，通过电信企业提供的信息传递服务，获得自身所需的声音、文字、图片、数据、画面等信息。电信服务使用价值的实现，不是通过对物的占有、使用、收益或处分，而是对信息的及时、准确、安全、保密地传递，以及在传递信息过程中所得到的优质、廉价和高效率的服务。

2. 电信服务是多方民事行为，当事人的法律地位不对等

多方民事法律行为是由多个行为人意思表示达成一致而成立的民事法律行为。[②] 电信服务依托于庞大的通信网络和营销服务网络进行，而构建一个电信服务网络，不仅需要电信设备制造商，还需要电信网络运营商、经销商、内容（服务）提供商等多个民事主体的共同参与。与电信运营商相比，绝大多数消费者受专业知识、技术手段等局限，对电信服务过程和质量难以控制，因此，其在经济实力上处于劣势，在信息获取上也处于劣势。很显然，主体双方是处于非对等地位，一方是高度的集中，另一方是极度

---

① 杨紫煊．经济法．北京：北京大学出版社，高等教育出版社，1999：195.

② 刘定华，屈茂辉．民法学：长沙：湖南人民出版社，2001：42.

的分散。在运营商主体内部，各方地位也不均等，主导电信营运商在与其他电信运营商的互联互通中掌握主动权，获得了竞争中的不平等地位。

3. 电信服务是事实行为和民事法律行为的混合行为

在当事人行为中，有的并非以设立、变更、终止民事权利义务关系为目的，但因其实施了该行为，就可能发生一定的法律后果。有的是以发生一定民事法律后果为目的，具有发生民事法律效果的意思表示。前者称为事实行为，后者称为民事行为。在电信服务中，有的消费行为只是一次性的，如消费者仅仅是拨打一次公用电话，只要完成了信息传递行为就可以了，并不以设立电信服务民事权利义务关系为目的。而有的消费行为却要签订一定时期或是长期性的电信服务协议，比如用户租用移动电话、租用电路专线、安装使用固定电话等，这种行为是以契约的形式在一定时期内明确与电信企业的权利义务关系，产生民事法律后果。因此，电信消费既有事实行为，又有民事法律行为，是事实行为和民事法律行为的混合行为。

4. 电信消费既有要式民事法律行为，又有不要式民事行为

要式法律行为，指依法律规定或当事人约定，采取一定形式或履行一定程序才能成立的法律行为。不要式民事法律行为指法律不要求采用特定形式，行为人自由选择一种形式即成立的法律行为。[①] 在电信消费中，消费者购买电话卡拨打电话、投币使用公用电话、购买上网卡上网等，只发生货币交易关系，是一种预先缴费而使用电信服务的行为，往往无须书面订约，就可以形成电信消费事实行为；而租用移动电话、小灵通、电脑终端消费电信业务，是以每月或每年消费多少额度的电信服务为前提条件的，消费者与电信企业是一种协议消费的行为，双方必须订立书面合约，有的还须另行签订担保协议，由银行、有关其他单位或其他有信誉的消费者提供担保。

5. 电信消费有主民事法律行为和从民事法律行为之分

主民事法律行为，是指相互关联的民事法律行为中能够独立成立的民事法律行为；从民事法律行为，是指相互关联的民事法律行为中不能独立成立而必须以主民事法律行为成立为前提才能成立的民事法律行为。在电信消费中，消费者通常是先签约基本语音通信服务，这是主民事法律行为。随着电信企业服务的推介，或消费者自身的要求，在基本通话业务之外，又附加使用了上网、短信、定制信息等服务，这些服务必须以消费者的入网或初始服务协议为前提，这些是从民事法律行为。

6. 消费者是电信消费民事行为成立的必要主体

电信服务的特征决定了消费者只有加入到电信服务的过程才能最终接受服务。事实上，消费者既是信息的发送者，又是信息的接收者，而电信服务的标的即为消费者传递的信息本身。因此，没有消费者，电信消费民事行为便不能成立。

7. 某些电信消费民事法律行为附条件或附期限

民事法律行为的附条件，是指以将来不确定的客观事实的发生作为民事法律行为效力开始或终止的条件附加于民事法律行为。民事法律行为附期限，指以将来一定期限的

---

① 魏振赢．民法．北京：北京大学出版社，高等教育出版社，2002：139.

到来作为民事法律行为效力开始或终止原因的民事法律行为。[①]

在电信消费中，电信运营商往往以格式合同或背书的形式，对消费行为附加条件或时限，电话卡、充值卡的过期失效就是典型的附时限民事法律行为。在移动运营商、电信运营商开展的预存话费送手机（小灵通、电话机、电脑终端）促销活动中，往往要求消费者在一定的期限内必须达到一定的消费额度，有的运营商甚至规定消费者在一定期限内不得选择另外的电信运营商，否则电信运营商有权解除合同，这就是附终止条件的民事法律行为。

第二节 电信服务合同

一、电信服务合同法律界定

（一）电信服务合同的概念

所谓电信服务合同，又称最终用户电信服务合同，是电信业务经营者为了重复使用而事先拟定的，设立、变更、终止电信业务经营者与电信用户之间的权利义务关系的，在订立合同时不能与电信用户协商的合同。

（二）电信服务合同的法律特征

电信服务合同除具有双务性、诺成性、有偿性、长期性等一般法律特征外，还具有以下特点：

1. 电信服务合同标的的复合性

电信服务合同的标的包含着服务行为与租赁行为，该行为的实现以电信使用人对有体物的占有、使用和对特殊电信资源的占有、使用为必需。这是电信服务合同最重要、最显著的特点。作为合同特殊标的物而存在的电信资源，是指无线电频率、卫星轨道位置、电信网码号等用于实现电信功能且有限的资源。因而，电信合同标的物具有复合性。

2. 电信服务合同主体的特定性

电信服务合同的主体至少有一方为电信运营企业或依照有关规定取得信息产业主管部门或相关电信管理机构颁发的电信业务经营许可证的其他电信业务经营者。

3. 电信服务合同客体的特殊性

电信服务合同的客体包括产品和服务，其中产品包括有形的设备和无形的电磁信号，如从事国际电信业务合作的电信运营企业之间交换、传送与接收的是电磁信号。其中产品可表现为动产，亦可表现为不动产，某些电信合同的标的物具有不动产的特性，即其具有不可移动性，如海底光缆网络系统或陆地光纤传输网络系统等；电信合同另一标的物——服务则是无形的。

4. 电信服务合同内容的特殊性

多数电信合同条款下的当事方，在商务、技术和财务上交往密切，所以合同中一般都含有知识产权许可与信息保密条款。

---

① 江平．民法学．北京：中国政法大学出版社，2000：202.

5. 电信服务合同中责任条款的特殊性

由于电信网之间的关联性以及电信技术的复杂性，一个电信网的某个局部问题可能会破坏其他与该网络相连接的电信网的正常运营。所以，很多电信合同中都有责任限制条款的约定，当事方以各种方式限制自己的责任。

6. 电信服务合同订立方式上的特殊性

电信服务合同订立方式上的特殊性即合同一方的单方选择性。电信用户享有自主选择权和获得平等待遇的权利，有权根据自己的意愿和需要依法开办各类电信业务，电信业务经营者不得以任何方式限定电信用户使用其指定的业务。对已开办的电信业务，电信运营企业不得以任何理由拒绝电信用户使用其业务。也就是说，电信用户拥有选择电信运营企业的权利，电信运营企业没有拒绝用户有偿使用其已开办的电信业务的权利。

7. 电信服务合同的缔约强制性

电信业务经营者一般属于公用企业，其提供的服务具有一定的行业垄断性。电信服务合同虽然采取要约和承诺的方式缔结，但从维护社会公众利益的角度出发，电信业务经营者负有强制缔约义务，非有正当理由，不得拒绝用户的缔约要求。[①]

8. 对象的广泛性

广泛性，指电信经营者的要约行为总是向不特定的多数人发出的，而不是向某个人发出的。任何人只要同意要约的规定就可以签订合同。

9. 当事人经济地位的不平衡性

一般情况下，电信服务合同的双方在经济方面的实力具有较大差别。提供格式条款合同的电信经营者在事实上或法律上居于垄断地位。

10. 电信合同的国家性

电信服务的标准具有国家性。[②] 主要包括三个方面：一是电信资源的国家性。电信资源由国家统一享有，国家对电信业务经营实行许可制度。通过对电信资源统一规划、集中管理、合理分配、有偿使用，实现电信资源的国家管理。二是电信资费的国家调控性。其中基础电信业务资费实行政府定价、政府指导价或者市场调节价；增值电信业务资费实行市场调节价或者政府指导价。三是电信服务标准的国家性。国家建立统一的电信服务标准，规范电信业务经营者的行为，电信服务必须达到国家规定的服务标准或者其公布的企业标准。

二、电信服务合同的订立

（一）电信服务合同订立的特殊原则

合同是平等主体之间设立、变更、终止民事权利义务关系的协议，是当事人之间意思表示一致的结果。电信服务合同作为一种无名合同，其订立过程同样要经过要约、承诺阶段。在订立电信服务合同过程中，首先应遵循订立一般合同的普遍性原则，即：意

---

① 王泽鉴．民法债编总论：第一册．台北：三民书局，1996：73.

② 魏昌东．电信合同的性质及责任承担原则．社会科学，2003（3）.

思自治原则，合法原则，公平诚信原则。但是为了考虑电信服务合同交易的安全性和经济等价有偿性，基于电信服务合同的特殊法律特征，电信服务合同的订立还应遵循三项特殊原则，即：主体具备完全履行合同能力的原则、合同内容受政府监管的原则、遵循国际惯例原则。

（二）电信服务合同的特殊书面形式

书面形式是当事人以书面文字表达协议内容订立合同的形式，包括合同书、信件和数据电文（电报、电传、传真、电子数据交换和电子邮件）等可以有形地表现所载内容的形式。书面形式又可分为普通书面形式和特殊书面形式。前者是指当事人以文字或有形表现所载内容的形式；后者是指除文字表述内容外，还须履行某种特别程序才能成立的形式，包括公证形式、鉴证形式、批准形式、登记形式。电信服务合同是一种普通书面形式的合同，并不属于法律明文规定应当经过特殊程序才能成立的合同。

（1）合同书：是指记载合同内容的文书，有标准合同书与非标准合同书之分。标准合同书，指合同条款由当事人一方预先拟定，对方只能表示完全同意或者不同意的合同书；非标准合同书指合同条款完全由当事人各方协商一致的合同书。在基础电信业务服务中，常见的是以传统书面形式表现出来的各种标准合同书，这一类合同往往由电信业务经营者事先拟订，具有大量的格式条款，容易引发电信服务纠纷。

（2）信件：是指当事人就要约与承诺的内容往来的普通信函，其内容一般记载于传统的纸张上，与通过电脑以及网络手段发送的电子邮件不同。

（3）数据电文：是指通过电子手段、光学手段或类似手段生成、储存或传递的信息，增值电信业务主要是利用公共网络基础设施提供电信与信息服务的业务，包括电子邮件、语音信箱、在线信息库存储和检索、电子数据交换、互联网接入与信息服务、可视电话会议服务等新型电信服务。此类电信业务服务所引发的纠纷，往往是与其采用电子数据交换和电子邮件等无纸化的形式有关。

三、电信服务合同格式条款

长期以来，电信业务经营者利用事先拟订好的合同，与用户建立了各种各样提供电信服务的法律关系。

（一）格式条款概述

所谓格式条款，是指由一方当事人为了重复使用而预先拟定，并由不特定的相对人所接受的、在订立合同时未与对方协商的条款。格式条款可能构成一个完整的独立的合同，也可能仅作为整个合同的组成部分或作为这些合同的部分条款存在，通常又称为定式合同条款、标准合同条款、定型化契约条款和格式条款等。

格式条款是19世纪工业革命的产物，是20世纪合同法发展的重要标志之一，早先为西方国家大量使用。在当今社会，格式条款已被广泛运用于合同内容相对固定、合同签订数量众多的场合。

导致格式合同产生并广泛运用的原因主要有：（1）生产经营垄断。生产经营达到一定规模，其经营模式趋于稳定，易于推行格式合同。邮电、铁路、航空、城市交通、供水、供电、供气等公用垄断行业，基本上都实行格式合同的模式。（2）交易内容重复。有些行业，特别是公用企业，其交易对象是不特定的公众，交易内容具有重复性，这些行业为了避免重复烦琐的签约过程，往往采用格式合同。（3）提高交易效率。采用格式合同，对经营者来说既可以提高经济效益，又可以节省时间；对相对方来说，省时省事。因此，在强竞争、快节奏的现代社会，交易双方均希望简化缔约程序，提高交易效率，格式合同的出现，迎合了人们的这种主观需求。

（二）格式条款的特点

1. 格式条款是为了反复使用而预先拟定的

格式条款的内容一般是由居于优势地位的一方当事人在订约前就已预先拟定出来，而不是在双方当事人反复协商的基础上制订出来的；一方当事人拟定格式条款时，并非针对某一具体的缔约相对人，而是不特定的多数人。只要当事人一方有重复使用该合同的主观目的即可，并不要求在实际中当事人一定会利用格式条款与多数人缔约。而且，拟定条款者并不一定都是最后的条款使用者，现实中很多情况下格式条款使用人往往使用的是其他人所拟定的条款，如使用行业协会制定的一些条款。制定格式条款的一方多为提供某种商品和服务的公用事业部门、企业和有关的社会团体等；有些格式条款文件是由政府部门为企业制定的，如电报稿上的发报须知、飞机票上的说明等。

2. 不能协商性

格式条款的内容具有格式化、定型化的特征，它普遍适用于一切不特定的相对人，不因相对人的不同有所区别。弱势一方当事人根本没有参与格式条款拟定的机会，只能在缔约时，对对方当事人提出的格式条款表示全部接受或不接受，没有其他选择的余地。

3. 格式条款的内容具有完整和定型化的特点

格式条款具有很大的稳定性和不变性，它普遍适用于一切要与起草人订立合同的不特定的相对人，而不因相对人的不同有所区别。相对人只能对合同的内容表示同意或拒绝，而不能修改、变更合同的内容。

4. 潜在的不公平的可能性

格式条款通常都是由处于优势地位的一方当事人拟定的，在经济利益的驱动下，格式条款的制定者极有可能在格式条款中规定一些有利于自身，而不利于相对人的条款，这一现象的出现和泛滥，是当事人滥用契约自由的结果。

5. 相对人在订约中居于服从地位

相对人对一方已经制定的格式条款，只能全部接受，没有与合同条款制定者讨价还价的余地，在合同关系中处于服从地位。

6. 格式条款要约的广泛性、持续性及细节性

格式条款体现在要约方面，即表现为广泛性、持续性及细节性。广泛性是指要约一般总是向不特定的多数人发出。所谓持续性，指该要约一般总是在一段较长的时间内发生效力。所谓细节性是指该条款一般考虑得比较全面，要约人一般不会修改，承诺人更是不许更改。

7. 格式条款适用于不特定的相对人

与一般合同的当事人双方都是特定的人有所不同，格式条款在订立前，要约方总是

特定的，而承诺方则是不特定的。一旦不特定的相对人实际进入订约阶段（要约、承诺），即由不特定人变成了特定的人。

（三）电信服务合同格式条款

由于电信服务合同一方主体的特定性和另一方主体的不确定性，电信业务经营者与电信消费者之间的合同，无论是使用后交费方式还是预付费方式，与同为公用事业的电力、铁路等行业相同，普遍采用格式条款。

电信服务的格式条款，是指电信业务经营者为了重复使用而事先拟定，并在订立合同时未与用户协商的合同条款。

电信服务的格式条款具有以下几个特征：第一，对象的广泛性。是指电信经营者的要约行为总是向不特定的多数人发出的，而不是向某个人发出的，任何人只要同意要约的规定就可以签订合同。第二，条款的持续性。电信服务的格式条款一般是经过认真研究拟定的，除非法律、法规或规章有新的规定，一般在相当长的时期内不会改变。第三，条款的细节性。电信服务格式条款的要约一般都包含了合同的全部条款，不允许对方在承诺时对要约加以任何的修改。第四，承诺的无奈性。对于电信业务经营者拟定和使用的格式条款合同，作为承诺人的消费者，在签订合同时只能选择承诺，不允许提出新的要约，否则合同不能成立。

格式合同的出现改变了传统的订约方式，其优点表现为：便捷快速，电信业务的经营者无须同每个消费者单独协商和讨价还价，节约了大量的订约时间，加速了交易的过程，改变了传统条件下一个合同的订立必须经过反复要约和承诺才能成立的非经济行为；事先分配风险，责任条款明确细致，有利于确定双方当事人的责任和后果；降低交易成本，提高交易效率，进而提高经济效益。

但是格式条款同样有着极为严重的弊端：拟订格式合同的一方往往利用自己所具有的优势地位，制定出利己而损害相对方的不公平条款，使自己享有较多的权利、承担较少的义务和责任，使相对方享有较少的权利、承担较多的义务和责任；格式条款使得合同自由原则被滥用，严重损害了合同的效力基础和消费者的缔约自由权利，其客观效果不仅损害了相对方的利益，也是对合同法所弘扬的平等、公平、诚实信用、禁止权利滥用等理念的破坏；格式条款在损害合同自由的同时也在威胁着合同的正义性，它使电信消费者丧失了和电信业务经营者讨价还价的权利，实际上为电信运营企业滥用权利、迫使电信消费者接受明显或隐藏的不利条件，使消费者处于不利地位提供了可能。

四、电信服务合同的规制

电信服务合同属于格式合同，其本身就与契约自由原则相冲突。由于电信服务的固有特点以及电信服务合同格式条款的存在，不仅限制了用户意志的自由表达，而且不利于促进电信业务经营者提升服务质量，改善电信消费环境，因此必须对电信服务合同格式条款加以规制。规制的方式主要有立法规制、司法规制、行政规制和自律规制四个方面。[①]

---

① 杜军．格式合同研究．北京：群众出版社，2001：288－289.

(一) 立法规制

电信服务合同的立法规制，是指国家通过制定相应的法律法规对电信服务合同加以规范，从而使电信服务合同的弊端得到控制，其对象具有不特定性、普遍性，对不确定的某一类人或某一类事项具有反复适用的效力。立法规制是当今用得最普遍的规制方式，是司法规制和行政规制的前提和依据。

对一般格式合同的立法规制主要有以下几种模式：(1) 在民法典中特设强行规则来规制格式合同。在对格式合同的立法规制中，民事一般法的规制是基本的规则。在大陆法系国家，这种规制主要是通过民法典中的一般原则规定来实现的。(2) 制定专门的格式合同规制法，对格式合同全盘规制。在所有对格式合同进行规制的方法中，一般认为这种方法最能发挥实效。(3) 在消费者保护法中设专章（节）对格式合同进行规制。(4) 在合同法中进行规制。

(二) 司法规制

电信服务合同的司法规制，是指法院依据法律规定，对电信服务合同条款进行审查并依法对其法律效力作出肯定或否定判断的控制方法。法院一般分5个层次对涉讼的格式条款进行规制：一是判断是否为格式条款；二是格式条款是否订入合同；三是对具有疑义的格式条款的解释：四是格式条款内容的效力的认定；五是条款未订入合同或无效时，效果如何。

司法规制是调整电信合同缺陷的重要途径，具有其他规制方式所不能代替的优势。其优点是：(1) 通过法院审查格式条款的效力，对合同中有疑义的问题或作出条款无效的判决或消除电信服务合同中不公平条款的影响，维护合同相对人的利益，使合同的内容趋于公正，当事人的利益趋于均衡。(2) 法院的裁判是最终的处理结果，且有国家强制力保证，具有很高的权威性。因此，司法规制目前成为各国规制格式条款的通例。其缺点是：(1) 司法救济具有事后性。司法机关只有在格式条款纠纷发生后才介入，事先的预防功能不强。(2) 司法判决效力的有限性。除英美法系国家外，大陆法系国家法院的判决只对具体案件有效力，不能起到普遍规制的作用。格式条款无效后，条款提供人只要将其稍作修改，又可使用而不必受判决的约束。(3) 时间、费用上不经济。通过司法程序解决格式条款问题，所花费的时间、精力、费用等相对较多。

(三) 行政规制

电信服务合同的行政规制，是指电信监管机构依照法律规定对电信服务合同的内容进行规范，对电信服务合同的使用进行监督检查，从而防止电信服务合同不公平条款的活动。行政规制是各种规制方式中最早的一种，同时也是必不可少的一种。

行政规制的优点主要有：(1) 效率性。由于有充裕的人力和物力对格式条款进行调整和及时解决，在处理格式条款与社会公正冲突的问题上，行政机关的效率比司法机关要高得多。(2) 事前性。行政机关对格式条款主动进行事前审查，根据国家的相关政策规范企业所提供商品或服务的价格、费用和其他事项，把格式条款的不公正部分排除在其使用之前，避免了因无人起诉，司法机关不会主动干预，最后导致不公正条款侵害更多人的权益的现象。(3) 主动性。行政机关除了对格式条款进行事前审查外，还可以对格式条款的使用情况进行事后监督，一旦发现其适用带来不公正，即可及时对其进行修正。

行政规制最突出的缺点在于政企不分和部门立法权的滥用，具有鲜明的倾向性，由其批准或制定的格式条款往往明显地向其辖属行业营业者一方的利益倾斜。我国许多行政性公司或其下属企业既是企业经营者，又是行政管理者。由于政企不分，行政机构与企业在经济利益上存在着千丝万缕的联系，很难对合同双方的利益进行均衡分配。行政机构往往从本行业、本部门的利益出发，通过行业法规及行政规章直接规定格式合同的内容，致使许多不公正、不合理的条款被订入格式合同。这就导致行政规制不仅不能有效地预防或矫正格式合同关系中的不平等，反而将这些不公平条款通过合法化的政府文件形式强加给了消费者，并使得这些条款得到了法律的保护。

（四）社会规制

电信服务合同的社会规制，是指消费者组织以及有关的社会团体等利用自身的社会影响以及宣传舆论工具，对电信用户使用的合同进行的社会监督。电信服务合同的社会规制一般通过以下方式进行：一是电信用户权益保护组织等社会团体积极参与电信服务合同条款的拟定。二是协助电信用户处理与电信业经营者的合同纠纷。三是对电信业经营者利用不公平合同条款损害用户利益的行为，提出批评，或诉诸舆论宣传工具向电信消费者提供帮助等。

社会规制的优点是：(1) 能够在一定程度上缩小格式条款双方实力的差距，减少双方地位的不平等，在一定程度上防止和纠正不公平格式条款的出现。(2) 社会规制的程序比较简便，有利于问题的解决，是立法、司法、行政规制的有益补充。(3) 在社会监督中，新闻舆论的监督能够引起社会的普遍关注，迅速动员社会各方面力量，对电信经营者的不当行为进行及时的监察和督促。其缺点是：(1) 社会规制属私力救济，其约束力不及公力救济，所起作用十分有限。(2) 社会规制只能在事后调节社会结构间的不均衡，不能根本消除产生不均衡的原因。(3) 行业自律必须建立在商业伦理发达、行业组织健全的基础上，否则行业协会容易在本行业内形成“条款联盟”，对相对人更为不利。

第三节　电信消费者权益保护

一、电信消费者权益概述

（一）电信消费者权益的界定

我国 1994 年 1 月 1 日起实施的《消费者权益保护法》规定，消费者是指为生活消费需要购买、使用经营者提供的商品或者接受经营者所提供的服务的公民、法人或者其他组织。电信产品的消费者，是指使用电信企业所提供的电信业务的公民、法人或者其他组织。电信消费者权益，是指电信消费者在接受电信服务过程中所享有的权利和应得到的利益。

（二）电信消费者的权益

电信消费者既有类似于其他消费者的一般权益，又具有特殊权益。

1. 电信消费者的一般权益

(1) 知情权。知情权是电信消费者与电信经营者建立电信服务合同关系的前提。对于消费者关心的电信业务种类、网络覆盖、漫游区域、障碍申告、资费标准、收费办法及交费时间等，电信经营者应当作出真实明确的答复，并按照用户的要求，及时、免费提供国内长途通信、国际通信、移动通信和信息服务等各类收费清单。

(2) 保障安全权。电信消费者在购买、使用电信终端和接受通信服务时，享有人身、财产安全不受损害的权利。消费者有权要求电信运营商、经销商提供合格的电信终端产品和信息服务，不因使用电信终端或电信服务危害其人身健康和财产安全。

(3) 自主选择权。电信消费者享有自主选择电信终端产品或者服务的权利，有权自主选择提供商品或者服务的电信运营商、服务提供商、内容提供商、终端生产商，自主选择业务种类或者服务方式，自主决定购买或者不购买任何一种电信产品、接受或者不接受任何一项电信服务。电信经营者要坚持消费者自愿的原则，不能强迫其使用某一业务。

(4) 公平交易权。电信消费者在购买或者接受服务时，有权获得公平交易条件，得到通信稳定、话音清晰、价格合理、计费准确的通信服务，有权根据自我需求选择一项或多项服务，有权拒绝经营者的搭售增值电信业务、强制开通业务或其他强制交易行为。

(5) 质询权。电信消费者有权获得有关电信消费和消费者权益保护方面的知识，在购买或接受服务时，有权就电信服务项目、收费以及使用方法、可能存在的风险和其他注意事项进行质询，并有权获得准确的解释和答复。

(6) 获得赔偿权。电信消费者因电信运营商、代理商等提供的电信产品或者服务存在问题或缺陷而遭受损害时，消费者有获得赔偿的权利。电信消费者在使用电信业务时，由于电信运营商、代理商的过失造成话费差错、服务中断、遭受骚扰、泄露隐私等，以及因使用设备制造商提供的不合格终端产品造成经济损失或人身伤害的，有获得民事赔偿的权利。

(7) 结社权。电信消费者享有依法成立维护自身合法权益的社团组织的权利。电信消费者有权组建成立电信消费者协会或者其他消费者组织，负责维护电信消费者的合法权益，监督电信运营商、代理商、电信服务（内容）提供商等民事主体的经营活动。

(8) 人格尊严权。电信运营商应当向所有的公众提供平等的电信服务，尊重消费者的人格尊严、民族风俗习惯，不应因其经济、健康、地域、民族、职业等状况而区别对待，特别是在消费者选择其他电信运营商的服务时，原有服务提供商不应有歧视行为。

(9) 监督权。电信消费者享有对电信产品和服务提供商进行监督的权利。电信消费者可以利用投诉、舆论、举报等方式，向业务主管部门、政府监管机构、中介组织、新闻媒体、执法部门以及司法机关反映电信消费中其权益受到侵害的情况，行使其监督权利。

2. 电信消费者的特殊权益

电信消费者不仅享有其他消费者的一般性权利，还享有一些电信消费的特有权利。

（1）享受电信普遍服务的权利

电信普遍服务的三项基本要素为：可接入性（无论何时何地，只要有需求，都应该有全面覆盖的电信服务）；非歧视性（无论用户所处的地理位置、种族、性别、宗教信仰，在价格、服务和质量等各方面都应一视同仁）；可购性（电话服务的定价应让大部分用户用得起）。对于我国这样一个发展极不均衡的国家来说，普遍服务有着更为深远的政治和经济意义。信息技术的发展有助于提高一个国家的国际竞争力和生产效率，减少日益扩大的信息贫富差距，带动边远地区和贫困地区的经济发展，提高边远地区人民的生活质量和社会管理效率，促进可持续发展。

（2）享受电信网互联互通的权利

电信的网络化特征决定电信服务是全程服务，必须保障互联互通。互联互通是在自然垄断环境中开展竞争的必要手段，是国家、社会的要求，并非企业的选择。互联互通虽然表现为向其他运营商提供接入服务，但其最终结果是消费者可以方便地获得有竞争性的电信服务。

（3）通信自由和通信秘密权

电信的通信自由权是指电信消费者享有互通音信、保持联系而进行社会自由交往的权利；通信秘密权是指消费者有权对个人电话、传真、电子邮件及通话内容等信息加以保密，禁止他人非法窃听或窃取的权利。在电信通信中，对公民的通话内容，非经法定公检机关，包括电信企业在内的任何单位和个人不得监听或偷录。对涉及消费者隐私的其他通信信息，如通话费用、用户名址、通话时间等，电信企业也应有保密义务。

（4）拒绝信息权

未经消费者允许而通过电信网络向其发送信息，特别是一些骚扰、虚假、促销性质的信息，是一种侵权行为。电信部门有义务切断骚扰信息的来源，防止消费者受到虚假、骚扰信息的侵犯，必要时应向公安机关反映，由公安机关予以处理。

（5）自由转网权

电信消费者有自由选择网络和服务商的权利，消费者可以自由地转换电信网络和服务商，有权以最小的投入获得最好的服务，任何个人、组织和服务商都无权干涉。

（6）要求先行赔付的权利

电信企业之间的合作与往来环节多、服务网点多，发生问题之后，消费者不可能知道是哪一个环节的问题，更不可能知道电信企业之间承担责任的比例。因此，当消费者能够确定由任一电信企业承担责任的时候，有权要求与之建立电信服务合同关系的电信运营企业先行赔付。

（三）保护消费者权益是世界电信业改革的基本趋势

近年来，随着世界电信业的迅猛发展，各国加紧电信法的制定、修改工作，力求与电信技术进步、电信体制改革的深化相适应。各国国内电信立法呈现出推行统一监管、强化行政措施、重构竞争规则、保障公共利益的趋势。各国电信法，一般在总则中都有明确规定："本法旨在保护用户权益"，其中加强消费者权益的保护，保护公共利益的立法趋势也越来越明显。

各国（地区）电信法对消费者权益保护的重视主要体现在：（1）对电信业务经营

者设定公告、公示等强制性义务，同时也规定了一定条件下的免责条款。（2）授予电信管理机构法定权力。（3）在市场环境管理方面，主要是对一些违反竞争法基本原则的行为加以规制，以促进电信市场公平竞争，提高市场效率，最终保护消费者的利益，使消费者能以较低价格获得最大化利益。（4）用户享有申诉权和索赔权。有的国家（地区）电信法的修订还侧重于保障用户的知情权、隐私权、通信秘密保障权、损害赔偿请求权等合法权益。随着互联网时代的到来，很多国家还制订新法律，或修改现有的电信法律法规，解决由互联网带来的一些新问题，如网络中的隐私权、知识产权、有害及非法内容等。

（四）保护电信消费者权益的重要意义

保护消费者权益是市场经济对电信业的内在要求，是保证我国电信业持续健康快速发展的重要因素。近十年来，我国电信业飞速发展，在网络规模上已跃居世界的第二位，对我国国民经济的整体快速发展起到了巨大的推动作用，但电信服务却显得相对滞后。由于中国电信业的垄断经营，以及体制上的缺陷和法律上的漏洞，使消费者权益受到损害。消费者对电信行业的批评主要集中在服务和价格两个方面。

保护消费者权益也是消费者对电信质量与服务的更高要求。随着社会的进步，人民生活水平的提高，消费者对电信质量与服务的要求也在提高。中国加入 WTO 后，消费者衡量电信服务的标准也与国际接轨，消费者已充分认识到在电信消费中自己的法定权利，这需要电信业加快改革开放的步伐，提高电信质量和服务水平，注重对消费者合法权益的保护，尽快提升能与国际同行展开竞争的能力。

二、电信企业的侵权或违约行为

（一）电信运营商的侵权或违约行为

1. 利用格式合同侵害消费者的合法权益

（1）不履行说明义务。电信服务入网协议是电信经营者与消费者为设定双方的权利义务关系而签订的基础性协议，其条款由电信运营商预先拟定，在订立合同时不与电信用户协商。按照合同缔结中的诚实信用原则，提供格式条款的一方应当履行说明的义务，尤其是处于强势地位的电信经营者。说明的内容不仅包括格式条款中设定的免责或限制对方责任的条款，而且在用户入网时还应当对电信网络覆盖情况、资费情况、互联互通情况、漫游地限制情况以及通信过程中号码公开的风险性等作善意的提示。

（2）迫使电信消费者放弃自己权利的条款。目前市场上大部分电话卡都有有效期，且注明“到期后卡内余额不退、过期作废”，这是典型的不平等格式条款。电话卡持有人（消费者）与电话卡发行人之间的法律关系，是一种电信服务合同关系。消费者作为合同的一方当事人，是电信服务的接受者，有义务对其接受的电信服务支付代价；电信公司作为合同的一方当事人，是电信服务的提供者，有义务按照约定提供电信服务。消费者购买电话卡，说明客户与电信公司之间的电信合同成立了，而且双方是分次履行义务，分次享受权利的。而电话卡到期后服务的终止与卡内余额的归属是截然不同的两个概念，卡内余额包含着电信运营商还未提供的服务，如果消费者要求退还，并愿意支付一定的手续费，电信运营商应扣除相应成本后归还给消费者，或采取经消费者同意的其他方案。但目前在过期后卡内余额处理问题上，消费者却没有选择的余地和协商的可能，被剥夺了表达自己真实意思和处置自己私有财产的权利，其权益受到了侵害。

(3) 限制或剥夺消费者寻求法律救济手段的条款。有的地区的电信运营企业在其格式条款中会作出如下规定："客户应充分认识到移动电话通信服务不可避免会受到网络覆盖、网络故障及移动通信系统优化、升级时的影响，并可能造成通信的中断。客户承诺和保证不会因该类情况而向法院提起诉讼。"以上的格式条款为经营者免除了因网络故障等自身原因造成通信中断后应负的法定责任，剥夺了消费者寻求法律救济的权利，实际上就是利用合同约定来限制消费者的法定救济权。救济权是法律赋予公民或法人的当然权利，公民寻求法律救济、向法院提起诉讼的权利是不可剥夺的。在电信合同中，一方当事人的权利受到侵犯时主要是向法院提起诉讼以寻求救济。因此，这种以合同约定排除当事人寻求法律救济的条款应该是无效的。

(4) 任意增加自己的权利。有的电信运营企业所作的格式条款中规定："本公司有权在预先以公告、通知等形式告知广大客户后，单方面对本协议内有关条款进行修改。"众所周知，依法成立的合同对当事人具有法律约束力，当事人应按照约定履行自己的义务，不得擅自变更或者解除合同。因此，电信服务合同一经双方订立并生效后，电信业务运营企业无权单方就协议有关内容作出修改。在上述格式条款中，电信业务经营者规定自己可以单方修改合同内容，是任意增加自己的合同修改权，属于无效条款。

(5) 利用最终解释权来排除对方权利。一般的电信经营者提供的格式条款中都有"本协议的最终解释权归本公司"这一规定。根据我国《消费者权益保护法》的有关规定，商家在经营活动中，应当遵循自愿、平等、公平和诚实信用的原则，为消费者提供真实、准确、客观的消费信息，不能用模糊和容易引起歧义的内容误导消费者，更不能用格式合同、通知声明等方式来减轻、免除自己的经营风险或减轻、免除其损害消费者权益所应承担的法律责任。因此，电信业务经营者标明自己享有"合同最终解释权"违背了"合同是合意的结果"这一基本准则，无视消费者的合同主体地位，损害了消费者的利益，显然是无效的。

另外，《合同法》第 41 条规定的"对格式条款有两种以上解释的，应当作出不利于提供格式条款一方的解释"属于强制性规定，并不允许当事人以约定将其更改。因此电信业务经营者所谓的最终解释权的规定是违反法律强制性规定的无效条款。

2. 强加服务的侵权

一些运营企业未应用户的要求就擅自给用户提供新的业务并收取相关费用。如在互联网和短信服务上，拆机销号难、信息退订难、短信骚扰多，消费者无辜地被动接受服务，支付费用等情况。有的甚至是已经办了停机手续后，仍然继续被收取服务费用。

3. 代办网点的侵权

目前电信运营商普遍存在着对本企业的代办、代理商管理不力的情况，遇到问题就推卸责任的现象时有发生。一些代理商在利益的驱使下，打着某运营商代办点的牌子，故意隐瞒真实信息，抬高电话卡价格，严重损害了消费者的利益。

代办网点是电信运营商为扩大服务地域、增加服务网点、方便消费者购买使用电信服务，而授权经营的服务机构。对于代理商、代办点的违规侵权行为，电信运营商应承担连带法律责任。因此，加强对自身代理点的管理、监督是电信运营商的工作重点之一。

4. 价格欺诈的侵权

有的电信运营企业在营销环节中有失诚信，对不同的用户实行差别很大的资费标准，比如在网内网外、集团内集团外实行差别很大的基本资费，误导消费者。有的只公布基本收费标准，而对于SP短信、手机上网等增值业务则没有明码标价，涉嫌进行价格欺诈。有的通话计费缺乏透明度，拨打市话不给明细账单，有的长话虽给打印账单，但话费与实际不符。

有的运营商依然存在不合理收费现象，如有的地方仍强行收取国家明令禁止的代维费，以及话单费、直拨费、界区费等不合理费用，并且不向用户事先说明。

5. 虚假广告的侵权

虚假广告是指经营者利用广告或其他方法，对商品的质量、制作成分、性能、用途、生产者、有效期限、产地等作引人误解的虚假宣传，以达到销售商品或提供服务的目的。电信运营商为扩大用户群、吸引消费者，往往采取含糊其辞、随意夸大自身的业务或网络功能，误导甚至欺骗用户使用其业务。比如，手机销售中存在大量虚假广告的问题，手机中配送的耳机、充电器和电池中假冒伪劣现象严重，商家的促销广告中也存在欺诈行为。

6. 限制转网的侵权

当前存在着一些电信运营商与房地产开发商签订协议，在小区居民入住前就铺设好某一家运营商的网络和线路，当业主正式入住时，就已经被迫选择了这家运营商，而且不允许改号和选择其他运营商。我国《消费者权益保护法》明文规定："消费者享有自由选择商品和服务的权利。"因此，电信消费者有自由选择电信运营商和通信网络的权利，有自由选择电信业务服务的权利，任何个人和组织无权干涉。上述运营商和开发商的做法直接侵犯了消费者的选择权，损害了业主的利益。

7. 不正当竞争行为的侵权

电信运营企业之间进行的不正当竞争行为主要有：侵犯商业秘密的行为；诋毁他人信誉的行为；以排挤对手为目的，采取低于成本的资费行为（低价倾销）；不合理的差别定价的行为；滥用市场支配地位的行为；未按《电信服务明码标价规定》的要求，实行明码标价的行为；价格串通、价格欺诈、价格歧视等不正当价格行为；违反规定乱收费行为等。电信运营企业之间的不正当竞争，最终损害的是消费者的利益，造成用户的选择权受到限制及自由通信权无法得到保障。

8. 垃圾邮件、短消息对消费者权益的侵害

相当数量的垃圾邮件含有反动、淫秽色情、赌博以及计算机病毒等有害信息。肆意泛滥的垃圾邮件，占用了大量的传输带宽和存储空间，严重干扰了用户的使用效果，浪费了用户的时间和精力，给网络消费者带来了网络和信息安全隐患，严重侵害了互联网用户的通信权益。

手机短信经常被不法之徒用来进行违法犯罪活动。一些不法公司和个人利用手机短信，大肆发送中奖，办理各种假证件、假文凭，出售走私汽车、假票据、假钞、窃听

器、药品等手机短信息，进行诈骗活动，很多消费者上当受骗，导致钱财受损。由于是在手机平台、网络平台上进行的犯罪活动，犯罪手法更隐蔽，作案者躲在幕后，更具危害性，而电信企业作为消费者的服务提供商，未采取有效保护措施，使得消费者的和平安宁的生活环境难以得到保障。

另外，还有一些 SP 和网站通过手机网络运营商乱收手机费，大多以免费为诱饵，但不说明免费的期限，让消费者误以为可以长期免费，从而纷纷跌进“免费短信”陷阱。还有的手机短信经营者未经用户定制、申请，自行向用户提供有偿信息服务，误导、强迫用户定制信息并在用户不知情的情况下，通过通信运营商强制收取用户费用。还有不明码标价、随意提价、退订困难以及取消服务依旧收费等问题。

9. 随意泄露用户的通信信息和通信秘密

通信自由和通信秘密是我国宪法赋予公民的一项基本权利，在现实生活中，一些电信企业存在未经法定程序随意泄露用户的通信信息和内容的行为。

通信秘密强调对通信内容的保护，是指公民与他人在通信过程中，任何组织或个人不得偷听、偷看或者更改其内容，包括通话内容、短信内容、电子邮件等。《宪法》第40条和《电信条例》第66条均明确规定，电信用户依法使用电信的自由和通信秘密受法律保护，除因国家安全或者追查刑事犯罪的需要，由公安机关、国家安全机关或者人民检察院依照法律规定的程序对电信内容进行检查外，任何组织或者个人不得以任何理由对电信内容进行检查。电信业务经营者及其工作人员不得擅自向他人提供电信用户使用电信网络所传输信息的内容。

（二）电信业务经销商的侵权行为

目前，各大电信运营商几乎都有自己的经销商，负责在市场上放号、代收话费、推销各种增值业务等等。经销商的作用功不可没：一是发展了电信行业，据统计，现在新增的手机用户主要是由经销商发展的；二是使电信运营企业降低了销售成本。但是在运营中，由于代理商的违规，导致用户利益受损的现象，屡屡成为投诉热点。主要表现在：

（1）公用电话计时不准确；

（2）不按计费器收费；

（3）免费电话收取通话费用；

（4）电信业务人员违反业务规定，冒用客户身份证办理手机入网业务；

（5）盗取消费者资料从中获取利润。

三、我国电信消费者权益受到侵害的成因分析

电信服务纠纷的产生，固然受到电信业务自身特质的影响，但究其原因，主要在于以下四个方面：

（一）市场原因

市场不规范是我国电信消费者权益受到侵害的基本原因。市场是消费者、经营者交易的场所，消费者因处于弱势地位，缺乏知情权和话语权。即使在规范的消费市场中，我们也会发现交易一方通常会比另一方知道的信息更多，如卖方比买方更清楚产品的质

量和真实价格，在这种信息不对称的情况下，如果信息优势一方对商品的质量、价格和服务水平等的描述与实际情况相差太远，消费者的权益就会受到极大的损害。所谓信息不对称，是指在某一经济关系中，参与双方各自拥有对方所掌握的部分信息，对各自对手所具备的知识和所处的环境不完全了解。信息不对称在消费市场交易过程中是普遍存在的，在电信领域里表现得尤其突出。

首先，电信消费者与经营者是一种非专业对专业，非知情人对知情人的交易关系。电信经营者了解市场行情、掌握顾客心理、具有一定的销售技巧，可以说是知己知彼；而消费者很少了解接受服务的相关知识，其所接受的服务或产品信息大多是经过加工的、有促销诱导作用的商业信息。因而，消费者难免不被经营者所操纵，并与之建立非公平的交易契约。

其次，消费者与经营者是个人对组织的关系。在电信市场交易活动中，消费者多是单个的自然人，经营者是有组织的法人。交易双方的地位从一开始就不平等，特别是面对电信运营商这样的集团化的大型企业，消费者往往被迫接受垄断高价。随着电信生产经营的集团化、跨国化、寡头化，更是增强了经营者的强势地位，从而加剧了消费者的弱势地位。

最后，消费者与经营者的实力地位是非均等的。生产经营企业经济实力雄厚，其营销费用本身构成销售成本，它不仅能随着产品的销售收回，还能增加销售利润。而作为个体的消费者则要受其收入水平的硬约束，其必须在效率最大化与交易费用最小之间作出选择。无论是交易前的信息收集，还是权益受损后的索赔，对消费者来说都不经济。

（二）体制原因

体制不明确是我国电信消费者权益受到侵害的直接原因。首先，我国主要电信企业产权不明，主体地位缺失。企业行为的短视与趋利使消费者权益屡遭侵害。市场经济条件下企业的直接目的就是实现利润最大化，然而，在现代企业制度尚未建立，产权界定不清，企业主体缺乏规范的情况下，企业经营行为的短期化在所难免。我国主要的电信运营商均属于国有垄断性企业，官商作风较严重，服务收费也不太规范。由于行政监管和查处力度不够、效率不高，市场经济体制的规范与约束机制尚未形成，消费者权益屡遭侵害。这个时期持续时间越长，越不利于消费者权益的保护。其次，政府行为不当，市场监管失效，消费者权益保护不力。政府有关部门具有市场监管和保护消费者权益的职能，但是极少数政府职能部门的监管、查处人员，素质低下，利用权力寻租，以权谋私，有意迁就、包庇、纵容经营者的不法行为。消费者权益受损后，无处申诉或处理不公，消费者弱势有增无减。因此，合理、有效、廉洁的政府行为就成为消费者权益保护的重要保证。最后，法律的不健全，法制意识的淡漠，有法不依、执法不严现象的存在，也导致消费者的权益难以得到保障。

（三）政策原因

政策的随意性也是我国电信消费者权益受到侵害的原因。产业政策、竞争政策和消费者保护政策是当今社会的三大基本经济政策，三者相互联系、相互制约。产业政策立足于保护企业的利益，是国家积极引导和扶持企业和产业发展的政策。竞争政策和消费者保护政策从根本上都是立足于消费者利益，其中竞争政策是鼓励企业进行竞争、创造公平竞争环境的政策，消费者保护政策是保护处于弱势地位的消费者利益和以实现消费者福利为最终目标的政策。

由于企业和消费者是市场关系中相对应的市场主体，产业政策与竞争政策和消费者保护政策难免有时会发生冲突，为了建立和谐的生产和消费体系，就必须建立产业政策、竞争政策、消费者保护政策的制衡机制。但我国的现实国情决定了经济发展是我国在此特定阶段的基本方向和主要目标，所以，当电信消费者权益的保护与电信生产经营者的利益不能兼顾时，有关部门习惯于以社会整体经济利益为尺度予以衡量取舍，而不是强调消费者权益保护的优先。我国目前的电信行业的政策主要是通过部门立法来出台的，由于部门立法者缺乏完善的知识结构，往往存在着重技术、轻视法律效果的问题，因此，加强电信行业政策的评价研究是保护消费者权益的有效措施。

（四）机制原因

市场退出机制的不完善也是我国电信消费者权益受到侵害的原因之一。政府电信监管的缺位和管制乏力、电信监管资源的匮乏等因素，常常导致电信监管不到位。现行《电信条例》只规定了准入机制，没有设置退出机制，这就使得消费者的利益容易受到侵犯。企业退出带来的问题，主要包括专用资产的处置、企业债权债务的处置、人员安置问题及消费者利益保护问题。电信监管机构应当重点考虑消费者利益的保护问题，这是监管机构的基本职责。

由于企业缺乏进入电信市场的风险意识，容易造成重复投资和盲目跟随，一旦业务滑坡，已有大量用户的经营者轻率决策退出，致使广大用户的合法权益受到侵害，消费者提前支付的服务费用得不到返还。因此，政府有维护电信市场正常秩序、保护消费者权益的义务，有责任建立起权利和义务相统一的电信业务市场准入和退出机制，并对电信业务经营者设定必要的义务，以保证广大电信用户权益不受到侵害。

四、电信服务纠纷的防范与对策

（一）强化国家和省级电信监管机构

（1）建立国家独立监管机构，强化省级监管职能。从世界各国对电信管制的成功经验和加入 WTO 后对电信监管的要求看，尽快建立国家独立监管机构是十分必要和迫切的。

（2）省级监管部门应在地市尽快设立派出机构，或在地市设置办事处。现在不少地市及行政区的部门要求当地电信企业接受省级监管部门的领导，结果造成有的电信企业无所适从。为维护电信监管，应以国家垂直领导为主，地方管理为辅的原则，建立电信监管机构。

（3）成立省级通信行政执法稽查大队。省级通信行政执法稽查大队作为事业编制可向地方政府申报，并与省级监管部门的通信工程质监中心合作办公，执法人员可由质监中心、通信行业协会等人员组成，由省级监管部门授权并下达市场监督检查及处罚任务。

(4) 发挥省、市通信行业协会和中介机构的积极作用。根据通信行业特点，建立管理规范、运作高效的行业协会、学会、市场中介服务组织，是实现有效监管的重要保证。为此，除成立省通信行业协会和建立健全中介机构外，还应积极支持地市一级成立行业协会，围绕服务、沟通和行业自律的宗旨，发挥好行业协会和中介机构的作用。

(二) 加强电信业的行业自治

市场经济是法治经济，企业的生产和经营活动必须在法律规定范围内进行，否则就会面临法律风险。因此，电信业务经营者必须转变观念，严格树立法制观念，注重运用法律手段进行经营和管理，在提高员工法律素质的前提下，提高企业在市场中的竞争能力。

1. 遵守行业规范

《电信条例》第31条规定："电信业务经营者应当按照国家规定的电信服务标准向电信用户提供服务。"这是电信业务经营者的法定义务。电信业应当遵守行业内已有的各项服务规范，即"一个标准两个办法三项制度"，分别是：(1) 2005年4月20日正式施行的行政规章《电信服务规范》(2000年颁布的《电信服务标准（试行）》同时废止)；(2)《电信服务质量监督管理暂行办法》、《电信用户申诉处理暂行办法》；(3)《电信服务质量通告制度》、《电信服务质量报告制度》、《电信服务质量用户满意度指数评价制度》。电信业务经营者应当对照《电信服务规范》的具体要求，制定并实行高于《电信服务规范》的企业标准，向社会公布，并严格履行。

2. 规范格式条款

合法的合同才具有法律效力，因此，从自身保护的角度出发，电信业务经营者更应当遵循《合同法》、《消费者权益保护法》的规定，与用户在公平、平等、自愿、诚信的原则下，订立合同。

3. 履行告知义务

电信服务合同在履行过程中，会遇到一系列影响合同全面履行的因素，致使合同发生变更、中止、解除等情形。按照合同法原理，合同是双方当事人意思表示一致的民事法律行为，合同的任何变更都需要双方协商一致，单方变更合同无效。但是，由于电信业务经营者的垄断地位、电信技术的复杂性以及接受电信服务的用户的不确定性，客观上很难与每一个用户协商变更合同。这样，电信业务经营者就有义务以约定的或合理的通知方式，在合理的时间内告知用户有关合同变更或中止的原因，并建设性地提出解决方案。

(三) 建立消费者权益保护机制

(1) 通过立法确认消费者的权益。通过电信法、消费者权益保护法或竞争法确定消费者权益。要求在运营企业的服务规则中规定消费者权益，以及实施程序。建立消费者保护的行业实施规范，通过制定实施规范，详细规定消费者权益。还可以要求运营企业制定和公布消费者保护条款，并将其作为发放许可证的条件之一。

(2) 消费者教育。管制机构可以将消费者教育纳入工作计划，也可以在立法中规定。管制机构可以要求运营企业承担消费者教育的义务。管制机构还可通过宣传电信管理机构受理投诉的程序和办法，定期公布典型案例，使消费者知晓有关电信问题的处理原则，以指导电信用户正确地对待电信服务纠纷。

(3) 消费者权益保护的实施。消费者权益的保护需要有效而可信的方式实施，许多国家的管制机构都有权介入消费者和服务者之间的纠纷，不仅有效地处理了纠纷，而且加大了政府的管制效果，这一做法，值得我国借鉴。

(4) 保障用户的知情权。用户充分了解电信服务的真实情况，是其决定是否接受电信服务的前提，目前大量纠纷产生的另一个重要原因，就是用户知情权的缺失。电信用户在接受电信服务时，有权询问、了解电信服务的有关真实情况；提供电信服务的经营者有义务就电信业务种类、服务质量、使用方法、服务费用、收费办法、交费时间、障碍申告、话费查询等向用户作出具体的说明和明确的答复。

(四) 消费者的自我救济

1. 熟悉电信服务合同，明确消费者与电信经营者的权利和义务

消费者要重视与电信运营商所签订的入网协议（尤其是要注意格式条款中的不平等条款），要知晓双方的权利和义务，在享有通信权利的同时积极履行交费义务，以避免因交费不及时或欠费所导致通信权利受损。

2. 树立法律意识，积极维护自身权益

消费者要了解、学习电信业的服务标准和电信方面的法律法规，在合法权益受到侵害时，积极依法维权，同时也要避免没有法律依据的“维权”行动。

3. 熟悉电信纠纷解决渠道和程序

(1) 向经营者投诉。电信企业都有各自的电信服务标准，在解决用户投诉的问题上，一般都有相关流程和时限，而且在市场竞争激烈的今天，电信企业更为重视用户的意见或投诉，因此大部分用户投诉的问题都能在电信企业内部解决。目前，各通信企业都设立了客户服务部门，如电信营运商公布的客户服务中心号码、电信营业部的客户咨询受理处。此外，在电信运营商的市级、省级和集团公司互联网址上都有用户反映问题的视窗。消费者可以通过这些渠道投诉或咨询电信经营者。

(2) 向电信监管机构（如省或国家信息产业主管部门）申诉。电信管理机构参与解决电信纠纷，能以第三方的角度，尽量公正、公平地处理电信纠纷，同时还可以处罚经营者违反法律、法规的行为。

(3) 向消费者协会反映问题。消费者协会参与电信纠纷的处理，不仅可以站在消费者的角度来审视纠纷，而且消协还可以依据有关法律规定来保护消费者的合法权益，促使经营者依法承担责任。

(4) 诉请人民法院救济。法院审理判决的结果，具有权威性、合法性、公正性等特征。法院解决电信纠纷是解决疑难纠纷的有效办法，也是解决纠纷的最后途径。

案例分析

要求江苏电信提供市话详单的诉讼案件

一、案情

2002年5月30日，用户姜某向南京电信分公司申请安装住宅电话一部，同日双方签订了《固定电话服务协议》，约定江苏电信按照国家规定的服务标准向客户提供服务，暂不提供本地电话详细话单查询。用户姜某发现2004年2月话费异常，要求南京电信分公司提供话费清单，在南京电信分公司未能提供的情况下，遂诉至南京市鼓楼区人民法院，要求江苏电信提供自2003年7月21日至2004年1月20日的通话详细清单，并退还其中区间话费人民币14元，同时要求江苏电信因未提供话费详单构成侵犯其知情权在南京主流媒体上公开道歉，并公开承诺停止侵权时间。一审法院受理后判决姜某败诉，姜某不服又上诉至南京市中级人民法院。

2004年7月19日，南京市中级人民法院下达民事判决书，驳回上诉人姜某要求江苏电信有限公司（以下称江苏电信）提供市话详单的诉讼请求，维持南京市鼓楼区人民法院的一审判决。

江苏电信在一审、二审法院庭审辩称中认为，根据双方签订的《固定电话服务协议》，姜某和江苏电信形成电信服务合同关系，姜某根据《消费者权益保护法》第8条规定，享有知悉其接受服务内容、费用等真实情况的法定权利，但消费者知悉情况的范围并不是无限的、绝对的，应受到法律法规、国家政策、客观技术条件等因素的制约。《电信条例》第34条明确规定："电信用户要求提供国内长途通信、国际通信、移动通信和信息服务等收费清单的，电信业务经营者应当免费提供。"据此规定，提供本地话费清单不在其中。且我国国内电话计费普遍采取的是计时、计次、计距离的复式计次的计费方式，暂不具备提供本地电话清单的技术条件，故政府主管部门根据我国当前通信发展实际情况，没有要求电信企业提供本地电话清单，因此提供本地话费清单不是电信企业的法定义务。姜某签订固定电话服务协议时，江苏电信已在服务协议中申明"暂不提供本地电话详细话单查询"，姜某对此明知且同意。另外，江苏电信根据经批准的收费标准，通过计算机采取计时、计次、计距离的复式计次的计算方式，理论上不可能出现未发生通话而进行计费的情况，且用户姜某提供不出江苏电信多收话费的证据证明，至于要求江苏电信赔礼道歉的诉求也缺乏法律依据，故用户姜某的所有诉求均被一审和二审法院驳回，江苏电信公司胜诉。①

二、案件背景

每一个电信用户对自己的消费内容享有知情权，这是无可非议的。用户一旦与电信企业签订了电话服务协议便形成合同关系，有权要求电信企业提供电话服务的内容、费用等

① 案例来源：http：//it. sohu. com/20040906/n221902624. shtml.

情况，享有知悉其接受服务的真实情况的权利。然而，现实社会中有的用户随意扩大知情权，认为自己想知悉什么，电信企业就必须提供什么，超越了知情权的法律界限。

三、案件反映的法律问题和解释

1. 向用户提供本地通话清单并非电信企业的合同义务

从本案看，用户要求提供本地通话详细清单的诉讼请求，违反了该用户与电信企业所签《固定电话服务协议》的有关规定。电信企业与用户签订的《固定电话服务协议》是双方本着自愿公平的原则签订的，是确定协议双方权利义务的基本法律文件，协议双方均应遵守。《固定电话服务协议》明确约定，电信企业不承担提供本地电话详细话单查询的义务，该用户坚持要求电信企业提供本地电话详细话单，违背了其所签署的合同约定。

从权利与义务看，电信企业与用户签订的《固定电话服务协议》系电信企业为了重复使用而预先拟定的格式合同，格式合同是法律规定的有效合同形式。电信企业本着公平原则制订的合同，规定了用户的权利与义务，履行了《合同法》第39条规定的格式合同制订方在合同签订时的义务，应受法律保护。如在《固定电话服务协议》中，电信企业规定"暂不提供本地电话详细话单查询"，该条款系依据《电信条例》的规定制订。由于《电信条例》并没有赋予电信企业提供本地电话详细话单查询的义务，无义务即无责任，因此电信企业在《固定电话服务协议》中的该条款并非免除其法定责任，排除用户主要权利的条款，该条款不存在《合同法》第40条、《消费者权益保护法》第24条所规定的格式条款无效的情形，是合法有效的。《固定电话服务协议》系双方本着公平原则合法签订的有效合同，电信企业没有提供本地市话详单的合同义务。

2. 向用户提供本地通话清单并非电信企业的法定义务

根据当前通信发展的实际情况，电信企业暂不具备提供市内电话清单的条件，政府主管部门因此也没有要求电信企业必须履行提供市内电话清单的义务。《电信条例》第34条就电信用户查询范围，电信业务经营者提供查询服务的义务明确规定："电信用户要求提供国内长途通信、国际通信、移动通信和信息服务等收费清单的，电信业务经营者应当免费提供。"可见《电信条例》仅要求经营者在电信用户要求时提供本地通信之外的其他通信的收费清单，包括通话清单，收费依据、标准和电信费用，没有要求电信经营者提供本地通信的收费清单。

同时，《电信条例》第40条第（二）款规定："电信用户对交纳本地电话费用有异议的，电信业务经营者还应当应电信用户的要求免费提供本地电话收费依据，并有义务采取必要措施协助用户查找原因。"该条款表明，对于本地通信，电信经营者仅有义务在电信用户要求时提供收费依据（非收费清单），并帮助查找原因，但没有义务向用户提供通话清单。该条款与《电信条例》第34条共同构成了对用户查询权利及电信经营者提供查询义务的规定，两者是相互联系、不可分割的整体。电信法规在不同业务范围赋予电信经营者不同的义务，因而分别规定以示区别。

目前电信企业使用固定电话通信系统的设备是按照国务院信息产业主管部门的技术规范进行改造、运营，根据技术规范的相应标准，就目前现状而言，系统设备的处理能力、计费能力均无法提供本地电话通话清单。电信企业使用的电信技术规范仍然是通行有效的，固定电话运营系统设备符合国家行业通行的标准和要求。

根据我国现有法律法规，电信企业没有法定义务向用户提供固定电话市话详单，在客观技术条件上也无法向用户提供固定电话详单。要满足提供本地通话清单所要求的技术条件，必须对所有的局用交换机进行改造，其改造的巨额费用使电信企业的运营成本大大增加，随之带来的社会高成本，由电信用户负担也是不合理的。电信企业依法向用户提供通信服务，履行了现行国家法律法规、行业服务规范及行业技术规范要求的全部法定义务，在为用户提供的电信服务过程中已提供话费的数额与时段，满足了用户的合理要求，同时努力协助用户查找原因，履行了必要的协助义务。

3. 用户的知情权是有法律限度的

用户虽然享有知悉其接受服务真实情况的法定权利，但是用户知悉情况的范围不是无限的、绝对的，应受到法律法规、国家政策、客观技术条件等因素的制约。这是因为知情权并非是一种可以知悉一切、了解一切和涉及一切的权利，而是一种以合法性为其界限的有限权利。只有知情权当事人在享有知悉权利时履行不逾越其界限的义务时，才受到法律的保护。

《消费者权益保护法》第 8 条规定消费者享有知悉其接受的服务的真实情况的权利。消费者有权根据服务的不同情况，要求经营者提供服务的内容、规格、费用等有关情况。但该条款并没有明确规定消费者在不同的服务情况下，其知悉权具体包括哪些权利，应当如何行使其具体的知悉权利。根据《消费者权益保护法》第 2 条规定，消费者为生活消费接受服务，其权益受本法保护；本法未作规定的，受其他有关法律、法规保护；第 3 条规定，经营者为消费者提供服务，应当遵守本法；本法未作规定的，应当遵守其他有关法律、法规；第 16 条规定，经营者向消费者提供商品或服务，应当依照《产品质量法》和其他有关法律、法规的规定履行义务。因此对于《消费者权益保护法》第 8 条规定的消费者知悉权并无具体规定，应遵守其他相关法律、法规。可以说，《电信条例》第 34 条、第 40 条对应了《消费者权益保护法》第 8 条的在电信服务领域的特别规定，符合《消费者权益保护法》的立法原则和要求，用户享有知悉其服务情况范围的权利是受到约束、知情权是有法律限度的。

综上所述，电信企业与用户之间是电信服务合同关系，一旦用户与电信企业签订格式服务合同，接受了不提供固定电话详单的条件，电信企业便不负有向用户提供本地话费清单的义务。而且根据我国现有法律法规，电信企业没有法定义务向用户提供固定电话市话详单，在技术装备和运营条件的客观上也无法向用户提供固定电话详单，用户的知情权是有法律限度的。

思考题

1. 简述电信服务的特点。
2. 简述电信服务格式条款的特征。
3. 简要分析电信服务格式条款的主要优点和缺点。
4. 电信服务合同的规制方式主要有哪些内容？
5. 联系实际，谈谈如何防范电信服务纠纷。

第八章

电信建设法律制度

本章导言

本章首先从电信通路权的概念入手，探讨了电信通路权未来的监管方向及电信通路权的基本原则。对用益物权在电信建设中涉及的问题进行研究，并对国外电信建设中补偿和赔偿制度进行探讨。对国外电信建设及保障制度进行比较性研究，以希为我国电信立法找出规律性的东西。最后针对通信网络基础设施共建共享制度进行探讨，并提出立法完善的建议：确定我国通信网络基础设施共建共享的基本原则。引入“利益相关者”机制，与各有关部门协调，不仅要出台有关电信基础设施共建共享的具体标准，更重要的是协调利益相关者的关系，采取原则性加灵活性的原则。对通信网络基础设施所有权应进行限制，其方式为让所有人承担一定的作为义务。具体而言，包括设备共享的义务（包括物理共享和虚拟共享），以及公共基础设施多余空间的强制性出租出售的义务。

随着电信体制改革的深化和多运营商竞争格局的形成，加上我国社会信息化程度的不断提高，我国电信网络设施的使用权结构开始呈现多元化态势。对于网络如何展开竞争，网间如何实现平等接入，我国法律和政策均缺乏相应的预测和规制，导致网络互联互通成为相互接入的竞争瓶颈，网间重复建设愈演愈烈；由于相互间平等接入无法实现，在进行重复建设的同时，各个运营商未经主导运营商的同意，在网络关键地段擅自接入主导运营商已建管道或线路的情况时有发生，从而导致相互间切断链接线路、拔毁通信杆路的案件屡见不鲜。有些企业和单位为了各自业务的发展，纷纷掘地破路，占领地下空间，抢建通信管道，市场竞争的无序性和建设行为的不规范显而易见。

第一节 电信通路权

电信通路权（Telecommunications Right-of-Way）是电信业务经营者进入电信市场、提供电信服务以及参与电信竞争的前提条件，也是电信建设的重要保障。从国外的立法来看，多数国家采取了公共基础设施建设法定原则。作为基础公共设施的重要组成部分——电信通路，其在建设过程中可以使用他人的土地和其他已建公共基础设施的预留空间或空余空间，经过其他已建基础公共设施实现其通路的交越、穿越或通行，其他已建公共基础设施的所有者无正当理由不得拒绝。因为只有这样，才能依法维护公用电信设施的建设权及其使用权，社会通信的畅通才能依法得到保障。但是“电信通路权”在我国电信立法中还是一个法律空白。由于我国法律没有肯定电信业务经营者的平等接入权，以致于电信业务经营者的通路权也得不到法律的应有保护，实践中电路产权界定原则模糊，大部分线路产权界定不明确，因产权纠纷引起的接入权纠纷大量存在；特别是由于电信竞争所引发的阻碍竞争对手进行通信建设以及破坏竞争对手已建的通信设施的案例更是屡见不鲜。电信业务经营者的平等接入权和电信通路权应得到尊重。所以，我们国家应尽快制定相关的法律法规，将“电信通路权”法定化。

一、电信通路权的概念

所谓“通路权”，是指通过土地建筑、高速公路、民航机场、输油管道、输电线路、电话设施等公用基础设施的权利；所谓“电信通路权”，是指通过土地、水面、水底、滩涂、草原、森林等自然资源从事埋设电信管线、架设电信杆路、搭设电信线路、设置电信塔台以及搭载电信信号等电信基础设施建设或电信服务的权利。

WTO 电信参考文件指出，通信“路权（Right of Way）”与码号、频率一样，属于稀缺资源，所以诸多国家《电信法》对通信“路权”的管制都有明确规定，主要包括“建设权、共享权以及有偿使用权”三大方面。我国在已经提交的《电信法（草案）》中，首次将通信“路权”提到了法律高度来认识和管制，对我国目前时有发生的“互联互通”争议的解决无疑提出了“治本”之方。

至今为止，业界对于频率和码号资源的管制，逐步引入和推行市场机制已基本达成共识。然而，对“路权”的认识和管制仍存在争议，主要原因是电信业正在经历转型期，但实践中往往受限于传统管制思维定势的影响，仍然强调对固网通信“路权”的管制，这在移动通信已经占据主导的新时代，显然已不太恰当。通信“路权”的管制重心应该作出相应转移。

进入 21 世纪，欧美各国纷纷调整电信管制政策，尤其是基本否定了以往对固网本地竞争的管制政策，包括修订通信“路权”的管制政策，这是电信业最新发展的必然要求。因为传统电信管制主要针对固网及其语音通信，而伴随着电信业的发展，全球移动通信已在 2002 年 9 月超过固定通信，我国移动电话也在 2003 年 10 月超过了固定电话，同时信息社会的发展对宽带（数据）业务提出了强烈要求。“语音的无线化，固网的宽带化”是电信业发展的必然趋势。①

通信“路权”未来管制的重点应该突出移动通信网络的站址和天线共享、室内覆盖系统的共建和共用等，其旨在充分利用这些稀缺资源，同时降低运营商的 3G 网络建设成本和后期经营风险。有关分析指出，在欧洲如德国和英国，3G 网络的“路权”通

① 蔡翔．找准通信“路权”管制的重心．人民邮电报，2004（9）．

畅和网元共享能够节约20%~25%的网络投资，这对于电信业和运营商来说无疑是最大的福音，所以欧盟在2002年就明确要求成员国推行3G网络共享的管制政策。[①] 同时，固网语音正逐步退出电信业发展的主导。由此，我国政府未来在通信“路权”管制上应该将重心逐渐引到移动网上来，淡化对传统固网的管制。伴随移动通信占据主流时代的来临，移动通信市场“有效竞争”格局的塑造将成为未来电信管制的核心。

二、电信通路权的原则

（一）网络平等接入权原则

依据美国《电信法》之规定，网络平等接入权原则乃指电信业务经营者向所有用户不含任何不合理拨叫迟延地（Unreasonable Dialing Delays）提供非歧视性接入电话号码、电信业务、电话号码查询业务（Directory Assistance）以及电话号码簿业务（Directory Listings）的能力，这一能力可使用户无需使用任何接入码便可在本地网内自动发起长途呼叫，接通其所选择的任何局间长途交换运营商（Interexchange Carrier）。[②]

在公平竞争的市场上，对于电信用户来说，接入新的市场进入者的业务同接入主导运营商的业务应当同等方便，如果不存在同等方便的接入，新的市场进入者会很难吸引用户。到目前为止，世界各国/地区法律对于电信业务经营者的平等接入权均作出了较为详细的规定。如阿根廷、澳大利亚、加拿大、智利、中国香港特别行政区和美国等一些国家已经实施了这一政策。例如，1934年美国《电信法》规定，本地交换运营商在其提供有线电话业务（Wireline Service）的范围内，应当按照法定平等接入（The Same Equal Access）、非歧视性网间互联限制和义务（Nondiscriminatory Interconnection Restrictions and Obligations），为长途电信业务经营者（Interexchange Carriers）和信息服务提供商提供电信交换接入、信息接入和电信交换业务。[③]。依据德国1996年《电信法》第四章之规定，主导电信业务经营者应当在一视同仁的基础上向所有电信业务经营者提供本地网市场内部使用和对外提供业务的接入机会，否则，在主导电信业务经营者不能够举证证明自己行为的合法性的情况下，其行为便构成滥用市场支配地位，将会受到法律的严惩；只有在法定条件下，也就是只有在“为了建立电信业务国内竞争市场而实现网络的开放性”时，法定主导电信业务经营者才能采取措施限制平等接入。电信业务经营者在“通过实现网络的开放性而建立电信业务国内竞争市场”的时候，必须“实现网络开放性的强制性标准”，这一标准就是“公开网络提供接口以及公开网络业务特征实用欧洲标准”。在其他电信业务经营者实现平等接入权的过程中，电信监管机关可以强制法定主导电信业务经营者举证证明自己已经遵守了法律关于网络开放性的全部要求，否则其行为便构成滥用市场支配地位，将受到法律的严惩。开放自己的网络、保证所有电信网间互联互通是法定主导电信业务经营者的一项强制性义务。法定主导电信业务经营者应允许其他用户接入自己的部分或全部电信网络，接入方式可通过供

---

① 蔡翔．找准通信“路权”管制的重心．人民邮电报，2004（9）．

② 参考1934年美国《电信法》第226条“电话话务员业务（Telephone Operator Service）”．

③ 参考1934年美国《电信法》第251条“网间互联互通（Interconnection）”．

所有用户使用的一般网络接入方式进行联接，亦可通过特殊网络接入方式而联接。法定主导电信业务经营者应特别促成其自己的电信网与其他公司的公共电信网之间的互联互通。

市场较为开放的国家的经验表明，电信用户有着严重的惰性。因此监管机构如果希望加速发展完全竞争的电信市场，就要考虑将平等接入作为一种有效的方法①。网络平等接入权是设定电信通路权的原因，电信通路权又是设定网络平等接入权的必然要求。而所有这些权利的设定，均是为了限制主导电信业务经营者滥用其市场支配地位，实现电信网络的开放性，打破电信网络的天然垄断性，促进电信市场的有效竞争，提高电信服务的质量，总之，是为了实现社会公共利益。

（二）电信通路权法定原则

《物权法》中有关“用益物权”一章中没有对国家公共基础设施建设中的用益物权问题作出规定，更没有确立“电信建设通路权”。“公共基础设施”包括铁路、公路、机场、桥梁、油气管道、自来水管道、电力线路等所有以远程运输为目的而建造的空中、地面或者地下公共基础设施，均属基础公共设施，其对社会公益的重要性自不待言；但是，不同基础公共设施之间、先建与后建基础公共设施之间存在着相互协调的问题，如果协调不好，极易发生权利间的冲突，造成基础公共设施的损坏和低效益。基于此，各国电信法均规定，作为基础公共设施的组成部分之一，电信通路在建设过程中，可以使用其他已建公共基础设施的预留空间或空余空间，经过其他已建基础公共设施实现其通路的交越、穿越或通行，其他已建公共基础设施的所有者无正当理由不得拒绝。例如，1996年德国《电信法》第八章第50条规定，电信业务经营者在进行电信建设过程中，有权免费使用公共道路、广场、桥梁和公共水域等公共基础设施。1934年制定、1996年修订的美国《电信法》也有相关的规定。② 法律规定电信通路对基础公共设施的使用权，构成了电信通路权的重要内容之一。

虽然我国《电信条例》第52条就公用电信设施的建设作出了强制性的规定，即“任何组织或者个人不得阻止或者妨碍基础电信业务经营者依法从事电信设施建设和向电信用户提供公共电信服务”。但是，鉴于《物权法》所规定的“物权法定原则”是指：物权的种类和内容，由法律规定。显然，《电信条例》属国务院制定的行政法规，不能设立物权的种类和内容。《电信法（草案）》在《电信条例》第45条的基础上确定，地方各级人民政府应当将基础电信设施建设项目纳入土地利用总体规划、城乡建设总体规划。这一规定与《电信条例》第45条关于“基础电信建设项目应当纳入地方各级人民政府城市建设总体规划和村镇、集镇建设总体规划”相比较有了质的改变，特

① Hank Intven，等．电信管制手册．管云翔．译．梁雄健．审校．北京：北京邮电大学出版社，2001：136.

② 1934年制定、1996年修订的美国《电信法》也规定，对于美国联邦政府或政府部门为保障电信新业务（New Telecommunications Service）正常运营所控制且需全部或部分依托联邦无线电频率（Federal Spectrum Rights）才能发射或接收电信新业务的无线电设备所有权、通路或地役权（Easement），美国联邦政府或政府部门应当基于平等性、合理性和非歧视性原则，允许所有电信业务经营者共同使用，以保证其有效利用。获得有线电视运营特许许可证的有线电视运营商，同时获得通过公共通道（Rights-of-Way）和地上通道（Easement）建造有线电视系统的授权，可以利用任何公共通道和地上通道建设有线电视光缆、光纤以及其他有线电视设施。

别强调了“基础电信设施建设项目应当纳入土地利用总体规划”。《电信法（草案）》在“电信管道建设”的条款中规定，电信管道的规划、建设应当符合城市规划的要求，并与道路、桥梁、隧道等基础设施的规划、建设相协调。规划、建设道路、桥梁、隧道或者地下铁道等基础设施的，应当预留电信管道建设空间。同时，《电信法（草案）》特别规定，任何组织和个人不得阻碍基础电信业务经营者依法进行电信设施建设，不得危害电信设施的安全。以上规定虽然涉及到“电信建设的通路权”的内容，但是还不够具体。因此，非常有必要在未来《电信法》中专章设立有关“电信建设通路权”及其有关公用电信设施用益物权的规定，特别是应当确立“公共基础电信设施建设法定原则”，即经政府监管机关核准后，电信业务经营者从事电信线路扩展建设、电信杆路架设和移动通信基站设置的行为属于其基本权利，任何自然人、法人或其他组织无正当理由均不得进行阻挠，以切实依法维护公用电信设施的建设权及其使用权，保障通信的畅通无阻。①

（三）权利不得滥用原则

所谓权利不得滥用原则，是指电信业务经营者在实现其电信通路权时，应当尊重其他自然人、法人以及其他组织的土地所有权、土地使用权、自然资源所有权或使用权、建筑物区分所有权以及道路、桥梁、输油管道、电网、水面等在先权利，与权利人进行谈判并订立通路使用或租用契约，并向其支付一定数额的使用费或租赁费；双方经谈判无法达成协议，而电信业务经营者又必须经过权利人的所有权物敷设、搭挂其管线或搭载其塔台信号的，应由电信行政管理部门和公用设施的归口行政管理部门共同出面协调，征求双方意见后制定出令双方均满意的实施方案，并责成电信业务经营者给予权利人一定的经济补偿。

法律虽然规定了电信业务经营者对于他人土地及其附属建筑物的使用权，但同时亦应规定，电信业务经营者在使用该项权利时须遵守“权利不得滥用原则”。例如我国《电信条例》第 47 条规定：“基础电信业务经营者可以在民用建筑物上附挂电信线路或者设置小型天线、移动通信基站等公用电信设施，但是应当事先通知建筑物产权人或者使用人，并按照省、自治区、直辖市人民政府规定的标准向该建筑物的产权人或者其他权利人支付使用费。”我国《电信建设管理办法》第 28 条规定：“在民用建筑物上设置小型天线、移动通信基站等公用电信设施时，必须满足建筑物荷载等条件，不得破坏建筑物的安全性。”立法虽然对于电信业务经营者使用他人基础公共设施规定了优先使用权，但是，在电信建设或业务提供的具体过程中，已建基础公共设施与拟建基础公共设施、拟建基础公共设施与在用基础公共设施之间容易发生使用权与所有权、使用权与使用权间的冲突，因此，协调权利冲突、保障电信通路权的优先性成为电信立法的又一重要内容。例如我国《电信条例》第 51 条规定：从事线路建设，应当与已建的电信线路保持必要的安全距离；难以避开或者必须穿越，或者需要使用已建电信管道的，应当与已建电信线路的产权人协商，并签订协议；经协商不能达成协议的，根据不同情况，由

① 王春辉．电信竞争的法律规制——电信竞争中的热点法律问题透析．北京：北京邮电大学出版社．2008：268.

国务院信息产业部门或者省、自治区、直辖市电信管理机构协调解决。

第二节 电信建设中的用益物权

所谓用益物权，是指权利人依法对他人的物享有占有、使用和收益的权利。用益物权是由所有权派生的物权，它与所有权的区别重点有以下几点：一是用益物权人只能将其依法享有的用益物权予以转让、抵押，但不能对财产的所有权进行处分；二是用益物权具有期限性，而所有权具有恒久性；三是用益物权人必须根据法律的规定及合同的约定正确行使权利。

电信建设中的用益物权只限于在他人不动产上设立的物权。我国《物权法》没有就公共基础设施建设中的物权问题作出明确的规定，电信立法中也没有设立“电信通路权”的具体规定。我国《物权法》设定的四类用益物权都是围绕土地进行的，即建设用地使用权、土地承包权、宅基地使用权和地役权。下面，将结合用益物权的种类，就有关公用电信设施建设中的物权问题进行探讨。

一、在住宅小区内是否可以设置移动通信基站

电信业务经营者从事电信建设、实施其电信通路权时，不仅涉及到需要使用他人基础公共设施的问题，而且还涉及到使用他人土地及其附属建筑物的问题。为此，各国电信立法均规定，电信业务经营者在从事电信管线、杆线、杆路和塔台等的建设时，有权使用他人土地以及附着于土地之上的建筑物，通过地表、地下、建筑物、构筑物及其附属设施敷设、埋设、设置或搭挂电信路由设施。

由于技术因素和移动网络覆盖率的限制，移动通信服务质量与基站密度具有密切关系。在住宅小区及民用建筑物内设置移动通信基站、蜂窝覆盖是不可避免的。如果没有这些措施做支撑，电信用户就不可能使用高质量的通信服务。关于在住宅小区内是否可以设置移动通信基站，《电信条例》第 47 条规定，基础电信运营企业可以在民用建筑物上设置小型天线、移动通信基站等公用电信设施，但需要事先通知建筑物产权人或者使用人，并按规定支付使用费用。这里的民用建筑物含义与小区基本相同。根据以上规定，作为基础电信业务经营者的企业，只要履行“通知义务”，即可在民用建筑物上设置移动通信基站，而无须征得小区业主的同意。此规定是基于公用电信设施的“公用”性质而赋予企业建设的“通知即可建设权”。这种规定与目前的物业管理规范相冲突。按照与《电信条例》法律效力相同的《物业管理条例》（同样是国务院颁布的行政法规）第 11 条、第 12 条的规定，在民用建筑涉及“物业管理区域内物业共用部位和共用设施设备的使用”，须得到 1/2 以上有投票权的业主参加才能召开业主大会，并经与会 1/2 以上有投票权业主的同意，业主大会才能作出决定。[①]《物权法》第 88 条规定，“不动产权利人因建造、修缮建筑物以及铺设电线、电缆、水管、暖气和燃气管线等必须利用相邻土地、建筑物的，该土地、建筑物的权利人应当提供必要的便利。”但《物

① 邱志鸿 . 3G 基站建设难缘于法律冲突 急需加强电信立法 . 人民邮电报 . 2008 - 07 - 17.

权法》第 90 条也规定，“不动产权利人不得违反国家规定弃置固体废物，排放大气污染物、水污染物、噪声、光、电磁波辐射等有害物质。”这就为小区业主们以“环境保护”为由阻止基站建设提供了一定的“法律依据”。《物权法》和《物业管理条例》都规定，改建、重建建筑物及其附属设施，由业主共同决定，这也为电信运营企业进驻小区建设基站增加了难度。双方都有着充足的依据，法律地位也旗鼓相当，彼此之间很难说服，互不让步，从而导致了当前移动基站建设受阻的局面。针对建筑物小区的权利与电信建设规划的关系和影响，2007 年 7 月 31 日原信息产业部和环保总局联合发布了《移动通信基站电磁辐射环境监测方法》，此规范有助于协调通信发展与环境保护的关系，有利于保证人民群众的安全和健康；其统一的监测方法有利于加快基站环评工作进度，可为有关部门对基站的评判提供依据，也为 3G 建设新的基站提供了更明确的标准；此标准更为有关基站建设环境污染赔偿诉讼提供了判决依据，因此有可能引发更多的相关诉讼，这给电信运营商提出了新的考验。[①]

“从产权经济学的角度去看，要避免运营商和业主之间的纠纷，首先要对移动基站产权作出清晰的界定，至于产权最终归于运营商，抑或归于业主，反而不重要，最忌是模棱两可的情况下去引申或释义。只要产权明确了，双方就有了谈判解决问题的基础，补偿的问题也可以解决。否则，一切的争执都无法平息和解决。在此问题上，我国香港地区是很成功的例证。”香港特别行政区电讯管理局高级经济顾问冯志豪建议。据冯志豪介绍，我国香港地区的情况很特殊，法律规定[②]，固网的小区发展权[③]归于运营商，但移动的发展权却归于业主，背后的原因可能是移动基站的地点在有限范围内是可以选择，但固网要拉线到户却没有选择。因此，移动运营商要向业主付租金，固网运营商则不用。“只要产权搞明确了，双方就有了谈判解决问题的基础，否则，一切的争执都无法平息和解决。”冯志豪说。庆幸的是，在这种不对称安排下，市场上多年来却一直相安无事。我国香港地区法律[④]还规定所有楼房的天台均归政府所有，因此移动基站设置在居民楼顶并没有引起矛盾和纠纷，此种情况既维护了公共利益，也避免许多不必要的诉讼。[⑤] 这似乎正好应验了理论的预期，产权界定要清晰，而产权归谁倒无所谓。

因此，建议在《电信法》的起草中应对建筑物电信设施进行分类，明确归属权，理顺用益物权、管理权、维护权等权属关系。当前对电信业务的分类比较明确，可是运行相应业务的电信设施和设施管理尚无使用属性的区分，对此，未来《电信法》作为调整电信关系的最高效力的规范文件，应当将电信法律关系中电信设施的权属和分类目的进行明确，以调整国家权力和个人权利保护的关系。对建筑物电信设施的权属规定应体现动静并重。从对所有权的静态确权，到对用益物权的动态利用，都应当进行规范。在进行有关法律的解释或出台有关法律实施细则的规定的过程中，应当体现对以所有权为核心的权利的确认，也要进一步体现对物尽其用的用益物权的规范，做到权利的确定

---

① 邹振东.《物权法》对通信基站建设的影响.通信世界周刊.2008（1.25）.

② 赵文元.小灵通基站建楼顶电信首次因《物权法》成被告.http://bbs.railcn.net（2007 年 10 月 30 日）。

③ 发展权，即为建设权。

④ 赵文元.小灵通基站建楼顶电信首次因《物权法》成被告.http://bbs.railcn.net（2007 年 10 月 30 日）。

⑤ 何廷润.化解移动基站建设法律纠纷.通信产业报.2008（5）.

给权利的收益提供基础，权利的收益给物权的利用提供保障。对物的规范中明确权利主体的权利义务关系，从而可以更好地保护物的利用和预防纠纷。[①]

总之，从立法方面看未来有必要以即将出台《电信法》等电信法律以及《物权法》实施细则来平衡电信法律关系中各方权益关系，以利于保护社会成员对社会财富的占有和使用，并有效利用物质财富，科学利用信息资源，促进建设经济效益和环境效益双赢的和谐信息社会。

二、公用移动基站建设用地使用权的取得

我国建设用地使用的法律制度一直采取“国有土地使用权说”，物权立法采用了建设用地使用权的观点。有专家认为，建设用地使用权提出了土地使用的功能与目的，含义比较清晰。《物权法》关于建设用地使用权的设立有以下特点：首先，建设用地使用权是一种规定了特定用途的用益物权。只要涉及与“建设”有关的权利而使用土地的，就应遵守《物权法》用益物权中的“建设用地使用权”的有关规定。其次，建设用地使用权，除了依照《物权法》关于建造乡村住宅适用“宅基地使用权”的规定外，必须在国家所有的土地上设立。再次，建设用地使用权必须登记，否则不产生物权效力。[②]

《物权法》对建设用地使用权的流转问题只设定了五种方式，即转让、互换、出资、赠与和抵押，这五种方式均为建设用地使用主体的变更。从《物权法》规定的建设用地使用权的取得方式上看[③]，建设用地使用权的取得有两种，即出让和划拨。目前，绝大部分的建设用地均是以出让的方式取得。但是对于什么类型的建设项目和单位取得建设用地使用权采用划拨的方式，《物权法》没有作出规定。我国《土地管理法》第54条和《城市房地产管理法》第23条有明确的规定，城市基础设施用地和公益事业用地，经县级以上人民政府依法批准，可以以划拨方式取得，作为国家公共基础设施的公用电信设施的建设，其建设用地使用权的取得应当依法采用划拨的方式。[④]

三、土地承包经营权与宅基地使用权在电信建设中的物权问题

《物权法》针对农村土地承包经营和宅基地的“用益物权”，分别规定了土地承包经营权与宅基地使用权。

（1）关于土地承包权。《物权法》中的土地承包经营权是以农业、林业、畜牧业等为目的的用益物权，权利人对土地的支配和使用范围仅限于“农业目的”。但是《物权

① 邹振东．《物权法》对通信基站建设的影响．通信世界周刊．2008－01－25．

② 王春辉．电信竞争的法律规制——电信竞争中的热点法律问题透析．北京：北京邮电大学出版社，2008：274．

③ 《物权法》第137条规定：“设立建设用地使用权，可以采取出让或者划拨等方式。工业、商业、旅游、娱乐和商品住宅等经营性用地以及同一土地有两个意向用地者的，应当采取招标、拍卖等公开竞价的方式出让。严格限制以划拨方式设立建设用地使用权。采取划拨方式的，用地遵守法律、行政法规关于土地用途的规定。”

④ 王春辉．电信竞争的法律规制——电信竞争中的热点法律问题透析．北京：北京邮电大学出版社，2008：274．

法》在土地承包权的基础上设定了土地承包权的流转制度，未经依法批准，不得将承包用地用于非农建设，也就是说经依法批准可以用于非农建设。为了公共利益的目的，电信运营商在村民承包的土地上设立公用移动基站所利用的土地是非常有限的，法律应当对此设定许可制度。

(2) 关于宅基地使用权。宅基地是指已建房屋、建过房屋或者决定用于建造房屋的集体土地。宅基地使用权是《物权法》设立的一种特殊的物权，指公民（主要指农村村民）依法享有的，在集体所有的土地上建造、保有房屋及其附属设施的权利①。关于宅基地的取得、使用和流转，《物权法》未作任何规定。目前，关于宅基地权利的行使只有《土地管理办法》和《担保法》作出了规定。《土地管理法》第 43 条规定，任何单位和个人进行建设，需要使用土地的，必须依法申请使用共有土地；但是，兴办乡镇企业和村民建设住宅经依法批准使用本集体经济组织农民集体所有的土地的，或乡（镇）村公共设施和公益事业建设经依法批准使用农民集体所有的土地除外。

总之，基础电信设施的建设不能拘泥于《物权法》有关用益物权的规定。因为基础电信设施的建设与使用不能等同一般意义上的用益物权，其属性是国家基础设施的建设，应当依法纳入土地利用总体规划之中。所以，电信运营商有权在城镇土地的空余空间、承包经营的农业用地、宅基地以及集体土地中的非农业用地上从事基础电信设施的建设，并设立有限范围的用益物权。②

四、地役权与相邻关系在电信设施建设与维护中的适用

地役权是指不动产的权利人为了方便地使用自己不动产或者使自己不动产价值提高，使用他人不动产的权利。③ 地役权属于他物权的一种，设立的标的仅限于不动产。按照《物权法》的规定，不动产除了土地地表外，还包括地上和地下的建筑物以及其他定着物、建筑物的固定附属设施。地役权中的“不动产权利人”既包括不动产所有权人，也包括不动产上的他物权人以及不动产的承租人。不动产权利人，为了电信设施维护、维修的便利或为了提高电信设施的利用价值，会经常涉及地役权的问题。《物权法》中的地役权是因签订合同而设立的，且地役权的设立未经登记不得对抗善意第三人。在移动基站的建设中就应当同时约定有关地役权的物权问题；没有在电信设施建设中约定有关地役权的，也应当在电信设施建设后根据运营商的具体状况设立地役权，以保证电信设施维护、维修的便利以及提升其使用价值。④

在物权法中，与地役权制度最密切的制度是相邻关系，且两者有许多相似之处。相

---

① 《物权法》第 152 条规定：“宅基地使用权人依法对集体所有的土地享有占有和使用的权利，有权依法使用该土地建造住宅及其附属设施。”

② 王春辉．电信竞争的法律规制——电信竞争中的热点法律问题透析．北京：北京邮电大学出版社，2008：276.

③ 《物权法》第 156 条规定，地役权人有权按照合同约定，利用他人的不动产，以提高自己的不动产的效益，其中，本款所称他人的不动产为“供役地”，自己的不动产为“需役地”。

④ 王春辉．电信竞争的法律规制——电信竞争中的热点法律问题透析．北京：北京邮电大学出版社，2008：277.

邻关系的内容主要涉及了相邻不动产之间的截水、排水、通行、通风、采光等方面的权利。这些内容在表现形式上往往同地役权内容和范围相同，但两者有实质不同。相邻关系的规定旨在界定所有权的范围，虽对原土地所有权进行了扩张或限制，但仍然是所有权制度的一部分，而不构成新的、独立的物权。[①] 而地役权是一种用益物权，是对他人所有的不动产或者动产，依法享有占有、使用和收益的权利。[②] 相邻关系是一种法定权利；地役权是一种合同关系。[③] 相邻关系的当事人只要指出不动产之间存在相互毗邻关系的事实就可以行使相邻权；地役权的成立必须依法签订合同。而且，地役权要想获得对抗第三人的效力，还必须进行登记。[④]

所以，在移动通信运营商实施维护或维修移动基站时与相邻方发生的通行关系，是典型的相邻关系。应当适用《物权法》87条的规定："不动产权利人对相邻权利人因通行等必须利用其土地的，应当提供必要的便利。"如果在原不动产的基础上再利用他人的不动产，来提高自己不动产的效益，就应当设立地役权。[⑤]

第三节 电信建设中补偿和赔偿制度

使用他人基础公共设施应支付合理的使用费用，此乃电信业务经营者的法定义务之一。各国电信立法在规定了电信业务经营者对于他人私有财产的使用权或处分权的同时，对该项权利亦规定了一定的限制措施。立法之所以设定这种限制，乃是为了平衡所有权和使用权之间的冲突，在国家公权力和公民私权利之间寻找一个最佳平衡点，确保在实现电信业务经营者电信通路权、维护社会公共利益的同时，能够保障私有财产所有权人的利益不受损失，确保在国家公权力介入并干预私权利的同时，最大限度地保护私权利不受过多损害。

一、公共基础设施使用权的限制

（一）合理分摊费用和成本的义务

根据美国《电信法》，电信业务经营者（使用权人）与基础公共设施所有权人及其他使用权人应当合理分摊因使用他人基础公共设施而产生的费用和成本。杆路、管道、管线或通路所有权人修缮或改变其电线杆路、管道、管线或通路时，应事先书面通知已获得其电线杆路、管道、管线或通路接入权或搭载权[⑥]的其他单位，以确保该类单位具有合理的机会增加或修改其现行搭载结构。搭载权人或接入权人在接到通知后，应适当

---

① 参见《物权法》第二编。

② 参见《物权法》第三编。

③ 参见《物权法》第158条。

④ 王春辉．电信竞争的法律规制——电信竞争中的热点法律问题透析．北京：北京邮电大学出版社，2008：278.

⑤ 王春辉．电信竞争的法律规制——电信竞争中的热点法律问题透析．北京：北京邮电大学出版社，2008：278.

⑥ 搭载权，也就是电信通路权。主要指电信线路的搭挂以及塔台信号搭载。它是电信业务经营者的一项基本权利。

负担所有权人因调整其被接入电线杆路、管道、管线或通路而产生的费用。但是，如果其他单位（包括电线杆路、管道、管线或通路的所有权人）提出在接入权人或搭载权人现有搭载结构之上设置重复搭载（Additional Attachment）或改变其现行搭载结构，导致已获得电线杆路、管道、管线或通路接入权或搭载权的单位需要改建（Replacing）或改迁（Rearranging）其现行搭载结构，对于因此而产生的费用，搭载权人或接入权人不予负担。①

1996年德国《电信法》也明确规定：电信业务经营者接入他人公共基础设施的电信管线或其他设施，不得影响或妨碍公共基础设施所有权人对于公共基础设施的维护权或使用权；确已构成影响或妨碍的，电信业务经营者应当赔偿公共基础设施所有权人因维护公共基础设施或因无法正常使用公共基础设施而产生的实际经济损失。电信业务经营者在实现其电信线路接入权和通行权②以后，如果公共基础设施所有权人未明示将由其自己修复被损坏的公共基础设施，电信业务经营者应当立即负责修复被其自己损坏的公共基础设施；如果公共基础设施所有权人明示将由其自己修复被损坏的公共基础设施，电信业务经营者应当补偿公共基础设施所有权人的修复费用，并赔偿因其实施电信线路接入工程而对公共基础设施所有权人所造成的实际经济损失。

（二）使用权人排除妨害、赔偿损失的业务

各国法律在规定电信业务经营者对其他公共基础设施享有使用权的同时，均规定使用权人对于其他基础公共设施所有权人须负排除妨害和赔偿损失的义务。

1996年德国《电信法》规定了在建基础公共设施对已建电信线路的妨害排除请求权。其规定："电信线路的铺设不得对已有的特殊设施（用于维护公共道路、运河河道、水或气体管道、电力设施等）产生不良影响。使用权的受益方应承担实施必要保护性措施的一切费用。"

我国《电信建设管理办法》第33条第2款规定："建设微波通信设施、移动通信基站等无线通信设施不得妨碍已建通信设施的通信畅通。妨碍已建无线电通信设施的通信畅通的，由当地省、自治区、直辖市无线电管理机构责令其改正。"

1996年美国《电信法》规定，经合法授权使用无线电设备、通路或地役权的电信业务经营者不得与联邦政府或政府部门现行使用的发射频率或对该类财产所有权、通路或地役权拟议使用的现行规划或长远规划形成任何冲突。电信业务经营者使用该类设备、通路和地役权须向美国联邦政府或政府部门支付合理的费用。③ 有线电视运营商在利用他人公共基础设施进行有线电视设施建设时，须确保该财产的安全、功能和表面的完好无损，且应当确保其他个人或组织的方便及安全不致因安装或建造该有线电视系统所必需的设施而受到任何不良影响；确保安装、建造、运营或拆除该类设施的费用由该有线电视运营商或用户或二者的联合组织予以承担；确保因有线电视运营商安装、建造、运营或拆除该类设施而致所有者财产的任何损失均应当由该有线电视运营商予以合

---

① 参见1996年美国《电信法》第704条"无线电设施之定位；无线电频率发射标准"。

② 通行权，即为通路权。

③ 参见1996年美国《电信法》第704条"无线电设施之定位；无线电频率发射标准"。

理的赔偿。[①]

二、私有财产使用权或处分权的限制

（一）使用权人或处分权人依法给付费用的义务

使用他人土地及其附属建筑物不仅须取得所有权人的同意，而且须向所有权人给付使用费用，这是电信业务经营者的法定义务之一。如《香港电讯条例》第14条（2）款规定，电信业务经营者在土地上设置与维持电讯线路时，应尽量减少造成损害；对该土地或海床享有合法权益或合法处身于该土地或海床之上的任何人，若因电讯线路设置与维持而使其在该土地或海床上的固定附著物或实有资产蒙受实质损害，电信业务经营者须向其支付十足补偿。

我国《电信条例》第47条规定，基础电信业务经营者可以在民用建筑物上设置小型天线、移动通信基站等公用电信设施，但需要事先通知建筑物产权人或者使用人，并按照省、自治区、直辖市人民政府规定的标准向该建筑物的产权人或者其他权利人支付使用费用。

英国《通信法》有关法定权利的范围第2段规定，因操作原因要使用到他人的财产进行任何电子设备的安装、维护、探测、调整、保护、改变或修理时，必须要取得土地所有人的书面协议。第3段对土地所有人的书面协议作出了类似的规定，在服务期间或以后几年内他们的使用权将会被阻止或者受到限制。尽管这些条款只是作出了大体的规定，但是从第5段的条款中可以看出赋予运营商法典权利的价值。该条款规定，运营商可以向法院提出申请，得到免除与土地所有人达成协议的指示，前提是法院同意这种做法。即：对于该所有人造成的任何损害，都能够以金钱的方式得到足够的补偿；或远远小于该所有权人可以从指示中获得的利益，该所有人的电信设备接入也受到指示的保护。在法院决定以赔偿额作为适当的补救办法的情况下，赔偿金额参考可以给付的合理数额，双方可以在自愿的基础上达成协议。[②]

1996年德国《电信法》也规定，除公共基础设施外，其他财产的所有权人不得拒绝电信业务经营者通过其财产进行电信线路的建设、运行和更新。其他财产所有权人可以要求电信业务经营者补偿其因提供财产上电信通路权而受到的实际经济损失；通过其他财产铺设、设置或通行的电信线路，如果其并未用于实际的电信运营，则其财产所有权人可以向电信业务经营者提出临时性经济补偿要求。电信业务经营者通过其他财产铺设、设置或通行其电信线路时，对该类财产及其附属设施造成损害的，应当赔偿该类财产所有权人所受到的实际经济损失。

（二）使用权人排除妨害和恢复原状的义务

当电信业务经营者因使用他人土地及其附属建筑物而致土地及其附属建筑物所有权人有客观上的不便利或其他障碍情形发生时，应土地及其附属建筑物所有权人的要求，

---

① 参见美国1996年《电信法》第302条第四部分：由电信运营商提供的影视节目业务中第653条“建立开放的视频系统”。

② ［英］LAN LIOYD. DAVIDMELLOR. 通信法．曾剑秋．译．北京：北京邮电大学出版社，2006：183.

电信业务经营者应当采取措施排除妨害；电信业务经营者终止使用他人土地及其附属建筑物时，应当采取措施恢复该土地及其附属建筑物的原状，以保护该土地及其附属建筑物所有权人无障碍占有、使用、收益及处分其土地的权利。

如日本《电气通讯事业法》规定，设置电信线路的土地等或与之接近的土地等的使用目的或方法发生了变更，导致该电信线路可能对土地等的使用造成明显障碍时，该土地等的所有者可以要求第一种电气通讯事业者（类似我国基础电信业务提供者）采取迁移线路等措施，以排除障碍；除该类措施在业务或技术上具有明显困难者外，第一种电气通讯事业者应当采取该类排除障碍的措施。但是，土地等的所有者应当全部或部分负担采取该类排除措施所耗用的费用。当第一种电气通讯事业者与土地所有者之间就排除妨害的措施无法进行协商或无法达成协议时，双方均可依法申请都道府县知事进行裁决。第一种电气通讯事业者在其对土地等的使用权终结时，或其对土地等的使用需求不复存在时，应当采取措施恢复该土地等的原状，或补偿因无法恢复原状而对该土地等的所有者所造成的实际经济损失。

第四节　各国和地区电信建设和保障制度的比较

从世界各国和地区立法实践来看，作为基础公共设施的一部分，在任何国家或地区，电信管线敷设、线路搭挂以及塔台设置和信号搭载均实行严格的法律保障制度，经政府监管机关核准后，电信业务经营者从事电信线路扩展建设、电信杆路架设和电信塔台设置的行为成为其基本权利，任何自然人、法人或其他组织无正当理由均不得阻挠之。电信业务经营者从事电信建设、行使其电信通路权时，不仅涉及到需要使用他人基础公共设施的问题，还涉及到使用他人土地及其附属建筑物的问题。各国电信立法对此均有规定，电信业务经营者在进行电信管线、杆线、杆路和塔台等的建设时，有权使用他人土地以及附着于土地之上的建筑物，通过地表、地下、建筑物、构筑物及其附属设施敷设、埋设、设置或搭挂电信路由设施。

一、公共基础设施使用权之规定

（一）德国电信法之规定

1996年德国《电信法》第八章规定了有权使用其他基础公共设施的电信业务经营者的资格条件，获得公共基础设施使用权的电信业务经营者必须符合下列法定条件：(1）具有合法的电信业务经营许可证；(2）铺设新线路和改造已建线路时需得到负责公共道路建设与维护的政府机构的核准；(3）电信线路的设置和维护应满足安全性要求，并符合公认的工程标准；(4）铺设架空线路时应当尊重其他电信业务经营者的利益，并须考虑城镇规划要求。

1996年德国《电信法》规定，任何情况下，电信业务经营者均应负责对附着在公共基础设施之上的电信线路进行必要的维修和养护；公共基础设施所有权终结时，附着在该所有权之上的电信使用权亦终结，即遵循“从权利随主权利消灭而消灭”原则。

如德国《电信法》规定，公共基础设施所有权消灭时，附着在该所有权之上的电信接入权、通路权或其他使用权亦随之灭失。

（二）美国电信法之规定

依据美国《电信法》第214条①，扩展线路之建设以及其他相关电信设施之建设，必须取得FCC的批准；未经FCC批准获取许可证，任何电信业务经营者均不得擅自建设或扩展线路，不得擅自获取、运营或延伸任何线路，也不得通过上述线路进行任何业务的传输活动。但是，建设、取得或运营下列线路时，无需申请取得许可证：（1）纯粹的州内线路（该线路并非构成州际线路的一部分）；（2）长度不超过10英里的本地线路、分支线路或终端线路；（3）通过公司收购、资产租用或互联互通协议所获得的线路。FCC有权颁发或拒绝颁发该类许可证，有权批准建设或延伸该类线路的部分或全部，有权批准该类业务的停止、减少或退出。FCC基于公共利益、公共需求和公共便利之判断，有权在颁发许可证时附带条件；电信业务经营者在获得许可证之后，应当依据许可证附带条件进行通信线路的建设、扩展、取得或运营，或者依据许可证附带条件停止、减少或退出该类业务。FCC可根据电信业务经营者提出的合理要求批准某些临时性或紧急性业务，或批准扩建其现有通信设施。除新建通信设施外，只要不削弱、不影响通信业务的质量与数量，电信业务经营者进行任何设备安装、设备更换或设备运营的活动均无须经过FCC的批准。

（三）我国台湾地区电信法之规定

我国台湾地区“固定通信业务管理规则”第20条规定，申请经营固定通信业务的申请人应于取得公司筹设同意书及完成公司设立或变更登记后，向“电信总局”申请网络建设许可证。经营者建设事业计划书所定网络建设许可证有效期限之建设计划以外之后续网络，应检具详细网络建设计划，向“电信总局”申请许可。未依规定申请网络建设许可证或经许可者，不得建设固定通信网路设备。综合网络业务申请人有建设微波链路或固定无线接取设备之需要者，应向“电信总局”申请许可。我国台湾地区“固定通信业务管理规则”第21条规定，申请人取得网络建设许可证后，应依其事业计划书所定网络建设许可证有效期限之建设计划建设网络。其无法于网络建设许可证有效期限内建设完成者，应于期限届满前说明理由，向“电信总局”申请延展。展期最长不得逾一年，并以一次为限，逾期交通部应撤销其行政许可，并不予退还履行保证金或由“电信总局”通知保证银行履行保证责任，已取得执照者，撤销其特许。但是，因不可抗力申请延展者，应按事故迟延期间申请延展，不受前项展期限制。网络建设许可证展期超过行政许可有效期限时，应一并办理行政许可有效期限之延展。

从以上国家和地区的电信法不难看出，立法对公共基础设施使用权人的资格条件作出了限制，且都采用使用权核准主义，电信业务经营者对于他人基础公共设施的使用权系根据法律的创制而生成，但是，其在行使该项权利时，应当取得电信主管部门的核准，否则不得擅自行使该项权利，以免对他人合法权利或社会公共利益造成损害或者不良影响。此外，各国和地区电信立法还规定了电信业务经营者对其电信线路的维护义

① 参见1934年美国《电信法》第214条“扩展线路”。

务。立法之所以设定这种限制，是为了解决所有权和使用权之间的冲突，在所有权和电信业务经营者使用权之间寻找一个最佳平衡点，确保在实现电信业务经营者电信通路权、维护社会公共利益的同时，保障公共基础设施所有权人的利益不受损失。

二、私有财产使用权

电信业务经营者从事电信建设、实施其电信通路权时，不仅涉及到需要使用他人基础公共设施的问题，而且还涉及到使用他人土地及其附属建筑物的问题。

（一）日本电信法之规定

1984 年 12 月 25 日制定、1987 年修正的日本《电气通讯事业法》[①] 规定，第一种电气通讯事业者[②]欲使用他人土地等时，必须取得都道府县知事的核准；但在发生天灾、事变及其他非常事态的情形下，以 15 日以内为限暂时使用时，不在此限。第一种电气通讯事业者欲在公用水面敷设水底线路时，必须事先向邮政大臣及有关都道府知事申报以下事项：（1）水底线路的位置及申请敷设线路的区域；（2）工程开始及竣工时期；（3）工程概要。第一种电气通讯事业者在收到邮政大臣指定某水域为保护区域的通知后，应当依据邮政省令规定，设置标示保护水域的路标，并且公告其路标的位置。我国台湾地区《电信法》也规定，第一类电信事业或公设专用电信设置机关所需交换机房，如当地都市计划尚未配合其分区设置，需要预留电信公共设施用地者，第一类电信事业或公设专用电信设置机关应视社区发展及居民分布情形，选择适当地点，报请“交通部”核准，函请当地“主管建筑机关”准予先行建筑，不受都市计划土地使用分区管制之限制。

日本《电气通讯事业法》[③] 还规定，第一种电气通讯事业者欲暂时使用他人土地等时，必须事先通知土地等的占有者；但在事先通知有困难时，在使用开始后，必须立即通知。第一种电气通讯事业者因暂时使用而进入他人土地等时，必须携带相关合法证明文件。第一种电气通讯事业者欲暂时使用他人土地等，若该土地等系被供居住之用时，必须得到该居住者的同意。

日本《电气通讯事业法》[④] 规定，第一种电气通讯事业者在依本法采伐或移植植物时，必须事先通知植物所有权人；但在事先通知有困难时，须在采伐或移植后，必须立即通知。

日本《电气通讯事业法》第三章规定了电信业务经营者为进行电信线路建设而对他人土地、草木和水域等的使用权。该章规定，第一种电气通讯事业者为设置地下线路、空中线路以及此类附属设备而必须使用他人土地以及固定于土地上的建筑物及其他设施时，在获得该土地所在地都道府县知事的批准后，可以与该土地的所有者进行协商，取得对该土地的使用权；双方未能达成协议或者无法进行协商时，第一种电气通讯

---

① 参考日本《电气通讯事业法》第 78 条土地的暂时使用三测标的设置（2）。

② 类似于我国基础业务经营者。

③ 参考日本《电气通讯事业法》第 78 条土地的暂时使用三测标的设置（3）、（4）。

④ 参考日本《电气通讯事业法》第 81 条“植物的采伐”（2）规定。

事业者可依有关程序申请都道府县知事对于该土地的使用权事宜作出裁决，都道府县知事必须依据法定程序迅速进行裁决。第一种电气通讯事业者为下列目的而必须使用他人土地时，可以在不明显妨碍该土地所有权和其他使用权的限度内，暂时使用该土地，但对于建筑物及其设施仅限于为支持线路而使用的情形：（1）为设置电信线路而进行工程施工所必需堆放材料和车辆停放时；（2）发生天灾、事变及其他非常事态而设置重要通信线路及其他电气通讯设备时。第一种电气通讯事业者因实施通信线路的测量而进行实地调查或施工时，可进入他人的土地；第一种电气通讯事业者实施通信线路施工或线路维护时，可在他人的土地通行。

（二）我国台湾地区电信法之规定

1958年10月23日制定、2002年7月10日修订的台湾地区“电信法”第三章规定，第一类电信事业或公设专用电信建设所需土地，应依土地法及其有关法律规定征收之。第一类电信事业或公设专用电信设置机关之架空、地下、水底线路及公用终端设备可以无偿择宜建设；第一类电信事业或公设专用电信设置机关因无线电信工程之需要，可以无偿使用河川、堤防、道路、公有林地或其他公共使用之土地，设置无线电基地台。第一类电信事业或公设专用电信设置机关所需交换机房，如当地都市规划尚未配合其分区设置需要预留电信公共设施用地者，第一类电信事业或公设专用电信设置机关可以视社区发展及居民分布情形，选择适当地点，报请“交通部”核准，函请当地“主管建筑机关”准予先行建筑，不受都市计划土地使用分区管制之限制。第一类电信事业或公设专用电信设置机关因无线电通信工程之需要，可以有偿使用建筑物屋顶，设置无线电基地台。第一类电信事业或公设专用电信人员于执行职务时，经过道路关津，如遇阻碍，可以凭证优先通行。第一类电信事业或公设专用电信人员为线路之勘测、施工或维护，遇有道路阻碍，除设有栅栏、围墙者外，对于田园、宅地皆得通行。用户建筑物应预留装置电信设备空间，以利电信事业提供高品质之电信服务。“电信法”第三章还规定，第一类电信事业或公设专用电信设置机关之架空、地下、水底线路及公用终端设备，其工程巨大者，应经所有人或占有人之同意，如有不同意时，由“地方政府”协调处理。

我国台湾地区“固定通信业务管理规则”第40条也规定，经营者装置用户建筑屋内外电信设备，应依用户建筑物屋内外电信设备装置规则之规定办理。经营者受托代建筑物建设方或所有人设置或维护用户建筑物电信设备，或负担其费用者，其约定不得妨碍用户选择其他市内网络业务经营者[①]提供电信服务之机会，不得妨碍其他市内网络业务经营者争取用户之机会。

（三）我国香港地区电信法之规定

香港《电讯条例》第14条（1）款规定，电信业务经营者在土地上设置与维持电讯线路时，应向该土地或海床的所有权人或向控制该土地或海床的人给予合理通知；电信业务经营者在土地上设置与维持电讯线路时，应与对该土地享有合法权益的人就电信业务经营者须缴付的费用尽力达成协议；如未能达成协议，应根据《仲裁条例》进行

① 非限于互联网业务经营者，类似于基础电信业务经营者。

仲裁。

香港《电讯条例》第16条规定，电信业务经营者具有在土地等上设置与维持电讯线路等的权利，可在任何土地或海床之内或之上设置并维持电讯线路及必要的接线柱，并可进入该土地或海床进行实地视察或为设置并维持电讯线路或为附带目的而进行其他活动。任何自然人、法人或其他组织，因其使用土地或海床而需要改变、迁移或拆除电信业务经营者在该土地或海床之内或之上已经设置并维持的电讯线路、接线柱或无线电通讯装置时，必须向该电信业务经营者或电信管理局局长提出申请，经其同意之后方可实施相关计划。任何自然人、法人或其他组织，其在任何土地或海床上进行的任何作业将可能影响电信业务经营者的已建电讯线路或无线电通讯装置时，均须向电信业务经营者发出书面通知，并须采取一切合理的预防措施，以防损坏该土地或海床之内、之上或附近已建的电讯线路或无线电通讯装置。电信业务经营者具有进入土地等以对电讯线路进行检查、修理等的权利，若其认为必要，可进入敷设有电讯线路、接线柱或无线电通讯装置的任何土地或海床，以检查、修理、迁移或更改该电讯线路、接线柱或无线电通讯装置。

（四）美国电信法之规定

美国《电信法》不仅规定了电信业务经营者对他人土地及其附属建筑物使用权的核准制度，而且将该项制度扩展至电信通路权的所有行使场合，非依法律电信业务经营者不具该项权利，非经电信主管部门核准，电信业务经营者亦不得行使该项权利，从而将该项权利与国家公权力捆绑在一起，处处体现了国家干预的色彩。不仅如此，为保证电信业务经营者迅速有效地为用户提供业务（包括普遍服务业务），FCC可以强制电信业务经营者进行通信线路的扩展建设以及进行其他种类的电信建设，但是须考虑公众利益的合理需求原则和禁止削弱电信业务经营者公共服务能力原则。为使电信业务经营者能够提供迅速有效的业务，FCC基于公共利益、公共需求和公共便利之判断，有权命令并要求电信业务经营者购置充足的设施、扩展其线路或增设电话局，因命令或要求电信业务经营者购置设备、增设电话局或扩展线路而产生的增量成本不应当影响到该经营者向社会公众提供服务的能力。任何电信业务经营者均不得擅自停止、减少或退出对某社区或部分社区所提供的业务；但是，FCC可根据合理要求，批准暂时或紧急停止、减少或退出某些业务的提供，或批准部分停止、减少或退出某些业务的提供。①

从以上各国和地区电信立法规定可以看出：

第一，土地及其附属建筑物使用权采用核准主义。电信业务经营者对于他人土地及其附属建筑物的使用权不是依据民法“原始取得”的自然权利，从根本上系根据民法“继受取得”理论而生成，即根据法律的强制性创制而生成，因此，该项权利的行使应当经过电信主管部门的核准，未经电信主管部门核准的，电信业务经营者不得擅自行使该项权利。

第二，使用权人或处分权人具有事先告知所有权人并取得其同意的义务。电信业务经营者在行使其电信通路权、依法使用他人土地及其附属建筑物时，不仅应当尊重国家

① 参考1934年美国《电信法》第214条“扩展线路”。

公权力，须事先取得国家电信主管部门的核准，而且还应当尊重土地及其附属建筑物所有权人的私权利，须事先将其欲使用该土地及其附属建筑物的计划告知于土地及其附属建筑物所有权人，并取得土地及其附属建筑物所有权人同意其使用该土地及其附属建筑物的意思表示。

第三，电信业务经营者行使对于他人私有财产的使用权或处分权的同时，对该项权利亦规定了一定的限制措施。如采取一切合理的预防措施，以防损坏该土地或海床之内、之上或附近已建的电讯线路或无线电通讯装置。

第五节 通信网络基础设施的共建共享

通信网络基础设施，是指与电子通信网络的使用或者电信通信服务有关的硬件设施。该设施能够使网络或者服务的提供成为可能，能够使利用网络或服务来提供其他服务成为可能，或者能够使其他相关服务的提供成为可能。[①] 本书所论述的通信网络基础设施包括电线电缆、管道、电杆或其他与电子通信网络相关的硬件设施。

通信网络基础设施是通信建设的重要部分，由于其规模经济性、稀缺性等特点，对电信运营企业进入市场，提高竞争力具有极其重要的意义。随着3G牌照的发放，我国第三次电信重组的结束，中国电信业正式进入了3G时代。三家全业务经营的电信企业必将开展一轮大规模的网络基础设施建设，如果不推行集约化建设管理，仍按照以前的方式各自建设和运营网络，势必造成大量的重复建设和资源、资金的浪费，也容易导致简单的恶性竞争。

为了避免通信网络基础设施重复建设以及恶性竞争行为，有效规划3G网络建设，防止资源的浪费，建立公平、有序的电信市场环境，我国有必要借鉴国外的立法、司法实践经验，加快建立健全通信网络基础设施共享法律制度，确保建立规范的通信网络基础设施建设市场竞争秩序，促进电信运营业的持续健康发展。

一、通信网络基础设施共建共享的现实意义

电信基础设施的浪费一直是一个问题，但如果要竞争，必须有一定程度的重复建设，如何把重复建设减小到最小，做到既有竞争，又能在一定程度上减少重复建设，是一个非常复杂的问题。长期以来，业界有网业分离的呼声，但是要做到网业分离，却是一个复杂的体制改革，全世界范围内尚未见到一个国家电信运营业是网业分离的。在目前的管理体制下，通过政府的强力管理措施，授权运营商进行电信基础设施的共建共享，意义深远。

首先，这一措施减少了重复建设，长期以来，电信基础设施的建设是各自为政，自建自用，这就出现了铁塔林立，一个小区多家运营商的管线交织的现象，这种现象大大增加了投资，形成了较大的浪费，通过电信基础设施的共建共享，可以减少重复投资，

---

① ［英］劳埃德（Lloyd，I.），［英］米勒（Mellor，D.）. 通信法. 曾剑秋，译. 北京：北京邮电大学出版社，2006：37.

节约成本，对于电信运营商降低成本有较大意义。

其次，促进市场的公平竞争。电信业进行竞争，网络质量是主要保证。而电信资源具有天然的垄断性，一些管线只要建成，别的运营商就无法进入，一些运营商正是利用这种天然的垄断性，通过对资源的独占，使其处于竞争的有利地位，而新兴运营商却无法与之竞争。电信基础设施的共建共享在一定程度上打破了这种天然垄断的格局，对于促进市场的公平竞争有着重要的价值。

再次，电信基础设施共建共享的效益是复杂的，对于运营商的影响是双向的，对于目前几家运营商而言影响重大。对中国电信来说，如果可以利用中国移动的铁塔建设基站，对于尽快完成网络建设非常有价值。同时这种影响是双向的，中国移动长期以来被认为在固网领域很难有发展机会，因为固网的管线资源都为中国电信和中国网通占据，电信基础设施共建共享的政策却可以帮助其进入固网领域。①

通信网络基础设施共建共享也符合《物权法》的立法宗旨。《物权法》第 1 条规定："为了维护国家基本经济制度，维护社会主义市场经济秩序，明确物的归属，发挥物的效用，保护权利人的物权，根据宪法，制定本法。""发挥物的效用"可以理解为"发挥物的效力和作用"，这意味着不仅包括发挥物的所有权人对其自物权的占有、使用、收益和处分之权能，而且包括设置他物权，即在他人所有的物上设定权利，以充分发挥物的使用价值和交换价值的权能。2008 年 9 月 28 日工业和信息化部与国务院国资委联合发布了一份《关于推进电信基础设施共建共享的紧急通知》（简称"联合通知"），该"联合通知"提出的"减少电信重复建设，提高电信基础设施利用率"符合《物权法》关于"发挥物的效用"的立法宗旨。因此，基础电信设施的共建共享，就是为了提高电信基础设施的利用率，在电信设施自物权人的物权上设定他物权，但是这种他物权的设定存在一系列的法律问题，应当认真研究并给予高度的重视。②

二、各国和地区通信网络基础设施共建共享立法现状

（一）美国《电信法》

1996 年美国国会修改通过的《电信法》第 214 条（e）规定：有相应资格的运营企业，在要求和获得认定的服务领域内，有义务为每一个获得认可的电信业务提供者提供公众电信交换网络基础设施、技术、信息、电信设备和功能。此举打破了当时在美国电信市场居主导地位的贝尔公司的垄断，美国联邦通信委员会（FCC）更是规定了贝尔公司价格出租网络的价格、出租网络的范围等，以保证其他运营企业合理地共享贝尔公司的资源。此外，美国为推进本地网竞争，引入了非绑定强制租用制度。FCC 要求本地主导运营企业将网络分解为不同的网元，竞争性本地网运营企业可以根据自己的需求，租用这些网元。租用价格在电信管理机构的价格指导下由交易双方自行谈判确定。如果在规定的期限内未能达成协议，则将争议交至仲裁机构，本地主导运营企业必须无条件接受仲裁价格。

---

① 项立刚．"电信基础设施共建共享"对电信行业影响深远．信息系统工程，2008（11）．

② 王春辉．基础电信设施共建共享的若干法律问题．人民邮电报，2009-01-20．

1996年修订的美国《电信法》第704条（C）（C）还规定，对于美国联邦政府或政府部门为保障电信新业务（New Telecommunications Service）正常运营所控制且需全部或部分依托联邦无线电频率（Federal Spectrum Rights）才能发射或接收电信新业务的无线电设备的所有权、通路权或地役权（Easement），美国联邦政府或政府部门应当基于平等性、合理性和非歧视性原则，允许所有电信业务经营者共同使用，以保证其有效利用。[①] 获得有线电视运营特许许可证的有线电视运营商，同时获得通过公共通道（Rights-of-Way）和地上通道（Easements）建造有线电视系统的授权，可以利用任何公共通道和地上通道建设有线电视光缆、光纤以及其他有线电视设施。[②]

（二）德国《电信法》

1996年德国《电信法》规定，确因不可抗力原因致使电信业务经营者无法接入他人公共基础设施、难以实现其电信通路权时，或者其自己难以承担因接入他人公共基础设施所产生的成本时，若在经济上合理，且无须建造较大的附属工程，拥有电信缆线铺设设施的其他电信业务经营者应当允许该电信业务经营者共同使用其电信缆线铺设设施。1996年德国《电信法》第8章第50条规定，电信业务经营者在进行电信建设时有权免费使用公共道路、广场、桥梁和公共水域等公共基础设施。

（三）韩国《电信基本法》

韩国《电信基本法》第9条规定：（1）公共通信事业者为开展公共通信业务，必要时可经通信部长官批准，请求其他公共通信事业者提供总统令规定的公共电气通信设备，只要技术上无特殊障碍，被请求的其他公共通信事业者应响应之；（2）根据上述（1）规定的公共电信经营者，可在租用的设备上增设提高效率的通信设备。根据韩国《电信基本法施行令》第5条的规定，该条中所规定的公共电气通信设备包括网线、线路管道、交换设备、终端设备、其他公共电气通信所需设备。《电信基本法》第12条规定：公共通信事业者新建或变更通信部令规定的重要公共通信设备时，应事先获得通信部长官的批准。

（四）我国台湾地区规定

我国台湾地区1999年5月18日制定、2002年9月13日修订的“固定通信业务管理规则”第36条也规定，经营者为建设其固定通信网路这一必要，须与公用事业所有管线或相关设施附挂线路者，应依有关法令规定办理。前项附挂线路所需费用及相关条件，除相关法令另有规定外，应由经营者或取得筹设同意书者与公用事业机构依公平合理原则协议。如协议不成，“电信总局”可以依申请会商该公用事业目的事业“主管机关”协调。经营者从事固定通信网路管线基础设施建设时，于通信网路瓶颈所在设施，无法于合理期间自行建设或无其他可行技术替代者，得向瓶颈所在设施的固定通信业务经营者，请求共享管线基础设施。对于共享管线基础设施之请求，被请求之经营者无正当理由，不得拒绝之。经营者相互间应以平等互惠方式，协商共享管线基础设施收费条

---

① 参见1996年美国《电信法》第704条：“无线电设施之定位；无线电频率发射标准”。

② 参见美国1996年《电信法》第302条第四部分，由电信运营商提供的影视节目业务中第653条“建立开放的视频系统”。

件、共享部分的管理维护、共享部分发生毁损或通信中断情况的处理方式、通信品质与安全、双方责任分担及其他有关事项。双方签订共享协议书后，应于1个月内报请“电信总局”备查。若无法于开始协商后3个月内达成协议或未能于请求后1个月内开始协商者，任一方有权请求“电信总局”调处。所谓瓶颈所在设施，由“电信总局”报请交通部核定。为有效运用通信网路资源，经营者应依“电信总局”命令共同成立管线基础建设协商小组，协商管线基础设施的规划、建设及共享事项。

（五）我国香港地区法之规定

我国香港地区《电讯条例》第36AA条（3）款对通信网络基础设施共享也有所规定。该条规定，为了公众利益，通信管理局局长可指示某持牌人与其所指明的另一持牌人协调和合作，共用前一持牌人所拥有或使用的任何设施。局长在考虑发出为公众利益而共用设施的指示时，须顾及有关的事宜，这些事宜包括（但不限于）：（1）该设施是否是一项瓶颈设施；（2）该设施能否被合理地复制或取代；（3）是否在技术上存在别的选择；（4）该设施对该持牌人提供服务方面是否具关键意义；（5）该设施是否有可用的容纳能力（在考虑该设施所属的持牌人或人士现时的需求及合理的未来需求后）；（6）联合使用该设施是否会鼓励有效和有效率地使用电讯基本建设；（7）从持牌人方面及公众方面而言，除共同提供和使用该设施外的别的选择所涉的费用、时间、损失及不便。如果有关各方没有在一段合理时间内达成协议，局长可决定共用该设施的条款及条件，该决定应包括：就共用该设施支付公平合理的补偿的数额及条件。

从以上几个国家和地区的立法可以看出：

第一，建立基础设施共享制度是基于公共利益的考虑。一方面，通过共享机制降低运营企业的建设成本，提高网络覆盖率，减少资源的浪费。另一方面，将共享机制作为一种普遍服务实现的方式，从而更好地实现公民的通信权利。因此，尤其应当鼓励在偏远地区等网络覆盖率偏低的地区进行共享。

第二，有些国家或地区电信法规定了多余通道的“共同使用原则”。所谓共同使用原则，乃指基础公共设施所有权人具有使用其他公共基础设施中多余资源的权利，使用可以通过租赁、购买或者借用的方式进行。有关公共基础设施的共同使用原则，涉及多余资源的强制性出租出让制度。电信设施共同使用制度和互联互通制度一脉相承，前者在于避免重复建设，后者则在于禁止主导运营商滥用其市场支配地位。

第三，规定公共基础设施多余空间强制性出租出让制度。为确保对公共基础设施的使用权，各国法律对于具有在先权利的电信业务经营者或其他基础公共设施所有权人规定了强制性出租、出售义务，通过强制性出租、出售制度来保障在后电信业务经营者的电信通路权的实现。

第四，相关电信法律法规对于网络基础设施共享的范围进行了规定，如韩国《电信基本法施行令》第5条规定：共享的基础设施包括网线、线路管道、交换设备、终端设备、其他公共电气通信所需设备。该施行令对于共享的程度也作出了限制，目的在于防止共享行为对竞争的消极影响。

第五，相关法律法规对于网络基础设施共享的费用分摊也作出了规定，并且对运营企业之间协商不成的情况，提出了解决办法，即赋予电信监管机构以决定权，从而使得共享机制得以有效的实施。[①]

三、我国通信网络基础设施共建共享立法现状

我国电信市场初步形成了竞争格局，电信在高速发展的同时对电信监管提出了更高的要求，要求加强电信法制建设。随着《电信条例》以及众多电信规章的相继出台，中国电信监管基本做到了依法治理。

我国《电信条例》虽然在第四章第一节对从事电信设施的建设活动进行了规定，但是由于很多规定原则性较强，可操作性差，并没有有效地遏制通信建设市场竞争的无序性和建设行为的不规范。而且基于《电信条例》出台的历史背景，《电信条例》并没有对通信网络基础设施共享进行相关的规定。

2005 年 7 月 7 日，原信息产业部发布了《关于加强对电信管道和驻地网建设管理等有关问题的通知》（以下简称《通知》），其主旨在于对以往政策中不明确的电信网络资源建设管理问题，进行原则和程序性规定，其中贯穿了平等接入和资源共用的核心思路。该《通知》中最大的亮点在于，就电信网络资源建设提出了网络共建的概念。[②] 这意味着，在未来的网络基础设施建设过程中，不参与共建者至少在 3 年内将无法入场，从而失去竞争资格。因此，传统的电信管道和驻地网的独立建设形式可能由此被淘汰出局，而共建模式将成为新建网络基础设施的主流。此外，对于已建成的通信网络基础设施资源，《通知》规定了共享制度。对于已建的电信管道和设施，《通知》要求，各运营企业应实现电信管道、电信杆路、通信铁塔等电信设施的共用。已建成的电信管道、电信杆路、通信铁塔等电信设施的运营企业，应当将空余资源以出租、出售或资源互换等方式，向有需求的其他运营企业开放，出租、出售资费由当事双方协商解决，双方难以协商一致的，可以由电信管理机关协调解决。电信管理机关可以结合本地区实际情况制定资费标准。这意味着，以往的弱势运营企业可以通过有偿租用或者购买网络富余者的资源，突破网络基础设施缺失的瓶颈，获得与主导运营企业相对公平的竞争实力。然而，由于该《通知》属于原信息产业部制定的管理措施，执法力度不够，且允许各地方监管机构结合本地实际情况贯彻执行，因此，不能将普遍情况进行规范化的规制，容易出现有法不依、执法不严、违法不究的现象，不能在全国范围内形成统一而有权威的法律制度。

2008 年 10 月 6 日，国资委、工信部联合下发了《关于推进电信基础设施共建共享的紧急通知》（以下简称“共建共享通知”）。该“共建共享通知”强调：为减少电信重复建设，提高电信基础设施利用率，从 2008 年 10 月 1 日起，中国移动、中国电信、中国联通必须共建共享电信基础设施，其目的一是对刚刚取得移动牌照的运营企业大规模扩建、优化移动网络的行为进行规范，二是规范即将启动的 3G 网络大规模室外覆盖

---

① 彭舒兰．论我国通信网络基础设施共享法律制度的构建．硕士研究生学位论文．2009，第 15 页．

② 该《通知》规定，在电信通行权有限的区域，要新建、扩建、改建电信管道、电信杆路、通信铁塔等电信设施，应当统一规划、联合建设。同时规定，对不参与联合建设的电信业务经营者应采取一定的限制措施，即原则上在 3 年之内，不得在同路由或者同位置建设功能相同的电信设施。

建设。针对目前电信行业较为突出的重复建设问题，"共建共享通知"明确禁止。[①] 同时两部委领导联合各基础电信企业集团（重组后的中国移动、中国电信、中国联通）的主要负责人成立领导小组，负责指导协调电信基础设施共建共享工作。一经发现有故意重复建设、拒绝开放共享、擅自独立建设、租用第三方设施签订排他协议的现象，相关责任人将被处分，其中被撤、免职的人员，3 年内不得任用。根据我国《立法法》规定，该"共建共享通知"是一部规范性文件，是工业和信息化部、国务院国有资产监督管理委员会联合出台的一部行政规章。然而根据《宪法》第 126 条的规定，人民法院进行审判的依据为法律，其他法律渊源要成为审判依据，必须与法律具有同等地位、同等性质或者同等效力。[②] 该行政规章显然不具有与法律同等的地位、同等的性质或者同等的效力，因此，在我国审判体制中，该行政规章不能被适用，只能被参照。而且该"共建共享通知"仅从企业负责人的责任和处罚角度限定了责任，更像一部内部行政法。

总之，我国电信建设方面的法律规范缺乏整体性架构，立法滞后，立法层次较低，各地缺乏统一的规范性指导，而且法律体系内部存在冲突和不协调，不能满足电信市场发展的需求，对网络资源的重复建设没有起到应有的作用。在将来出台的电信法中，应该明确要求电信资源建设者和监管机构，统一规划，使大部分闲置的通信网络基础设施充分发挥作用，大幅度地提高通信行业网络的设备利用率，从而降低成本，为社会、为企业的长远发展打好基础。因此，为有效规制我国电信网络基础设施共享行为，借鉴外国的成功经验，构建一个科学、高效的电信法律规范体系已经成为当务之急。[③]

四、有关通信网络基础设施共建共享的法律制度

（一）我国通信网络基础设施共建共享的基本原则

通信网络基础设施共享法律制度的原则是通信网络基础设施共享法律的制定、实施和监督的根本准则，包括：促进竞争原则以及利益限制衡量原则。

1. 促进竞争原则

促进有效竞争原则，是指针对通信网络基础设施市场，共享法律制度的构建应当引入竞争，并保障和促进竞争力量的成长，从而形成有效竞争的格局。

促进竞争原则应具有两方面的内涵：

一方面，共享法律制度的构建，要达到防止重复建设和破坏竞争，形成有效竞争的目的。规模经济与竞争活力具有相互排斥性，这在自然垄断行业中表现得尤其突出。尽管时至今日，电信行业的自然垄断性已经大大削弱，但通信基础设施市场仍然存在着很强的规模经济性。规模经济性要求防止过多的企业进入电信市场参与竞争，否则就可能导致重复建设和破坏性竞争。但是，过度追求规模经济会导致垄断，而垄断往往导致企

① 该"共建共享通知"明确规定了共建共享的目标："杜绝同地点新建铁塔、同路由新建杆路现象；实现新增铁塔、杆路的共建；其他电信基础设施共建共享比例逐年提高。"

② 刘松山．人民法院的审判依据．政法论坛，2006：26.

③ 彭舒兰．论我国通信网络基础设施共享法律制度的构建．硕士研究生学位论文．2009：21.

业缺乏竞争活力，造成效率低下、缺乏创新、质量较差、价格过高等问题，这既不利于消费者的福利，也不利于电信产业的长远发展。因此，基础电信业务市场开展市场竞争的目标应该是既要维护规模经济，同时又要保持竞争活力，即实现二者相兼容的有效竞争。

另一方面，共享法律制度的构建，要防止其对竞争的消极影响。通信网络基础设施的共享对于竞争有一定的消极影响。电信运营企业如采用全网共享模式可能会削弱他们之间的有效竞争，降低各自的业务特色，损害消费者的利益；网络共享需要运营企业，特别是网络规划和网络运营之间的紧密合作，这就不可避免地减少了运营企业的独立性；共享网络可能使运营企业之间实现价格垄断，限制竞争的结果是高昂的电信服务价格、损害消费者利益等。如欧洲《电子通信网及相关设施接入与互联指令》第 12 条第二款指出，国家管制局考虑是否设立接入与使用特定网络设施的义务（包括提供共址或者管道、建筑物或线杆等其他设施共用方式）时，尤其应考虑：市场发展速度以及使用或安装竞争设施的技术与经济服务期限、长期保护竞争的需要等因素。

因此，构建通信网络资源共享法律制度，一定要以保护竞争为原则，通过制度的设计，不仅充分发挥该共享制度的积极作用，而且要防止运营企业之间的共享行为破坏竞争、损害消费者的利益、违背构建该制度的初衷。

2. 利益限制衡量原则

利益限制衡量原则是法律制定和执行过程中的一项基本原则，其宗旨是全面考虑一项规则的制定或适用可能引起的各方面的利益变动，对各种利益作全面考察，不过分损害任何一方的利益，要将利益损失的总和降到最少。

电信业作为公用企业，其目的在于为公众的通讯提供方便，而在电信企业之间存在的基础设施不对称的现象势必会影响整个行业的发展。恶性竞争和垄断会损害公众的利益。在通信网络基础设施共享法律制度的设计中，应当向处于弱势的非主导运营企业提供优惠条件或者倾斜措施，对处于强势的主导运营企业的一些权利进行限制，比如说，在关键地区的强制共享通信网络基础设施，这就要求我们在法律制度的构建过程中，秉承利益限制的衡量原则，采用最小代价的方式，保证主导运营商的权利不受过分限制，通过法律的利益调整和平衡，实现双方利益的最大化。①

（二）我国通信网络基础设施共建共享应注意的问题

（1）共建共享应当遵循科学规律且符合物权法的立法宗旨。已有铁塔是否可以共享，一定要本着科学的态度认真进行技术评估，如设计能力是否可以承重共享的电信设施，是否需要作相应改造，以及机房是否有足够的空间、供电能否满足，以及各种电信标准（如 GSM、CDMA2000、TD-CDMA）是否可以在一个天线上共享。特别是在居民区和居民聚居区共享移动铁塔，这本身就涉及业主共同权益的物权问题。当前居民的环保意识越来越强，原来一座铁塔只有一家运营商的天线，现在要有多家共享，决定权在于全体业主，而不只是原运营商。所以，共建，特别是共享将会发生一系列法律冲突。因此，在将来的《电信法》中应当引入“利益相关者”机制，与各有关部门协调，不

---

① 彭舒兰．论我国通信网络基础设施共享法律制度的构建．硕士研究生学位论文．2009：26.

仅要出台有关电信基础设施共建共享的具体标准，更重要的是协调利益相关者的关系，采取原则性加灵活性的原则。

（2）对通信网络基础设施所有权应进行限制，其方式为所有人承担一定的作为义务。

所有权的限制，是指法律对所有权内容的限定和制约。所有权蕴含权利与义务，限制及拘束乃所有权的本质内容。[①] 对所有权的行使进行限制与法律规定所有权制度的目的是一致的，都是为了解决资源的有限性和人的欲望的无限性之间的矛盾，从而达到有效配置稀缺资源的效果。[②] 为了更加合理利用和分配土地资源以及网络基础设施资源，对网络基础设施所有权的行使也应进行相应的限制，从而达到企业利益与社会利益的平衡。

对于通信网络基础设施权利人来说，由于网络基础设施的规模性以及稀缺性，为了创造良好的电信竞争环境，防止资源的浪费以及环境的破坏，更好地实现普遍服务，其权利应受到一定的限制，主要方式是使所有人负有作为的义务。[③] 具体而言：

第一，设备共享的义务。设备共享包括物理共享和虚拟共享两个方面。

物理共享，是指主导运营企业向提出要求的电信运营企业提供物理空间，以使得该电信运营企业能够：① 在主导电信运营企业的经营场所内，放置该电信运营企业拥有的用于互联互通或接入非捆绑网络元素的设备；② 为了传输与传送电话交换服务，或者为了提供电信服务而接入主导运营企业的非捆绑网络元素，使用有关设备与主导运营企业的网络设施建立互联互通；③ 依照合理条款与条件，进入主导运营企业的经营场所，以安装、维护及修理上述用于互联互通或接入非捆绑网络元素的设备；④ 用于互联互通或接入非捆绑网络元素的设备，在主导运营企业的经营场所获得合理数量的物理空间。

虚拟共址，是指主导运营企业向提出要求的电信运营企业提供有关条件，以使得该电信运营企业能够：① 在主导电信运营企业的经营场所内，指明或具体指定用于互联互通或接入非捆绑网络元素的设备，并且该设备将专门供该电信运营企业使用。② 以电子方式监督与控制接续至该设备的通信通道。[④]

从世界其他国家和地区的电信立法来看，欧盟、韩国、美国、我国香港地区等国家和地区对设备共享问题在电信法中都作出了规定。在我国，由于主导运营企业控制必要的基础电信设施，并且在电信业务市场中占有较大份额，在资源和市场上占有明显的优势，为了避免其运用这种优势限制其他非主导电信运营企业进入市场，有必要通过对其设定额外的义务来进行约束，即要求其承担向非主导电信运营企业提供网络基础设施共享的义务，对非主导运营商的共享请求必须进行回应，通过协商确定相关事宜。如果不能协商一致，则由电信监管部门进行协调，对于电信监管部门的裁决应该执行。

第二，公共基础设施多余空间的强制性出租出售的义务。美国《电信法》规定，

① Otte V. Gierke, Die Soziale Aufgabe des Privatrechts, 1896, S. 20，转引自：王泽鉴．民法物权：通则·所有权．北京：中国政法大学出版社，2001：162.

② 王效贤，刘海亮．物权法总则与所有权制度．北京：知识产权出版社，2005：5.

③ 续俊旗．互联互通立法：如何查漏补缺．人民邮电报，2003－12－31.

④ 续俊旗．互联互通立法：如何查漏补缺．人民邮电报，2003－12－31.

地方交换运营商、电力经营者、天然气经营者、自来水经营者、蒸汽动力经营者等公用事业单位应当向所有有线电视系统或电信业务经营者提供其电线杆路、管道、管线或通路的非歧视性接入服务①，但是，提供电力服务的公用事业单位若因容量不足或存在安全性、可靠性或具有广泛影响的工程设计问题，则可基于非歧视性原则拒绝向有线电视系统或电信业务经营者提供其电线杆路、管道、管线或通信信道的接入服务。② 本地交换运营商应当按照法定费用、期限和条件向长途电话业务或其他电话交换业务提供商提供其电杆、管道及信道路由等的通行权。③

为确保对公共基础设施的使用权，对于具有在先权利电信业务经营者或其他基础公共设施所有权人规定强制性出租、出售义务，通过强制性出租、出售制度来保障在后电信业务经营者电信通路权的实现，避免公共基础设施重复建设，节约社会资源，降低社会成本，保证社会公共利益的实现。尤其在瓶颈地区，对于已建基础设施资源，所有权人有义务将空余闲量出租或者出售，供后来者有偿使用，使所有合法经营者都能公平地通行，共同拥有路权，保证有效地竞争。

由于该义务极大地影响了所有权人的自主经营权，因此，为了防止因公共利益而对所有权人的利益进行过分限制，将利益损失的总和降到最低程度，在要求权利人履行该义务时，必须考虑以下几个因素：① 是否基于保护环境、公共卫生、公共安全等公共利益的考虑；② 该设施是否为瓶颈设施；③ 在技术上有无其他可替代方案；④ 该设施对于所有权人业务的开展有无关键性影响。

对于缺乏通信基础设施的电信业务经营者而言，欲使用他人的电信设施，应该与所有权人或者占有人进行协商，达成一致意见，并确定使用方式、使用范围、费用分担、维护义务分配等事项。严禁未经许可擅自占用他人通信管孔，强行埋设电（光）缆，擅自将电信线路及设施引入其他电信运营企业的管道内，在杆路上布放和附挂光缆、电缆等恶性竞争的行为。在从事电信建设过程中，若其施工工地附近具有铁路、公路、机场、桥梁、油气管道、自来水管道、电力线路、电信设施等基础公共设施，且该类基础公共设施具有多余的可用接入空间的，则其不得重复进行相同或相近的基础公共设施建设活动，应与该类基础公共设施所有权人或其他占有并能处分该基础公共设施的权利人进行协商，通过租赁或购买其多余的可用接入空间来完成其管线敷设、杆线搭设以及塔台信号搭载等电信建设和信号通行活动。

针对以上两个义务，电信管制机构的监管尤为重要，这不仅能够增强主导运营企业共享基础设施的积极性，并且能够防止主导运营企业滥用市场优势地位，要求过高的出租或者出售价格，从而阻碍双方共享基础设施的进程。电信管制机构一方面可以根据电信运营企业的投资、涉及的风险以及合理的资金回报率等，制定共享网络基础设施价格的参考标准，允许当事人双方根据各自的需求进行协商；另一方面可以规定运营企业遵守有关成本回收和价格管制的义务，因为缺乏有效的竞争就意味着主导运营企业可能保

① 参见 1934 年美国《电信法》第 224 条："电线塔台搭载（The Pole Attachment）"。
② 参见 1934 年美国《电信法》第 224 条："电线塔台搭载（The Pole Attachment）"。
③ 参见 1934 年美国《电信法》第 251 条："网间互联互通（Interconnection）"。

持过高的价格水平，或者采用价格排挤，使得网络基础设施共享成为空话。该强制性成本回收机制或定价方法应该有利于提高效率和电信市场的可持续竞争，并且能够使消费者的利益最大化。在这方面，电信管制机构应该考虑可比的竞争市场上的现行价格，并要求运营企业对合理的投资回报率进行举证，为其价格提供完整的合理证明，如果不能提供合理的证明，则可以要求其调整出租或者出售价格。①

案例分析

案例一

彭某诉某电信公司，要求撤销拉线、搬迁电杆案

一、案件事实和案件结果

2006年9月，某电信分公司收到重庆立源律师事务所的律师函，声称："某分公司的电缆管线经过其委托人彭某的房屋，严重影响到房屋的使用功能，且设置电杆使用的土地，为其委托人所享有，要求在接到委托函后，10日内将电杆移至委托人享有的土地之外，否则将采取诉讼方式维护委托人的合法权益。"

某电信分公司相关人员现场调查结果是：某分公司建有一条主干电缆经过南泉镇红星村12社公路，彭某的房屋就在路边。分公司的通信线路距离彭某的房屋最近不足1米，电杆拉线搭在其房屋一角的墙上，还有一根支撑电杆的木桩靠在其房屋窗下。经过查询历史资料，这条通信线路始建于1994年，该房屋建于1998年，房屋产权人彭某在1998年底买下这幢房屋。2006年10月中旬，彭某和委托律师来到某电信分公司，称她买这幢房屋有合法的土地使用证和房屋产权证，属于合法建筑；某电信分公司的电杆拉线搭在其房屋墙上，是明显的侵权行为，要求撤销拉线、搬迁电杆。某电信分公司辩称：根据《国务院、中央军委关于保护通信线路的规定》第7条第5款、第7款，第8条、第9条的规定，不准在危及电杆、拉线安全的范围内取土和架空线路两侧建屋搭棚，设置干线所需的土地可以无偿使用。另外，这条干线是某区到各乡镇的主干电缆线路，某电信分公司依法建设使用在先，房屋建设使用于后；当时的房屋权利人擅自建房，且危及到通信安全。彭某现在是该房屋的权利人和该宅基地用益物权人，某电信分公司可以主张彭某无条件拆除该房；反过来，彭某如果主张某电信分公司搬迁杆线，根据《国务院、中央军委关于保护通信线路的规定》第10条规定，彭某应承担搬迁费用。最后电信运营商以此为据、据理力争，最终让房屋权利人放弃了诉讼。

二、案件反映的法律问题及解析

1. 本案涉及哪些法律问题？

本案例涉及到"电信建设通路权"与"用益物权"等法律问题。所谓"电信建设

① 彭舒兰. 论我国通信网络基础设施共享法律制度的构建. 硕士研究生学位论文. 2009：35.

通路权”，指基础电信运营商通过土地、水面、水底、滩涂、草原、森林等自然资源从事埋设电信管线、架设电信杆路、搭设电信线路、设置移动通信基站以及搭载电信信号等电信基础设施建设或电信服务的权利。应当指出，基础电信运营商从事电信建设、实施电信建设通路权，不仅涉及到使用他人基础公共设施的问题，而且还涉及到使用他人的土地及其附属建筑物的问题。从国外的立法上看，多数国家采取了公共基础设施建设法定原则，其电信法均规定，作为基础公共设施的重要组成部分——电信通路，其在建设过程中可以使用他人的土地和其他已建公共基础设施的预留空间或空余空间，经过其他已建基础公共设施实现其通路的交越、穿越或通行，其他已建公共基础设施的所有者无正当理由不得拒绝。

所谓“用益物权”，是指权利人依法对他人的物享有占有、使用和收益的权利。用益物权是由所有权派生的物权，它与所有权的重要区别，一是用益物权人只能将其依法享有的用益物权予以转让、抵押，但不能对财产的所有权进行处分；二是用益物权具有期限性，而所有权具有恒久性；三是用益物权人必须根据法律的规定及合同的约定正确行使权利。①

2. 公用基础设施物权的法律属性是什么？

《物权法》第 52 条规定，铁路、公路、电力设施、电信设施和油气管道的基础设施，依照法律规定为国家所有的，属于国家所有。目前正在起草中的《电信法（草案）》进一步明确了公用电信设施的法律地位，即“公用电信设施属于国家公共基础设施”。可以看出，我国基础电信运营商投资建设的电信设施一旦投入使用，属于国家所有的公共基础设施，任何个人和组织均不得擅自改动或迁移，更不得进行破坏。对于国家基础设施的建设，如公用通信设施、道路交通、机场、港口、桥梁等涉及公共利益的基础设施，其所具有的特殊性决定了它们的规则与其他物权相比具有差别性。如果公民可以随意请求拆除杆线或迁移公用移动基站的话，那么整个社会的通信就难以维持，这将影响不特定的多数公民和组织的通信，其后果是对社会公共利益的损害。所以，针对此案来说，当社会公共利益与公民的私权利发生冲突时，私权利的行使应当让位于社会公共利益。

3. 谈谈公用基础设施物权的法律保护。

由于国家公用电信设施属于国家重要的基础设施，国家法律、法规对其给予特殊保护。例如我国《电信条例》第 49 条规定：“任何单位或者个人不得擅自改动或迁移他人的电信线路及其他电信设施；遇有特殊情况必须改动或者迁移的，应当征得该电信设施产权人同意，由提出改动或者迁移要求的单位或个人承担改动或迁移所需费用，并赔偿由此造成的经济损失。”我国《电信条例》第 52 条就公用电信设施的建设作出了强制性规定，即“任何组织或者个人不得阻止或者妨碍基础电信业务经营者依法从事电信设施建设和向电信用户提供公共电信服务”。国务院、中央军委于 1982 年颁布的《关于保护通信线路的规定》中第 7 条第 5 款、第 7 款及第 8 条、第 9 条、第 10 条对此也

① 彭常. 盼望《电信法》中明确电信建设通路权. 人民邮电报，2007－07.

都有明确的规定。[1]

实践中，因通信管线侵犯用益物权人的权利而产生纠纷的案例非常多，随意阻碍通信建设，擅自拆除、改动已建的公用电信设施以及破坏正在使用中的通信设施的案例大量存在，特别是由于电信竞争所引发的阻碍竞争对手进行通信建设以及破坏竞争对手已建的通信设施的案例更是屡见不鲜。[2] 电信行政管理机关应当利用现行有效的法律法规保护运营商的合法权益。但是，我们仍然需要充分利用《电信条例》，国务院、中央军委《关于保护通信线路的规定》等现成的法律法规维护自己的合法权益。特别需要说明的是，上述《关于保护通信线路的规定》，至今仍然是现行有效的法律文件。本案中，电信运营商以此为据，据理力争，最终让房屋权利人放弃了诉讼。

案例二

阻止通信基站建设侵权案

一、案件事实和判决结果

2006 年 4 月 25 日，中国联通有限公司 A 分公司与某县某街道居民李××签订租赁合同，租用李××宅院建设 GSM 移动通信基站，该基站位置在该街道居民住房中央，且南边不足 50 米是本街道小学，东西两边不足 100 米处有两个幼儿园。该街道居民认为该基站有电磁辐射，会给人体造成损害，法律应当是禁止在这样的敏感位置建设的。2006 年 5 月 19 日在通信基站施工过程中，杨××及其他居民闻讯后到达施工现场，要求 A 分公司出示建通信基站相关审批手续，A 分公司却迟迟拿不出来，该街道居民表示强烈抗议，2006 年 6 月 4 日，A 分公司施工人员只好撤离施工现场。之后，A 分公司认为该街道居民侵犯了其合法权益，以居民代表杨××为被告，向河北省某县人民法院提起侵权诉讼，请求判令被告杨××停止侵权，并赔偿原告 A 分公司损失 10 万元。

某县人民法院作出（2006）某民初字第 524 号民事判决：经审理查明，2006 年 4 月 25 日，原告中国联通有限公司 A 分公司在未履行环保、规划等相关审批手续的情况

---

① 第 7 条第五款规定，各单位和人民群众都不得有如下损坏通信线路设备或有危害通信安全的行为：不准在地下电缆两侧各 1 米范围内建屋搭棚，不准在各 3 米的范围内挖沙取土和设置厕所、粪池、牲畜圈、沼气池等能引起电缆腐蚀的建筑。在市区外电缆两侧各 2 米、在市区内电缆两侧各 0.75 米的范围内，不准植树、种竹；不准在危及电杆、拉线安全的范围内取土和架空线路两侧或天线区域内建屋搭棚等。

第 8 条规定，在通信线路沿线附近建筑施工、筑路、兴修水利、农田建设、植树造林、砍伐树竹、运输超高超大物件、架设线路、敷设管道和进行水下作业等，如有可能危及通信线路安全，应事先取得通信部门同意，并采取技术防范措施以后方可动工。对危及通信线路安全的树枝，通信部门应会商有关部门无偿剪除。对已影响通信线路而未修剪的树竹，通信部门可以修剪。

第 9 条规定，通信线路的建设，应考虑线路的安全可靠、经济合理，尽量避免对现有建筑设施构成影响。凡在市、镇、县城和工矿区内新建通信线路，应纳入市镇管线综合规划，尽量和道路及其他管网同步建设。设置电杆和埋设电缆应尽量节约用地，少占或不占农田，所需要的土地无偿使用。在通信线路施工和检修时应爱护农作物和林木；在施工中损坏青苗、林木，应按规定赔偿。

第 10 条规定，通信线路一般不得迁改。其他单位遇有特殊情况必须迁改通信线路时，应先经通信部门同意，迁改工程所需费用和材料由提出迁改的单位负责。

② 王春辉. 电信竞争的法律规制——电信竞争中的热点法律问题透析. 北京：北京邮电大学出版社，2008.

下，与某县某街居民李××签订租赁合同，租用李××宅院土地建设移动通信基站。合同签订后便立即开始施工建设，而被告杨××与李××系邻居关系。2006年5月19日，被告杨××及其他村民闻讯后到达施工现场，要求原告出示相关审批手续，并阻止原告施工。2006年6月4日，原告撤离施工现场。原告在诉讼期间于2006年10月30日在某地级市规划局办理了“建设工程规划许可证”。上述事实有原、被告陈述及其他证据在卷证实。原告在举证期限内未向本院提供建设通信基站行为合法的相应证据。法院认为，依据国家环境保护局和河北省《电磁辐射环境保护管理办法》的有关规定，原告建通信基站应向省级环保行政主管部门办理环境影响申报登记和环境影响评价审批手续；同时原告在施工建设时也应办理城市建设工程规划许可证。而原告在未办理相应审批手续的情况下便擅自施工建设通信基站，其行为不具有合法性。故被告杨××阻止施工的行为未构成对原告的侵权。原告于诉讼期间虽然在某地级市规划局办理了“建设工程规划许可证”，并在举证期限届满后向本院提供了该证件，但被告杨××对该证据不予质证，且该证件的颁发时间为2006年月10月30日，显然不能证明原告在2006年4月份开始施工建通信基站行为的合法性，故原告要求被告杨××停止侵权并赔偿损失的诉讼请求，证据不足，本院不予支持。依据《中华人民共和国民法通则》第5条的规定，判决如下：驳回原告中国联通有限公司A分公司的诉讼请求。

原告A分公司不服一审判决，向某地级市中级人民法院提出上诉。河北省某市中级人民法院作出（2007）某市民一终字第56号民事裁定：原判认定事实不清，依照《中华人民共和国民事诉讼法》第153条第1款第（3）项规定，裁定如下：（一）撤销某县人民法院（2006）某民初字第524号民事判决；（二）发回某县人民法院重审。

重审中被告据理力争，但自觉无望胜诉，因此，庭审结束之后，原告A分公司于2007年11月20日向某县人民法院主动提出撤诉申请，当日，某县人民法院作出（2007）某民初字第465号民事裁定：准许原告中国联通有限公司A分公司撤回起诉。至此，原告A分公司诉某街道居民代表杨××阻止通信基站建设侵权一案，虽经一波三折，但终以该街居民的全面胜利而划上句号。A分公司已不在该位置建通信基站。①

二、案件反映的法律问题及解析

1. 原告A分公司在没有任何相关审批手续的情况下，在该街道居民住房中央建GSM通信基站是否合法？

依据国家环境保护局《电磁辐射环境保护管理办法》和《河北省电磁辐射环境保护管理办法》的有关规定，原告A分公司建通信基站应向河北省环境保护局办理环境影响申报登记和环境影响评价审批手续，同时应向当地城市规划部门办理城市建设工程规划许可证。A分公司至案发时没有办理在该街建通信基站的相关审批手续，是违法建设基站。违法基站可能成为新的环境污染源，不受法律保护。

2. 被告杨××要求原告A分公司出示建通信基站的相关审批手续的行为是否构成侵权？

一般侵权的民事责任必须同时具备民事责任的全部构成要件——主观过错、行为的

① 郭玉锋. 阻止通信基站（手机信号塔）建设侵权案公众胜诉. 载于天涯社区·法律论坛，2009-06-05.

违法性、因果关系、损害事实。

本案中，被告杨××只是要求A分公司出示建造通信基站的法定审批手续，并未实施其他行为，主观上没有任何过错，这些相应的审批手续原本就是原告在建通信基站之前应当依法主动办理和出示的，然而，原告A分公司根本没有办理，过错完全在原告自身。被告要求原告出示相关审批手续的行为不具有违法性。原告的撤离与被告杨××及其他居民要求其出示相关审批手续无必然的因果关系，是因其没有办理法定审批手续的自身原因所造成。

3. *原告A分公司的通信基站能否建在居民住房、幼儿园、学校等敏感建筑物附近？*

在居民住房和幼儿园等敏感建筑物附近，按环境保护和城市规划要求①不得建通信基站这样的电磁辐射设施。本案中，该街道早已被规划好，居民祖祖辈辈生活在这里，原告A分公司的通信基站建在该街居民住房中央，且该基站位置南边不足50米是小学，东西两边不足100米处是两个幼儿园，在这个敏感位置，法律严格禁止建通信基站这样的电磁辐射设施，另外，在邻村西南距离该街道不足500米处及与该街仅一河之隔的某县第二中学后院已经分别建有基站并运行，若再在该街道建一个通信基站，势必造成这些基站集中使用的局面，进而会导致这些地方局部电磁辐射强度增大，对人体造成损害。

4. *原告逾期举证，是否应承担败诉后果？*

原告申请证人出庭作证，没有在法定期限内提出（应在举证期限届满10日前提出），因此原告提供的两位证人没有出庭的资格，不能出庭作证，被告也不同意质证。

原告提供的某地级市规划局颁发的《建设工程规划许可证》是在举证期限届满后向法院提交的，被告不同意质证，人民法院对原告逾期提交的此证据不应组织质证，这份证据显然是无效的证据，人民法院不能采信。原告逾期举证，视为放弃举证权利，没有任何有效证据证明其事实主张，应由其承担败诉后果②。

思考题

1. 什么是电信通路权？
2. 电信通路权的基本原则是什么？
3. 公用电信基础设施物权的法律属性是什么？对其应如何保护？
4. 国外电信建设和保障制度对我国立法有哪些启示？我国电信立法应当如何选择？
5. 我国通信网络基础设施共建共享的现实意义是什么？我国立法应如何完善？

---

① 国家环境保护局《电磁辐射环境保护管理办法》第20条第2款规定："在集中使用大型电磁辐射设施或高频设备的周围，按环境保护和城市规划要求划定限制区，不得修建居民住房和幼儿园等敏感建筑物。"

② 最高人民法院《关于民事诉讼证据的若干规定》第34条规定："当事人应当在举证期限内向人民法院提交证据材料，当事人在举证期限内不提交的，视为放弃举证权利"；第47条第1款规定："证据应当在法庭上出示，由当事人质证。未经质证的证据，不能作为认定案件事实的依据"；第2条第2款规定："没有证据或证据不足以证明当事人的事实主张的，由负有举证责任的当事人承担不利后果。"

第九章

电信标准和电信设备进网

本章导言

电信标准是指在通信系统中为重复性事物或概念制定的一种规范或协议，通过制订、发布和实施这种规范或协议，达到统一，以获取最佳秩序和社会效益。除了一般标准的特点外，电信标准还具有全程全网、互联互通的特性。我国积极鼓励采用国际标准，但对采标要求有详细的规定，同时也对标准的出版有严格的规定。标准被认为是一种代表公共利益的公共品，知识产权制度的建立则是为了保护私有成果的一种制度，知识产权的垄断天性和标准的公益目标是冲突的，但随着通信技术的发展，两者的结合又是不可避免的，因此选取一种能够平衡二者利益的方式将任重而道远。

电信设备是电信网的重要组成部分，对电信设备进行进网管理是维护公用电信网的完整性、统一性、先进性的需要，是确保网络安全、发挥网络整体效能、提高网络通信质量的需要，是保障用户合法权益的需要。因此，电信设备管理构成了电信监管的重要组成部分，它也是电信标准化管理的落地。世界各国和地区对电信设备尤其是电信终端设备和无线电通信设备普遍实行管制，只是采取的形式各不相同。未来电信行业管理的发展趋势，是政府和管制机构对电信网络设备管理的淡化，主要体现在采用国际上普遍公认的设备认证制度，对电信设备管理的重点是标准和安全。

第一节 电信标准

一、电信标准概述

（一）标准的概念

标准的发展历史悠远，可以上溯到货币的发明，以及诸如战争、贸易和印刷等的起源。标准具有排外、控制或保护等政治和经济目的。

关于标准的定义，国内外尚未有一个明确权威的界定，大多从标准的几个特性分析入手，描述性地阐述标准的基本含义和特征。

1. 西方学者对标准的定义

J·盖拉德在1934年著的《工业标准化——原理与应用》一书中，把标准定义为：是对计量单位或基准、物体、动作、程序、方式、常用方法、能力、职能、办法、设置、状态、义务、权限、责任、行为、态度、概念和构思的某些特性给出定义，作出规定和详细说明，它是为了在某一时期内运用，而用语言，文件，图样等方式或模型，样本及其他表现方法所作出的统一规定。泰勒尔（1997）把标准定义为：选择一种对每个人都适用的特定技术；巴克斯曼等人（1997）把标准定义为：确定系统组件的性能与结构的技术规定，这实际上是把标准作为兼容性标准来定义的。

2. 国际标准组织对标准的定义

1991年，国际标准化组织（ISO）和国际电工委员会（IEC）在联合发布的《标准化与相关活动的基本术语及其定义》（第6版）和1996年第2号指南《标准化和相关活动的通用词汇》（第7版）中对标准的定义为："标准是由一个公认的机构制定和批准的文件。它对活动或活动的结果规定了规则、准则或特性值，供共同和重复使用，以实现在预定领域内最佳秩序的效益。"①

3. 中国对标准的定义

1983年11月8日我国国家标准局颁发的《标准化基本术语第一部分》（GB3935.1－83）将标准定义为："对重复性事物和概念所做的统一规定。它以科学、技术和实践经验的综合成果为基础，经有关方面协商一致，由主管机构批准，以特定形式发布，作为共同遵守的准则和依据。"②

清华大学的傅家骥认为："标准是现代科学技术和实践经验的综合成果，是对经济、技术和管理活动中具有多样性、相关特性的重复性事物以特定的程序和形式作出的统一规定。"③

上面对标准的定义都是从标准的重复性特性进行概括，但是在标准后来的发展中，尤其是技术标准的历史变迁中，越来越多的学者认为标准不仅是对重复性的事物进行描述，还要对公共接口一类的共同性事物进行必要的描述，因此在后来的国内、国际的标准定义中都从"重复使用的事物和概率"，扩展到了"共同或重复使用"的事物。④

正是以此为出发点，中国国家标准GB/T 20000.1－2002《标准化工作指南 第一部分：标准化和相关活动的通用词汇》中对标准进行了重新定义，即："为了在一定的范围内获得最佳秩序，经协商一致制定并由公认机构批准，共同使用的和重复使用的一种规范性文件。"⑤

4. 标准定义的内涵

从上述对标准的定义，我们可以知道标准定义的内涵主要包括下面几项内容：

（1）标准建立的基础来源于科学，它是现代科学技术和实践经验的综合成果。也

① 洪生伟．质量管理．北京：中国人民大学出版社，1996：79.

② 李春田．标准化概论．北京：中国人民大学出版社，1995：13.

③ 傅家骥，雷家骕，程源．技术经济学前沿问题．北京：经济科学出版社，2003：189.

④ 毕春丽．信息通信技术标准化下的专利竞赛研究．2007年北京邮电大学博士论文．

⑤ 刘峥颢．标准及标准化．北京：中国技量出版社，2005：32.

就是说，标准的形成要进行科学的分析、比较、选择、综合。

（2）标准的目的或目标是为了“获得最佳秩序”。促进社会收益是标准一直追求的目标。

（3）标准的主体是对共同或重复性事物的描述。只有事物具有共同使用或要进行重复生产、重复加工等特征才能够去制定标准。

（4）标准是一种文件。标准需要一个公认的机构来制定和批准，因此它有自己一套严格的格式和审批制度。

（二）电信标准概念

国际电联对电信的定义是：“使用有线电、无线电、光或其他电磁系统的通信。”① 按照这个定义，凡是发送信息者利用任何电磁系统，包括有线电信系统、无线电信系统、光学通信系统以及其他电磁系统，采用任何表示形式，包括符号、文字、声音、图像以及由这些形式组合而成的各种可视、可听或可用的信号，向一个或多个接收者发送信息的过程，都称为电信。它不仅包括电报、电话等传统电信媒体，也包括光纤通信、数据通信、卫星通信等现代电信媒体，不仅包括上述双向传送信息的媒体，也包括广播、电视等单向信息传播媒体。

谢里夫（Sherif）对电信标准的产生进行了详细的说明，即：“通信系统（比如通信电话、多媒体、互联网）的发展需要在设备制造商、网络运营商、服务提供商和最终用户之间制定一种新的规范协议，因此一些系统往往需要把电信、信息处理和广播技术几种元素融合起来，而这每一个元素在技术需求、管理环境和文化上都有着与生俱来的独特的特性。这就迫使一种新的方式出现来融合这些元素，即电信标准的产生。”②

尽管国际电联和我国的标准制定机构都没有对“电信标准”进行过确切的定义，但是不难从其产生机理得到电信标准的内涵：电信标准是在使用有线电、无线电、光或其他电磁系统的通信系统中，对设备制造商、网络运营商、服务提供商和最终用户之间的共同使用或重复性事物或概念制定一种规范或协议，通过制订、发布和实施这种规范或协议，达到统一，以获取最佳秩序和社会效益。

（三）电信标准的特点

标准广泛分布于我们身边的事物中，一直被用来控制和组织人类的许多活动。标准是强有力的工具，保障并推动着交流与发展。如果使用不当，标准也可以导致某种文化的窒息和萎缩。在最广泛的意义上，标准代表了可以被一个社会和文化所接受的行为和道德观念。狭义地讲，标准应该是：

（1）为公司或者群体有意接受的；

（2）其接受者有着共同利益；

（3）可以作为量化的尺度用以比较；

（4）对一个群体的行为和活动具有直接或者间接影响；

（5）允许（也可能是鼓励）某种形式的互换。

---

① http：//www. itu. int/net/about/basic-texts/constitution/annex. aspx.

② M. H. Sherif. The Standards Edge. A Framework for Standardization in Telecommunications and Information Technology. The Standards Edge：p15－28.

以上五点是标准的五大基本属性，也是为一项成功的标准化工作所必须具备的条件。①

根据标准基本属性的分析，标准的特征有如下几点②：

1. 重复性

标准是对重复的、达到一定规模的事物进行的规范。

2. 统一性

标准是各方通过协商达到统一的性能要求，所以标准是协调的产物，技术上并不一定是最先进的。

3. 公开性

标准是通过公认部门发布，广而告之的，可以被广泛采用。

4. 社会性

标准的目的是获取社会效益和维护社会、生产秩序。

电信系统的复杂性决定了电信标准除了具备一般标准的特点外，还与其他标准有着不同的特征，其主要表现在：

1. 全程全网

我们现行的电信系统涵盖移动通信、传送与接入网、软交换、IP 与多媒体、智能网、线缆、电源、网络管理、网络和信息安全、电磁兼容等各个技术领域，因此要保证这些技术环节中有相应的标准或规范必须制定电信标准，在合理组网、成网的基础上，提高网络运行的效率，并使网络资源得到充分合理的应用。

2. 互联互通

互联互通包括网络互联和业务相通。在多个运营商经营的环境下，电信标准要确保网间的互联和业务的互通，维护通信网的完整性、统一性、先进性和可靠性。针对目前电信企业互联互通日益迫切的要求，相关电信标准亟待出台，为在市场上处于新进者地位的电信业务经营者提供更加透明的技术标准和操作保障。

（四）电信标准的分类

波兰的约·沃杰次基认为标准概念包含三个基本要素：标准的作用对象、标准的内容和标准的级别。以这三个要素为坐标轴形成的空间又称为标准的三维空间。如图 9－1 所示：

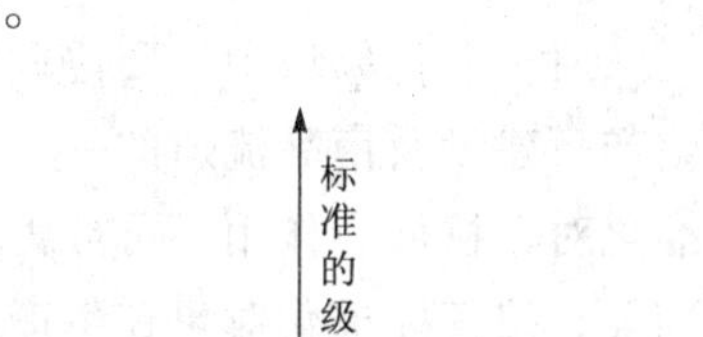

图 9－1　标准的三要素

（1）标准的级别。标准的级别规定了标准的适用范围，其由制定或颁布标准的机构的级别决定。它包含了国际标准、区域标准、国家标准、行业标准、地方标准和企业标准。其中国际标准是适用于世界范围的标准，比如国际标准化组织（ISO）、国际电工委员会（IEC）和国际电信联盟（ITU）等颁布的标准；区域标准是对世界某个地理、政治或经济区域内所属国家适用

---

① Carl. F. Cargill. 开放系统标准化．中国标准化研究院翻译版内部刊物．p10.

② 《中国标准化战略》，F－3，原信息产业部 2005 年课题．

的、为协调这些国家标准而进行统一认证并公开发行的标准，比如欧洲电信标准组织（ETSI）等颁布的标准；后面四个标准是基于对一个国家范围内级别层次的划分，按照级别从高到低的顺序排列的。按照我国《标准化法》，我国的标准分为四级，即分别为国家标准、行业标准、地方标准和企业标准。

（2）标准的分类。标准分类的目的是为了研究各类标准的特点以及相互间的区别和联系。标准化经济学通常采用戴维（David）1987 年相关论文中的方法，把标准划分为三种类型，其根据经济目的的不同，把标准划分为兼容性（或界面）标准、质量（或安全）标准和产品种类标准。

本书对标准的分类归纳如图 9－2 所示。

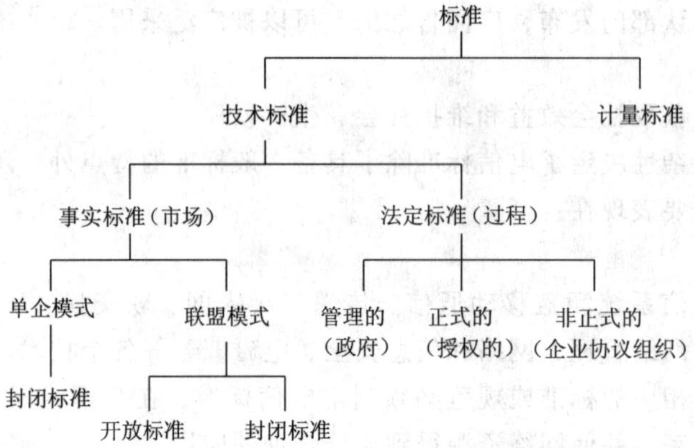

图 9－2 标准的分类

标准的基本分类可以分为"计量"标准和"技术"标准。计量是度量的科学。此类标准最初是为贸易和商业目的支持度量衡体系而制定的，计量标准通常涉及基础科学，由于建立的开支很大，所以典型的计量标准是由政府资助的科研机构来制定。

对标准化领域中需要协调统一的技术事项所制定的标准，称为技术标准。它是从事生产、建设及商品流通的一种共同遵守的技术依据。技术标准的分类方法很多，按其标准化对象特征和作用，可分为基础标准、产品标准、方法标准、安全卫生与环境保护标准等；按其标准化对象在生产流程中的作用，可分为零部件标准、原材料与毛坯标准、工装标准、设备维修保养标准及检查标准等；按标准的强制程度，可分为强制性标准与推荐性标准；按标准在企业中的适用范围，又可分为公司标准、工用标准和科室标准等。根据标准实现的方式，把标准分为法定标准和事实标准。法定标准，指那些经过标准化组织的法定程序确定、建立、公告并管理的标准，如 ISO、IEC 或区域标准化组织建立的有关国际标准，政府标准化组织或政府授权的标准化组织建立的标准；事实标准，指那些没有经过任何官方或准官方标准设定机构批准，仅通过企业的"私有协议"或多个企业的"联合声明"的方式成功地使产业界接受自己的技术而形成的标准。①

另外，按标准的强制程度分类也是一种重要的标准分类形式。根据标准的强制程度

① 张平，马骁．标准化组织的知识产权政策（1）．信息技术与标准化，2004（03）：49－51.

可以将其分为：强制性标准和推荐性标准。强制性标准，是指为保障人体健康、人身和设备安全，法律和行政法规强制执行的标准。推荐性标准，是指强制性标准以外的其他标准，没有强制效力。根据行业特点，电信标准既有强制性的，也有推荐性的。强制性电信标准在通信网设备和终端有特定要求。

电信标准属于技术标准，由于全程全网和互联互通的要求，电信标准一般都是由行业、国家或国际标准组织制定的法定标准。

按照电信标准的规范要求，其标准范围主要包括以下几类：

（1）名词、术语、符号、代码等通用技术语言；

（2）通信业务及业务质量要求；

（3）通信网络、系统、设备的性能、可靠性及测试方法；

（4）网络编号计划、接口、信令（规程、协议）等互联、互通、互换配合要求；

（5）通信配套设备、产品技术条件、可靠性要求及检验方法；

（6）传输媒质的特性；

（7）通信安全与电磁环境影响防护要求；

（8）通信网络、系统、设备质量评价要求。

二、电信标准体系

（一）国内外标准体系比较

1. 发达国家标准体系

发达国家普遍已经建立了适应市场经济发展的国家技术标准体系，并达到完善阶段。在完善的国家技术标准体系下，标准已经深入到社会经济生活的各个层面，为法律法规提供技术支撑，成为市场准入、契约合同维护、贸易仲裁、合格评定和产品检验的基本依据。纵观这些发达国家的技术标准体系，具有以下显著特点：（1）自愿性标准体系；（2）多层次的技术法规体系；（3）规范的合格评定程序；（4）先进的检验检测手段；（5）政府授权民间机构主导的管理体制；（6）标准制定的市场化原则；（7）标准服务信息化；（8）完善的标准实施保障体系；（9）财政支持与标准化经费来源的多元化。

同时，美国、日本、英国、德国及法国等发达国家的标准化管理体制虽然各不相同，但都体现了标准制定以市场为主导，标准为自愿性的原则。

2. 我国标准体系中的技术法规规定

根据2005年颁布的国家技术标准体系，新的体系建设以法律法规为依据，由基本体系和推行体系两部分构成。基本体系就是自愿性标准体系；推行体系包括管理体制、运行机制、实施体系、保障体系和服务体系建设。

国际标准化组织（ISO）和国际电工委员会（IEC）第二号指南中将“技术法规”定义为：“规定技术要求的法规，它或者直接规定技术要求，或者通过引用标准、技术规范或规程来规定技术要求，或者将标准、技术规范或规程的内容纳入法规中。”这个定义有意强调并揭示了标准与技术法规的关系。

我国的技术法规体系是融于国家立法体系中的（如图9－3所示），按照法律、行政法规、部门规章、地方性法规的层次顺序自上而下形成了一套完善的体系。

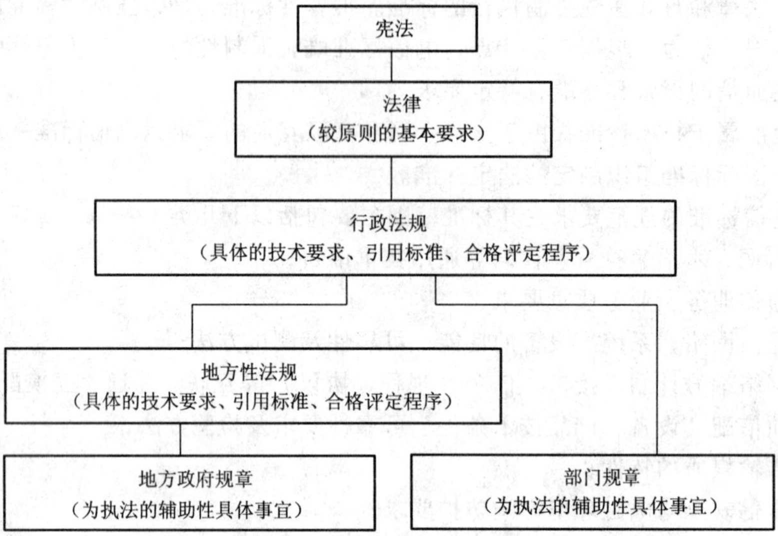

（来源：国家技术标准体系建设研究报告）

图 9－3 我国的立法体系框架（包含技术法规）

在本套体系中，每一层次都有其特定的要求：

（1）法律层次：即较原则地规定有关安全、卫生、环保的基本要求或一般性引用相关标准，指明何种机构发布的何领域的标准。

（2）行政法规和地方行政法规层次：将已在法律中规定的基本要求细化，规定相应的具体技术要求或指明引用的具体标准，还可包括涉及的产品目录、合格评定程序等内容。

（3）规章层次：即规定实施法律或行政法规的更加具体的事项，如行政法规未明确的更加具体的技术要求或指明更加具体的技术标准，又如检验机构的名单、地址等信息，各种申报、验收表格格式等。①

（二）电信标准体系建设

在国家技术标准体系中，与信息类有关的体系包括两类：通信技术标准体系和电子信息技术标准体系。根据本书对电信标准的定义，电信标准体系归为通信技术标准体系更恰当。

通信技术标准体系包含通信技术领域名称术语、图形符号、代码等各个分类标准都适用的通用基础标准，包含业务网络技术要求、公共资源、互联互通、网络与信息安全、服务质量、电磁环境影响和安全防护的总体标准；包含接入网、传送网、承载网的基础网络标准；包含同步网、信令网、网络管理的支撑网络标准；包含固定网、分组网、移动网、广播电视传输网络、下一代网络、业务平台等的业务网络标准。② 具体结构框架如下图 9－4 所示：

① 国家技术标准体系建设研究——课题研究报告（上）. 课题编号（2002BA906A02）. 第 39 页.

② 国家技术标准体系建设研究——课题研究报告（上）. 课题编号（2002BA906A02）. 第 77 页.

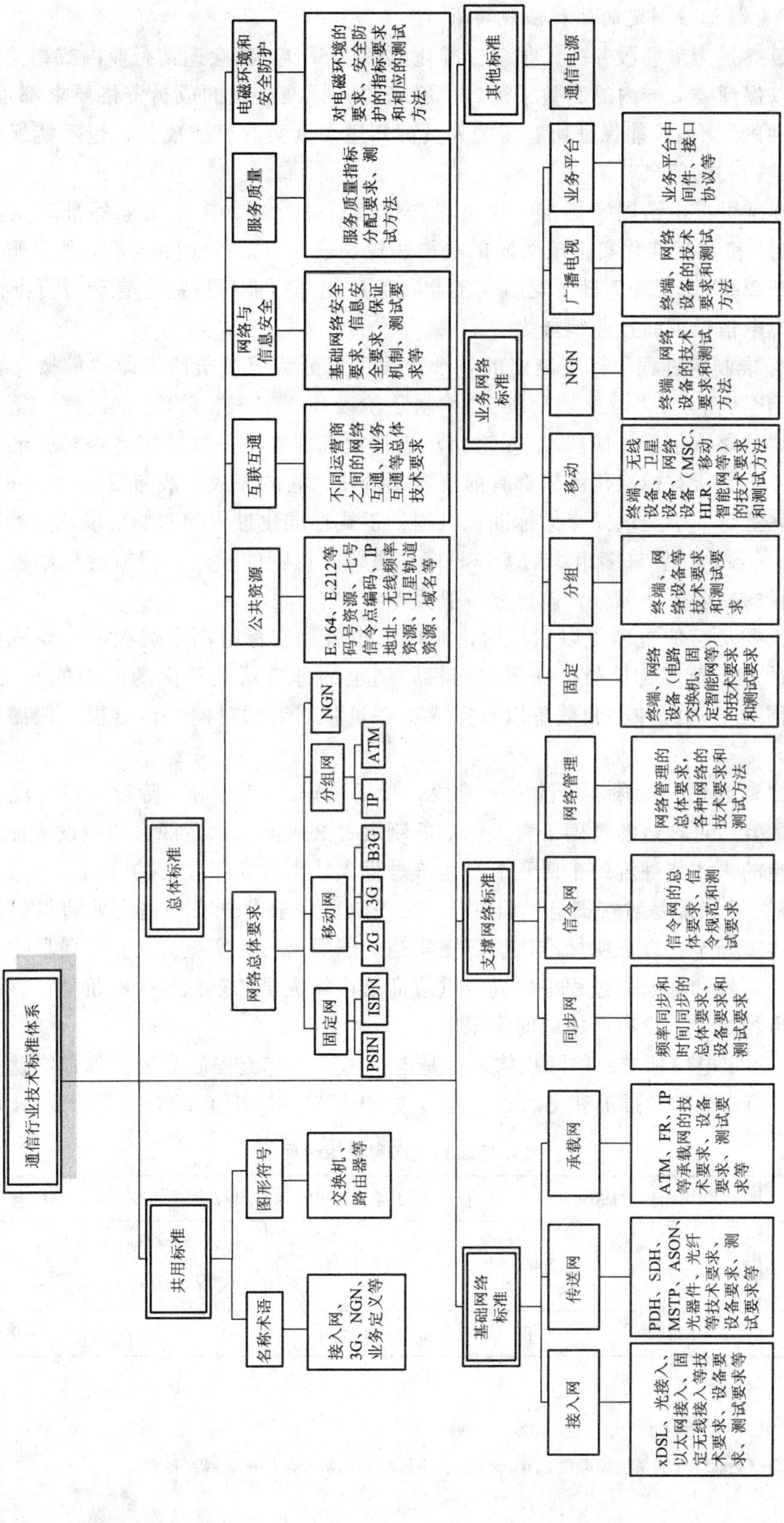

图9-4 我国通信技术标准体系框架

（三）电信标准制定的法律法规要求

标准最终是为市场服务的，很多标准化组织（SDO）都会邀请行业内或相关方的代表参加，以保证委员会内的利益平衡。一般来说，标准组织的成员资格要求都很宽松，即“开放性的”，但不能保证所有相关人员都知道委员会的组成成员，也不能保证向所有人员提供相关的信息。

电信标准可以申请国家标准，也可以先申请行业标准，申报国家标准时主要遵循《标准化法》和《标准化实施条例》的法律法规要求，申报行业标准时主要遵循工业和信息化部于2009年5月7日下发的《工业和信息化部行业标准制定管理暂行办法》的要求，其中电信标准的行业编号为“YD”。

（1）标准制定过程。标准制定的整个过程可以分为五个阶段，即“前概念化”阶段、“概念化”阶段、“讨论”阶段、“编制”阶段和“实施”阶段。“前概念化”阶段可以称为“战略市场开发阶段”，是对市场进行检查的阶段，以确定是否对标准有合法的需要，并不是所有标准化团体都有前概念化阶段，它的完成一般需要1~5年时间。①

如果一旦将一个提议提交给标准化机构，正式标准化过程的初始阶段就开始了，即“概念化”阶段，尽管许多组织的工作程序只进行了模糊的描述，但概念化则被认为是标准化过程的一个公认部分，该过程一般为1年。

通常，委员会的主席可以启动讨论阶段，也就是在标准制定过程中，委员会开始确定面对的工作范围和性质，获得他们将要制定的标准所能产生的影响的相关概念，估计他们需要的资源种类和数量以及完成这一过程需要的时间。该过程一般需要1年时间。

经过“概念化”阶段、“讨论”阶段，接下来进入“编制”阶段。该阶段把观念转变成可重复、可理解的精确语言。标准的制定者必须防止制造隐含的假设或使用那些只有有经验的人才能理解的术语和语言。该过程大约需要3年左右的时间。

“实施”阶段即是对“概念的证明”，在该阶段一般会先有一些企业协议组织为其制定一个实施样本，以证明标准能够真正实施。然后是行业实施，在这个阶段中会有一系列测试一致性和标志的过程，以确定供应商给市场提供的东西是否有价值。该阶段完成时间由市场决定，没有严格的时间限定。

ITU是制定电信标准的国际机构，也是电信标准制定流程后需要得到最终认可、批准的机构，ITU标准的批准和出版时间在过去10年里约减少了80%（见表9－1）。

表9－1　　ITU标准的批准和出版时间

	1988年前	1989年~1993年	1993年~1996年	1997年~2000年	2001年~至今
批准时间	4年	2年	18个月	9个月（特殊情况5个月）	2~9个月
出版时间	2~4年	2年	1~1.5年	6~12个月	3~9个月

① Carl. F. Cargill. 开放系统标准化. 第108页,, 中国标准化研究院翻译版内部刊物.

（2）与电信标准制定相关的法律法规要求。我国国家标准体系对标准制订的各个环节都进行了详细的规范，并从法律法规角度对其各自的程序要求进行了界定，电信标准作为我国标准体系的一部分，同样适用于其规定和要求。同时如果要制定行业标准，还要遵循工业和信息化部的要求。该程序要点主要有以下九点[①]：

① 标准立项

A. 申报国家标准要求。我国实行常年公开征集制度。任何单位、个人均可根据国家标准制修订计划项目的立项条件向标准委员会或直接向国家标准化管理机构提出国家标准制修订计划项目提案。

国务院有关主管部门、行业协会、企业集团、各标委会和各省、自治区、直辖市标准化行政部门按照立项条件要求，提出标准立项建议。

国家标准化管理机构对计划项目建议的必要性和可行性进行初审，确定拟立项目。对国家标准项目上交提案，指定相关标委会对其必要性和可行性进行初审，并向社会公开征求意见。

国家标准化管理机构经过审查和协调，拟定计划项目，经广泛征求意见后，下达给归口标准委员会。没有归口标准委员会的，下达给指定的业务相关的标准委员会，或成立临时工作组。

计划项目至少每季度下达和公布一次，急需项目随时立项下达和公布。

计划项目的征集、征求意见和公布均采用互联网等方式公开进行。

B. 申报行业标准要求。电信标准的行业标准制定实行统一管理、分工负责，标准范围、标准性质按现行国家标准化法律、法规和规章的规定执行。行业标准立项时，由相关司局等单位根据所辖领域的工作实际，提出标准立项建议。

申报行业标准要求由工业和信息化部科技司统一归口管理，收到建议书后，负责归类、汇总，并公开征求意见，经统筹协调和审查后，下达标准计划。

项目执行过程中如需调整，应填写《标准项目调整申请表》，按标准立项程序办理。

② 标准起草

A. 国家标准起草要求。标准草案由承担任务的相应标准委员会组织起草。承担起草草案的单位应当具备相应的能力，可以是科研单位、企业，也可以是社团、中介机构。

B. 行业标准起草要求。行业标准草案应按照 GB/T1《标准化工作导则》的规定及相关要求编写。标准起草的编制说明中应遵循《工业和信息化部行业标准制定管理暂行办法》第三章第 12 条的要求。

③ 标准草案征求意见

A. 国家标准草案征求意见要求。草案通过在规定的杂志和网站上公布进行公开征求意见。对国家标准草案提出意见的期限可设为自公布之日起 8 个星期内。

技术委员会应对所有意见进行考虑。如各方对于标准草案内容无法达成共识，技术

① 国家技术标准体系建设研究——课题研究报告（上）. 课题编号（2002BA906A02）. p43.

委员会应重新考虑草案的有用性和范围。有关的标准机构可以采取标准以外的其他更合适的出版形式。

B. 行业标准草案征求意见要求。行业标准草案完成后，应就标准草案和编制说明公开征求业内各方面意见，对反馈的意见应做认真分析研究，列出《标准征求意见汇总处理表》，对标准草案进行修改，提出标准送审稿。

④ 标准草案审查

A. 国家标准草案审查要求。标准技术内容和编写质量的审查由承担任务的标准委员会负责，该标准委员会应当按章程的规定进行审查。审查结果必须有秘书长和主任委员会的签字。

标准制定程序由国家标准化管理机构授权的标准审查部门进行审查，且必须有审查部门主任签字。

B. 行业标准草案审查要求。工业和信息化部科技司负责行业标准的审查。行业标准的审查形式分为会议审查和函审。强制性标准必须采用会议审查。审查的标准有：是否符合《工业和信息化部行业标准制定管理暂行办法》第三章第 12 条的编制要求，以及是否符合产业发展政策和产业发展水平等。

⑤ 标准草案批准发布

A. 国家标准草案批准发布要求。经审查通过的标准草案由国家标准化管理机构统一批准、编号和发布，并在规定的网站和杂志上公布标准题录。

B. 行业标准草案批准发布要求。工业和信息化部科技司将标准报批材料报部领导审批，并以部公告形式发布。发布后，相关司局等单位按国家标准化主管部门的有关规定进行备案。

⑥ 标准出版

A. 国家标准出版要求。标准的正式出版由国家标准化管理机构和国务院出版主管部门授权的出版社负责。

B. 行业标准出版要求。电信标准由人民邮电出版社出版，出版后，出版机构应及时将标准文本送部机关相关司局各两份。

⑦ 标准实施的意见反馈

应建立标准实施过程中的意见反馈机制，由归口的标准委员会负责收集和管理标准实施中的信息，并加以处理。

⑧ 标准复审

A. 国家标准复审要求。标准自开始实施后 5 年内，由负责该标准的归口的标准委员会及时进行复审，以确认现有标准是继续有效还是修订或予以废止。

B. 行业标准复审要求。复审周期一般不超过 5 年，复审形式可采用会议审查或函审，复审结果分为继续有效、修订或予以废止三种情况。复审后，相关司局等单位提出复审报告，并报送工业和信息部科技司，由其进行汇总、协调、审核后，将复审结果在网站上公示，同时报部领导审批，并以部公告形式予以公布。

⑨ 快速程序

对于等同、修改采用国际标准的项目，可以省略起草阶段。

国家标准的制定程序框架图见下图 9－5。

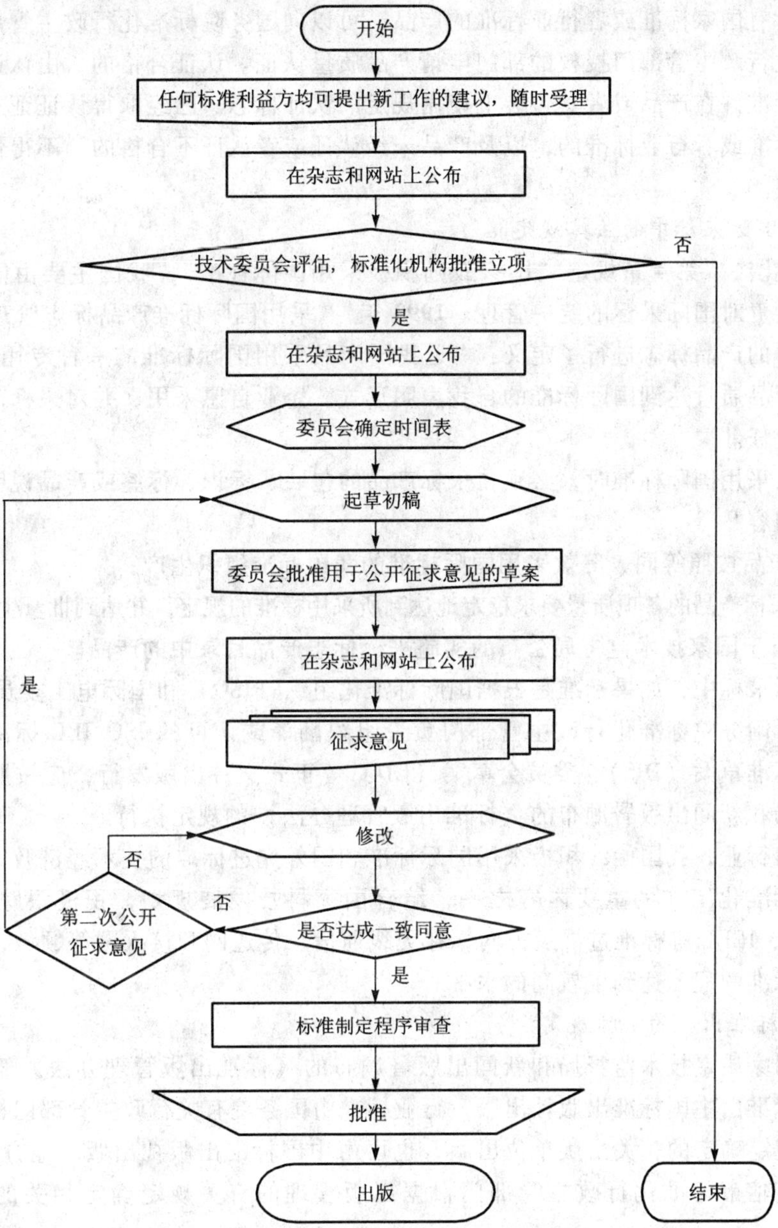

图 9－5　国家标准制定程序框架

三、电信标准实施

根据《标准化法》的规定，在标准实施时，需要遵守如下两个原则：

第一，"强制性标准，必须执行" 原则

不符合强制性标准的产品，禁止生产、销售和进口。对于推荐性标准，国家鼓励企业自愿采用。

第二，“标准产品”的认证原则

企业对有国家标准或者行业标准的产品，可以向国务院标准化行政主管部门或者国务院标准化行政主管部门授权的部门申请产品质量认证。认证合格的，由认证部门授予认证证书，准许在产品或者其包装上使用规定的认证标志。已经取得认证证书的产品不符合国家标准或者行业标准的，以及产品未经认证或者认证不合格的，不得使用认证标志出厂销售。

（一）国际采标中的法律规定

《标准化法》第4条规定“国家鼓励积极采用国际标准”，我国主要由国家质量技术监督局负责对国际采标的统一管理。1993年，《采用国际标准产品标志管理办法》对国际采标中的产品标志进行了定义：“是我国产品采用国际标准的一种专用证明标志，是企业对产品质量达到国际标准的自我声明形式。企业自愿采用，并对采标产品的质量承担相应责任。”

企业在采用国际标准时，必须在采标产品的包装、标识、标签或产品说明书上自行印制以下内容①：

（1）产品按照等同、等效采用国际标准的我国标准组织生产；

（2）采标产品的各项质量要求稳定地达到所采用标准的规定，并达到批量生产能力；

（3）属于国家技术监督局公布的实施采标标志产品目录中的产品。

在国际采标中，如果标准是根据国际标准化组织（ISO）和国际电工委员会（IEC）的授权，由国务院标准化行政主管部门负责组织翻译或认可的ISO/IEC标准、技术报告、国际标准草案（DIS）、委员会草案（CD）等正式文件出版发行，应按照国家质量技术监督局和新闻出版署颁布的《标准出版管理办法》的规定执行。

在电信行业，我国始终积极采用国际标准和国外先进标准的技术经济政策，把采标作为电信标准化工作的重要内容之一，结合国家科技发展规划，积极跟踪研究ITU、ETSI、IEC、IEEE等标准进展及方向，在无线通信、传送网和接入网等领域，国内标准采用国际标准的程度达到了较高的水平。

（二）标准出版的法律规定

根据国家质量技术监督局和新闻出版署颁布的《标准出版管理办法》第3条的规定，国家标准由中国标准出版社出版，行业标准由国务院有关行政主管部门根据出版管理的有关规定确定的相关出版单位出版，也可由中国标准出版社出版。地方标准由省、自治区、直辖市标准化行政主管部门根据出版管理的有关规定确定相关的出版单位出版。

现有的电信标准有很多都属于行业标准，其出版单位为人民邮电出版社，它对电信行业标准享有专有出版权。我国对标准出版有严格的规定，具体表现为以下几点：

（1）标准出版发行的基本要求。根据《标准出版管理办法》第8~10条的规定，如果标准没有正式审批或发布，任何单位不得以任何形式出版发行。经审批、发布的标准，在送交出版单位出版时，需附有标准审批部门的正式批文或发布文。出版稿的内容

---

① 《采用国际标准产品标志管理办法（试行）》（1993）。

应当符合《标准化工作导则》（GB/T1）的规定。标准出版后，出版单位应当按照有关规定及时向有关标准化技术委员会或技术归口单位赠送样本。

（2）标准传播中必须征得出版单位书面同意的三种情形如下：

标准出版以经营为目的：任何单位或个人以经营为目的，以各种形式复制标准的任何部分，必须事先征得享有专有出版权单位的书面同意。

以电子信息网络传播标准：任何单位或个人将标准的任何部分存入电子信息网络用于传播，必须事先征得享有专有出版权单位的书面同意。

标准汇编：出版单位出版标准汇编时，必须事先征得享有专有出版权单位的书面同意。

（三）电信标准与知识产权

标准被认为是一种代表公共利益的公共品，知识产权制度的建立则是为了保护私有成果的一种制度，知识产权的垄断天性和标准的公益目标是冲突的。根据我国《民法通则》的规定，知识产权属于民事权利，是基于创造性智力成果和工商业标记依法产生的权利的统称。广义的知识产权可以包括一切人类智力创作的成果。[①]狭义的或传统的知识产权则包括工业产权与版权（即"著作权"）两部分。其中，工业产权中包含专利权、商标权、禁止不正当竞争权等等；版权中则包括作者权与传播者权（即"邻接权"）等等。[②]

标准具有可重复性、统一性、公开性以及社会性，电信标准的全程全网和互联互通性特点决定了其是一个协调的产物．也就是说在技术水平上不一定是最先进的，但它是大家协商一致都认可的技术。而传统的知识产权是指在一定的区域内为独一无二的先进技术，具有专用性、地域性、时间性等特点。因此标准化与知识产权的关系可以涉及多个方面的内容，比如标准的版权问题、标准中的商业秘密、标准中的商标等，但是最突出的应该是标准中的专利问题。

从专利和标准的定义与特征分析来看，电信标准技术是成熟技术、兼容技术、通用技术。专利技术是创新技术、专有技术、有偿使用技术。技术标准是技术成果的规范化、规则化，专利权是知识价值的权利化、资本化。在原有的电信标准制定过程中，更多的是强调公权性，因此不主张将含有专利的技术写入标准中，但随着信息通信技术的发展，电信标准中不可避免地会涉及到专利性的技术。当一项创新技术成为专利，并被标准引用（引用是有前提的）时，标准就与专利产生了关系。一项专利技术被标准引用，必须要符合以下前提条件：

（1）技术上证明引用专利是合理的；

（2）没有可以替代的非专利技术方案；

（3）专利权人声明愿意在公平的、合理的、非歧视的、不可撤销的条件下进行专利许可。

标准与专利的关系可总结如表 9－2 所示：

---

① 郑成思．知识产权论：第三版．北京：法律出版社，2003：58.

② 郑成思．知识产权论：第三版．北京：法律出版社，2003.

表 9-2 电信标准与专利的比较

		电信标准	专 利
相同点	都属于技术范畴		
不同点（利益互斥）	认定机构	标准组织（法定标准）或市场影响力（事实标准）	政府的法律认可
	应用技术领域	成熟技术、兼容技术、通用技术	创新技术、专有技术
	权利属性	公开	绝对私有性
	应用范围	普遍适用	较强排他性

标准与专利的相同之处是二者都构成社会生产力的重要部分，同属于技术范畴，不同之处在于二者的认定组织、作用领域、权利属性以及应用范围不同。在同一技术时代，标准具有统一的趋势，而在不同技术时代，标准呈现演进的特征。

"标准化中的知识产权问题"主要涉及标准化中的知识产权披露和标准化中的知识产权许可的问题。因此很多标准组织都规定了"尽早披露原则"和"FRAND[①] 许可原则"，其中"尽早披露原则"鼓励在标准制定之前，参与制定标准的成员需要尽量全面公布标准中可能涉及的知识产权；而"FRAND 许可原则"是参与制定标准的成员披露专利时较多选取的一种专利许可方式，当然他们也有权选择免费或拒绝许可，但一旦选择对披露专利拒绝许可，一般就很难将其技术写入标准中。

第二节 电信设备入网

一、电信设备分类及入网管理的必要性

电信设备，是指利用有线、无线、电磁或光，发送、接收或传送语音、文字、数据、图像或其他任何性质信息的硬件和软件系统的统称。

（一）电信设备的分类

对于电信设备并没有统一的分类方式，一般认为，电信设备可分为：电信传输设备、交换设备、终端设备（含移动通信及终端设备），以及其他通信设备。其中，传输设备，指光传输设备、光纤光缆、电缆馈线等，交换设备包括程控交换机、ATM 交换机、光交换机等；终端设备主要包括电话机和手机；其他通信终端设备包括接入网、电源、天线等辅助产品。

从现有情况来看，电信设备已经不再是过去的单一功能设备，很多设备综合了无线电通信、网间互联、交换、路由等功能中的几类。例如：软交换系统，不但提供了交换的功能，而且涉及到网间互联的功能；移动用户终端、POS 终端、数据终端等，虽然其属于广义的终端产品，但作为接入公用电信网的设备，还提供了个人应用服务，并涉及到信息安全的问题。

---

① FRAND 是指公平、合理无歧视（Fair Reasonable and Non-Discriminatory）。

从电信设备进网管理的角度看，目前我国需要实行进网管理的设备分为三大类：电信终端设备、无线电通信设备和涉及网间互联的设备。《电信条例》第 54 条规定，“国家对电信终端设备、无线电通信设备和涉及网间互联的设备实行进网许可制度。”按照《第一批实行进网许可制度的电信设备目录》的规定，进网设备也主要分为电信终端设备、无线电通信设备、涉及网间互联的设备三类。①

1996 年美国《电信法》规定：“电信设备”是指，除用户宅内设备之外，电信运营商为了提供电信业务而使用的设备以及构成这些设备所必需的软件（包括升级软件）。具体到电信设备的入网管理可以分为对无线设备的管理和对终端设备的管理。俄罗斯 2003 年《通信法》规定，经俄罗斯联邦政府批准，需要强制许可的通信设施具体包括能够实现下列功能的通信设施：交换设备；传输设备；管理和监督系统；用于公共通信网络上提供服务的设备；可能导致公共通信网络故障的终端设备；互联互通设备；保障一定开发功能与操作功能的软件等。

从海外电信立法来看，尽管对于电信设备的分类不一而足，但是多数国家和地区电信设备监管范围至少包括无线电设备和终端设备，印度、南非、俄罗斯和韩国的监管范围更大，还包括网间互联设备、交换设备、传输设备等。

本书将电信设备分为三大类：电信终端设备、涉及网间互联的设备、无线电通信设备，这种分类是基于电信设备的监管体制而划分的。

1. 电信终端设备

电信终端设备，是指在信息传输能力上能够直接或间接地连接到公用电信网的末端，为用户提供发送和接收任何信息功能的设备或组件。按照欧洲 R&TTE 指令②的定义，“电信终端设备”，指用于以任何方式直接或间接连接到公共电信网（即全部或部分用于提供公共电信网）接口的通信设备或其相关组件。

通俗地讲，电信终端设备主要是指电信服务使用者（消费者）直接接触的电信产品，如：电话机、手机、传真机、含通信网卡或功能模块的电脑等。只有通过这些产品，使用者才可以进行通信，以及从网络中获得信息。因此，电信终端设备可谓是人们与电信网络交互的界面。

随着信息通信技术的发展，电信终端正在变得越来越复杂，功能也越来越多，对网络信息安全的影响越来越大，规范电信终端设备时必须考虑各种因素，比如：使用者的身份认证、数据的加密、有害信息或信号的预防、涉及人身健康和安全问题等等。正因为如此，美国、欧洲等发达国家和地区始终保持着对电信终端设备的管制制度，只是在具体实施的方法上有所不同。

2. 涉及网间互联的设备

涉及网间互联的设备，是指涉及不同电信业务经营者的网络之间或者不同电信业务的网络之间互联互通的电信设备。

---

① 《电信设备进网管理办法》第 2 条也是如此规定。

② R&TTE 指令是 Radio & Telecommunications Terminal Equipment 指令（1999/5/EC）的缩写，是欧洲议会和欧洲理事会于 1999 年出台的，该指令规定了无线电和电信终端设备在投入到欧盟并且使用前应符合的规则。

随着信息通信技术的发展以及运营模式和市场的变化，信息通信服务商数量剧增，业务多样化（如：话音业务、数据业务、多媒体业务等）、技术多样化（GSM、CDMA、IP、TDM 等），要想在这样复杂的环境下为用户提供方便、便宜、安全、可靠、高效的信息通信服务，必须解决好不同运营商或内容提供商、不同业务、不同网络、不同设备间的互相连接协调的问题。涉及网间互联的设备包括：接入设备、传输设备、交换设备、接口转换设备、路由器、网关、网首、服务器等。如果这类设备得不到有效的统一协调也就无法保障整个网络的正常运行、安全可靠，也无法满足用户的正常通信需求。

3. 无线电通信设备

无线电通信设备，是指连接在公用电信网上，以无线电为通信手段的电信设备。欧洲的 R&TTE 指令将其定义为："无线电设备"指利用为地面/空间无线电通信分配的频谱，通过收发无线电波实现通信的产品或相关组件。无线电通信设备还同时表现为电信终端设备（如：手机、无线数据卡、无线网卡等）或互联互通设备（如：基站、无线接入设备、微波设备等）。由于无线电频谱是有限资源，必须得到合理的开发和利用。同时由于无线电波传输的空间特性，无线电通信设备之间必须有良好的协调机制，不然会导致相互干扰无法工作的结果，因此各个国家对无线电设备都有着严格的立法管理。

（二）对电信设备入网进行管理的原因

各国对电信设备入网进行管理主要有如下原因：

（1）电信设备与电信业务、技术、运营、网络和信息安全等环节密不可分，实施统一监管是一国电信监管政策的统一性、完整性、有效性的重要保证。

长期以来各国一直对电信设备和电信业务实行统一的监管政策，以电信设备进网许可制度作为电信设备监管的重要手段，通过进网许可，有效控制具体设备可否接入公用电信网使用，从而有效实施电信监管。

对电信设备入网实施管理，能够很好地适应电信设备监管的可控性和及时性，是贯彻落实一国电信产业政策和技术政策、维护国家权益、保护消费者利益的重要保证。

（2）对电信设备和网络与信息安全实施统一管理，有利于提高安全保障能力、确保国家的网络与信息安全。

公用电信网的网络与所传送的信息是否安全对经济发展、国家安全和社会稳定有着重要影响。实施业务和设备的统一监管，能够从制度上做到权责一致，以便能果断及时、协调有力地确保网络与信息安全。

（3）对电信设备入网进行监管，是各国和地区电信立法中的重要内容。电信监管机构有对电信设备进行监管的职责，这是由各个国家或地区的电信法律法规所赋予的。

1934 年美国《电信法》规定，对无线电设备，必须经过 FCC 的测试和批准，对终端设备和互联设备也实行特许制度，必须送 FCC 的 TCB 实验室进行网络电气、电磁兼容性能测试，然后到 FCC 登记（Registration）。除 FCC 对电信设备实行特许制度之外，美国联邦第 5 号法典第 553 条还规定，电信设备必须符合人身安全标准，由 UL 等实验室进行人身安全性能测试和认证。

欧盟第 89/336/EEC 和 73/23/EEC 号指令规定，对电信终端设备的电磁兼容和产品安全性能，必须经 BABT、CETECOM 等第三方机构的认证或厂家自我声明合格，除此之外，各成员国电信监管机构对设备的网络性能和无线电性能都实施监管。

由此可见，电信设备不同于普通电子电气（如冰箱、洗衣机等）设备，普通电子设备一般可以独立完成一定功能，满足消费者的需要，但是电信设备如果不与网络连接，就无法工作，也不能满足消费者的通信需要（如：不与网络连接，电话机、手机不能独立工作完成通信功能）。因此对于电信设备来说，相互连接和相互协调是必不可少、十分重要的。对电信设备进行进网管理不仅是保障网络安全的需要，更是确保网络正常运行、发挥网络整体效能、提高网络通信质量的需要，是最终保障用户合法权益的需要。正是因为电信设备入网管理对于实现电信立法的目的有着至关重要的作用，所以世界各国和地区几乎无一例外地在电信法中对电信设备入网管理作了专门规定。

从各国电信立法看，对电信设备入网进行管理主要是为了实现如下目标：

① 保护人身健康和安全；

② 避免有害干扰；

③ 避免网络功能受到损害；

④ 提高产品销售质量。

除此之外，有些国家还有一些特殊目的，如美国有确保需要助听的人们能够使用电信业务的要求，澳大利亚有保证能够接入应急业务的要求。

二、电信设备管理的基本制度

（一）电信设备入网管理的基本方式

对于电信设备的管理，主要体现在对设备入网的管理。从国外立法和监管实践看，主流做法是对接入公众电信网的电信设备实行进网许可管理体制，但是各国具体的管理方式却存在一定差异。从管理方式上看，主要包括政府许可管理、第三方认证和自我认证等三种方式，这三种方式主要是根据最终审批发证主体的不同进行划分的。

1. 政府许可管理方式——由监管机构最终审批、发证

政府许可管理方式是政府为保证网络的健康发展，依据技术标准、产业政策、业务发展要求、宏观调控等综合因素采取的行政许可行为，实质属于确认型行政许可。这种方式有许多不同的表现形式，但都有一个共同之处，那就是由电信监管部门进行最终确认。产品制造商向国家电信监管部门提交审批申请，监管机构可以自己对设备进行测试，也可以由其指定或授权的实验室来测试。但是，最后是由国家电信监管机构来判定产品是否被许可，确认许可的，发放合格证书。目前美国、中国香港地区、中国台湾地区、俄罗斯、墨西哥、泰国和印度等国家和地区仍采取这种方式。

未来电信行业管理的发展趋势，就是政府和管制机构对电信网络设备的管理将进一步淡化。这种淡化主要体现在采用国际上普遍公认的设备认证制度，对电信设备管理的重点是标准和安全。其中，认证又分为第三方认证方式和企业自我认证方式。

2. 第三方认证方式——由第三方认证机构最终审批、发证

“第三方认证”是由具有一定资质的第三方出具的一种证明，属于经行政授权的确认型行政许可。为了保证该类活动公正有序，政府对第三方实施监督和管理。因此，只要有产品，有标准，就可以做产品认证，并且只要符合要求就可以发证书。第三方的判

定标准为相关的技术规定或国家标准，以此对电信设备进行合格性确认。第三方独立测试设备、独立判断设备是否符合国家标准，不必通过国家电信监管机构的进一步审查或批准就可发放合格证书。

3. 自我认证方式——无需任何审批发证程序，设备厂商自我批准入网

在自我认证方式下，允许制造商自己宣布其生产的设备符合技术规定，国家电信监管机构不要求第三方对该设备进行测试，就许可其入网。这种方式最重要的特征是，制造商可以自我声明，不必要求国家电信监管机构发放合格证书，也不需要第三方发放合格证书。目前只有极少数国家和地区采用“自我认证”方式，比如欧盟对部分设备实行自我认证。欧盟采用的“自我声明”来证实产品符合某种技术要求的做法，与欧洲企业长期建立起来的自我约束能力以及较为完善的社会法制环境紧密相关，具有特殊性。欧盟使用的这种认证方式对通信产品和网络的监管是否能很好地适应快速发展变化的市场和技术环境，仍存在着许多争议。为解决此种方式可能带来的弊端，比如为了解决网络中出现的诸如互联互通等问题，欧盟成员国往往通过建立各种协会来协调相关的认证问题。

表 9－3　　部分国家和地区电信设备管理方式概览

	政府许可管理	第三方认证	自我认证
美国	○		○
欧盟		○	○
英国		○	○
加拿大	○（无线设备）		终端设备
日本		○	○
中国香港地区	○		
中国台湾地区	○		
俄罗斯	○		
墨西哥	○		
印度	○		
泰国	○		

表 9－3 是部分国家和地区电信设备管理方式概览，从上表可以看出，目前发达国家中只有美国等仍采取政府许可管理方式进行监管，而发展中国家则大多数采取政府许可管理方式对电信设备进网进行监管。

（二）电信设备入网后的监管内容

对生产企业的电信设备审批和颁发许可证并不是实行进网许可制度的最终目的，最终目的是为了保护电信网的通信质量，保证用户正常通信。因此，加强对获得进网许可

的电信设备的质量监督工作，仍然是进网许可管理制度中十分重要的一部分。

1. 证后监管的主要内容

根据《电信设备进网管理办法》第 21 条的规定，获得进网许可证的生产企业应当及时向所在的省、自治区、直辖市通信管理局备案，并接受其监督管理。同时，该办法第 23 条还规定，获得电信设备进网许可证的生产企业应当保证电信设备获得进网许可证前后的一致性，保证产品质量稳定、可靠，不得降低产品质量和性能。

与此同时，2003 年 5 月 7 日发布的《电信设备证后监督管理办法》(信部电[2003] 189 号）也对电信设备生产企业获得进网许可证后的质量保证体系、电信设备产品质量、进网标志使用情况等的监督抽查作出了明确的规定，同时规定对于抽查不合格的生产企业予以相应处罚。

根据上述规定，地方通信管理局是证后监管的主要负责部门，负责对证后产品的一致性进行监督。同时，中央一级的行业主管部门还应当配合国务院产品质量监督部门对获得进网许可证的电信设备进行质量跟踪和监督抽查，并向社会公布抽查结果。

在实践上，通信行业主管部门每年都进行电信设备的市场监督抽查，尤其是针对消费者近些年投诉较多的通信终端设备。

2. 相关法律责任规定

根据《电信条例》及《电信设备进网管理办法》的有关规定，对于以下违法行为，信息产业主管部门或省、自治区、直辖市通信管理局将给予不同程度的行政处罚，主要包括：

（1）伪造、冒用、转让电信设备进网许可证或者编造进网许可证编号或者粘贴伪造的进网许可标志的，由省、自治区、直辖市通信管理局没收违法所得，并处违法所得 3 倍以上 5 倍以下罚款；没有违法所得或者违法所得不足 1 万元的，处 1 万元以上 10 万元以下罚款。

（2）生产企业未在获得进网许可的设备外包装和刊登的广告中注明进网许可证编号的，由信息产业主管部门或者省、自治区、直辖市通信管理局责令改正，并给予警告。

（3）生产企业申请进网许可时提供不真实申请材料的，或者不能保证电信设备获得进网许可证前后的一致性的，或者售后服务不落实，对国家规定包修、包换、包退的产品不履行相应义务的，或者不按规定向省、自治区、直辖市通信管理局备案、不参加年检的，由信息产业主管部门给予警告；情节严重的，取消其申请进网许可的资格或不再受理其进网许可申请。

（4）电信业务经营者拒绝用户自备的获得进网许可的电信终端设备进网的，由省、自治区、直辖市通信管理局责令改正，电信业务经营者向用户赔礼道歉，赔偿电信用户损失；拒不改正并赔礼道歉、赔偿损失的，处以警告，并处 1 万元以上 10 万元以下的罚款；情节严重的，责令停业整顿。

（5）销售未获得进网许可的电信终端设备的，由省、自治区、直辖市通信管理局责令改正，并处 1 万元以上 10 万元以下罚款。

（三）电信设备抗震性能检测管理①

为了保证公用电信网的安全性、可靠性，提高公用电信网中主要电信设备的抗震性能，2001年6月15日，原信息产业部令第12号发布了《电信设备抗震性能检测管理暂行办法》，该办法自2002年1月1日起施行。

1. 电信设备抗震性能检测的范围

电信设备抗震性能检测的范围包括：进入我国抗震设防烈度7烈度以上（含7烈度）地区的公用电信网的交换、传输、移动基站、通信电源等主要电信设备。

上述电信设备必须通过抗震性能检测，并获得信息产业主管部门颁发的电信设备抗震性能检测合格证。未获得抗震性能检测合格证的电信设备，不得在抗震设防7烈度以上（含7烈度）地区的公用电信网上使用。

2. 电信设备抗震性能检测程序

电信设备抗震性能检测程序主要包括三个阶段：（1）检验机构的检测阶段；（2）电信设备生产企业申请阶段；（3）信息产业主管部门颁发检测合格证阶段。

3. 电信设备抗震性能检测职责分工

（1）信息产业主管部门负责全国电信设备抗震性能检测管理工作，具体工作由部综合规划司承担。

（2）各省、自治区、直辖市通信管理局负责本行政区内的电信设备抗震性能检测管理和监督检查工作。

（3）信息产业主管部门授权的通信设备抗震性能质量监督检验机构负责电信设备抗震性能的具体检测工作。

4. 抗震性能检测的监督管理措施

为了做好电信设备抗震性能检测管理工作，《电信设备抗震性能检测管理暂行办法》规定了具体的监督管理措施，主要包括：

（1）信息产业主管部门定期向社会公布获得检测合格证的电信设备和生产企业。对获得检测合格证的电信设备进行抽查，并向社会公布抽查结果。

（2）生产企业申请检测合格证时提供不真实材料或者获得检测合格证后降低电信设备抗震性能的，由信息产业主管部门给予警告；情节严重的，收回其检测合格证或不再受理其检测合格证的申请。

（3）伪造、冒用、涂改、转让检测合格证的，由省、自治区、直辖市通信管理局给予警告，可以并处1万元以下的罚款；情节严重的，可以并处1万元以上3万元以下罚款。对转让的检测合格证，由省、自治区、直辖市通信管理局收回。

（4）电信业务经营者在抗震设防7烈度（含7烈度）以上地区的公用电信网中使用未获得检测合格证的电信设备的，由省、自治区、直辖市通信管理局责令改正；造成经济损失的，由有关部门依法追究有关人员的责任。

（5）检测机构及其工作人员泄露被检设备的技术秘密或者出具虚假证明、错误数

① 本部分内容主要参考了原信息产业部普法办、原信息产业部政策法规司组织编写的《电信法律知识读本》（赵梅庄. 电信法律知识读本. 北京：中国法制出版社，2002）。

据造成严重后果的，由信息产业主管部门责令改正；情节严重的，取消对检测机构进行电信设备抗震性能检测的授权。

(6) 从事检测合格证申请受理、审批的工作人玩忽职守、滥用职权、徇私舞弊的，依法给予行政处分。

5. 救济措施

按照《电信设备抗震性能检测管理暂行办法》的规定，电信设备生产企业对检验机构出具的检测结论和检测收费有异议的，或者认为检验机构的工作人员有违法违纪行为的，可以向信息产业主管部门有关部门提出申诉。

三、我国电信设备入网管理现状及问题

(一) 我国电信设备入网管理现状

我国电信设备进网管理工作从 1989 年开始由政府管理，分为如下几个阶段：

第一阶段，从 1989 年开始，作为国家电信主管部门的原邮电部陆续对电话机、传真机、用户交换机、移动电话机等电信终端设备实行进网许可制度。1995 年，原邮电部发布了《电信终端设备进网审批管理规定》，规定对电话机、集团电话、用户交换机、移动电话机、无线寻呼机、传真机、调制解调器、数据终端等设备实行进网审批管理。

第二阶段，1998 年原信息产业部成立后，对包括电信终端设备在内的各种电信设备统一实行了进网许可制度。1998 年 12 月，原信息产业部发布《电信设备进网审批管理办法》，规定对接入公用和专用电信网使用的电信设备实行进网许可证制度，凡接入公用和专用电信网使用的电信设备必须具有信息产业主管部门颁发的进网许可证和进网标志，未获得进网许可证和进网标志的电信设备不得在国内销售、刊登广告和进网使用。

电信设备进网许可制度对于保证电信网的通信质量和网络安全畅通，起到了重要作用。但是，上述规定或办法都是由部委根据国务院规定的职责制定的规范性文件，因此，在实施过程中存在很多困难，特别是在行政执法方面。

第三阶段，2000 年 9 月 25 日，国务院令第 291 号公布施行了《电信条例》。《电信条例》第 54 条第一款明确规定："国家对电信终端设备、无线电通信设备和涉及网间互联的设备实行进网许可制度。"这是我们国家第一次在行政法规中确定电信设备进网许可制度，体现了电信设备实行进网许可管理的重要性。根据《电信条例》的规定，2001 年 5 月 10 日，原信息产业部发布了《电信设备进网管理办法》作为《电信条例》的配套规章。至此，确立了电信设备进网许可制度的法律地位和权威性，为信息产业主管部门和省、自治区、直辖市通信管理局执行电信设备进网许可制度提供了法律依据，标志着电信设备进网管理工作进入法制轨道。

当前，电信条例减少了实行进网许可制度的电信设备种类和数量，将实行进网许可制度的电信设备限定在接入到公用电信网使用的电信终端设备、无线电通信设备和涉及网间互联的设备范围内。根据《电信条例》的有关规定，电信设备接入公用电信网使用的条件有两个：接入公用电信网使用的电信终端设备、无线电通信设备和涉及网间互

联的设备必须符合国家规定的标准；必须取得信息产业主管部门颁发的进网许可证。同时根据《电信条例》的有关规定，实行进网许可证制度的电信设备目录，由信息产业主管部门会同国务院产品质量监督部门制定并公布施行。

根据《电信条例》和《电信设备进网管理办法》，电信设备进网许可可分为以下几个阶段：

1. 申请

即由电信设备生产企业向信息产业主管部门提出电信设备进网许可申请。

2. 审核

即信息产业主管部门受理申请后，依法对申请人的申请及材料包括电信设备检测报告或者产品质量认证证书，是否符合条件或标准进行审查、核实。

3. 颁发许可证

即信息产业主管部门对申请人的申请及材料进行审核后，认为符合条件或标准的，依法在规定期限内向申请人颁发进网许可证。

进网许可证是信息产业主管部门准许申请人生产的电信设备接入电信网使用的法律依据。进网许可证是给特定企业和特定型号的电信设备颁发的。

为了向用户表明电信设备已获得进网许可，并让用户知道获得进网许可的电信设备的型号和进网许可证号等信息，需要在获得进网许可的电信设备上加上特殊标识明示，该标识即进网许可标志。

生产企业应当在其获得进网许可的电信设备上粘贴进网许可标志。进网标志属于质量标志，由信息产业主管部门统一印制和核发。

根据《电信设备进网管理办法》的规定，电信设备进网许可证的有效期限为3年。

生产企业到期后需要继续生产和销售已获得进网许可电信设备的，应当在进网许可证有效期届满前3个月，重新申请办理进网许可证，并附送1年内的送样检测报告或产品质量监督抽查报告，原证交回。

电信设备进网许可证中规定的内容发生变化的，生产企业应当重新办理进网许可证。

生产企业获得电信设备进网许可证，只能证明其申请进网许可证时提供的电信设备样品符合规定的标准，但不能证明获得进网许可证以后生产的电信设备也符合标准。为此，生产企业必须保证电信设备获得进网许可证前后的一致性，保证产品质量稳定、可靠，不得降低产品质量和性能。

实行进网许可制度的电信设备未获得进网许可的，电信业务经营者不得使用。用户有权自主选择电信终端设备，电信业务经营者不得拒绝用户自备的已经取得进网许可的电信终端设备。

电信设备检测机构或产品质量认证机构出具检查报告或认证证书时，应当执行国家标准、行业标准和信息产业主管部门的规定。对已获得进网许可证的电信设备，不得进行重复检测、发证。检测机构、产品质量认证机构有下列行为之一的，信息产业主管部门对其出具的检测报告或认证证书不予承认，情节严重的，取消对其授权：（1）弄虚作假，有作弊行为的；（2）不按规定标准进行检测或认证的；（3）不按信息产业主管部门规定出具检测报告或认证证书的。

对生产企业的电信设备审批和颁发许可证并不是实行进网许可制度的最终目的，最终目的是为了保护电信网的通信质量，保证用户正常通信。因此，加强对获得进网许可的电信设备的质量监督工作，仍然是进网许可管理制度中十分重要的一部分。

4. 开通电信设备进网认证管理信息系统

为实现电信设备进网管理的信息化，更好地保护用户、生产企业和电信业务经营者的合法权益，原信息产业部于2002年4月10日，正式开通了电信设备进网认证管理信息系统。该系统的重要功能之一是向用户提供电信设备进网许可证和进网标志真伪的查询，该系统还具备进网标志和手机机身号（IMEI号）一一对应的真伪验证功能。用户可从网上查询并鉴别所有流通领域的电信设备进网许可证和进网许可标志的真伪。

5. 处罚措施

对违反《电信条例》相关条款和《电信设备进网管理办法》规定的，信息产业主管部门或省、自治区、直辖市通信管理局将给予不同程度的行政处罚，主要包括罚款、警告、责令停业整顿、取消申请进网许可资格或不再受理其进网许可申请，构成犯罪的，依法追究刑事责任。

（二）我国当前电信设备监管存在的主要问题

目前我国电信设备入网管理的主要问题是，对电信终端设备和无线电设备入网许可实行的是多头管理，电信终端设备进入市场要经过两项政府强制性认证许可程序及相对应的产品检测项目。

以手机为例，获得入网许可，需要经过无线电管理局的无线电发射设备型号核准（TAC 1993）、电信管理局的电信设备进网许可（NAL 1994）和国家认证认可监督管理委员会的国家强制性产品认证（3C或CCC 2003）三种检测和认证程序。而这三种检测部分内容重复，如无线电发射设备型号核准和电信设备进网许可的检测项目都包括对无线指标（RF）的检测，国家强制性产品认证（CCC认证）和电信设备进网许可的检测项目都包含安全检测。

再以电信终端设备来说，CCC认证中型式试验中的检测项目与现有进网许可（NAL）认证中的项目大部分重复，NAL的检测项目完全包含了CCC认证列出的项目。另外，CCC认证中型式试验中的检测项目也与无线电发射设备型号核准（TAC）中的部分项目重复。

我国对电信设备入网采取认证和许可的双轨模式，认证是许可的必要条件，要想获得许可首先应取得认证。许可需要检测的项目要比认证范围大。认证要解决的是环境保护和人身安全等问题，属于社会性管制的内容；而许可除包含了认证要解决的问题外，还要特别考虑对网络互联互通、网络和信息安全以及新技术和新业务的应用等的影响。因此，对设备实行进网许可不仅可以解决社会性管制问题，还可以解决技术性管制问题。但是，认证与许可之间存在重复检测问题、重复认证的问题。

我国现有制度中重复检测和重复认证产生了下列问题：

其一，给企业带来了人力、物力和财力上的沉重负担。

其二，分别申请认证、许可会造成时间上的浪费，因为这些认证、许可程序相对独立且要逐一通过。这影响了厂家产品投放市场的时间，减弱了生产厂家对市场变化的反应能力。

其三，政府市场监督政出多头，容易产生监管漏洞。

其四，重复检测和许可不仅不符合 WTO 相关规则和承诺，也不符合《行政许可法》的有关规定。

在中国加入世界贸易组织议定书中，关于技术性贸易壁垒条款（13.4（a））要求："进口产品不得受制于一种以上的合格评定程序"；在 WTO 工作组关于中国加入的报告书中第 3 部分"技术贸易壁垒"列举的中国承诺（第 192 段）指出，中国将不保留多重或双重合格评定程序；《行政许可法》第 26 条规定，行政许可需要行政机关内设的多个机构办理的，该行政机关应当确定一个机构统一受理行政许可申请，统一送达行政许可决定。

案例分析

案例一

DELL 公司未"尽早披露"的案例①

"Dell 案"是关于标准中知识产权问题的一个典型案例，一方面它涉及在技术标准制定过程中对相关"尽早披露"权利义务约定的问题，另一方面，它由认定知识产权许可是否构成垄断的行政管理机构——美国联邦贸易委员会（Federal Trade Commission, FTC）依照美国 1995 年颁布的《知识产权许可的反垄断指南》（Antitrust Guidelines for the Licensing of Intellectual Property）审议，判定其知识产权许可是否构成垄断。

1994 年，Dell 公司参加了一项为视频电子标准联合会（Vidio Electronics Standards Association, VESA）制定标准的工作，该标准涉及的技术主题是一种在 486 计算机的中央处理器（CPU）和外设之间传输指令的总线（Bus）技术方案。

在标准建立的初期，标准的提案工作小组要求参与标准制定的各方申报与该技术方案有关的知识产权，但是当时没有一个申报，该标准方案也因此是一个不含有专利技术的技术标准提案。当时 Dell 公司自始至终参加了标准制定的全过程，实际上，Dell 公司已经在 1991 年 7 月获得了一个专利授权。但是在 VESA 总线设计技术标准被 140 多万台计算机采用 8 个月后，尤其是该标准使得这些总线得到充分和良好发展的情况下，Dell 公司认为该标准方案侵犯了自己的专利权，并寻求司法途径确认自己要实施专利许可收费的主张，并最终在 1995 年走上了联邦贸易委员会（Federal Trade Commission, FTC）的反垄断仲裁庭。

1996 年 FTC 以 4：1 的结果否决了 Dell 公司关于向上述标准收取专利使用费的主

---

① 参考资料：孙南申，徐曾沧．美国对技术标准中专利信息不披露行为的反垄断措施．http：//www.antimonopolylaw.org/article/default.asp？id=479.

张。FTC认为：如果VESA标准联合会一早就知道会有专利纠纷发生的话，它就会选择一项不带有专利权的方案作为标准，也就是说，如果Dell公司事先公开其专利，VESA标准组织可能会选择另一个同样有效但没有申请专利的标准。可见，FTC的主要观点就是，Dell公司违反了标准化组织的“尽早披露原则”，没有在知识产权权利披露的前置阶段披露有关的专利技术，却在事后主张自己的知识产权权利。这严重阻碍了标准化工作的正常进行，也有悖于公众利益。

案例二

Proxim公司违反“FRAND原则”案例①

Intersil Corp. 与 Proxim, Inc. 案例是有关了解FRAND许可条件如何导致纠纷的发生、发展的典型案例。

在美国电子工程师协会（IEEE）制定无线LAN通信协议标准时，Proxim公司承诺，如果IEEE选定的标准涉及其专利，它将以合理条件许可。随后IEEE基于Proxim公司的承诺，采纳了一项涉及Proxim专利的标准。但在标准颁布后，Proxim公司控告很多使用该标准的企业侵犯了其专利权，其中就包含Intersil公司，并同时发给它们虚假的谈判意向信；收信者被要求签订保密协议，禁止它们向任何人披露Proxim公司要求的许可条件，并要求它们承认侵犯了Proxim公司的专利权；收信者被要求在30天内承诺接受Proxim公司提出的许可条件。如果不在上述期限内接受，Proxim公司警告它们会面临冗长、复杂而昂贵的侵权诉讼，诉状同时主张，Proxim公司的主要目的是阻止IEEE这一标准的实施，企图谋求Proxim公司所有的另一专利技术在市场上的竞争优势。

2003年3月，Proxim公司和Intersil公司达成了和解，并撤销了相关诉求，Intersil公司一次性支付Proxim公司600万美元，但同时Proxim公司将定制购买Intersil的无线LAN产品。

思考题

1. 什么是电信标准？
2. 电信标准的重要作用是什么？
3. 标准化中的知识产权问题主要是指哪些问题？
4. 什么叫电信设备？电信设备是如何分类的？
5. 为什么需要对电信设备实行管理？
6. 电信设备管理主要涉及哪些基本法律制度？
7. 电信设备入网管理的方式有哪些？
8. 如何实施电信设备入网后的证后监管？

---

① 案例来源：http://www.wi-fiplanet.com/news/article.php/2114401.

第十章

信息安全法律制度

本章导言

通信网络和信息系统安全是电信法中的重要问题。本章主要介绍了信息安全的概念、构成要素、安全隐患的原因、信息安全的保障体系、各主体在信息安全法律关系中的权利义务、欧盟和美国的信息安全立法体系、我国的信息安全立法体系及其缺陷以及将来的立法发展方向。

第一节　信息安全概论

通信网络和信息系统的安全问题已经日益成为全社会关注的重点，一方面是因为通信网络和信息系统其自身的关键作用、系统的无限复杂性、随时面临的各种意外事件、信息编制、传递、接收过程中出现的错误操作、网络外的攻击行为等原因而容易出现重大问题，另一方面还因为这些问题会对信息传递的公共利益以及作为信息公共利益物理保障的通信基础设施产生极为重大的影响。科学家们是这样看待信息安全在信息系统中的意义的："芯片是细胞，计算机是大脑，网络是神经系统，智能是营养，信息是血浆，而信息安全就是免疫系统。"①

信息安全破坏事件会导致大范围的经济损失，打击用户通过电子信息系统来降低交易成本、提高交易效率的信心。因此，有必要构建一个完整的信息安全法律保障体系，从技术规范、安全管理、道德意识、自律规范和法律规范等层面，逐层建立完整有序、集权利责任于一体的信息安全空间。

随着信息技术的不断发展及其对社会经济政治生活影响的日益深化，信息安全的内涵也在不断地发展变化。对信息安全的认识，经历了从最初强调信息保密的通信保密时代，到强调信息的完整性、准确性、秘密性和可用性的信息安全时代，再到强调技术保

① 崔光耀．安全操作系统面临的现状、前景及发展对策——访中国工程院院士沈昌祥、倪光南．信息安全与通信保密，2002（3）．

护——安全检测——危险反应——有效恢复的信息安全保障时代的巨大转型。在人类发展的漫长历程中，信息安全在很长的历史时期一直与军事机密紧密相连，甚至在一定意义上，信息安全就是军事机密的代名词。进入了互联网时代之后，信息安全的问题才开始大规模地和个人隐私、经济交易安全等民事问题紧密挂钩。在信息时代，仅仅强调电子通信网络和信息系统的正面功效是不足的、有失偏颇的，信息安全已经成为信息时代通信网络和信息系统的代名词。因此，对信息安全的概念及其内涵的理解就显得尤其重要。

一、信息安全的定义

（一）信息安全是一个动态发展的综合体系

1. 信息安全是一个技术问题

信息的发展离不开高技术的支撑，信息安全的问题首先是一个技术支撑的问题，惟有高技术平台的保障，信息安全才具有实质性的意义。可以说，高端的攻防技术之发展，始终是信息安全的原动力，先进的电子通信和网络安全技术，是信息安全的根本保证。无论是一对多的电子通信架构，还是一对一的网络系统，它们都建立在有关信息技术的安全体系结构上。以国际标准化组织（ISO）根据开放系统互联（OSI）的基本参考模型所建构的 OSI 安全体系结构（OSI Security Architecture）为例，信息安全包括多种基本安全服务和安全机制，这些技术准则涉及信息流动过程中所必须经过的全部环节，包括物理层、数据链路层、代码层、网络层、传输层、会话层、表示层和应用层等所有的信息生成、传递、接收、存储、应用环节。在安全服务体系中，信息安全包括对等实体鉴别服务、访问控制服务、数据保密服务、数据完整性服务、数据源鉴别服务、禁止否认服务等与信息数据有关的服务项目。所设置的安全机制主要包括加密机制、数据签名机制、访问控制机制、数据完整性机制、交换鉴别机制、业务流量填充机制、路由控制机制、网络认证机制等。只有消除这些环节上所有的信息不安全风险之后，信息安全才可能成为一个切实可行的目标追求和一种实然状态。换句话说，信息安全首先是一个有技术控制手段和技术安全平台加以支撑的立体的、全方位、多层次的技术应用系统。如果没有由技术手段建构起来的安全服务体系、安全控制机制、基于技术延伸的风险评估系统的存在，那么，讨论信息安全无异于缘木求鱼。

2. 信息安全是一个管理问题

信息安全技术并不会自动地得到应用，如果没有必须的风险评估和风险管理的话，安全技术可能或者是躺在实验室里，或者是与具体的信息安全风险系数全然不着边际。风险评估是信息安全保障技术得以运用的前提。所谓“风险”，指的是通信和网络系统中存在的脆弱性对数据处理和传输过程中的认证性、可用性、准确性和完整性以及保密性产生不良影响的可能性，以及当通信和网络系统的脆弱性被有意无意加以利用时所造成的负面影响的严重程度。风险评估主要着眼于威胁识别、威胁特性描述、暴露评估和风险特性描述。而风险管理则着眼于各种技术措施的优缺点之权衡，对有关团体的咨询、对风险评估所得结论以及其他相关因素的综合考虑，以及如其必要的话，对恰当的预防措施以及控制策略的优选等等。

信息安全管理的前提是信息存在安全隐患和威胁，这也就意味着信息安全必然是一个将各项安全技术和安全策略集合在一起，从而形成一套规范的、整体的、集中的技术运用平台，这样一来，技术、管理策略和管理者内部治理体系就紧密地结合在一起了。

不言而喻的是，信息安全中最为薄弱的仍旧是管理的问题。其原因有三：第一，信息安全的管理必须立足于对有关专门技术及其所隐藏的风险的完全认知，这就需要极为专业化的管理团队，但这恰恰是管理层面上所缺乏的；第二，专门的技术运用也必须给予信息安全所必须的社会公共政策、人的行为心理微调等社会综合因素的识别、判断和决定，在专业分工的背景下，技术运筹者往往缺乏对这方面的考虑。第三，从微观层面来看，尽管从信息流动的层面来看，通信和网络服务提供商应当建立健全一个安全的通信环境，并将有关信息流动的风险告知用户，但是，由于用户群体具有的分散、潜在和无限的特点，以及服务商本身存在的内部管理机制的不到位问题，管理成为了信息安全的最大隐患。正是因为如上原因的存在，2004 年欧盟理事会专门就信息安全的管理问题设置了一个专门的机构：欧洲网络与信息安全局。对该局在信息安全管理方面所涉及的技术标准、管理方法手段的选择、管理策略的制定、资金拨付等一系列关键问题进行了专门立法。

3. 信息安全是一个法律问题

通信和网络系统中的信息数据，要获得安全的保障，还需要法律的介入。众所周知，法律是一种规制人类行为的规则体系，是一种促进人们形成合作事业的规则体系，[①] 它的规范对象是人的行为。信息安全，说到底，是因为人的行为所引发的。信息安全和法律之间的关联，主要呈现为以下几个层次：第一，人们对信息所附着的价值、所带来的利益的预期需要法律来强化其正当性和合法性；第二，保证信息得以安全发送、传递、接收、存储的技术规范，必须兼顾信息安全和自由通信之间的紧张，而这种紧张的终局裁判乃是法律；第三，信息安全的管理体系也必须借助法律来加以体系化、制度化，并从而获得一种制度上的合法性延伸。

从以上三个层面来看，我们会发现，信息安全是一个复合的系统问题，它横跨技术规范、管理体系和法律规制三者之间，是一个基于人类知识、技术理性和规则治理的综合集成体系。

（二）信息安全的定义

一般来说，信息安全指的是信息资源在信息产生、制作、发送、传递、接收、存储、处理这一过程中的安全状态和安全性能，它的重点是信息传输的安全和信息存储的安全。在学术界，有一种看法认为，信息内容和社会秩序安全之间的关联也是信息安全内容的一部分，[②] 比如传播煽动民族仇恨的言论。我们认为这种看法过于宽泛，信息内容和社会秩序、国家安全之间的关联，并不是信息本身的安全，而是由于信息内容所引发的安全效应，因此，在讨论信息安全的时候，不宜作出如此扩大、泛化的理解和推论。

---

① ［美］富勒．法律的道德性．郑戈，译．北京：商务印书馆，2005.

② 俞晓秋，等．信息安全综论．现代国际关系，2005（4）.

按照这个定义，我们可以发现，信息安全可以细分为如下六个方面：一是国家和国防信息基础设施的安全，包括国防信息系统、通信系统（包括电台、电视台和电话设备等）、电力分配系统、交通系统、供水系统、石油储备供应系统以及紧急服务系统等。二是信息本身的安全，即保证信息从信源到信宿全过程的安全，这是信息安全的基本问题。三是信息系统的安全，包括情报系统、信息传递和交换系统、计算机系统和指挥控制系统等，为了使合法接收者准确及时地得到信息，必须防止信息体系被干扰、阻拦、中断、混乱和利用。四是基于信息过程的安全，信息过程包括信息的获取、存储、变换、传递和处理等，除了保证信息内容的安全之外，还要防止信息在存储、变换、传递处理的过程中的泄密。五是基于计算机网络的安全，要防止非法用户进入网络，过滤不良信息，允许合法用户不受限制地访问和使用网络资源，保证网关即网络互联的安全，防病毒、防黑客是基于计算机网络的主要安全问题。六是信息设备的安全，防止通过发射高能电磁脉冲、高功率微波、声波和红外信号使己方信息设备失灵的无线电干扰手段，防止“芯片细菌”对电路芯片的侵蚀和纳米级机器人对电路的破坏等。①

二、信息安全的基本要素

信息，从一般意义上来说，专指的是通讯系统传输和处理的对象，泛指消息和信号的具体内容和意义。② 顾名思义，信息安全指的是通讯系统传输和处理的对象，在传输的过程中，有关的消息和信号的具体内容及其意义，不会因为意外事件、非法行为以及恶意行为的干扰和破坏，而使得具体信息的内容及其意义所具有的可用新、真实性、完整性和保密性受到损害。信息安全对应的英文是 Information Security 或 Cyber Security。Information Security 是一个含义宽泛的词组，包含网络和知识产权与数据两个方面的安全。Cyber Security 主要指涉及有关互联网的网络安全，最初含义比较狭窄，仅指通信传输的物理硬件所具备的安全性能。但在通信系统朝向宽带和窄带并行不悖、多元交叉的局面之后，Cyber Security 则不仅表示网络安全，也包含信息安全的含义，它不仅指通信网络的外部物理硬件安全，同时还指通过各种通信设施和联机网络在运行、使用、保护和维护过程中所存储、处理、获取或传输的数据的安全。③ 鉴于电子通信和网络系统所携带的信息内容本身需要安全，我们认为后一种看法更为切中要害。但它还缺少一个极为关键的要素：人。信息安全是一个三位一体的概念，位于信息传递两端的人构成了信息安全的主体，他们是通信和网络系统中信息来源合法性的控制对象；信息自身的可用、真实、完整、秘密构成了信息安全的实体内容；信息借助传输的电子通信管道和网络连接系统构成了信息运行安全的支撑平台。

（一）面向用户的安全

面向用户的安全指的是要建立一套用户身份识别、授权、访问控制、禁止否认以及

---

① Donn B. Parker. 反计算机犯罪——一种保护信息安全的框架．刘希良，等，译．电子工业出版社，1999.

② 辞海．上海：书籍出版社，1999：702.

③ 参见《欧洲议会和欧盟理事会2004年3月10日关于建立欧洲网络与信息安全局的第4560/2004号条例（［2004］OJL77/1）》（Regulation（EC）No. 4560/2004 of the European Parliament and of the Council of 10 March 2004 Establishing the European Network and Information Security Agency）第4条的有关内容。

基于信息内容本身所涉及的用户权益之保护措施，保障用户所使用的通信管道和信息系统网络的安全，保证个人信息不致泄露或遭到篡改。

(1) 用户的身份识别。指的是提供信息收发方（包括用户、设备和进程）真实身份的识别，从而保证收发的信息具有正确性、完整性和不可否认性。即将有关信息和用户身份进行有效关连。

(2) 授权。指的是有权用户可以决定谁能够访问或者使用有关信息，并进行相应权限内的操作。

(3) 访问控制。指的是对用户访问有关信息的权限或能力进行限制，对其进入通信物理硬件和网络系统的权限进行适当限制，对其对传递中的信息的读取和存储能力进行适当的限制，以保证信息的畅通。

(4) 禁止否认。指的是防止发送信息的人否认其发送的信息，防止接收信息的人否认其接收的信息。

(二) 面向信息本身的安全

面向信息本身的安全指的是信息的可用性、真实性、完整性和数据秘密性，其目的是保证所传递的信息不会因为故意或过失而泄露、遭到更改、被破坏或者是信息本身被非法的系统加以控制和识别。

(1) 数据秘密性。指的是通信和存储过程中的信息数据，不致被非授权人员拦截和读取。

(2) 数据完整性。指的是所发送、传递、接收、存储的信息数据是完整的，没有遭到非授权人的修改。

(3) 真实性。指的是所接收、存储的信息数据与原处发送的数据完全一致，其内容没有被非授权人加以篡改。

(4) 可用性。指的是所接收、存储的信息数据可以基于接收人的使用目的得到合理、妥善和合于目的的使用，而不需要再度加工或者是支出更多的使用成本。

(三) 信息安全和通信网络

信息是在通信管道和网络系统中生成、发送、传递、接收和存储的，说到底，信息安全的问题就是一个通信网络安全的问题。信息安全主要指的就是信息在生成、发送、接收、存储的各个环节中的安全保障，而这一切，又都是借助于通信管道和网络系统来加以运行的。信息本身固然有其独立性，但如果没有这些管道和网络系统的支持，信息也就丧失了其独立存在的价值。因此，为确保信息通过通信管道和网络系统的运行而得到安全保障，就有必要建立一套关于通信管道和网络系统的安全措施，例如风险分析、威胁识别、威胁性能描述等等。

三、网络时代信息安全的特点

在传统的电子通信领域，信息安全主要与通过电信设备交换的信息是否被搭线窃听有关。但与传统的信息安全不同的是，在网络时代，信息安全问题益发凸现其严重性，其安全特点主要表现在以下几个方面：

(1) 互联网的一对一传播架构，令信息传递出现处处是边疆的态势，使得信息无法享受到天然的“安全港”庇护。当代的电子通信平台和互联网架构的开放性，用户的匿名机制盛行，多种通信手段的交叉混合，这一切技术上的优势使得信息在流动的过程中，缺乏传统信息的安全防护外壳，这个弱点的存在使得信息安全更容易遭到开放而持久的威胁。在开放的通信结构和网络架构中，信息的价值就体现在其开放的特性上，它的一系列技术特质使得信息安全是一个多方面内容综合的结果，它不仅仅包括对需要加以保护的信息内容以及信息持有人的权利关注，对有关信息的安全级别的定义和鉴别，对安全威胁的分类，威胁来源的测定，还包括在信息的有效生命周期中对其生命力的有效完整保护。[1]

（2）信息安全的威胁源头的潜在性、瞬间性和多样化，以及分散化的安全威胁主体成为信息安全的主要威胁。信息技术在当代的一个发展趋势是，它不仅仅紧随电信技术的发展而发展，更为重要的是，它与数字技术、网络技术的发展也保持一致步伐。信息安全的威胁源头也因为与通信有关的技术的快速发展，开始呈现出多样化的形态，进一步增加了安全保障的难度。

（3）信息网络化程度高的同时伴随着信息的易遭受攻击和招致损失。致命的弱点往往隐藏在备受瞩目的优点之中，在信息安全的问题上，就面临着这样的尴尬现实。如果说传统的信息安全破坏主要表现为物理载体遭到侵犯的话，那么，网络化时代的信息安全，更多表现为技术安全威胁。信息的安全隐患和漏洞，主要表现为无形的技术破坏：在物理介质没有任何变化的情况下，信息的安全已经遭到严重破坏；信息处于超越时空限制的持续威胁中；信息遭到破坏后很难留下任何物理属性上的损坏痕迹；损坏行径不容易被发现、识别或侦破。

四、信息安全隐患的原因分析

信息安全隐患，或者说是信息安全的威胁源头、不安全因素，主要来自如下几个方面：

1. 病毒攻击

通信技术发展到今天，已经离不开系统编程的支持，而信息本身就是一种程序编码。因此，具有自我复制能力、较强的破坏程序、删除文件、修改信息数据脚本的病毒与信息相伴而生，进而直接威胁信息编制、发送等各个流程环节。病毒对信息的威胁，是信息安全面临的头等威胁，这种以程序编码为主要表现形式的安全威胁，遍布于信息发送方制作信息到信息接收方存储信息的每一个环节。它的播散速度之快、涉及范围之广、造成的经济损失之大，是其他各种威胁所无法比拟的。

2. 黑客攻击

“黑客”的早期含义[2]和现代含义已经有了极大的不同。黑客攻击所采取的手段主

---

① Christopher Alberts，Audrey Dorofee. Managing Information Security Risks：The OCTAVE Approach. 北京：清华大学出版社，2003.

② 劳伦斯·莱斯格．黑客的早期历史及其演变//劳伦斯·莱斯格．代码：塑造网络空间的法律．李旭，等，译．北京：中信出版社，2004；劳伦斯·莱斯格．代码 2.0：网络空间中的法律．李旭，沈伟伟，译．北京：清华大学出版社，2009.

要是利用各种信息编制手段，攻破信息传输工具所形成的保护通道，对主要的通信管道或者是网站，采取突破外围、直击核心的办法，破坏或盗取有关信息，利用所截取的信息从事金钱犯罪或者其他危害个人隐私安全、核心知识产权秘密、社会公共安全或者是国家安全的行为。这些行为已经严重地影响了信息的安全运行以及信息在现代社会的重要作用。

3. 内部安全隐患

信息来源于人类对具体事物的编制，当人类的分工体系深化之后，信息的编制已经成为一种专业化的内部作业。来自内部的非授权访问，内部人员的错误操作，违规操作、滥用对信息编制的权利。窃取专门有价值信息，散播有关他人、经济、社会、国家秘密或安全相关的信息，破坏信息的完整性等等行为，是一种更为隐蔽且危害更大的信息安全隐患。这种内部安全隐患，一方面会破坏人们对信息安全系统的信任，另一方面，它往往会被外部攻击所利用，从而进一步放大安全信息遭到破坏之后的负面效应。

4. 信息系统设计的缺陷

尽管信息来源于人类事务，但它是借助于专门技术才得以独立出来并且自成一体，因此对人类事务有着重要的推动作用。[①] 因此，信息软件操作系统，不可避免地会对信息的安全造成影响。以计算机千年虫 Y2K 为例，全世界因为使用了缺少两位年份数位的信息代码，从而造成了不计其数的损失。在通信朝音频、视频等多媒体方向发展的今天，任何一个环节的安全隐患，都可能引发全局性的信息安全问题。因此，如何构筑一道坚实的信息系统防护之墙，对保障信息安全可谓至关重要。在通信网络系统拓扑结构发展扑朔迷离的今天，安全隐患必然会大幅增加，通过完善信息系统来强化信息的安全，也就成为一个必然的选择。

5. 通信和网络物理硬件的脆弱性

尽管电子数据成为信息传输的主要方式，但它无法脱离硬件系统的支撑。通信和网络物理硬件往往面临着自身物理化学性能的变化，外在的自然灾害、意外事故、人为的对物理硬件的破坏等，都会导致信息在任何一个流转环节中遭遇危险。

五、信息安全的保障体系

（一）三位一体的安全保障体系

信息要安全地传递，需要的不仅仅是技术上的保障。在一个动态发展的技术体系中，仅靠技术来保障信息，正中“道高一尺，魔高一丈”的谶语。总体来说，信息安全的保障是一项系统的社会工程，它需要技术措施、有效的管理制度和严密有致的法律安排的多重保障。

毫无疑问，信息安全保障首先是一个技术措施到位的问题。技术固有缺陷的完善，技术上的自我更新发展，都意味着技术安全措施在保障信息安全中占有极为重要的地位。

---

① ［美］布鲁斯·艾布拉姆森．数字凤凰：信息经济为什么能浴火重生．赵培，郑晓平，译．上海：上海远东出版社，2008.

但信息安全不仅仅是技术安全保障的问题，它还需要全社会的多层次参与。动员全社会参与信息安全保障工作，就必须遵循一定的规则，并且必须在一个有序的社会体系中加以建构。这种规则首先是一种管理层面的规则，这种有序的社会体系也必须将各种层面的参与力量有效调动起来。由于信息往往与个人、社会、国家有关，因此，尽管个人和社会可以成为信息安全的管理主体，但它们必须借助成熟的管理体制和完善的法律体系。这就不可避免地涉及国家在信息安全领域扮演的角色：一方面，国家是整个信息安全的监管者，信息市场必然借助于国家的管理之手来加以完善，"看不见的手"并不能保证信息对外部市场和外部运行体系的安全；另一方面，国家也是信息安全的主体，它更为迫切地需要有关信息安全的成熟管理手段和完善的法律体系来保证其本身所持有的信息在生成、传递和存储的过程中的安全。当国家作为信息安全的监管者出现的时候，它必须尊重个人和社会作为信息主体的管理者地位，将那些属于市场体系能自动加以调整的信息安全问题交由有权主体去自寻解决之道，而国家应当寻求在法律安排上制定紧随通信和网络技术发展的规制性立法，保证信息随着技术发展的每一次跃动，都可以在相关的法律框架中找到坚实的支撑。

（二）安全技术保障

鉴于通信网络已经成为信息流动的主要渠道，要保证信息能够安全地流动于通信管道和网络系统中，安全的信息技术必须具备信息安全防护能力、安全隐患发现能力、攻击和滥用的监测与预警能力、应急处理和信息对抗能力。

首先，通信和网络技术必须建构一个通信和网络系统安全体系结构，这样它至少必须具备如下几个方面的服务功能：第一，建立一个安全的通信体系结构，保证通信管道和网络系统具备较高性能的安全服务体系，保证信息流动的两个对等开放系统结构中的通信实体和用户之间的身份链接；第二，对未经授权的用户建立严格的访问禁止服务；第三，强化数据保密，保证通信管道中的秘密数据不被截取；第四，防止传递的信息数据被非法攻击，从而造成发送的数据和接收的数据不一致；第五，确定数据来源的立体网层，保证数据制作主体乃是合法有效的主体；第六，防止信息发送者在发送信息后否认自己发送信息的行为，防止信息接收者在接收信息之后否认自己接收信息的行为。

其次，通信网络系统必须强化加密技术，保证信息的传递在被非授权人截获之后不能破解，从而保证信息数据的安全。密码技术具有两重功能，基于"保密"功能，它可以"被用来维护通讯秘密"，保证信息在流动过程中的安全；基于"验证"功能，它可以"被用来提供防伪数字身份证"，① 保证信息只会传递到它应当传递的人手中。

再次，在通信朝网络化方向发展之后，要确保信息安全，就必须建立一套关于信息流动的安全协议。网络通信系统的基本架构建立在端对端的协议基础之上，尽管 TCP/IP 协议本身并不能保证利用协议来传递的信息是安全的，但法律可以直接规定网络服务提供商在网络协议中添加安全协议来保证信息流动的安全。

最后，建立一个通信网络防火墙，防止网外攻击。防火墙最基本的功能就是控制在计算机网络中的不同信任程度区域间传送的数据流。例如互联网是不可信任的区域，而

① ［美］劳伦斯·莱斯格．代码 2.0：网络空间的法律．李旭，沈伟伟，译．北京：清华大学出版社，2009.

内部网络是高度信任的区域。其目的是避免安全策略中禁止的一些通信。其功能与建筑中的防火墙功能相似。

（三）安全管理保障

信息安全的问题主要来源于安全管理的疏漏。伴随着通信技术的不断发展，信息安全防护体系也愈趋复杂，信息系统的安全配置、规则设置、反应处理、设备管理、运行管理等一系列问题，都必然涉及到管理。与信息安全有关的管理主要涉及三个层面：安全策略选择；安全技术管理；组织行政的管理。

（1）从安全策略的层面考虑，信息安全的保障必须从内部保障机制入手，根据通信网络的内部结构进行恰当的策略安排。第一，我们必须注意信息的安全需求、信息系统面临的威胁之种类、安全投入的成本，综合考虑信息系统在本机构内部的重要性，考虑信息安全隐患发生可能造成的用户的损失以及国家和集体财产的损失，设置适当的组织机构、制定合理的安全保护政策、决定对有关信息所采取的安全保护级别；第二，借助科学合理的评估方法，选用有效的保护工具，对与信息生成、发送、传递、接收、存储有关的各个环节、路由系统、数据库、应用系统等进行全面评估，发现安全漏洞；第三，应当对安全的治理成本及其收益予以全面分析，防止出现畸轻畸重的现象；第四，信息安全是一个涵盖预警、保护、检测、反应和恢复的动态一体化过程，安全策略的选择必须紧跟这些不同的阶段而作出多元动态调整，同时，也要注意各个阶段各个层级之间的相互协调，保证在动态中实现安全治理的一体化；第五，安全策略的制定必须着眼于通信技术的动态发展，信息安全保障策略必须及时更新，以适应不断发展变化的通信技术和日益复杂多变的安全隐患问题；第六，必须在安全保障的适度封闭性和信息自由流动的开放性之间保持适度的平衡，防止安全保障措施构成对信息自由流动的限制。

（2）从信息安全技术管理的角度出发，安全保障措施应当集中在如下几个层面：第一，信息实体安全管理；第二，信息系统安全管理；第三，信息安全服务管理；第四，信息安全机制管理；第五，信息安全事故处理管理；第六，信息安全审计管理；第七，信息安全恢复管理。

信息实体安全管理主要包括环境安全管理、设备安全管理和媒质安全管理。环境安全管理包括灾害防护和区域防护。设备安全主要包括设备的防盗、防毁、防止电磁信息泄露、防止通信线路被截获、防止电磁干扰以及电源保护。媒质安全保护主要包括信息的中介的保护。

信息系统安全管理，主要包括对信息操作系统、信息数据库、软件平台的保护。其重点在于防止例如病毒、黑客等对信息系统本身进行直接侵害的网外攻击。

信息安全服务管理，主要指的是信息服务提供商，为特定或不特定的服务对象利用通信和网络系统制作、发送、传递、接收、存储有关信息数据所提供的专门安全保障服务。其特点是，信息安全服务不仅仅是提供信息服务，更为重要的是它还对接收服务对象的安全保障机制提供专门的规划管理。

信息安全机制管理主要涉及各项安全机制的功能、协议、参数的安全配置管理。

信息安全事故处理管理，主要指的是有权机关必须具备信息安全事故出现之后的危机处理能力，以最大限度地减少信息安全事故所带来的损失。

信息安全审计管理，主要指的是完善用户信息操作过程的跟踪记录，从而为安全策略的选择、安全措施的选定以及有关法律惩处留存足够的证据。

信息安全恢复管理，主要指的是通信网络服务商应当建立一套完整的恢复计划、规程和操作细则，在信息安全事故发生后，建立必须的安全恢复报告。

（3）从完善信息安全行政管理的角度出发，应当建立、完善信息安全管理体系。该体系主要包括如下几个方面的内容：安全组织机构的建立；安全责任的落实和监督；安全人事管理。在这方面，最典型的是欧盟于2004年建立的欧洲网络与信息安全局（European Network and Information Security Agency），它的主要工作职能就是“提供富有建设性的咨询意见、发布及时可靠的消息、透明化的运行流程以及在完善其职能方面的不懈努力，帮助欧盟成员国建立起信息安全的信心”。同时，它还肩负起指导“个人、企业以及行政管理部门在网络与信息安全方面所获得的良好的教育、培训和信息通报”，并且督促“政府当局在提高公众、中小规模企业、集团公司、行政管理部门、学校及大学的安全意识方面承担重要角色”。①

六、各主体有关信息安全的权利义务

如前文所述，信息安全的重点在于解决信息在流动过程中的安全保障问题。信息作为一种流动资产，它和财产、个人隐私、国家安全紧密相关。由于它借助通信管道和网络系统来生成和传播，因此，信息安全无疑会和各种中间服务提供者发生紧密关联。同时，信息本身在与不同主体呈现出不同关联关系的时候，所引发的权利义务的内容也将会呈现出极大的差异。在探讨信息安全所涉及的法律关系时，可以根据信息法律关系的主体分别表述如下

（一）国家在信息安全监管中的权力和职责

（1）为信息系统安全制定战略框架；

（2）为信息系统的安全，对用户和服务提供商的需求进行识别；

（3）解决用户、供应商和服务提供商的直接要求和临时要求；

（4）制定关于信息系统安全的具体化、标准化措施，制作评估和认证制度；

（5）规范信息系统安全中的技术发展方向，细化操作流程；

（6）规范信息系统的安全法则；

（7）激励通信系统中的用户、供应商和服务提供商制定并执行适当的自律制度；

（8）打击信息犯罪，确保用户利用通信管道和网络系统传递信息的信心；

（9）平衡为信息安全建立的信息管制措施和公民自由交流的基本权利之间的紧张，寻求一个合适的平衡点；

（10）完善关键信息基础设施的安全保护制度，建立政府主管部门的横向协调机制，完善政府和电信运营商、服务提供商之间的业务合作。

---

① 《欧洲议会和欧盟理事会2004年3月10日关于建立欧洲网络与信息安全局的第4560/2004号条例》第11条、第14条。

（二）电信运营商在信息安全中的权利和职责

（1）对通信管道和通信网络进行安全质量分级，并提出不同级别的保护措施的义务；

（2）存储并保留通信和网络信息数据的义务；

（3）对存储的数据进行分门别类，以作日后安全记录的文件备份；

（4）负责信息安全所需要的电子通信和网络信息系统的日常维护；

（5）确保采取适当的保护措施，保证所存储的数据在法定期限内的安全；

（6）在完备的技术能力支撑下，解决用户所提出的各种直接要求和临时要求。

（三）用户在信息安全中的权利及义务

（1）要求电信运营商和服务提供商提供安全的通信环境的权利；

（2）要求电信运营商和服务提供商保证其通信信息中的个人隐私、知识产权、财产信息等重要权利不被非法访问、非法干扰、故意破坏、删除、恶化、篡改、抑制或变造的权利；

（3）随时要求运营商、服务提供商提供准确有效的安全保障措施的权利；

（4）要求运营商在保证信息安全的前提下，保证信息的自由流动，不受到来自运营商的非法监听的权利；

（5）要求运营商在出现不可控制的信息安全事故之后，采取应急处理办法和恢复办法，降低信息遗失或遭到破坏带来的损失；

（6）因运营商的信息安全保护措施不到位所造成的信息损失，有权要求运营商予以赔偿。

第二节 各国和地区信息安全法律制度概况

在法治时代，要保证信息安全能够得以体系化的建制，离不开法律的保驾护航。随着通信网络和信息系统的日益发展，通过法律来确保网络通信安全已经成为一种最为便捷有效的管理手段。在这方面，已经有着上百年法治传统的欧美国家给我们提供了一个极好的参照。不言而喻，建构中国的信息安全法律制度框架，需要在对他国已有的法律制度上有所认知并在此基础上过滤吸收他国的制度支撑体系，这样能收到事半功倍之效。以下重点对欧盟和美国有关信息安全的制度安排作一个详细的介绍分析。

一、欧盟

早在1992年3月31日，鉴于信息存储、处理和传送的电子化在经济和社会活动中变得日益重要的缘故，欧盟理事会作出了第92/242/EEC号关于信息系统安全领域的决定，就信息安全问题制定了一个全方位的战略框架。其基本内容是：提升信息系统用户和服务商的信息识别能力；解决用户、供应者和服务商的各种直接、间接要求；建构一套具体化、标准化的安全评估和认证系统；设置不同的安全分析模型；建立有关信息安全的规范，协调安全需求和用户通信自由之间的紧张。

1997 年，欧盟委员会制定了“关于促进因特网安全使用的多年度统一行动计划”，对损害通过电子通信和网络系统的信息交换之安全的行为予以坚决打击，并尝试着对信息安全的基本范畴进行初步的规范。

当前欧盟有关信息安全的立法的一个基本趋向是，将有关电信领域的信息安全和网络领域的信息安全进行结合。这种立法趋向充分反映了欧盟对电信和网络的日益密切的联系及其引发的全面技术革新和社会连带效应的持久关注和深刻认知。

1. 有关通信领域中的信息安全，欧盟制定了大量的法律来规范信息安全所需要的技术支持、管理规范

(1) 1992 年 3 月 31 日欧洲理事会制定并通过了《关于信息系统安全领域的第 92/242/EEC 号决定》，正式提出了欧盟必须面对电信、信息技术、标准化、信息市场和研究、发展和技术政策的复杂变化。在这种复杂变化的情况下，需要为欧洲范围内的电信通讯中的信息安全保障提供一个稳固的、持续变化的法律政策框架，在保证通信技术取得长足进步并满足欧洲各国公民日益增长的通信需求的同时，确保公民在欧盟范围内获得充足的信息安全保障。

(2) 1998 年 6 月 22 日，欧洲议会和欧洲理事会制定通过了《关于技术标准和规章领域内信息供应程序的第 98/34/EC 号指令（技术标准和规章指令）》，该指令着力解决信息技术全面发展之后，在通信领域中如何确立有关的技术标准和技术操作规则，从而将保障公民通信自由的信息安全、电信运营商和服务提供商所需要的标准操作规程和欧洲范围内的通信安全秩序予以有效结合。该指令的主要着力点有三：第一，建立欧盟信息安全技术标准委员会，负责指导欧盟范围内的技术标准的统一，并尊重各成员国在技术标准制定和执行中的权力；第二，建立技术标准的分级模式，对不同信息所需要的技术安全标准作出明确的分类；第三，对技术标准适用的规范基础作出明确规定，并对技术标准不适用的例外情形也作出明确的规定。

(3) 2002 年 1 月 28 日欧洲理事会制定通过了《关于网络和信息安全领域通用方法和特别行动的决议（2002/C43/02）》，该决议的目标直指电子通信和网络信息系统中所需要的协调与集体合作。其主要目标有三：第一，强化电信运营商和服务提供商在尊重公民通信自由的前提下，采取必要的技术措施和安全保障管理手段来维护通信系统的安全，从而保障信息流动的安全；第二，在全方位开放电信市场的时代，强化公认的安全技术标准，在此基础上建立一套囊括信息安全所需要的技术规范和安全管理的制度准则，将安全标准提升到法律规范的高度，在私人和公众组织的信息安全管理框架里逐步推广这种安全标准；第三，建立欧盟成员国之间的合作机制，强化国际合作在确保欧洲信息安全方面所发挥的功效。

2. 为保证公民和各种组织的人身利益和信息财产利益在通信系统中不会遭受非法损害，欧盟就公民的隐私保护以及信息财产安全的问题进行了大量立法

(1) 2002 年 7 月 12 日欧洲议会和欧盟理事会联合制定通过了《关于电子通信行业个人数据处理与个人隐私保护的第 2002/58/EC 号指令（隐私与电子通信指令）》，就电信运营商为用户的个人数据和信息隐私在传递过程中的安全保护提出了一套法律规程。该指令确立了几个基本原则：第一，电信运营商和服务提供商对用户借助电子通信传播

和存储的个人数据以及个人隐私，务必提供全面保护；第二，对电子通讯网络的终端设备可能侵犯公民的个人隐私或窃取其个人数据的情形，规定了严格的法律程序标准和实体标准；第三，对公民授权采用个人数据和播散个人隐私的授权条件作出了明确规定；第四，建立了严格的技术保护措施和通信记录要求；第五，对公民的个人隐私受保护的条件作出了类别化、分级化的规定。

（2）2002 年 9 月 23 日欧洲议会和欧盟理事会联合制定通过了《关于消费者金融服务远程销售及修正欧盟理事会第 90/619/EEC 号指令、第 97/7/EC 号指令和第 98/27/EC 号指令的第 2002/65/EC 号指令》，对金融消费者利用电子通信手段和网络协议进行金融消费的过程中涉及金融信息、远程合同内容的真实性、有用性和保密性的保护等重要的信息予以全方位的保护。

（3）1995 年 1 月 17 日，欧盟理事会制定通过了《关于电子通信合法监听的决议》，就通信秘密、通信自由、信息安全之间的复杂关系作了简明扼要、切实可行的规定。该决议确立了如下几个原则：第一，合法监听必须是基于重大国家利益和通信秩序所蕴含的重大利益，例如保护国家安全和调查严重犯罪的；第二，监听必须是经由有权机关合法授权，这种合法授权必须满足实体法上的实质要件和程序法上的合法要件；第三，对执法机构在合法监听过程中的操作规程进行了详实的细化；第四，对电信运营商和服务提供商在合法监听中所扮演的角色和功能进行了细致的规定；第五，合法监听的限度乃是人权保护原则。

（4）2006 年 3 月 15 日，欧洲议会和欧盟理事会制定通过了《关于存留因提供公用电子通信服务或者公共通信网络而产生或处理的数据及修订第 2002/58/EC 号指令的第 2006/24/EC 号指令（数据留存指令）》，就电信运营商、服务提供商响应政府为保证公共秩序安全之要求，对用户利用电子通信平台和网络信息系统进行信息传递所做的文件备份和数据留存行为作出了明确的规范。该指令确立了如下几个原则：第一，数据留存和文件备份必须遵循“人人有权使其私人生活和个人通信得到尊重”的人权原则；第二，数据留存和文件备份的前提是为了国家安全或公众安全、防止暴乱或犯罪，或者是为了保护其他人的权利和自由；第三，留存数据和文件备份必须符合有关程序法的规定，否则，该数据或文件不具有法定证据的效力，若因此而给权利人造成损害的应当予以赔偿；第四，政府要求电信运营商或服务提供商提供的留存数据或备份文件，必须符合适当性、必要性和比例性的要求。

3. 在因侵扰通信环境而引发信息安全的犯罪规制方面，进行了大量的立法

（1）1999 年欧洲议会和欧洲理事会通过了《关于采取通过打击全球网络非法内容和有害内容以推广更安全地使用互联网的多年度共同体行动计划的第 276/1999/EC 号决定》，全面规范了通过信息传递来影响信息的安全使用的犯罪活动。

（2）2001 年 11 月 23 日制定通过了欧洲理事会《网络犯罪公约》，将和电子通信有着强烈关联的犯罪活动进行了细致的规范。该公约主要内容如下：第一，计算机联网系统和电子通信技术越来越为着手实施大规模的犯罪活动提供了技术平台，并且，由于证据保存的电子化，证据通过电子通信予以传递和存储也面临着灭失的风险。第二，要和跨越国境的网络犯罪和电子通信犯罪作斗争，必要的国家司法协作是不可避免的。第

三，钳制利用电子通信系统和网络犯罪的关键在于保证计算机软硬系统的安全和有关电子通信环境的安全，因此，法律延伸到电子通信系统和计算机网络的每一个可能存在漏洞的地方。第四，在刑事实体法领域，明确了涉及计算机数据和系统的机密性、完整性和可用性的犯罪，搭线窃听电子通信内容进而破解该内容的犯罪等，以及与电子通信有紧密关紧的犯罪活动。第五，在规范刑事实体内容的同时，对刑事程序法也作了严格的规定，主要包括：在电子通信领域中如何确认犯罪的一般程序机制；对电子信息的快速保存并作为犯罪证据的形式要件作了细致的分类；对如何介入到电子通信犯罪的命令规则作了规定；翔实地罗列了搜寻和获取电子信息数据和备份文件的程序。第六，对电子通信的内容监听的授权主体、授权机制、监听方式、信息保存等作出了全方位的规定。

（3）2005 年 2 月 24 日，欧盟理事会制定通过了《关于攻击信息系统的第 2005/222/JHA 号框架决定》，该决定主要针对的是呈上升势头的对电子通信信息系统予以攻击，从而制造恐怖事件的破坏信息安全的行为。

（4）针对日益严峻的恐怖主义活动对电信基础设施的安全所存在的持续威胁，欧洲原子能共同体和欧洲理事会于 2007 年 2 月 17 日制定了关于建立作为安全和自由防卫总战略一部分的《"对恐怖主义和其他相关安全风险的预防，准备和后果管理"的特殊计划（2007 - 2013）的第 2007/124/EC 号决定》，重点解决在保障自由通信的前提下，如何快速有效地防止恐怖主义对电信基础设施进行恐怖袭击和恐怖渗透，进而通过危害信息安全的方式来颠覆欧盟所分享的民主价值、法律规则、开放社会和公民与社会自由。

4. 关键基础设施信息安全保护和信息安全文化建设方面的法律制度

在欧盟看来，信息安全不单单是个人权益保护问题，更为重要的是，它必须和重大关键基础设施的安全紧密相关，进一步地，它还必须和一种成熟的信息安全文化紧密相联。为此，欧盟已经开始在这两个领域着手进行有关立法尝试。

（1）2007 年欧盟理事会制定并通过了《关于欧盟理事会制定确认、标明欧洲关键基础设施，并评估改善保护的必要性的指令的建议》，该建议的重点是：鉴于控制欧洲主要电信运营的基础设施的主体主要是各大电信运营商和各国政府，且它们分散在共同体的不同经济政治实体中，因此，与信息安全有关的电信基础设施极为脆弱，在恐怖主义的威胁下，如果不强化基础设施的安全保障制度，那么，电信基础设施的安全就会遭受持续的恐怖主义威胁，公民所享有的安全通信的信息环境和信息安全就会遭到毁灭性的打击。该建议确立了如下几条原则：第一，关键基础设施的运营商/服务提供商应当就关键基础信息设施提出一个安全解决方案，细致地评估基础设施的脆弱性、威胁和风险以及其他有关基础设施的有用信息；第二，在不同的电信运营商和服务提供商之间建立一个横向协调和相互合作的法律框架；第三，国家应当为电信运营的关键基础设施安全方案提供一个可信和安全的环境。

（2）2003 年 2 月 18 日，欧盟理事会制定通过了《关于建立欧洲网络信息安全文化的决议》，该决议主要关注与电子通信和网络系统中的信息安全息息相关的重点问题：第一，信息安全之于欧洲公民的日常生活、商业和公共管理的重要性；第二，建构一个全欧洲范围内的信息安全战略框架；第三，重点在于尊重电子通信和网络系统中所折射出的民主价值和个人隐私数据对于个人生活世界的重要性；第四，确立起公民利用电子通信和网络系统进行通信交流的时候，对其所持有、传送、接收的信息具备可以被准确、秘密和可靠地加以处理的信心；第五，建构全欧洲范围内的信息安全文化；第六，强化信息安全保障中的透明化，在保证信息安全的同时，让政府的安全保障措施经得起开发性要求的考验；第七，强化信息安全保障方面的多方位、多层次、多国家的合作。

(3) 2007 年 2 月 21 日，欧盟委员会制定并通过《关于统一在共同体内通过协调方式对使用超宽带技术的设备使用射频频谱的第 2007/131/EC 号决定》，该决定的着眼点是在信息和通信技术在公共服务、SMEs 和家庭中广泛使用之后，通过建立一个完备的电子通信服务和设备的共同体协调框架，强化超宽带技术在大容量的通讯、度量、定位、修复、监控和图像处理中的基础性作用，进而建构一个完整的欧洲电信市场。但是，射频频谱对电子通信和信息（尤其是在射电天文学、地面卫星探测、空间探索系统的射频频谱）传递有着强烈的干扰，如何有效地发挥其功效而避免其带来的负面效应，就成为了一个亟需解决的问题。决议设定了射频频谱的使用范围，对民用射频频谱的波段分配、技术安全标准等作了详细的规定，从而促使无线通讯领域中的信息传递真实性、可靠性、完整性和保密性得到了全方位的保护。

二、美国

美国对信息安全的认识最早可以追溯到 1958 年美国政府制定的《国防教育法》，在这部法律中，信息的服务功能以及相关的技术开发计划的可行性问题得到了重视。同年底，著名的《贝克报告》(The Baker Report) 诞生，该报告就信息在未来的军备竞争以及民用通信领域中的重要性作出了全面细致的分析，并就信息安全的问题提出了一套技术研发计划，这直接催生了互联网。至今为止，美国在确保信息安全方面的立法可谓层出不穷，但其间又体现出极其错落有致的法律特色。美国的信息安全立法主要涉及四个方面：一是政府的信息安全；二是商业组织的信息安全；三是个人隐私信息的安全；四是信息安全所需要的基础设施保护。①

（一）保障政府的信息安全法律制度

在与政府及社会公共利益有关的信息安全方面，美国对政府信息及公共信息进行立法保护的首要原则是向公众公开原则，即信息公开为原则，信息安全所需要的信息保密为例外。与此同时，在针对信息安全方面的犯罪规制上，美国也进行了大量的立法。

在向社会大众开放信息渠道的同时，美国政府针对一些关键的信息也作出了保密的例外规定，例如《信息自由法》就规定了 9 类需要保密的信息；同时规范了信息保密分级制度；规范密码产品的出口。针对信息安全方面的犯罪，美国进行了以下立法：

---

① 本部分的撰写，综合参考：霍全生．美国信息安全政策、法律及其启示．公安研究，2002 (1)；肖志宏，赵东．美国保障信息安全的法律制度及借鉴．中国人民公安大学学报：社会科学版，2007 (5)；肖志宏，赵东．美国信息安全法研究．北京电子科技学院学报，2007 (3)；于鹏，解志勇．美国信息安全法律体系考察及其对我国的启示．信息网络安全，2008 (10).

(1)《惩治计算机欺诈与滥用法》(Computer Fraud and Abuse Act of 1984, CFAA, 18 U. S. C. §1030)。该法的主要目的是保护联邦政府以及金融和医疗机构等“受保护的计算机”。该法禁止为了获取敏感信息如有关国防的信息、金融和消费者信用记录等信息,未经授权而进入“受保护计算机系统”。非法买卖传输由美国政府使用的或者为美国政府服务的计算机的口令密码的行为,也在被禁之列。以上行为应为“故意”才可定罪。违反此法也可能承担民事责任。该法是规范损害网络信息安全行为中最全面最合适的一部法律,也是最常被司法适用的一部联邦法律。该法被1996年《国家信息基础设施保护法案》(The National Information Infrastructure Protection Act)修订。该法规定:未经授权,擅自进入在线的计算机获取已经被分类的、访问受限制的或受保护的数据,或是试图这样做,应受到刑事指控。这些数据可能包括:金融和信用卡信息、医疗信息、法律文件、国防和国家安全文件,以及其他存储于政府或私人计算机上的保密信息。认定犯罪要符合两个条件:一是未经授权进入计算机;二是获取了数据。如数据被拿走,则盗窃成立。如果基于商业目的窃取私人金融信息或窃取的计算机数据价值5 000美元以上,则属重罪,监禁最高可为20年。

(2)1996年由国会通过《经济间谍法案》(The Economic Espionage Act)。该法案规定,窃取商业秘密的行为是一种联邦犯罪行为。

(3)1980年《电子基金转移法》(The Electronic Fund Transfer Act)。该法规定未经许可进入电子资金转移系统是犯罪行为。

(4)1998年《国家反盗窃财产法》(The National Stolen Property Act)。该法禁止在不同州之间利用通讯设施转移盗窃财产,保证通讯设施本身所固有的传递有用信息的功能不致遭到滥用。

(5)《禁止儿童色情图片法》。该法主要禁止利用互联网等通讯设施在全国范围有意图地传播儿童色情图片。

(6)2003年《控制非法色情信息和商业信息法案》(The Controlling the Assault of Non-Solicited Pornography and Marketing Act, 简称CAN-SPAM法案)。该法主要是严格限制商业和色情垃圾邮件的发送。

(二)保障商业组织的信息安全的法律制度

在商业组织信息方面,对具有重要经济价值和有关经济秩序安定的信息所需要的安全机制,美国国会立法对其予以了全方位规范。这种规范主要集中在两个层面:第一,对商业组织需要保护的信息作出专门分类;第二,根据通信和网络系统技术的发展,对信息所依附的技术手段作出专门的保护。

受美国的联邦体制的影响,在商业组织的信息保护立法上,美国呈现出两套各具特色的立法:联邦立法和州立法。但由于美国各州的法律有着不小的差异,我们主要关注美国联邦政府在商业组织信息保护方面的立法。

1. 一般意义上的商业秘密的保护

商业秘密是一种信息,掌握了商业秘密的商业组织与没有掌握这种信息的竞争者相比,具有明显的竞争优势。商业秘密包括如下信息:客户清单、商业计划书、研究与发展信息、价格信息、营销技巧、生产方法以及一切能使商业组织具有惟一性并对竞争者来说有价值的信息。在美国保护商业秘密的法律有普通法和成文法，其他的保护方式是相关方签订劳动合同或保密协议。

（1）《侵权法重述》（The Restatement of Torts）。其在第757节中明确规定："某人未经授权泄露或使用他人的商业秘密，在下列条件下要承担法律责任：① 用不适当方式泄露秘密，或②泄露或使用是违背告诉者与其之间的保密信用关系。"工业间谍进入竞争者的计算机盗取商业机密的行为，也属于商业秘密盗窃。

（2）1979年《保护商业秘密统一示范法》（The Uniform Trade Secret Act）。1985年之前，所有涉及商业秘密的法律都是普通法。但由于普通法具有复杂性和不可预测性，1985年美国国会通过了《保护商业秘密统一示范法》（The Uniform Trade Secret Act），[①]供各州选择适用。法案的部分条款已被20多个州采纳。

（3）2000年《商业秘密法案》（The Trade Secrets Act）。该法规定未经合法授权而泄露商业秘密的行为为犯罪。

2. 对附有技术保护的版权作品的保护

1998年颁布了《数字千禧年版权法》（The Digital Millennium Copyright Act，DMCA，17 U.S.C. §1201－05）。该法禁止规避数字版权作品上的技术保护措施，也禁止生产、进口和提供这样的设备和方法，否则，要承担刑事责任或民事责任。因此，从某种意义上说，《数字千禧年版权法》也是一部保护信息安全的法律。

该法规定的"规避技术保护措施"是指未经版权人同意，反向研究、加密与解密，或其他回避、绕过、删除、解除使之失效或损害该技术保护措施的行为。应注意的是，构成该项违法行为，与是否侵犯了美国版权法没有关系。在刑事责任方面，根据该法第1204条的规定，对初犯者，惩罚为高达50万美元的罚款和5年监禁。对再犯者，罚款可达100万美元和10年监禁。民事责任包括：恢复原状；没收违法利润；罚款；法定赔偿，法定赔偿金最高可达2 500美元（是指每次违法行为）。惩罚性赔偿金包括：最近3年来受损害方可以证明的利益损失的3倍、受害方申请禁令和聘请律师的费用等。

3. 《惩治计算机与滥用法》

该法也适用于保护商业组织的信息安全。

（三）保障个人信息隐私不受侵害的法律制度

有史以来，美国公众对个人隐私的保护非常重视，但美国的法律体系明确承认隐私权，是19世纪末的事情。此前，主要是依据宪法第一修正案、第三修正案、第四修正案、第五修正案中的原则来保护个人隐私，同时普通法中也有一些间接地保护隐私的案例。隐私权概念的真正确立，始于1890年萨姆埃尔·沃伦（Samuel Warren）和路易斯·布兰代斯（Louis Brandeis）在《哈佛法律评论》上发表的一篇《论隐私权》[②]。起初，法院并未接受二人要求法律明确承认隐私权的观点，但在该文发表15年之后，法官瑞德（Reid）在派维斯奇诉新英格兰生命保险公司（Pavesich v. New England Life

① 该法由美国众议院于1979年制定并通过，但参议院迟至1985年才正式通过该法，故该法仍然保留了"The Uniform Trade Secret Act"的原名。

② Samuel D. Warren & Louis D. Brandeis, The Right to Privacy, 4 Harv. L. Rev. 193 (1890－1891).

Ins. Co.）一案中代表佐治亚州高等法院，宣布隐私权是佐治亚州法的一部分。时至今日，隐私权已经成为一项可以抗辩的法律主张。作为一项法律权利，隐私权在美国整个法律体系的权利序列中，处于较高的阶位。假如政府或个人的行为对大众有利却侵犯了隐私权，那么这些行为仍然是违法的。隐私权要求政府在侵犯隐私时至少有一个正当的理由。

1. 宪法对个人信息隐私的保护

宪法隐私权的确立是基于1965年格里斯沃德诉康涅狄格州（Griswold v. Connecticut）一案。康州计划父母同盟（Planned Parenthood League）的执行官和医务主任格里斯沃德和李·布克斯通博士，因为违反康州关于生育控制的法令，为已婚者提供关于避孕方法的信息、指导和医学咨询，每人被罚款100美元。上诉人在审判中声称判决中所依据的法令违反了宪法第十四修正案，法院撤销了原判。大法官道格拉斯认为：婚姻关系中的隐私权是一项根本的和基本的权利，也是一项符合宪法第九修正案规定的个人权利。宪法对隐私权的保护通过1977年沃伦诉罗伊（Whalen v. Roe）一案得到加强。裁决该案的地区法院认为，医患关系属于宪法保护的隐私领域，因而禁止实施法令强制报告病人姓名和地址，后该案上诉至美国最高法院。这是最高法院第一次面对关于宪法上的隐私权是否包括政府数据库中信息的收集、储存和散发这一难题。大法官史蒂文代表大多数人所撰写的法院意见承认：州政府机关收集、储存和散发的个人信息属于涉及到宪法上的隐私权。

2. 联邦成文法对个人隐私信息的保护

对个人隐私保护的联邦成文法非常多。它们分为两大类，第一类是涉及一般个人信息的保护。它们主要有：

（1）1968年《综合犯罪控制和街道安全法》（Omnibus Crime Control and Safe Street Act）。该法规范和调整用电子设备窃听谈话的行为。

（2）《公平信用报告法》（The Fair Credit Reporting Act）。该法对信用报告提供隐私保护。

（3）1974年《家庭教育权利和隐私法》（The Family Educational Rights and Privacy Act）。该法规定父母和学生对学校记录享有某些信息权利。

（4）1973年《犯罪控制法》（Crime Control Act）。该法对刑事审判记录的隐私信息进行了调整。

（5）1974年《隐私法》（Privacy Act）和1980年《财务隐私法》（The Right to Financial Privacy Act）。该法规范的隐私范围涉及联邦政府的电子记录和财政机构的银行记录。

（6）1980年《隐私保护法》（The Right to Privacy ProtectionAct）。该法确立了执法机构使用报纸和其他媒体记录的信息的标准。

第二类是与信息技术发展，特别是与计算机技术的兴起有着紧密关联的隐私权保护法律，它们都是1980年以后制定通过的成文法：

（1）1986年《电子通讯隐私法》（The Electronic Communication Privacy Act）。该法是对1968年《综合犯罪控制和街道安全法》的修订，目的在于根据计算机和数字技术所导致的电子通讯的变化而更新联邦的信息保护法。

(2) 1988 年《录像隐私保护法》(Video Privacy Protection Act)。该法是对购买和租借录像提供安全的隐私保护。

(3) 1984 年《电缆通讯法》(Cable Communication Policy Act)。该法要求电缆经营者在收集用户个人信息时通知用户，同时规定用户有权查看有关的信息记录，并有权拒绝与提供电缆通讯服务无关的信息。

(4) 1988 年《电脑匹配和隐私保护法》(The Computer Matching and Privacy Protection Act)。该法确立了监督联邦机构电脑匹配的程序。

(5) 1994 年《驾驶员隐私保护法》(Drivers Privacy Protection Act)。该法对州交通部门使用和披露个人的车辆记录做了一定的限制。

(6) 1996 年《电信法》(Telecommunication Act)。该法规定电讯经营者有保守客户财产信息秘密的义务。

(7) 1999 年《财务现代化法》(Gramm-Leach-Bliley)。该法要求金融机构保护消费者的个人信息的隐私。还有 1999 年的《金融服务现代化法案》也主要保护金融机构消费者的个人信息。

(8) 1999 年《儿童网上隐私保护法》(The Children's Online Privacy Protection Act)。该法是第一个保护网络在线服务所处理的个人信息的联邦法律。该法规定：没有父母的同意，联邦法律和法规限制搜集和使用儿童的个人信息。

(9) 1996 年《健康保险携带和责任法》(The Health Insurance Portability and Accountability Act，简称 HIPAA)。该法建立了电子传输健康信息的标准；鼓励健康信息系统的发展；保障个人的健康隐私信息的完整性和机密性；防止任何来自预见的威胁、未经授权的使用和泄露；确保官员及其职员遵守这些安全措施。

(10) 为了进一步地确保个人的隐私数据在电子通信和网络系统的传递中得到保护，美国国会于 2007 年制定并通过了《个人隐私数据保护法》(Personal Data Privacy and Security Act)。该法有如下几个方面的目的：第一，阻止并减缓 ID 偷窃；第二，保护隐私；第三，在安全裂缝处粘贴告示；第四，提供刑事处罚力度、强化法律执行的救助机制、采取别的与网络技术发展相适应的保护措施来防治出现安全裂口、不诚实地利用网络以及滥用个人可识别的信息。

为保证以上目的的实现，该法主要在以下四个方面作出了详尽的规范：第一，提高对 ID 偷窃以及其对数据隐私和数据安全状态构成威胁的他形式的行为的刑事制裁力度。例如，该法第 102 条规定："凡有意且恶意地实施包庇包括恶意披露他人敏感的可识别信息从而导致他人（不限于一人）遭受经济损失的行为在内的安全违法行为的，处以一定的罚款并判处最高 5 年的监禁。而所谓'他人敏感的可识别的信息'包括与其个人社会保险号码、家庭住址、出生日期、生物测定的数据或者是金融账号信息有关联的一个人的姓名。"第二，详尽地规定了数据中间人的法律责任。该法第 201 条要求从事州际数据居间服务的中间人，必须：① 向提出要求的个人说明，在该人提出要求的时候，在其数据库或数据系统中与其个人完全相符的个人电子记录究竟有哪些；② 为这样的人提供正确的指导，帮助他们更正其记录，使其更为准确地反映现状；③ 提供手写的或电子版的告示，让个人警惕第三方由于知悉了数据库中的他们的个人信息从而采取恶意行动；④ 在数据库中校正任何一条不准确的信息。第202条进一步规定，如果这些数据中间人违反了上述规定，就会被处以民事罚款。第三，规定了保护隐私以及个人可识别的信息的安全措施。这包括以下几个方面：① 建立一个有关数据隐私和安全的公共计划；② 粘贴安全裂口告示；③ 从2008年开始，截至2012年，必须建立一个高效率的联邦身份保护办公室，来全面规划隐私和个人可识别的信息的安全保护。第四，对政府接近并利用商业信息作出了全方位的规定，防止政府借安全保障之名，对商业信息构成直接的威胁。

（11）联邦机构发布的行政法规也涉及到对隐私信息的保护。例如，美国证券交易委员会（The Securities and Exchange Commission，SEC）就颁布有"隐私规则"和"安全规则"，专门规范证券交易所、上市公司等机构如何保护广大股民的隐私，并为其市场交易提供安全信息，为他们在市场交易过程中所形成的各种形式的信息提供安全保护。

3. 普通法对个人信息隐私权的保护。

普通法对侵犯隐私权做了定义，体现在《侵权法重述》第28A章，其中：第652条B涉及隐私空间的侵入；第652条C涉及窃用他人的姓名或肖像；第652条D涉及公开私生活；第652条E涉及扭曲他人形象的公之于众。同时，该法进一步规定：如有上述四种行为之一的，就应当对侵犯他人隐私权的行为承担责任。

（四）保障信息基础设施安全的法律制度

保护信息基础设施安全要求的物理和标准层面的一致性、整体性，与电信运营的私人控制模式所导致的信息防护的个体性、多样性，二者之间存在着紧张关系，鉴于这种紧张关系，美国在2001年制定了《关键基础设施信息安全法案》，全面规范信息基础设施安全引起的信息安全问题。①

1. 制定《关键基础设施信息安全法案》的初始考虑

在美国，尽管私营部门拥有和经营管理着主要的关键基础设施，但政府却具有独特的信息获取和分析能力，因此有识之士一再呼吁强调：政府和私营部门应当进行合作，共同分析和使用这些信息，以对付网络恐怖和攻击。强调联邦政府与私营部门之间的合作，主要基于以下几点理由：

（1）网络恐怖和攻击的多数受害者为私营部门。

（2）受害者的网络管理员对网络配置最了解，有助于协同联邦调查局（FBI）调查取证。

（3）私营部门的技术专家有助于FBI解决技术问题。FBI拥有各种类型的技术专家是不现实和不必要的。政府和私营部门的合作方式之一是成立类似InfraGard的公共机构（InfraGard机构由FBI发起，通过鼓励遭受网络攻击的企业与FBI分享相关信息，来打击网络犯罪），鼓励有关计算机入侵信息的共享，以发现物理设备所面临的威胁和漏洞。第二种合作方式是推出所谓的领航计划，按照该计划，电力公司和其他能源机构应

① 本部分内容的撰写，重点参考：马民虎，景乾元．美国《2001年关键基础设施信息安全法案》的评介与思考．信息网络安全，2002（5）．

当实时地向国家基础设施保护中心（National Infrastructure Protection Center，NIPC）传递计算机事件报告，NIPC将对这些报告进行分析，并发出通告和建议。

然而，私营部门在与政府共享关键基础设施信息上存有以下疑虑：

（1）政府没有明确保证私营部门提供的信息能够得到有效的保护，能防范信息的任意泄露和滥用。

（2）政府还没有制定对关键基础设施信息共享和分析的框架。也就是说，关键基础设施信息的范围如何界定，关键基础设施信息是强制提供还是自愿提供，以及如何运用这些信息等问题尚缺乏具体、明确的法律规定。

（3）在开发基础设施安全策略方面，可能会涉嫌违反《反垄断法》的有关禁止合并的规定。为了更好地了解关键基础设施的安全状况，信息共享和分析组织或其成员需要签订协议，收集、分析关键基础设施信息，以保障关键基础设施信息的可用性、完整性和可靠性。同时，为了有助于防范、探测、减缓以及恢复灾难，信息共享和分析组织或其成员必须通告或者提供有关关键基础设施信息。除此之外，为了完成上述目的，信息共享和分析组织之间必须互通关键基础设施信息。这些都会使私营部门涉嫌违反1914年的《克莱登反托拉斯法》和联邦通讯委员会1996年的《电信法》的有关规定。

（4）《信息自由法》（Freedom of Information Act，FOIA）中有关公开信息的免责规定范围过窄，与政府和私营部门合作的要求相冲突。根据FOIA，政府脆弱性的敏感信息可以得到有效的法律保护，不必因FOIA而向外透露。按照FOIA，如果私营部门把信息透露给政府，那么同时就可能会被要求把信息向公众透露。为了促进信息系统保护国家计划的推行，关键基础设施保护办公室和司法部于1999年7月共同召开了由公共和私营部门专家参加的关于信息自由的白宫会议，讨论了FOIA对信息共享可能造成的法律障碍。

基于上述目的，2001年通过了《关键基础设施信息安全法案》。

2.《关键基础设施信息安全法案》的主要内容

（1）立法目的

法案旨在通过提升联邦政府与私营部门关键基础设施信息共享的程度，鼓励私营部门和联邦政府更好地分享关键基础设施信息，以预防、探测和通告涉及关键基础设施的事件，并对之作出反映，从而改善关键基础设施的安全。

所谓关键基础设施信息（Critical Infrastructure Information），是指如下信息：

① 防御关键基础设施免遭干扰、攻击，以及危害美国州际商务发展和威胁公共安全能力的信息；

② 任何有计划的涉及系统脆弱性的安全测试、风险评估、风险管理计划或者风险审计结果；

③ 任何包括涉及关键基础设施安全的维修、恢复、重建、保险的信息；

④ 任何对关键基础设施进行攻击的信息。

与《网络安全信息法》（Cyber Security Information Act）的立法目的不同，该法案的立法目的在于保证关键基础设施的安全，而非仅仅关心网络空间安全（Cyber Security）。关键基础设施信息的保护原则是，不论其他法律的规定，自愿提供给政府机构进行分析、通报、协同研究、恢复重建的关键基础设施信息，且：

① 不得依照 FOIA 的规定加以利用；

② 未经信息提供人明确陈述，任何人不得将这些信息用于民事活动，除非所提供的信息为恶意；

③ 未经信息提供人明确陈述，联邦机构及其工作人员不得将这些信息用于其他目的，或者对外泄露。

这里所涉及的联邦机构包括司法部、国防部、商务部、运输部、财政部、能源部、环保局、政府综合部门、联邦通信委员会、联邦应急管理机构、国家通信系统、国家基础设施保护中心。

所谓明确陈述（Expressive Statement），是指在书面明确表示的情况下，具有将“该信息自愿提供给联邦政府，期望它按照该法的规定进行保密”的意思；在口头明确表示的情况下，提供人所陈述的信息在本质上具有与上述书面表示相同的内容。

（2）信息共享和分析组织

信息共享和分析组织（Information Sharing and Analysis Organization，ISAO），指任何正式或非正式的官方或者私营机构。建立信息共享和分析组织的目的是：

① 更好地理解关键基础设施的安全问题，并分析关键基础设施信息，以确保其可用性、完整性和可靠性；

② 帮助防止、监测、减轻或者恢复关键基础设施的相关安全问题，并通报关键基础设施信息；

③ 自愿向组织成员，其他信息共享和分析组织、相关政府机构以及任何有助于完成上述目的的机构通报关键基础设施信息。

国家基础设施保护中心（NIPC）是重要的信息共享和分析组织之一，它隶属于FBI，设立于 1998 年。NIPC 的主要职责包括计算机调查和操作（CIOS）、分析警告（AWS）以及计算机安全险情训练（CSRT）。加强各部门、机构之间的合作，是 NIPC 保障基础设施安全的基本原则。NIPC 认为，决定攻击源、事件范围以及性质的惟一方法是收集来自受害站点和中间站点的信息。按照美国宪法，这些信息只能由 FBI 来收集，这也就是 NIPC 隶属于 FBI 的原因。当然，对基础设施的攻击还可能涉及国防部以及能源、交通、电信等私营部门，这同样决定了 NIPC 只能选择多方参与的协调模式。其他的信息共享和分析组织的组织结构以及工作机制都采用了 NIPC 模式。

（3）战略分析计划

总统将详细制定一项计划，以完成对关键基础设施攻击的战略分析。该计划包括下列内容：

① 工作方法，包括由分析人员确定战略分析专业技术标准和相关信息的获取方式；

② 研究关键基础设施存在的威胁、发布关于威胁的具体信息通告和建议；

③ 分配联邦政府有关机构在该计划中的任务和责任，包括它们相互之间的关系。

三、欧盟、美国信息安全法律体系给我国的启示

欧盟、美国的信息安全法律体系，尽管彼此之间存在着极大的差异，但是，在确保信息安全，维护公民权利、保障电信市场秩序的基本原则和立法方略上，有着极为相似

的地方，它们给我国的信息安全法律体系提供了许多有益的启示。

（一）在政府信息资源安全管理方面的启示

欧盟、美国在政府信息资源安全管理方面的适度安全原则、系统分类原则、信息安全计划原则、最低限度安全措施原则和政府信息安全责任制度，以及在系统安全措施上的规定，如对人员素质的要求、培训、赋予其权力的范围、重新授权，分离特权，最小授权，责任到人，机构领导对信息安全负责制度，对系统安全性定期评估，对事故的应急处理等，都值得我们借鉴。

（二）在保护信息基础设施的政策和立法方面的启示

无论是欧盟还是美国，它们在保护信息基础设施方面的政策和立法启示我们，应当制定信息基础设施安全保障的总体计划，并且要定期监督计划的执行情况，各个相关部门要定期报告本部门信息安全保障工作情况、计划的执行情况；要与社会组织、企业进行合作，充分利用社会力量保护信息基础设施；对危害信息基础设施的行为在立法上予以规范；确保本国信息技术及产品在世界上的领先地位，以增强其信息基础设施的安全性，保障信息安全不只是要消极的防御，还要通过确立信息基础设施的领先地位达到主动防御的目标。

（三）由信息安全引发的对个人隐私权保护方面的启示

我国现有信息安全立法多立足于维护国家安全、社会稳定和公共道德，着重对危害国家主权、领土完整的反动信息和宣扬色情、暴力、邪教等危害社会稳定的信息进行规范，缺少对公民信息权、隐私权等个体利益的关怀。我国信息安全立法的重点和所调整的社会关系有待进一步明确和发展。“信息安全”不仅是国家或社会稳定方面的信息安全，更重要的是应加强对公民个人信息的保护。

（四）在获取政府信息方面的启示

政府如何将其掌握的可以或应该公开的信息准确及时地公开，到达有权获得信息的公众那里；如何以便捷的方式、合理的收费保证公民查询其有权获得的信息，在这些方面，美国在保障公民信息获取权方面的立法值得我们借鉴。保障公民获取信息的权利，将会降低公民、团体、企业等决策的费用及提高决策的正确性，加强其对政府信息资源的依赖，以免其因不能以方便、廉价的合法方式获得信息而通过非法渠道获得信息。

（五）在政府管制方面的启示

长期以来，我国对信息产业的发展施加了许多行政管制，要求现存的信息产业必须在制造信息产品和收集、发布、传递信息时遵守一系列强制性或限制性规范，如信息产品必须通过安全验证、对某些信息必须进行加密处理等等。我们的信息安全观也强调要发展信息技术和信息产业，但侧重点在于开发本国享有自主知识产权的信息产品，摆脱对国外进口技术和产品的依赖。这些观念和做法固然对保证信息安全是有益和有效的，但是，却忽视了信息产业发展本身对信息安全的积极作用。

（六）在信息安全立法主体方面的启示

在欧盟和美国，网络信息安全的立法一般都是由最高立法机关——欧洲议会、欧盟理事会或美国国会制订并通过。由最高立法机关主持立法，一是立法层次高，法律的权威性也高；二是有利于法律的统一和执行。在这方面，它们对我国当前存在的法律体系散乱、立法政出多门，从而导致信息安全治理不力的现实状况，有着极为重要的制度层面的启发。

第三节 我国的信息安全法律体系及其完善

信息安全对于电子通信网络和信息系统的重要性不言而喻。在我国电子通信和网络系统的建设中，信息安全体系存在如下弊端：只重视网络系统的建设，而不重视网络安全工作；只重视通过内容管制来防止信息源对国家、社会和个人安全的潜在影响，却很少关注通信硬件和物理环境受到损害后对于信息的完整、准确、真实的潜在危害；在通信和网络建设过程中，缺乏安全防范意识，忽视通信和信息系统所必需的安全技术规范体系；在围绕着通信和网络系统的立法过程中，缺乏对有关信息安全的法制化体系安排和保障；另外，无论是在通信和网络系统安全建设的资金投入使用上，还是在围绕着有关信息安全的技术开发方面，投入量明显不足已经是一个不容否认的事实；更为严重的是，在围绕着信息安全的法律制度建构中，尽管已经着手法律安排，但很明显，我国仍然缺乏一个完整有效的法律体系。

一、我国的信息安全法律体系

（一）宪法及基本法律

有关信息安全的一般性法律规定，包括宪法、国家安全法、国家秘密法、治安管理处罚法、著作权法等基本法律，它们并没有专门针对信息安全作出规定，但是，它们所规范和约束的对象中，也包含了危害信息安全的行为。例如《宪法》第 40 条规定："中华人民共和国公民的通信自由和通信秘密受法律的保护。除因国家安全或者追查刑事犯罪的需要，由公安机关或者检察机关依照法律规定的程序对通信进行检查外，任何组织或者个人不得以任何理由侵犯公民的通信自由和通信秘密。"该条中所规定的作为公民基本宪法权利的通信自由和通信秘密，自然可以延伸到作为通信自由和通信秘密之保障的信息安全。

（二）规范信息安全和犯罪的法律

这类法律包括有《刑法》（第 285～288 条）以及《全国人民代表大会常务委员会关于维护互联网安全的决定》（第 1 条、第 2 条、第 4 条第二项）以及《电信条例》（第 57 条、第 58 条、第 67 条、第 78 条）。

（三）直接针对信息安全的特别规定

这类法律法规主要有：《计算机信息系统安全保护条例》、《计算机软件保护条例》、《信息安全等级保护管理办法》等。其中，《信息安全等级保护管理办法》是我国仅有的专门规范信息安全的分级保护的部门规章，在此需要加以专门的介绍。这部由公安部、国家保密局、国家密码管理局和国务院信息工作办公室联合制定的部门规章，建立了信息安全等级保护管理制度：根据信息和信息系统在国家安全、经济建设、社会生活中的重要程度；遭到破坏后对国家安全、社会秩序、公共利益以及公民、法人和其他组织的合法权益的危害程度；针对信息的保密性、完整性和可用性要求及信息系统必须要达到的基本的安全保护水平，将信息和信息系统的安全保护等级分5级：

（1）第一级为自主保护级，适用于一般的信息和信息系统，其受到破坏后，会对公民、法人和其他组织的权益有一定影响，但不危害国家安全、社会秩序、经济建设和公共利益。

（2）第二级为指导保护级，适用于一定程度上涉及国家安全、社会秩序、经济建设和公共利益的一般信息和信息系统，其受到破坏后，会对国家安全、社会秩序、经济建设和公共利益造成一定损害。

（3）第三级为监督保护级，适用于涉及国家安全、社会秩序、经济建设和公共利益的信息和信息系统，其受到破坏后，会对国家安全、社会秩序、经济建设和公共利益造成较大损害。

（4）第四级为强制保护级，适用于涉及国家安全、社会秩序、经济建设和公共利益的重要信息和信息系统，其受到破坏后，会对国家安全、社会秩序、经济建设和公共利益造成严重损害。

（5）第五级为专控保护级，适用于涉及国家安全、社会秩序、经济建设和公共利益的重要信息和信息系统的核心子系统，其受到破坏后，会对国家安全、社会秩序、经济建设和公共利益造成特别严重损害。

其中，侵害国家安全的事项包括以下方面：影响国家政权稳固和国防实力；影响国家统一、民族团结和社会安定；影响国家对外活动中的政治、经济利益；影响国家重要的安全保卫工作；影响国家经济竞争力和科技实力；其他影响国家安全的事项。

侵害社会秩序的事项包括以下方面：影响国家机关社会管理和公共服务的工作秩序；影响各种类型的经济活动秩序；影响各行业的科研、生产秩序；影响公众在法律约束和道德规范下的正常生活秩序等；其他影响社会秩序的事项。

影响公共利益的事项包括以下方面：影响社会成员使用公共设施；影响社会成员获取公开信息资源；影响社会成员接受公共服务等方面；其他影响公共利益的事项。

影响公民、法人和其他组织的合法权益是指由法律确认的并受法律保护的公民、法人和其他组织所享有的一定的社会权利和利益。

二、我国信息安全法律体系的特点

（1）我国信息安全保护确立了如下基本法律原则：

① 等级保护坚持自主定级、自主保护的原则；② 重点保护的原则，对关系国家安全的各种信息进行最为严格的保护；③ 预防为主的原则，在所有事关信息安全的法律安排中，对信息流动都设置了事先审查的机制，要求信息用户、信息服务提供商以及有权国家机关建立内部安全保障制度，防止信息安全事件的出现，同时，设立了严格的责任追究机制，对责任主体的失职或疏忽行为予以严究。

（2）建立了信息等级保护制度。如上所述，按照《信息安全等级保护管理办法》

的规定，我国当前已经建立了五级信息安全保护制度。

（3）确立了信息安全的主管部门。我国信息安全的保护监督管理工作主要由公安机关来行使。公安机关负责信息安全等级保护工作的监督、检查、指导。国家保密工作部门负责等级保护工作中有关保密工作的监督、检查、指导。国家密码管理部门负责等级保护工作中有关密码工作的监督、检查、指导。涉及其他职能部门管辖范围的事项，由有关职能部门依照国家法律法规的规定进行管理。国务院信息化工作办公室及地方信息化领导小组办事机构负责等级保护工作的部门间协调。

三、信息安全立法的特点

信息安全领域的立法应当具备如下几个方面的特点：

（1）体系性。在规范信息安全的制度体系的时候，必须着眼于信息安全法律和其他规范的技术支撑，以及传统法律之间的协调和体系共存。在传统法律调整信息安全问题力不从心的时候，信息安全立法就更应当着眼于建立一个有效、相对自成一体、结构严谨、内在统一完整的新法律体系来全面地防范信息传播过程中的各种隐患，以及围绕这些安全隐患而形成的各种治理机制和法律关系。

（2）开放性。信息技术的发展呈日新月异的态势，基于技术变化而引起的信息安全问题也将层出不穷，且形态不一。信息安全立法必须具有足够的开放性，全面把握通信和网络系统技术发展的大势，把握信息传播的态势以及信息安全的各种可能样态以及其间所隐含的法律基础关系，立足于信息技术发展所带来的规制变化，调整信息安全所急需的法律支援。

（3）兼容性。信息固然是以电子数据的形式流动于通信管道和网络系统中，在一定意义上也可以说，信息已经独立于人类生活而呈现出其独立的技术特性和社会特性。但信息并非一个独立的自由王国，发生在通信世界里的信息安全说到底还是基于人的利益和权利属性。因此，在立法的过程中，就必须兼顾信息安全保护措施的合法性和公民隐藏在信息安全背后的更为个体化的利益需求。不仅如此，信息安全立法同样必须考虑随着技术发展出现的新问题，以便调整法律安排，在适用原理、精神指向等方面保证法律原则的统一、完整和稳定。

（4）可操作性。信息技术的发展催生了一些新概念的出现，比如，B2C（企业对个人的电子商务方式）、TCP/IP（Transfer Control Protocol/Internet Protocol，传输控制协议/网际协议）、URL（Uniform Resource Locator，统一资源定位器）等等。这些概念由于生僻，普通人常常无法理解，构建于这些概念之上的法律规则也会令常人无法理解。例如，中国人民银行2001年7月颁布的《网上银行业务管理暂行办法》，关于开办网上银行的条件的规定如下：“（一）内部控制机制健全，具有有效的识别、监测、衡量和控制传统银行业务风险和网上银行业务风险的管理制度；（二）银行内部形成了统一标准的计算机系统和运行良好的计算机网络，具有良好的电子化基础设施；（三）银行现有业务经营活动运行平稳，资产质量、流动性等主要资产负债指标控制在合理的范围内；（四）具有合格的管理人员和技术人员。银行高级管理人员应具有必要的网上银行业务经营管理知识，能有效地管理和控制网上银行业务风险；（五）外国银行分行申请开办网上银行业务，其总行所在国（地区）监管当局应具备对网上银行业务进行监管的法律框架和监管能力。”其中就充斥了大量需要进一步加以解释的法律概念。因此，信息安全立法必须将一些专门的技术用语及其具体所指加以详细解释。不仅如此，立法本身也需要更为规范和具体，法律语汇的使用应当尽量减少歧义，从而强化法律本身的可操作性。

四、我国现行信息安全法律中存在的问题

我国当前的信息安全立法存在着如下几个方面的问题。

第一，立法滞后于通信技术的发展，立法层次低，欠缺具有体系化安排的信息安全立法。

一方面，在我国现行涉及信息安全保护的法律规定中，专门的法律、法规明显偏少，行政规章和地方规章过多，在制定出台的法律法规以及行政规章中，由于受制于部门立法和地方立法的视野局限，所制定的规章欠缺横向协调能力和纵向立体统筹能力。另一方面，多数规章以及散落在其他法律、法规中的有关规定，大多内容重复交叉，对通信技术和网络系统所引发的不同层面上的信息安全要求，或者是茫然不顾，或者是追求形式化的规章统一，与具体通信技术和网络系统技术所要求的信息安全标准相去甚远。例如，《电信条例》有关电信安全的第 58 条规定：“任何组织或者个人不得有下列危害电信网络安全和信息安全的行为：（一）对电信网的功能或者存储、处理、传输的数据和应用程序进行删除或者修改；（二）利用电信网从事窃取或者破坏他人信息、损害他人合法权益的活动；（三）故意制作、复制、传播计算机病毒或者以其他方式攻击他人电信网络等电信设施；（四）危害电信网络安全和信息安全的其他行为。”该规定算是对通信网络信息安全所做的一个较为全面的规定，但问题在于，这种规定只是将刑法第 285 条、第 286 条、第 287 条中的相关规定照搬到电信安全中来了而已，本身缺乏对通信网络信息安全的形态、原因、安全隐患等作出可操作性的规定，它需要一系列的下位法来加以延伸。

第二，法律的开放性不足。

首先，我国的信息安全立法结构比较单一，难以适应信息网络技术日新月异的发展，无法解决日益严峻的信息安全问题。我国现行的信息安全保护规定基本上是一些保护条例、管理办法之类的，缺乏一部全面调整信息安全各种法律关系的法律。我们没有独立的信息安全法、网络犯罪法、电子信息出版法、电信法、电子信息个人隐私保障法、信息财产保护法等等直接与信息流动有关的法律。

其次，即便是在已有的关于信息安全方面的立法中，法律规定的结构过于单一，涵盖面过于狭窄，例如《刑法》第 285 条规定的关于侵入计算机信息系统的犯罪，第 286 条规定的对计算机信息系统功能进行删除、修改、增加、干扰的犯罪，非法对计算机信息系统中存储、处理或者传输的数据和应用程序进行删除、修改、增加的操作的犯罪，故意制作、传播计算机病毒等破坏性程序的犯罪，第 287 条规定的利用计算机信息系统进行犯罪，第 288 条规定的干扰无线电通讯的犯罪等有关通信和计算机系统以及网络系统的犯罪之规定中，就缺乏对信息安全的开放性规定，法律仍然是一个自我闭合的结构。法律惟有在结构上开放，才能自我繁衍。[①]

再次，在一般性的关于信息安全的立法中，往往采用全面禁止的方式来保护信息安全，例如《计算机信息系统安全保护条例》第7条规定："任何组织或者个人，不得利用计算机信息系统从事危害国家利益、集体利益和公民合法利益的活动，不得危害计算机信息系统的安全。"《电信条例》在"电信安全"一节中所作的关于电信运营安全的规定，就通篇充斥着全面禁止的方式。而问题在于，所有这些禁止性规定都缺乏具体的保护性措施，只是流于口号的宣示，无法形成完整的、具备可操作性的信息安全规范体系。

第三，立法不具有兼容性。

信息安全立法的着眼点是通过法律去强化安全保护措施的正当性，防止信息安全隐患形成真正的安全威胁，进而导致信息安全事故的发生。因此，立法的重点首先应当选定在防止安全事故的出现上。但我国的信息安全立法主要侧重于事后的处罚，对立法防止安全事故的体系化安排显然缺乏明确的成文规定。进一步地，信息安全领域里的立法缺乏和传统的法律原理、法律规则、法律规范的文本结构的兼容。例如，没收违法经营的设备应当属于刑罚的处置措施之一，在法律没有授权行政法规、地方法规有权对违法经营的设备予以没收之处罚的时候，按照法治原则，下位法是不能设置没收这样的处罚措施的。但在有关信息安全的行政法规、行政规章以及地方性法规和地方政府规章中，对信息安全领域中的违法经营设施予以没收处罚则是一个常态。在立法没有明确授权的情况下，下位法以明确的规定僭取上位法的规定，这给信息安全立法的合法性和合理性带来了疑问。例如，浙江省杭州市所制定的《杭州市计算机信息网络安全保护管理条例》，第32~43条，都在规定计算机信息系统运营、使用单位、互联网接入服务和数据中心服务提供者、互联网信息服务提供者或者互联网上网服务提供单位、单位或个人违反该条例之后所承担的罚款、没收违法所得、停机整顿、限期整改，乃至于有关刑事责任的追究等法律后果，而作为其上位法的《信息安全等级保护管理办法》只是用了两条规定来规定违反该办法所应当承担的法律责任。相比较起来，《杭州市计算机信息网络安全保护管理条例》更像是一部上位法，而《信息安全等级保护管理办法》则更像是一个没有处罚（尤其是罚款）权的下级政府所制定的政府规章。

第四，立法过于抽象和原则，缺乏足够的制度弹性和可操作性。

我国的信息安全立法中存在着大量过于抽象和原则的规定，它们的重点在于确立有关信息安全的大原则，但在具体操作方面则付之阙如。与此同时，由于立法体制安排上的部门立法主导模式，凡是和信息安全有关联的国家机关，都有本部门的相关立法出台，例如公安部、工业与信息化部、国家保密局、教育部、新闻出版总署、国家广电总局、国新办、国家药品监督管理局等部门都就信息安全以及相关的网络安全出台了大量的部门规章。与此同时，各级地方政府和人民代表大会常务委员会也相继出台了大量的地方性法规和地方规章以及种类繁多的红头文件。其数量之巨大，种类之繁多，结构之雷同，规范之粗糙，横向协调之缺乏，纵向监管之缺位，纠葛于部门利

---

① ［德］卢曼．社会的法律．郑伊倩，译．北京：人民出版社，2009.

益等原因，使得制定出来的有关立法，缺乏明确的操作平台，给法律的执行带来了极大的不便。同样以前文所述的《杭州市计算机信息网络安全保护管理条例》为例，该法本应当是对《信息安全等级保护管理办法》的具体化，但是，该办法只是简单地把《信息安全等级保护管理办法》复述了一遍，同时补充了一些更为细化的罚款理由而已。

五、我国信息安全法律体系的完善

在信息安全问题所引发的法律关系中，关注重点应当是：国家在关键信息基础设施安全方面所提供的制度保障，以及公民发送信息在流动过程中的安全保障。目前，我国信息安全法律体系的建构应当首先着眼于以下几个方面：

(1) 制定一部独立的信息安全法。不管是关系国家安全、社会民生以及社会秩序稳定的信息，还是涉及企业交易、金融产品服务的商业信息，或者是关系到个人隐私的信息，它们利用通信网络传播的通信机制都是一样的，抛开具体信息内容的差异，信息安全的客体是相同的。因此，信息安全制度应当保障公民个人权益、企业生存发展、金融体系安定、社会秩序稳定以及国家安全，应当明确国家在确保电子信息数据和设施安全过程中的绝对地位，划定信息安全所涉及的领域以及保密的范畴，建立基于信息安全的法律责任，规范信息流动所需要的安全结构，确立对信息资源负有监管义务的监管机构及其人员的职责。

(2) 在《信息安全法》出台前，应尽快完善《电信条例》中有关电信安全的规范内容，强化电信运营商的安全监管义务和职责。

(3) 制定《信息安全基础设施法》，信息安全不仅仅是信息本身的安全，同样重要的是，如果没有一个安全的信息基础设施作为保障，那么，在信息通道中传递的信息是无法获得技术上的安全保障的。因此，为确保信息在流动过程中的安全，不仅仅需要制定专门的信息安全法来保证信息在发送者和接收者的端口的安全，还需要制定专门的法律来保障与信息有关的基础设施的安全，因此，需要加强对国家重点建设的基础设施，包括金融、银行、税收、能源生产设备、水电气供应、交通运输、邮电通信、广播电视等领域的信息安全保护。建立信息安全基础设施的分类、分级保护标准。确立不同信息网络的安全等级，建立风险管理、入侵检测、内容安全与监管制度。建立对通信网络的内部安全监督管理机制。通过设定信息安全义务，保证对外网的跟踪监督机制的常规化、法制化，以及建立应急预案制度。

(4) 提供制度化的公民参与信息安全保障的法治安排。信息安全不仅关系到公民私人权利的保障、通信秩序的安定、经济交易的快捷和低成本，以及国家安全，更为重要的是，它还关系到公民通过先进的电子网络媒介进行通信、交流、发表言论的宪法基本权利和自由。安全的问题归根结底涉及的是秩序的问题，而基本权利和自由并非一对毫无冲突的和谐体，如何在保障信息安全的过程中，防止因为安全保障的缘故而侵犯公民的基本宪法权利，也是我国的制度设计者必须认真、严肃对待的问题。

案例分析

案例一

待机状态下的手机信息失窃案

一、案情事实和判决结果

2005 年，国内某大型国有电子通信企业员工程某一时兴起，决定测试一下某移动公司的移动通信系统的安全性能，于是利用自己的编程能力，进入该移动公司的移动通信系统，在短短的 15 天时间内，盗取了大量客户的私人信息。尽管被侵害的用户绝大多数并没有拨打电话，但是，他们的家庭住址、工作场所等重要的个人信息全部被程某记录下来并加以利用。同年，公安机关侦查到程某非法窃取移动用户的个人资料的犯罪活动，将其逮捕。法院根据《刑法》第 285 条，认为程某非法侵入计算机信息系统罪名成立，判处有期徒刑 3 年。

二、案件背景

手机担负“间谍”新角色

众所周知，手机是一个开放的电子通信系统，只要有相应的接收设备，就能够截获任何时间、任何地点、任何人的通话信息。

有人也许会说，如果不打电话，不就什么也窃听不到了吗！其实不然——手机在待机状态下也能泄密。因为在待机状态下，手机也要与通信网络保持不间断的信号交接，产生电磁频谱，所以很容易被识别、监视和跟踪。还有一些手机本身就具有隐蔽通话功能，可以在不响铃，也没有任何显示的情况下由待机状态转变为通话状态，泄露天机。

因此，即使我们把手机关闭，也未必绝对安全，持有特殊仪器的技术人员仍可遥控打开我们的手机话筒。还有些“居心叵测”的手机早在制造过程中就在芯片中植入特殊功能，只要有电池，手机就会悄悄地把我们说的话接收下来，自动通过卫星发送给“感兴趣的人”——只要将手机放在身边，我们就毫无秘密可言。

实时监听——“天外有耳”

2000 年，欧盟的一份报告指出，美国国家安全局建立的一个代号“梯队”的全球电子监听侦测网络系统一直在窃取世界各国的情报。“梯队”在加拿大、新西兰和澳大利亚设置了数十个大型地面接收站，动用了 120 颗卫星，大量截获人们使用电话、手机、传真机和计算机等通信工具传输的信息。一旦你的交谈中出现某些其“感兴趣”的关键词，这些电子“大耳朵”就会把你的通话自动记录，然后将重要部分交给情报人员深入分析。

除了“梯队”之外，天上还有一些专门监听手机的电子侦察卫星。最新一代电子侦察卫星更是集通信情报和电子情报侦察于一身，截获无线电波和移动电话通信，把电磁信号传送到美国的巨型计算机上，以供分析。在阿富汗战争中，美国就运用了这种电子侦察卫星来搜集塔利班和“基地”组织的信息。

小手机关系大安全

目前，我国移动电话用户数已达3.6亿。如果我们不能充分认识到手机的两面性，我国的国防、经济、科技信息的安全就会受到严重挑战。尤其在关系国家机密的特殊部门，手机实际上已成为不容忽视的一大泄密隐患。因此，《中国人民解放军内务条令》第178条明确规定：“严禁将移动电话带入作战室、情报室、机要室、通信枢纽、涉密会场、军用飞机和舰船、重要仓库、导弹发射阵地等场所；在设有有线通信工具的场所工作时，不得使用移动电话办理公务。严禁使用移动电话、寻呼机谈论、传送涉密信息。”实际上，不许带手机进重要场所并非我国首创，一些发达国家的情报部门、军方和重要政府部门都禁止在办公场所使用移动电话，即使是关闭的手机也不允许带入。小小手机关系着国家信息安全的大问题。①

三、案例反映的法律问题及解析

1. 本案中有哪些实质利益遭到侵害？

本案遭到侵犯的实质利益包括：旨在保障信息基础设施和信息内容安全秩序的国家信息安全利益、电信运营商提供电信服务的经济利益、手机用户的个人隐私。

首先，作为一种通信基础设施，移动通信系统的安全与信息的安全息息相关。在通信技术发展的过程中，通信基础设施和通信服务尽管已经呈现分离的趋势，但是，通信服务安全受到损害，势必造成对通信基础设施的安全威胁，反过来，通信基础设施的损害又强化了对通讯服务中信息安全造成的威胁。国家有义务提供信息安全的相关保护措施，并且提供强大的信息基础设施支持。程某擅自编程序进入移动通信网络，利用手机和通信系统持续不断的信息交换，窃取用户个人隐私的做法，无疑对国家维护的信息安全造成了实质性的损害。

其次，信息安全也和电信运营商所提供的基础电信运营支持以及细分的信息流通服务有关。程某未经合法授权即潜入该移动公司的通信系统，并利用用户手机和移动通信系统网络之间持续不断的信息交换，窃取移动公司用户的个人信息，这对电信运营商的信息安全是一种主观恶性极大的侵犯。

再次，在未经移动通信用户合法授权或认可的前提下，程某利用自编程序，窃取了移动用户保留在网络上的个人信息，是对公民的个人隐私和个人数据安全的非法侵害。

2. 本案中“手机用户并未拨打移动电话，有关重要信息即已泄漏”，为什么属于侵犯信息安全？

信息安全，不仅仅是指基于信息过程的信息内容的安全，更为重要的是，它还指信息系统的安全。因此，信息安全包括：（1）信息系统的安全，包括情报系统、信息传递和交换系统、计算机系统和指挥控制系统等，为了使合法接收者准确及时地得到信息，必须防止信息体系被干扰、阻拦、中断、混乱和利用。（2）基于信息过程的信息内容的安全，信息过程包括信息的获取、存储、变换、传递和处理等，除了保证信息内容的安全之外，还要防止信息在存储、变换、传递处理的过程中的泄密。

非法侵入电信运营商信息系统获取客户信息，不仅侵犯了运营商的信息设施的信息

---

① 案例来源：http：//www.chuanzhi.bookfm.com/book/bookdetail.html？bookid=104443&bookpage=4.

安全，也侵犯了客户信息内容的安全。所以，构成双重侵害。

3. 针对大量用户在移动电话并未拨打便遭到窃取这一情况，作为电信运营商的某移动公司是否应当承担一定的责任？

电信运营商在用户购买电信服务的时候，就已经和用户达成了一个提供安全通信环境、保障用户安全通信合法权益的契约。因此，如果用户通过移动信息系统进行的信息交换遭到拦截，信息遭到窃取，并因此而蒙受损失，用户显然有权要求电信运营商承担相应的信息安全责任。

案例二

熊猫烧香：计算机病毒作为牟利行业

一、案件事实与判决结果

2007 年 2 月 12 日，湖北省公安厅 12 日宣布，根据统一部署，湖北网监在浙江、山东、广西、天津、广东、四川、江西、云南、新疆、河南等地公安机关的配合下，一举侦破了制作传播“熊猫烧香”病毒案，抓获病毒作者李俊（男，25 岁，武汉新洲区人），他于 2006 年 10 月 16 日编写了“熊猫烧香”病毒并在网上广泛传播，并且还以自己出售和由他人代卖的方式，在网络上将该病毒销售给 120 余人，非法获利 10 万余元。

其他重要犯罪嫌疑人：雷磊、王磊、叶培新、张顺、王哲通过改写、传播“熊猫烧香”等病毒，构建“僵尸网络”，通过盗窃各种游戏账号等方式非法牟利。

这是中国近些年来，发生的比较严重的一次蠕虫病毒发作，影响了较多公司，造成了较大的损失，且对于一些疏于防范的用户来说，该病毒导致了较为严重的损失。

2007 年 9 月 24 日，湖北省仙桃市人民法院公开开庭审理了备受社会各界关注的被告人李俊、王磊、张顺、雷磊破坏计算机信息系统罪一案。被告人李俊犯破坏计算机信息系统罪，判处有期徒刑 4 年；被告人王磊犯破坏计算机信息系统罪，判处有期徒刑 2 年 6 个月；被告人张顺犯破坏计算机信息系统罪，判处有期徒刑 2 年；被告人雷磊犯破坏计算机信息系统罪，判处有期徒刑 1 年。①

二、案件背景

“流氓软件”和病毒之间的界限已变得越来越模糊。为了达到更好的传播效果，并减少成本，不少中小厂商直接使用病毒进行“流氓推广”。

据江民公司反病毒工程师称，已经发现了当时疯狂肆虐的“熊猫烧香”幕后势力的痕迹，“熊猫烧香”病毒被怀疑是由“超级巡警”软件的提供方在幕后推动，网上已经发现了产销一条龙盗窃销售网游设备的产业链。

而对从瑞星截获的“熊猫烧香（Worm. Nimaya）”样本进行分析，也有不少变种运行后会去从网上下载盗取“江湖”、“大话西游”、“魔兽”等网络游戏账号的木马。用户的计算机一旦被感染这些木马，游戏的账号、装备等就会被黑客窃取。黑客通过在网

① 案例来源：http：//tech. sina. com. cn/focus/Worm_Nimaya/.

上倒卖网游账号、装备等获利。

迫于技术和舆论的压力，制作流氓软件的厂商开始两极分化。一些大牌互联网厂商逐渐“洗白”，将软件的“流氓”程度降低，还有一些厂商干脆放弃推广“流氓软件”。然而，仍有大量的中小厂商是通过“流氓软件”起家的，通过“流氓软件”进行广告推广已经成为其公司主要甚至是惟一的收入来源。2006 年下半年开始，一些厂商为了生存，不惜铤而走险，使用更加卑劣的手段进行“流氓推广”，并且采用更加恶毒的技术公然向反病毒软件、反流氓软件工具挑战。

从 2006 年 6 月开始，用户计算机由于流氓软件问题导致崩溃的求助数量已经超过了病毒。这一时期的“流氓软件”有两大特点：一是编写病毒化。不少“流氓软件”为了防止被杀毒软件或流氓软件卸载工具发现，采用了病毒常用的 Rootkit 技术进行自我保护。Rootkit 可以对自身及指定的文件进行隐藏或锁定，防止被发现和删除。带有 Rootkit 的“流氓软件”就像练就了“金钟罩”、“铁布衫”，不除去这层保护根本难伤其毫发。更有一些流氓软件，采用“自杀式”技术攻击杀毒软件。一旦发现用户安装或运行杀毒软件，便运行恶意代码，直接造成计算机死机、蓝屏，让用户误以为是杀毒软件存在问题。

二是传播病毒化。为了达到更好的传播效果，并减小成本，不少中小厂商直接使用病毒进行“流氓推广”。用户的计算机感染病毒后，病毒会自动在后台运行，下载并安装“流氓软件”。同时，“流氓软件”安装后也会去从互联网自动下载运行病毒。大量的“流氓软件”开始使用电脑病毒来隐藏自身、进行快速传播，并对抗用户的清除等，这些行为严重危害到用户的信息安全和利益。“流氓软件”和病毒之间的界限已变得越来越模糊。随着“流氓软件”不断朝着病毒的方向发展，要想彻底杀灭“流氓软件”就必须采用反病毒技术。

2006 年 11 月 14 日，瑞星发布流氓软件专用清除工具——卡卡上网安全助手 3.0，首次将反病毒技术应用于反流氓软件当中。就在卡卡刚刚发布 24 小时后，就有一个名为“my123”的恶意程序顶风作案，疯狂采用病毒化的编写技术来逃避卡卡的追杀，随后又出现了名为“3448. com”和“7939. com”两个流氓软件，它们锁定用户浏览器的首页以提高其网站访问量。

此后，部分流氓软件开始和病毒合作。早先一个传播较广的蠕虫病毒“威金蠕虫(Worm. Viking)”，则会从病毒作者指定的网站去下载流氓软件、盗号木马等，并种植在用户的计算机上。

大量“流氓软件”开始使用电脑病毒来隐藏自身、进行快速传播，并对抗用户的清除等，这些行为严重危害到用户的信息安全和利益。“熊猫烧香”病毒成为一个“教科书”式的病毒，势必有大量的病毒会模仿它的特征进行编写。

在没有法律法规出台前，流氓软件是不会缩手的，不排除“熊猫烧香”是流氓软件所为。只要有利益驱使，流氓软件就会变化形式，以更不容易察觉的病毒方式毫无忌惮地牟取利益。

不幸中招的用户都知道，“熊猫烧香”会占用局域网带宽，使得电脑变得缓慢，计算机会出现以下症状：熊猫烧香病毒会在网络共享文件夹中生成一个名为

GameSetup. exe 的病毒文件；结束某些应用程序以及防毒软件的进程，导致应用程序异常，或不能正常执行相关操作，或速度变慢；硬盘分区或者 U 盘不能访问使用；exe 程序无法使用；程序图标变成熊猫烧香图标；硬盘的根目录出现 setup. exe auturun. INF 文件；同时浏览器会莫名其妙地开启或关闭。

该病毒主要通过浏览恶意网站、网络共享、文件感染和移动存储设备（如 U 盘）等途径感染，其中网络共享和文件感染的风险系数较高，而通过 Web 和移动存储感染的风险相对较低。该病毒会自行启动安装，生成注册列表和病毒文件，并在所有磁盘跟目录下生成病毒文件 setup. exe，autorun. inf。

三、案例反映的法律问题及解析

1. 流氓软件和计算机病毒的区别是什么？二者为何都会危害信息安全？二者对信息安全的危害有何不同？

"流氓软件"是介于病毒和正规软件之间的软件。计算机病毒是指，自身具有或使其他程序具有破坏系统功能、危害用户数据或其他恶意行为的一类程序。这类程序往往影响计算机使用，并能够自我复制。正规软件是指，为方便用户使用计算机工作、娱乐而开发，面向社会公开发布的软件。"流氓软件"介于两者之间，同时具备正常功能（下载、媒体播放等）和恶意行为（弹广告、开后门），给用户带来实质危害。这些软件也可能被称为恶意广告软件（Adware）、间谍软件（Spyware）、恶意共享软件（Malicious Shareware）。与病毒或者蠕虫不同，这些软件很多不是小团体或者个人秘密地编写和散播，反而有很多知名企业和团体涉嫌制造此类软件。

流氓软件对信息安全的危害主要表现在：它可以通过间谍软件窃取个人隐私和重要信息；通过浏览器劫持干扰用户的网络访问和信息接收；通过行为记录软件来秘密记录用户隐私，发动网络敲诈。计算机病毒对信息安全的危害主要表现在：降低计算机的运行速度，降低网络通信的速度；永久性地破坏个人信息；大面积的传播会导致整个网络的瘫痪，影响正常的网络通信秩序。

2. 利用计算机病毒自动安插流氓软件的行为如何定性？

计算机病毒对计算机信息系统的危害比流氓软件所造成的危害要大。按照两害相权取其轻的利益衡量法则，利用计算机病毒自动安插流氓软件，属于破坏计算机信息系统的行为。

3. 流氓软件如果把客户的"江湖"、"大话西游"、"魔兽"等网络游戏账号盗走，如何确定损失额？是定盗窃罪，还是定传播计算机病毒罪，还是定侵入计算机系统罪？

我国《刑法》第 264 条对盗窃罪进行了规定，随后 1998 年最高人民法院颁布了《关于审理盗窃案件具体应用法律若干问题的解释》、1999 年最高人民法院、最高人民检察院、公安部《关于铁路运输过程中盗窃罪数额认定标准问题的规定》等对盗窃罪数额的认定标准作出了相关规定。但在对虚拟财产数额的认定方面还没相关的法律或司法解释出台，这其中的原因是多方面的。一是虚拟财产的认定标准没有任何参考可言；二是虚拟财产自身的一些属性决定了制定一个统一价格标准很困难。

为解决司法实践中存在的上述难题，理论界就如何确定网络虚拟财产的盗窃数额形成了以下解决方案：

（1）根据虚拟财产的成本计算。成本的计算应该考虑的因素主要有网费、点卡消费和在线时间。

（2）根据制定的价格参照表计算。在这个方面，我国目前尚无统一的价格参照表。有关学者正积极建议有关部门制定统一的价格参照表，一旦制定，将为我国刑事司法实践中解决这一问题提供参考依据。

（3）根据行业惯例来定价。但行业惯例只能作为一个参考主体，而不能仅仅根据行业价格来认定。

（4）以销赃数额认定。本案即是根据这一理论原则认定被告人李某的盗窃数额的。

关于如何定罪名，按照法益受到侵害的程度来加以衡量，利用流氓软件盗窃网络游戏账号，定性为盗窃罪比较合适。原因在于流氓软件本身并非计算机病毒，而利用流氓软件侵入计算机信息系统，意图在于盗取游戏账号。

4. 如果客户同意安装某软件，但不知道其是流氓软件，安装后数据被盗，软件开发商是否仅承担民事责任，还是构成犯罪？

客户在不知情的情况下使用流氓软件而导致其数据被盗，软件制造商不仅承担民事责任，如果所丢失的数据极其重要，那么，软件开发商还有可能因其制造开发软件的行为而承担相应的刑事责任。

5. 客户购买了一款正版软件，但捆绑了其他主体的流氓软件，是否属于搭售？正版软件出售人是否承担刑事责任？

所谓搭售，是指卖方在销售一种商品时，以买方同时购买另一种商品为条件。搭售主要出于如下目的：“借鸡生蛋”、制造进入壁垒、价格歧视、规避价格管制、推销滞销商品、获取规模经济、控制品质以及维护商品名誉。搭售是一种不正当竞争行为。捆绑流氓软件则不具备如上目的，也不是为了形成不正当竞争。

正版软件的出售人，如果是正版软件的开发者，明知流氓软件有危害信息安全的危险而仍然开放该软件并捆绑到正版软件中去，本身即已违法，如果没有造成重大的信息安全事故，那么不需要承担责任，否则，需要承担刑事责任。但如果出售人仅仅是出售人，那么，他通常并不需要承担责任。

案例三

利用邮政储蓄专用网络远程金融盗窃案

一、案件事实

2003 年 11 月 14 日，甘肃省破获了首例利用邮政储蓄专用网络，进行远程金融盗窃的案件。这起发生在定西一个乡镇的黑客案件，鲜活地展现了网络信息安全的脆弱性。

10 月 5 日，张少强在会宁利用笔记本电脑侵入邮政储蓄网络后，非法远程登录访问临洮太石镇邮政储蓄所的计算机，破译对方密码之后进入操作系统，以营业员身份向自己 8 月末预先在兰州利用假身份证开设的 8 个活期账户存入了 11 笔共计 83.5 万元的现金，并在退出系统前，删除了营业计算机的打印操作系统，造成机器故障。第二天，他在兰州10个储蓄网点提取现金5.5万元，并将30.5万元再次转存到他所开设的虚假账户上。10月11日，张少强乘车到西安，利用6张储蓄卡又提取现金1.8万元。11月14日22时，张少强在其住所被专案组抓获。至此，这件远程金融盗窃案告破，83.5万元完璧归赵。①

二、背景介绍

犯罪嫌疑人张少强当时29岁，毕业于某邮电学院，案发前仅是会宁县邮政局的系统维护人员，谈不上精通电脑和计算机网络技术。而邮政储蓄网络的防范措施不可谓不严：邮政储蓄使用的是专用的网络，和互联网物理隔绝；网络使用了安全防火墙系统；从前台分机到主机，其中有数道密码保护。究竟是什么原因，能让张少强如此轻易得手？

在这起远程金融盗窃案件中，不难看出，正是管理上存在的漏洞、工作人员安全意识的淡薄，才造成了如此严重的局面。案发前，张少强私搭电缆，从来没有人过问，更没有人阻止，让他轻易地将邮政储蓄专用网络置于自己的掌握之中。而另一方面，临洮县太石镇的邮政储蓄网点竟然一直使用原始密码，不仅没有定期更改，也没有在工作人员之间互相保密，于是张少强很轻松地就突破了数道密码关，直接进入了操作系统，盗走了83.5万元。而且，当工作人员发现已经出了问题时，还认为是内部网络系统出了故障，根本没有想到会有网络犯罪的情况发生。

与此紧密相关的一个大背景是，近些年来，我国爆发了大量的网络犯罪案件，它们大多集中在利用网络进行远程金融盗窃上。在这些网络犯罪案件中，很大一部分是因为使用者安全意识淡薄造成的。公众缺乏网络安全防范意识，重应用轻管理，尤其不重视网络安全问题。即使是某些涉及到民生的行业也是如此，制定的安全规章制度不执行，负责的管理人员保密意识不强，普通的工作人员又缺乏专门的安全防范知识，当犯罪发生时不能及时发现并制止。这些都造成了网络领域内犯罪现象的急剧增长。

网络安全专家认为，网络犯罪具有五性：隐蔽性、智能性、连续性、无国界性和巨大的危害性。张少强案也告诉我们，网络联结的广阔性一旦管理不善，可能就成了它的弱点，即使这种管理不善是在一个偏僻乡村的网点，它也可能成为黑客进入网络核心的一条捷径。如果网络是无处不在的，那么，它的安全管理也应该是无处不在的。

三、该案例反映的法律问题及解析

1. 该案定盗窃罪还是侵入计算机信息系统罪？

该案定盗窃罪。非法侵入计算机信息系统罪，是指违反国家规定，侵入国家事务、国防建设、尖端科学技术领域的计算机信息系统的行为。本罪侵犯的客体是国家重要计算机信息系统安全。本罪在客观方面表现为行为人实施了违反国家规定侵入国家重要计算机信息系统的行为。在这里，所谓“违反国家规定”，是指违反《计算机信息系统安全保护条例》的规定，该条例第4条规定：“计算机信息系统的安全保护工作，重点维护国家事务、经济建设、国防建设、尖端科学技术等重要领域的计算机信息系统安全。”本罪的对象是国家重要的计算机信息系统。所谓“国家重要的计算机信息系统”，

① 案例来源：http：//www.gs.xinhuanet.com/gsgaw/2005-09/22/content_5188771.htm.

是指国家事务、国防建设、尖端科学技术领域的计算机信息系统。本罪在主观方面是故意。即行为人明知自己的行为违反国家规定，并会产生非法侵入国家重要计算机信息系统的危害结果，而希望这种结果发生。

盗窃罪，是指以非法占有为目的，秘密窃取数额较大的公私财物或者多次盗窃公私财物的行为。本罪在客观方面表现为行为人具有秘密窃取数额较大的公私财物或者多次秘密窃取公私财物的行为。

显然，本案的特殊之处是犯罪嫌疑人张少强侵入计算机信息网络从而成功地盗窃储蓄所的存款，一方面它侵入了计算机信息系统，另一方面它对金融机构实施了盗窃行为。但张少强所侵入的并非国家重要的计算机信息系统，而是将计算机信息系统当做其实施金融盗窃的工具，其目的在于盗窃储蓄所而非侵入计算机信息系统。

2．从民事侵权角度看，该案侵犯了客户的财产还是储蓄所的财产？客户是否可以作为受害人要求侵入者赔偿？

由于客户和储蓄所之间存在储蓄关系，客户的存款变成了储蓄所的财产，但储蓄所负有按照客户的要求返还其存放在储蓄所的财产的义务，因此，本案侵犯了储蓄所的财产而非客户的财产。由于储蓄所负有保证客户存放在其账户中的财产的安全的义务，因此，储蓄所行有权要求入侵者赔偿因入侵而造成的损失，但客户并没有权利直接要求侵入者赔偿损失。

3．这种事件对于储蓄所是否构成不可抗力？储蓄所是否需要对客户赔偿？

这起事件并不属于不可抗力。不可抗力主要来源于是因为不可预见而引起的。而本案则主要是因为储蓄所疏于管理而引起的。

储蓄所疏于管理，制定的安全规章制度不执行，负责的管理人员保密意识不强，普通的工作人员又缺乏专门的安全防范知识，当犯罪发生时不能及时发现并制止，这是导致张少强盗窃得手的直接原因，也是导致储蓄客户利益受损的直接原因。储蓄所必须承担因其疏于管理给客户所造成的损失。

4．客户和储蓄所构成储蓄关系，如果是储蓄所员工非法侵入储蓄所网络，盗窃客户账户里的钱，储蓄所构成侵权还是构成违约？

根据储蓄关系，储蓄所有义务保证客户存放在储蓄所客户账户里的钱的安全。储蓄所员工非法侵入储蓄所网络，这并不是职务行为，而是非法行为，储蓄所的安全保管义务对所有人都适用。

思考题

1．如何理解信息安全的定义？它由哪些要素构成？

2．我国现有的信息安全法律规范都有哪些？

3．为什么信息安全是国家战略？

4．信息安全法与信息安全技术措施对于信息安全哪个更重要，为什么？

第十一章

电信资源管理制度

本章导言

本章从电信资源的概念出发，介绍了电信资源的权属、使用要求以及电信资源管理的原则，并深入探讨了无线电频率管理、卫星轨道位置管理、电信网码号管理和互联网域名管理等电信资源管理的具体制度。本章是全书的重要内容之一。

电信资源管理制度是电信法的一个重要分支。电信资源是用于实现电信功能且有限的资源。主要包括无线电频率、卫星轨道位置、电信网码号和互联网络域名等。电信资源管理，首先产生于发达国家，是电信行业反垄断的产物。其主要标志是各国电信法的产生和相对独立的电信资源管理机构的建立。资源管理合理，利用率就高，就能促进产业竞争和进步，方便用户使用电信业务，提高企业的竞争力。电信资源管理是我国电信业政企分开、市场开放、引入竞争机制后电信管制的重要内容。要实现电信业现有的以及可利用资源的最优化配置，使电信业在满足本国现有信息需求的同时，也能紧跟全球电信业的步伐，客观上就要求我国必须重视资源的有效配置。由于目前中国现有的电信制度还有待完善并处于变化中，因此电信资源管理制度还有待于借鉴成熟电信市场国家的经验而进一步完善。

第一节　概　　说

一、电信资源的概念

《电信条例》第27条规定，电信资源，是指无线电频率、卫星轨道位置、电信网码号等用于实现电信功能且有限的资源。可以看出，电信资源是用于实现电信功能且有限的资源。主要包括无线电频率、卫星轨道位置、电信网码号和互联网络域名等。具体而言：

（1）无线电频率资源，是指可被人类利用的电磁波频谱。

（2）卫星轨道位置资源，是指用于电信业务的空间轨道位置，主要包括静止轨道和非静止轨道的资源。

（3）电信网码号资源，是指由数字、符号组成的用于实现电信功能的用户编号和网络编号。

（4）互联网络域名资源，是指在网络上的地址，类似于在线的商标。

电信资源是电信业务经营者开展电信经营活动和电信用户实现通信联系的基础，是现代社会发展的基本要素之一。[①] 电信资源具有如下两个特点：

（1）实现电信功能。电信资源是用来实现有线、无线方式传送、发射或者接收语音、文字、数据、图像以及其他任何形式的信息。

（2）有限。电信资源不是可以无限开发的，受到客观条件的制约，是一种不可再生和扩展的资源。

电信资源管理是我国电信业政企分开、市场开放、引入竞争机制后电信管制的重要内容。[②] 面对电信业务市场竞争环境，电信资源只有属于国家，并由国家管理，才能保障竞争的公平、有序和有效，从而保护国家和广大电信用户的利益。

电信资源管理，首先产生于发达国家，是电信行业反垄断的产物，其主要标志是各国电信法的产生和相对独立的电信资源管理机构的建立。资源管理合理，利用率就高，就能促进产业竞争和进步，方便用户使用电信业务，提高企业的竞争力，反之则不然。目前，我国的电信资源管理还处于制度的完善之中。

中国电信业改革的过程实质上就是制度变迁的过程。为了调整中国电信业制度供求的不均衡状况，改革开放以来，中国电信业进行了一系列重大改革，但在打破垄断、实行政企分开、进行电信重组等一系列改革中，还缺乏一些系统的、合理的、有见地的电信资源管理思路和方法；引入国外电信资源管理的先进经验也需要分析和选择；而面对入世后的需求，我国又急切需要找到既适应国际原则又满足自身需要的电信资源管理的制度。特别是国内电信市场的竞争还远远不充分，基础电信业务还表现出高度的垄断特性，缺乏竞争规则，政策法规的系统性、连贯性、透明性不强。需要政府加强管理，以维护公平竞争的市场秩序，使消费者享受到电信竞争带来的好处。

要充分发挥电信资源的基础作用，就要完善电信资源市场。经济体制职责不再是人为地支配市场，而是要根据市场的实际情况，让市场机制在电信资源配置中发挥基础性作用。毕竟，只有法制才是解决市场问题的最有效手段。

二、电信资源的权属和使用要求

我国政府对电信资源的管理一直十分重视。1993 年，国务院和中央军委联合下发了《无线电管理条例》，1995 年原邮电部下发了《邮电部关于重申电话网特服号码全国集中管理、统一使用的通知》等一系列文件，规定“无线电频谱属国家所有。国家对无线电频谱实行统一规划、合理开发、科学管理、有偿使用的原则”。明确了电信资源的性质、地位、管理原则，有效地促进了我国电信资源管理工作的法制化、规范化和科

① 李国斌．电信条例系列讲座（五）电信资源管理制度．邮电企业管理，2001（4）．

② 电信资费与电信资源——《中华人民共和国电信条例》释义之三．当代通信，2001（1）．

学化。特别是《物权法》明确规定："无线电频谱资源属于国家所有。"[①] 这说明，包括无线电频谱资源[②]在内的电信资源同矿藏、水流、森林、土地、草原一样，是属于国家的一种稀缺的重要战略资源，对国民经济和国防建设的健康、可持续发展具有重要作用。《物权法》是我国加强无线电管理工作的重要法律依据，对国家进一步加强电信资源的管理有着十分重大的意义，这也是我国首次在法律中明确规定了无线电频谱资源的属性。[③] 这对包括无线电频谱资源在内的电信资源的管理有着十分重大的意义，体现了国家对电信资源的高度重视，也说明，电信资源的重要性已经得到了社会的普遍认可，同时也在一定程度上反映了我国法治的完备程度。[④]

针对上述电信资源权属特性，一般来说，电信资源使用必须遵循以下要求：

(1) 经营者应当遵守国家有关电信资源使用管理的法律法规和有关规定。

(2) 国家对电信资源实行有偿使用制度。经营者占有、使用电信资源应按规定缴纳电信资源费。

(3) 经营者取得电信资源使用权后，应有效使用电信资源，并按照电信资源主管部门的要求报告使用情况。

(4) 经营者使用电信主管部门分配的电信资源提供业务时，应保障电信用户的电信资源使用权益，不得随意变动。

(5) 经营者在使用电信资源过程中与相关单位或用户发生争议时，应服从电信主管部门的协调和管理。

三、电信资源管理的原则

国家行使电信资源的所有权和管理权。在实践中，要依照统一规划、集中管理、合理分配和有偿使用的原则，开展电信资源管理工作。[⑤]

统一规划是指由国务院信息产业主管部门依据国际电信组织的相关建议、国家电信网路建设、电信业务和市场发展状况以及可用电信资源的情况，对电信资源作出统筹安排。电信资源规划既要注意资源使用的整体性、全局性，也要考虑现实、兼顾长远，要根据不同的时期、不同的电信业务特点，有计划、有步骤地持续开发利用电信资源，满足我国电信业务持续、健康发展的需要。

集中管理是指国务院信息产业主管部门对各种电信资源及其开发、使用、分配实行集中的管理。地方电信主管部门只能根据国家电信主管部门的授权，严格遵照国家电信主管部门制订的有关电信资源管理的各项政策法规，对行政区域内电信资源依法管理，通过经常性的监督检查，掌握行政区域内电信资源使用状况，维护和保障国家电信资源

---

① 参见《物权法》第5章"国家所有权和集体所有权、私人所有权"中第50条。

② 无线电频谱资源具有可复用、非耗竭、易受干扰等基本特征，从频谱资源利用的角度来看，任何使用者在一定的时间、空间条件下对某一频段的占用，都排斥了他人在同一时间、空间内对该频段的使用。

③ 祁锋．无线电频谱资源纳入《中华人民共和国物权法》保障范围解读．中国无线电，2007 (4)．

④ 当然，由于《物权法》对用益物权仍未抽象出一般的原理和规则。所以在包括频率使用权在内的财产利用制度上没有实质性的进步，仅仅是原则性的规定。不过，有相关规定也算是一种进步了。

⑤ 李国斌．电信条例系列讲座（五）电信资源管理制度．邮电企业管理，2001 (4)．

管理政策、法规在行政区域内的贯彻落实。电信业务经营者使用电信资源必须向电信主管部门申请审批；在资源使用过程中，要服从电信主管部门的管理。

合理分配要求电信主管部门遵循公平、公正、公开原则，根据规划的要求科学分配电信资源；分配电信资源不仅要满足电信业务发展的需要，同时要能有效地促进电信市场公平、有序、有效竞争，使电信资源得到合理配置和有效利用。

有偿使用是指使用电信资源必须向国家缴纳资源费。国家实行有偿使用制度，收取电信资源费，主要用来调节和控制电信业务经营者对电信资源的需求，促进电信资源利用率的提高。[①] 另外，对稀缺电信资源的分配应逐步采用拍卖方式。

第二节 无线电频率管理制度

无线电频率资源，是指可被人类利用的电磁波频谱。当今世界，无线电技术已经广泛渗入到人类社会生产生活的各个方面。无线电频率资源是人类宝贵的自然资源，由于有限，所以是国家稀缺的战略资源。

我国在无线电管理机构与全社会的共同努力下，使无线电频率资源得到了有效保护和利用，各类无线电业务蓬勃发展，无线电技术不断进步。无线电业务广泛应用于我国的航空导航、交通运输、广播电视、公众移动通信、公安、气象、地震、城市供水供气供电等部门和系统，为国家经济建设和社会发展作出了重要贡献。

随着技术发展，无线电通信宽带化、移动化、网络化的趋势越来越明显，网络融合、泛在网络、物联网等名词成为未来信息网络发展的关键词。大量涌现的宽带无线接入技术为固定网络和移动网络的融合，计算机网络、移动通信网络、广播电视网络和传感器网络的融合提供了基础性的技术桥梁。可以预见，未来的通信网络及业务在融合的大趋势下将发生翻天覆地的变化，由于无线业务的存在，固定和移动业务的分界将不再明显，取而代之的将是一个无处不在的，广泛连接“人与人”、“人与物”、“物与物”的综合信息网络。

在这一背景下，宽带无线技术对无线电频率资源产生了巨大需求，频率资源稀缺的问题日益突出，大量涌现的无线电新技术也给现有无线电管理模式带来了前所未有的挑战。[②] 因此，如何科学规划和合理利用无线频率资源，使这种有限的资源达到效益最大化，促进无线产业健康可持续发展，推动国民经济和社会进步，成为各国政府主管部门和无线电业务应用部门需要认真思考的问题。

一、电台许可证

根据《无线电管理条例》第 11 条的规定，设置、使用无线电台（站）的单位和个人，必须提出书面申请办理设台审批手续、领取电台执照。这种审批手续，是一种行政许可，“电台执照”就是许可证，这种行政许可具有如下特点：

---

① 相关电信资源的收费办法正由由信息产业部门会同国务院财政、价格主管部门制定和完善中。

② 张虹．无线电国际国内管理政策研究．中国无线电，2007（8）．

首先，它是一种技术性质的审查。

如果申请人申请设立一个调幅电台，那么该电台的无线电设备是否符合国家技术标准，操作人员业务技能水平、网络设计等，都是审查的对象。此外，新电台的设置是否对原有电台构成电子干扰、新设电台的发射功率等技术问题，也是审查的内容。

其次，它是一种申办主体的资格审查。

《无线电管理条例》对设置使用无线电台的主体资格未作限制。按该条例第 11 条的规定，任何单位和个人，只要出于合理的目的，均可提出申请。但通常认为，这种“合理”首先应当是出于公共利益的需要。由于频谱许可是赋予使用人垄断使用权，作为一种交换——要求使用者为公共利益经营工作，也并非有失妥当。而在 1994 年国家无线电委员会发布的《关于进一步加强无线电频率和台站管理的规定》第 2 条明确规定：在目前阶段，暂不允许个人设置经营性电台（网路）。所以事实上，设置使用经营性无线电台的主体只能是单位，而不能是个人。对于非经营性电台，则无这方面的限制。经过审批之后，无线电管理机构将按照规定的无线电业务指配频率、核定台址、天线高度、发射机功率。核准使用的电台在缴纳频率占用费后，方可按指定的频率在核定范围内（通过对功率的控制实现）发射信号。

再次，许可证还意味着禁止频率滥用。

国家不但禁止无许可证者使用频率，而且禁止获得许可证者未经许可任意处置获准使用的频段。《无线电管理条例》第 23 条规定，任何单位和个人未经国家无线电管理机构或地方无线电管理机构的批准，不得转让频率，禁止出租或变相出租频率。《关于进一步加强无线电频率和台站管理的规定》第 2 条也明确指出：严禁出租、转让或变相出租和转让频率及以频率入股的行为。因而取得许可证的用户，只有许可证所核定频率的使用权，而无处分权。这种使用权，根本上说是一种经营管理权，权利人只享有占有、使用、收益的权利。其收益权表现在申请获得批准，也就是使用权确定以后，使用者就享有排除他人占用该频段的权利，并通过对其利用而获取收益。① 但频率的所有权属于国家，表现为国家享有处分权及对资源的使用进行监督管理的权利。②

综上，对电台许可证而言，频率的国家所有使国家有权监督管理频率资源使用情况，许可证制度使得监督费用和对策费用小于私有化产权系统。这一因经营管理权的让渡而形成的契约系统使其脱离了不受法律约束的自然状态，使用者及社会各方面都因此而获益。事实上，大部分无线电频率的利用都涉及许可问题。比如无线寻呼、无线集群通信系统、无线数据通信系统、电视信号的传输等，都需要经过国家的许可。

二、无线电呼号

无线电呼号最早用于大海中的无线电通信，按其通信工作方式分为报呼和话呼两

---

① 许若群．无线电频谱法律调整研究．河北法学，2002（3）．

② 这一点和采矿权非常相似，但两者略有差异。采矿权是通过对其客体——矿产资源的直接消耗而获取收益的，而无线电频谱仅是作为载体、传送信息的工具被利用的，不是对它直接消耗以获得财富，它本身具有非耗竭性。

类；按电台性质分为海岸固定台呼号和船舶移动台呼号。船运业的发展，促使众多的船舶要求利用无线电通信来保障生产和安全。

一般的报呼指配分为国内和国际两种业务。国内的报呼，指航行于我国海岸线、内河的货船、渔船等，申办呼号时直接到当地无线电委员会办公室申请。办理国际船舶电台报呼呼号，需到当地无线电委员会办公室申请，批复后到交通部海上安全监督局办理电台执照。办理海岸电台报呼呼号须到当地无线电委员会规定审核，报省无线电委员会批复呼号。

目前关于报呼呼号使用存在的主要问题是有些船舶更名易主，但不按规定及时更换呼号，从而造成两艘船只共用一个呼号，这不但给管理带来差错，而且会引起航行事故。由于无线电通信尤其是短波通信，不受国境限制，任何国家、部门都可截收监听，因而加强对呼号的管理，规范统一的呼叫方式和日常勤务用语就更具有重要的意义。由此可见，管好用好无线电呼号，不仅仅是识别问题，而且能使通信准确迅速，保证生产安全和调度无误。

在无线电台呼号的核配中，一定要按"一台一呼"的原则。呼号由审批无线电台的无线电委员会办公室核配，设台使用单位不得擅自编制。管理部门要加强对已批呼号台站的监听，及时纠正不按规定使用的台站。① 只有对合法台站在通信中频率和呼号的使用进行规范，才能对不合法使用无线发射设备的用户快速识别，对违法行为进行打击。尽快抓好对呼号的核配和管理，是加强无线电管理工作的一个重要环节。

三、无线电设备

20 世纪 90 年代以来，随着无线电事业的不断发展，各种微功率（短距离）无线电设备的应用日趋广泛，在人们日常生活和经济建设中发挥着越来越重要的作用。为加强对微功率无线电设备的管理，防止微功率（短距离）无线电设备对广播电视、导航、移动通信等无线电业务产生干扰，维护空中电波秩序，确保各种无线电设备正常、有序地工作，除了颁布《无线电管理条例》外，原国家无线电管理委员会和信息产业部先后发布相关规定和办法，对在研制、进口和发射无线电设备等方面的管理进行了具体规定。

具体来说，目前我国无线电设备的管理主要包括无线电发射设备的管理、进口无线电发射设备的管理和微功率（短距离）无线电设备管理等几个方面的内容。

（一）无线电发射设备的管理

1. 无线电发射设备的定义

无线电发射设备，是无线电通信、导航、定位、测向、雷达、遥控、遥测、广播、电视等各种发射无线电波的设备，不包含可辐射电磁波的工业、科研、医疗设备、电气化运输系统、高压电力线及其他电器装置等。

2. 研制无线电发射设备的程序

研制无线电发射设备必须符合国家有关技术标准和无线电管理有关规定。具体来

① 杜民．谈谈无线电通信中的呼号管理．中国无线电管理，1996（5）．

说，研制无线电发射设备的程序主要有：

（1）研制单位必须提交研制申请表、研制单位主管部门批准文件、可行性报告及技术资料等相关文件。[①]

（2）国家无线电委员会办公室对申请表和相关文件进行审查。审查合格后，由国家无线电委员会办公室核发无线电发射设备研制核准批件，并抄送相关省、区、市无线电委员会办公室。

（3）研制完成后，应由相关科技管理机构根据国家科学技术委员会发布的科学技术成果鉴定办法或其他有关规定组织技术鉴定，该研制设备的技术指标应符合国家无线电委员会办公室核发的无线电发射设备研制核准批件的要求，其鉴定的文件、资料应报国家无线电委员会办公室和所在省、区、市无线电委员会办公室备案。

3. 其他管理规定

为维护空中电波秩序，防止有害干扰，确保无线电频率资源的有效利用，保障用户合法权益，严厉打击走私活动，相关法律还进一步规定了以下几个方面：

（1）国内外生产厂商对于标有“无线电发射设备型号核准证”的设备，不得降低其核准指标进行生产和销售；不得转让、涂改、伪造或冒用型号核准证。

（2）无线电管理局利用媒体将已获得型号核准的无线电发射设备目录向社会公布，并组织有关单位对已获得型号核准的无线电发射设备进行不定期抽检，抽检不合格的撤销其型号核准证及核准代码。

（3）未经无线电管理局型号核准和未标明其型号核准代码的无线电发射设备，不得在中国境内（不含港澳台地区）生产（以外销为目的除外）、销售、使用和刊登广告。

（4）未经无线电管理局型号核准或未标明型号核准代码的无线电发射设备，各无线电管理部门不予办理进口审批手续；不为其指配无线电频率和核发无线电台执照。

（二）进口无线电发射设备的管理

（1）凡向我国出口的无线电发射设备，外商须持有我国国家无线电管理委员会办公室核发的“无线电发射设备型号核准证”，设备须标明无线电发射设备型号核准代码。

（2）办理“无线电发射设备型号核准证”的程序如下：

① 由外国生产厂商或其指定的代理商向国家无线电委员会办公室提交“核准无线电发射设备型号申请表”及所申请无线电发射设备型号的有关技术性能、技术指标等资料。

② 国家无线电委员会办公室根据国家无线电管理规定和技术标准对该型号的无线电发射设备进行审查，并由国家无线电委员会办公室委托的检测单位对核准项目进行检测。

---

① 中央国家机关及其在京直属单位向国家无线电管理委员会办公室领取和提交申请表，其他单位向所在省、自治区、直辖市无线电管理委员会办公室领取和提交申请表，经省、区、市无委办公室提出意见后转报国家无线电委员会办公室。

③ 经审查合格的设备，由国家无线电委员会办公室核发“无线电发射设备型号核准证”及核准代码。

另外，对每一个无线电发射设备型号核发惟一的核准代码，若因采用新技术等原因而改变了已经核准设备型号的性能或主要技术参数，则该设备型号须重新办理“无线电发射设备型号核准证”。

（3）进口无线电发射设备按以下程序办理进口审查手续：

① 进口单位在向国家及地区、部门机电产品进口管理机构申报“机电产品进口申请表”前，应将该申请表及有关技术资料报国家无线电委员会办公室或所在省、自治区、直辖市无线电管理委员会办公室及其委托的派出机构（以下简称当地无线电委员会办公室）审核。

② 国家及地区、部门机电设备进口管理机构在受理进口无线电发射设备申请时，将国家或当地无线电委员会办公室的审核意见作为办理进口手续的依据，并核发“机电产品进口证明”或“机电产品进口登记表”，进口单位方可对外签订进口合同。

③ 根据对外贸易主管机关有关承担、代理进口项目的规定，进口单位须到外贸主管机关办理进口项目的有效登记手续。所签的技术、设备进口合同报外贸主管机关和其授权部门审批后生效。

④ 若出口无线电发射设备的国家政府要求我国政府出具《最终用户和最终用途说明》，进口单位根据有关规定到外贸主管机关办理手续，并须附有与进口设备一致的“无线电发射设备型号核准证”。

⑤ 在设备入关前，进口单位应填写“无线电设备进关申报表”，并附有“机电产品进口证明”或“机电产品进口登记表”及进口合同报国家或当地无线电委员会办公室审核同意后，核发给进口单位“无线电设备进关审查批件”第一联。当地无线电委员会办公室核发“无线电设备进关审查批件”的第二联报国家无线电委员会办公室备案。

⑥ 各海关根据“机电产品进口证明”或“机电产品进口登记表”和“无线电设备进关审查批件”第一联放行。对于分批到货的设备，予以依次核销。

海关放行后，进口单位应在1个月内将一定比例的进口设备送交国家无线电委员会办公室或省、自治区、直辖市无线电委员会办公室委托的检测单位，对核准项目进行检测。设备体积过大不能送检的，可进行现场检测，或由生产厂商提供国外检测机构的检测报告经办理进口审查批件的无线电委员会办公室认可。检测不合格的设备，按国家有关进口管理规定处理。

（4）办理无线电发射设备进口审查及核发“无线电设备进关审查批件”还要有一定的权限。具体权限如下：

① 中央国家机关（含直属单位）及其批准、组建的中外合作经营企业、中外合资经营企业及外资企业，全国范围或跨省组建的企业集团、公司进口无线电发射设备，由国家无线电委员会办公室负责办理。设在北京地区以外的上述单位，也可由所在省、自治区、直辖市无线电委员会办公室负责办理。

② 地方各单位及由地方政府批准、组建的中外合作经营企业、中外合资经营企业

及外资企业进口无线电发射设备，由所在省、自治区、直辖市无线电委员会办公室或其委托的派出机构负责办理。

（三）微功率（短距离）无线电设备管理

1. 微功率无线电设备的定义

微功率无线电设备是指符合《微功率（短距离）无线电设备管理暂行规定》附件①中各项技术要求的无线电设备。

这些设备根据技术标准的不同分为：（1）通用微功率（短距离）无线电发射设备；（2）通用无线遥控设备；（3）无线传声器和民用无线电计量仪表等类型设备；（4）生物医学遥测设备；（5）模拟式无绳电话机；（6）2.4GHz 频段数字无绳电话机；（7）起重机或传送机械专用无线遥控设备；（8）工业用无线遥控设备；（9）无线数据传送设备；（10）电子吊秤无线传输专用设备；（11）各类民用设备的无线控制装置；（12）模型、玩具无线电遥控设备；（13）公众对讲机；（14）车辆测距雷达。

2. 微功率无线电设备使用的具体要求

（1）微功率无线电设备的使用不得对其他合法的各种无线电台站产生有害干扰。如产生有害干扰现象时，应立即停止使用，并设法消除有害干扰后方可继续使用。

（2）使用微功率无线电设备必须避让或忍受其他合法的无线电台站的干扰或工业、科学及医疗应用设备的辐射干扰，遇有干扰时不受法律上的保护，但可向当地无线电管理机构报告。

（3）使用微功率无线电设备不需办理无线电电台执照手续，但必须接受无线电管理办事机构对其产品性能指标进行必要的检查或测试。

（4）微功率无线电设备必须装在完整的机壳内，其外部的调整或控制装置仅用于在型号核准的技术指标范围内进行调整或控制。

凡未经国家无线电管理机构型号核准的微功率无线电设备，不得在中国境内生产、销售和使用。已经国家无线电管理机构型号核准的微功率无线电设备，任何厂商和用户不得擅自更改使用频率、加大发射功率（包括额外加装射频功率放大器），不得擅自外接天线或改用其他发射天线，或改变原设计特性及功能。

四、无线电频率使用权的保护

（一）无线电频率的定义

无线电频率，是指 3000GHz 以下的可以被利用来为社会创造财富的无线电磁波。就其本质而言，它是一种在一定条件下可以重复利用的，不可消耗的人类共享的宝贵自然资源。② 无线电频率资源，从自然属性上，属于非耗竭性资源，它可以在不同的时间、空间和频率上进行复用，但就某一频段和频率而言，在一定区域、一定时间和一定

---

① 资料来源：中华人民共和国工业与信息化部政府网：http://search.miit.gov.cn:8080/gips/contentSearch?id=12330761，2009 年 9 月 1 日。

② 根据研究的目的和不同的开发利用与保护要求，自然资源可分为耗竭性资源和非耗竭性资源。非耗竭性资源，又称无限资源，是指只要地球、太阳、月亮等天体还存在就会源源不断地供人类利用的资源。

技术条件下利用又是有限的。因此，无线电频率资源是非耗竭性的、有限的自然资源。

无线电频率资源的重要性是随着人类社会的发展和科学技术的进步而逐渐显现出来的。1895 年，马可尼利用电磁波传递电报码的试验获得成功的时候，无线电业务还没有多少人知道。100 年来，技术进步推动了无线电业务的推广。在信息化时代，信息沟通和共享成为信息社会的基础，无线电应用具有了前所未有的重要性。过去人们谈到信息网络的时候，多是指由光缆、电话线等构成的有形网络。今天，由于卫星技术、电子射频识别技术和移动通信技术的发展，网络越来越多地基于无形的无线电波来构建。也就是说，电信领域移动取代固定的趋势，正在向信息领域无线取代有线的趋势扩展。特别是“泛在网络”[①]概念的提出，描绘了信息化社会“覆盖无所不在、连接无所不包”的远景，而要实现这一远景少不了无线电技术的应用。从这个意义上说，如果能源是工业时代的血液，那么无线电频谱资源的应用，正在和其他传输介质一起构建着未来信息时代的神经系统。

仅以现在已经开展的应用来说，无线电频谱资源的重要性日益突显。首先，它涉及国家主权和国家利益。随着科学技术的发展，无线电资源已经成为各国和各种力量争夺的焦点之一，关系到国家主权和利益。其次，它涉及国家的安全，这包括国家内部的安全，也包括国防安全。第三，它涉及人民群众的生命财产安全，这在交通运输、生产调度和抢险救灾方面显得尤为突出。第四，它已成为经济建设和社会发展的不可缺少的重要资源，是现代社会特别是信息社会得以发展的重要因素。正是由于无线电频谱资源具有如此重要的战略作用和地位，因而它成为各国政府高度重视的资源，即便在私有制为主体的国家，频谱资源也属于国家所有。

（二）频率使用权的物权效力

频率使用权从法律性质上属于新型用益物权，原则上亦应具有物权效力，但因其具有特殊性，在物权效力方面呈现出其特色。

1. 频率使用权的排他效力

排他效力，指在同一标的物上，不能同时成立两个以上内容互不相容的物权。具体到频率使用权，应当分别考察其与频率所有权、其他频率使用权、在频率上设定的抵押权、质权共存的可能性。

（1）频率使用权与频率所有权。频率使用权属于频率所有权的派生权利，频率所有权是频率使用权的基础，二者可以同时存在。

（2）频率使用权与其他频率使用权。这里所讲的其他频率使用权，是指同一频段的频率使用权。无线电频率具有不同区域、同一区域不同时间复用的特性，因此，对于不同区域、同一区域不同时间的同一频段的频率使用权，共存没有问题。而如果是同一区域同一时间的同一频段上成立两个或两个以上的频率使用权，必然会造成相互间的有害干扰，从而无法实现共存。

---

① “泛在网络”字面上来讲就是无所不在的网络，有两层重要含义，第一层含义就是随时随地的网络；第二层重要含义就是网络的应用，网络的通信是超越了人与人的通信，所以就出现了人与物的通信，物与物的通信等等。

(3) 频率使用权与频率上设定的抵押权。从目前的法律规定来看，对于频率资源以及频率使用权，能否成为抵押物没有明确规定。但为了实现频率资源使用权流转，促进频率资源合理有效利用，允许频率资源以及频率使用权成为抵押物乃大势所趋。而从理论上讲，设定抵押权并不转移占有，因此，频率使用权可以与抵押权共存。

(4) 频率使用权与质权。质权需要转移占有，而频率使用权也以占有为前提，故频率使用权与质权无法共存。由于无体物难以实际交付，因此无法按照动产交付移转的规则，那么是采用类似于不动产登记移转方式，还是另辟蹊径，值得研究。

2. 频率使用权的优先效力

物权的优先效力不仅指物权优先于债权，也指物权相互之间的优先权。

(1) 频率使用权优先于债权的效力。通常情况下，在同一频段的频率上既存在频率使用权，又存在债权，无论其成立时间如何，频率使用权都具有优先的效力。但"买卖不破租赁"的例外是否适用于频率使用权，需要进一步分析。"买卖不破租赁"规则的价值在于维护租赁关系的稳定，保护承租人的利益。① 而承租人从频率使用权人承租频率使用权，必须投入大量资金购进无线电设备作为使用频率的物质载体，在租赁期限尚未届满时，频率使用权人转让其频率使用权，势必造成承租者的经济损失。所以，"买卖不破租赁"规则应适用于频率使用权。

(2) 频率使用权与其他物权之间的优先效力。这里存在两种情形。一种是难以共存于同一段频率的物权之间，一旦设立频率使用权，就排除设立其他物权的可能性，这一效力既可理解为频率使用权的优先效力，同时也是前述排他效力。另一种是可以与频率使用权共存的其他物权，在此情形下，通常按照时间在先原则确定物权的优先性，但定限物权优先于所有权为例外。因为绝大部分物上都是先成立所有权，而后成立定限物权②，定限物权通过享有优先效力，才能对所有权给予限制。因此，频率使用权对频率所有权具有优先效力，并且对设立时间在后的其他物权具有优先效力。

3. 频率使用权的追及效力

物权的追及效力，指物权成立后，其标的物不论辗转入何人之手，物权人均得追及物之所在，而直接支配其物的效力。

就频率使用权而言，由于频率资源无体物的特性，排他性的实际占有对使用权人而言十分困难。因此，在实践中盗用、非法占用他人频率的现象非常普遍。通常情况下，都是频率使用权人向无线电管理部门报告，由无线电管理部门进行行政协调或处理。盗用或非法占有者存在违法行为，无线电管理部门可以依法给予行政处罚。也就是说，实践中频率使用权被他人占用，多是采取行政手段加以解决，频率使用权人处于消极被动地位，不利于其合法权益的保护。确认频率使用权的追及效力，使得频率使用权人可以主动参与问题解决，及时恢复对频率资源的占有和使用。

---

① 王利明，易军．改革开放以来的中国民法．中国社会科学，2008 (6)．

② 定限物权又称限制物权，它是在所有权的基础上产生的，权利人基于与所有权人的合意或者法律规定而取得了对物进行直接控制的某些权能。定限物权是在他人所有的物上设定的物权，因此也成为他物权。定限物权包括用益物权和担保物权。这是依据权利人对标的物所支配的内容为标准对定限物权所进行的区分。

4. 频率使用权的物权请求权

物权请求权，是指物权的圆满状态被妨害或有被妨害之虞时，物权人为排除妨害或防止妨害发生，得对现为妨害或将为妨害之人请求为一定行为之权利。从其内容上讲，包括排除妨害的请求权和预防妨害的请求权，终极目标是恢复物权的圆满状态。[①] 因此，当频率使用权人使用的频率资源遭受妨害或者受到妨害威胁时，可以行使物权请求权，径行要求致害人或者潜在致害人排除妨害或者妨害威胁。

（三）有效实施频率使用权的行政许可

行政许可也就是通常所说的"行政审批"，行政许可法规定了设定行政许可的事项范围、设定行政许可说明制度。淡化前置审批，强化事后监管，提供优质服务，是无线电管理部门需要解决的问题。

1. 建立集中行政许可体制

《行政许可法》第25条规定了相对集中行政许可权制度，经国务院批准，省、自治区、直辖市人民政府根据精简、统一、效能的原则，可以决定一个行政机关行使有关行政机关的行政许可权。我国目前的无线电管理体制存在着严重的不足，军用和民用各自独立管理，中央和地方没有直接隶属关系，既有部门管理又有委托管理。这种纵横交错、条块分割的管理体制，不仅使宝贵的频率资源得不到合理有效利用，而且难以做到公平、公正，相互之间矛盾时常发生，协调起来十分困难，致使管理效率低下，严重影响和制约了无线电管理事业的发展。无线电波传播不受地域或时空限制，我们要遵循无线电波的传播规律，改变目前全国无线电管理机构条块分割、纵横交错、职能混淆、相互扯皮的现状，建立起全国集中统一的实施无线电行政许可体制。

2. 改革实施行政许可机制

《行政许可法》第12条规定了可以设定行政许可的事项，其中包括第（二）项规定的有限自然资源开发利用、公共资源配置以及直接关系公共利益的特定行业的市场准入等需要赋予特定权利的事项。第53条规定实施该事项的行政许可，行政机关应当通过招标、拍卖等公平竞争的方式作出决定。特许是由行政机关代表国家向被许可人授予某种权利。其功能主要是分配稀缺资源，控制数量。由此可见，无线电频率许可是典型的特许，所以频率资源配置要以市场需要为导向引入竞争机制，采取公开招标、拍卖等公平竞争方式，积极探索多种频率资源分配方式。当然，在充分发挥市场资源配置的同时，坚持行政审批指配频率的制度仍是必不可少的，只有二者结合起来，才能使有限的频率资源发挥出最大的效益。[②]

3. 规范实施行政许可行为

行政许可设定和实施应当依照法定的权限、范围、条件和程序，行政许可实施应当遵循公开、公平、公正的原则、便民原则、合法权益保护原则、信赖保护原则。要完善现有的审批程序，建立健全合理合法、简便规范、科学严谨的行政审批程序，对审批程序中的受理、审核、集体讨论、召开听证会、检测验收、实地核查、审定等审批环节，

---

① 祁锋．无线电频谱资源纳入《中华人民共和国物权法》保障范围解读．中国无线电，2007（4）．

② 解丽华．认真学习《行政许可法》有效实施无线电频率行政许可．中国无线电，2004（1）．

规定相应的标准、条件、责任、权限、时限。建立地理信息、电磁环境数据库，完善监测系统软件和台站数据库，及时进行空中电波监测和现场测试，为科学、快速指配频率提供技术依据。建立频率资源数据库，运用数据库，利用分析等方法科学分配资源，并依据频率占用度，高效率利用频率。

4. 完善行政许可监督机制

行政许可法就强化监督和法律责任作了明确规定。上级行政机关应当加强对下级行政机关实施行政许可的监督检查，及时纠正行政许可实施中的违法行为。行政机关应当建立健全监督制度，通过核查反映被许可人从事行政许可事项活动情况的有关材料，履行监督责任。同时行政许可法规定了行政许可决定过程中的法律责任和对被许可人的监督责任。加快无线电立法，加大监管力度，加强无线电监测、监听的基础技术设施建设，加快无线电管理信息网和监测网建设，日常监听监测工作做到规范化、程序化、制度化，充分发挥其作用，不断完善技术和法律监督手段，实现监管手段的高新化、自动化、法制化。

五、无线电管制

无线电管制是无线电管理工作的重要内容，是为保障国防安全、战前准备、科学实验及国家重要活动时所需的电磁环境而进行的特殊无线电管理工作。①《无线电管理条例》第24条规定，因国家安全和重大任务需要实行无线电管制时，管制区域内设有无线电发射设备和其他辐射无线电波设备的单位和个人，必须遵守有关管制的规定。无线电管制不是一般意义的无线电管理工作，而是涉及国家安全和重大任务的无线电管理活动。自从《无线电管理条例》颁发以来，我国已经在不少地区、不少场合实行过无线电管制，比如2008年奥运会和残运会期间，北京分时段进行了无线电管制。再如2009年国庆庆典期间，在天安门广场及其周边地区实行了阶段性无线电管制。从管制的实践来看，多数比较顺利，但也存在无线电管制过程中十分费力的情况，主要原因就是擅自设置无线电台。

（一）无线电管制的概念

无线电管制，是指在特定的时间、区域、频段范围内，对全部或部分无线电发射设备及其他辐射无线电波的非无线电发射设备使用，所采取的一种强制性行政管理措施。无线电管制的主要方式是保持无线电静默，即停止管理范围内所有设备的无线电发射。国家在战时或者平时保障重大任务、处置突发事件等情况下，可以依法在特定的时间、区域、频段范围内实施无线电管制，对无线电发射设备和辐射无线电波的非无线电设备的使用实施强制性管理。

实施无线电管制时，管制范围内任何拥有或者管理以及使用无线电发射设备和辐射无线电波的非无线电设备的组织或者个人，必须遵守无线电管制规定。

在全国范围内或者跨省、自治区、直辖市实施无线电管制，由国务院、中央军事委员会决定；在省、自治区、直辖市范围内实施无线电管制，由相关军区和省、自治区、

① 谢星航. 无线电管制的组织与实施. 中国无线电，2007（4）.

直辖市人民政府决定，并报国务院、中央军事委员会备案。为了减少和平时期实施无线电管制对国民经济建设和正常社会生活的影响，施行管制的范围（地域、频段、时间）要尽量缩小，以便尽可能降低由于实行管制给其他方面带来的损失。

（二）无线电管制的组织和实施

无线电管制是一项复杂的系统工程，也是对无线电管理工作的综合检验。它需要在尽可能短的时间内调集各种人力、物力资源，合理分配、精心布局，团结协作，高质高效地完成大量的无线电管理和无线电监测工作，无线电管制的组织是实施无线电管制的重要环节，包括调集资源、制订方案和管制预备等阶段。

在管制实施过程中着重抓好以下几个方面：参与主体应绝对服从无线电管制指挥中心的指挥；参与主体要严格按照各自的无线电管制操作规程运作；要及时向指挥中心通报自己的方位；管制中出现的各种突发情况要及时向指挥中心汇报，按指示处理，处理结果及时反馈；指令及汇报要简单明了，信息传递要畅通，人员必须按时全部到位；技术监控要及时准确，陆、海出入口把控要落实；执行分队行动要快速有效。为了最大限度减小无线电管制给人们生活带来的不便，减少各方面的损失，在管制结束后，应尽快解除管制。

无线电管制的解除有两种方式：

一是预定解除。预定解除即是按管制令规定的时间，到时自动解除管制，不另行通知。

二是通知解除。即在完成任务后，发布管制解除令解除。解除令可采用向社会广播、对重点单位通知等方式进行。在分工时必须明确专人落实，避免遗漏。

无线电管制既是无线电管理部门的业务职责，也是一个多部门、多层次、多阶段的协作项目，因此必须要取得当地政府、部队的重视和支持；要做好本系统内外和部门之间的沟通、协作；管制方案要细致、具体和可操作；人员分工要明确，职责要清楚；资料要完备；信息传递要及时、准确；会议要简短，主题要明确，下达任务要清楚；后勤保障要到位等。

附：2008年8月4日北京市人民政府《关于北京奥运会残奥会期间在部分区域实施局部无线电管制的通告》（京政发［2008］36号）

为保障2008年北京奥运会、残奥会期间各类无线电设备的正常运行，根据《中华人民共和国无线电管理条例》及《北京市无线电管理办法》，经国务院、中央军委批准，市政府决定，奥运会及残奥会期间在部分区域实施局部无线电管制。现就有关事项通告如下：

本通告所称无线电管制，是指在特定时间和特定区域内，依法对无线电波的发射和辐射实施强制性管理，对非奥运会使用的其他无线电台（站）及辐射无线电波的大型机电设备予以禁止或限制使用。管制期间，在管制区域内除经无线电管理机构批准、直接用于奥运会及残奥会的无线电台（站）外，其他设置、使用无线电台（站）的单位和个人必须遵守以下规定：

一、8月8日12时至9月18日0时

（一）除房山区、门头沟区外，本市其他区域停止使用400MHz频段的便携式和车载式业余无线电台、各类航海航空和车辆模型无线遥控设备、校园调频广播电台。

（二）在全市范围及本市周边100公里以内设置的广播电视、雷达、短波等无线电台（站），应严格按核定发射功率、天线高度等技术参数发射，不得改变。

（三）所有奥运场馆周边1公里范围内，停止使用无线扩频室外台站、非法架设的室外无线局域网（WLAN）基站。

（四）所有奥运场馆周边500米范围内，停止使用辐射无线电波的大型机电设备。

二、8月8日12时至8月9日0时、8月24日12时至8月25日0时、9月6日12时至9月7日0时、9月17日12时至9月18日0时

（一）在东至朝阳区阜通东大街、南至东城区张自忠路、西至海淀区新村街、北至朝阳区洼里三街的区域内，停止使用公众对讲机、调频对讲机、调频车载台、工业无线遥控设备、无线传声器（无线话筒）。

（二）在东至朝阳区南影路、南至长安街、西至海淀区苏州街、北至昌平区太平中街的区域内，停止使用调频固定台（基台、中继台）、SCDMA无线接入设备。

（三）路由经过奥林匹克中心区的数字微波系统，不得改变已核定发射功率、天线高度等技术参数。

三、8月9日9时至16时、8月10日12时至17时、8月13日10时至17时30分、8月18日8时至12时

在公路自行车赛和马拉松赛沿线左右各5公里范围内，停止使用公众对讲机、调频对讲机、调频车载台、工业无线遥控设备、无线传声器（无线话筒）、调频固定台（基台、中继台）、SCDMA无线接入设备。

四、管制期间，在上述管制区域以外的无线电发射设备，如对直接用于奥运会及残奥会的无线电台（站）产生干扰，应按照无线电管理机构的要求，立即采取措施消除干扰。

五、违反本通告规定的（投诉举报电话：010－84255708），由无线电管理机构按照国家及本市有关规定依法处理，构成犯罪的，移送司法机关依法追究刑事责任。

特此通告。

第三节 卫星轨道位置管理制度

卫星轨道位置资源，是指用于电信业务的卫星空间轨道位置，主要包括静止轨道和非静止轨道的空间位置资源。近年来，卫星轨道位置管理制度的理论与实践飞速发展，已经成为了电信法的一个重要研究方向。

随着科技的进步和经济的发展，以及国际间的合作与交流的日益频繁，传统的卫星轨道位置管理制度面临着新的挑战。更由于卫星轨道资源是一种重要的稀缺战略资源，处于任何国家的领空范围之外，所以也是全人类共有的国际资源。卫星轨道和无线电频

率一样，是一种天然资源，不因使用而消耗枯竭。但是，它又是有限的，而人们对卫星业务的需求越来越多，因此，如何有效利用卫星轨道并加强其管理，就显得非常重要。另一个方面，卫星轨道位置资源是卫星业务开发者的一项根本性任务，随着卫星应用重要性的不断提高，围绕卫星轨道资源的争夺也日趋激烈。在我国上空静止轨道上的卫星数量已经饱和，想要再争取到一个新轨道位置非常困难。

一、国际卫星轨道位置的发展

1957年10月苏联成功发射第一颗人造卫星，揭开了人类历史由地球迈向太空的第一页。此后短短半个世纪里，人类的外空探索活动突飞猛进，取得了辉煌的成就。人类不仅成功登陆月球，而且还将研究的触手伸向火星等更为遥远的星球。截止到2006年底，环绕地球飞行的各类人造物体，包括人造卫星、航天飞机、国际空间站、空间实验室等接近6 000个。人类在外空取得的成就，让人们的日常生活受益，如卫星电视和卫星通信，外层空间已成为人类新的关注点。[①]

协调各国利用卫星轨道资源的规范主要来自外层空间法，其是调整各国探测和利用外层空间活动的国际法原则和规则的总和。空间法所调整的主要是国家间的关系，包括国家与国际组织的关系，规定的是国家的权利和义务。其作用主要是通过制订共同遵守的原则和规则，规范各国的空间活动，调整各国在探测和利用外层空间中的权利义务关系，并通过各国政府规范和调整非政府实体和个人的空间活动，建立公正合理、有章可循的空间法律秩序。[②] 这其中，如何建构卫星轨道位置的管理制度尤为重要。

国际电联关于使用频率和卫星轨道位置一直采用“先登先占”制，即先登记先发射卫星者享有优先权。这显然有利于发达国家，不利于发展中国家。经过广大发展中国家的努力，1977年电联行政大会上制定了卫星广播的世界性规划，对“先登先占”制突破了一个缺口。在规划中，不管国家大小，也不管这些国家有没有能力发射卫星，每个国家都一律得到了轨道/频率。[③] 这种方法是最为行之有效的方法，充分体现了合理性，使有限的频谱资源能得到经济有效的使用。近几年来，发展中国家又一直要求对固定卫星通信也制定世界规划。

为了调整人类的外空活动，联合国一直十分重视进行卫星轨道位置管理的立法，搭建了包括卫星轨道的位置管理在内的外层空间法的体系。外层空间法体系包含五个重要的条约：外空条约、登记公约、责任公约、营救协定和月球协定。这些条约不仅确立了人类外空活动的基本原则，还就一些具体问题进行了规定，如外空物体导致损害的赔偿责任问题、外空物体的登记问题等。但是，由于不同国家存在不同的利益出发点，卫星轨道位置立法面临着许多现实的问题和挑战。[④]

---

① 薄守省．外层空间法五大条约的现状及面临的挑战．北京航空航天大学学报：社会科学版，2009（1）．

② 黄惠．世纪之交空间法的回顾与展望．中国航天，2000（9）．

③ 朱三保．卫星通信和卫星广播的应用及其轨位/频率资源的管理．http：//www.devdao.com/Article/7598.htm，2009年09月01日．

④ 薄守省．外层空间法五大条约的现状及面临的挑战．北京航空航天大学学报：社会科学版，2009（1）．

二、国际条约和国内立法

卫星资源位置管理制度是协调、分配和使用卫星资源的基本依据和准则，包括国际法规和国家法规两大部分。遵循这些法规，是合理有序管理卫星资源的必要前提。

卫星资源位置的分配应遵守的国际法规，主要包括联合国《外层空间宣言》、《外层空间条约》、《国际电信联盟组织法》、《国际电信联盟公约》及《无线电规则》、《程序规则》、《建议书》等。根据国际法规，各国拥有和平探索和利用外空活动的权利，卫星资源位置是有限的自然资源，必须平等、合理、经济、有效地使用，应采用有效的干扰控制机制以充分利用频率和轨道资源。

我国卫星资源位置管理制度主要有《无线电管理条例》、《无线电频率划分规定》、《卫星网络空间电台管理规定》、《建立卫星通信网和设置使用地球站管理规定》等。自从我国加入空间开发的国际公约以来，随着我国卫星业务发展的不断深入，国内法规对加强卫星频率和轨道资源科学规划和合理利用，维护我国卫星频率和轨道资源的合法权益，发挥着越来越重要的作用。其中《无线电频率划分规定》参照并遵循《无线电规则》，对各种无线电业务包括空间业务使用的频段作了划分规定，是我国最重要和最基本的频率管理政策文件，是国家进行无线电频率中长期规划的依据。

三、卫星轨道位置管理当前面临的挑战

当前的外空商业利用涉及许多国家，形式也多样。有的是单个国家独自进行，有的在区域性组织内展开合作，还有的采取较大规模的国际性合作。现在，世界各国的空间发射中有相当部分都是为了商业目的而进行的；与此同时，各国也展开了争夺商业发射市场的竞争，空间商业活动受到了在技术上领先的空间大国的鼓励和支持。空间商业应用主要包括发射服务、卫星通信、卫星直播、地球遥感、气象服务、导航定位服务、空间制造、星际采矿、空间旅游等。这不可避免会对卫星轨道位置的管理提出新的要求。

这一市场的竞争已异常激烈，牵涉到的政治、经济、科技因素极为复杂。发射服务提供国之间经常就这一市场是否存在公平的竞争展开争论。另外，发射服务合同当事方之间的权利、义务关系也很复杂。考虑到发射安全问题，现在的发射服务大多都附加了保险合同。可见，一次成功的发射其背后涉及众多的因素，如何使发射服务有序竞争，发射纠纷顺利解决还有待空间发射提供国进一步协商达成一致意见。如何保障开拓者的特殊利益要求、如何满足发展中国家的需求是未来空间条约面临的挑战。[①]

随着空间商业化活动的日益增多，制定保护与空间活动有关知识产权的法律显得非常必要。当前，关键问题是现有的版权法可否适用于与卫星相关的领域，亦或应制定全新的国际法来保护外层空间利用所涉及的知识产权。这些问题体现在卫星直播、对地遥感和空间制造业方面最为突出。在外空活动商业化和私有化不断加强的情况下，外空活动中的知识产权问题日渐凸显。随着空间技术的进步、发展和普及，外空遥感、卫星直播、微重力环境下的研发和制造以及太空旅游等日益活跃。民间私营机构、企业和实体在外空活动中将扮演重要的角色。这些非政府实体更注重它们有形和无形的财产。因

① 蒋新．外层空间法的源起及面临的挑战．理论界．2006（3）．

此，赋予外空活动中智力成果的创造者以专有权，能够激励私人和民间机构积极参与外空活动的投资，进而对未来外空技术的总体发展产生深远影响。随着国际空间站的建设，多国投资者参与的外空活动需通过国际合作才能顺利开展。由于知识产权严格的地域性，各国关于知识产权保护的某些原则和具体规定不同，导致各国间知识产权法适用上的冲突。因此，国际社会必须就外空活动中知识产权保护问题达成一致，包括知识产权的归属及权利许可、受法律保护的信息和商业秘密以及争议的管辖等等。外层空间技术发展所带来的新商机对现行知识产权法提出挑战。例如，外空发明创造成果的归属或专利权的保护，外空活动中获得数据的著作权保护，外空环境下培育的植物新品种的保护等。此外，随着太空运输技术的发展，普通民众的外空旅行也会涉及知识产权问题。按照国际外空法的基本原则，探索和利用外空应为世界各国谋福利，各国均享有平等自由地探测和利用外空的权利，并不得将探索成果据为己有。这些原则亦适用于私人参与的外空活动。然而，不管是国家还是私人，从外空活动中获得的知识和信息，通常应得到知识产权法的保护。因此，为了使全人类的外空整体利益与外空活动中知识产权权利人的个体利益相协调，以促进外空的开发和科技的进步，需要发挥知识产权制度的利益衡平功能。

目前，由于知识产权国际公约和相关的国际外空法均未明确规定外空智力成果的知识产权归属与保护，加之知识产权的地域性和专有性与外空人类财产的共享性相冲突，导致外空活动中的知识产权保护存在一定困难。为此，有必要解决知识产权法与外空法之间的冲突与协调、知识产权法的适用和实施、智力成果的知识产权归属、卫星遥感数据和卫星直播中的知识产权保护、植物新品种的保护、外空技术强制许可等问题。[①] 其他如卫星通信所涉及的地球静止轨道资源的分配，地球遥感涉及的受感国主权和遥感数据信息的获取与公开等问题，虽然可以说是老问题，但亦有新发展，对未来的国际空间法也提出了新的挑战。

四、建立完善的卫星轨道位置管理分配机制

卫星轨道位置管理，通常要涉及到其他国家、国内其他部门及其他无线电业务，是一项复杂而又时限严格的工作，需要严格遵守联合国《无线电规则》等规定的卫星网络申报、协调和通知阶段的时限，以及时获得所需的轨道资源。

1. 协调法和规划法

根据《无线电规则》，卫星频率/轨道分配规范主要有两类：一是协调法，即通过申报与协调的手段合法地“先登先占”，即对于非规划频段的卫星频率/轨道分配，需经过申报、协调和通知三个阶段，以获得所需要的卫星频率/轨道，并且能得到国际保护。二是规划法，即通过规划的手段“平等”分配、规划卫星业务资源，具体程序按《无线电规则》第 5 条、第 9 条及第 11 条，以及附录 30、30A 及 30B 进行。

2. 协调法第一阶段：提前公布资料

第一阶段为卫星网络提前公布资料阶段。《无线电规则》第 9 条第 I 节规定，卫星

---

① 郑友德．论外层空间活动中的知识产权．法学．2006 (11)．

网络申报需要提前向无线电通信局报送关于卫星网络或卫星系统的一般性说明资料。网络申报的基本内容包括轨道、波束、频段、极化、业务类别、发射类别（带宽、信号强度）、应用类别、要求的保护比等。这一阶段是协调和通知阶段前的必经阶段。资料应不早于该网络规划启用日期前 7 年，最好不迟于该日期前 2 年。

3. 协调法第二阶段：协调

第二阶段为卫星网络协调阶段，其协调程序按《无线电规则》第 9 条第Ⅱ节进行。申请国必须在资料被接收后的 2 年内，按《无线电规则》附录 4 的要求提交详细的卫星网络资料。有协调要求的主管部门和发起协调要求的主管部门，在资料公布之后 4 个月内给相应主管部门做出同意或不同意及理由的答复，否则就视为同意。

4. 协调法第三阶段：通知登记

第三阶段为卫星网络通知登记阶段，其通知程序按《无线电规则》第 11 条及决议 33 进行。第 11.25 款规定，通知资料送交的时间不应早于频率指配投入使用日期前 3 年，所有通知信息将做进一步的技术和规则验证。[①] 经审查合格后，该频率指配才可以记录在国际频率登记总表内。此后的其他各主管部门新建的卫星网络不得对其产生有害干扰，即使受到它的干扰也不得提出申诉。

总之，冷战时期制定的关于卫星轨道位置管理制度的国际和国内法，是在强调单个国家独立自主地实施空间计划的大背景下完成的。然而，竞争与合作可以共存。如今，由单个国家完成的人类壮举，如阿波罗登月计划和和平号空间站计划，已经让位于多国合作取得的成就，如国际空间站计划。在全球化到来的时代，国际空间合作已经从国与国之间的横向联合转变为既有横向又有纵向的多角度联合，即资源共享和空间计划有目的的整合。当前，空间活动商业化气息日益显著，随之而来的是空间环境渐趋恶化。如何应对这些挑战，进而进一步完善卫星轨道位置管理制度，是国际社会需要共同面对的问题。

第四节　电信网码号管理制度

电信码号资源是属于国家所有的、用于实现电信功能的用户编号和网络编号资源。公平合理地分配码号资源，规范有序地使用码号资源，科学高效地管理码号资源，是维护电信用户利益，保障电信市场公平有效竞争，促进电信事业繁荣发展的重要条件。随着电信市场逐步开放，电信业务的迅猛发展，在多运营商的市场竞争环境下，我国电信网码号资源的稀缺进一步加剧。为了有效缓解电信网码号资源紧缺局面，合理配置资源，需要完善管理制度。电信网码号资源是电信运营商利用电信网络从事电信业务经营、参与电信市场竞争的基础性资源。

一、电信网码号的概念和范围

电信网码号，是指由数字、符号组成的用于实现电信功能的用户编号和网络编号。

---

① 蒋春芳．卫星频率及轨道资源管理探究．中国无线电．2007（1）．

电信网码号必须依附于编号计划和网络技术标准才具有意义。离开编号计划和网络技术标准，单个码号仅仅是无意义的数字或字母。国际标准对电信网码号的长度、结构、使用方式等都作了规定，并且在一个相当长的期间内保持稳定。[①] 这就决定了电信网码号是一种有限的资源，并和其他资源一样具有使用价值和稀缺性。

随着电信市场逐步开放，在多运营商的市场竞争环境下，码号资源的稀缺性进一步加剧。一是绝对的稀缺性加剧。电信技术的发展促进各种新业务层出不穷，对业务接入码和用户号码的需求大量增加。二是相对的稀缺性加剧。由于人们对“特殊”号码的偏好，无论电信运营商、办公用户还是普通消费者，都希望得到短号码或者具有特殊意义的号码，甚至争抢同一个号码，使部分特殊号码更加紧缺。

电信网码号主要包括固定电话网码号、移动通信网码号和数据通信网码号、信令点编码等。

（一）固定电话网码号

（1）长途区号、网号、过网号和国际来话路由码；

（2）国际、国内长途字冠；

（3）本地网号码中的短号码、接入码、局号等；

（4）智能网业务等新业务号码。

（二）移动通信网码号

（1）数字蜂窝移动通信网的网号、归属位置识别码、短号码、接入码等；

（2）卫星移动通信网网号、归属位置识别码、短号码；

（3）标识不同运营者的代码。

（三）数据通信网码号

（1）数据网网号；

（2）网内紧急业务号码、网间互通号码；

（3）国际、国内呼叫前缀。

（四）信令点编码

（1）国际 No. 7 信令点编码；

（2）国内 No. 7 信令点编码。

另外，信息产业主管部门可以根据电信技术、业务和市场的发展需要，对码号资源的管理范围进行调整。

在我国，通常由国家信息产业主管部门负责全国码号资源的统一管理工作。省、自治区、直辖市通信管理局在国家信息产业主管部门授权范围内，对本行政区域内的码号资源实施管理。电信政企分开以后，国家信息产业主管部门十分重视码号资源的监管工作，发布了《电信网码号资源管理办法》，对我国的电信网码号的管理制度进行了全面的规定。这部规章的出台符合国际惯例，给电信分拆后的电信码号资源管理提供了重要的依据，并且增强了企业依法使用码号资源的意识，为下一步过渡到有偿使用奠定了基础。要适应电信行业快速发展变化的特点，就要建立码号资源管理的层级规范，由电信

---

① 覃润梅．电信网码号资源管理与收费实践．广西通信技术．2005（2）．

法与部门规章一起形成有效的码号管理立法体系，充分发挥包括部门规章在内的所有电信法律渊源的作用。①

二、电信网码号管理的现状

根据电信网络的特点，任何一个国家码号资源的分配和使用，都要遵循国际电联和有关国际组织提出的相关标准和管理要求的。世界各电信发达国家一直都将电信网码号管理作为政府电信管制部门的一项重要工作。

电信网码号的使用具有公共性。电信码号被分配给某一对象后，只存在占有和使用的问题，而没有消耗与再生的问题。虽然电信码号可以分配给某一个具体对象所占有，但其并不如有形物的占有一样由占有者独立控制，在被某用户占有期间，其与电信运营商及其网络、电信使用者之间存在广泛而持久的联系。许多码号（例如用户号码和运营商的业务代码、接入码等）必须对社会大众公开才有意义。有些码号虽然不对大众公开，但不同电信运营商之间必须相互了解并在网络上进行相应部署，才能使电信业务顺利开展。如果码号不能在以上两个层面上实现公共性，其使用价值则无法得到实现。因此，按照电信监管要求做好码号资源规划和配置工作是十分必要的。

如果电信网码号资源不能做到有效配置，很容易引起过度使用，造成资源浪费。当编号计划中的码号不能满足使用需要时，就要对电话号码升位，或采取其他手段对编号计划进行调整。编号计划调整是涉及到社会方方面面的大工程，不仅需要对网络进行改造，人们的使用习惯也需要相应调整，整个社会的成本付出相当大。在市场竞争不充分、码号资源充足的条件下，电信主管部门通常通过行政手段来配置资源。但是在市场竞争激烈，资源紧缺时，行政手段的作用比较有限，需要引入法律和经济手段来加以调节。②

三、电信网码号的申请与分配

（一）电信网码号的申请

根据我国法律规定，申请跨省、自治区、直辖市行政区域范围使用的码号，应当向信息产业主管部门提出申请。申请在省、自治区、直辖市行政区域范围内使用的码号，应当向当地省、自治区、直辖市通信管理局提出申请。电信主管部门可以委托码号资源咨询受理机构承担码号资源申请的受理工作。码号申请人的资格条件以及可提出使用申请的码号资源范围、要提供的申请材料，应当由行政法规或部门规章进行规定。

一般来说，有下述情形之一的，电信主管部门不受理码号申请：

（1）码号申请人不具备规定的申请人资格的，如不是基础电信业务经营者或者中央、国家政府部门，不是基础电信业务经营者，也不是固定网本地电话业务经营者或者

---

① 张明天．管局局长谈《电信网码号资源管理办法》出台．通信世界．2003（13）．

② 如通过适当的收费，可以更合理地配置资源，提高码号资源的使用效率。

专用电信网单位等；

（2）码号申请人提出的码号资源超出规定范围的。

（二）电信网码号的分配

1. 码号的申请

专用电信网单位应根据网内用户情况申请码号资源，需要使用本地网局号资源的，应向当地省、自治区、直辖市通信管理局提出申请。专用电信网单位需要使用万层号、百层号[①]码号资源的，可与当地基础电信业务经营者协商，基础电信业务经营者无正当理由不得拒绝。基础电信业务经营者与专用电信网单位就码号资源的使用达成一致的，应将有关情况向当地省、自治区、直辖市通信管理局备案。

自基础电信业务经营者收到专用电信网单位的协商要求之日起30个工作日内，双方未能达成一致的，任何一方均可以申请当地省、自治区、直辖市通信管理局协调。省、自治区、直辖市通信管理局应当自收到书面申请之日起10个工作日内完成协调，经协调仍不能达成一致的，省、自治区、直辖市通信管理局组织专家公开论证，并作出是否允许专用电信网单位使用万层号、百层号码号资源的决定。

2. 码号的审批

电信主管部门主要根据码号资源规划、申请码号的用途和申请人的预期服务能力审批码号。

对于多位码号申请人申请同一个码号资源使用权，电信主管部门可以采用指配、随机选择和拍卖等方式分配该码号。按照我国目前的电信码号管理制度，电信业务经营者取得码号使用权后，未经电信主管部门批准，不得擅自拍卖用户号码资源，不得向用户收取选号费或占用费。

四、电信网码号的使用与调整

（一）电信网码号的使用

1. 码号使用者的定义

码号的使用，必须由相应的使用者依法按照正当的方式和途径进行。所谓码号使用者，是指获准使用码号资源的电信业务经营者、专用电信网单位、政府部门、社会团体和其他企事业单位等。

2. 码号的使用要求

（1）电信业务经营者使用码号资源的期限和范围，应当与电信业务经营许可证或相关批准文件的期限和使用范围相一致。

除电信业务经营者之外的其他码号使用者的使用期限为5年，使用范围由信息产业主管部门根据具体情况确定。码号使用期限届满或因业务发生变化停用的，码号使用者应自届满或停用之日起10个工作日内上报原码号分配机关。码号使用者需要延长码号使用期、扩大使用范围和改变码号用途的，应当向原码号分配机关办理有关手续。

---

① 千（万）层号、百层号是指本地用户号码PQR（S））ABCD中的A、B位号码，一个A位含一千个用户号码，一个B位含一百个用户号码，如114，10086，95568等公用号码。参见《电信网码号资源分类管理目录》。

(2) 码号使用者应当在规定的时限内启用所分配的码号。

有最低使用规模要求的，应达到规定的最低使用规模要求；无最低使用规模要求的，应达到预期的服务能力。所谓码号最低使用规模，是指码号使用者在规定的时限内利用码号开展业务时应当达到的最低业务覆盖范围和服务能力。

(3) 码号使用者应当严格按照电信主管部门审批时规定的码号结构、位长、用途、用户拨号方式和使用范围使用码号。

码号使用者不得转让或出租码号，不得超范围或跨本地网使用码号，不得将码号作为商标进行注册[①]；未经信息产业主管部门批准，码号使用者不得擅自改变码号用途。

3. 对网码号的使用的管理

专用电信网单位使用本地网码号资源实行属地管理。对跨本地网的专用电信网，应根据所跨本地网的服务范围，分别使用所属本地网的码号资源，本地网内的专用电信网应使用所属本地网码号资源。码号使用者从信息产业主管部门获得码号使用权后，应与相关基础电信业务经营者协商签署码号开通协议。相关基础电信业务经营者应通知码号使用范围内所有其分支机构，配合码号使用者开通码号。

码号使用者对规定范围内码号开通的前期工作准备就绪后，应持国家信息产业主管部门的批准文件和备案材料（包括码号启用技术方案、码号启用前期准备情况、码号启用实施进度安排）向当地省、自治区、直辖市通信管理局申请备案。省、自治区、直辖市通信管理局应当向本地相关电信业务经营者和专用电信网单位发出备案通知。

各本地网内相关电信业务经营者或专用电信网单位，应在收到码号使用者提出开通码号的书面要求和当地省、自治区、直辖市通信管理局备案通知后，配合码号使用者完成局数据制作，开通码号，并在码号开通后将开通情况报当地省、自治区、直辖市通信管理局。

码号使用者从省、自治区、直辖市通信管理局获得码号使用权后，应当与省、自治区、直辖市内相关基础电信业务经营者协商签署码号开通协议。相关基础电信业务经营者应在协议签署后，通知码号使用范围内所有分支机构，配合码号使用者开通码号，并在码号开通后将开通情况报当地省、自治区、直辖市通信管理局。

各本地网内相关电信业务经营者或专用电信网单位，应在收到自码号使用者提出开通码号的书面要求和当地省、自治区、直辖市通信管理局的批准文件后，配合码号使用者完成局数据制作，开通码号。

（二）电信网码号的调整

(1) 电信主管部门对本地网用户电话号码升位实行计划管理，对局部用户号码调整实行备案管理，对长途编号区调整和短号码位长拓展实行审批管理。未经信息产业主管部门批准，任何单位和个人不得擅自调整长途编号区。

(2) 本地网全网升位实施方案由所在本地网主导电信业务经营者负责组织制订。

---

① 由于码号不是一种能够将自然人、法人或者其他组织的商品与他人的商品区别开的可视性标志，因此根据《商标法》第 8 条的规定，不可以作为商标申请注册。

当地主导电信业务经营者应于每年截止期限之前统一将下年度需升位的本地网名称和各本地网具体升位实施方案报国家信息产业主管部门。

升位实施方案的主要内容应当包括：

① 码号使用现状及码号升位的必要性；

② 未来5年、10年城市发展对号码资源的需求；

③ 号码升位技术方案和宣传方案；

④ 号码升位实施进度和宣传方案；

⑤ 技术保证措施；

⑥ 需要其他电信业务经营者配合的技术方案。

制定升位实施方案时，需要其他电信业务经营者配合的，省、自治区、直辖市通信管理局应负责协调。具体升位方案由当地主导电信业务经营者负责组织实施，其他基础电信业务经营者和专用电信网单位应予以配合，根据实施方案统一组织对本企业网络进行同步调整。

电信业务经营者利用电信主管部门分配的码号资源提供电信业务时，应当保证电信用户的合法权益，不得随意更改调整号码。电信业务经营者对局部用户号码进行调整的，应制订周密的调整方案，并将局部用户号码调整实施方案和用户权益保障措施提前向原码号分配机关备案。

根据2003年颁布的《电信网码号资源管理办法》第38条的规定，国家信息产业主管部门或省、自治区、直辖市通信管理局在码号资源管理中，发现有下列情形之一的，可以收回已分配的码号资源：

① 已终止占用码号资源的业务的；

② 在规定时间内未启用码号资源的；

③ 以欺诈手段获得码号资源的；

④ 超过规定期限使用码号资源的；

⑤ 改变电信主管部门规定的码号结构、位长、拨号方式和使用范围使用码号资源的；

⑥ 擅自启用、扩大范围、改变用途、改变长途编号区或跨本地网使用用户号码资源的；

⑦ 转让、出租码号资源或将码号作为商标进行注册的；

⑧ 拒不按照规定缴纳码号资源使用费的；

⑨ 拒不执行电信主管部门的码号调整要求的。

电信主管部门决定收回码号后，相关基础电信业务经营者应按照电信主管部门的要求在规定的时间内对码号局数据进行调整。

第五节 互联网域名管理制度

当迎来21世纪的曙光，回顾20世纪世界最具影响力的几个事件时，人们会不约而同地把国际互联网络（The Internet）列为其中之一。[①] 国际互联网络的出现是人类在信息革命发展过程中的一次飞跃，自20世纪90年代初互联网运用于商业领域以来，更是表现出其巨大的影响，并迅速席卷全球。网络空间虽然是一个没有界限，甚至没有物质存在的虚拟空间，但它却是现实世界和时间的缩影。

互联网络域名是一种稀缺资源，在互联网上具有惟一性和排他性，在同一顶级域名下，不可能存在完全相同的域名。互联网域名作为一种有用的资源，日益被世界各国关注，各国并根据不同情况采用不同的管理措施。由网络活动而引起的现实社会关系的冲突，对传统的法律制度提出了挑战。制定切实可行的网络法律规范来调整网络空间的关系和秩序已迫在眉睫。

一、互联网域名的概念

互联网域名简称为“域名”，是互联网络上识别和定位计算机的层次结构式的字符标识，与该计算机的互联网协议（IP）地址相对应。域名是在网络上的地址，是在线的商标。它使一个公司、团体或个人在互联网上有了自己的位置，并可将其信息、服务等通过 Internet 传送给全球的用户。域名的一般形式是以若干个英文字母和数字组成，由“.”分隔成几部分；而含有中文文字的域名就是中文域名。

在纵横交错的互联网世界，每个不同用户及主机在进行相互间的信息访问、通讯联系时，首先必须知道对方在网络上的位置，这个位置就是以数码形式表示的 IP（Internet Protocol）地址，它是真正的网络地址。由于 IP 地址难以理解和记忆，互联网还允许每个用户根据自己的意愿选择一个有意义的英文名字，来为自己的主机命名，按一定的规则申请注册后即成为域名（Domain Name）。用户只要在计算机上输入通信对方的域名，互联网内部的 DNS（Domain Name Servers）服务器就自动将域名翻译成对应的 IP 地址，实现主机间的连接。与 IP 地址相比，域名不仅更易于记忆和使用，而且不会随网络服务商的更换和主机的情况而变更，非常稳定。[②]

在世界范围内，互联网域名的发展是一个循序渐进的过程。域名中蕴含着巨大的商业机会，也引起了一系列的争议和纠纷。因此，对互联网域名的规制就显得尤为重要。

二、中国互联网域名规范

我国互联网业的发展相对于美国等西方发达国家来说起步要晚一些，互联网在中国大陆的真正普及应该说是始自1996年初 CHINA NET 的建成与开通，不过其发展速度却很惊人。[③] 有资料显示，截至2008年底，中国的域名总量达到16 826 198个，较2007年增长41%，2009年依然保持快速增长之势。中国域名规模的增长，主要受益于国家顶级域名 .CN 的增长。2001年中国的国家顶级域 .CN 在中国只有16%左右的份额，经过几年的发展，到2006年，.CN 的市场份额已经达到43.9%，但是依然落后于类别顶

---

① 薛虹．网络时代的知识产权法．北京：法律出版社，2000：1.

② 张冬梅．论互联网域名的法律保护．福建师范大学学报：哲学社会科学版，2000（3）.

③ 刘双宁．中国互联网域名领域法律规制的发展及其法律问题探析．社会科学辑刊，2002（1）.

级域名.COM（当时占有中国域名市场的47.2%）。2007年，中国国家域名.CN的注册管理机构启动“国家域名腾飞计划”，一举超越.COM，占据了中国域名市场的龙头地位。到2008年底，.CN的市场份额已经达到80.7%。① 域名数量的猛增标志着我国互联网业的迅猛发展，但随之而来的由域名所引发的问题也日益暴露。比如大量的企业字号和商标被抢注域名，域名权利的保护亟待法律的有效规范。

2002年8月1日，原信息产业部颁布《中国互联网络域名管理办法》，对域名注册和管理作出了重大调整，简化了注册手续，放宽了域名管理限制，降低了收费标准，确立了域名争议解决机制。随后，又有配套的《中国互联网络信息中心域名争议解决办法》、《信息产业部关于中国互联网络域名体系的公告》和《中国互联网络信息中心域名注册实施细则》正式公布，这些法律法规进一步规范域名管理、促进域名经济，进而加快中国的信息化进程，至此中国已经形成了一套比较系统、开放、规范并与国际接轨的域名政策。以《中国互联网络域名管理办法》为标志的系列政策，促进了中国互联网络的发展，保障了中国互联网络域名系统安全、可靠地运行，规范了中国互联网络域名系统的管理。

三、域名管理概述

尽管国内外都在对互联网域名的管理进行着研究和探索，但到目前为止，域名在法律意义上的属性，目前各界还无定论。技术的发展已经将法律远远抛在后面。但是这并不妨碍中国对域名管理进行了一系列有益的探索。

我国互联网的域名体系曾由信息产业主管部门以公告形式予以公布②。根据域名发展的实际情况，信息产业主管部门可以对互联网的域名体系作局部调整，重新公布，域名管理采用逐级管理方式。中文域名是我国域名体系的重要组成部分。我国互联网络域名体系中各级域名可以由字母（A-Z，a-z，大小写等价）、数字（0-9）、连接符（-）或汉字组成，各级域名之间用实点（.）连接，中文域名的各级域名之间用实点或中文句号（。）连接。

我国互联网络域名体系在顶级域名“CN”之外暂设“中国”、“公司”、“网络”、“政府”和“公益”等中文顶级域名。其中，“中国”适用于在我国境内的单位；“公司”适用于工商企业等营利性单位；“网络”适用于拥有或利用网络设施提供服务的单位；“政务”适用于党政群机关、政务部门等；“公益”适用于非营利性单位。③ 顶级域名CN之下，设置“类别域名”④ 和“行政区域名”⑤ 两类英文二级域名。在顶级域

① 依照中国互联网络信息中心2009年1月份的《中国互联网络发展状况统计报告》的统计数据。

② 具体内容见1997年颁布的《中国互联网络域名注册暂行管理办法》，该办法现已废止。

③ 如北京大学的域名为：http：//www.pku.edu.cn/。

④ 设置“类别域名”分别为：AC—适用于科研机构；COM—适用于工、商、金融等企业；EDU—适用于中国的教育机构；GOV—适用于中国的政府机构；MIL—适用于中国的国防机构；NET—适用于提供互联网络服务的机构；ORG—适用于非营利性的组织；政务-适用于党政群机关、政务部门等；公益-适用于非营利性单位。

⑤ 置“行政区域名”34个，适用于我国的各省、自治区、直辖市、特别行政区的组织，分别为：BJ—北京市；SH—上海市；TJ—天津市；CQ—重庆市；HE—河北省；SX—山西省等。

名 CN 下可以直接申请注册二级域名。[①]

另外，从事“. CN”域名和“. 中国”、“. 公司”、“. 网络”中文域名的注册服务，除了应当与中国互联网络信息中心签署《合作意向书》外，[②] 还应当具备以下条件：

（1）是依法取得互联网信息服务增值电信业务经营许可证的公司；

（2）在中华人民共和国境内设置有域名注册服务系统，且有专门从事域名注册服务的技术人员和客户服务人员；

（3）有为用户提供长期服务的信誉或者能力；

（4）有业务发展计划及相关技术方案；

（5）有健全的网络与信息安全保障措施；

（6）有健全的域名注册服务退出机制；

（7）符合国家其他有关规定。

域名注册服务机构应当规范开展域名注册服务，将域名注册服务与其他商业活动分开，将域名注册登记方式、表格和协议同其他业务分开。域名注册服务机构在提供域名注册服务时，应当保留与中国互联网络信息中心、域名申请者、域名持有者的来往文件和相关记录，保留期限不得少于 3 年。

域名注册管理机构和各级域名持有者根据相关立法的要求，负责其下一级域名的注册管理及服务。国家信息产业主管部门负责中国互联网络域名的管理工作。主要职责是：

（1）制定互联网络域名管理的规章及政策；

（2）制定国家（或地区）顶级域名 CN 和中文域名体系；

（3）管理国家（或地区）顶级域名 CN 和中文域名的域名注册管理机构；

（4）管理在中华人民共和国境内设置并运行域名根服务器的域名根服务器运行机构；

（5）监督管理域名注册服务；

（6）负责与域名有关的国际协调。

域名注册管理机构负责运行和管理相应的域名系统，维护域名数据库，授权域名注册服务机构提供域名注册服务。主要职责包括：

（1）运行、维护和管理相应顶级域名服务器和数据库，保证域名系统安全可靠地运行；

（2）制定域名注册相关规定；

（3）按照非歧视性原则选择域名注册服务机构；

（4）对域名注册服务机构的域名注册服务进行监督管理。

在中华人民共和国境内设置域名根服务器、设立域名注册管理机构和域名根服务器

① 如北京大学法学院的域名为：http：//www1. law. pku. edu. cn/。

② 当然，持与中国互联网络信息中心签署的《合作意向书》向工业和信息化部申请并经批准成为域名注册服务机构的，应当与中国互联网络信息中心签订协议。

运行机构须经国家信息产业主管部门授权。

四、域名注册的管理

域名注册服务遵循“先申请先注册”原则。域名注册管理机构可以在扩展域名注册范围时设立预注册期限，对部分保留字进行保护，并在其网站上提供查询。域名注册管理机构和注册服务机构不得预留或变相预留域名。域名注册管理机构和注册服务机构在提供域名注册服务过程中不得代表任何实际或潜在的域名持有者。

根据自2002年12月1日起施行的《中国互联网络信息中心域名注册实施细则》第4条的规定，域名注册申请者应当是依法登记并且能够独立承担民事责任的组织。

另外，申请注册域名，可以通过联机注册、电子邮件、书面申请等方式向域名注册服务机构递交域名注册申请表，提出域名注册申请，并且与域名注册服务机构签订域名注册协议。中国互联网络信息中心收到第一次有效注册申请的日期为申请日。域名注册服务机构应当将申请日告知申请者。域名注册服务机构负责受理域名注册申请，并对域名注册申请材料进行审核。

根据法律相关规定，任何组织或个人注册和使用的域名，不得含有下列内容：

（1）反对宪法所确定的基本原则的；

（2）危害国家安全，泄露国家秘密，颠覆国家政权，破坏国家统一的；

（3）损害国家荣誉和利益的；

（4）煽动民族仇恨、民族歧视，破坏民族团结的；

（5）破坏国家宗教政策，宣扬邪教和封建迷信的；

（6）散布谣言，扰乱社会秩序，破坏社会稳定的；

（7）散布淫秽、色情、赌博、暴力、凶杀、恐怖或者教唆犯罪的；

（8）侮辱或者诽谤他人，侵害他人合法权益的；

（9）含有法律、行政法规禁止的其他内容的。

另外，域名注册申请者应当遵守国家有关互联网络的法律、行政法规和规章，遵守域名注册管理机构制定的域名注册相关规定，并提交真实、准确、完整的域名注册信息。域名注册管理机构和域名注册服务机构应当公布域名注册服务的内容、时限、费用，提供域名注册信息的公共查询服务，并保证域名注册服务的质量。

注册域名应当按期缴纳域名运行管理费用。域名注册管理机构应当制定具体的域名运行管理费用收费办法，并报信息产业主管部门批准。域名注册信息发生变更的，域名持有者应当在变更后30日内向域名注册服务机构申请变更注册信息。

根据2002年颁布实施的《中国互联网络域名管理办法》第22条的规定，域名注册完成后，域名注册申请者即成为其注册域名的持有者。因持有或使用域名而侵害他人合法权益的，责任由域名持有者承担。另外，域名持有者可以选择和变更域名注册服务机构。域名持有者变更域名注册服务机构的，原域名注册服务机构应当承担转移域名持有者注册信息的义务。

如果已注册的域名出现下列情形之一时，原域名注册服务机构应当予以注销，并以书面形式通知域名持有者：

（1）域名持有者或其代理人申请注销域名的；

（2）域名持有者提交的域名注册信息不真实、不准确、不完整的；

（3）域名持有者未按照规定缴纳相应费用的；

（4）依据人民法院、仲裁机构或域名争议解决机构作出的裁判，应当注销的；

（5）违反相关法律、法规规定的。

五、域名注册服务机构的管理

在中国境内提供域名注册服务，须经国家信息产业主管部门批准，并与中国互联网络信息中心签订协议。

另外，从事域名注册服务，应当向信息产业主管部门办理备案手续。

域名注册服务机构的名称、地址、法定代表人等登记信息发生变更或者域名注册服务机构与其域名注册管理机构的合作关系发生变更或终止时，域名注册服务机构应当在变更或终止后30日内报信息产业主管部门备案。

域名注册服务机构在开展域名注册服务时不得采取以下行为：

（1）冒用政府机构、企事业单位及社会团体等其他组织的名义，开展域名注册服务；

（2）使用虚假信息注册域名，变相占用域名资源；

（3）采用不正当竞争的手段，以误导用户、恐吓用户等方式开展域名注册服务；

（4）强迫用户延长域名注册期限，捆绑销售其他服务；

（5）不按照用户实际注册年限向中国互联网络信息中心提交注册信息；

（6）无正当理由拒绝域名持有者索取域名转移密码的申请，或对此转移申请向域名持有者收取费用；

（7）泄露用户注册信息侵犯用户的合法权益，或利用用户注册信息牟取不正当利益；

（8）以营利为目的，从事域名交易和投资活动。

域名注册服务机构如有上述违法行为，中国互联网络信息中心将依据与其签订的相关协议追究相关责任，情节严重的，将终止与其签订的合作协议。

注册服务机构出现下列情况之一时，中国互联网络信息中心将终止相关协议，并报信息产业主管部门备案：

（1）信息产业主管部门取消域名注册服务机构资格；

（2）出现重大经营问题，不具备提供正常服务的能力；

（3）与中国互联网络信息中心签订的《服务认证协议》终止；

（4）严重违反相关法律规定。

注册服务机构被取消资格后应遵守以下规定：

（1）被取消资格后10日内将其负责注册的域名在具备资格的其他注册服务机构之间进行分配，或转移至中国互联网络信息中心指定的其他注册服务机构；

（2）应对持有的用户注册信息保密，不得泄露给他人，也不得利用该信息牟取不正当利益。

六、域名争议的管理

一旦发生域名争议，任何人就已经注册或使用的域名向域名争议解决机构提出投诉，并且符合域名争议解决办法规定的条件的，域名持有者应当参与域名争议解决程序。

域名争议由中国互联网络信息中心认可的争议解决机构受理解决。域名注册管理机构可以指定一家中立的域名争议解决机构解决域名争议。争议解决机构实行专家组负责争议解决的制度。专家组由 1 名或 3 名掌握互联网络及相关法律知识，具备较高职业道德，能够独立并中立地对域名争议作出裁决的专家组成。域名争议解决机构通过在线方式公布可供投诉人和被投诉人选择的专家名册。

任何机构或个人认为他人已注册的域名与该机构或个人的合法权益发生冲突的，均可以向争议解决机构提出投诉。争议解决机构受理投诉后，应当按照程序规则的规定组成专家组，并由专家组根据相关程序规则，遵循"独立、中立、便捷"的原则，在专家组成立之日起 14 日内对争议作出裁决。

域名注册服务机构应当积极配合人民法院、仲裁机构或者域名争议解决机构的域名争议解决工作。在收到域名争议解决机构依据《中国互联网络信息中心域名争议解决办法》、《中国互联网络信息中心域名争议解决办法程序规则》以及该机构依据上述规定制定的补充规则提出的要求后，域名注册服务机构应当在 3 个工作日内答复；如未能在 3 个工作日内答复的，应说明理由。

在专家组就有关争议作出裁决之前，投诉人或者被投诉人认为专家组成员与对方当事人有利害关系，有可能影响案件的公正裁决的，可以向争议解决机构提出要求专家回避的请求，但应当说明提出回避请求所依据的具体事实和理由，并举证。该专家组成员是否回避，由争议解决机构决定。

在域名争议解决程序中，除域名注册服务机构根据争议解决机构的要求提供与域名注册及使用有关的信息外，中国互联网络信息中心和域名注册服务机构不以任何身份或者方式参与争议解决程序。

域名争议解决机构作出的裁决只涉及争议域名持有者信息的变更。域名争议解决机构作出的裁决与人民法院或者仲裁机构已经发生法律效力的裁判不一致的，域名争议解决机构的裁决服从于人民法院或者仲裁机构发生法律效力的裁判。

另外，域名争议在人民法院、仲裁机构或域名争议解决机构处理期间，域名持有者不得转让有争议的域名，但域名受让方以书面形式同意接受人民法院裁判、仲裁裁决或争议解决机构裁决约束的除外。域名争议解决期间，域名注册服务机构应当采取必要措施保证该域名不被注销、转让。

域名争议解决机构裁决注销域名或者裁决将域名转移给投诉人的，自裁决在争议解决机构网站正式公布之日起满 10 日的，域名注册服务机构应予以执行。但被投诉人自裁决公布之日起 10 日内，提供有效证据证明有管辖权的人民法院或者仲裁机构已经受理相关争议的，争议解决机构的裁决暂停执行。

案例分析

案例一

重新启用电话号码所引发的消费争议

一、案件事实和争议

2008年，万某申请安装了一部固定电话，电信公司在未告知的情况下，向其提供的是曾被他人使用过、后撤销停用、并按相关规定冻结一定时限后，重新启用的电话号码。该号码原使用者为本地一家知名企业，因企业产品销售区域较广，电话号码通过产品包装物、销售人员的名片、各类媒体广告广为流传，其影响力客观上无法与电信公司的注销同步终止，虽然电信公司冻结该号码的时间超过了法定时间，但仍不能消除影响，加之该企业有关号码撤销的善后工作未进行到位，标有这个号码的互联网广告页面截止万某投诉时仍然存在，使得部分与该企业有业务联系的客户以为该号码归属未变，造成对万某长时间的非故意的电话干扰，影响到万某的正常生活秩序。万某在数次与电信公司交涉未有结果的情况下，投诉到消协，要求对方给予赔偿。

电信公司表示，他们在为万某提供的固定电话通信服务中，一是按照《电信条例》的相关规定提供电话号码，二是对这个曾经使用过的号码已按照《电信服务规范》的规定进行了冻结，且大大超过了最少90日的规定时限。公司在经营中不存在违反法律法规的过错行为，用户所受到的干扰和侵害亦非公司所为，故不能对万某进行赔偿。①

二、案件背景介绍

历经长达近30年的一轮又一轮的调研论证、征求意见后，被全国人大认定为“条件成熟时安排审议的法律草案”——《电信法》，其出台的前景至今仍不明朗。但是社会纠纷绝不会因为立法的滞后而停止涌现，更何况我国的电信行业又是一个极易被消费者投诉的行业。在我国，电信业务经营者可以依靠其垄断地位规避风险，排除责任，像本案一样，由重新启用电话号码引发的消费争议一度也都是由消费者承担的。随着电信技术和互联网技术的相互结合，诸如此类的案件会越来越多。特别是像本案这种双方均无过错行为的消费争议，在过去的消费侵权案件中并不多见，属于一种新型的消费纠纷。如何面对这一难题，如何解决此类问题，是我们不得不深入思考的话题。

三、案件反映的法律问题及解析

1. 本案是否适用过错责任原则？

在我国，虽然产品质量侵权责任按照《产品质量法》的规定适用无过错责任原则，但服务消费纠纷根据《合同法》适用过错责任原则，即在服务合同关系中，只有服务提供者有过错的，才承担责任。电信服务纠纷自然也适用过错责任原则，电信服务提供

---

① 江苏省行政管理局．浅析重新启用电话号码所引发的消费争议，http：//www.jsgsj.gov.cn/baweb/show/sj/bawebFile/229300.html，2009年08月12日。

者没有过错，即使有损害，也不承担责任。过错责任原则以行为人主观上的过错为承担民事责任的基本条件。按照过错责任原则，行为人仅在有过错的情况下，才承担民事责任；没有过错，就不承担民事责任。我国《民法通则》第106条第2款将过错责任原则规定为侵权法的归责原则，通过赋予过错行为以侵权责任，教育行为人行为时应当谨慎、小心，尽到注意义务，努力避免损害的发生；它充分协调和平衡了“个人自由”和“社会安全”两种利益的关系。

过错责任原则要求：第一，它以行为人的过错作为责任的构成要件，行为人具有故意或者过失才可能承担侵权责任。第二，它以行为人的过错程度作为确定责任形式、责任范围的依据。而根据这一要求，看得出来，本案中消费者万某是没有过错的，电信公司也是严格依照国家信息产业部门的相关规定提供的服务，也没有过错。

2. 本案是否适用无过错责任原则？

无过错责任原则，也叫无过失责任原则。它是指没有过错造成他人损害的，依法律规定应由与造成损害原因有关的人承担民事责任的原则。英美法称之为“严格责任”。我国无过错责任原则来源于《民法通则》第106条第3款的规定：“没有过错，但法律规定应当承担民事责任的，应当承担民事责任。”

无过错责任原则，是指损害的发生既不是加害人的故意也不是受害人的故意和第三人的故意造成的，但法律规定由加害人承担民事责任的一种特殊归责原则。它是一种基于法定特殊侵权行为的归责原则，其目的在于保护受害人的合法权益，有效弥补受害人因特殊侵权行为所造成的损失。无过错责任原则必须在法律规定的范围内适用，不能随意扩大或者缩小其适用范围。我国《民法通则》规定的典型的适用无过错责任的案件有：产品缺陷致人损害、高度危险作业致人损害、环境污染致人损害、地面施工致人损害、饲养的动物致人损害等损害赔偿案件。

本案在过去的消费侵权案件中并不多见，是一种新型的消费纠纷，属于双方均无过错行为的消费争议，其性质属于无过错责任侵权。由于没有明确的法规条文作为这类消费纠纷调处的依据，从《民法通则》的条文中无法找到本案适用无过错责任原则的依据。

“有损失而无责任承担者”的例证在民法上并不鲜见，如不可抗力、情势变更，刑法上如紧急避险。但在消费者权益保护法层面，由于双方地位明显不对等，况且部门规章往往是由争议的一方制定，只要消费者无过错，且有损失，就要由相对强势一方承担，即相对强势一方需承担无过错责任。这种交易相对强势一方的无过错责任不仅适用于产品（根据产品质量法），也应延伸至服务。总的来说，该案中的电信服务合同与平等民事主体之间侵权和一般合同有所区别，可以考虑适用无过错责任原则。

3. 《物权法》是否可以为本案提供解决思路？

电话号码不是频谱资源，电信用户对于电话号码的使用权问题，我国《物权法》没有规定。电话号码使用权是否属于用益物权呢？用益物权，即公民（权利人）对他人财产依法享有占有、使用和收益的权利。但是，由于《物权法》对用益物权仍未抽象出一般的原理和规则，所以在包括电话号码在内的财产利用制度上没有实质性的进步，仅仅是原则性的规定，没有具体条文能够予以适用。按照物权法定主义原则，没有规定则没有物权。所以不能援引用益物权理论保护消费者码号使用权。

电话号码作为电信资源，其所有权归国家所有，用户通过合法方式，从电信部门取得了电话号码，就依法享有了对该号码的占有、使用权，且具有排他性。其排他性权利首先体现为用户独享，经营商不得再分配给其他人。其次，该号码与使用人在特定时间段一一对应，如无相反证据，从该号码拨打出去的人，或者接听打入该号码的人可以推定为该号码使用人。

本案中，万某对该电话号码享有的使用权未能得到有效的保护。这是因为有关电话号码注销的规定中存在着不利于保护后续用户合法利益的瑕疵。《电信服务规范》规定，电话号码冻结时限最短为90日。由于这一规定比较原则，基层电信经营商执行中未进行细化、分类并且区别对待，实际操作中必然会引发消费纠纷，万某的权利受到侵害也是自然而然的了。

4. 本案是否违反公平交易原则?

消费者从经营者那里购买商品或接受服务，是一种市场交易行为。交易的双方——经营者和消费者都应当遵守市场交易的基本原则，即平等自愿原则、等价有偿原则、公平原则和诚实信用原则。确立这些原则为的是保证经营者和消费者之间实现公平交易，经营者与经营者之间进行公平竞争。从市场角度看，消费者和经营者在市场活动中都享有公平交易的权利，但是，从消费活动的全过程看，消费者往往处于弱者地位，更需要从法律上给予保护，因此，《消费者权益保护法》第10条规定:“消费者享有公平交易的权利。”公平交易权的内容很广泛，其具体表现又与消费者的其他权利有交叉，因此在国外的立法中，明确赋予消费者以公平交易权的并不多。我国《消费者权益保护法》考虑到现实生活中消费者这方面权利经常受侵害的实际情况，突出强调了消费者的这项权利，并且根据现实生活中经常出现的几种情况，规定了这一权利的主要内容:“消费者在购买商品或者接受服务时，有权获得质量保障、价格合理、计量正确等公平交易条件，有权拒绝经营者的强制交易行为。”本案消费者万某的利益可以使用这一条款予以保障。

在我国，电信资源是有限的。为满足新增电话用户的需要，进而充分利用和节约电信资源，对经过“冻结”后的号码重新启用是完全合理的。但是，经过冻结的号码，毕竟被他人使用过，对后来的用户肯定会带来程度不同的影响，会对后来用户带来干扰甚至侵害，而新发放的电话号码则不存在这样的问题。因此“冻结”后重新启用的电话号码与新发放的电话号码存在着“质”的差别，这种差别表现为前者无法确保用户使用权不受侵害。对这两类电话号码，不加区分地提供给用户使用，有违公平交易原则，所以电信服务企业仅简单地执行“冻结三个月”的规定是远远不够的。电话号码的冻结时间应设置得更加科学、合理，应针对原来电话号码的不同类型，设置不同的冻结时间，并且，以前对电话号码最低3个月冻结时限的规定已经不符合现实需求，有必要进行延长，并针对不同原使用人，设置不同的冻结时间。

5. 合同法的附随义务可否适用本案?

虽然电信合同主体双方的经济地位不对等，但法律地位平等。针对本案而言，经营者在履行合同过程中，违反了合同中的附随义务。我国《合同法》第60条规定:“当事人应当按照约定全面履行自己的义务。当事人应当遵循诚实信用原则，根据合同的性质、目的和交易习惯履行通知、协助、保密等义务。”合同附随义务，是合同义务的扩张，指合同当事人在按照约定全面履行给付义务的同时，必须履行通知、减损、协助、保密等与合同有关的义务。合同的附随义务包括广义的附随义务和狭义的附随义务。广义的附随义务是于合同关系发展的各个阶段均可发生的，当事人依诚信原则所应承担的义务。狭义的附随义务，为合同履行中依诚信原则产生的给付义务以外的义务。

就本案而言，为减少和避免出现消费纠纷，行政法规和部门规章应当明确和完善撤销电话号码者必须承担的这种附随义务，如规范相应的手续程序等。电信部门在受理用户的电话号码撤销申请时，对于公司使用过的电话号码，在延长冻结期的同时，应当要求用户提供原号码撤销的相关善后处理事宜的资料，以及具体的处理方案和其他相关文件，明确经营者未对原号码进行相应善后处理而引发消费合同纠纷时所必须承担的责任。

具体来说，本案中电信部门的行为是有违合同的附随义务的，万某可以要求电信部门予以适当的赔偿，并更换一个新的电话号码，只有在新号码无库存的情况下，才对用户发放经冻结后重新启用的号码，并就号码是否被别人使用过、用过多长时间、以前的使用主体等重要信息向消费者履行如实告知义务，并在入网协议中加以明确，以主动提高服务标准和质量，努力化解消费矛盾，减少和避免新类型消费争议的出现。

6. 谈谈行政立法瑕疵责任。

因部门规章缺陷（冻结3个月的规定不合理）导致的损害如何承担，是由部门规章的制定者承担，还是该规章的执行者（电信运营商）承担？这个问题涉及抽象行政行为的审查，以及立法缺陷。对规章缺陷的审查有待我国建立抽象行政行为审查制度后进行。对于行政立法缺陷产生损害的承担，有一个矛盾：一方面，缺陷立法就是立法者生产的缺陷产品，缺陷产品的生产者应承担无过错责任，根据信赖利益原则，缺陷行政法应由行政立法者承担责任，以保护公众对行政主体立法正当性的信赖；另一方面，为保证立法者安全、消除立法顾虑，维护规范的稳定性和可预期性，缺陷规范仅需要停止效力即可，不得追溯之前依据该规范的既判案例，更不应追究立法者个人和立法机关的法律责任。从立法法的发展趋势看，有关行政法立法缺陷责任，通常更看重矛盾的后一方面。

案例二

美国杜邦公司诉北京国网信息有限公司互联网域名侵权纠纷案

一、案件事实和判决结果

被告域名注册商国网公司于1998年11月2日在中国互联网络信息中心为自己注册了域名“dupont. com. cn”，但一直没有实际使用。1999年3月，原告杜邦公司在中国的子公司中国杜邦有限公司致函被告国网公司称：“本公司注意到你方在中华人民共和国注册了‘dupont. com. cn’，请立即停止该种侵权行为。”原告后向北京市第一中级人民法院提起诉讼，要求被告立即撤销其在中国互联网络信息中心注册的"dupont. com. cn"域名，以停止对"DU PONT"商标专用权的侵犯和不正当竞争行为。

北京市第一中级人民法院于2000年11月21日判决被告国网公司于本判决生效之日起10日内，撤销其注册的"dupont. com. cn"域名并赔偿杜邦公司相关诉讼调查费用。一审宣判后，国网公司不服，向北京市高级人民法院提出上诉。北京市高级人民法院经审理后认为，一审判决认定事实清楚，适用法律正确。驳回上诉，维持原判。[①]

二、案件背景介绍

本案原告杜邦公司于1802年在美国注册成立，其产品涉及电子、汽车、服装、建筑、交通、运输、通讯、农业、家庭用品、化工等领域，行销150余个国家和地区。杜邦公司自设立以来，一直在其产品上使用椭圆字体"DU PONT"商标（自1921年以来在多个国家注册，1976年在中国注册），作为产品制造者的识别标志。被告国网公司于1996年3月注册成立，是一家域名注册代理机构。1998年11月2日，该公司在中国互联网络信息中心为自己注册了域名"dupont. com. cn"，但至案发一直没有实际使用。

三、案件反映的法律问题及解析

1. 本案是否属于民事诉讼受案范围?

原告杜邦公司指控被告国网公司侵犯商标专用权及不正当竞争，请求依照巴黎公约和中国法律追究国网公司的民事侵权责任，以保护杜邦公司的民事权利。因此，本案是民事权益纠纷，属于人民法院受理民事诉讼的范围。国网公司关于本案不属民事诉讼、杜邦公司应提起行政诉讼的辩解，没有法律依据，不予支持。

原告杜邦公司在美国注册设立，是美国法人。我国与美国均为巴黎公约的成员国，本案处理应适用我国法律和巴黎公约的规定。

2. 国网公司抢注行为是否属于不正当竞争?

被告国网公司作为注册域名的代理商，应该知道"不得使用他人已在中国注册过的企业名称或商标名称"，而其却将原告杜邦公司的商标名称注册成自己的域名，国网公司注册域名的行为具有恶意，且在事实上造成了妨碍杜邦公司在中国互联网上使用自己商标进行商业活动的后果，这种行为属于无偿占有他人的商誉为自己谋取不当利益，违反了诚实信用的原则，根据《反不正当竞争法》第5条第3款的规定，"擅自使用他人的企业名称或者姓名"，为不正当竞争行为，而域名已被誉为"企业的网上商标"，遵循诚实信用原则。故不得利用他人商标或者企业名称的信誉进行不正当竞争，域名不得与他人商标中的文字和企业名称中的字号相同或者近似，使他人对市场主体及其商品或者服务的来源产生混淆，或混淆的可能，[②] 否则即构成不正当竞争。国网公司的行为明显构成不正当竞争。

3. 杜邦公司提出的椭圆字体商标是否属于驰名商标?

自1921年以来，原告杜邦公司的椭圆字体"DU PONT"商标已经在多个国家、地区或组织注册。通过杜邦公司良好的商品质量和该公司多年的、持续的、大范围的广告

---

① 案例来源：http：//www. chinalaw. gov. cn/article/fgkd/xfg/aljx/200303/20030300052464. shtml.

② 邵帅．杜邦公司诉北京国网公司网络域名侵权案之我见．法制与社会，2009（8）.

宣传，该公司已在全球拥有庞大的用户群，使用椭圆字体“DU PONT”商标销售的商品数量可观。椭圆字体“DU PONT”商标已于1976年在我国注册，杜邦公司对该商标享有专用权。杜邦公司在我国也投入了巨额的广告宣传费用，使用椭圆字体“DU PONT”商标的商品在我国也拥有大量的消费者，我国已成为杜邦公司商品的重要市场；该椭圆字体商标在我国市场上也享有较高声誉，为我国相关公众所熟知。鉴于以上事实，杜邦公司提出椭圆字体商标事实上已属驰名商标，被法院支持。

商标是否驰名，是一种客观存在。对驰名商标的认定，实质上是对涉及民事权利的客观事实的确认。因此，人民法院有权就案件涉及的商标是否驰名作出判定。被告国网公司关于椭圆字体“DU PONT”商标未经行政程序认定不属驰名商标的主张，没有法律依据。

4. 驰名商标，是否应当受到比普通商标水平更高的特殊保护？

巴黎公约确立了驰名商标的保护制度。本案所涉椭圆字体“DU PONT”商标作为驰名商标，应当受到比普通商标更高水平的特殊保护。普通商标的保护范围限于相同或类似的商品范围，即不得在相同或类似商品上使用相同或近似标识，而驰名商标的保护则是禁止未经许可以任何形式对驰名商标进行商业性使用。由于驰名商标具有相当的知名度，即使在不相类似的商品或服务上被使用，也会引起公众误认为该商品或服务的出处与驰名商标有某种联系，从而引起混淆，造成降低驰名商标显著性、损害其商誉的后果。因此对驰名商标的保护，应当理解为可以将保护的客体扩大到与其注册时所指定的或其实际使用的商品或服务不相类似的商品或服务上。

近几年，互联网在全球飞速发展，已成为企业生存与发展必不可少的工具。互联网具有传播速度快、覆盖范围广的特点。利用这个特点，既可以使合法权益得到更及时、更充分的体现，也可以使非法行为产生更迅速、更严重的危害后果。因此，有必要在互联网上对驰名商标给予高于一般商标的特殊保护，以使驰名商标的显著性、商誉免遭损害。

5. 将他人驰名商标注册为域名的行为，是否会给商标权人的合法权益造成损害？

域名是互联网用户在网络中的名称和地址。域名具有识别功能，是域名注册人在互联网上代表自己的标志。由于域名有较强的识别性，网络中的访问者一般凭借域名来区分信息服务的提供者，目前域名日益成为企业在互联网上的重要标志。域名的这一特性使其在商业领域具有重要的知识产权意义，企业往往尽可能使用其商标或商号作为域名，使访问者可以通过域名识别网站创立者的商品和服务。在域名上使用驰名商标，还可以利用驰名商标的知名度和信誉进行商业宣传，以吸引客户，获得较高的访问率。商标权人应有权以域名的方式使用自己的驰名商标，在互联网上享受该驰名商标所带来的利益。因此，将他人驰名商标注册为域名的行为，必然会给商标权人的合法权益造成损害。

“DU PONT”文字标志是原告杜邦公司椭圆字体“DU PONT”驰名商标中最重要的一部分。被告国网公司不能说明其名称、地址、简称、标志、业务或者其他任何方面与“dupont”一词有关，也不能证明其在域名领域对“dupont”一词享有在先使用的权利，却把杜邦公司驰名商标中的文字作为最具识别性的内容注册了“dupont. com. cn”域名。国网公司注册的域名如果在互联网上投入使用，必然会混淆该域名与“DU PONT”商标的区别，引起公众的误认。事实上，国网公司将“dupont. com. cn”注册成域名后并未使用，只是起到了阻止杜邦公司将其注册成域名的作用，妨碍了杜邦公司在中国互联网上使用自己的商标进行商业活动。

根据案件当时适用的1993年9月2日颁布的《商标法》第38条第四项的规定，“给他人的注册商标专用权造成其他损害的”属于侵犯注册商标专用权。被告国网公司作为注册域名的代理商，在为他人代理注册域名时，知道告诫被代理人“不得使用他人已在中国注册过的企业名称或商标名称”，自己却将原告杜邦公司的驰名商标名称注册成域名。由此可知，国网公司注册“DU PONT”域名的行为具有恶意，并且已在事实上造成了妨碍杜邦公司在中国互联网上使用自己驰名商标进行商业活动的后果，国网公司的行为已构成对杜邦公司驰名商标专用权的侵犯。《民法通则》第4条规定“民事活动应当遵循自愿、公平、等价有偿、诚实信用的原则。”《反不正当竞争法》第2条第一款也规定：“经营者在市场交易中，应当遵循自愿、平等、公平、诚实信用的原则，遵守公认的商业道德。”国网公司恶意将杜邦公司的驰名商标注册为域名，无偿占有他人的商誉为自己谋取不当利益，在收到杜邦公司的中国子公司发来的警告信后，仍不纠正，已经违反了诚实信用的原则，其行为还构成不正当竞争。国网公司应承担侵权的民事责任，包括停止侵权、赔偿杜邦公司为本案诉讼而支出的调查取证费。鉴于国网公司并未实际使用注册的域名，杜邦公司要求国网公司赔礼道歉的诉讼请求并未得到法院支持。①

思考题

1. 评述中国电信资源管理制度的现状。
2. 为什么要对无线电频率进行管理？
3. 试评卫星轨道位置管理当前面临的挑战。
4. 为什么说电信网码号是一种稀缺资源？是否应当允许这种资源在市场上流通？
5. 谈谈知识产权法对互联网域名的规制。

① 《美国杜邦公司诉北京国网信息有限公司计算机网络域名侵权纠纷案》，载于《中华人民共和国最高人民法院公报》2002年第3期。

第十二章

电信竞争法律制度

本章导言

从世界各国电信市场发展历程看，不同的电信市场发展阶段呈现出不同的竞争类型。总体而言，电信市场竞争可以分为独家垄断、有限竞争（或寡头垄断）和自由竞争三种类型。不同的电信竞争类型下的竞争立法也各不相同。我国电信市场经历了从政企合一、邮电合营、独家垄断经营到政企分开、邮电分离、初步开放竞争，再到有限竞争（寡头垄断）的过程，在不断塑造国内竞争主体的过程中，实现了电信市场从独家垄断到有限竞争的嬗变。我国目前规范电信市场竞争的基本法律法规有《反垄断法》、《反不正当竞争法》、《电信条例》等。

第一节　电信竞争类型与竞争立法

从世界各国电信市场发展历程看，不同的电信市场发展阶段呈现出不同的竞争类型。总体而言，电信市场竞争可以分为独家垄断、有限竞争（或寡头垄断）和自由竞争三种类型。不同的电信竞争类型下的竞争立法也各不相同。①

一、独家垄断条件下的电信市场与竞争立法

（一）独家垄断条件下的电信市场

从世界范围来看，电信业的垄断时代一直持续到20世纪80年代，几乎所有国家的电信业都经历过垄断时期。电信业的垄断源于其始发时期，其重要标志就是独家垄断经营体制。电信业的独家垄断与各国政治、经济体制无关，在西方发达的资本主义市场经济国家，电信业也持续了几十乃至上百年的国家垄断或企业垄断经营模式。如日本从1890年开始电话事业时就采用了国家垄断经营的体制。英国在1984年《通信法》颁布

① 本节内容主要参考笔者参与的课题——《电信市场与竞争法律制度》（时建中教授主持）。

之前，电信业务是由国有的英国邮电公司及以后的英国电信（BT，1969年邮电分离后的电信部分）独家垄断。美国电信业虽然没有采取国有化的独家垄断体制，其发展过程中也曾有过竞争尝试，但终究被扑灭。[①] 在1984年AT&T公司分割前，AT&T公司长途电话业务市场占有率为90.1%，本地电话市场占有率也高达80%左右（相比之下，另外的千余家独立电话公司市场占有率就少得可怜），成为事实上的电信“巨无霸”。1922年，美国政府冻结了AT&T公司和独立电话公司的经营区域，使各电话公司画地为牢，各自垄断经营自己辖区内的电信业务，形成地区性的独家垄断局面。

在电信发展初期，世界各国电信市场形成独家垄断经营局面主要有以下几方面的原因：

1. 自然垄断

电信业垄断的根本原因在于其规模经济的自然垄断特性。电信行业是规模经济的典型例子。电信网的建设需要大量的初始投资，固定成本（共用成本）巨大，但可变成本却很低；投资具有“沉淀”性，资金一旦投入即使无效益也难以转为他用；每个电信用户的平均成本随着用户的规模扩大而递减，电信用户越多，每个用户所分摊的固定成本就越少。换个角度讲，由于电信公司的初始成本很高，固定成本远远大于可变成本，只有当用户数量达到相当大的规模，通话数量也达到相当大的规模时，在市场可接受的价格下，每个用户、每次通话的收益才可能大于每个用户、每次通话的平均成本，电信公司的运营才会有效益。这就是规模经济。在存在规模经济的情况下，自然垄断就会出现。如果两家电信公司均进行电信网的建设，则会造成资源的浪费。此外，在位电信运营商因为可以比其他潜在的竞争对手以更低的价格出售产品和提供服务，这也保护了自然垄断。也就是说，对于自然垄断行业而言，平均成本递减这一技术特征排除了竞争，缺乏竞争是一种很自然的结果。另外，由于关联产品存在范围经济性，即同时生产几种产品的支出比分别生产它们要更少。这从市话公司提供长话业务和电话公司提供传真业务上可以明显地体现出来。这使得在位电信运营商在开发电信潜在市场（如增值业务）方面也具有得天独厚的优势，使其垄断势力向电信关联业务或增值业务伸展。

2. 普遍服务

在电信发展初期，提供普遍服务成为一项重要的公益性事业，并对各国电信事业的发展产生了深远的影响。普遍服务要求对在任何地点的任何人都能够实现无差别的、可负担得起的电信服务，以及信息资源的平等接入。从普遍服务的内容可以看出，普遍服务与公司追求利润最大化的天性是不兼容的。政府只有对电信行业采取特殊的扶持政策，才能实现其普遍服务的公共目标。这种特殊政策的重要内容之一就是实行电信行业的国有企业或民营企业的垄断经营，这样才可以充分发挥电信行业的规模经济效益，集

---

① 早在1893～1913年，美国就发生过世界电信史上一场规模较大的竞争。竞争源于1893年和1894年美国贝尔电话公司持有的贝尔电话技术专利分别到期，使建立在技术专利下的贝尔电话公司的垄断经营面临竞争的挑战。从1893年开始，美国各地诞生的电话公司如雨后春笋，到1897年，新电话公司数量达到6 000余家，市场占有率高达50%。只是好景不长，在AT&T公司反竞争战略打压下，到1913年，大部分新电话公司倒闭了或被AT&T公司兼并了，全国新电话公司仅剩下1 500家，市场占有率也迅速下降。1922年，美国政府冻结了各电话公司的经营区域。随着新电话公司加入垄断的行列，电信史上第一次竞争也销声匿迹了。

中资金进行基础网络设施建设，保障电信发展的统一规划和统一建设，防止无效益的重复建设，以适应高速增长的电信需求。

3. 政治以及公共安全等因素

在电信发展初期，国家公众网对军政情报等部门的服务是经常的，公众网甚至直接承担大量机要通信任务，或者在某些场合为重要通信承担掩护任务。在这一问题得不到很好的解决之前，对外开放会使国家利益受到威胁。因此，在电信发展初期，各国大都不允许外资染指国内电信业。

（二）独家垄断条件下的电信竞争法律制度

在电信业垄断经营的阶段，各国主要采取国有化或严格管制政策来应对电信业自然垄断特性。欧洲和大多数发展中国家主要采取国有化措施，而美国则以管制为主。

1. 国有化

从管理体制上看，电信业的垄断大体经历了两个阶段：其一，政企合一、邮电合营的国家垄断经营阶段；其二，政企分开、邮电分营的国有企业垄断阶段。

将邮电作为一个政府机构采取国家垄断经营的体制是欧洲及大多数发展中国家所采取的模式。欧洲将这种体制持续到 20 世纪 80 年代末，一些发展中国家一直持续到 20 世纪 90 年代中期。邮电合营体制源于电信和邮政发展的渊源关系以及电信和邮政的作为通信工具的技术共性。最初的邮政是由国家实行专营的，之后发展起来的电报和电话业务都需要借助于邮政的基础网络设施来发展，加上邮政、电报、电话都具有很强的公益性和政治性，其发展均离不开国家的大力扶持，因而实行合营是很自然的事情。

随着邮政和电信规模的扩大和通讯技术的发展、自动化程度的提高，两者在技术手段和经营方式上的差异越来越大，需要根据各自的特点和规律建设网络和开拓业务。邮电合营的综合效益已不明显，邮电合营体制成了束缚邮政和电信进一步发展的制度障碍。为了解决国家专营邮电的效率不高和服务不佳的问题，各国实行了政企分开，同时将邮政和电信改组为独立的国有经济实体，但继续授予其垄断经营权。这就是所谓的“政企分开、邮电分营”改革。日本在 1952 年实施了政企分开、邮电分营，成立了国营的日本电信电话公社，由递信部主管，邮政仍由政府直营。改革后的日本电信电话公社作为“公共事业体”，享受国家的特殊政策，使日本的电信网得以迅速扩展，顺利地实现了 6 个电信网建设的“五年计划”，使这一阶段成为日本电信史上发展最快的时期。英国在 1969 年实现了政企分开，成立了国营企业——英国邮电，以减少中央集权体制对通信的政治影响，促进邮电经营的灵活性及邮电服务的多样性，在此之后的 10 年成为英国电话高速增长的时期。到 1981 年，英国颁布《通信法》，成立英国电信，实行邮电分营。德国和法国政企分开、邮电分营的改革一直分别到 1990 年和 1991 年才进行，主要是为了适应欧共体放开电信市场计划的需要。

政企分开、邮电分营后的电信市场仍然是独家垄断经营，大部分国家都以法律、法规或政府命令等方式确立了政府或国有企业对电信业的垄断权。如日本 1953 年颁布的《公共电气通信法》第 3 条规定，日本电信电话公社和国际电信电话公社是公众电信业务的经营者。英国 1981 年《电信法》规定，英国电信专营电信业。

值得注意的是，美国未像绝大多数国家那样对电信业采取国家垄断的做法，而是由私人企业经营，因而在美国电信史上并不存在法定的垄断时期。1934 年美国《电信法》规定：建设通信设施需要经联邦通信委员会（FCC）许可，但在相当长的一段历史时期内，FCC 并未颁发任何新的通信设施建设许可证，使 AT&T 公司处于事实上的垄断地位。

2. 管制

为了抑制垄断企业的非效率，政府对授权经营的企业采取了直接干预企业行为的形式，即政府管制。政府对电信业的管制，其目的主要是为了防止无效率的资源配置和确保消费者的利益不受侵害，维护公共利益；其方式主要是通过法律、法规或行政手段，对企业的市场进入、退出、价格、服务质量以及投资、财务、会计等方面的活动进行管理和控制。在电信行业垄断期间，政府对电信业的管制主要是市场进入管制、价格管制和普遍服务管制。

美国未对电信企业采取国有化措施，而是让私人企业经营电信业，政府管制就显得十分重要。在美国，1934 年《电信法》未对广播、通信管制机构——联邦通信委员会（FCC）的管制细则予以规定，而是采取一种裁量式的规定方式，授予 FCC 相当大的自由裁量权，裁量和判断的标准是“公共利益、便利性和必要性”，由此孕育了司法机构对 FCC 管制的审查。另一方面，由于《电信法》仅适用于州际通信业务和国际通信业务，这给予了各州很大的电信管制权。由此可见，美国的电信管制具有非常大的灵活性。1913 年，AT&T 公司因大举兼并新生的小电话公司和拒绝为新公司提供网络互联互通服务而遭到司法部的反垄断诉讼。最后 AT&T 公司作出妥协，承诺：（1）在未获得管制机构同意的情况下，不对新电话公司进行兼并；（2）为新电话公司提供网络互联互通服务；（3）在全美国实施电话的普遍服务。1949 年，美国司法部又以 AT&T 公司拥有通信设备制造业有碍竞争为由，对 AT&T 公司进行反垄断诉讼。AT&T 公司又被迫作出妥协，承诺：（1）AT&T 公司的子公司 Western 电讯公司将不再向 AT&T 公司以外的公司出售产品；（2）AT&T 公司将不再进入电信以外的行业；（3）公开其贝尔研究所的专利。至此，1934 年《电信法》和 AT&T 公司两次与法院达成的协议是美国电信市场结构的法律基础。可以说，AT&T 公司被迫“主动”选择了“管制下的垄断”。

3. 政府补助和交叉补贴

在电信业发展初期，为了实现全国性电话网的建设和普遍服务的要求，需要大规模的投入。但是，一方面，处于发展阶段的电信运营商很难依靠自己的力量来进行如此巨大的投入；另一方面，电信业在发展阶段，高成本、低效益的经济特点以及普遍服务的公益性，使其很难像普通企业那样可以通过资本市场获得资金，这就需要有相应的资金补助。这种补助来源主要包括两个方面：政府补助和企业内部交叉补贴。

政府补助主要是来自政府的财政援助、无息或低息贷款以及政府为电信行业所制定的特殊的税收政策、初装费、用户债券等。如日本政府为了给电信业的发展筹集资金，在发行大量债券的同时，向用户收取高额的初装费，要求用户购买日本电信电话公社的“电电债券”，并免征日本电信电话公社的固定资产税（约固定资产总值的 2%）。以上措施为日本电信电话公社积累了大量的建设资金，顺利完成了电话网的建设，并于 1977 年基本解决了电话的待装问题，于 1981 年实现了全国电话网的自动化。

企业内部交叉补贴，是指企业内部业务之间或地区之间的利益互补。交叉补贴分为业务互补和地区互补两种。其中，业务互补普遍的做法是“国际补国内，长途补市话”，即以设定较高的国际电话费来补贴国内运营的亏损，以较高的长途电话费来补贴低于成本的市话费。地区互补，是指以用户密度大、平均成本低的地区的盈利来补贴用户密度小、平均成本大的地区的经营亏损。这实际上意味着接受某些服务或在某些地区的消费者负担着“不正当”的高价，而接受另一些服务或在另一些地区的消费者享受着“不正当”的低价。从公平的角度来讲，是不允许企业实行交叉补贴的，因为这实际上相当于有隐含的税收和补贴，即对一部分消费者征税，以此补贴另一部分消费者。但对电信行业而言，政府在相当大的程度上允许交叉补贴，主要是为了实现电信普遍服务的公共政策。一般而言，政府对一个项目给予扶持和资助，通常随之而来的是政府对该领域的管制。①

对电信垄断企业的优惠政策和企业内部的交叉补贴，一方面，保证了电信发展时期的资金来源，有利地促进了电话网的建设和电话用户的增长，保证了电话普遍服务的顺利实现；另一方面，它又使电话的价格与成本相背离，电话的价格成了“非成本价格”。不难看出，垄断和政府管制政策是电话非成本价格形成的主要原因。

可见，在电信业发展初期，电信业的垄断来自于电信业当时本身的经济、技术特点，垄断经营体制较好地适应了电信业这一阶段发展的需要，为电信基础网络的建设作出了贡献，为电信事业的进一步发展打下了坚实的基础。各国电信基础的形成、电信需求和电信网规模的高速发展大都集中于垄断阶段，发达国家基本电信的普遍服务也均是在此阶段完成的。这一阶段的各国立法集中反映了对电信业垄断体制的维护。同时，为了克服垄断带来的非效率，各国普遍通过法律、法规或政府命令等对电信行业进行必要的管制，尤其是价格管制。

二、有限竞争（寡头垄断）条件下的电信市场与竞争立法

（一）有限竞争条件下的电信市场

20 世纪 80 年代初，技术的进步、市场需求的变化以及电信垄断体制自身的弱点，最终促使电信市场开始从独家垄断到有限竞争的变革。

1. 电信业的技术进步

电信业的技术进步是电信体制变革最根本的动因。技术进步改变了电信的生产力，使建立在原有技术基础上的独家垄断成为落后于生产力变化的体制，打破垄断、引入竞争就成为一种历史的必然。过去，电话信号是通过电线和铜缆来传送的，同时架设两条电线或铜缆缺乏效率。到 20 世纪 50 年代，微波通信技术和卫星通信技术为人类带来了比电缆更经济的通讯系统。这种无线通信方式比铜缆投资少、容量大、建设期限短，因而，其不像铜缆网络那样具有明显的规模经济性。电信垄断的基础由于无线通信技术的产生而开始动摇。到开始打破电信垄断、引入竞争的 20 世纪 80 年代中期，电信技术的

---

① Goldberg, Godles, Wiener & Wright. Communications Law and Regulation. http://library.findlaw.com/1999/Jan/1/241460.html，2009 年 10 月 14 日访问。

发展上了三个台阶：电信传输技术从铜缆和微波模拟制式到20世纪70年代初的数字制式，再到20世纪80年代中期的数字光缆时代；电信交换技术从磁式交换到模拟电子交换，再到1970年代末的数字交换时代。电信技术的进步使电信的成本结构发生了巨大的变化。在构成电信运营成本的本地接入、交换和长途传输成本中，交换和长途传输成本大幅度下降，使得进入电信运营市场的门槛大幅度下降，长途通信首先走出了自然垄断的领域。世界电信史上第一家长途电信公司美国微波通信公司（MIC）就是在这种技术变革的背景下诞生的。MIC于1964年成立，经过与AT&T公司长达4年的唇枪舌战，于1969年获FCC批准，拥有了经营长途专线通信业务的权利。1977年MIC又获得了经营长途公众通信业务的权利，进入了AT&T公司的长途通信市场。

2. 需求的变化

随着电信技术的进步，电信传输成本的大幅降低和普遍服务目标的基本实现，世界主要国家的电信需求在二十世纪六七十年代迅猛增长，电信市场在广度上得到了大幅度的拓展。同时，从20世纪80年代初开始，随着技术的进步，发达国家开发了一些电信增值业务，即在现有基础通信网络上通过增加某些设备来提供新的业务，如虚拟专用网（VPN）业务[①]等。移动通信业务也开始初见端倪。电信技术的进步拓展了电信业务，刺激了市场需求的变化。人们已不再满足于仅仅拥有一部电话，而是开始追求多样化、多层次的电信服务，对电信服务质量也提出了更高的要求。由于电信垄断企业在制度上的僵化和经营上的低效率，无法适应电信市场的需求变化，引起了社会的不满，打破垄断的呼声越来越高。

3. 独家垄断体制的弊病

尽管政府在电信垄断期间通过管制政策对电信业进行了限制，但垄断（特别是国家垄断或国有企业垄断）本身的弊病还是给电信业带来了不可避免的效率损失。政府往往不是很有效的生产者。国有化行业的经理们常常缺乏降低成本和锐意现代化的动力，特别是在政府常常愿意在该行业亏损时对其给予补贴的情况下。通过垄断来获取利润总要比靠生产更好的产品来获取利润更为容易。

随着社会经济的发展，特别是电信技术的进步，电信业进入了快速增长时期，电信垄断的非效率也日益明显，具体表现在企业劳动生产率低下、内部管理欠缺、服务水平落后以及缺乏创新精神等。原有电信运营商的这种低效率运营，使得新运营商能够以更低的成本和更好的服务进入电信市场。电信垄断经营体制在新的生产力和新的市场需求面前已开始无所适从，打破电信行业的垄断、引入竞争就成为一种历史的必然。尽管完全竞争无法实现，但有限度的竞争总是可以带来一些好处。由此，世界电信业主要发达国家开始了电信业打破垄断、引入竞争的改革。

制度的创新往往首先发生在经济发展比较快而法律制度又具有较大灵活性的地方，美国则是这两者的较完美结合体，电信业世界性的打破垄断、引入竞争的改革正是开始

---

① 虚拟专用网（VPN）是通过一个公用网络（通常是因特网）建立一个临时的、安全的连接。虚拟专用网可以帮助远程用户、公司分支机构、商业伙伴及供应商同公司的内部网建立可信的安全连接，并保证数据的安全传输。

于1982年的美国。1982年，法院判决将AT&T公司拆分成长话、市话和设备三部分，AT&T公司只许经营长话，设备公司独立，地方通讯业务分别由7个贝尔公司经营，完全切断产权关系。AT&T公司解体后，美国电信业由一家独霸变成了多个分立的系统，电信市场结构形成了长途电信竞争、本地电信垄断的格局。以MCI公司和Sprint公司为首的长途电信公司迅速扩大其市场份额，电信业的竞争日益激烈。由此掀起了世界电信业反垄断改革的高潮。

英国于1984年将英国电信民营化，并给水星公司颁发了电信业务营业许可证，在本地、长途、国际电信领域引入了竞争。日本也于1985年将日本电信电话公社民营化，在长途、国际电信和卫星通信领域引入了竞争。在美、英、日电信改革的推动下，到1990年代初，许多国家在增值电信业务领域引入了竞争，部分国家在基础电信业务领域引入了竞争。不过，大部分国家都采取了在政府管制和主导下有限开放市场的模式，市场竞争通常被限制在某些业务领域，并且对外资进入本国电信市场采取限制态度。这一阶段的电信市场竞争主要表现为国内电信竞争。到1998年2月5日《WTO基础电信协议》生效后，电信竞争才正式扩展到全球。

（二）有限竞争条件下的电信竞争立法

由于原有的电信市场法律制度和管制政策倾向于维护垄断经营体制，所以改革电信经营体制首先要对相应的法律制度和管制政策进行改革。这种改革是以放松电信市场管制为主线，具体表现在以下几个方面：

1. 民营化

从历史上看，设置国营企业的目的主要是用来在竞争性经济活动中贯彻公共政策目标，以及在市场失灵的领域作为公平竞争的替代或补充。私有化的动机通常来源于两个因素：一是，政府在经济领域所能发挥的作用应当重新评估，并且国营企业的作用范围应当比以前想象得小；二是，人们认识到，私有化能够切断经理人员与政府官员之间的联系，以及由此降低与寻租行为有关的成本负担，从而加强对经理人员的激励。[①] 为了防止国有企业垄断的弊端，英、日等国对原有的国有电信企业进行了民营化。英国于1984年将英国电信民营化，这种民营化主要采取股份制改造的方式，并由立法明确规定。如英国1984年《通信法》规定，将英国电信改制为民营公司，公司设立时的股权100%由政府拥有（第60条），此后政府对英国电信股份的持有率根据财政部长和贸易产业部长的协议结果确定（第65条）。日本也于1985年颁布了新的电信三法，即《电信法》、《日本电信电话株式会社法》（简称《NTT法》）以及《日本电信电话株式会社法、日本电信法相关的实施整备等法律》（也称“整备法”），对日本电信电话公社实行了民营化，改制成为NTT株式会社。

2. 放松市场进入管制

引入竞争最基本的手段是要放松市场进入的限制，增加市场主体的数量。对此世界各国做法不完全相同。

---

① Regulatory Reform in Network Industries: Past Experience and Current Issues, OECD Economic Outlook 67 (OECD, 2000).

美国由于其电信市场不存在国家垄断，因而选择了通过创造公平竞争环境的方式来培育新的竞争主体。通过肢解电信巨头 AT&T 公司的办法，率先促使了长途通信领域的竞争。经过深入调查，FCC 又将通信与计算机混合业务分为混合通信业务和混合处理业务，将混合处理业务划入信息处理领域，作为非管制业务，而对混合通信类业务采取市场管制，规定进入该市场的经营者必须得到管制部门的许可。FCC 又将通信市场分为基本业务市场和高级业务市场（也称增值业务市场），采取不同的管制政策。开放高级业务市场，并采取鼓励竞争的“不对称管制”，对具有市场支配力的 AT&T 公司和由 AT&T 公司分出的本地贝尔公司采取了有条件的市场进入管制，从而保护了竞争者的迅速成长。

英国的做法是放开增值业务市场，在基础电信市场引进双寡头垄断体制。1984 年英国当时的电信管制机构 OFTEL 根据《通信法》分别向英国电信和水星公司颁发了为期 25 年的经营许可证，通过培育一个竞争对手——水星公司，来打破原垄断企业的垄断环境，对其形成竞争压力，促使其改善企业经营效率。经过 7 年的市场培育，两公司都在竞争中打下较坚实的经营基础之后，OFTEL 于 1991 年宣布结束基础电信领域的双寡头垄断体制，放开了对电信市场的进入管制。

日本的做法是放开电信市场，但有意识地维持一个少数经营者经营的电信市场结构（主要是在长途、国际、卫星通信领域），使日本电信市场的竞争保持一个相对稳定的格局。在市场进入管制上采取分类管制政策，避免无效率的市场进入。日本《电信法》规定，安装自有网络基础通信设施并提供电信业务的经营者为第一类电信经营者；通过租用第一类电信经营者的设施提供电信业务的经营者为第二类经营者。在第二类中，又根据设备规模的大小分为特别第二种和一般第二种（《电信法》第 6 条、第 10 条）。对这两类经营者，日本邮政省采取了严格管理第一类、对第二类放松管制或不管制的“不对称管制”政策，具体为对第一类电信经营者实行许可证制度，并实行资费管制，按照统一的条件提供服务；对第二类电信经营者实行登记、备案制度，没有资费管制，根据合同规定的条件提供服务。

3. 建立独立的电信管理机构

国有电信企业实行民营化之后，英国设立了当时的独立的管制机构 OFTEL，将电信政策的制定机构和管制机构分离，从而保证了电信政策制定的透明度和公正性，促进了电信竞争的规范性和秩序性，并为《WTO 基础电信协议》所仿效。

4. 放松资费管制

资费管制是电信管制中极其重要的内容，在开放市场的过程中，各国对电信资费的管制逐步放松，直至取消。

美国 1934 年《电信法》第 203 条规定，所有电信经营者都有义务依照 FCC 制定的要求，向 FCC 提出有关调整资费标准的申请。由于 AT&T 公司及由其分出的本地贝尔电话公司具有市场支配地位，FCC 采取了对市场支配者进行资费管制，对非市场支配者不管制的“不对称管制”政策。随着竞争的不断深入，长途电话的市场占有格局迅速发生变化，FCC 随即采取了逐步放松管制的政策，于 1989 年取消了对 AT&T 公司报酬率控制的管制，改为价格上限管制方式。到了 1996 年，FCC 放开了对 AT&T 公司的所有资费管制，使 AT&T 公司与其他电信公司一样可以根据市场自由定价。另外，由于电信垄断时期交叉补贴的存在，美国的长途电话市场利润率高于本地电话市场，而本地电话公司由于负有对国民普遍服务的责任，很难在短期内将低于成本的政策性低资费调整到正常水平。为此，FCC 在建立健全普遍服务基金制度的同时，采取了让州际长途电话公司负担一部分本地电话用户线成本的“接续费”制度，从而保证电信业引入竞争后的普遍服务。

英国在电信费管制上采取的是价格上限管制制度。OFTEL 对英国电信的电信业务进行分组，对各组业务的资费规定不同的价格上限，只要在此上限之下，英国电信可自主决定各业务的具体资费。这一制度极大地调动了企业自主经营的积极性，激励企业提高经营效率，并且节约了管制成本，提高了管制效率。在互联互通资费上，OFTEL 要求英国电信进行专业核算，实施标准的互联互通资费；1997 年，OFTEL 对英国电信的互联互通接续费也采取了价格上限管制。

5. 电信资费的再平衡

进行电信的资费再平衡是电信业在国内竞争阶段的另一个特点。所谓电信资费再平衡，就是对电信垄断时期电信资费的“非成本化”进行调整，目的是使电信资费更加接近成本。这种调整之所以被称为再平衡，是因为调整的过程并非仅仅为了降低资费，而是要对电信资费进行结构性调整，降低高于成本的电信业务资费，提高低于成本的电信业务资费，从而最终取消交叉补贴。

在电信业发展初期，由于垄断和普遍服务等因素，国际电话和长途电话利润较高，而本地电话则多采取政策性的低资费。这种非成本化的资费结构给电信市场的开放与竞争带来了很多问题。一方面，电信业务不同领域利润率的差别，导致竞争者首先选择利润率高的国际和长途通信，使电信市场利润的分配更加不合理。另一方面，绝大多数国家在引入竞争的同时并未放弃电信的普遍服务，反而更加突出了普遍服务的政策，一般做法是原电信经营者承担普遍服务的义务，但是国际和长途通信领域竞争的引入使原电信经营者难以通过企业内部交叉补贴的方式补偿普遍服务的成本亏空。同时，交叉补贴本身又属于反竞争行为。这迫使政府另谋资金来源以解决普遍服务的资金不足问题，但大部分国家还没能很好地解决这一问题。由此可见，电信业引入竞争后，使非成本化的电信资费接近成本，进行资费合理化的调整已成为实现和保障公平竞争、实现普遍服务的必由之路。从各国实践看，大部分国家已在国内竞争阶段通过资费平衡基本实现了资费的成本化。如英国，采取价格上限管制制度，对要降价的资费如国际通话费制定较低的价格上限，对要提高的资费如基本月租费制定较高的价格上限，使企业逐步降低或提高某些资费。个别国家对资费再平衡进展缓慢的电信业务，通过采取特殊政策的方式来尽量降低资费非成本所带来的影响。如日本政府在 NTT 重组后，允许盈利的 NTT 东日本公司在 3 年内对本地亏损的 NTT 西日本公司进行补贴。1997 年签订的《WTO 基础电信协议》明确规定，各国必须承诺以成本为基础制定电信资费和不进行交叉补贴。

可见，在电信业引入竞争是一场深刻的电信革命。竞争使电信业从垄断、封闭的行业，变成了一个开放的、充满生机的行业。从现实看，电信竞争虽然仍是不彻底、不完善的，但仍然给电信市场带来了发展和繁荣，并为整个社会带来了福利和效益。一方面，消费者得到了切实的利益，不但可以选择电信资费，而且还可以选择电信公司，可以以更低的价格获得了更好的服务。如日本长途电信价格1998年比1987年下降了77.5%。另一方面，电信竞争提高了整个行业的劳动生产率，促进了技术的进步和经济的增长。

由上面的分析我们可以看到，在整个电信市场引入竞争的过程中，技术进步、市场发展和法律变革是紧紧地交织在一起的。技术进步推动了市场发展，市场发展要求法律进行相应的变革，新的法律又进一步引导和促进市场的进一步发展。由于电信行业本身是关系国计民生的基础性行业，对它的改革各国都采取谨小慎微的态度，基本上是在政府的主导和管制下，循序渐进地进行，整个改革过程都离不开政府的干预。

三、全球自由竞争条件下的电信市场与竞争立法

（一）全球自由竞争条件下的电信市场

20世纪90年代以来，经济全球化、技术进步和用户需求的多样化，使得电信市场和电信竞争开始逐渐全球化。

1. 技术进步

20世纪90年代以来，技术进步、多样化需求和竞争的相互促进，使通信网与计算机网、有线电视网三网逐渐融合，成为信息业发展的大趋势。数字技术的发展和应用，使语音、数据和图像信号可用统一的编码传输和交换；宽带、高速的光通信技术为综合传输各种业务提供了可以共享的平台；软件技术的进步使各种网络及终端业务能够实现互通；移动通信技术使全球范围内在任何地点、任何时间、任何人的通信可以方便地实现。这种技术的进步，加速了电信业扩展全球市场的步伐，为电信公司在全球范围内提供高级电信业务和多媒体服务奠定了技术基础。

2. 经济全球化与市场需求变化

电信业的竞争给消费者带来了更多的选择，同时也促进了电信需求向多层次、多样化发展。从20世纪90年代中期开始，经济的全球化使电信业也进入了全球化的市场环境，电信市场的需求发生了新的变化。第一，跨国公司带来的全球性市场需求日益增长，形成了一个数百亿美元的巨大市场，这为电信业带来了一个新的业务，即全球业务。[①] 第二，因特网的迅猛发展，使数据通信、多媒体通信的需求迅速增长，一种全新的业务领域，即号称新经济代表的电子商务越来越引人注目，并将成为电信需求的新的增长点。第三，从20世纪90年代中期开始，移动通信成为电信增长的主体，世界移动电话用户增长远远超过固定电话的增长。随着移动用户的增长和市场的扩大，移动电话的国际漫游服务覆盖面越来越大，移动通信已成为国际通信的重要组成部分，并且下一代移动通信的发展方向就是满足全球通信需求的“全球通”。

---

① 这种全球性需求主要表现在两个方面：一是全球“一揽子服务（OSS, One Stop Shopping）”需求，即跨国公司希望在全球实现“一个窗口”的服务，通过与一个电信商打交道，实现在全球各分支机构间的通信；二是全球“无缝服务”需求，即跨国公司要求其在全球的各分支机构都能得到功能相同和标准统一的服务质量。

3. 发达国家抢占世界市场

到20世纪90年代中期，经过激烈的电信竞争，发达国家主要电信市场的格局已经形成并趋于稳定，传统电信业务领域的竞争所带来的利益已经十分有限。而与此同时，发展中国家的电信市场正处于快速增长时期，这对美、英、日等发达国家不能不说是一个巨大的诱惑。为了更多地获取利润，冲破国界，进入他国电信市场已成为发达国家电信公司生存和发展的需要，这必然要求将电信竞争从国内引向国际领域。

（二）全球自由竞争条件下的电信竞争立法

新的电信技术所带来的新业务极大地刺激了市场需求，同时也对以往的以市场分割为主线的管制制度提出了挑战。新技术所触发的“无国界”的因特网、电子商务、移动通信业务迅速增长。电信成本不断下降，电信市场中需要管制的、具有规模经济性的产品比重不断下降，原有垄断者对市场的支配力不断下降，电信市场的门槛也不断下降。同时，全球性业务的增长和国内逐渐趋于饱和的传统业务市场促使经营者急于改变现有的管制框架，打破业务领域和国界的限制。为了适应电信市场的变化，同时为了提高本国企业的国际竞争力，为本国企业进军国际电信市场创造法律和政策条件，主要发达国家掀起了第二次电信改革的浪潮。这次电信改革是以进一步放松电信入门管制为核心，旨在全面推进竞争，创造全球统一大市场。

1996年2月美国推出新的《电信法》，率先开始了放松管制的电信改革。改革的主要内容包括：在本地电信市场引入竞争；允许本地电信公司进入本地以外的市场；撤销对有线电视行业的资费管制，引入竞争；放松对广播公司的市场管制等。新的《电信法》结束了长达10年的电信市场分割状态，促使了美国电信企业间的资本重组，为美国电信企业向外扩张创造了有利条件。新《电信法》颁布的短短两三年间，以12大企业为主导的美国电信市场通过大规模的资本重组，变成了以AT&T等四大企业为核心的高度集中的市场。这些电信巨头很快就在国际市场上四处出击。目前，美国电信企业在国际市场上的电信投资位于第一位。

在美国的影响下，日本于1997年修改了《NTT法》和《电信法》，进一步开放市场，并对NTT进行了改组，目的是使日本能够跟上全球电信市场的步伐，推动NTT进入国际电信市场。为了适应市场开放的需要，并力争在开放的市场中占据有利地位，德国和法国分别于1995年和1996年将国营垄断企业——德国电信、法国电信民营化。英国OFTEL也于1997年发表了对英国电信的放松管制的最终报告。

上述发达国家所采取的放松电信管制的政策，是其国际电信发展战略的一部分。为了促进本国电信企业迅速进入国际市场，获取全球电信市场利益，发达国家在实施本国电信市场开放的同时，积极谋求通过国际组织推动全球电信市场的开放。1997年2月69个国家/地区签订了《WTO基础电信协议》，承诺对外开放电信市场，使全球电信业掀起了一个以对外开放和国际竞争为核心的改革浪潮，电信业的竞争由国内推向了全球市场，使电信业的全球竞争变成了现实。

可见，技术的进步和经济的全球化必然导致电信市场的全球化。这种全球化市场建立的前提，就是要打破国际之间的市场藩篱和贸易壁垒，这反映在法律上就是放松电信业的管制。这种放松管制的过程分为两个步骤：第一步是各国通过修订国内立法，进一步放松管制政策，消除国内各电信市场领域的人为分割，并为国内电信企业进军国际市场创造条件。第二步是电信主要发达国家谋求通过国际条约、协定等法律文件形式，统一各国电信市场规则，进一步消除市场进入的障碍。新的电信立法和管制政策所面向的将是全球市场，如何让本国电信企业在国际竞争中立于不败之地将是未来电信立法的重要课题。

第二节　我国电信竞争与竞争立法

一、我国电信市场竞争的演变历程

随着我国改革开放和社会主义市场经济的进一步发展，在新技术推动全球电信竞争日趋激烈的背景之下，我国电信市场经历了从政企合一、邮电合营、独家垄断经营到政企分开、邮电分离、初步开放竞争，再到有限竞争（寡头垄断）的过程，在不断塑造国内竞争主体的过程中，实现了电信市场从独家垄断到有限竞争的嬗变。

1. 1993 年以前，政企合一、邮电合营、独家垄断经营时期

改革开放前，我国邮电实行的是计划经济下的政企合一、邮电合营的体制。当时的电信业十分落后，电话普及率不到3%，在世界 185 个国家和地区中排行第 161 位，电信已经成为严重制约国民经济发展的瓶颈。改革开放后，电信发展被列为国家经济发展的战略重点之一，国家给予了邮电部门一系列的优惠政策，采取了独家垄断经营体制，有力促进了电信事业的繁荣。为适应改革开放和现代化建设的需要，《国务院批转邮电部关于加强通信行业管理和认真整顿通信秩序请示的通知》（国发［1990］54 号）明确当时的邮电部是国家管理全国通信工作的主管部门，规定主要通信业务必须由国家统一经营，相应地，通信行业管理工作开始启动。总体而言，我国在电信发展初期采取的垄断体制，较好地适应了当时发展阶段的特点，有力地促进了电信网的持续快速发展。

2. 1993 ~ 1998 年，适度引入竞争，放开增值电信业务市场时期

自 1993 年起，我国开始对电信行业进行市场化改革，逐渐打破国家垄断，引入市场竞争机制。1993 年 8 月，国务院批转邮电部《关于进一步加强电信业务市场管理的意见》（以下简称《意见》），开始对国内经营者放开部分电信业务，这标志着计划经济时代“国家垄断”的电信行业开始进行市场化改革。根据该《意见》，放开的电信业务有：无线电寻呼业务；800MHz（兆赫）集群电话业务；450MHz（兆赫）无线电移动通信业务；国内 VSAT（甚小天线地球站）通信业务；电话信息服务业务；计算机信息服务业务；电子信箱业务；电子数据交换业务；可视图文业务等。该《意见》同时要求“获准经营上述电信业务的部门和单位，不得搞区域性封锁”，“国家通信主管部门要为邮电通信企业和其他经营通信业务的企业创造公平竞争的环境”。根据该《意见》，当时的邮电部先后发布了《从事放开经营电信业务审批管理暂行办法》、《放开经营的电信业务市场管理暂行规定》，为市场的开放竞争提供了基本依据，很快在增值电信业务领域形成了较充分的竞争。

1993 年 12 月，国务院批准同意当时的电子部、电力部、铁道部共同组建中国联合通信有限公司，新组建的中国联通是我国电信管理体制深化改革的初步尝试，其经营范

围为:(1)对铁道部、电力部的专用通信网进行改造，在保证铁道、电力专用通信需要的前提下，将富余能力向社会提供长话业务；在公用电话网覆盖不到或公用市话能力严重不足的地区可开展市话业务。（2）经营无线通信业务（包括移动通信业务)。(3）经营电信增值业务。1994年7月，中国联通挂牌成立，正式标志着我国在基础电信领域也引入了竞争。

联通公司成立之后迅速发展，远远超过最初对其“在公用电话网覆盖不到或公用市话能力严重不足的地区开展市话业务”的设想，成为中国电信这一传统独家垄断经营者的有力竞争对手。联通公司的发展，对电信市场引入竞争、打破垄断起到了积极的作用。

在联通公司成立的同时，1994年1月原吉通通信有限公司成立。吉通通信有限公司是由大型国有电子企业参股组成的股份制企业，授权运营和管理国家公用计算机互联网络——中国金桥信息网（ChinaGBN)，向全社会提供国际互联网业务。吉通公司的组建背景和目的与联通公司相似，但由于政策、资金方面原因，吉通未能如同联通公司一样成为电信市场的强有力竞争者。

3. 1998～2008年，邮电分离，打破垄断，进一步强化电信竞争时期

1998年3月，全国人大批准国务院机构改革方案，国家在原邮电部、电子部基础上组建了原信息产业部，完成全国邮电分营，实现彻底的政企分开，并启动电信业的重组。

1999年2月，国务院通过中国电信重组方案，相继组建了中国移动通信集团公司、中国电信集团公司和中国卫星通信集团公司。与此同时，国务院对中国联通也进行了重组，从中国电信剥离出来的国信寻呼公司整建制划归联通公司。另外，中国网络通信有限公司、铁道通信信息有限责任公司先后于1999年4月、2000年12月成立。

2001年，以打破固定电信领域的垄断为重点，实施了企业、资源、业务和市场重组。同年12月国务院通过了新的电信体制改革方案，将中国电信现有资源划分为南、北两个部分。北方部分和中国网络通信有限公司、吉通通信有限责任公司重组为中国网络通信集团公司；南方部分保留“中国电信集团公司”名称，继续拥有“中国电信”的商誉和无形资产。重组后的两大集团公司仍拥有中国电信已有的业务经营范围，允许两大集团公司各自在对方区域内建设本地电话网和经营本地固定电话等业务，双方相互提供平等接入等互惠服务。

自此，我国电信行业形成了中国电信、中国网通、中国移动、中国联通、中国卫通、中国铁通六家基础电信企业竞争格局。

4. 2008年以来，三大电信运营商有限竞争格局形成

之前的电信改革虽然在一定程度上促进了电信竞争，但效果并不十分令人满意。中国电信和中国网通的本地业务在各自地域内仍然是“独家垄断”。中国联通在“非对称管制”下得到了较快的发展，但其实力依然不足以和中国移动进行实质性竞争。近年来，全球范围内移动通信发展迅速，电信市场竞争日益加剧，行业发展面临着新的机遇和挑战。我国电信业在竞争架构、资源配置和发展趋势等方面也出现了一些新情况、新问题，特别是移动业务快速增长，固话业务用户增长慢、经济效益低的矛盾日益突出，

企业发展差距逐步扩大，竞争架构严重失衡。为形成相对均衡的电信竞争格局，增强自主创新能力，提升电信企业的竞争能力，促进行业协调健康发展，进一步深化电信体制改革势在必行。

2008 年 5 月，工业和信息化部、国家发改委和财政部发布了《三部委关于深化电信体制改革的通告》，鼓励中国电信收购中国联通 CDMA 网（包括资产和用户），中国联通与中国网通合并，中国卫通的基础电信业务并入中国电信，中国铁通并入中国移动。并且，改革重组与发放 3G 牌照相结合，重组完成后就会发放 3G 牌照。2009 年新一轮重组完毕，中国电信、中国移动、中国联通均获得了全业务 3G 牌照，中国电信行业形成了三足鼎立的竞争格局。

针对重组后新的市场架构，通信行业管理部门应在一定时期内采取必要的非对称管制措施，促使行业格局向均衡发展，建立和完善与之相适应的监管体制。此外，通信行业管理部门应制定更加严格的行业监管政策，禁止变相阻碍、破坏互联互通、网间漫游；鼓励移动通信运营商相互开放网间漫游业务，漫游结算等价格由政府制定，并逐步扩大企业的自主定价权。

二、我国电信竞争立法概述

我国目前规范电信市场竞争的基本法律有《反垄断法》和《反不正当竞争法》。与之相关的法律、行政法规、规章、司法解释主要有：《价格法》、《关于禁止在市场经济活动中实行地区封锁的规定》、《关于禁止公用企业限制竞争行为的若干规定》、《关于禁止有奖销售活动中不正当竞争行为的若干规定》、《关于禁止仿冒知名商品特有的名称、包装、装潢的不正当竞争行为的若干规定》、《关于禁止侵犯商业秘密行为的若干规定》、《关于禁止商业贿赂行为的暂行规定》、《最高人民法院关于审理不正当竞争民事案件应用法律若干问题的解释》等。

此外，《电信条例》对电信市场上的反竞争行为进行了专门规定。国家工商局对电信市场的违法竞争行为行使处罚权时，曾先后作出了《关于电信局对不从该局购买手机入网者多收入网费的行为是否构成不正当竞争行为问题的答复》、《关于对电信部门强行向用户收取话费预付款、话费抵押金行为定性处罚问题的答复》、《关于对移动通信公司对自备手机入网收取验机配号费行为定性处罚问题的答复》和《关于对移动通信公司强行向用户收取来电显示费行为定性处理问题的答复》等。

三、电信垄断的规制

电信垄断是指电信市场上的经营者违反法律，排除或限制市场竞争，危害社会公共利益的行为或者状态。我国目前规制电信垄断的法律主要是《反垄断法》。《反垄断法》规定了四种垄断行为：垄断协议、滥用市场支配地位、经营者集中和行政性垄断。上述四种垄断行为在电信市场均有可能发生。

（一）垄断协议

垄断协议又称限制竞争协议、卡特尔，是指排除、限制竞争的协议、决定或者其他协同行为。《反垄断法》禁止具有竞争关系的经营者达成下列横向垄断协议：（1）固定或者变更商品价格；(2) 限制商品的生产数量或者销售数量；(3) 分割销售市场或者原材料采购市场；(4) 限制购买新技术、新设备或者限制开发新技术、新产品；(5) 联合抵制交易；(6) 国务院反垄断执法机构认定的其他垄断协议。禁止经营者与交易相对人达成下列纵向垄断协议：(1) 固定向第三人转售商品的价格；(2) 限定向第三人转售商品的最低价格；(3) 国务院反垄断执法机构认定的其他垄断协议。经营者违反法律规定，达成并实施垄断协议的，由反垄断执法机构责令停止违法行为，没收违法所得，并处上一年度销售额1%以上10%以下的罚款；尚未实施所达成的垄断协议的，可以处50万元以下的罚款。经营者主动向反垄断执法机构报告达成垄断协议的有关情况并提供重要证据的，反垄断执法机构可以酌情减轻或者免除对该经营者的处罚。行业协会违反法律规定，组织本行业的经营者达成垄断协议的，反垄断执法机构可以处50万元以下的罚款；情节严重的，社会团体登记管理机关可以依法撤销登记。

电信市场上常见的垄断协议主要有：

(1) 固定或者变更价格协议。电信运营商之间签订固定或者变更电信业务或商品价格的协议，其目的在于操纵市场价格。最简单的例子就是统一规定向用户提供业务或商品的价格。固定或者变更价格协议还包括联合提高价格、反对降低价格、制定统一定价公式，以及取消市场上的低价产品，从而将需求转向高价产品上，等等。

(2) 串通投标协议。串通投标协议属于对客户的划分，即通过协议将特定的客户分给协议电信企业。如在公开招标时，当事人通过协议只安排一家电信企业作中标的准备，其他的协议企业根本不参加投标，或者作虚假的投标，从而使所安排的电信企业很轻松地中标。当出现其他的招标时，便可以用同样的手段安排另外的协议企业中标。

(3) 市场分配协议。即参与协议的电信企业各自分得一块地域或产品市场，在这一特定的地域或产品市场内独家享有生产、销售或者提供业务的权利，参加协议的其他企业则不得在该市场范围内生产、销售或提供业务。这样，每个参加协议的企业都有机会在特定市场内建立自己的垄断地位。例如，有媒体称，在《反垄断法》正式出台前，我国某两大电信运营商就签署了互不竞争协议。①

(二) 滥用市场支配地位

所谓市场支配地位，是指经营者在相关市场②内具有能够控制商品价格、数量或者其他交易条件，或者能够阻碍、影响其他经营者进入相关市场的能力的市场地位。认定一个经营者是否具有市场支配地位，一般应考虑经营者在相关市场的市场份额、相关市场的竞争状况、经营者控制销售市场或者原材料采购市场的能力、经营者的财力和技术条件、其他经营者对该经营者在交易上的依赖程度、其他经营者进入相关市场的难易程度等因素。为了降低认定成本，《反垄断法》规定：当一个经营者在相关市场的市场份额达到1/2，或者两个经营者在相关市场的市场份额合计达到2/3，或者三个经营者在相关市场的市场份额合计达到3/4，即可推定其具有市场支配地位。

《反垄断法》禁止具有市场支配地位的经营者从事下列滥用市场支配地位的行为：

---

① http://www.ftchinese.com/story/001009804，2009年10月17日访问。

② 所谓相关市场，是指经营者在一定时期内就特定商品或者服务进行竞争的商品范围和地域范围。

(1) 以不公平的高价销售商品或者以不公平的低价购买商品；(2) 没有正当理由，以低于成本的价格销售商品；(3) 没有正当理由，拒绝与交易相对人进行交易；(4) 没有正当理由，限定交易相对人只能与其进行交易或者只能与其指定的经营者进行交易；(5) 没有正当理由搭售商品，或者在交易时附加其他不合理的交易条件；(6) 没有正当理由，对条件相同的交易相对人在交易价格等交易条件上实行差别待遇；(7) 国务院反垄断执法机构认定的其他滥用市场支配地位的行为。经营者违反法律规定，滥用市场支配地位的，由反垄断执法机构责令停止违法行为，没收违法所得，并处上一年度销售额1%以上10%以下的罚款。

从相关市场份额来讲，中国移动在移动通信市场、中国电信和中国联通的各自的本地固话市场均具有市场支配地位，因此最容易实施滥用市场支配地位的垄断行为。电信市场上滥用市场支配地位的行为主要有以下类型：

(1) 拒绝提供必备条件（如为竞争者提供必需的网络接入)。例如，国内某移动和固话兼营运营商，为排挤另一个移动运营商，降低对其固话网络接入质量，导致其移动用户落地质量显著下降。

(2) 交叉补贴。控制某一市场的电信运营商可能会在该市场中对其提供的业务获取超额收入，用于补贴竞争较为激烈的市场上的低价业务，这会导致不同业务之间和不同用户群体之间的交叉补贴。一些交叉补贴行为会严重妨碍竞争的发展，因为新的运营商可能无法在竞争市场上像主导运营商一样提供低价业务。这样会形成壁垒阻止新的市场进入，同时也会逼迫新的市场进入者退出市场，或者阻止他们获取足够的资金从而不能将业务扩展到主导运营商占主导地位的市场。1998年《WTO基础电信协议》中妨碍竞争行为的清单明确包括“进行妨碍竞争的交叉补贴”。①

(3) 掠夺性定价。这主要是指以排挤竞争对手并垄断市场为目的，低于成本向用户提供电信业务或者服务。例如，某地移动电信运营商以低于网间接入费用的价格向用户提供电信服务，以排挤竞争对手。实践中，要证明存在掠夺性定价行为是非常困难的，因为电信行业充满了大量的连带和共同成本，通常很难将这些成本分配到各个特定的业务项目上去。对于许多电信价格，很难适用计算经济成本的方法来确定掠夺性定价行为。②

(4) 垂直价格挤压。即为了达到挤压竞争对手利润的目的，向竞争对手提供业务或设施时，采用超额价格或歧视性条款，提高竞争对手支付的批发价格，并降低竞争市场上的零售价格。例如，在电信市场上，主导运营商常常控制本地接入和交换业务。在提供从用户场所到本地交换设备的专用本地线路业务时，专用本地线路可以被视为上游业务，专用互联网接入业务属于下游业务。主导运营商可以提高向竞争对手收取的专用本地线路价格（上游投入业务价格)，同时将专用互联网接入业务价格（下游业务价格）保持不变，导致竞争对手利润降低或者完全失去利润，从而达到挤压竞争对手利润的目的。为了增加挤压效果，主导运营商也可以降低下游业务价格，这样就形成了

---

① Hank Intven，等．电信规制手册．管云翔，译．北京：北京邮电大学出版社，2001：217－218.

② Hank Intven，等．电信规制手册．管云翔，译．北京：北京邮电大学出版社，2001：230.

"双向挤压"。[①]

（5）捆绑销售或搭售。这是指电信运营商将多种业务或产品组合在一起销售，或者要求用户在购买一种产品或业务时，必须同时购买其他产品或业务。在电信业，捆绑销售或搭售已经成为一种普遍使用的营销手段，许多主导运营商和竞争者都提供"套餐"服务。例如，在加拿大，一个常见的捆绑业务是将移动电话业务、互联网接入业务和有线电视业务捆绑在一起，并以低于单个业务价格总和10%的价格销售。捆绑销售或搭售不一定具有滥用市场支配地位的性质。将某种产品或业务同其他产品或业务捆绑销售可能是出于用户安全或技术独立性的考虑。捆绑销售也可能是为了迎合用户需要或者是出于向用户提供便利的目的。当捆绑或搭配销售是为了排挤竞争对手时，就构成滥用市场支配地位。例如，将高度竞争性产品或业务（通常价低利薄）与垄断性产品或业务（通常价高利厚）捆绑销售。[②]

（6）滥用信息。本地电话业务和一些其他垄断性业务的供应商所处的主导地位，使得他们能够收集与其实现网间互联的竞争者的有用的竞争信息。例如，为了向一个商业用户提供专用互联网业务，竞争者可能需要主导运营商提供本地接入线路。主导运营商不得滥用其在向竞争者提供必备条件过程中获得的信息。例如主导运营商不得同竞争者的预期用户联系，并试图说服该用户使用或者继续使用主导运营商自己的专用互联网业务。[③]

（7）锁定用户。电信运营商可能会通过签订协议，使得用户很难或不可能选用其他电信运营商，从而达到锁定用户的目的。这类协议包括长期合同、排他性交易折扣、要求用户使用某一特定技术或硬件平台的协议等。并非所有锁定用户的协议都是有碍竞争的，一种明显的滥用市场支配地位的行为是，在竞争引入之前，作为继续获得业务的前提条件，垄断运营商要求客户与其签订长期排他性合同。欧盟"用户识别卡案"是一个典型的锁定用户案例。在某个阶段内，欧洲国家的手机大多具有用户识别卡上锁功能。为防盗，该卡有效地将一个特定手机和用户同某一特定移动电话业务商"锁"在一起，用户识别卡授权特定手机和用户使用特定业务商的网络。锁住用户识别卡，并防止手机更换用户识别卡，使得用户无法更换其业务商。用户识别卡的上锁功能也可以被取消，然而，业务商通常对取消用户识别卡上锁功能收取高额费用。最后，欧盟竞争总局认为该用户识别卡锁定功能具有妨碍竞争的效果。[④]

在电信市场上，除了上述滥用市场支配地位的行为外，还有诸如限定电信用户使用其指定的业务、限定电信用户购买其指定的电信终端设备或者拒绝电信用户使用自备的已经取得入网许可的电信终端设备、擅自改变或者变相改变资费标准、擅自增加或者变相增加收费项目、无正当理由拒绝或者中止对电信用户的电信服务等等。

根据《电信条例》第72条、第75条的规定，对经营者滥用市场支配地位的行为，

---

① Hank Intven，等．电信规制手册．管云翔，译．北京：北京邮电大学出版社，2001：226－227.
② Hank Intven，等．电信规制手册．管云翔，译．北京：北京邮电大学出版社，2001：233－234.
③ Hank Intven，等．电信规制手册．管云翔，译．北京：北京邮电大学出版社，2001：231.
④ Hank Intven，等．电信规制手册．管云翔，译．北京：北京邮电大学出版社，2001：232－233.

由国务院信息产业主管部门或者省、自治区、直辖市电信管理机构依据职权责令改正，处10万元以上100万元以下罚款；情节严重的，责令停业整顿。损害电信用户利益的，由省、自治区、直辖市电信管理机构责令改正，并向电信用户赔礼道歉，赔偿电信用户损失；拒不改正并赔礼道歉、赔偿损失的，处以警告，并处1万元以上10万元以下的罚款；情节严重的，责令停业整顿。

(三) 经营者集中

经营者集中是指下列情形：(1) 经营者合并；(2) 经营者通过取得股权或者资产的方式取得对其他经营者的控制权；(3) 经营者通过合同等方式取得对其他经营者的控制权或者能够对其他经营者施加决定性的影响。控制经营者集中的目的是防止企业获取过大的市场支配权，妨碍竞争。当经营者集中达到国务院规定的申报标准时，经营者应当事先向国务院反垄断执法机构申报，未申报的不得实施集中。经营者违反法律规定实施集中的，由国务院反垄断执法机构责令停止实施集中、限期处分股份或者资产、限期转让营业以及采取其他必要措施恢复到集中前的状态，可以并处50万元以下的罚款。

2008年8月3日，国务院公布了《国务院关于经营者集中申报标准的规定》，规定经营者集中的申报以经营者的营业额为计算标准，具体为：(1) 参与集中的所有经营者上一会计年度在全球范围内的营业额合计超过100亿元人民币，并且其中至少两个经营者上一会计年度在中国境内的营业额均超过4亿元人民币；(2) 参与集中的所有经营者上一会计年度在中国境内的营业额合计超过20亿元人民币，并且其中至少两个经营者上一会计年度在中国境内的营业额均超过4亿元人民币。经营者集中达到其中一项标准的，即应当事先向国务院反垄断执法机构申报。

从上述申报标准来看，三大电信运营商在电信市场上的经营者集中行为均可能要涉及到申报问题。令人不解的是，在2008年电信重组中，中国联通与中国网通的合并已经达到了申报标准，却在未经商务部审查的情况下就实施了合并，且未受到任何处罚。

(四) 行政性垄断

行政性垄断，是指行政机关或法律、法规授权的具有管理公共事务职能的组织滥用行政权力，限制或者排除竞争的行为。常见的行政性垄断行为包括：

(1) 强制限定交易行为。即指行政机关或法律、法规授权的具有管理公共事务职能的组织滥用行政权力，限定或者变相限定单位或者个人经营、购买、使用其指定的经营者提供的商品或服务的行政性垄断行为。

(2) 地区封锁行为。即指行政机关或法律、法规授权的具有管理公共事务职能的组织滥用行政权力，限制外地商品或服务进入本地市场或者本地商品或服务流向外地市场的行政性垄断行为。

(3) 排斥或限制外地经营者参加招投标的行为。即指行政机关或法律、法规授权的具有管理公共事务职能的组织滥用行政权力，以设定歧视性资质要求、评审标准或者不依法发布信息等方式，排斥或者限制外地经营者参加本地的招标投标活动的行政性垄断行为。

(4) 排斥或限制外地经营者在本地投资的行为。即指行政机关或法律、法规授权的具有管理公共事务职能的组织滥用行政权力，采取与本地经营者不平等待遇等方式，排斥或者限制外地经营者在本地投资或者设立分支机构的行政性垄断行为。这是排斥外地资本进入本地的行为。

（5）强制从事垄断的行为。即指行政机关或法律、法规授权的具有管理公共事务职能的组织滥用行政权力，强制经营者从事反垄断法规定的垄断行为的一种行政性垄断行为。

（6）抽象限制竞争行为。即指行政机关滥用行政权力，制定含有排除、限制竞争内容的规定的一种行政性垄断行为。

我国电信市场上的行政性垄断行为主要出现在邮电业政企不分的时期。例如，在中国联通成立之初，原邮电部要求联通进入任何一项电信业务，都必须得到其批准，而同样的业务，原邮电部所属的电信局不经申请就可以进入。原邮电部对联通进入市场限制的结果是，在联通成立 3 年之后，联通的电信业务仍然只限于移动电话和无线电寻呼服务。[①] 在我国电信业改革重组以后，电信领域的典型行政性垄断行为则比较少见。

四、电信不正当竞争行为的规制

电信市场上的不正当竞争，是指电信市场上的经营者违反法律规定，损害其他经营者的合法权益，扰乱社会经济秩序的行为。我国目前规制电信市场不正当竞争行为的法律主要是《反不正当竞争法》。《反不正当竞争法》规定了 6 种不正当竞争行为：（1）混淆行为；（2）商业贿赂行为；（3）引人误解的虚假宣传行为；（4）侵犯商业秘密行为；（5）不正当有奖销售行为；（6）商业诽谤行为。目前电信市场中比较常见的不正当竞争行为有商业贿赂行为、引人误解的虚假宣传行为、商业诽谤行为等。

（一）商业贿赂行为

商业贿赂行为，是指电信经营者采用财物或者其他手段进行贿赂以销售或者购买商品，以排挤其他经营者。例如，在电信网络、宽带、有线电视建设的“最后一公里”问题上商业贿赂比较突出。以固话为例，电信固话网络分为长途网、本地网和用户驻地网三个层面。用户驻地网，是指从用户驻地业务集中点到用户终端之间的传输及线路等相关设施，它前连电信运营商，后接电信消费者，是电信网络建设的“最后一公里”。只有将用户驻地网接通了，电信运营商才可能提供固话和其他增值服务，否则就算电话缆线铺到门口，用户都没办法用上电话。为此，一些电信运营商为了争取“最后一公里”，以商业贿赂手段买通开发商或电信业务使用单位，并与其签订排他性的协议，以达到排挤其他竞争对手的目的。例如，某分公司在进驻某小区时承诺以所谓“配套费”名义支付给小区的房地产开发公司 4 万元，并签订了与开发商分享业务收入的合作协议。协议同时约定，其他运营商若要进入小区，须先经过该分公司同意，从而达到排挤竞争对手、独立入驻的目的。[②]

---

① 张维迎，盛洪．从电信业看中国的反垄断问题．http：//www. china-review. com/sao. asp？ id = 6298. 2009 年 10 月 18 日访问。

② 王春晖．电信竞争中商业贿赂行为的危害与防范．http：//www. cnii. com. cn/20040423/ca269421. htm. 2009 年 10 月 14 日访问。

对于商业贿赂行为，《反不正当竞争法》第22条规定，经营者采用财物或者其他手段进行贿赂以销售或者购买商品，构成犯罪的，依法追究刑事责任；不构成犯罪的，监督检查部门可以根据情节处以1万元以上20万元以下的罚款，有违法所得的，予以没收。

（二）引人误解的虚假宣传行为

引人误解的虚假宣传行为，是指电信经营者利用广告或者其他方法，对商品或服务的质量、制作方法、性能、用途、生产者、有效期限、产地等作引人误解的虚假宣传，欺骗消费者，排挤其他经营者。例如，我国台湾地区亚太电信在报章杂志上刊载国际电信服务广告，宣称其抽奖活动奖品品牌是"全台湾药局销售 No.1"，被"台湾公平交易委员会"调查发现是"虚伪不实及引人错误之表示"，构成不实广告。"台湾公平交易委员会"责令亚太电信立即停止违法行为，并处以新台币65万元罚款。①

我国《电信条例》第41条第5项明确规定，电信业务经营者不得对电信用户不履行公开作出的承诺或者作容易引起误解的虚假宣传。对于引人误解的虚假宣传行为的法律责任，根据《广告法》第38条和《反不正当竞争法》第20条的规定，行为人给被侵害的经营者造成损害的，应当承担损害赔偿责任，被侵害的经营者的损失难以计算的，赔偿额为侵权人在侵权期间因侵权所获得的利润；并应当承担被侵害的经营者因调查该经营者分割其合法权益的不正当竞争行为所支付的合理费用。侵权人因侵权所得利益，或者被侵权人因被侵权所受损失难以确定的，由人民法院根据侵权行为的情节判决给予50万元以下的赔偿。此外，根据《反不正当竞争法》第24条的规定，经营者利用广告或者其他方法，对商品作引人误解的虚假宣传的，监督检查部门应当责令停止违法行为，消除影响，可以根据情节处以1万元以上20万元以下的罚款。② 广告的经营者，在明知或者应知的情况下，代理、设计、制作、发布虚假广告的，监督检查部门应当责令停止违法行为，没收违法所得，并依法处以罚款。如果触犯刑法，则构成虚假广告罪。根据《刑法》第222条的规定，广告主、广告经营者、广告发布者违反国家规定，利用广告对商品或者服务作虚假宣传，情节严重的，处2年以下有期徒刑或者拘役，并处或者单处罚金。

（三）商业诽谤行为

商业诽谤行为，是指电信经营者由于故意或重大过失直接或间接地损害他人的商业信誉，并造成损害的行为。商业诽谤行为主要表现为：（1）通过发表公开信、散布传单或宣传册、召开商业信息发布会或者在商业洽谈会上，向客户或消费者捏造、散布虚假事实，贬低同业竞争对手的商誉，以此招徕顾客。（2）刊登对比性广告、对比性的包装说明书等形式，贬低同业竞争对手的商业信誉或产品声誉，抬高自己的商业信誉和商品声誉。（3）假借消费者或客户的投诉，捏造、散布贬低同业竞争对手的商业信誉

① 涉广告不实 亚太电信遭罚 65 万，http://www.eprice.com.tw/mobile/talk/?prod_id=106&tid=4116913&page=1&list_page=6，2009年10月14日访问。

② 《电信条例》第75条规定的行政处罚为处以警告，并处1万元以上10万元以下的罚款；情节严重的，责令停业整顿。

或产品声誉的虚假信息。(4) 以片面性的、夸大性的不当说法影射他人的商业信誉或产品声誉，达到贬低他人商誉的目的。例如，个别地区曾发生过假冒其他电信企业员工欺骗用户、强制收取用户费用、鼓动用户在其他电信业务经营者处滋事的事件，以贬低其他电信业务经营者的业务，突显自身类似业务的相对优势。

对于商业诽谤行为，按照《反不正当竞争法》第20条的规定，给被侵害的经营者造成损害的，应当承担损害赔偿责任。同时，依据《民法通则》第120条的规定，受害人可以要求侵权人停止侵害、恢复名誉、消除影响、赔礼道歉、赔偿损失。损害的赔偿数额为侵权人在侵权期间因侵权所获得的利益，或者被侵权人在被侵权期间因被侵权所受到的损失，包括被侵权人为制止侵权行为所支付的合理开支。侵权人因侵权所得利益，或者被侵权人因被侵权所受损失难以确定的，由人民法院根据侵权行为的情节判决给予50万元以下的赔偿。① 我国《刑法》第221条规定了损害商业信誉、商品声誉罪，即：捏造并散布虚伪事实，损害他人的商业信誉、商品声誉，给他人造成重大损失或者有其他严重情节的，处2年以下有期徒刑或者拘役，并处或者单处罚金。

案例分析

李某诉中国联通案

（“原中国网通（集团）有限公司北京市分公司垄断纠纷案”）

［（2008）二中民初字第17385号］

一、案件事实②

2008年8月1日上午，《反垄断法》实施首日，北京律师李某向北京市朝阳区法院提交了诉状，起诉中国网通（集团）有限公司北京分公司（现为中国联通北京分公司，以下统一简称北京联通）利用其垄断地位违法对预付费用户实行差别待遇。9月16日，该案在北京市朝阳区法院正式立案，后改为由北京市第二中级人民法院一审。这是全国首起正式被法院受理的反垄断诉讼案。

原告在起诉书中指出，由于没有北京户口，其在北京联通报装固定电话时只能选择“预付费业务”，而相应地具有北京户口的北京市民则可办理“后付费业务”。从2007年5月北京联通推广的“亲情1+”业务明确规定，只限于后付费普通固定电话公众客户办理。这使得原告等预付费用户无法获得“月租归零、得通话时长、获增值服务、合账交费”等诸多优惠服务。2008年6月北京联通又推出“亲情1+”升级产品，增加了家庭网关、网络冲印及温馨同号等，但预付费业务用户仍无法享受该服务。类似将预付费用户和后付费用户区别对待的业务类型，原告总共列举8项之多，他认为北京联通的做法违背了公平、等价、诚实、信用的民法原则，同时也符合《反垄断法》第17

---

① 《最高人民法院关于审理不正当竞争民事案件应用法律若干问题的解释》第17条规定，商业诽谤行为的损害赔偿额，可以参照确定侵犯注册商标专用权的损害赔偿额的方法进行。

② 本案案件事实部分根据网络资料整理。

条规定的垄断行为："没有正当理由，对条件相同的交易相对人在交易价格等交易条件上实行差别待遇。"据此，原告要求法院确认被告利用其垄断地位在"亲情1+"服务条件上对原告实行差别待遇的格式合同条款及业务公告违法；判令被告向原告提供"亲情1+"业务的服务；并判令被告向原告支付赔偿金1元。

2007年5月，作为网通用户的李某曾经起诉原北京网通利用垄断地位收取过高的上网费用，请求法院判令其调低网费标准，该案最终被判败诉。[①]

二、案例反映的法律问题及解析

1. 消费者能否提起反垄断民事诉讼？

经营者的垄断行为不但扰乱了公平的市场竞争秩序，侵害了其竞争对手（包括潜在的竞争对手）的公平竞争权，而且最终会侵害消费者的利益。受到垄断行为侵害的消费者应当有权提起民事诉讼。理由如下：

第一，《民事诉讼法》第3条规定："人民法院受理公民之间、法人之间、其他组织之间以及他们相互之间因财产关系和人身关系提起的民事诉讼，适用本法的规定。"垄断经营者与消费者之间的关系是公民与法人之间的财产关系，属于民事诉讼。对此，2008年4月1日实施的最高人民法院通过的《民事案件案由规定》也预先将"垄断纠纷"纳入其中。

第二，《民事诉讼法》第108条规定了起诉的四个必备条件，即：（1）原告是与本案有直接利害关系的公民、法人和其他组织；（2）有明确的被告；（3）有具体的诉讼请求和事实、理由；（4）属于人民法院受理民事诉讼的范围和受诉人民法院管辖。受到垄断行为侵害的消费者显然符合上诉四个起诉必备条件。

第三，《反垄断法》第50条规定："经营者实施垄断行为，给他人造成损失的，依法承担民事责任。"因此，受垄断行为直接侵害的消费者的起诉有实体法上的支持。

从各国反垄断司法实践来看，消费者直接起诉垄断经营者是实施反垄断法的重要途径，我国也应当予以鼓励。

更进一步的问题是，潜在的消费者是否能够起诉要求垄断经营者停止垄断行为？对此，笔者认为，从一般意义上讲，潜在的消费者难以认定为"与本案有直接利害关系的公民"，除非法律明确认可这种"潜在"的利害关系为"直接利害关系"，否则潜在的消费者不可以直接起诉，但可以根据《反垄断法》第38条第2款的规定，向反垄断执法机构举报。该款规定，"对涉嫌垄断行为，任何单位和个人有权向反垄断执法机构举报。"

2. 北京联通的行为是否构成滥用市场支配地位中的实施"差别待遇"行为？

判定经营者的行为构成滥用市场支配地位中的实施"差别待遇"行为至少需要满足两个条件：① 该经营者具有市场支配地位；② 该经营者实施了"差别待遇"的垄断行为。

（1）北京联通在北京固话市场上具有市场支配地位。我国《反垄断法》第17条第2款规定："本法所称市场支配地位，是指经营者在相关市场内具有能够控制商品价格、

---

① 案例来源：http：//www.ngocn.org/？uid－10987－action-viewspace-itemid－52273.

数量或者其他交易条件，或者能够阻碍、影响其他经营者进入相关市场能力的市场地位。”可见，我国立法规定了两种具有市场支配地位的情形：① 经营者在相关市场内具有能够控制商品价格、数量或者其他交易条件；② 经营者在相关市场内具有能够阻碍、影响其他经营者进入相关市场能力。实际上，上述两种情形往往共生共存。经营者在相关市场内能够控制商品价格、数量或者其他交易条件时，也就具有阻碍、影响其他经营者进入相关市场的能力；反之亦然。

对于市场支配地位的认定，需要综合考虑各种因素。综合分析各国立法例，一般都规定以市场份额作为主要考虑因素，同时需要结合其他因素综合考虑，如潜在竞争、企业间关系、企业的技术优势等。我国《反垄断法》第 18 条吸收了反垄断先进国家和地区的立法经验，规定认定经营者的市场支配地位，应当依据下列因素：① 该经营者在相关市场的市场份额，以及相关市场的竞争状况；② 该经营者控制销售市场或者原材料采购市场的能力；③ 该经营者的财力和技术条件；④ 其他经营者对该经营者在交易上的依赖程度；⑤ 其他经营者进入相关市场的难易程度；⑥ 与认定该经营者市场支配地位有关的其他因素。

根据上述因素认定经营者是否具有市场支配地位往往工作纷繁复杂，耗时冗长，为了降低反垄断执法机关和司法机关的评估难度，减少工作量，提高执法和司法效率，《反垄断法》规定了可以推定经营者具有市场支配地位的情形。该法第 19 条规定，有下列情形之一的，可以推定经营者具有市场支配地位：① 1 个经营者在相关市场的市场份额达到 1/2 的；② 两个经营者在相关市场的市场份额合计达到 2/3 的；③ 3 个经营者在相关市场的市场份额合计达到 3/4 的。当然，所谓推定，是依照法律规定，从已知的基础事实推断未知的事实的存在，至于所得出的结论是否正确，并没有确实充分的证据支持。因此，为了避免出现错误的推定，被推定具有市场支配地位的经营者可以举出反证推翻执法机关和司法机关的推定，以维护被推定的经营者的合法权益。

据悉，北京联通固话业务在北京地区的市场份额为 90% 以上，显然可以认定其具有市场支配地位，除非北京联通能够举出反证，证明其不具有市场支配地位。

（2）北京联通实施了“差别待遇”的垄断行为。《反垄断法》第 17 条第 1 款第 6 项规定了“差别待遇”的垄断行为，即：“没有正当理由，对条件相同的交易相对人在交易价格等交易条件上实行差别待遇”。差别待遇，又称歧视，是指占市场支配地位的经营者没有正当理由而对条件相同的交易相对人实行不同的价格或者其他交易条件，由此使某些交易相对人处于不利的交易地位。这里所谓“交易条件相同”，是指经营者与有关相对人交易等级和质量相同的同种商品时，在交易方式、交易环节、交易数量、货款结算、售后服务等方面相近或相同。差别待遇中最常见的是价格歧视行为。价格歧视是指卖方对购买相同等级、相同质量的货物的买方要求支付不同的价格，或者买方对于提供相同等级、相同质量的货物的卖方要求支付不同价格，从而使相同产品的卖方因不同销售价格或买方因不同进货价格而获得不同的交易机会，直接影响它们之间的公平竞争。由于存在价格歧视，同一商品不同的批发价会直接影响到批发商之间的公平竞争，并进而影响到零售商之间的公平竞争，再进而影响到消费者的利益。

占市场支配地位的经营者实行差别待遇，如果有正当理由则是合法的。可能的正常理由包括：① 情势变迁，即市场情况发生了变化，如销售不景气，以致于之前的价格已不现实；② 成本差别，即不同销售合同之间的成本存在差异，如批量供应、从容的交货时间或者其他合理理由，对客户的最终价格存在差异。

本案中，原告系非北京籍用户，根据北京联通的规定只能办理预付费电话业务，北京联通提供的"亲情 1 +"优惠套餐业务只面向后付费电话用户。原告愿意以相同的价格购买"亲情 1 +"服务却被拒绝，而只能办理收费较高的普通业务，北京联通的行为显然构成差别待遇。

那么，北京联通实施差别待遇是否有正当理由呢？北京联通的解释主要有两个：① 信用风险控制；② 目前平台设备能力的限制。这两个解释显然不具有正当性：第一，对非北京籍用户只开通预付费电话业务，已经对信用风险进行了控制，没有理由再限制他们获取"先付费后消费"的"亲情 1 +"服务业务。第二，北京联通平台设备能力的限制非当前不可克服的技术障碍，是可以进行技术改造的。退一步讲，即使不能改造，那么只对信用风险高的预付费电话用户进行限制也不具有正当性。

综上，笔者认为，本案中北京联通的行为构成《反垄断法》第 17 条第 1 款第 6 项规定的"差别待遇"垄断行为。

思考题

1. 请分析促使电信行业打破自然垄断的因素有哪些？
2. 简述我国电信业打破垄断的历程。
3. 如何规范电信垄断行为？
4. 如何规范电信不正当竞争行为？

第十三章

监管机构

本章导言

在20世纪80年代以前，电信业被认为是自然垄断性行业，在许多国家中是由政府直接经营和管理的——由一个单一的政府部门或者其他行政机构制定电信政策，这个部门同时行使国家电信网的所有权和运营权。在这种情况下，不需要电信监管，相应地，也不存在电信监管机构。美国是一个例外是。在19世纪末至20世纪80年代前期，美国的电信市场是由私营电信运营商AT&T垄断经营和众多小的电信运营公司组成，因此需要政府设立专门的电信监管机构对AT&T实施监管，以促进市场竞争。随着竞争的引入，大多数国家都建立了电信监管机构。电信监管机构的出现是专业化分工的需要。当企业经营与维护公共利益不能同时兼顾时，政府就需要把运营权和监管权分开。

为保证监管的稳定性和可预期性，电信监管一般以专门的电信法为依据。因此，立法部门对电信监管有根本性的影响。但是，电信法一般只能解决基本的监管问题，具体监管的规则的制定和实施操作仍由专业的电信监管机构来承担，因此立法部门对电信监管的影响是间接和有限的。

多数情况下，电信争议由电信监管机构解决。然而，如果争议不能得到有效的解决，当事方就不得不最终诉诸法院，法院对电信监管施加影响的途径有两种：一是裁定监管机构的行为是否违反程序；二是裁定监管机构的行为是否发生实质性错误——违反法令或者越权。不同法律传统的国家中法院的权限不同，这导致各国法院对电信监管的影响力不同。

政府行政管理体系中也有一些对电信监管具有重要影响的机构或部门。一是产业政策制定机构或部门。尽管电信监管遵循技术中立的原则，但事实上这些政府部门通过制定电信产业发展政策会影响到电信监管政策的实施，甚至与电信监管政策的目标相左。二是反垄断监管机构。随着电信市场正逐渐向竞争性市场过渡，电信市场竞争程度在不断提高，反垄断监管机构在电信市场中发挥的作用越来越大。三是其他监管机构尤其是广播电视监管机构。电信产业与广播电视产业的界限在日益模糊，在实行广电、电信分业监管的国家，如何协调电信监管机构和广电监管机构之间的关系是一个重要的问题。一些国家直接将两者融合形成一个整合的监管机构，而有些国家还在探索之中。

随着社会的发展，电信监管体制也从单纯的行政机关监管，发展为还包括政府指导下的准政府组织、自律性的非政府团体、微观的市场主体联盟等在内的多元监管体制。这种趋势实际上反映了“有限政府”的行政趋势。[①] 然而，电信监管机构仍然是监管主体中最重要的力量。

第一节　电信监管机构的权力来源

一、电信监管机构的设立

（一）设立原则

构建电信监管机构需要遵循一些基本原则，这些原则本身并不预先设定任何确定的电信监管组织结构和作用机制，但它们集中体现了电信监管的若干基本观念，因而指导和协调着监管体制中各种关系的调整。这些原则包括：

1. 合法性原则

合法性，是指电信监管应符合法律规范，监管主体资格的取得、权力的行使均有法律依据。具体来说，就是电信监管机构和监管人员的监管权力必须依法取得，并依法获得保障；其监管权力的行使必须符合法定的条件并遵循法定的程序，绝不能允许任何未经法定授权或者违背法定条件和程序的行为发生和存在；监管的对象、范围、程序、方式均应合法，监管要依法进行，监管者不越权，不缺位、错位和越位，也不徇私枉法。不能用行政的随意性代替法律，要防止监管者的行为扭曲，并建立对监管者的权力制衡机制。

2. 独立性原则

独立性的一般判断标准是：能够独立、自主、中立地作出自己的决策，不受外部势力影响。政府的电信监管行为属于行政执法，其独立程度决定了市场监管的公正、公平和有效程度。更一般地讲，如果一个国家已经选择市场作为其经济的基本制度和主要基础，那么它就需要保护市场竞争、限制市场垄断，防止价格信号的扭曲，从而最大限度地发挥价格机制的资源配置作用。但事实上，政府保护市场竞争的目标经常遭受各种挑战，不断有来自各方面的压力要求政府考虑非竞争的利益和价值。这些利益和价值有时候是合法的，有时候是不合法的。同时，政府也存在被管制俘虏的危险。此外，政府还有比较强的干预市场和随意调整政策的倾向。因此电信监管应具有独立性，以尽量排除各方面利益相关者对监管机构和监管人员执法工作的干扰，坚持执法的独立性，保证电

---

① 吴弘，胡伟．市场监管法论——市场监管法的基础理论与基本制度．北京：北京大学出版社，2006：59.

信监管的公正和公平，从而最大限度地保护市场竞争。

电信监管的独立性具体可以体现在以下两个方面：

第一，电信监管机构独立于任何电信业务提供者，从而确保电信监管机构的决议和管理程序对所有的市场进入者都是公平的。为确保独立性，监管机构及其职员不能在任何受监管的实体中拥有直接或间接的财务利益，以防止“管制俘虏”。

第二，电信监管机构独立于行政体系，也就是说，尽可能确保电信监管机构不受政治因素以及其他方面压力的干扰，仅根据法律授权，从公共利益角度执行电信市场的监管职责。电信监管机构相对独立于行政体系，还包含着监管机构应具有一定的稳定性，不应随着政权的轮替而发生大的改变之意。之所以说电信监管机构与行政体系的独立是相对的，是因为绝对的独立会造成监督不力，形成不受拘束的行政怪物。为确保电信监管机构在一定程度上独立于行政体系，一般采取的做法是通过立法确定电信监管机构的法律地位、职责范围、行动宗旨、基本任务、组织结构、人员组成、经费来源、监管程序等，同时通过精心的组织制度设计，减少行政体系对电信监管机构权力的影响，从而最大限度地保证电信监管机构的独立性。

3. 有效性原则

有效监管是电信监管经济性、合理化的体现。监管不是万能的，不能替代市场本身，它只是市场机制的补充。最优监管理论追求一种最优监管状态，认为国家不能不监管，但也不能过度监管，过度监管会扼杀市场竞争。监管的成本效益分析理论，则要求把监管取得的收益与监管付出的成本进行比较，来论证监管的效益。这些理论实际上都在强调有效监管的问题，提醒人们在设计监管制度时注意扬长避短，促使监管者更好地承担监管责任。电信产业自打破垄断引入竞争以来，市场竞争日益激烈，技术变革和业务创新速度极快，面对这一形势，电信监管机构既不能无所作为又不能干预过多，其应及时、快速、有效地发现和处理电信市场出现的问题，否则将无法适应市场的发展，从而造成市场的混乱和滞后。

有效性原则在电信监管中的具体体现是：

第一，需要有专门的机构来处理电信监管事务，电信监管权限不宜分散在多个部门，以防止不同部门的推诿及协调成本的增加。

第二，提高电信监管机构和监管人员的专业性，不断对监管人员进行相应的培训。

第三，设计合理的监管决策和执行程序，严格按程序办事，通过程序保证监管决策的公开性、透明性和科学性。

第四，保证电信监管机构相关资源，如充足的经费、人员保障等。

4. 专业性原则

与一般的行政管理相比，电信监管更强调专业性。电信行业是公认的高科技产业，技术进步和产业变革十分迅速。同时，电信行业是典型的网络产业，具有显著的规模经济性、范围经济性和网络外部性。因此，对电信行业进行监管，不仅需要一般的行政手段，还需要大量的技术手段，如制定通信技术标准、分配频率和码号资源、利用技术措施对被监管对象的行为进行监控等，以及经济手段，如频谱资源拍卖、核算电信成本、价格上限管制、会计账目审查、制定互联互通结算标准、界定主导运营商、判断反竞争行为等。同时，电信监管需要调解电信运营商之间以及电信运营商与消费者之间的经济和技术纠纷，这又需要监管者利用法律手段进行处理。总之，电信监管涉及到比较复杂、专业的知识，需要由专业的监管机构和大量具有专业知识的监管人员承担，同时还需要有适当的激励机制以吸引、留住各类专业人才从事监管，激励他们尽职尽责地工作。

5. 公开透明原则

公开透明的监管具有三层含义：首先，电信监管要公开实施，以有效避免电信监管中暗箱操作的弊端，接受对监管者的监督，从而节约监管资源和成本，最大限度地提升监管质量。其次，监管要始终以信息公开为核心，努力创设透明的市场竞争规制，方便当事人明白规制、接受监管，使市场主体按照相应的规制行事，从而最大限度地促进竞争，提高市场效率。最后，电信监管应该反映电信市场不同主体的利益诉求。因此，电信监管的决策和执行过程应是开放透明的，从而能最广泛地吸收各方面的意见和建议，制定出真正代表公共利益的政策，保证电信监管政策的顺利执行。

电信监管的公开透明性体现在三个方面：第一，电信监管机构的相关监管信息应该是公开透明的；第二，电信监管机构的监管程序应该是公开透明的；第三，电信监管机构的监管政策和监管执行结果应该是公开透明的。如果上述监管信息、程序、政策和执行结果不透明，相关利益主体就无法参与监管过程，无法反映自己的利益诉求；还可能会导致监管者的暗箱操作，从而引起电信监管不公平、不公正现象的发生。

（二）设置依据

电信监管机构的设置依据关乎电信监管机构的权力来源。电信监管机构的权力来源将直接影响电信监管机构的独立性、权威性。从各国的电信监管实践看，电信监管机构的权力来源主要有两个途径：一是电信法或电信监管机构组织法直接授权；二是由依法享有国家行政权的行政机关授权。显然，在对电信监管权力及其独立性的保护上，第一种授权方式要优于第二种授权方式。在第一种授权方式下，电信监管机构权力的改变和调整只能通过法律途径进行，由于法律在相当长的时间内会保持稳定，监管机构的权力在这一时期也不会受到威胁。同时，由于监管机构的权力来自于法律，不受其他行政机构的制约，因此也更能保证其独立于行政体系，根据社会公共利益，公平、公正地执法。相对而言，监管权力来自于行政机构，自然要受到该机构的限制，监管活动也会受制于该行政机构承担的各种社会、政治任务，监管机构领导者容易基于政治激励而不是专业激励来进行管理，优先考虑的可能是满足上述机构领导的偏好，而不是市场效率和满足市场发展的内在需求。正因为如此，世界上大多数国家或地区的电信监管机构都是依据电信法或相关的电信监管机构组织法设立的。最典型的是美国1934年《电信法》，该法就FCC的设立目的、人员组成、管理权限等作出了明确的规定，也有人甚至说美国1934年《电信法》计划是关于FCC的管制机构法。另外还有一种立法模式，就是出台专门的电信管制机构法来明确电信监管机构的地位，比如印度出台了《电信管制机构法》（TRAI Act）。但是，无论是通过电信法还是以专门机构法的形式设立电信管制机构，都是先立法，再按照法律的规定设立管制机构。这一点不同于中国。

二、电信监管机构的职责

电信监管机构的职责是电信监管机构为了实现一定的目标而被法律赋予的责任和义务。讨论电信监管机构的职责，应当先探讨电信监管的目标。

(一) 电信监管的目标

所谓目标，是指想要实现的目的或想要达到的境地。顾名思义，电信监管的目标就是政府希望通过电信监管要实现的目的。正统的政府监管理论认为：市场存在失灵现象，因此产生了政府监管的必要性，监管的目标是通过解决市场失灵问题维护公共利益。这就是电信监管的目标。

但什么是“公共利益”，“公共利益”包含哪些内容？严格来说，“公共利益”是一个模糊的、不确定的概念，不同的历史时期、不同的国家、不同的价值体系赋予其不同的含义。但大体而言，“公共利益”可以分解为两方面内容。

1. 以市场效率为导向的经济目标

由于电信业存在自然垄断等市场失灵现象，市场机制不能充分发挥作用，导致资源配置的低效、生产效率降低。因此，电信监管的目标之一是通过监管模拟竞争市场的效果，以改进和提高市场绩效、实现分配效率的最大化，即消费者利益和企业利益的联合最大化。其中，消费者利益包括降低价格、提高质量、扩展服务网络、引进现代化以及新服务等，企业利益主要是利润率的提高。此外，经济目标还包括就业和投资环境的改善等。

具体来说，经济目标包括三个方面：

(1) 实现资源有效配置。垄断或寡头垄断的电信运营商，如果不受限制地制定垄断价格，或者通过相互合谋维持垄断高价，或人为地设置市场进入壁垒，就将牺牲帕累托最优或次优的资源配置效率。因此，应利用市场准入、价格监管、资源的竞争性使用等手段，对垄断或寡头垄断电信运营商进行监管，以实现资源的有效配置。

(2) 提高企业内部效率。由于垄断或寡头垄断运营商缺乏竞争压力，导致其降低成本、提高产品和服务质量的激励不足、提高内部效率的积极性衰退，产生内部生产的低效率。因此，在信息不对称条件下，电信监管机构通过实施可竞争市场①的政策工具，推行激励性监管和服务质量监管，以提高企业内部的生产效率。

(3) 保证企业的可持续发展。由于电信产业具有资本密集性和沉淀性的特征，如果企业的投资风险过高、融资成本过大，或者缺乏合理定价和政府补贴，难以保证其固定资本的稳定回收，势必造成企业投资激励下降和经营亏损，关系国计民生的电信产业的可持续性发展便难以为继。因此，通过设计一种投资承诺机制和固定成本补偿机制，以实现适当的投资汇报，从而改善投资环境。

---

① 可竞争市场理论最早由美国著名新福利经济学家威廉·鲍莫尔（William. Baumol）提出，后来他与美国西北大学教授潘扎尔（Panzar）、普林斯顿大学教授威利格（Willig）又出版了《可竞争市场与产业结构理论》一书，正式形成了该理论。可竞争市场，是指来自潜在进入者的压力，对现有厂商的行为施加了很强的约束的那些市场。在这一市场上，不存在严重的进入障碍。可竞争市场理论对管制政策的制定和管制实践产生了极大的影响，不仅促使美国司法部、联邦通讯委员会、联邦贸易委员会在制定政策和实施管制时承认潜在竞争的重要作用，而且对英国、瑞典等国的铁路改革起到了直接的指导作用。

2. 以公民权利、社会正义和国家利益为导向的非经济目标

电信业是国民经济的重要产业，是整个国民经济中其他行业赖以发展、整个社会人民生活水平赖以提高的重要基础，对经济社会信息化和国家安全具有重要作用。因此，除经济目标外，电信监管还承担着市场机制无法解决的效率以外的非经济目标，具体包括以下几方面：

（1）促进基础电信业务的普遍服务。普遍服务的基本含义是指对任何人都要提供无地域、质量、资费歧视且能够负担得起的电信服务，其核心是普及电信业务。人们已经认识到，在现代社会，获得电信业务是社会成员全面参与社会活动的必备条件，社会的各方面越来越依赖电信网、互联网以及其他相关媒介。因此，获得电信服务逐渐被视为所有社会成员的基本权利。同时，经验表明，广泛的普及电信业务能够促进经济的发展，促进国家政治、经济和文化的融合，促进人口均匀分布等。尽管竞争和市场机制能够促进电信业务的快速发展，但是，总存在一些高成本地区或低收入人群，以致于电信业务无法通过市场的方式向这些地区或人群提供。因此，需要政府的干预，政府通过允许交叉补贴、建立普遍服务基金等方式保证这些地区或人群可以获得电信服务，这是电信监管最主要的非经济目标。

（2）保护包括隐私权在内的消费者权益。由于电信产业存在垄断或寡头垄断运营商，它们可能利用自己的市场势力和信息优势做有损于消费者权益的事情，比如强迫消费者签署不平等的交易条款、限制消费者转网、强迫消费者购买其不需要的电信业务、降低服务质量等。因此，通过制定合同标准、禁止滥用市场势力、制定服务质量标准、处理消费者投诉等方式保护消费者的利益是电信监管的第二个非经济目标。

此外，随着互联网的发展和广泛应用，大量个人数据在网上进行传递，一些机构未经个人允许将其运用于商业用途，给个人带来了很大的困扰，因此，有效保护消费者的个人隐私，也是电信监管的一个非经济目标。

（3）保护电信网络和信息安全。随着国民经济信息化的全面推进，电信网络与信息安全的基础性和全局性作用日益增强。金融、证券、铁路、电力、海关、民航、税务等国家重要部门和行业的运行管理越来越依赖于网络，各种网络设备和软件本身的技术隐患，以及敌对势力、犯罪分子针对或利用网络对上述重要部门的信息系统进行攻击，带来的安全风险将危及国家的经济安全和政治安全。网上有害信息泛滥和涉密信息的泄漏，严重危害了社会稳定和国家安全。因此，采取相关的管理和技术手段保护电信网络和信息安全是电信监管第三个非经济目标。

总之，从整体来看，电信监管的目标包括提高经济效率以及促进普遍服务、维护消费者权益和网络信息安全等非经济目标两个方面。此外，在电信业落后的国家，维护电信产业的安全有时也是国家电信监管的目标之一。

（二）电信监管机构职责概述

电信管制机构履行职权是为了实现其监管目标。尽管各国电信监管机构的监管目标不一而足，但是大同小异，即通过促进市场竞争、促进投资和创新，从而实现保护电信用户利益之终极目标。

下面以美国、英国、德国、日本四国电信管制目标与管制职责为例说明（见表13－1）。

表 13－1　　美国、英国、德国、日本四国电信管制机构的职责

管制机构	管制目标	具体管制职责
联邦通信委员会（美国）	保证美国消费者可以拥有价格低廉、质量优良的服务，鼓励电信新技术的迅速采用，以推进电信领域的竞争机制和减少电信领域的行政干预。	监管内容包括公共电信、专用电信、广播电视、无线频率； 在经济性监管方面的主要职能有，资费价格监管、许可证发放、互联互通、企业财务、会计行为管制； 社会性监管方面的主要职能有公共安全、国家安全、应急通信及其预案管理、抗灾通信管理，消费者保护，普遍服务；技术性监管方面主要有频率资源的分配、号码资源的管理、标准制定、设备认证。
通信管理局（英国）	通过行使职能增进民众与通讯相关的利益、增进相关市场消费者福利、促进竞争。	确保电磁频谱的优化使用； 电子通讯服务覆盖包括高速数据服务的普遍服务； 确保高质量、多需求的大范围电视广播服务； 保障广播服务； 提供充足保护，保障受众不受冒犯和伤害； 提供充足保护，保障受众不受不公正待遇和隐私侵犯。
联邦网络管制局（德国）	促进行业竞争和基础设施的有效使用；保证在全国范围内提供适当而充分的电信业务。	保证公平市场竞争； 确保德国境内所有公民能够以可负担的价格接入电信网； 促进对公共机构的电信服务； 频率管理，包括频率分配，保障频率的有效和无干扰使用； 保障公共安全利益。
总务省（日本）	促进电信市场的公平竞争，确保电信服务的持续供应，保护电信用户的利益。	有线、无线设施使用规则； 通信业的发展及调整； 确保紧急状态的重要通信； 频率分配、监管； 对无线通信设备进行管理； 电波管理。

从表 13－1 可以看出，作为电信市场发达的国家，美国、英国、德国、日本四国对传统电子通信网络的管制领域大同小异，与法定的管制机构职责设置相关。主要集中在进入授权、资费监管、普遍服务、消费者权益保护、互联管制等方面；它们越来越重视市场竞争的作用，主动对管制政策进行调整，突出管制重点。他们都把促进公平竞争作

为主要手段来推进电信普遍服务，保护电信用户的权益，而后者是监管的最终目的。另外，这四国都放松了市场准入上的事前监管，监管重点为电信资源，尤其是频率的管理，以及普遍服务的实施、用户权益保护和电信争议的解决。

我国电信监管实行政监管合一的模式，因此，信息产业主管部门既担负着监管政策制定及具体的监管职能，同时又承担着产业发展、行业规划制定等宏观政策职能。

根据国务院关于“定职能、定机构、定编制”的相关文件规定，电信行业管理部门对电信业监管的主要职能是：

（1）统筹规划国家公用通信网（包括本地与长途电信网）、广播电视网（包括无线和有线电视网）、军工部门和其他部门专用通信网并进行行业管理；

（2）依法对电信与信息服务市场进行监管，实行必要的经营许可制度，进行服务质量监督，保障公平竞争，保证普遍服务，维护国家和用户利益；

（3）制定通信网之间互联互通办法和结算标准并监督执行；

（4）制定通信与信息服务资费政策，确定基本邮政、电信收费标准并监督执行；

（5）负责组织党政专用通信网的规划、建设与管理；

（6）管理国家通信网络监控调度中心和国际通信出入口局；组织协调党政专用通信、救灾应急通信和其他重要通信；

（7）保障国家通信与信息安全等。

《电信条例》规定我国电信监管机构的监管职能包括以下8项：电信业务经营许可、电信网间互联互通、电信资费管理、电信安全保障、电信资源管理、电信设备进网管理、电信设施建设、电信服务质量监督。

（三）电信监管职能的发展动向

传统的电信产业以传输话音为主要服务项目，相应地电信监管也以打破垄断，促进竞争作为主要职能之一。这在20世纪80年代体现为电信企业的拆分和私有化；90年代以后，体现为建立非对称管制体系，即针对重要市场力量（SMP）的管制体系。电信技术日新月异的发展，使得电信服务实现的手段多样化，互联网、传统的电视网都可能成为电信服务的网络载体，电信服务提供商也因为技术的发展而增多（见表13－2）。市场主体的增多，使电信市场的可竞争性增强，市场的变化同时引起管制职能的相应调整。

表13－2 电信监管职能以及手段的变化趋势

	职能	手段	管制变化
电信管制职能	协调各种标准	引进和选择标准	强化
	市场准入	牌照、频率	弱化
	互联互通管制	费用、强制互联等	强化
	价格管制	上限、收益率管制等	弱化
	竞争行为管制	滥用市场势力	强化
	普遍服务管制	建立普遍服务基金等	强化
	服务质量与用户权益保护	标准化	强化

表13-2列举了电信管制职能及其在新环境中的变化。可以看出，总体趋势是放松监管，尤其是放松了事前的准入监管；但放松监管的力度和范围取决于本国电信产业市场发展和基本制度环境，包括法律环境。放松监管并不是完全放弃经济性监管，更不用说社会性监管。具体来说，在未来将有所强化的职能是标准的协调、互联互通、竞争行为管制、普遍服务及服务质量管制；有所弱化的职能是市场准入和价格管制。

随着技术的发展，与新技术同时涌现的将是各种技术标准，管制机构在标准的选择方面将面临更多的新诉求，因此协调技术标准的管制职能将有所加强。同时，对互联互通的管制在未来也将更为迫切。通过技术改造，互联网企业、有限电视网企业都可能成为电信市场的运营主体，新运营主体生存的前提条件是能够接入现有网络，这要求及时和恰当的互联互通监管。竞争行为的管制也同样会加强，由于信息不对称，在位运营商可能会存在多种交叉补贴、捆绑销售、掠夺性定价等妨碍竞争行为，其中很多行为将更具隐蔽性，这也要求管制机构强化该方面的职能。传统的普遍服务针对话音，其目的是鼓励运营商在高成本地区投资建网，使这些地区的用户有机会使用电话。未来普遍服务的目标将是缩小数字鸿沟，普遍服务的内涵从话音拓展到互联网接入等新业务上，这也要求政府管制的跟进。服务质量管制和用户权益的保护同样需要加强。这些都是未来电信管制中，需要维持或者强化的环节。

相反，在准入和零售价格方面，政府管制的职能将日益弱化。从20世纪80年代以后，各国在电信市场开放和准入方面都已迈出较大步伐。查阅美国、英国、日本等国管制机构的管制报告，可以发现，这些市场通常都有成百上千家运营商，这些都是放松准入管制的结果。价格管制同样如此，由于市场主体增多，零售业务价格竞争十分激烈，技术的更新又为市场增添了很多新的运营主体，这些都促进价格的不断下跌。因此，很多发达国家在经历了作为过渡期的上限管制之后，目前已经基本取消电信价格管制。

以下关于欧盟管制框架修改草案对用户权益保护内容的修改，体现了对用户权益保护的强化监管。

欧盟管制框架审议加强了对用户权益的保护

在用户权益保护制度方面，欧盟2002年管制框架下用户所享有的权利包括：通过要求运营商将信息和资费公开从而使用户享有充分的知情权；全欧盟范围内统一的免费紧急号码112，保护用户不受垃圾电子信息和恶意软件的侵害，隐私保护以及争议解决机制等。在普遍服务方面，欧盟政策框架要求在全欧盟范围内以可承受得起的价格为全体欧盟公民，包括残疾人和有特殊需要的人群提供基本通信业务。

尽管已经取得了上述成就，但用户权益保护方面的不足仍然存在，尤其在一些竞争不充分的市场，对用户并不一定划算，如宽带市场。很多欧盟公民不能换运营商，仍有约10%的公民无法接入宽带业务。在迅速变化的市场环境下，为了保护用户权益，使得公民能够充分享受动态的、无国界通信市场创造的福利，拥有更多的选择，以低廉的价格享受更优质的产品，必须采取新的措施。因此，欧盟2007年管制框架改革对增强用户权益保护力度提出以下建议：

第一，更多的知情权。对欧盟委员会来说，让消费者享有更多的选择自由是有效竞争的一个重要体现。目前，欧盟约34%的消费者认为，他们难以比较不同运营商之间提供的资费，很多消费者认为他们并没有从优惠资费中获得利益。比如葡萄牙的用户每年花费的通信费比他们预期的总共约多出70亿欧元，如果他们对通信资费的计算方法足够了解，他们可以避免这些花费。因此，新的规则强制要求运营商必须公布与价格相关的所有信息和条件，以便于用户在购买产品前更容易的作出理智的选择。

第二，号码可携一日实现。根据欧盟新规则，为使消费者更快更容易地转换运营商，号码转换和激活的整个程序不能超过一个工作日。2006年，只有3 140万移动用户能够享受这项服务。目前，固网运营商之间的带号转网平均需要8天，移动运营商之间5天，最有效率的国家有马耳他（1天），德国、奥地利和芬兰（3天）。在爱沙尼亚固定电话号码转网需要30天，斯洛文尼亚移动号码转网需要20天。

第三，提高紧急接入号112的服务水平。即只要一拨112，紧急服务人员立即找到呼救人员的位置，新的规则同时要求112等紧急服务号码可以通过在欧洲的任何地方通过任何方式接入。新的欧盟电信市场管制机构将监控欧盟成员国呼叫者定位的进展情况，以及112号码推广情况，让全欧洲公民都知道这个号码。

第四，从国外接入免费电话号码。目前，跨国之间的免费号码和商业客服号接入还存在障碍，消费者在假期、国外工作期间无法接入公共管理的联系点，如健康和福利系统、公共事业系统、售前/售后服务系统等。欧盟新的管制规则要求要保障这些号码在任何地方都可以接入，如需付费，必须事先明确告知。

第五，提高为残疾用户服务的水平。新的管制规则要求为残疾人提供112等紧急号码的便利介入方式，在目前的电视频道上增加音频描述或手语。

第六，加强隐私和安全保护。在新的规则体系下，更强调安全和隐私的保障。如果运营商遇到安全问题，可能泄露个人数据，这时必须通知用户，便于用户预防。新的管制机构将采取措施对抗病毒和其他网络攻击。目前垃圾电子信息占据所有信息的40%～90%，Malware病毒在全球范围内造成了约130亿美元的损失。新的规则将为对抗垃圾信息、病毒和其他安全威胁提供更好的工具。而且，规则明确要求将现有的隐私保护规则适用于使用智能无线标签（RFID）和其他类似设备的传输方式。

第七，更便利的接入网络、保障网络言论自由。为使因特网继续发挥创新和发展驱动力的作用，充分保障网络自由（Net Freedom）非常重要。新的规则要求运营商必须让用户及时和明确地了解使用业务的任何限制，允许他们转换运营商。如果没有其他选择，运营商不得限制或中断接入。

第八，用户参与规则制定过程。新的管制规则要求各国管制机构建立咨询机制，在制定管制政策、进行市场评估的过程中充分考虑消费者的利益。

第二节　电信监管权力的分配

一、电信监管权力的纵向配置

从通信业发展历史来看，无论在“政企合一”时代还是“政企分离”时代，通信行业的管理职能均由中央政府部门集中决策、统一监管，同时设置相应的地区市场管理机构。这种管理模式不仅符合行业性质、特点，为全行业快速健康发展提供了体制保障，而且符合通信市场全球化的总体趋势。具体理由如下：

第一，由通信产业的技术和市场特性决定。通信产业具有“全程全网”的特征，在资源配置、网络互联、业务互通等方面都必须突破区域市场限制，而且其国际性也越来越强。因此，需要在全国范围内统筹规划网络、统一标准、统筹管理和分配码号、频谱等资源，协调网络的互联互通，统一资费体系，才能保证网络畅通和服务水平提高。

第二，是维护网络和信息安全，进而保障国家经济安全的需要。电信与互联网日益融合，互联网发展迅猛，信息传递快速，且具有“无国界”的特点，要求对其的管理手段灵敏、反应快捷。如果由中央和地方共同管理，协调成本将会加大，必然影响网络和信息安全管理的效率。

第三，应对突发事件和自然灾害需要统一的通信指挥。通信是党和国家的神经系统，无论是重大活动的组织和调度，还是突发事件的协调和处理、自然灾害的防范和救援，都离不开全国电信行业统一的指挥和调度。

第四，通信市场监管的技术性、专业性很强，需要有一支相对稳定的专业干部队伍，便于中央和地方的业务交流和技术培训，不宜划归地方管理。

第五，国际经验证明该管理体制行之有效，多由法律制度明确规定。目前，世界上对电信业实行多级管理的国家大多采用中央政府垂直管理的体制，比如日本、印度、马来西亚、意大利、澳大利亚、加拿大等。

以美国为例，从总体上说，美国的电信监管体系是混业/融合、分权型的监管体系。其特征是横向为立法、司法、行政和独立监管机构分权，但以独立监管机构 FCC 为主导，纵向为联邦和州分权的监管体系。

美国是联邦体制国家，美国的领土上存在着联邦和各州政府两级政府，它们之间的权力划分由联邦宪法规定。联邦和州政府在其权力范围内都是一个独立的政治实体，州政府独立的在自己的行政区域内行使与州内事务相关的权力，具有较大的自主权，不受联邦政府的干涉。从历史上看，联邦政府出现较晚，州政府的权力先于联邦权力存在；并且传统上，经济文化等事物属于各州的管辖范围，这当然也包括对州内电信产业的管辖权。

由于美国这种根深蒂固的联邦体制机制，电信监管权也从纵向上被一分为二，属于涉及到联邦范围的电信监管权由联邦行使，属于州内电信监管范围的由各州行使。与共和制国家地方监管权来自于中央政府的授权不同，各州的监管机构并不直接受联邦机构的领导，只在某一监管事物同时涉及到联邦权和州权时，在某些情况下，联邦法律可能允许联邦机构在国会授权的职责范围内行使优先于州管制机构的“联邦优先权”。各州在管理电信事务时，与联邦通信委员会有着密切的合作与联系。但是，这种合作与联系并不排除也会产生分歧。有时候，两者之间的政策有可能完全不一样，如对 AT&T 公司，有些州就不管制，但在联邦层面肯定是受管制的。相反，蜂窝电话在联邦通信委员会看来是不必管制的，但在某些州却受到管制①。实际上，从 1968 年 CARTERFONE 的

---

① S. Ct. 1890, 90 L. Ed. 2d 369 (1986). Ingo Vogelsang, Bridger M. Mitchell. Telecommunications Competition: The Last Ten M.

决定（即著名的卡特风规则）之后，联邦通信委员会与各州公用事业委员会之间常就一些电信政策问题产生矛盾。但是最后，基本上都是联邦政府的意见占据主导地位。协调联邦通信委员会与州委员会意见的一般做法有：第一，划清联邦与州之间的管理权限；第二，请求法院就某个具体有分歧的事务进行听证与判决。此外，联合工作委员会也是协调联邦与州矛盾的一个中介组织。

美国1934年《电信法》明确地规定了FCC行使监管权的范围，即只对“利用有线及无线进行传输的跨州或国际通信”进行监管，本地电话市场只能由州委员会来监管。FCC的管制范围包括跨州的长途电话市场，无线电频率的分配和使用，有线电视网络及卫星通信。

各州委员会的管制范围为：根据1934年《电信法》对FCC和各州地方管制权限的划分，州委员会主要根据1934年《电信法》等联邦性的法律和本州的法律，通过制定适合本州特点的通信管制法规、举行听证会、审批通信企业的经营申请、协调通心企业间的矛盾等方式，对通信价格、市场准入、互联协议、服务标准和重大投资项目实行管制。

二、电信监管权力的横向配置

各国在电信监管实践中形成了不同的电信监管机构设置模式，在不同的模式中监管机构之间的职能分工、协调配合状况不同。事实上，电信监管机构的设置模式不同，意味着电信监管权力的分配不同，而权力的划分直接影响电信监管的效率。

（一）政监分离模式和政监合一模式

产业发展和市场监管是政府的两大经济职能。以产业发展和市场监管职能是否统一于一个监管机构为标准，可以将监管体制分为政监分离和政监合一两大模式。①

政监分离模式是监管机构单独设立、集监管职能于一身、独立于政策部门的一种模式。在这一模式中，监管机构具有完整的监管规则制定权和行政裁决权，政策部门只具有产业政策制定的职能。政策部门对监管机构虽然有一定的指导和监督权，但不能干涉或只能在非常有限的范围内影响监管机构的监管裁决和决定。在这一模式下，监管机构享有较强的权威性和独立性。监管机构的设置、经费等都由法律保障。政监分离模式的典型例子是美国的FCC（联邦通信委员会）。FCC是美国的一个独立的政府管制机构，直接对国会负责。在美国联邦政府中除了一些主要的行政机关以外，还存在大量的其他类型的独立监管机构。它们独立于政府主管部门以外，或者虽然存在于部门内，但在活动上具有很大的独立性质，受政府部长的控制较少，所以称他们为独立的行政机构。独立机构的作用，大都是为了控制某一方面的经济活动或社会活动，需要执行公平的政策，不受政治的影响，所以法律给予他们一定的独立的地位。联邦政府中独立的行政机构可以分为三类：

---

① 原信息产业部电信研究院通信政策与管理研究所．典型国家和地区电信监管体制跟踪研究．内部研究报告（2007年）．

（1）隶属于总统的独立机构；

（2）部内的独立机构；

（3）独立的监管委员会，FCC 就属于这一类。

独立的监管委员会管辖的对象如果违反法律，监管委员会不仅有追诉的权力，而且有裁决的权力。这种司法权力本来属于法院管辖范围，但由于委员会所管辖事务具有高度的技术性和专业性，一般法官缺乏这种能力，国会立法就把这类法律争端委托给执行该法律的机关处理，学术上称这种权力为行政司法权或准司法权，其实质是司法权，只是行使的机关不同而已。

由此看来，联邦通信委员会是一个独立的美国政府机构，直接对国会负责。FCC 作为监督、管制通信业的独立委员会，具有制定具体通信政策的权力，而且它所制定的各种规章、制度具有法律效力，所以 FCC 是一个准立法机构。另一方面，在制定规章时，FCC 虽然需要通过一系列的司法程式，但经公开评议、辩论后，最终由 FCC 裁决，所以它又具有准司法权。总之，FCC 不仅仅是美国政府的一个行政机构，还是一个准立法和准司法机构。

政监合一模式即监管机构和政策部门合二为一，政策部门既行使产业政策职能，又行使微观市场监管职能。这一模式避免了政策部门和行业监管部门的相互协调，因而可以在兼顾市场的同时集中做好产业政策的贯彻实施。特别是在电信立法体制尚不完善，法律尚未清晰界定监管者的权力边界，多数监管者还不习惯各部门相互协调、相互制衡的法律思维阶段，这种监管模式能够使管制者的意图得到最大程度的实施，在行业发展初期，对促进行业发展、扩大行业规模都会起到较大的帮助作用。① 但这一模式也具有明显的缺点：一是，产业政策和电信监管政策之间有时候会存在冲突，这时候监管政策往往会被牺牲，从而对监管造成损害；二是，政监合一妨碍了现代监管观念的确立。行业主管部门的组织文化传承和政监合一的职能配置妨碍了现代监管观念的确立和监管能力的培养。

典型例子是日本的总务省。总务省成立于 2001 年 1 月 6 日，由原邮政省、总务厅、自治省和总理府外局（公正贸易委员会、环境纠纷协调委员会）合并而来。总务省机构中与信息通信相关的部门是信息通信政策局和综合通信基础局，及 11 个地方综合通信局（所）。总务省具有政、监合一的特点。总务省信息通信监管职能体现在两个部门中：一个是信息通信政策局，主要负责制订和促进未来信息通信业发展的政策，是日本信息通信产业政策的制订者；另一个是综合通信基础局，其负责促进和管理信息通信业的相关事务；此外，还有负责地方管理的地方综合局（所）及一些委员会等。

总务省既是全国电信产业政策的制定者，也是电信监管规则的执行者。这种电信监管模式既具有一定的优势，也存在着一些问题。

优势主要体现在：

第一，大部委的建制可以从国家全局上把握和支持产业发展政策，这种国家全局把握能力是专业监管机构所不能及的。

---

① 魏修文. 电信竞争性规制的模式选择：国外的监管格局及启示. 第二届 CCELAWS 有奖征文稿件. 2005 年.

第二，电信监管机构会根据电信监管的实际适时地制定和调整政策，在相当大的程度上避免了不切实际、不具操作性的政策的出台。

第三，电信监管机构作为电信市场活动的监管主体和电信政策的推行主体，能够非常经济地了解掌握和贯彻执行电信政策，促进监管政策顺利的执行。

第四，由于电信政策的制定和执行是在同一机构内部完成的，其机构设置成本和管理沟通成本相对较低。

但这种体制在实际运作中也存在一些问题：

第一，比较严重的问题是可能导致政策缺乏中立性。由于政策的制定者同时又是政策的执行者，监管主体可能会囿于监管的需要而改变或者弱化某些政策和监管手段，使政策在出台之时已经丧失科学性和中立性。

第二，这种合二为一的体制使监管机构缺少有力的外部监督，导致腐败的可能性增加。

第三，电信活动是一项专业性、技术性非常强的活动，需要一定的技术力量和专业能力。然而这种类型的监管机构由于本身就已非常庞大，不可能再建立非常专业化的细分机构，往往难以具备监管所需的专业技术能力，电信监管要求的专业性、技术性也难以实现。对于一些关键领域的监管只得诉求于建立一些专业性的委员会，比如电信争端解决委员会。

这两种模式的利弊分析如下表 13－3：

表 13－3　独立监管模式和政监合一模式利弊比较

	政监合一模式	独立监管模式
利	政府的宏观调控政策和市场监管政策有时候是交织在一起的，政监合一可以在一定程度减少协调成本。	政府部门与电信监管机构可以明确其各自政策目标，政府部门专注于其经济增长及促进就业等目标，而监管机构则集中于其日常国内监管事务中，如此可以保障政策的贯彻和实施效果。
弊	监管政策是中性的，而产业政策往往具有倾向性，产业政策与监管政策纠缠在一起，可能会导致管制目标之间冲突，降低管制效率和效力，损害管制权威。	有时候产业政策与监管政策难以截然分开；此外，部门之间的协调导致成本增加。

由此可见，独立监管和“政监合一”各有利弊，如何选择的关键取决于各国的国情和电信发展所处阶段。①

从世界范围看，独立监管模式是电信监管模式的主流，目前大多数国家都选择了这一模式。

（二）单行业监管模式、多行业监管模式

电信行业属于公共网络型产业。由于自然垄断性的存在，多数公共网络型产业如电

① 工业和信息化部电信研究院．电信强国报告．2004.

信、广播电视、自来水、能源和交通产业都需要监管。根据监管机构的监管范围是否只限于电信行业，可以把电信监管体制分为单行业监管、多行业监管两种模式。单行业监管模式的监管范围只限于电信行业（有时候包括邮政行业），而多行业监管模式将电信行业以及多个与电信行业拥有相似产业特征的公共网络型产业（如自来水、能源和交通产业）置于同一监管机构的监管范围之下。典型代表是德国的联邦网络管制局。根据德国2004年《电信法》，2005年7月13日德国的电信和邮电管制机构RegTP更名为电力、天然气、电信、邮政和铁路联邦网络管制局（BNetzA），管制范围包括电子、天然气、电信、邮政与铁路等网络产业。需要说明的是，在电信领域BNetzA对网络进行监管，不涉及内容监管。德国建立这种监管体制的原因是：电子、天然气、电信、邮政与铁路都属于网络型产业，具有进入壁垒，有规模经济、范围经济的特性，以及存在网络外部性。因此，对这些行业的管制原则、管制方式及手段也基本相同。

单行业监管模式和多行业监管模式的区别如下：

（1）从监管专业性角度看，单行业监管机构会更关注电信行业的技术挑战（包括网络与业务的发展），更容易适应电信技术的快速发展。而多行业监管机构对特定行业技术的发展可能关注度不够。单行业监管机构中，人员结构上经济、技术、法律各方面人才比例协调，而多行业监管机构更需要通用的经济、法律人才，对技术人才的需求较少。但是，单行业监管机构也存在长期以来只关注狭窄的电信行业，监管思维一直停留于行业管制上，缺乏更广阔的通信行业视角的缺点，这一缺点可能导致其不能够适应通信行业持续不断的变化的挑战。

（2）从监管效率看，多行业监管可以使用相同的监管资源，包括专家学者、监管人员、监管手段和工具、监管权威等，从而产生资源利用的规模经济性。同时，监管机构在一个行业的监管政策或判例一般会运用到其他的被监管行业中，这样可减少政策的不确定性，使投资者对这些行业的政策有明确的预期。但是，多行业监管也存在由于各行业管制强度不同（电信行业通常是这些受监管行业中最自由化的产业），造成对电信管制的负面影响（如过度管制）的缺点。此外，一个行业判例和经验可能并不适合另一个行业，如果移植失误，就会导致某些监管的错误。此外，多行业监管模式增加了监管法律框架和机构设置的复杂性，同时职权在政策部门和监管部门之间分配会变得更加困难。

（3）从对监管者的监督角度看，单行业监管模式监管对象集中于单一行业，增加了“行业俘虏”和“政策俘虏”（被这一行业的政策部门俘虏）的可能性。但是，多个监管机构同时存在可以为外界评价各个监管机构的绩效提供了参照，在客观上可以促使各监管机构改进监管技术和提高监管水平，其效果类似于各监管机构为了博得公众好感而展开竞争，竞争促进了监管效率的提升。

综上所述，上述两种监管模式在监管的专业性、监管的效率、对监管者的监督几个方面看来互有利弊，不存在绝对优劣。因此，监管模式的最终选择还需要根据各国的政治经济情况和历史传统来决定。

（三）专业电信监管机构与反垄断机构之间的权力配置关系

从理论上讲，竞争性产业和自然垄断性产业是两个相互对立的概念。对于某一个产业来说，其属性要么是自然垄断的，要么是自由竞争的。但是在电信的发展过程中，由于技术的进步降低了成本并增加了规模收益，引入了新的业务形式和竞争主体，电信产业内部出现了自然垄断和自由竞争的共存，而且竞争的成分越来越大。相应地，电信产业的监管要顺应这种产业特点。因此，需要在电信行业监管中引入竞争性监管。但是，传统上，各国的竞争性监管一直由反垄断管制机构负责，如何处理反垄断管制机构和电信管制机构之间的关系，可以从以下三个方面进行探讨。

1. 电信行业管制和反垄断管制的目标

电信行业管制和反垄断管制具有不同的渊源，但是有时二者的目标又相互补充的。以欧盟为例，欧洲委员会的竞争政策是一般适用的规则，目的在于保护消费者利益，主要手段是防止公司通过共谋减少竞争，防止特定主体建立或强化主导地位（等同于市场力量），防止特定主体滥用主导地位。竞争规则的适用基本上是经济自由化的一个长期的、历史的过程，在该过程中产生了这样一个理念，即经济自由是一种预先存在的基本权利，国家只能以适当的方式、通过追求合法利益的一般性法律来限制这一基本权利。因此，除对于并购的控制，保护竞争的规则一般以事后方式作用于市场行为。由于某些并购可能对竞争产生难以弥补的危害，采用事前管制手段比较合适。

与之相对，专门的行业管制追求特定的政策目标，也包括了有效竞争的概念，但在某种程度上不限于有效竞争。因此，一方面，行业管制的干预性比竞争法更强。[①] 但对所有的市场都进行行业干预是不可行的。行业的特定管制适用于那些在政治或经济上太敏感而不能开放为自由竞争市场的经济部门。电信服务最初是由国家按照行政法的管理体制提供的垄断性服务。在电信市场自由化后，普遍认为只靠竞争法并不能确保与以前国家服务有关的所有福利元素的原样持续，也不能确保有效竞争，因为原来的垄断者能够持续行使市场势力。

另一方面，行业特定管制旨在保护具体的公共利益目标，比如普遍服务、可支付的价格、隐私保护、信息安全、电磁辐射保护，对媒体多元化和多样性的保护，以及对未成年人的保护。这些规则促进了社会正义、消费者利益或环境保护，被保护客体在性质上是非经济性的，属于公共利益范畴。因为它们追求公共利益目标，这些价值目标与竞争规则所保护的价值目标不同，故无法依靠竞争法实现它们。

另一方面，另一种类型的特定行业管制，包括进行价格控制和设定网络接入义务，通过事前管制，提供了比竞争法更专业的对经济价值目标的保护。尽管这些行业管制出于社会政策目标，但其具有显著的经济性质，即这些规则被采用基于这样的假设：在实行自由化的市场上，在位运营商具有垄断或非常强的市场地位。在这种情况下，特定行业规则对竞争规则起补充作用。

2. 关于电信行业管制与反垄断管制的各自任务

从大的方面讲，电信管制可以分为经济性管制和非经济性管制。经济性管制，主要是对电信行业的产出或投入（接入）价格等进行控制，其目的是对竞争的替代，即无竞争前提下如何最大限度地模拟竞争的效果。因为对于价格、质量或入门资格的管制能

① 比如，电信管制的目标除了促进有效竞争外，还要保障产业发展、消费者权益以及电信网络和信息安全。

替代竞争或者能够重新产生竞争，如补贴进入。如前所述，管制理由是基于市场失灵（比如自然垄断、外部性、公共产品提供、信息不对称等），当市场竞争力量不能导致竞争的效果时（自然垄断，从公共垄断向私人竞争过渡）就需要对电信市场加以管制。经济性管制是前瞻性的管制方式，由法律、规章提前规定许可证条件和产品质量等等。非经济性管制（包括社会、行政或技术性）是对于公共福利必不可少的产品等或者重要服务的投入，比如电信的普遍服务义务。

反垄断管制则定位于促进竞争性程序和阻止市场势力，在灵活适用上比电信行业管制要更高些。反垄断管制实际上也是经济性管制，但是它是基于个案进行的回溯式适用（也有前瞻性的，比如强制拆分、禁止涉入特定领域）。反垄断管制有三大核心任务：

（1）禁止反竞争的协议。比如竞争者之间关于价格（比如电影院所有人就票价达成一致）或者非价格协议（就每一个竞争者的销售产品的销售区域达成一致）；单边或通过协议实施的反竞争垂直限制（比如在下游的批发链上），比如价格行为（叫做转售价格维持）；非价格（比如制造商与零售商达成一致，由零售商具有独占的销售区域）协议。

（2）滥用支配性市场地位，比如掠夺性行为，诸如低于成本定价，使得其他竞争者不能获得零售渠道，等等。

（3）减少竞争的合并（允许合并将导致更多的共谋或未来更多的市场支配——最好能防止未来的问题，基于此进行限制）。

3. 各国对于竞争性电信监管体制的选择

综合而言，反垄断管制与电信行业管制存在一定区别，具体见下表13－4：

表13－4　　反垄断管制与电信行业管制的比较①

特征	反垄断管制	电信行业管制
时间和程序	一般采用事后补救措施； 由具体的申诉或调查驱动； 采用正式调查程序； 公共干预的范围较小。	预先规定和事后救济相结合； 一般采用决定或其他程序； 正式和非正式程序结合使用； 一般公共参与的范围要更宽。
政策重心	减少妨碍竞争的行为； 集中于资源的分配效率； 防止滥用市场行为等其他不当行为。	一般情况下，目标是多重的； 传统的（垄断）管制追求的不是分配效率而是社会目标（如普遍服务）； 过渡期管制是随着市场竞争加大，防止反竞争行为产生（最终随着竞争本身足够能保护公众时避免管制）。

① 世界银行/国际电信联盟．2000年电信管制手册．www. infodev. org/projects/314regulationhanbook．作者对此表格略有改动，特做说明。

续表

特征	反垄断管制	电信行业管制
范围	适用于多个经济部门； 干预和救济的权力一般定义得比较窄。	一般适用于具体行业（通常会发展成为更大的行业经验）； 权力一般界定得比较广（与政策目标和程序相协调）。
管制机构	统一的竞争管制机构，例如公平竞争委员会或司法部门。	专门的电信管制机构。
优势	更多更好的行业知识来处理竞争规则的影响——更少的错误、遵守成本、为业内主体提供一站式服务； ——确保竞争规章和其他形式管制（经济的、接入、技术的）的协调； ——可以帮助平衡不同部门的不同目标，比如电信管制者可能只关心普遍服务义务的效果以及生产力；而交通管制者可能关心效果和低成本以及便利的接入之间的平衡。	受到被管制产业的俘虏的机会更小； 管理上的规模经济，即一般管制者更有效率地适用同一原则； 规则使用的同一性以及决定上的更大的协调一致； 管制者可以将重点放在能产生更大公共利益的产业； 为受管制者提供一站式服务。
弊端	在一些小国可能产生更多的行政费用，比如稀缺技术的复制（比如定价的经济技术）； ——行业和一般竞争管制者之间不协调的推理的可能性（比如对于掠夺性定价的不同规则）。	缺乏专门的行业知识； 管制者或者法院或许不能处理行业的技术或经济复杂性； 管制者之间的竞争可能提供更好的管制。

目前各国电信管制体制大体上可以分为两大类：完全的电信行业管制和电信竞争性管制。完全的电信行业管制是由电信管制机构对电信市场实行专门的、独占管制，其他政府部门和特设机构对电信市场没有管辖权。竞争性管制是相对于专门的行业管制而言的。所谓电信竞争性管制，就是竞争管理机构适用一般竞争规则（多为竞争法或反垄断法）对电信市场加以管制。电信竞争性管制又分为两种，一种是不完全的电信竞争管制，就是由电信管制机构和竞争管理机构共同对电信市场进行管制。另一种模式就是只由一般竞争管理机构实行电信管制，而没有专门的电信管制实体。从各国电信管制实践看，不完全的竞争性管制占据主流地位。

在不完全的竞争管理体制中，竞争管理机构要适用竞争法对电信市场实行管制，这就引出了竞争法在电信管制中的适用问题。竞争法一般禁止的情况包括运营商的反竞争协议和滥用优势地位的情况，从禁止的行为来说，主要包括四类：第一类是所有权交叉；第二类是共谋行为；第三类是反竞争的定价行为，包括但不限于掠夺性定价、交叉补贴、价格倾轧、价格歧视、折扣、过高定价等。除前两种情况外，其他类型的行为和协议还有：自己优先行为、拒绝供应、拒绝接入到设备、拒绝提供信息；网络元素绑定、垂直限制。有时候，电信经营者的一种行为可能既违法了电信法，也违反了竞争法。这种情况下，电信管制者可以选择适用何种法律来进行管制。拿英国来讲，出现电信法与竞争法竞合情况时，监管者倾向于适用竞争法来解决反竞争行为。

如上所述，一般竞争性管制机构是通过适用竞争法来对电信市场进行监管的。从发展趋势来讲，电信管制的长期目标是将行业管制缩小到最大化，而让竞争法起越来越大的作用。事实上，随着电信市场竞争的不断深入发展，竞争性管制机构对电信市场监管的权力的确增大了，竞争性管制机构正通过诸多方式日益“蚕食”传统的行业管制机构的监管领域。

以美国为例探讨电信竞争性管制的发展动向。美国是典型的实行电信竞争性管制的国家。在美国，反托拉斯法对电信管制具有重要的影响。美国反托拉斯法包含了许多法律，这些法律被许多执行机构使用。在这些机构中，最重要的是司法部反托拉斯局。任何对价格的限制行为、对市场进入的限制行为、对维持市场竞争活动不利的合并行为、寻求市场垄断力量的恶性行为，经调查证实后，都可能受到司法部的反托拉斯起诉。

此外，美国1996年《电信法》规定，除非法律作出明确的除外规定，1934年《电信法》和1996年《电信法》的任何规则不能更改、削弱或取代反托拉斯法所有条款的适用性。由此可见，美国对电信市场的管制不仅需要电信法，还要适用如《谢尔曼法》(Sherman Act)、《克莱顿法》(Clayton Act) 这样的反垄断法。同时，美国1996年《电信法》第10条提出了“管制克制”理论。根据1996年《电信法》第10条规定，对于一家电信运营商或电信业务，或者一类电信运营商或电信业务，FCC可以不适用几乎所有的管制政策或电信法的任何规定。此外，1996年《电信法》第四部分还规定，随着电信市场变得越来越具有竞争性，管制性监督应当减少。1996年《电信法》要求FCC从1998年开始每两年一次（从偶数年开始）对适用于服务提供者的任何运营或活动的管制进行审查，并且FCC可以消除那些它认为不是保护公共利益所必须需要的规定。

1996年《电信法》还要求FCC在下列情况下不适用针对电信提供者或业务的任何强制性规定或管制：(1) 强制执行对于确保收费或行为是公正、合理以及无理由的歧视不是必须的；(2) 强制执行法定刑规定或管制对于保护消费者不是必须的；(3) 管制克制与公共利益是一致的。

从以上规定看，美国废除了在电信领域实行竞争规则豁免的做法。1996年《电信法》通过取消FCC对本地电话公司合并给予反托拉斯审查豁免的能力，从而扩大了司法部对合并进行司法审查的职责。

未来电信管制发展方向是将行业管制缩小到最小范围，而让竞争法起越来越大的作用。但在可预见的未来仍然需要行业管制，特别是在电信市场由垄断向竞争过渡期间产生的网络互联问题，需要专门的行业技术知识（虽然这些专业知识可以通过学习获得，但肯定要花费相当的成本。同时由于电信行业的情况不是很确定，导致管制者行动不足）来解决。另外，电信行业的高投入性决定了事前管制的重要性。电信行业需要有预先形成的规则来促进竞争的产生，而不是仅采用事后的“补救措施”来制止反竞争行为或行业重组。再加之网络互联问题本身特点决定了要采用持续的监督和管制决定。这就决定了在今后相当长的时期内，网间互联管制模式将是行业管制和竞争性管制并重。

三、网络和业务融合对电信监管体制的影响

数字技术的发展使得不同的通信服务，诸如话音电话、广播以及互联网业务之间的边界变得日益模糊。传统上，这些业务是通过不同的网络和不同的平台来提供的。但是，数字技术使得同一网络能够用更大的带宽提供所有的通信业务，并且使用集成的消费者终端来接收一系列现有的和新的业务。

融合已经并且继续在电信市场上深入发展。以互联网的发展为例，它已经能够提供包括话音和网络广播在内的一系列通信服务。数据和语音业务融合，以及由其引发的市场结构的变化已经对现有的电信管制体系提出了各种挑战。随着通信业务的融合，将个别运营商甚至业务看作这一类或者那一类的做法未免太随意。实践中，将某一类基础业务看作特定业务的做法已经越来越站不住脚。但是，在不同的通信服务之间仍存在明显的管制区别。比如，互联网业务在许多国家几乎都不受管制，而电信和广播业务都受到专门的行业管制，并且在多数国家，负责电信管制和广播电视管制的机构是彼此分离的。[①]

随着电信、广播电视（简称广电）与互联网的融合，产生的诸如 IPTV、手机电视的融合性的业务/服务，其适用的管制规则并不明确，对业务/服务发展带来了不利影响，也产生了新的安全问题。能否用传统的管制规则来管理融合性业务/服务？如果可以的话，是用广电的、电信的还是互联网的治理理念及其规则来对融合性业务/服务进行治理？如果因为这些基本相同的业务/服务是在不同的平台上提供的而对其按照不同规则进行管制，那么这种差异化的管制可能会妨碍竞争、投资以及服务的提供；反过来，如果照搬传统的广电管制来管理互联网上提供的视频服务，可能会违背互联网本身的特性。因此，如何选择适当的管制模式来应对融合性业务/服务的产生和发展，是一个亟需解决的问题。

在回答这个问题之前，有必要对电信、广电管制特性以及互联网新媒体的属性进行分析。

由于电信、广电具有不同的产业特性，因此，对电信和广电实行分业监管有其历史必然性。电信业侧重于网络的经济性管制，监管目标主要是维护和促进网络运营和竞争，一般不关注网络传输的内容。随着行业竞争特性的增强，基于行业的专门性经济管制范围越来越小，大多数问题都可以采用一般竞争法来解决。而广电业的性质决定了其监管重点是社会政治目标，包括监管舆论的方向、舆论的多样性和保护、促进本国文化的发展等等。但是，随着技术发展，网络融合正在改变广电业的产业特性，主要表现在：新媒体的出现使得产业竞争性增强；内容的数字化、网络的竞争以及用户需求多样化，也带来了节目制作、集成及运营、网络传输等环节相互分离的趋势，制播分离、网络与运营分离已经成为趋势；同时由于网络融合带来的竞争，使得节目内容更加符合市场化的需求，同时互动技术可以为用户提供更多个性化的服务。

---

① 即使在实行统一管制的国家，比如加拿大、美国、日本、瑞士和意大利，在法律和规章上仍有事实上的区别对待。

因此，网络融合对于传统的广电、电信分业监管体制提出了挑战。随着融合的深入，带来的矛盾更加突出。

首先，广电业的社会政治监管部分失效，特别是内容监管的失效。比如在新的环境下，节目内容的制作和运营机构数量在不断增加，各种网络电台、电视台不断出现，用传统的广电业监管模式对这些主体进行监管几乎是不可能的，监管成本也会十分高昂。最困难的是，如何对互联网上的内容进行监管，因为互联网上的节目/内容可能来自于地球的任意一个地方，国内的法规难以有效监管境外机构。另外，广电行业一般都比电信、互联网部门受到更为严格的管制，包括市场进入、所有权、运营等等。在融合的环境下维持传统的监管体制看似在保护广电部门的利益，但从长远看实际上损害了广电部门的竞争力。由此引发的不对称管制问题目前已经比较突出。①

其次，广电产业的特性不断变化，导致其社会影响力不断弱化，需要对传统的监管体制作出调整。模拟时代，广播频道和节目都是稀缺资源，广播对国家政治和社会文化会产生重要影响。随着网络融合深入，特别是新兴媒体的出现，广播频道和节目内容已经成为过剩资源，公众的注意力则成为稀缺资源，公众不再集中在少数受监管的节目内容。同时，消费者的习惯也发生了变化。消费者可以主动选择其喜欢的节目，利用互动技术满足其偏好。据有关统计，互联网以及其他通信网络已经在很大程度上分流了消费者看电视和听广播的时间。②

第三，传统的监管体制不能应对层出不穷的新业务/服务。随着信息通信技术的发展，在互联网、电信网等信息网络上传播视听节目成为发展趋势。由于互联网等信息网络具有与传统广播电视网截然不同的性质，比如开放性、交互性、存储性、智能性等等，通过互联网等信息网络向公众提供视听节目的活动也与传统的广播电视活动具有显著的区别。将传统的管理广播电视服务的手段和方式照搬到互联网等信息网络视听节目服务的管理上，不考虑信息网络视听节目服务自身的特点，实践证明是不可行的，无法达到预期的管理效果。比如，目前互联网上盛行的播客，如果按照传统的广电管理政策对其施行严格的准入和运营管理，显然是不可能的。这样做既违反了互联网发展的客观规律，也不符合用户对于信息内容需求多样化的要求。从目前互联网等信息网络视听节目服务的发展趋势看，从事这类服务的主体有三类——一类是传统的广播电视机构，它们一般由政府开办经营；第二类是商业性的经营机构，包括电信运营企业和互联网公司

① 比如在我国台湾地区，有线电视运营商就团结起来，反对中华电信提供 VOD 视频服务，认为双方适用不同的管制政策，这样将会导致有线电视运营商处于不公平地位。具体情况是：2005 年，中华电信把 IPTV 服务（以 MOD 为品牌）推向旗下 600 多万 ADSL 用户，通过网络提供双向的 VOD 视频服务，用每户 120 元台币（约 30 元人民币）的超低基本费，以期和有线电视运营商对决。中华电信不受有线电视法约束，可以在全台湾地区发展，这已获得了“行政院新闻局”核准。而有线运营商受分区经营法规限制，拥有用户数不能超过全台湾地区有线电视用户的 1/3，而且因为是公共事业，资费受到管制。于是，有线运营商计划联合起来，开展 VOIP 业务，而且所有人网内互打免费，以此进行反击。“台湾通讯传播委员会”（NCC）表示，不排除将 MOD 停播或冻结其招收新增用户。中华电信计划放弃 MOD 经营频道与电视内容，而专注于按需点播（On Demand）的增值服务上，此为非线性服务，而不是线性服务。如果这样，那么一些管制依据，如公众利益、稀缺资源、巨大影响等理论，都将面临修正。

② 据有关机构统计，目前把时间花在传统媒体——电视机前的人主要在两个年龄段，一个是低于 18 岁的，另一个是 60 岁以上的。

（如 SP）等；第三类是个人，他们从事这类活动一般是非经营性的，为的是满足个人体验和获得与别人分享的快感。因此，对互联网视听服务管理既要考虑舆论的引导问题，又不能不考虑其产业化的发展趋势。

从信息网络视听节目管理看，由于运营是在电信或互联网上进行，从该角度看它属于电信监管范畴；而内容的管理又属于广电管理范畴。因此，各国对于信息通信网络上的视听节目管理不尽相同。比如对于互联网上的视听节目，德国和新加坡将其视为媒体，由广播电视管理部门对其进行管理；而多数国家还是把互联网上的视听节目作为电信业务进行监管，只不过准入条件和管制程度比电信业务更为宽松。由于这是一项新服务，多数国家都在思考如何对其进行适当的管制。

因此，需要对传统的广播电视、电信监管体制进行调整，以适应目前出现的新媒体的发展需求。①

对这些方案进行选择，首先要考虑到政府管制的目标，目标既包含公共目标②，诸如普遍服务、网络和信息安全、文化多样性等；也包括私人目标，比如用户的信息自由权、隐私问题。这两个目标之间应该取得平衡。从欧盟的实践看，2002 年欧盟出台了《电子通信网络与服务的统一融合框架》。在新的管制框架中，电子通信网络与服务包括电信网络、有线电视网络及其相关的网络服务。同时，针对传统的广播电视管制不适应的法律规定，及时进行调整，比如欧盟正在修改《电视无国界指令》。

融合性的管制在实践中已经得到了快速的发展，最典型的是英国的电信管制机构——OFCOM。下面详细介绍 OFCOM 是如何进行融合性管制的。

OFCOM 将原 5 大管理机构的职能进行了高度集成和横向组合，彻底打破了信息领域中存在的各种壁垒，使技术和业务得到进一步融合，以便全面监管英国电信业和广播电视行业。原英国通信管理局主席 Kip Meek 介绍 OFCOM 时说："OFCOM 不是原有五个监管机构的简单合并和缩小，而是管理体制的融合和转变，理顺监管体系，精简监管机构。所有部门都被打散，全部重组，在内设机构上已经看不出原有五个监管机构的痕迹，目的就是为了彻底打破原来按照业务区分的监管模式。由于电信、电视、广播、互联网等由一个部门监管，监管措施的制定、对法律法规的执行、对市场行为的监管都统一起来，不仅加强了行业监管，而且提高了效率。"③ 可见，OFCOM 这个融合性的机构已经基本达到了融合这一目标。

OFCOM 看不出原有 5 个监管机构的痕迹，其组织结构充分反映了这一特点。OFCOM 分为 6 大部分：内容标准分部、技术标准与频谱分部、战略市场发展分部、组织计划发展分部、频谱政策分部、竞争市场分部。其中，内容标准分部负责制定通信管制政策、作出管制决定的标准，以及国际联络、为 OFCOM 提供法律服务等；技术标准

---

① 对于融合性的业务/服务的管制问题，欧盟的《电信融合绿皮书》提出了三种可供选择的方案：第一种方案就是采用现有的定义，承认这些定义仍然适用于现有的大多数服务，现有的管制原则也能够支持这种适用；同时，也要考虑到"新"的融合性服务的特殊特性。第二种方案就是创设一种独立的新"服务"类别，与现有的定义并存。第三种方案就是将现有的电信，广播电视定义进行修正，以反映现有的趋势和发展。

② 相比电信行业，广播电视业作为媒体追求的公共目标更多一些。

③ 原信息产业部电信研究院，关于考察英国、芬兰及挪威电信管理体制的报告（2006 年）.

与频谱分部负责通信行业技术标准的制定，以及许可授权条件的制定；战略市场发展分部负责英国通信市场的调查事务和消费者事务处理；组织计划发展分部负责OFCOM的人力、财力、组织运营和发展；频谱政策分部负责无线频率的监管；竞争市场分部主要负责通信市场上的竞争相关事务处理。OFCOM各部门之间合作紧密，如对频谱的管理上，技术标准部和频谱政策部一直是共同配合实施。

作为融合性的监管机构，OFCOM特别注重对内容的管理，在OFCOM董事会层面设立了“内容理事会”，负责处理有关内容问题。按照英国2003年《通信法》规定，OFCOM的内容/文化安全监管职责包括：为广大观众不受冒犯性或有害内容侵害实施足够保护；为广大观众不受不公平或破坏隐私内容侵扰实施足够保护。一方面英国将原来的《广播电视法》中规定的内容监管职能转移至OFCOM实施；同时力求寻找一系列适用于所有电子通信内容的目标和原则，尤其是要建立一套持续有效的机制对互联网上的非法内容进行监管。OFCOM的具体做法是：联手英国互联网监督基金会，共同合作，进一步促进分级和过滤系统的建立，并引导用户逐步形成采用分级和过滤工具上网的良好习惯。OFCOM希望通过净化网上环境，从而增强英国公民对于使用互联网的信心，进而促进互联网在英国的繁荣。

与分立监管模式相比，融合监管机构有更广阔的通信视角，能够更好地面对由技术和业务融合所带来的挑战，能够克服单一管制机构只专注于电信行业的缺点。融合监管机构还能破除因为监管分立产生的部门利益保护主义，消除产业融合的障碍。此外，融合监管机构还能够克服单一电信监管和广播电视监管所带来的交叉重叠问题，节约监管成本。

然而，是否选择融合监管模式、在何时选择融合监管模式仍然受各国国情和电信产业发展阶段的限制。

第三节 电信监管机构的监管工具和手段

一、电信监管工具和手段概述

（一）定义

管制是依法获得授权的政府行政机构，通过制定规章、设定许可、监督检查、行政处罚和行政裁决等行政处理行为，对特定社会的个人和特定经济关系的主体的活动进行限制和控制的行为。管制工具是政府治理的手段和途径，是政策目标与结果之间的桥梁。

（二）分类

监管手段指通过国家立法形式授予监管机构权力，通过规范电信市场主体的行为来实现电信监管目标的一系列措施。例如美国的1996年《电信法》、英国的2003年《通信法》以及我国的《电信条例》等。监管的实施要借助于监管机构的行政权力来规定市场主体行为来实现电信监管目标的一系列措施。行政手段是法律赋予的权力，典型的行政手段包括：准入许可、竞争行为监管（互联互通行为、公平接入）、资源分配（拍卖、招标）、服务质量监管、企业会计账目审查、强行拆分（重组）等。

早期的划分标准不统一，所有管制工具都是通过法律规定（法律授权），并由行政机关实施的。其区别仅在于是通过经济杠杆还是技术要求。

目前，管制工具可以划分为三个类型：经济、技术、行为能力限制。

经济工具：指借助于价值形式调节电信市场主体物质利益关系来实现电信监管目标的一系列措施。主要包括经济补偿、价格监控、市场结构控制等。如普遍服务政策的目标是促进并维持社会公众能够获取经济上可以承受的电信业务。实施普遍服务政策的方法中就包括政府直接对履行普遍服务义务的企业提供财政补贴。经济工具也可以包括限制主体行为能力，即监管机构通过赋予和剥夺市场主体资质，允许或禁止该主体进入特定电信领域，比如准入许可、主体拆分。

技术工具：政府为达到监管目标所采用的技术手段。包括制定技术标准、对频率资源进行划分以及利用技术措施对被监管对象的行为进行监控。

行为能力限制：通过行政许可法设定经营特定电信业务需要的资质条件，从而限制某些企业从事特定服务的行为能力。

二、电信监管工具和手段的发展

（一）国外电信监管工具的特点

1. 法律规定的管制工具比较丰富

只有在法律的授权下，管制工具才是有效合法的。因此，各国都制定了具有较高法律层级的电信立法，并规定了丰富的管制工具。

2. 以经济、技术管制工具为主，限制主体行为能力的规制手段越来越少

西方发达国家的电信市场发展成熟，竞争较充分，因此，准入许可、强行拆分等限制主体行为能力的规制逐步减少，但是，由于电信行业仍旧保有一定垄断的特性，一些必要的管制手段，例如禁止违法行为（保护消费者利益），实施行政处罚、频率分配（稀缺资源）等仍旧作为辅助手段加以实施。而各国监管机构注重的仍旧是经济和技术管制工具的运用。从近年来各国在资费上限管制上大做文章，以及对主导运营商市场份额、并购行为等建立评估体系，再到频谱拍卖制度的不断完善，都说明各国在经济和技术管制手段上下足了功夫。

3. 命令管控型管制工具逐渐淡化，激励性管制工具运用增多

随着发达国家电信市场有效竞争格局的逐步形成，信息不对称导致的管制失灵等原因，使得准入特许、设备认证、政府定价等命令管控型管制工具已经不再被各国追捧。为了得到更好的管制效果，尽可能地得到企业的私有信息，以实现最优管制，各国监管机构转向激励型的管制工具的运用，例如特许投标、拍卖机制、价格上限等。

4. 各种管制工具相互配合，为实现共同的管制目标服务

虽然各类管制工具都是为了达到一定的管制目标而设定，但是单个的管制工具的运用有一定的局限性，需要其他的管制工具相配合，才能完成共同的监管目标。因此，各国都非常注重管制工具之间的配合运用。例如，为实现保护消费者利益，各国会利用技术工具制定服务质量标准，同时运用“禁止违法行为”、“行政处罚”等行政工具配合

达到提高服务质量，保护消费者权益的目标。

(二) 监管手段的发展趋势

对不同管制机构的管制职责和管制效率的分析要与该国的产业发展阶段相适应，在产业发展的不同阶段，管制目标的实现形式会有不同表现，管制手段也会表现出相当的灵活性。发达国家对于有效管制的理解在于管制的总体目标——市场自由化，支持这一论断的理论背景是，如果某地通过有效管制促进了市场准入和竞争，那么该地区的投资就会增加。因此必须保障平等和无歧视的接入管制，以限制垄断延伸。但是电信业在面临技术跃迁时所表现出的对巨额投资的需要，却在客观上要求给市场先行者留有一定的空间，德国“管制假期”的案例就能很好的说明这一点。

如前所述，基于专业化监管的目标，需要综合运用各种经济和技术手段。当前许多国家的许可证，通常已经不被作为一种市场调节的手段，对于批发价格的控制和主导运营商零售资费的监管、罚款甚至撤销许可等成为经常使用的手段。

与此同时，一些新的干预手段得到了越来越多的应用，比如功能拆分职能。功能拆分是欧盟对 SMP 运营商施加的管制义务的一种。目前，在欧盟成员国很多市场仍然由主导运营商控制，尤其是固定电话市场，主导运营商的平均市场份额为 65.8%，在大多数国家的宽带市场，主导运营商的市场份额超过 55%，有的甚至超过 65%；而在移动市场，运营商的数量仍然相对固定，而且趋势也是向集中发展。基于以上事实，欧盟委员会认为，欧盟电子通信市场以基础设施为基础的竞争环境仍然没有形成。因此，管制依然在促进基础设施竞争方面发挥关键作用，为了让所有新进入者拥有平等的接入权，欧盟委员会 2007 年新的管制改革建议赋予管制机构在需要的情况下，针对 SMP 运营商实施功能拆分的权力，欧盟委员会这一建议是在吸收了英国管制机构 OFCOM 对 BT 公司成功实施功能拆分基础上而形成的。

所谓功能拆分（Functional Separation），就是要求主导运营商将基础网络和零售网络部分分别管理，以打破网络接入瓶颈，从而保证所有运营商都能够平等接入网络。功能拆分并不意味着所有权拆分，是在总体所有权不变的情况下对网络进行功能分离。功能拆分使得新进入者和主导运营商自己的零售部门能够基于相同的条件接入网络，避免对新进入者造成不公平歧视，以促进竞争，使得主导运营商和新进入者都有投资的动力，从而创造进一步放松管制的可能性。

但是，对于功能性拆分措施，各国电信管制机构以及电信运营商的意见分歧较大，部分人士认同功能拆分工具，但更多的代表对此持反对意见或者谨慎的态度。有观点认为该管制工具干扰了市场竞争，抑制了运营商的投资动机，并以英国的实践加以证明。在未实施功能拆分之前，英国的有线方式的接入年度增长达到 100%，但是功能拆分实施之后，这一数字降低到 23%。有关人士建议应当在市场力量和管制工具之间做一个好的平衡，以兼顾公平竞争与鼓励投资。总体看来，这一建议还需要实践的检验以验证其有效性。

此外，对于一些监管职能的实施，相应的监管手段也在发生变化。这一点比较明显地体现在对稀缺资源，尤其是频率的管制上。以欧盟为例，随着无线技术的快速发展，市场对于频谱的需求越来越高，据欧盟统计，欧盟无线频谱业务的总价值约为 2 500 亿欧元，约占欧盟 GDP 总量的 2% ~2.5%，经济价值和社会价值不可估量。但是目前传统的模拟电视占用着一批高质量的无线频谱，而这些频谱中只有 50% 得到了充分利用。而欧盟一项新的研究表明，欧盟即将进行的频谱政策改革将会给欧盟 GDP 带来约 0.1% 的增长。因此，为了增进电信行业的发展潜力，促进欧盟经济的发展，欧盟认为应该对无线频率这种重要的经济资源进行严格科学的管理，对现有的频率管理政策进行改革，以达到频谱资源效益和欧盟效益的最大化。因此频谱政策改革是即将要进行的欧盟电信法案修订的重要内容之一。

欧盟即将进行的频谱政策改革目的主要包括两点：一是为了提高频谱使用效率，促进竞争，为消费者提供更便宜、更好的电信服务，推动欧洲频谱交易的自由化进程，提高频谱管理的灵活性；二是为了高效配置频谱资源，并促进欧盟电信市场的一体化，应该在全欧盟范围内分配、交易频率资源。基于此，欧盟对频率改革提出了以下建议：

第一，频率监管应该采取更为灵活和具有弹性，尽量减少不必要的监管，监管限制措施（如牌照条件）应被限到最低程度，只在频谱被判定为对安全和身体健康以及公共利益有害时才给予限制，允许企业和市场自主决定某个频段的最佳使用方式。

第二，强调技术和业务中立原则。

第三，允许频率二次交易。

第四，目前欧盟各国的频率资源由各成员国分别分配、管理，不利于欧盟统一融合性市场的形成，频谱制度改革的目标是在全欧盟范围内分配、交易频率资源。

第五，新的频率政策应该更有利于消费者自由选择合适的服务。

总之，技术以及市场的变迁，引起了电信管制理念、管制机构以及管制职能的相应变迁。电信业的转型对政府管制提出了新的要求，传统电信管制要求政府促进竞争，而转型时期的电信管制要求政府使用恰当的管制方式，释放技术和市场的潜力。

案例分析

英国的电信监管机构——通信管理局（OFCOM）

一、设立背景

在英国，设立融合性的通信监管机经过了大量的前期调研和深入研究，前后至少经历了约 3 年时间。早在 2000 年之前英国已经开始酝酿成立融合性的监管机构。2000 年 12 月经过大量的调研和征求意见，英国发表了通信市场重要的官方报告——《英国 2000 年通信白皮书》。报告首次提出拟在英国建立同时监管电信、广播电视的融合性监管机构。按照该报告英国政府提出建立融合性监管机构的原因包括政治、经济以及技术等多方面：

从 20 世纪 90 年代后期开始，英国通信技术迅速发展，数字化、信息化、网络化深刻地影响着英国。据统计，截至 2000 年年底，超过 1/4 的英国家庭拥有数字电视，其中许多家庭甚至可以通过电视进入他们的电子邮件账户；3 000 万人拥有移动电话，普及率达到90%以上；同时个人电脑越来越多地被用于连接互联网，可以记录和发送视频图像，新出现的电视机机顶盒可以像电脑一样连接互联网。正是由于因特网、移动网、宽带网等各种新技术的迅猛发展，有力地推动了电信、广播电视和计算机三者的融合，在客观上促进了管制机构的融合和统一，并及时调整电信管制政策，来继续引导和维持通信市场有效竞争，发挥通信业在国民经济中的重要作用。同时，英国政府认识到，随着通信技术的发展，通信内容和通信网络变得越来越密不可分。如果没有内容的存在，网络存在几乎没有意义。

但是，当时英国对通信业的监管比较分散，监管分割不利于融合的市场。其中，原贸易工业部负责监控信息技术业和电信行业，制订电信服务的有关框架；文化、传媒与体育部则为传媒和内容的监管制订总体政策框架。除了这两大部委以外，涉及通信行业的监管部门还包括5个机构：无线电信息管理办公室（The Radio Communications Agency）、电信管理局（Office of Telecommunication，OFTEL）、独立电视委员会（The Independent Television Commission）、无线电管理局（The Radio Authority）和广播标准委员会（The Broadcasting Standards Commission）。例如，OFTEL在行使其管制权力时，有时就融合问题，还需要与“贸工部”、“文化、媒体与体育部”、“公平贸易部”以及“独立电视委员会”进行协商与合作。这增加了管制的难度，并在一定程度上影响了管制的效率。因此，随着三网融合进程的加快，分散的管制机构和日益融合的行业现状已越来越不相适应。基于此，英国拟成立高度综合统一的独立管制机构，来接管上述5个机构的管制职能，以适应行业融合的局面，达到监管效率最大化。

《2000年通信白皮书》的发表正式拉开了新一轮英国通信监管改革，该报告不仅阐述了改革的必要性，同时还对机构的具体组织形式、职能等作出了详细的描述。接下来，2001年，英国拟建立融合性监管机构——OFCOM的议案正式提交议会，由于前期已经有了大量调研和论证，议案在2002年顺利通过；在此基础上，2003年，英国公布了新的《通信法》，确立了OFCOM的法律地位。2003年《通信法》明确提出，将原来的电信管理局、无线电通信管理局、独立电视委员会、无线通信局和广播标准委员会等5个监管机构合为一体，成立面向三网融合的独立监管机构OFCOM，对电信、无线电、广播、电视等进行统一监管。2003年12月29日，OFCOM正式成立。“OFCOM的组建使监管措施的制定、法律法规的执行、市场行为的监管都实现了统一，为企业创造了更加公平的竞争环境，对企业的监管力度更大了；同时，企业不需要和多个部门沟通，运营成本更低了。”①

二、权力配置

同OFTEL时期相比，OFCOM时期英国通信监管政策制定机构从贸工业部变成了商业、企业和管理改革部，因此，在OFCOM时期，与英国通信监管相关的机构主要是议会、商业、企业和管理改革部、竞争主管机构及司法机构等部门。

（1）英国议会。同OFTEL时期一样，英国议会作为立法机构，负责审议、批准和颁布法律，例如2003年《通信法》的颁布。同时，英国议会设有专门委员会，负责对

① 徐玉．英国电信市场分析．通信企业管理．2002（9）．

政府各主管大臣进行授权、监督和检查。与OFTEL时期不同的是，根据2003年《通信法》，OFCOM直接对议会专门委员会（该议会专门委员会同时负责原英国贸工部和文化、媒体与体育部的有关事务）负责，而不需对内阁大臣或贸工部部长负责。财务上，OFCOM只接受国家审计办公室的审计和监督。这样使OFCOM独立于政治，具有高度透明性和延续性。

(2) 竞争主管机构。在OFTEL时期，其同OFTEL同时隶属于贸工部，在2002年以前，贸工部部长即国务大臣对竞争决策拥有很大的决策权，为了进一步强化竞争法在英国的作用，2002年《英国企业法》于2003年6月20日生效，该法的颁布强化了竞争机构的独立性。而与OFTEL时期极为不同的是，OFCOM时期，随着竞争法及竞争制度在英国的进一步强化，英国竞争监管机构在英国的地位进一步增强，因此其在电信领域的作用也进一步得到增强。

《2000年通信白皮书》规定，OFCOM在电信领域与公平交易局（OFT）在适用和执行竞争法上共同行使管辖权。当出现任何属于共同管辖权的案例时，OFCOM与OFT应互相协商并达成共识，确定由谁来采取行动更为合适。在监管实践中，二者分工明确：OFT的主要职责是管理市场上的反竞争行为，它采取的是一种事后行为，在确定有反竞争行为后才采取更有力的行动。而OFCOM则是一种事前监管，主要是利用一系列监管手段创造竞争环境，防止主导运营商滥用其主导地位。

(3) 司法机构。OFCOM时期，司法机构在通信市场竞争监管上比OFTEL时期发挥了更重要的作用。英国《2000年通信白皮书》在关于处理有关服务标准的投诉中引入了司法介入机制，对于服务标准类投诉，规定由OFCOM创立的检察官制度或相应的机制予以解决。[①] 同时，司法机构对监管者起到一定的监督作用，OFCOM所作出的管制决定还要受到司法审查，促使OFCOM的管制规范化和透明化。根据2003年《通信法》第192条的规定，对下列决定引起的争议，一方可以向竞争上诉法庭（CAT）提起上诉：OFCOM依据2003年《通信法》第二部分和1949或1998年无线电话法作出的决定(但有例外)；依据本法第45款规定的一个或多个授权条件所作出的指导、批准或同意所生效的决定；国务大臣作出的决定，该决定的效力来自第5款的指导、第156款的决定指导，第109款规定所确立的禁止或条件。任何受到上述范围内的决定影响的人都可以就该决定向竞争上诉法庭提请上诉。[②]

三、机构设置

OFCOM将原5个管理机构的职能进行了高度集成和横向组合，彻底打破了信息领域中存在的各种壁垒，使技术和业务得到进一步融合，以便全面监管英国电信业和广播电视行业。与OFTEL不同的是，OFCOM是一个法人实体，有点类似于商业机构，其实行董事会制度，由主席、董事长、董事及非董事成员组成。其中，董事会委员包括总裁和5个分部执行官。OFCOM董事会为OFCOM提供战略性的发展方向。OFCOM董事会

---

① 首席执行官Andy Green在谈到OFCOM的成立时，曾发表此观点。（丁道勤．谁来监督监管者——国外监督电信监管者的经验及借鉴．人民邮电报，2000.）

② 工业和信息化部电信研究院．关于考察英国、芬兰及挪威电信管理体制的报告．2006.

每月至少开一次会，其会议纪要刊登在 OFCOM 官方网站上。董事会是 OFCOM 执行相关法律及其职能的中心机构，同时其掌管 OFCOM 的财政大权，对 OFCOM 财务收支进行管理。

OFCOM 分为 6 大部门：内容标准分部、技术标准与频谱分部、战略市场发展分部、组织计划发展分部、频谱政策分部、竞争市场分部。其中，内容标准分部负责制定通信管制政策、作出管制决定的标准，以及国际联络，为 OFCOM 提供法律服务等；技术标准与频谱分部负责通信行业技术标准的制定，以及许可授权条件的制定；战略市场发展分部负责英国通信市场的调查事务和消费者事务处理；组织计划发展分部负责 OFCOM 的人力 、财力、组织运营和发展；频谱政策部负责无线频率的监管；竞争市场分部主要负责通信市场上的竞争相关事务处理。OFCOM 各部门之间合作紧密，如对频谱的管理，技术标准部和频谱政策部一直是共同配合实施。下图 13 – 1 为 OFCOM 的组织结构图①：

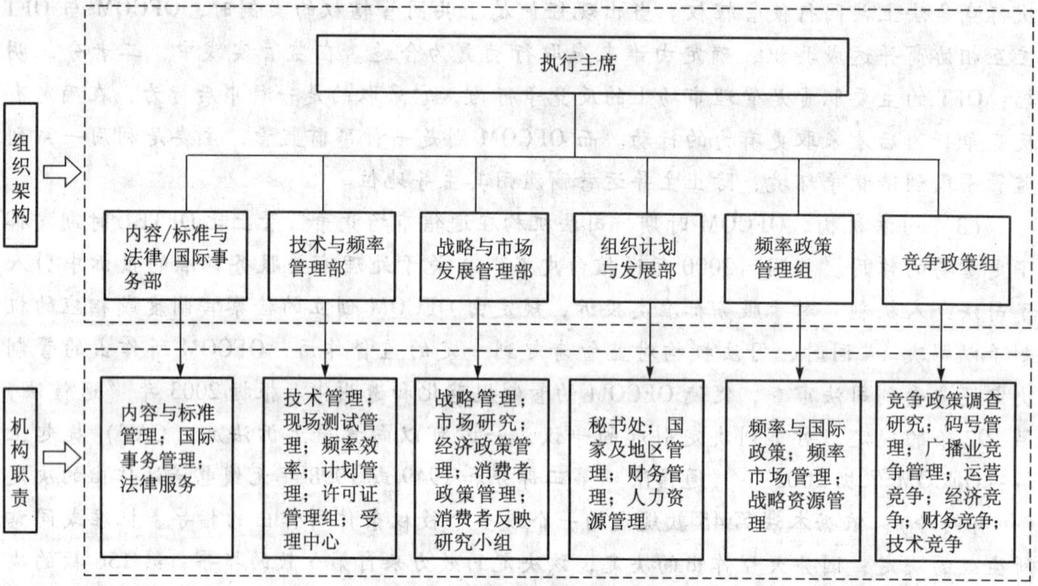

图 13 – 1 OFCOM 组织结构图

作为融合性的监管机构，OFCOM 特别注重对内容的管理，在 OFCOM 董事会层面设立了“内容理事会”，负责处理有关内容问题。按照 2003 年《通信法》规定，OFCOM 的内容/文化安全监管职责包括：为广大观众不受冒犯性或有害内容侵害实施足够保护；为广大观众不受不公平或破坏隐私内容侵扰实施足够保护。一方面英国将原来的《广播电视法》中规定的内容监管职能转移至 OFCOM 实施；同时力求寻找一系列适用于所有电子通信内容的目标和原则，尤其是要建立一套持续有效的机制对互联网上的非法内容进行监管。OFCOM 的具体做法是联手英国互联网监督基金会，共同进一步促进分级和过滤系统的建立，并逐步引导用户逐步形成采用分级和过滤工具上网的良好习

① A Case Study on Public Sector Mergers and Regulatory Structures, OFCOM publication.

惯。OFCOM 希望通过净化网上环境，从而增强英国公民对于使用互联网的信心，进而促进互联网在英国的繁荣。

此外，根据英国 2003 年《通信法》规定，为履行职能，OFCOM 应当在英格兰、威尔士、苏格兰和北爱尔兰建立和维持分支办公室。

四、人员配置及经费

为了保证 OFCOM 的监管效率，英国政府为 OFCOM 配备了充足的人员和运营经费。OFCOM 目前大约有 800 名正式员工，人员素质高，组成结构合理。专业人员中大多是律师、经济学家和技术专家。同时，为了留住人才，OFCOM 员工工资比普通的公务员高。

此外，为了减轻政府负担，提供稳定充足的监管经费，OFCOM 的经费基本实现了市场化，而不再是由政府拨款。依据 2003 年《通信法》的规定，经费主要来源于向市场运营企业收取的行政管理费和资源使用费。同时 OFCOM 确定了收费原则：OFCOM 从不同运营商及其他负有交纳费用义务的自然人或法人所收取的费用，应当能充分满足 OFCOM 当年的运营成本以及实施管制职能所花费的成本，但不能超过两项成本之和。[①]

随着许可制度的取消，OFCOM 也相应取消了许可费用，但是为了保证 OFCOM 的正常运营，OFCOM 仍旧保留了向运营商收费的权限。同时，与 OFTEL 时期相比，OFCOM 扩大了监管收费范围，在以前单一的收取许可费基础上同时向运营商收取行政监管费、频率使用费等费用。OFCOM 要求相关营业额达到 500 万英镑的运营商，每年应缴纳公司营业收入约 0.05% 的行政管理费；同时还应缴纳频率使用费，费用高昂，仅 2005 - 2006 财年就收取了约 2.8 亿英镑的频率资源使用费。OFCOM 将该费用全部上交贸工部后，贸工部从中拨出约 6 900 万英镑返还给 OFCOM 开支。

同时，为了保证 OFCOM 顺利收取相关费用，法律还规定可以对未依法缴纳上述费用的运营商进行制裁，OFCOM 甚至有权限制或中止违法运营商提供一定网络或业务。按照 2003 年《通信法》规定，如果企业或相关法人未缴纳管理费用，OFCOM 可以采取强制措施，并有权下发未付费通知。收到通知的人可以选择向 OFCOM 进行陈述，也可以选择在收到通知后 1 个月内付清未付费用。如果当事方欠费严重或多次欠费，履行期限可以长于 1 个月。如果收到 OFCOM 的通知后在规定的时间内未支付欠费，OFCOM 有权依法处以罚款。罚款数额应适宜且与欠款数额成一定比例，并且要考虑到欠费者的陈述。按照有关规定，可处罚的数额最多可达其应缴纳费用的两倍。如果是严重欠费或多次欠费或有其他严重情节，OFCOM 甚至有权限制或中止当事人一定网络或业务的提供。

五、监管职能

OFCOM 由原有的 5 家管制机构整合而成，从而完全取代原有的 5 家管制机构而成为英国惟一的独立通信管制机构，因此 OFCOM 将完全接管上述 5 家电子通信业务法定

---

① 2003 年《通信法》第 38 款规定，OFCOM 可以确定行政管理费用，用以替代原通信法规定的年度许可收费。尽管这种收费机制在结构上与许可费类似，但在收费范围上有一些重大变化。OFCOM 有权向以下单位或法人收取年度管理费用：指定网络/业务或相关设施的提供者、指定的普遍服务提供者。

管制机构的全部职权。其主要使命和职能主要包括：(1) 采用合理化方法和综合战略方法鼓励有效自律和共同管制；(2) 采用电子通信网及其业务的新管制框架来取代现行的电信许可证颁发体制；(3) 有权创造新机制来按照其规章条例进行频谱交易，并且建立认可的频谱接入模式；(4) 设立一个消费者专门小组，该小组向 OFCOM 提出建议并且代表和保护消费者利益；(5) 在整个通信行业内，行使 1998 年《竞争法》和 2002 年《企业法》授予的权力；(6) 建立有关网络及业务和频谱使用权裁定的上诉程序；(7) 建立内容委员会，成立能够给予 OFCOM 关于广播或其他依靠电子通讯网络和媒介文学的建议的内容委员会，它代表了对广播电视自然属性和质量方面的公共利益的要求；(8) 有权在所有通信部门（包括广播）行使由 1998 年《竞争法》和 2002 年《企业法》所赋予的职权。

思考题

1. 电信监管机构的性质是什么？
2. 电信监管机构的主要职能有哪些？这些监管职能如何在不同机构之间进行划分？
3. 电信监管机构的设立模式都有哪些？各自原因是什么？
4. 为实施电信监管，电信监管机构通常使用的监管手段和工具是什么？

第十四章

国际电信组织与规则

本章导言

本章首先介绍了国际电信联盟和国际电信联盟法律体系，其中重点介绍了《国际电信联盟组织法》和《国际电信联盟公约》的主要内容。其次对电信服务贸易规则进行介绍，其中包括服务贸易总协定、服务贸易总协定有关电信服务附件、基础电信协议、电信参考文件等内容。

第一节　国际电信组织与规则

一、国际电信联盟

国际电信联盟（International Telecommunication Union，ITU）是联合国专门机构之一，也是电信界最权威的标准制定机构，主管信息通信技术事务，由无线电通信、标准化和发展三大核心部门组成，其成员包括191个成员国和700多个部门成员及部门准成员，其前身为根据1865年由法、德、俄、意、奥等20个欧洲国家的代表在巴黎签订的《国际电报公约》成立的国际电报联盟。1906年由德、英、法、美和日本等27个国家的代表在柏林签订了《国际无线电报规则》，据此成立了国际无线电报联盟。由于无线电波的传播不受国界的限制，随着电台的大量增加，各国无线电台间的相互干扰日趋严重，各国不得不寻求全球范围内的政府间协议解决该问题。1932年，70多个国家的代表在马德里开会，将《国际电报公约》与《国际无线电报规则》合并为《国际电信公约》，并将国际电报联盟改名为国际电信联盟。1934年1月1日新公约生效，该联盟正式成立。经联合国同意，1947年10月15日国际电信联盟成为联合国的一个专门机构，总部从瑞士的伯尔尼迁到日内瓦。1965年国际电信联盟在瑞士蒙特勒召开大会，进一步完善其体制。为纪念国际电信联盟的成立和宣传电信作为社会基础结构的重要性，1973年国际电信联盟全权代表大会决定将每年5月17日定为世界电信日。1989年，国际电信联盟专门成立高级委员会，委员会明确规定了国际电信联盟的6项职能，即标准化职能、管理职能、发展职能、组织电联会议、总秘书处协调职能和把握变化中的电信环境。1992 年 12 月，为适应不断变化的国际电信环境，保证 ITU 在世界电信标准领域的地位，ITU 决定对其体制、机构和职能进行改革。改革后 ITU 的最高权力机构仍是全权代表大会。全权代表大会下设理事会、电信标准部、无线电通信部和电信发展部门。理事会下设秘书处，设正、副秘书长。电信标准部、无线电通信部和电信发展部承担着实质性标准制订的工作，各设 1 位主任。联合国的任何一个主权国家都可以成为 ITU 的成员。成员国的政府（多数情况下是其电信管理部门的代表机构）在 ITU 中的地位是平等的，都要承担特别的义务，同时也享有特别的权利（投票权）。其他的组织机构，如网络与服务供应商、制造商，科技协会和其他的国际性和区域性组织，经过批准可以参加 ITU 的某些活动（如制订电信标准）。1993 年 3 月 1 日在芬兰首都赫尔辛基举行的国际电信联盟第一届世界电信标准大会（WTSC－93），对国际电信联盟原有的三个机构国际电报电话咨询委员会（CCITT）、国际无线电咨询委员会（CCIR）和国际频率登记委员会（IFRB）进行了改组，取而代之的是电信标准化部门（ITU-T）、无线通信部门（ITU-R）和电信发展部门（ITU-D），ITU 不同的活动由 3 个部门分担，行政权力由各个部门的负责人分享。

ITU 的最高权力机构为全权代表大会，由代表会员国的代表团组成，每 4 年开会一次。代表大会主要任务是选举秘书长、副秘书长，修订电联公约等。大会闭会期间，由理事组成的行政理事会代行大会职权，每年开会一次，负责处理财务、人事等方面的行政事务。联盟下属的 5 个常设机构是：总秘书处、国际电报电话咨询委员会、国际无线电咨询委员会、国际频率登记委员会和电信发展局。

中国 1920 年加入国际电报联盟（国际电信联盟的前身）。1932 年首次派代表参加了在马德里召开的全权代表大会，签署了马德里《国际电信公约》。1947 年在美国大西洋城召开的全权代表大会上中国第一次被选为行政理事会的理事国。1949 年中华人民共和国成立后，其席位曾一度被非法剥夺。1972 年国际电信联盟理事会承认中国的合法席位，并承认中华人民共和国政府的代表是中国的惟一合法代表。同年 10 月 25 日，中华人民共和国政府决定加入 1965 年瑞士蒙特勒国际电信公约。1973 年，中国政府派员参加国际电信联盟在西班牙马拉加－托雷莫里诺斯举行的全权代表大会，并签署批准了新的《国际电信公约》，1973 年中国被选为国际电信联盟理事国。1982 年，我国政府又派员参加国际电信联盟在肯尼亚内罗毕举行的全权代表大会，签署了修改后的《国际电联公约》。1989 年，我国政府又派员参加国际电信联盟在肯尼亚内罗毕举行的全权代表大会，并签署和批准了这次全权代表大会通过的《国际电信联盟组织法》和《国际电信联盟公约》。自恢复我国在国际电信联盟的合法席位以来，我国作为国际电信联盟重要的成员和理事国，积极参加国际电信联盟的各项活动，多次派代表参加世界电信行政大会、咨询委员会和研究组会议，签署并批准了新的行政规则等。自 1997 年 7 月 1 日起，香港特别行政区政府的代表可以中国代表团成员的身份，在涉及与香港特别行政区有关的问题时，出席国际电信联盟的全权代表大会和行政大会；经认可的香港特别行政区私营电信机构可参加电信标准化部门、无线电通信部门和电信发展部门的会议。通过参加会议，维护了我国的权益，扩大了我国在国际电信联盟的影响，有力地促进了我国电信事业的发展与对外交流[①]。

二、国际电信联盟法律体系

目前全世界范围电信规则的运用，是由各会员国政府按照其签署并批准的下列国际法规来管理的。《国际电信公约》是国际电信联盟的基本法规，它规定了该组织的性质、工作程序和电信管理的一般原则。1989 年国际电信联盟在尼斯大会上，将原《国际电信公约》修改为《国际电信联盟组织法》和《国际电信联盟公约》两个法规。《国际电信联盟组织法》是国际电联的基本法规，《国际电信联盟公约》是对该组织法条款的补充。而后，又进行了几次修改。

另外，《电信规则》和《无线电规则》作为国际电联两个重要的行政规则对《国际电信联盟组织法》和《国际电信联盟公约》作了进一步的详细补充，用于对各国电信的活动进行管制，对所有成员国具有约束力。《国际电信联盟组织法》和《国际电信联盟公约》以及《电信规则》和《无线电规则》组成了国际电信联盟的法律框架[②]。

当前使用的 2001 版《无线电规则》是国际电信联盟在 1998 版《无线电规则》的基础上，引入 2000 年世界无线电通信大会制定的最新规定，并重新编号出版的。

无线电波传播的特性，决定了无线电频率管理的国际性、统一性和相互制约性。所谓国际性，即指无线电波没有国界限制，一经发射，便不受国家领土、领空、领海的限制，可到达任何它能够到达的空间、海洋和地区。所谓统一性，即指无线电频谱的惟一性、排他性。无线电频谱是全人类共享的有限资源，每个国家都不可能将其据为己有，为了体现各国在共同的频率资源上的权益，就必须确立一个公认的管理、协调机构和一部管理的规范。所谓相互制约性，是指所有使用无线电设备的国家和人员必须相互协调，否则任何一方都不能有效地开展各种无线电业务。有鉴于此，在 1906 年召开的第一次国际无线电报通信大会上，29 个国际电信联盟成员国签署了世界上第一个《国际无线电报公约》。公约附件包括了第一个《无线电电报管理规则》，即现在的国际《无线电规则》的雏形。随着无线电应用的发展，对无线电频率使用和管理也提出了更高的要求，建立国际性的无线电频谱管理机构及相关法规势在必行。1932 年马德里大会首次签署了《国际电信公约》和《无线电规则》，国际无线电管制的体制及管制的规范初步建立起来。从国际电信联盟成立 100 多年的历史看，比较其他资源的国际管理，无线电频谱资源管理和法规的权威性更广泛地获得了各国政府的认可和执行。目前，世界上有 191 个国家加入了国际电信联盟[③]。

《无线电规则》共分 13 章 69 条，对无线电领域中最基本的概念给出了定义，如规定了 39 种无线电业务的内涵，对各种无线电业务所使用频率的规划、指配、使用

---

① 赵梅庄，李国斌．电信知识法律读本．北京：中国法制出版社出版，2002：248.

② 赵梅庄，李国斌．电信知识法律读本．北京：中国法制出版社出版，2002：248.

③ www. ratiog. org/htu/fagui. htm：无线电规则及法律地位．2006 年 4 月 7 日。

作出了规定，并对国际各国间无线电资料的交换及无线电干扰的国际间协调作出了规定①。

此外国际电信联盟的决议、决定亦是国际电信联盟开展工作的重要依据。国际电信联盟是一个政府间组织，其会员国和部门成员都具有明确的权利和义务，为实现国际电信联盟的宗旨而相互合作。会员国和部门成员享有《国际电信联盟组织法》和公约所规定的权利，并履行规定的义务。在参加国际电信联盟的大会、会议和征询方面，会员国有权参加国际电信联盟的大会，有选举和被选举权，有表决权。

三、《国际电信联盟组织法》主要内容

现行的《国际电信联盟组织法》共9章58条。第1章为基本条款，计11条；第2章为无线电通信部门，计5条；第3章为电信标准化部门，计4条；第4章为电信发展部门，计4条；第5章为关于国际电信联盟职能行使的其他条款，计8条；第6章为关于电信的一般条款，计11条；第7章为关于无线电的特别条款，计5条；第8章为与联合国、其他组织和非会员国的关系，有3条；第9章为最后一章，计7条。

（一）第1章——基本条款

1. 国际电信联盟宗旨

国际电信联盟的宗旨是：维护和扩大会员国之间的合作，以改进和合理使用各种电信技术、业务、设备和资源；促进电信设施的发展及其最有效的运营，以提高电信业务的效率；扩大电信设施的用途并尽量使之为公众普遍利用；协调各国工作，达到共同目的。

2. 国际电信联盟的组成

国际电信联盟是一个政府间组织，其会员国和部门成员具有明确的权利义务，为实现国际电信联盟的宗旨而相互合作，考虑到普遍性原则，国际电信联盟由以下几种成员组成：在组织法和公约生效前，作为国际电信公约缔约方已成为国际电信联盟会员的任何国家；按《国际电信联盟组织法》第53条规定加入组织法和公约的作为联合国会员的任何其他国家；申请成为国际电信联盟会员并在取得2/3国际电信联盟会员同意后按组织法第53条规定加入组织法和公约的作为非联合国会员的任何其他国家。如在两届全权代表大会之间提出入会申请，秘书长应征询各国际电信联盟会员的意见。任何会员在征询提出后4个月内未予答复，应作弃权论。

3. 会员的权利和义务

会员国和部门成员享有组织法和公约所规定的权利并履行所规定的义务。在参加国际电信联盟的大会、会议和征询方面，会员的权利是：有权参加国际电信联盟的大会，有选举和被选举权、表决权。在区域性大会上，只有该相关区域的会员才享有表决权。根据《国际电信联盟组织法》第169和210款规定，每一会员在所有以通信方式进行的征询中，也享有1个表决权。如果是关于区域性大会的征询，只有该相关区域的会员才享有表决权。

---

① www. ratiog. org/htu/fagui. htm：无线电规则及法律地位，2006年4月7日。

4. 国际电信联盟的法规

国际电信联盟的法规为：《国际电信联盟组织法》、《国际电信联盟公约》以及各行政规则。《国际电信联盟组织法》是国际电信联盟的基本法规，其条款由公约的条款加以补充。《国际电信联盟组织法》和《国际电信联盟公约》的条款由管制电信使用的并对全体会员均有约束力的下列行政规则进一步加以补充：《国际电信规则》、《无线电规则》。如《国际电信联盟组织法》与《国际电信联盟公约》或行政规则的条款矛盾时，应以《国际电信联盟组织法》为准。如《国际电信联盟公约》与行政规则的条款矛盾时，应以《国际电信联盟公约》为准。

国际电信联盟法规的执行：各会员在其所建立或经营的从事国际业务的或能够对其他国家无线电业务造成有害干扰的所有电信局和电台内，有义务遵守《国际电信联盟组织法》、《国际电信联盟公约》和行政规则的规定，但是，根据《国际电信联盟组织法》第48条规定免除这种义务的业务除外。各会员还有义务采取必要的措施，责令所有经其批准而建立和经营电信业务并从事国际业务或经营能够对其他国家无线电业务造成有害干扰的电台的经营机构遵守《国际电信联盟组织法》、《国际电信联盟公约》和行政规则的各项规定。

5. 国际电信联盟的组织机构

国际电信联盟最高权力机构为：全权代表大会；代表全权代表大会行使职权的理事会；世界国际电信大会；无线电通信部门，包括世界性和区域性无线电通信大会、无线电通信全会和无线电管理委员会；电信标准化部门，包括世界性电信标准化大会；电信发展部门，包括世界性和区域性电信发展大会；总秘书处。

6. 全权代表大会

全权代表大会是国际电信联盟最高权力机构，由代表各会员的代表团组成，每4年召开一次。其职责是审议国际电信联盟活动和电联政策及战略规划的报告；制订国际电信联盟的预算标准；审议和通过各会员国提出的组织法和公约的修订条款；通过和修订国际电信联盟大会和其他会议的议事规则；选举在理事会工作的国际电信联盟会员；选举秘书长、副秘书长和各部门的主任作为国际电信联盟的选任官员；选举无线电管理委员会委员等等。

7. 理事会

理事会由全权代表大会按照适当关注世界所有区域公平分配理事会席位的原则选出的国际电信联盟会员国组成。理事会的职责是采取一切措施促使各会员国履行组织法、公约和行政规则的规定以及全权代表大会的决定，并在必要时促进其履行国际电信联盟其他大会和会议的决定；理事会应执行全权代表大会所指派的任务。理事会还应遵照全权代表大会给予的指导，考虑总的电信政策问题等。理事会应确保国际电信联盟工作的有效协调，并对总秘书处和3个部门进行有效的财政控制。理事会应根据国际电信联盟的宗旨，借助其掌握的一切手段，包括通过国际电信联盟参加联合国的有关计划，为发展中国家的电信发展作出贡献。

8. 总秘书处

总秘书处由秘书长领导，秘书长由1名副秘书长协助。秘书长在协调委员会的协助下拟定国际电信联盟的战略政策和规则，并协调国际电信联盟的各项活动。秘书长应采取一切必要措施，确保国际电信联盟资金的节省使用，并就国际电信联盟活动中的行政和财务对理事会负责。秘书长是国际电信联盟的合法代表。

（二）第 2 章——无线电通信部门

1. 职能和结构

无线电通信部门包括无线电通信大会和无线电通信顾问组。所有国际电信联盟会员国的主管部门，作为当然会员参与其中。其职能是确保所有无线电通信业务，包括使对地静止卫星轨道或其他卫星轨道的业务合理地、公平地、有效地、经济地使用无线电频谱，以及进行无限制的频率范围研究，并通过关于无线电通信问题的建议。

2. 无线电通信大会及无线电通信全会

世界无线电通信大会通常两年召开一次。无线电通信全会通常也是两年召开一次，为了提高无线电通信部门的效率和有效性，可以与世界无线电通信大会在同一地点和时间配合举行。无线电通信全会应为世界无线电通信大会的工作提供必要的技术基础并对世界无线电通信大会的一切要求作出反应。无线电通信全会的职责载明在《国际电信联盟公约》内。世界无线电通信大会、无线电通信全会或区域性无线电通信大会的决定必须在任何情况下与《国际电信联盟组织法》和《国际电信联盟公约》相一致。当大会通过决议和决定时，应考虑可预见到的所涉财务影响，并应避免通过可能会使开支超过全权代表大会规定的经费限额的决议和决定。

3. 无线电管理委员会

无线电管理委员会由在无线电领域内完全有资格的并在频率的指配和利用方面具有实际经验的选任委员组成。每个委员应熟悉世界特定区域的地理、经济和人口状况。他们应独立地并且在兼职的基础上为国际电信联盟履行职责。无线电管理委员会的组成应不超过 12 名委员。无线电管理委员会的职责包括：按照无线电规则和相关的无线电通信大会可能作出的任何决定批准程序规则，包括技术标准。程序规则将由主任和无线电通信局在实施无线电规则登记会员的频率指配时使用。关于这些规则应听取主管部门的意见，如始终达不成一致意见，则将问题提交给下次世界无线电通信大会解决。

4. 无线电通信研究组和顾问组

无线电通信研究组①和顾问组②的职责分别载明在《国际电信公约联盟》内。

（三）第 3 章——电信标准化部门

1. 职能和结构

电信标准化部门的职能是在考虑到发展中国家特别关注的问题的同时，通过研究技

---

① 参见《国际电信联盟公约》第 11 条规定：无线电通信研究组由无线电通信全会建立。无线电通信研究组研究按照本公约第 7 条的规定提交的问题并编写建议草案。这种建议草案应提交给无线电通信全会通过；在全会休会期间，它们将按照全会通过的程序，以通信方式提交各主管部门批准。以两种方式中任何一种方式批准的建议具有同等地位。

② 参见《国际电信联盟公约》第 10 条规定：无线电管理委员会的委员有责任以顾问的资格参加无线电通信大会和无线电通信全会。委员会的主席和副主席，或他们指定的代表有责任以顾问资格参加全权代表大会。在这种情况下，具有这种责任的委员不得作为其国家代表团的成员参加这些大会。

术、操作和资费问题，并就这些问题通过建议的方式加以解决，以推进全世界的电信标准化进程，从而实现组织法关于电信标准化方面的宗旨。电信标准化部门的结构组成是世界电信标准化全会和电信标准化顾问组。所有国际电信联盟会员国的主管部门作为当然成员参与其中。

2. 世界电信标准化全会

世界电信标准化全会的职责载明在《国际电信联盟公约》内①。根据《国际电信联盟组织法》第104款，应召开世界标准大会，以审议与电信标准化有关的具体问题。世界电信标准化大会4年召开一次；然而，根据公约的相关规定可以增开一次大会。世界电信标准化大会的决定在任何情况下必须都与《国际电信联盟组织法》、《国际电信联盟公约》和行政规则相一致。当大会通过决议和决定时，应考虑可预见到的所涉财务影响等因素，并应避免通过可能会使开支超过全权代表大会规定的经费限额的决议和决定。

3. 电信标准化研究组和顾问组

电信标准化研究组②和顾问组③的职责分别载明在《国际电信联盟公约》内。

（四）第4章——电信发展部门

1. 职能和结构

电信发展部门的职能是通过增强人才资源开发、规划、管理、资金筹措和科研及开发的能力，同时考虑其他相关机构的活动，特别是通过建立伙伴关系，促进世界各国特别是发展中国家的电信网及业务的发展、扩大和营运。通过促进确定优惠和有利的信贷额度并与全球性和区域性金融和发展机构进行合作，搞活资金筹集，以对发展中国家的电信领域提供援助；在制订国际性和区域性电信网的总规划时与其他部门、总秘书处和其他有关机构合作，以便促进通信网的协调发展。所有国际电信联盟会员国的主管部门，作为当然成员参与其中。

2. 电信发展大会

电信发展大会是讨论和审议与电信发展有关的题目、项目和计划并给电信发展局提

---

① 参见《国际电信联盟公约》第13条就世界电信标准化大会规定：根据组织法第104款，大会应：（1）审议研究组按照本公约第194款编写的报告，并批准、修改或否决这些报告中所载的建议草案；（2）批准在审议现有问题和新问题后所产生的工作计划，确定各项研究的轻重缓急、所涉财务影响的估算和时间表，同时需注意，使电联的资源需求保持在最低限度内；（3）根据本公约上述第188款批准的工作计划，决定是否保留、终止或建立研究组并给每个研究组分配拟研究的问题；（4）尽可能将发展中国家感兴趣的问题归并在一起，使它们参加这些研究；（5）审查和批准主任关于上次大会以来该部门的活动报告。

② 参见《国际电信联盟公约》第14条就电信标准化研究组规定：（1）电信标准化研究组研究按照本公约第13条的规定提交的问题并编写建议草案。这种建议草案应提交世界电信标准化大会通过；或在大会休会期间，它们应按照大会通过的程序，以通信的方式提交各主管部门批准。以两种方式中任何一种方式批准的建议具有同等地位。（2）在遵守本公约下述第195款的条件下，研究组应研究技术、操作和资费问题并就这些问题提出建议，包括公众电信网中无线电系统的互联及其所需性能的建议，以使全世界的电信标准化。

③ 参见《国际电信联盟公约》第15条就电信标准化局的规定：（1）电信标准化局主任应组织和协调电信标准化部门的工作。（2）具体地说，主任应：a）会商各电信化研究组主席每年更新世界电信标准化大会通过的工作计划；b）有以顾问的资格当然参加世界标准化大会和电信标准化研究组讨论的权利。

供指示和指导的论坛。电信发展大会包括：世界性电信发展大会，区域性电信发展大会。电信发展大会不产生最后文件，其最后结论采用决议、决定、建议或报告的形式。

3. 电信发展大会研究组和顾问组

电信发展大会研究组①和顾问组②的职责分别载明在《国际电信联盟公约》内。

(五) 第 5 章——关于国际电联职能行使的其他条款

1. 世界国际电信大会

世界国际电信大会可以部分地或在特殊情况下全部地修订国际电信规则，并且处理其职责范围内与议程有关的、具有世界性意义的任何问题。世界国际电信大会的决定在任何情况下必须与《国际电信联盟组织法》和《国际电信联盟公约》相一致。当大会通过决议和决定时，应考虑可预见到的所涉财务影响，并应避免通过可能会使开支超过全权代表大会规定的经费限额的决议和决定。

2. 国际电信联盟的选任官员和职员

国际电信联盟的选任官员和职员在履行职责时，不得谋求或接受任何政府或国际电信联盟以外任何其他当局的指示，并不得以与其国际官员身份不符的方式行事。每一会员应尊重国际电信联盟选任官员和职员的职责的绝对国际性，不得影响其工作的执行。

3. 国际电信联盟的财务

国际电信联盟的经费来源是：国际电信联盟会员国和部门成员的会费；公约或财务规则中所列出的其他收入。关于部门成员和其他国际组织承担会费的具体规定，载明在《国际电信联盟公约》内。如《国际电信联盟公约》第 36 条就资费和免费业务规定：有关电信资费和准用免费业务的各种情况的条款在各行政规则内制订。第 37 条就账目的造送和清算规定：(1) 国际账目的清算应视为经常性的事务；如政府间业已就此缔结协议时，应按照各有关会员所承担的现行国际义务办理；如未缔结这种协议且未按《国际电信联盟组织法》第 42 条规定订立特别协议时，则按照行政规则办理。(2) 经营国际电信业务的会员的主管部门和经认可的业务经营机构应就其应收缴额与应付款额达成协议。(3) 除有关各方订有特别协议外，关于上述第 (2) 款所述应付款额与应收款额的账单均应按行政规则的规定编造。

4. 国际电信联盟的法律权能

国际电信联盟在其每一会员的领土上享有行使其职能和实现其宗旨所必需的法律权能。

---

① 参见《国际电信联盟公约》第 17 条就电信发展研究组的规定：(1) 电信发展研究组应研究发展中国家普遍感兴趣的具体的电信问题，包括本公约上述第 211 款中列举的问题。这种研究组的数量和存在时间应受到资金的可用性的限制。它们对于发展中国家的重要课题及事项应有明确的研究范围，因而是针对研究任务的。(2) 考虑到《国际电信联盟组织法》第 119 款，无线电通信部门、电信标准化部门和电信发展部门应对研究的问题不断进行审议以便在分工时达成一致，避免重复研究，改进协调。各部门应采用能及时有效地进行这种审议和达成一致的程序。

② 参见《国际电信联盟公约》第 18 条就电信发展局及顾问委员会的规定：(1) 电信发展局主任应组织和协调电信发展部门的工作。(2) 具体地说，主任应：有以顾问的资格当然参加电信发展大会和电信发展研究组讨论的权利。主任应按照本公约第 94 款会商总秘书处并在需要时会商电联其他部门，为电信发展部门的大会和会议进行一切必要的筹备工作；在进行筹备工作时应适当注意理事会的指示等。

（六）第6章——关于电信的一般条款

1. 公众使用国际电信业务的权利

各会员承认公众使用国际公众通信业务进行通信的权利。各类通信服务、资费和保障对于所有用户均应相同，不得有任何优先或优待。

2. 电信的停止传递

各会员对于可能危及国家安全、违反国家法律、妨碍公共治安或有伤风化的私务电报保留停止传递的权利，但须立即将停止传递这类电报或其一部分的情况通知原发报局。如这种通知可能危及国家安全，则不在此限。各会员对于可能危及国家安全、违反国家法律、妨碍公共治安或有伤风化的任何其他私务电信，也保留予以截断的权利。

3. 业务的中止

每一会员保留中止国际电信业务的权利，或则中止其全部业务，或则仅中止某些通信联络和（或）某几种通信的发送、接收和经转；但必须立即将这类行动通过秘书长通知每一其他会员。

4. 责任

各会员对国际电信业务的用户，尤其是赔偿损失的要求方面，不承担任何责任。

5. 电信的保密

各会员同意采取与其所使用的电信系统相适应的一切可能措施，以确保国际通信的机密。但是，各会员保留将这种国际间的通信通知主管当局的权利，以保证其国内法律的实施或其所缔结的国际公约的履行。

6. 电信信道和设备的建立、操作和保护

各会员应采取必要步骤，保证在最佳的技术条件下建立为迅速和不间断地交换国际电信所必需的信道和设备。对于这些信道和设备，必须尽可能用经实际操作经验证明属于最佳的方法和程序进行操作，必须经常使其保持正常工作状态并随着科学技术的进展而得到改进。各会员应在其管辖权限内保护这些信道和设备。

（七）第7章——关于无线电的特别条款

该章主要就无线电频谱和对地球静止卫星轨道及其他轨道的使用作出了规定；所有电台，不论其用途如何，在建立和使用时均不得对其他会员，或对经认可的业务经营机构，或对其他经正式核准开办无线电业务并按照无线电规则操作的业务经营机构的无线电业务或通信造成有害干扰。该章还对虚假的或欺骗性的遇险信号、紧急信号、安全信号或识别信号，以及国防业务使用的设备等作出了规定。

（八）第8章——关于与联合国、其他国际组织和非会员国的关系

有关与联合国的关系：联合国与国际电信联盟之间的关系在这两个组织缔结的协定中有明文规定。国际电信联盟（ITU, International Telecommunication Union）是一个国际组织，主要负责确立国际无线电和电信的管理制度和标准，它是世界上最悠久的国际组织之一。它的主要任务是制定电信标准，分配无线电资源，组织各个国家之间的国际长途互联方案。它也是联合国的一个专门机构。由于ITU作为国际组织的长期性和作为联合国特别机构的特殊地位，ITU发布的标准比大多数其他同一级别的技术规范制定组织指定的标准拥有更高的国际认同度。ITU作为联合国的机构，所有联合国的成员国都可

以是ITU成员，他们也被叫做“成员国”。公司和其他组织可以按照“部门成员”或者“联盟者”身份加入。这两种资格的成员都可以直接参与标准的制定。

有关与其他国际组织的关系：为促进国际间电信事务的全面协调，国际电信联盟应与在利益上、活动上有联系的各国际组织进行合作。

有关与非会员国的关系：每一会员为其本身和为经认可的业务经营机构，保留与非会员国确定关于受理来往电信业务的条件的权利。如果从非会员国领土始发的电信业务为某一会员所接受，该会员必须予以传递；并且只要该电信业务在某一会员的电信信道上传递，则应适用《国际电信联盟组织法》、《国际电信联盟公约》和行政规则中的必须遵守的条款以及通常的资费。

（九）第9章——最后条款

该章主要规定了《国际电信联盟组织法》和《国际电信联盟公约》的批准、接受或核准；《国际电信联盟组织法》和《国际电信联盟公约》的加入；行政法规；关于修订《国际电信联盟组织法》的条款；争议的解决；《国际电信联盟组织法》和《国际电信联盟公约》的宣告退出；生效及有关问题。

本法规中所含的各修订条款，作为整体并合一的法规，自2000年1月1日起，在《国际电信联盟组织法》和《国际电信联盟公约》的缔约方之间，和在该日期前已交存批准、接受或核准证书，或加入修订法规的会员国之间生效。

四、《国际电信联盟公约》主要内容

《国际电信联盟公约》共分两部分，共6章42条。第1章为无线电职能的行使，共计22条；第2章为关于大会和全会的一般条款，共计9条；第3章为议事规则，共计有1条；第4章为其他条款，共计有3条；第5章为关于电信业务运营的各种条款，共计5条；第6章为仲裁和修订，共计2条。

（一）第1章——国际电信联盟职能的行使

该章主要是对国际电信联盟全权代表大会、理事会、总秘书处、协调委员会、世界无线电通信大会、无线电通信全会、区域性无线电通信大会、无线电通信研究组、无线电通信顾问组、无线电通信管理局、世界电信标准化全会、电信标准化研究会、电信标准化顾问组、电信标准化局、电信发展大会、电信发展研究组、电信发展顾问组、电信发展局等组织职能的行使作出了规定。

（二）第2章——关于大会和全会的一般条款

该章主要规定了当有邀请国政府时，对参加全权代表大会、无线电大会、无线电通信全会、世界电信标准化全会的电信发展大会的邀请和准许；在会员国要求下或在理事会提议下召开或取消世界性或全会大会的程序；在会员国要求下或在理事会提议下召开区域性大会的程序；关于有邀请国政府时，召开大会和全会的条款等等①。

（三）第3章——议事规则

该章就大会和其他会议的议事规则、表决权、保留等诸问题作出了规定。

---

① 赵梅庄，李国斌．电信知识法律读本．北京：中国法制出版社出版，2002：255.

（四）第 4 章——其他条款

主要是关于国际电信联盟的财务和语言的规定。国际电信联盟的财务，即每个会员从 22 个会费等级中选择会费等级单位数，其中国际电信联盟会费等级最高为 40 单位等级，最低为 1/16 单位等级。我国为 10 个单位等级，位于会费等级的第 11 位。国际电信联盟的正式和工作语言是阿拉伯文、中文、英文、法文、俄文和西班牙文。

（五）第 5 章——关于电信业务运营的各种条款

该章主要就账目的造送和结算、货币单位、密语作了规定。其中，构成国际电信业务资费和编造国际账目的货币单位，规定为国际货币基金组织的货币单位或金法郎；密语，即在所有会员国之间均可受理密语私务电报，但是，秘书长预先通知不受理密语私务电报的国家不在此列①。

（六）第 6 章——仲裁和修订

该章主要规定了仲裁程序和修订公约的条款。

五、我国对《国际电信联盟组织法》和《国际电信联盟公约》的声明和保留

在 1998 年明尼阿波利斯召开的国际电信联盟全权代表大会结束时，我国代表团对《国际电信联盟组织法》和《国际电信联盟公约》作出了如下声明和保留："在签署最后文件时，中华人民共和国代表团保留其政府为维护其利益采取其可能认为必要的任何行动，如果任何会员国以任何方式不遵守经全权代表大会（1994 年，京都）和全权代表大会（1998 年，明尼阿波利斯）修订的国际电信联盟组织法及公约（1992 年，日内瓦）的要求，或所附附件，或其他国家的保留危害其利益的话。"

第二节　电信服务贸易规则

一、服务贸易总协定

WTO《服务贸易总协定》（General Agreement on Trade in Services）是一套具有法律约束力的国际服务贸易规则，它的法律框架由 1994 年正式签署、1995 年 1 月 1 日正式生效的 GATS 文本，GATS 文本由 1 个序言、6 个部分的正文（共计 29 个条款）和 8 个附件组成。其中 GATS 的前 28 条称为框架协议，规定了服务贸易的定义、服务贸易自由化的原则和规则；第 29 条为附件，附件的主要目的是对一些较特殊的服务部门作更有针对性的规定，以使框架协议的基本原则和规定更好地适应这些部门。附件共有 8 个，包括最惠国待遇的例外附件、自然人流动附件、金融服务附件、金融服务第二附件、空运服务附件、海运服务谈判附件、电信服务附件、基础电信谈判附件等。此外还有若干部长会议决定②。

---

① 赵梅庄，李国斌．电信知识法律读本．北京：中国法制出版社出版，2002：255.

② 王春晖．电信竞争的法律规制——电信竞争中的热点法律问题透析．北京：北京邮电大学出版社，2008：100.

1. 关于“服务贸易的范围和定义”

根据GATS第一条“服务贸易的范围和定义”的规定，GATS适用范围包括中央、地区或地方政府和主管机关所采取的措施，及由中央、地区或地方政府或主管机关授权行使权力的非政府机构所采取的措施。为履行GATS协定下的义务和承诺，各成员应采取所有可能的合理措施，以确保其境内的地区、地方政府、主管机关及非政府机构遵守这些义务和承诺。GATS中的“服务”是指除为了实施政府职能以外所有部门的一切服务，为了实施政府部门所需要的服务是指既不是商业性质的，又不与任何一种或多种服务相竞争的各类服务。由此可以看出，GATS所约束的不仅是成员国全国性的，或中央政府制定的法律、法规和政策，还包括“地区或地方政府和主管机关授权行使权利的非政府团体”所制定的地方性法规和政策，这一点显然不同于GATT只约束政府行为的规定。GATS对范围的扩大是发展中国家与发达国家相互妥协的结果，这也直接影响了服务贸易领域的国内法律法规和政策的适用，这意味着成员方应通过相关竞争政策的制定和实施，确保获得政府或主管部门授权的非政府机构不从事不正当竞争的活动①。

GATS对服务贸易所做的定义是指以下四种方式的服务。

第一，跨境交付（Cross Boarder Supply）。是指从一成员国境内向任何其他成员国境内提供服务。这种服务不构成人员、资本和物资等跨境。如国际电话业务就属于跨境提供服务方式。这种方式特别强调买方和卖方地理上的界限，但跨越国境或边界的只是服务本身。

第二，境外消费（Consumption Abroad）。是指服务的提供者在一成员领土内向来自另一成员的消费者提供服务。这种服务方式的主要特点是，消费者到境外享用境外服务提供者提供的服务。如消费者为旅游、求学或看病的目的，进入服务提供国领土内。而一国居民在家中利用他国电信网络向其居住在第三国的亲友打电话可以算作境外消费。

第三，商业存在（Commercial Presence），是指一成员国的服务者通过在其他任何成员国境内的商业存在而提供服务。商业存在是国际电信服务贸易的一种主要形式，属于海外直接投资的范畴。包括通过设立分支机构或代理机构提供服务。

第四，自然人流动（Movement of Natural Personnel），是指一成员国的自然人在其他任何成员国境内提供服务。如一国的电信技术专家受聘于外国从事电信服务咨询及安装调试等形式。

2. 基本规则与原则

（1）最惠国待遇（Most-Favoured Nation Treatment under the GATS）

最惠国待遇，是指一成员方给予另一成员方的服务或服务提供者的待遇，不得低于其给予其他成员方的服务或服务提供者的待遇。此项原则要求任何一个成员政府不应该在其他成员的服务或服务提供者之间实行歧视，而应无条件地给予一视同仁的待遇。即东道国对其他任何一个国家的部门和分部门给予的优惠，必须同时赋予给所有其他成员国，即要么对所有成员国开放，要么就对任何一方都不开放。当然最惠国待遇原则也有

① 王春晖. 电信竞争的法律规制——电信竞争中的热点法律问题透析. 北京：北京邮电大学出版社，2008：100.

许多例外。特别是当一个国家（或地区）能够证实它确实有理由给予某些国家比其他国家更广泛的权利，那么它就可以暂时继续这么做。希望利用这个规定的国家要将不符合最惠国待遇原则的措施列入最惠国待遇例外清单，附在各自的承诺表之后①。

（2）透明度义务（Transparency）

透明度义务，是指任何成员除非在紧急情况下应立即并最迟在其生效前，公布所有有关或影响 GATS 执行的相关措施。GATS 成员也应公布其签署参加的有关或影响 GATS 的国际协议。

GATS 透明度义务要求成员国应至少一年一次地对本国新法规或现存法规的修改作出说明介绍，并对其他成员国的询问作出迅速的答复。此外，任何成员方如认为某一些成员采取的措施影响 GATS 的实施，可通知服务贸易理事会。透明度有关例外的附则是，对于任一参加方的那些一旦公布即会妨碍其法律的实施、或对公共利益不利或将损害具体企业的正当商业利益的机密资料，可以不予公布②。

（3）关于“国内法规”（Domestic Regulation）的问题

《服务贸易总协定》尊重各国国内法规，因而要求成员国国内法规规定的有关措施应在合理、客观和公正的原则上实施，以免国内的有关规定影响服务贸易的正常进行或对服务提供者构成不必要的障碍。由此，要求成员国保证私法仲裁或行政裁决的有效性，这些仲裁和裁决可以对影响服务贸易的行政决定作出公正客观的评价。如果授权提供服务需要发放许可证或其他预先的授权形式，那么必须在合理的时间内作出决定。对申请者的任何要求应是：

① 基于客观和透明准则，诸如竞争力和提供服务的能力；

② 是保证服务质量所必需的；

③ 发放许可证程序本身不应该是对服务提供的限制。

（4）关于市场准入（Market Access）

市场准入，是指每一个成员给予其他成员的服务和服务提供者的待遇不低于根据其承担义务计划安排表中所同意和规定的期限、限制和条件。市场准入是需要经过谈判才承担的义务。实施对象既包括服务也包括服务的提供者，市场准入是 GATS 中的关键性条款，而其中的承诺表是各国在谈判的基础上达成开放市场的承诺。可以看出，GATS 法律框架下的市场准入的实施与最惠国待遇的实施是不同的，市场准入是具体的承诺义务，适用于各成员国在承诺表具体承诺范围的服务部门，而最惠国待遇是一种普遍义务，适用于所有服务部门③。

（5）关于国民待遇（National Treatment）

国民待遇，又称平等待遇，是指每一个成员方应在其承担义务计划表所列的部门中和依照表内所述的各项条件和资格，就所有影响服务提供的措施方面，给予其他成员的

---

① ［英］LAN LIOYD，DAVIDMELLOR. 通信法. 曾剑秋，译. 北京：北京邮电大学出版社，2006：242.

② 王春晖. 电信竞争的法律规制——电信竞争中的热点法律问题透析. 北京：北京邮电大学出版社，2008：103.

③ 王春晖. 电信竞争的法律规制——电信竞争中的热点法律问题透析. 北京：北京邮电大学出版社，2008：107.

服务和服务提供者的待遇不低于他给予本国国内服务和服务提供者的待遇。这些待遇不论在形式上相同还是不相同，只要不对外国服务和服务提供者造成歧视，就都是符合国民待遇原则的。之所以可以对国民待遇原则作出限制，是因为如果对商业存在这种形式提供完全的国民待遇，实际上就等于实行了自由贸易。一些国家政府需要根据行业情况选择采用一种渐进的、有条件的开放政策[①]。

（6）逐步自由化（Liberalization）

为逐步实现更高水平的自由化，WTO 通过每 5 年一轮的进一步谈判，不断减少或取消各项对服务贸易产生不利影响的措施，以此作为提供有效市场准入的一种方式。该过程应在互利的基础上促进所有成员的利益，并保证权利和义务的总体平衡。自由化的过程应对各成员的国家政策目标以及每个成员的整体和个别服务部门的发展水平给予应有的尊重。应给予个别发展中国家成员适当的灵活性，开放较少的部门，开放较少类型的交易，根据它们的发展状况，逐步扩大市场准入。

总之，最惠国待遇、透明度业务、国内法规原则，是一般性义务，即每个成员无需谈判而必须遵守的规则；市场准入和国民待遇原则，则规定各成员需要经过谈判作出具体承诺。市场准入和国民待遇是服务业对外开放的基础和核心，决定着一国服务业是否对外开放和如何开放。最惠国待遇和透明度则是一般性原则，是每个成员必须遵守的基本原则。国内规定原则则是在最大限度上尊重东道国的主权，允许一国根据本国经济发展的实际需要来决定每个领域的开放程度；其中，发展中国家更多参与的条款，为广大的发展中国家在国际服务贸易过程中创造与发达国家平等的竞争条件发挥了主要作用[②]。

二、服务贸易总协定有关电信服务的附件

《服务贸易总协定》的 8 个附件中有关电信服务的附件有 2 个，即《关于电信服务的附件》、《关于基础电信谈判的附件》。这两个附件是《服务贸易总协定》的组成部分，对服务贸易规则和服务贸易谈判有着重要影响。《关于电信服务的附件》主要是基于电信服务业的基本特征所考虑的。因为电信服务部门不仅是经济活动的独立部门，而且为其他经济部门提供基本的传输手段，一旦进一步的电信服务谈判达不成协议，其他服务门类市场准入的具体承诺就会因缺少主管的传输信息手段而无法兑现。有的学者把《关于电信服务的附件》比作向其他门类提供服务的服务提供者开出的一张总保险单[③]。《关于电信服务的附件》起到了解释《服务贸易总协定》并做补充规定的作用，适用于所有成员所采取的影响接入到使用公共电信传输网络服务的一切网络或设备，但影响电台或电视节目的有线或广播传送的措施除外。

电信服务附件中，对电信、公共电信传输业务、公共传输网络和公司内部通信作出

---

① 续俊旗．法制电信．北京：北京邮电大学出版社，2004：70.

② 赵梅庄，李国斌．电信知识法律读本．北京：中国法制出版社出版，2002：260.

③ 王春晖．电信竞争的法律规制——电信竞争中的热点法律问题透析．北京：北京邮电大学出版社，2008：110.

了定义。附件阐述了《服务贸易总协定》在接入和使用公共电信传输网络和服务（PTTNS）方面的应用。这里的“公共电信传输网络”是指可在两个或多个规定的网络终端点之间进行通信的公共基础设施。在电信服务附件中还提出了透明度的要求，要求GATS的成员应保证公开那些可公开获得的关于影响进入和使用公共电信传输和服务条件的有关信息，包括：服务的收费及其他条款和条件；与此类网络和服务的技术接口规范；负责制定和采用影响进入和使用标准的机构信息；适用于终端连接或其他设备的条件；困难的通知、注册或许可要求（若有的话）。

电信服务附件的重点是使用公共电信网络及服务的权利。附件要求：每一个成员应保证任何其他成员的任何服务提供者可按照合理和非歧视的条款和条件进入和使用其公共电信传输网络和服务，以提供其减让表中包括的服务；每一成员应保证任何其他成员的服务提供者可以进入和使用其境内或跨境提供的任何公共电信传输网络或服务，包括专门租用电路，并保证不对公共电信传输网络和服务的进入和使用附加条件。附件中的“技术合作”（Technical Cooperation）条款要求各成员国应鼓励和支持发展中国家之间在国际、区域和次区域各级开展电信合作；向最不发达国家提供机会，以鼓励外国电信服务者在技术转让、培训和其他活动方面提供帮助，支持发展其电信基础设施，扩大其电信服务贸易①。

三、基础电信协议

1997年2月15日，WTO日内瓦谈判达成《基础电信协议》，并于1998年1月1日正式生效。《基础电信协议》由GATS第四议定书及其所附《各成员承诺减让表》、《最惠国待遇豁免清单》和关于管制原则的《参考文件》构成。《基础电信协议》的核心是：成员方要在客观公正的基础上，无差别地向其他缔约方承诺部分或全部开放国内的基础电信服务业市场。《基础电信协议》所涵盖的电信服务领域包括：声讯电话、数据传输、电传、传真、电报、私人线路租赁、固定和移动式卫星通信系统服务等。

该《基础电信协议》是以取消垄断，以对外国服务及服务提供者开放市场为目的，69个缔约方承诺提供各种方式，在不同程度上向其他WTO成员的电信服务者开放市场，而不需衡量其他成员是否提供相同的市场开放。各成员提交的具体承诺减让表被视为GATS的组成部分之一。《各成员承诺减让表》主要包括市场准入与国民待遇问题，也包括一些附加承诺。市场准入主要是就数量限制作出规定，同时也包括其他一些诸如外资参股比例上限等限制措施。国民待遇规定对外国电信服务及服务提供者的待遇不得低于本国同种服务及服务提供者的优待。附加承诺主要为各方就一些未明确（包括国民待遇和市场准入在内）的影响电信服务贸易的措施进行磋商提供可行性。在承诺表中，各成员可以全面提供市场准入与国民待遇，或对其欲继续执行的限制措施作出规定。不论给予的是全面还是有限的市场准入，成员们不应再采取其他措施以减弱承诺表

① 王春晖．电信竞争的法律规制——电信竞争中的热点法律问题透析．北京邮电大学出版社，2008：110.

中规定的市场准入程度。[①] 减让表主要就以下一些问题作出承诺：

1. 法规的透明度

谈判中的很多时间是用于对各方的法规环境进行分析和评价。这些法规主要包括许可证制度、互联安排、竞争保护、法规部门的独立性、无线频点号码资源的分配、许可的技术标准与器材型号、服务费的征收、通过他国电信网络的权利、普遍服务原则等。参加谈判的各方担心法规环境的不佳会破坏市场准入的实现与国民待遇原则的落实。谈判中已经就如何处理诸多纪律性规范形成关于管制原则的《参考文件》。

2. 最惠国待遇及豁免

参加基础电信谈判的各成员均承诺遵守 GATS 第 2 条有关最惠国待遇的规定。但是由于 GATS 第 2 条第 2 款规定了有关最惠国待遇豁免的内容，因此各成员有权单独决定是否对影响基础电信服务的措施提出最惠国待遇的豁免。然而，最惠国待遇豁免有时涉及到法律程序问题，所以决定是否提出豁免申请取决于参加谈判方对他国所做的减让是否满意。如果没有提出最惠国待遇的豁免，该成员对任何成员的服务及服务提供者给予的优惠不得低于该成员给予其他任何国家或地区相同服务和服务提供者的优惠待遇。但即使该成员提出豁免申请，其也只能适用未列入承诺表的服务或对该服务的本国经营者给予高于减让表中市场准入规定的特殊优待。与复杂的承诺减让表相比，最惠国豁免清单基本上是由成员自己以相对直接的方式作出表述的，为使表述能完整、准确，要求每一个国家对每项豁免提供 5 类信息[②]。

3. 市场准入的具体表现

1998 年 1 月 1 日生效的《基础电信协议》是以取消政府垄断、对外国服务及服务提供者开放市场为目的的。因此，69 方政府均在所提交的减让清单中明确列出了外资进入的电信服务项目。就语音电话服务而言，绝大多数国家均采取立刻或是逐步开放的态度，2/3 以上的成员允许在公共话音服务中引入一定程度的竞争。就卫星通讯服务而言，谈判重点在于明确某些技术性问题，诸如承诺表的标准化，如何处理由不同组织管辖的服务，如何分配无线频率等类似问题，其目的在于防止将无线频点分配或相关许可管理手续变为贸易壁垒。就地面移动通信服务而言，大多数成员方政府提交的减让表中规定开放地面移动电话服务及其他地面移动服务。但对于长途无线服务而言，仅有少数成员方政府提交了开放竞争的承诺。

4. 对法规环境的具体承诺

基础电信谈判的关键问题之一就是审查各国有关阻碍电信服务贸易进行的法规及政策，并就各国现行法规制定了“承诺范本”，供各方政府在提交法规环境减让表时参照使用。

《基础电信协议》对电信业的发展有着深远的影响：一是市场开放。有 69 个缔约方承诺通过各种方式、在不同程度上向其他的 WTO 成员国的电信服务提供者开放市场，而无需衡量其他成员是否提供相同的开放市场。二是市场机会日益增加。总之，在

① 赵梅庄，李国斌．电信知识法律读本．北京：中国法制出版社出版，2002：258.

② 赵梅庄，李国斌．电信知识法律读本．北京：中国法制出版社出版，2002：269.

那些承诺开放的具体领域里都有商机[1]。

四、电信参考文件

《参考文件》是指由1/2的WTO成员签署的规定电信管制原则的单独协议，其目的是防止电信业的反竞争行为，保证电信网络的互联互通，创造一个公平竞争的市场法律环境。

《参考文件》的主要内容如下：

1. 反竞争规制

《参考文件》规定，不允许有违反竞争的不合理的交叉补贴行为、滥用竞争对手信息以及拒绝提供有关互联互通所需的线管技术和商业信息。应当采取适当的措施防止供应者（无论是单独或联合），尤其是作为主要供应者实行或保留的反竞争行为。《参考文件》明确了需要避免的被垄断提供商使用的那些反竞争行为：（1）从事反竞争的交叉补贴；（2）为获得反竞争的效果，使用从竞争对手获得的信息；（3）截留（Withhold，或译为隐瞒、不透露）从其他服务提供者处获得的关于核心设施的技术信息和有关的商业信息，并利用这些信息来提供服务。

2. 互联互通管制

《参考文件》规定，在主导运营商的网络中的任何技术可行点上，要确保给其他运营商提供互联互通，且对外提供互联不得有歧视。使一个服务提供者的用户与其他服务提供者的用户之间通信，并能接入其他提供者的服务，同时要保证其作出满足上述要求的承诺。互联互通质量不应低于自己提供业务的互联互通质量，并且应及时提供互联互通。互联互通费用必须是非绑定的，以便新的运营商无须向其不需要的设施或服务支付费用。《参考文件》要求互联互通程序的公开获得性，规定了互联互通协议，规定了要通过一个独立的管制机构来有效地解决争端。

3. 普遍服务义务

《参考文件》规定，任何成员国都有权确定它所希望保持的普遍服务义务。如果该义务是按透明、非歧视和竞争中立的方式进行管理，并且不比各成员所确定的必须的普遍服务义务难以负担，该义务本身不应被认为是反竞争的。《参考文件》要求成员国通过在文件中加入管制纲领的方式来确保电信业务的公平竞争，但同时允许在实施普遍服务和稀缺资源管理时背离管制纲领。成员国可以根据合理的理由背离（管制纲领），但一定要在争端解决承担中接受受损害方的检验[2]。

4. 许可标准的公布

《参考文件》规定，在需要许可证时，要保证申请许可证的条件和时间公开。申请人提出要求，应告知拒绝颁发许可证的原因。

5. 独立监管机构

《参考文件》规定，监管机构同基础电信服务的任何供应者应是分离的，而且不对

---

① 续俊旗．法制电信．北京：北京邮电大学出版社，2004：75.

② 续俊旗．法制电信．北京：北京邮电大学出版社，2004：77.

其负责。监管机构的决定和所采取的程序对所有市场参与者应是公正的。

6. 稀缺资源的分配和使用

《参考文件》规定，任何稀有资源的分配和使用过程，包括频率、码号和路权的程序都应以客观、及时、透明和非歧视的方式进行。

总之，《参考文件》中列出的关于基础电信业务管制框架中的规定，反映了确保非歧视的市场准入所要求的核心的管制要求，包括竞争保障、非歧视的互联互通、竞争性的中立的普遍服务义务、独立的管制者和以非歧视的程序分配和使用稀缺资源。只有电信业务提供者获得了在其他成员境内全面和公正的法律环境中进行竞争的能力，各成员所作出的承诺才有价值。

案例分析

案例

WTO裁决墨西哥电信垄断案

一、案件事实和案件结果

2000年8月17日，美国根据WTO法律框架下的DSU① 第4条和GATS第23条的规定，就墨西哥政府在GATS项下的有关基础电信和增值电信服务的承诺义务，要求与墨西哥政府进行磋商。本案的争议涉及墨西哥国内有关提供电信服务的法律法规，以及WTO1997《基础电信协议》和此后的《参考文件》（Reference Paper）（一份由包括墨西哥在内的几十个WTO成员方签署的单独的协定，规定了电信管制的原则），以及墨西哥在这些协议项下有关服务业的WTO承诺表中对其义务的规定。该《参考文件》建立了有关电信竞争保障、互联互通保证、透明度许可、独立于电信业务经营者的管制者，以及对诸如频段、号码、路权（Rights of Way）等资源的公平分配等方面的规范。美国指责墨西哥政府未能履行其加入WTO下的GATS时的开放电信市场的承诺，未能保证其国有电信运营商Telefonos de Mexico（一家墨西哥公司，英文名称为Telmex）以合理的费用、合理的条件向美国跨境基础电信服务提供商（Cross Border Supply）提供互联服务，未能保证美国电信服务的提供者以合理、非歧视的市场准入条件进入市场，以及公平使用墨西哥的公用电信网络和服务。此外，美国还指责墨西哥维持了不给予美国电信服务的提供者国民待遇规则，法律法规没有禁止Telmex公司的限制竞争行为。美墨双方于2000年10月10日和2001年1月16日进行了两次磋商，但均未达成满意结果。磋商失败后，美国于2002年2月正式向WTO争端解决机构（DSB）提出为解决

---

① 参见《马拉喀什建立世界贸易组织协议》附件二《关于争端解决规则与程序的谅解》（Understanding on Rules and Procedures Governing the Settlement of Disputes，DSU）。DSU是WTO体制下的争端解决规则，共27条，另有4个附件，分别规定了世贸组织争端解决机制的适用与范围、管理与运作、一般原则、基本程序、建议与裁决的实施和监督、补偿与转让的中止、涉及最不发达成员国的特殊程序、专家组的工作程序、专家复审等内容。

其与墨西哥之间的电信服务争议设立专家组①。

2004 年 6 月 1 日，WTO 下的 DSU 通过了“墨西哥影响电信服务案”专家组报告，专家组的主要结论如下：

第一，墨西哥没有履行其《参考文件》第 2.2 节（b）项的承诺。因为它没有确保其电信服务的主要提供者以成本为基础的费率向欲提供基于设备的服务（Facilities-Based Service）的美国电信服务商提供互联。

第二，墨西哥违反了《参考文件》第 1.1 节的承诺。因为墨西哥“长途电话规则”中的“统一清算费率”和“按比例回馈”② 属于“限制竞争做法”。

第三，墨西哥违反了 GATS《电信服务附件》第 5 节（a）款。因为墨西哥未能确保美国电信服务商以合理的条款进入和使用墨西哥的公用电信传输网络和服务。

第四，墨西哥违反了 GATS《电信服务附件》第 5 节（b）款。因为墨西哥未能确保美国电信服务商在墨西哥境内设立的“商业存在”（即商业机构），美国电信服务商未能实现在进入和使用专门租用线路，并将该线路与公用电信传输网络或其他服务提供者的网络进行互联的目的。

第五，驳回了美国的部分诉求，裁定墨西哥在基础电信服务的不具有机线设备的跨境提供方面，没有违反《参考文件》第 2.2 节（b）项的承诺和 GATS《电信服务附件》第 5 节（a）和（b）款的规定③。

2004 年 6 月 2 日，美国政府和墨西哥政府在双方发表的联合声明中指出，双方就电信服务争端达成了协议，并贯彻了 WTO 专家小组的建议。根据双方达成的协议，墨西哥政府将依据 WTO 的裁决，降低国际长途互联费率，并进一步开放其长途电话市场，作为回应，美国将禁止本国电信运营商提供“长途旁路服务”（Bypass）④。

2004 年 12 月，墨西哥政府通知 WTO 争端解决机构（DSB），其已经公布新的国际电信规范，从而执行了小组裁决的一部分，该规则废除了墨西哥的单一费率制度和按比例回馈制度等歧视性的待遇，遵守了小组作出的裁决。美国对墨西哥公布的新国际电信规范基本予以认同，美国于 2005 年 8 月 31 日在 DSB 会议中说明，对于墨西哥最近所实施的措施感到满意，因其所设立的措施均遵循 WTO 之判决，并且也认可墨西哥进行的规范改革的进程。同时，美国认为，虽然墨西哥已解除国外电信运营商电信市场准入的

---

① 王春晖．电信竞争的法律规制——电信竞争中的热点法律问题透析．北京：北京邮电大学出版社，2008：114.

② 按照墨西哥电信主管机构制定的《国际长途电话规程》（Rules for the Supply of International Long Distance Services，ILD Rules）第 13 条的规定，“统一清算费率”是指，电信监管监管要求在某一个特定的国际市场占有对方国家呼出长途市场份额最大的服务商与对方国家的服务商谈判来确定一个清算费率，而该费率将统一适用墨西哥国内的其他所有的电信运营商。另外该规程第 2 条规定，“按比例回馈”制度是指，墨西哥电信运营商按照其发送通信量的比例来分配接受通信的数量及相应的收入。

③ 王春晖．电信竞争的法律规制——电信竞争中的热点法律问题透析．北京：北京邮电大学出版社，2008：116.

④ Bypass 是指租用一条电话线，然后再以更低的价格专卖该线路提供的服务，这种服务一般不支付国际长途连接费。

限制，但还是希望其能进一步开放国内电信市场①。

二、案件反映的法律问题及解析

1. 电信网间的互联互通是否应以成本为导向？

电信网间接续政策是关于电信运营商如何通过互联互通向市场提供电信业务的重要管制政策，体现了一个国家对电信市场竞争的主导思想，关系到国家、电信公司和用户的利益。墨西哥基础电信服务的主要提供者 Telmex 公司对美国电信服务提供者收取的互联费率不属于墨西哥《参考文件》第 2.2 节（b）项意义上的“成本导向”，因为通过美国向专家组陈述的任何方式，墨西哥公司收取的费率都高于在互联中实际发生的费率。美国指出相关成本应当与提供货物或服务时发生的成本有关。就此美国认为墨西哥并未遵守其在《参考文件》中所作出的额外承诺。《参考文件》第 2 条规定，电信网间互联（Telecom Interconnection）应基于成本为考虑基础，但墨西哥境内之实践是先由其主导电信业务提供者与外国跨境提供服务者协商固定费率后，再由其他墨西哥国内的电信业务提供者依据该费率统一收费。就此美国举出诸多事实，诸如墨西哥按比例回馈（Proportionate Reture）等，对此争端小组赞同美国的见解。所以说，墨西哥没有履行其《参考文件》第 2.2 节（b）项的承诺，因为它没有确保其电信服务的主要提供者以成本导向的费率向欲提供基于设备的服务（Facilities-Based Service）的美国电信服务商提供互联。

2. 墨西哥未能采取合理的措施阻止限制竞争的做法，是否违反了《参考文件》第 1.1 节的承诺？

《参考文件》第 1 条规定，各国政府应采取适当措施防范反竞争行为，墨西哥制定的国际长途电话规程反而要求国内业者从事类似联合垄断的卡特尔定价行为。就此，小组裁定墨西哥并未采取适当措施防范反竞争行为。

3. 什么是“商业存在”？为什么墨西哥要确保美国以 GATS 框架下的“商业存在”的商业机构经营国际通信服务的权利？

商业存在（Commercial Presence），是 GATS 中最重要的一种服务提供方式，一成员国的服务者通过在其任何成员国境内的商业存在而提供服务，包括通过设立分支机构或代理机构，提供服务。如一国电信公司在国外设立电信经营机构，参与所在国电信服务市场的竞争就属于“商业存在”。

GATS 基础电信附件第 5 节（b）项要求确保国外电信业务的提供者对公共电信传输网络及服务的接入和使用。但墨西哥未能确保美国的电信从业者在墨西哥境内设立的“商业存在”机构在其境内进入和使用专门租用线路，并将其线路与公用电信传输网络或其他服务提供者的网络进行互联。因此专家小组判定墨西哥违反了 GATS 基础电信附件的义务②。

---

① 王春晖．电信竞争的法律规制——电信竞争中的热点法律问题透析．北京：北京邮电大学出版社，2008：118.

② 王春晖．电信竞争的法律规制——电信竞争中的热点法律问题透析．北京：北京邮电大学出版社，2008：118.

通过对“墨西哥影响电信服务案”的分析，可以看出，GATS 框架下的电信服务，不允许其成员拥有垄断地位或滥用支配地位。

思考题

1. 国际电信联盟组织法和公约的主要内容有哪些？
2. 服务贸易的四种形式是什么？
3. 服务贸易的基本原则是什么？
4. 基础电信协议的主要内容是什么？
5. 电信参考文件的主要内容有哪些？

参考文献

中文著作

1. 王逢振，等．编译．网络幽灵．天津：天津社会科学院出版社，2000.

2. 乌家培．信息经济与知识经济．北京：经济科学出版社，1999.

3. 黄淳，何伟．信息经济学．北京：经济科学出版社，1998.

4. 杨培芳．网络协同经济学——第三只手的凸现．北京：经济科学出版社，2000.

5. 阚凯力．“小灵通”何去何从//阚凯力观点：对电信业的思考与挑战．北京：北京邮电大学出版社，2005.

6. 欧阳武．美国的电信管制及其发展．北京：中国友谊出版公司，2000.

7. 刘文华，肖乾刚．经济法律通论．北京：高等教育出版社，2000.

8. 李昌麒．经济法学．修订版．北京：中国政法大学出版社，2002.

9. 薛虹．网络时代的知识产权法．北京：法律出版社，2000.

10. 原信息产业部经济调节与通信清算司．电信资费管理——发展与改革．北京：人民邮电出版社，2006.

11. 刘戒骄．垄断产业改革——基于网络视角的分析．北京：经济管理出版社，2005.

12. 康要家．反垄断经济学——理论与政策．北京：中国社会科学出版社，2008.

13. 沈宗灵．法学基础理论．北京：北京大学出版社，1988.

14. 刘楠来．人权的普遍性和特殊性．北京：社会科学文献出版社，1996.

15. 吴洪，张晓铁．电信普遍服务研究．北京：人民邮电出版社，2004.

16. 原中国邮电电信总局．电信服务营销 200 例．北京：人民邮电出版社，1998.

17. 杨紫煊．经济法．北京：北京大学出版社，高等教育出版社，1999.

18. 刘定华，屈茂辉．民法学．长沙：湖南人民出版社，2001.

19. 魏振瀛．民法．北京：北京大学出版社，高等教育出版社，2002.

20. 江平．民法学．北京：中国政法大学出版社，2000.

21. 王泽鉴．民法债编总论：第一册．台北：三民书局，1996.

22. 杜军．格式合同研究．北京：群众出版社，2001.

23. 王泽鉴．民法物权：通则·所有权．北京：中国政法大学出版社，2001.

24. 王效贤，刘海亮．物权法总则与所有权制度．北京：知识产权出版社，2005.

25. 王春晖．电信竞争的法律规制——电信竞争中的热点法律问题透析．北京：北京邮电大学出版社，2008.

26. 洪生伟．质量管理．北京：中国人民大学出版社，1996.

27. 李春田．标准化概论．北京：中国人民大学出版社，1995.

28. 郑成思．知识产权论．北京：法律出版社，2003.

29. 白永忠. 电信业热点法律问题透析. 北京：法律出版社，2003.

30. 王俊豪. 政府管制经济学导论——基本理论及其在政府管制实践中的应用. 北京：商务印书馆，2001.

31. 吴弘，胡伟. 市场监管法论——市场监管法的基础理论与基本制度. 北京：北京大学出版社，2006.

32. 赵梅庄，李国斌. 电信知识法律读本. 北京：中国法制出版社出版，2002.

33. 续俊旗. 法制电信. 北京：北京邮电大学出版社，2004.

34. 傅家骥，雷家骕，程源. 技术经济学前沿问题. 北京：经济科学出版社，2003.

35. 刘峥颢. 标准及标准化. 北京：中国计量出版社，2005.

论文

1. 娄耀雄. 论网络创造效益的方式及其法律问题. 法律科学，2002（1）.

2. 陈泽宪. 非法经营罪若干问题研究. 检察日报，2000（2）.

3. 赵小林. 市场准入制度的法律经济学分析. 法制与社会，2008（11）.

4. 陶小马，黄治国. 公用事业定价理论模式比较研究. 价格理论与实践. 2002（217）.

5. 郑贤君. 权利义务相一致原理的宪法释义——以社会基本权为例. 首都师范大学学报，2007（5）.

6. 李国斌. 电信条例系列讲座（五） 电信资源管理制度. 邮电企业管理，2001（4）.

7. 祁锋. 无线电频谱资源纳入《中华人民共和国物权法》保障范围解读. 中国无线电，2007（4）.

8. 张虹. 无线电国际国内管理政策研究. 中国无线电，2007（8）.

9. 许若群. 无线电频谱法律调整研究. 河北法学，2002（3）.

10. 杜民. 谈谈无线电通信中的呼号管理. 中国无线电管理，1996（5）.

11. 王利明，易军. 改革开放以来的中国民法. 中国社会科学，2008（6）.

12. 解丽华. 认真学习《行政许可法》有效实施无线电频率行政许可. 中国无线电，2004（1）.

13. 谢星航. 无线电管制的组织与实施. 中国无线电，2007（4）.

14. 薄守省. 外层空间法五大条约的现状及面临的挑战. 北京航空航天大学学报，2009（1）.

15. 黄惠. 世纪之交空间法的回顾与展望. 中国航天，2000（9）.

16. 蒋新. 外层空间法的源起及面临的挑战. 理论界，2006（3）.

17. 郑友德. 论外层空间活动中的知识产权. 法学，2006（11）.

18. 蒋春芳. 卫星频率及轨道资源管理探究. 中国无线电，2007（1）.

19. 覃润梅. 电信网码号资源管理与收费实践. 广西通信技术，2005（2）.

20. 张明天. 管局局长谈《电信网码号资源管理办法》出台. 通信世界，2003

（13）.

21. 张冬梅．论互联网域名的法律保护．福建师范大学学报，2000（3）.

22. 刘双宁．中国互联网域名领域法律规制的发展及其法律问题探析．社会科学辑刊，2002（1）.

23. 林敏．结束不对称管制　营造公平竞争环境．通信信息报，2002.

24. 闫海．普遍服务的法理与制度——发展权视域下的重构．制度研究，2006.

25. 焦琦．关于电信普遍服务制度．重庆邮电学院学报，2002（3）.

26. J-J·拉丰，张昕竹．发展中国家普遍服务义务的经济分析．当代财经，2004（1）.

27. 姜爱林，陈海秋．论电信普遍服务的实施模式与效益体现．重庆邮电大学学报，2007（1）.

28. 魏昌东．电信合同的性质及责任承担原则．社会科学，2003（3）.

29. 项立刚．“电信基础设施共建共享”对电信行业影响深远．信息系统工程，2008（11）.

30. 刘松山．人民法院的审判依据．政法论坛，2006（7）.

31. 蔡翔．找准通信“路权”管制的重心．人民邮电报，2004（9）.

32. 邹振东．《物权法》对通信基站建设的影响．通信世界周刊，2008（1）.

33. 何廷润．化解移动基站建设法律纠纷．通信产业报，2008（5）.

34. 张平，马骁．标准化组织的知识产权政策．信息技术与标准化，2004（3）.

35. 崔光耀．安全操作系统面临的现状、前景及发展对策——访中国工程院院士沈昌祥、倪光南．信息安全与通信保密，2002（3）.

36. 霍全生．美国信息安全政策、法律及其启示．公安研究，2002（1）.

37. 肖志宏，赵东．美国信息安全法研究．北京电子科技学院学报，2007（3）.

38. 徐玉．英国电信市场分析．通信企业管理，2002（9）.

译文著作

1. ［英］克斯·H·布瓦索．信息空间——认识组织、制度和文化的一种框架．王寅通，译．上海：上海译文出版社，2000.

2. ［美］马克·波斯特．第二媒介时代．范静哗，译．南京：南京大学出版社，2000.

3. ［美］罗伯特·W·克兰德尔．竞争与混沌——1996 年电信法出台以来的美国电信业．匡斌，译．北京：北京邮电大学出版社，2006.

4. ［法］让·雅克·拉丰，让·泰勒尔．电信竞争．胡汉辉，等，译．北京：人民邮电出版社，2001.

5. ［美］斯蒂格利茨．经济学：上册．姚开建，等，译．北京：中国人民大学出版社，1997.

6. ［美］卡尔·夏皮罗，等．信息规则：网络经济的策略指导．张帆，译．北京：中国人民大学出版社，2000.

7. [美] W·吉帕·维斯库斯，约翰·M·弗农，小约瑟夫·E·哈林顿. 反垄断与管制经济学. 北京：机械工业出版社，2004.

8. 韩国规制改革——经济合作与发展组织考察报告. 张汉林，蔡春林，等，译. 上海：上海财经大学出版社，2007：435.

9. [英] 马西莫·莫塔. 竞争政策——理论与实践. 沈国华，译. 上海：上海财经大学出版社，2006.

10. [法] 让·拉丰，让·梯若尔. 电信竞争. 胡汉辉，等，译. 北京：人民邮电出版，2001.

11. [加] 汉克·因特温，等. 电信规制手册. 管云翔，译. 北京：北京邮电大学出版社，2001.

12. [英] 伊恩·劳埃德，米勒. 通信法. 曾剑秋，译. 北京：北京邮电大学出版社，2006.

13. [美] 柏克. 反计算机犯罪——一种保护信息安全的框架. 刘希良，等，译. 北京：电子工业出版社，1999 年版.

14. [美] 布鲁斯·艾布拉姆森. 数字凤凰：信息经济为什么能浴火重生. 赵培，郑晓平，译. 上海：上海远东出版社，2008.

15. [美] 劳伦斯·莱斯格. 代码 2.0：网络空间的法律. 李旭，沈伟伟，译. 北京：清华大学出版社，2009.

16. [德] 卢曼. 社会的法律. 郑伊倩，译. 北京：人民出版社，2009.

外文著作

1. Charles H. Kennedy. An Introduction to U. S. Telecommunications Law.

2. Littlechild S. C. Regulation of British Telecommunications Profitability. London: HMSO, 1983.

3. P. Areeda, D. F. Turner. Predatory Pricing and Related Practices under Section 2 of the Sherman Act. Harvard Law, Review, 1975.

4. Milton L. Mueller, Jr. Universal Service: Competition, Interconnection, and Monopoly in the Making of the American Telephone System. Massachusetts: MIT Press, 1997.

5. Otte V. Gierke. Die Soziale Aufgabe des Privatrechts. 1896.

6. Christopher Alberts, Audrey Doro fee. Managing Information Security Risks: The OCTAVE Approach，北京：清华大学出版社，2003.

7. Samuel D. Warren & Louis D. Brandeis, The Right to Privacy, 4 Harv. L. Rev. 193 (1890 - 1891).

8. Goldberg, Godless, Wiener & Wright. Communication Law and Regulation.

9. Regulatory Reform in Network Industries: Past Experience and Current Issues, OECD Economic Outlook 67 (OECD, 2000).

10. Ingo Vogel sang, Bridger M. Mitchell. Telecommunications Competition: The Last Ten Miles. Massachusetts: MIT Press, 1997.

